Reißig

Praxishandbuch Versorgungsausgleich

AnwaltsPraxis

Praxishandbuch Versorgungsausgleich
Die Auswirkungen der Strukturreform 2009

Von
Rentenberater **Martin Reißig**, Hamburg

Deutscher**Anwalt**Verlag

Zitiervorschlag:
Reißig, Versorgungsausgleich, § 1 Rn 1

Copyright 2009 by Deutscher Anwaltverlag, Bonn
Satz: Griebsch + Rochol Druck GmbH, Hamm
Druck: Bercker Graphischer Betrieb, Kevelaer
Umschlaggestaltung: gentura, Holger Neumann, Bochum
ISBN 978-3-8240-1070-7

Bibliografische Information der Deutschen Bibliothek
Die Deutsche Bibliothek verzeichnet diese Publikation in der Deutschen Nationalbibliografie; detaillierte bibliografische Daten sind im Internet über http://dnb.ddb.de abrufbar.

Einführung

Eine Begründung für die Strukturreform des Versorgungsausgleichs war die Abkehr von einem unflexiblen Expertenrecht. Für die komplizierten Berechnungsgänge im Versorgungsausgleich ist dies jedoch nur zum Teil gelungen.

Um den Ausgleichsbetrag eines Anrechtes zu ermitteln müssen mehrere Rechenschritte vollzogen und die Besonderheiten der unterschiedlichen Versorgungssysteme berücksichtigt werden.

Dieses Buch soll einen Überblick über die Gesetzessystematik und die Rechenmethoden bieten.

Im **Teil A** wird der Gesetzestext erläutert. Es soll kein Kommentar ersetzt werden aber eine grundsätzliche Übersicht über die Regelungen erleichtert das Verständnis der Strukturreform. Dabei wird die Gesetzesbegründung um Beispiele, Abbildungen und Merksätze ergänzt.

Teil B beschreibt die einzelnen Versorgungssysteme. Anhand von Abbildungen und Musterberechnungen sollen die Auskünfte der Versorgungsträger geprüft werden können.

Teil C enthält Checklisten, Wertetabellen und Urteile, die auch im reformierten Recht von Bedeutung sind.

Der neue Versorgungsausgleich aus Sicht des Gesetzgebers:[1]

So einfach wie möglich – aber nicht einfacher

Der Versorgungsausgleich aus Sicht der Ehegatten:

Was Dir gehört, gehört auch mir!

Was mir gehört, geht Dich gar nichts an!

---

[1] Versorgungsausgleich in der betrAV, aba Vortrag 10.06.2008, *Matthias Schmid*, RegDir BmJ.

> *Hinweis*
>
> Sinngemäß treffen die Regelungen zum Versorgungsausgleich auch für alle eingetragenen Lebenspartnerschaften zu, die seit dem 1. Januar 2005 begründet wurden.
>
> Für vorher begründete Lebenspartnerschaften gelten sie nur, wenn die Partner bis zum 31. Dezember 2005 vor dem Amtsgericht erklärt haben, dass im Fall der Aufhebung ihrer Partnerschaft ein Versorgungsausgleich stattfinden soll.
>
> Die weiteren Regelungen hierzu finden sich in Artikel 12 des Gesetzes, Rn 318.

Diverse Formulare (Frage- und Auskunftsbögen) rund um das Thema Versorgungsausgleich finden Sie als pdf zum Download auf der Seite des Anwaltverlages (www.anwaltverlag.de) unter den Rubriken Bücher/Familienrecht/Der Versorgungsausgleich.

Danksagung

Im Vorfeld zu diesem Buch waren viele informelle Gespräche notwendig. In der Facharbeitsgruppe Versorgungsausgleich des Bundesverbandes der Rentenberater wurden Zweifelsfälle besprochen und Lösungen entwickelt. Auch der Kontakt zu Herrn Bergner hat den Blick für manches Problem des neuen Versorgungsausgleichs geschärft.

In dem Gespräch des Vorstandes des Bundesverbandes der Rentenberater im BmJ mit Herrn Schmid und Frau Eulering konnten noch wichtige Punkte aus der Beratungspraxis eingebracht werden.

Besonders möchte ich meinen Kollegen Wilfried Hauptmann, Markus Vogts, Rolf Ponzelet, Ernst Heise-Luis, Ralf Wohltmann, Raimund Wolf und Dagmar Niehaus für das gelieferte Material danken. Bei dem Kapitel Steuern hat mich Steuerberaterin Leonore Schulz-Paul unterstützt.

Ohne das regelmäßige Drängen von Frau Schneider und Frau Rincke vom Anwaltverlag würde es dieses Buch immer noch nicht geben.

Ferner danke ich meiner Familie und den Kindern, dass sie mir genug Zeit und Freiraum zum Schreiben gelassen haben. Außerdem meinem inneren Schweinehund, der mich im Urlaub in Ruhe arbeiten ließ und wohl lieber selbst im Pool lag.

Hamburg, im November 2009   *Martin Reißig*

Inhaltsverzeichnis

	Seite
Einführung	5
Abkürzungsverzeichnis	23
Literaturverzeichnis	25

Teil A: Strukturreform des Versorgungsausgleichs 27

§ 1 Überblick über das Reformkonzept 27
  A. Der Versorgungsausgleich als unverzichtbares Institut 27
  B. Die Elemente des reformierten Versorgungsausgleichs 29
    I. Der Grundsatz der internen Teilung (Ausgleich bei demselben Versorgungsträger) 29
    II. Die zulässigen Fälle einer externen Teilung (Ausgleich bei einem anderen Versorgungsträger) 30
    III. Ausnahmen von der internen oder der externen Teilung 31
    IV. Keine „Dynamisierung" und „Totalrevision" mehr erforderlich 31
    V. Erweiterte Spielräume für Ehegatten, Entlastung der Versorgungsträger und der Gerichte 32
    VI. Strukturelle und sprachliche Neuordnung des Normenbestands 34

§ 2 Gesetz zur Strukturreform des Versorgungsausgleichs (VAStrREfG) 36
  A. Artikel 1: Gesetz über den Versorgungsausgleich (Versorgungsausgleichsgesetz – VersAusglG) 36
    Teil 1: Der Versorgungsausgleich 36
    Kapitel 1: Allgemeiner Teil 36
      § 1 VersAusglG 37
      § 2 VersAusglG 39
      § 3 VersAusglG 46
      § 4 VersAusglG 52
      § 5 VersAusglG 55
    Kapitel 2: Ausgleich 61
      Abschnitt 1: Vereinbarungen über den Versorgungsausgleich 61
      § 6 VersAusglG 63
      § 7 VersAusglG 66
      § 8 VersAusglG 69
      Abschnitt 2: Wertausgleich bei der Scheidung 73

Inhaltsverzeichnis

Unterabschnitt 1: Grundsätze des Wertausgleichs bei der Scheidung	75
§ 9 VersAusglG	75
Unterabschnitt 2: Interne Teilung	77
§ 10 VersAusglG	77
§ 11 VersAusglG	82
§ 12 VersAusglG	89
§ 13 VersAusglG	90
Unterabschnitt 3: Externe Teilung	92
§ 14 VersAusglG	93
§ 15 VersAusglG	100
§ 16 VersAusglG	104
§ 17 VersAusglG	107
Unterabschnitt 4: Ausnahmen	109
§ 18 VersAusglG	110
§ 19 VersAusglG	114
Abschnitt 3: Ausgleichsansprüche nach der Scheidung	121
Unterabschnitt 1: Schuldrechtliche Ausgleichszahlungen	122
§ 20 VersAusglG	122
§ 21 VersAusglG	129
§ 22 VersAusglG	131
Unterabschnitt 2: Abfindung	132
§ 23 VersAusglG	133
§ 24 VersAusglG	135
Unterabschnitt 3: Teilhabe an der Hinterbliebenenversorgung	137
§ 25 VersAusglG	138
§ 26 VersAusglG	142
Abschnitt 4: Härtefälle	143
§ 27 VersAusglG	143
Kapitel 3: Ergänzende Vorschriften	148
§ 28 VersAusglG	148
§ 29 VersAusglG	151
§ 30 VersAusglG	152
§ 31 VersAusglG	155
Kapitel 4: Anpassung nach Rechtskraft	159
§ 32 VersAusglG	160
§ 33 VersAusglG	162
§ 34 VersAusglG	167
§ 35 VersAusglG	171
§ 36 VersAusglG	176
§ 37 VersAusglG	177
§ 38 VersAusglG	180
Teil 2: Wertermittlung	182

Inhaltsverzeichnis

Kapitel 1: Allgemeine Wertermittlungsvorschriften	184
§ 39 VersAusglG	186
§ 40 VersAusglG	189
§ 41 VersAusglG	192
§ 42 VersAusglG	195
Kapitel 2: Sondervorschriften für bestimmte Versorgungsträger	196
§ 43 VersAusglG	196
§ 44 VersAusglG	197
§ 45 VersAusglG	200
§ 46 VersAusglG	206
Kapitel 3: Korrespondierender Kapitalwert	208
§ 47 VersAusglG	209
Teil 3: Übergangsvorschriften	216
§ 48 VersAusglG	218
§ 49 VersAusglG	223
§ 50 VersAusglG	224
§ 51 VersAusglG	227
§ 52 VersAusglG	236
§ 53 VersAusglG	237
§ 54 VersAusglG	239
Artikel 2: Änderung des Gesetzes über das Verfahren in Familiensachen und in den Angelegenheiten der freiwilligen Gerichtsbarkeit	240
§ 114 FamFG	241
§ 137 FamFG	242
§ 142 FamFG	244
§ 217 FamFG	244
§ 218 FamFG	245
§ 219 FamFG	246
§ 220 FamFG	246
§ 221 FamFG	250
§ 222 FamFG	251
§ 223 FamFG	254
§ 224 FamFG	254
§ 225 FamFG	256
§ 226 FamFG	261
§ 227 FamFG	263
§ 228 FamFG	264
§ 229 FamFG	265
Artikel 3: Änderung des Bürgerlichen Gesetzbuchs	268
§ 1318 BGB	269
§ 1408 BGB	270
§ 1414 BGB	270

Inhaltsverzeichnis

§ 1587 BGB 271
Artikel 4: Änderung des Sechsten Buches Sozialgesetzbuch 271
§ 52 SGB VI 271
§ 76 SGB VI 274
§ 101 SGB VI 277
§ 109 SGB VI 283
§ 120b SGB VI 285
§ 120f SGB VI 286
§ 120g SGB VI 287
§ 120h SGB VI 288
§ 185 SGB VI 289
§ 187 SGB VI 291
§ 225 SGB VI 295
§ 264a SGB VI 296
§ 265a SGB VI 297
§ 268a SGB VI 297
§ 281a SGB VI 298
Artikel 5: Gesetz über die interne Teilung beamtenversorgungsrechtlicher Ansprüche von Bundesbeamtinnen und Bundesbeamten im Versorgungsausgleich (Bundesversorgungsteilungsgesetz – BVersTG) 300
§ 1 BVersTG 301
§ 2 BVersTG 302
§ 3 BVersTG 305
§ 4 BVersTG 306
§ 5 BVersTG 306
Artikel 6: Änderung des Beamtenversorgungsgesetzes 307
§ 22 BeamtVG 307
§ 55 BeamtVG 308
§ 57 BeamtVG 310
§ 58 BeamtVG 312
§ 86 BeamtVG 313
Artikel 7: Änderung des Abgeordnetengesetzes 314
§ 25a AbgG 314
Artikel 8: Änderung des Soldatenversorgungsgesetzes 316
§ 55a SVG 316
§ 55c SVG 317
§ 55d SVG 319
§ 55e SVG 320
Artikel 9: Änderung des Gesetzes über die Alterssicherung der Landwirte . 320
§ 17 ALG 320
§ 24 ALG 322

§ 29 ALG	324
§ 30 ALG	324
§ 43 ALG	325
§ 72 ALG	327
§ 97 ALG	327
§ 98 ALG	328
§ 99 ALG	328
§ 101 ALG	331
§ 102 ALG	332
§ 110 ALG	333
§ 116 ALG	333
Artikel 10: Änderung des Einkommensteuergesetzes	334
§ 3 EStG	334
§ 19 EStG	338
§ 22 EStG	338
§ 52 EStG	341
§ 93 EStG	343
Artikel 11: Änderung der Altersvorsorge-Durchführungsverordnung	347
§ 11 AltvDV	347
Artikel 12: Änderung des Lebenspartnerschaftsgesetzes	348
§ 20 PartG	348
Artikel 13: Änderung des Gesetzes über Gerichtskosten in Familiensachen	350
§ 50 FamGKG	350
Artikel 14: Änderung des Rechtspflegergesetzes	352
§ 25 RPflG	353
Artikel 15: Änderung des Rechtsanwaltsvergütungsgesetzes	353
§ 19 RVG	353
Artikel 16: Änderung der Kostenordnung	354
§ 124 KostO	354
Artikel 17: Änderung des Schornsteinfegergesetzes	354
§ 29 SchfG	354
§ 31 SchfG	355
§ 32 SchfG	356
§ 33a SchfG	357
§ 56 SchfG	360
Artikel 18: Änderung des Hüttenknappschaftlichen Zusatzversicherungs-Gesetzes	360
§ 19 HZvG	360
Artikel 19: Änderung des Zehnten Buches Sozialgesetzbuch	361
§ 74 SGB X	361

Inhaltsverzeichnis

Artikel 20: Änderung des Einführungsgesetzes zum Bürgerlichen Gesetzbuche 362
    Artikel 17 EGBGB 362
    Artikel 17b EGBGB 364
Artikel 21: Änderung des Ersten Gesetzes zur Reform des Ehe- und Familienrechts 365
    Artikel 12 EheRG 365
Artikel 22: Änderung des FGG-Reformgesetzes 366
    Artikel 111 FGG-ReformG 366
Artikel 23: Inkrafttreten, Außerkrafttreten 368
B. Gesetz über die Versorgungsausgleichskasse (VersAusglKassG) 370
    § 1 VersAusglKassG 370
    § 2 VersAusglKassG 370
    § 3 VersAusglKassG 371
    § 4 VersAusglKassG 372
    § 5 VersAusglKassG 373
    § 6 VersAusglKassG 374
    Artikel 9f: Änderung der Deckungsrückstellungsverordnung 374
    § 2 DeckRV 374
    Artikel 9g: Änderung der Pensionsfonds- Deckungsrückstellungsverordnung 375
    § 1 PFDeckRV 375

Teil B: Versorgungssysteme 377

§ 3 Die gesetzliche Rentenversicherung 377

A. Allgemeines 377
B. Ehezeit 377
C. Altersgrenze 378
D. Faktoren für die Berechnung der Altersrente 378
    I. Fiktiver Rentenbeginn als Berechnungszeitpunkt 378
    II. Zugangsfaktor 379
    III. Korrespondierender Kapitalwert für Entgeltpunkte 380
    IV. Rentenartfaktor 381
        1. Allgemeine Rentenversicherung 381
        2. Knappschaftliche Rentenversicherung 381
    V. Aktueller Rentenwert 381
E. Entgeltpunkte 383
    I. Entgeltpunkte West 383
    II. Entgeltpunkte Ost 384
    III. Entgeltpunkte Knappschaft West 384
    IV. Entgeltpunkte Knappschaft Ost 384

F. Steigerungsbeträge der Höherversicherung 385
G. Ehezeitliche Entgeltpunkte 386
   I. So genanntes In-Prinzip 386
   II. Zeiten vor Beginn der Ehezeit 387
   III. Zeiten nach Ende der Ehezeit 388
   IV. Entgeltaufteilung im Jahr des Beginns und Ende der Ehezeit 388
H. Zu- und Abschläge an Entgeltpunkten 389
   I. Zu- und Abschläge nach einem bereits durchgeführten Versorgungsausgleich oder Rentensplitting 389
   II. Zuschläge aus Zahlung zum Ausgleich einer Rentenminderung oder Abfindung von Betriebsrenten 389
   III. Zuschläge aus geringfügiger versicherungsfreier Beschäftigung 389
I. Rentenrechtliche Zeiten 389
   I. Beitragszeiten 390
      1. Pflichtbeiträge 390
      2. Freiwillige Beiträge 390
      3. Kindererziehungszeiten 391
   II. Entgeltpunkte für Beitragszeiten 392
      1. Maßgebliches individuelles Entgelt 392
      2. Durchschnittsentgelt 393
      3. Entgeltpunkte in Sonderfällen 394
   III. Beitragsgeminderte Zeiten 397
   IV. Beitragsfreie Zeiten 398
      1. Belegungsfähige Kalendermonate 398
      2. Gesamtleistungsbewertung 398
   V. Anrechnungszeiten 400
   VI. Zurechnungszeiten 400
   VII. Ersatzzeiten 400
   VIII. Kinderberücksichtigungszeiten 401
J. Weggefallene Besonderheiten 401
   I. Höchstbetrag 401
   II. Rentnerprivileg 401
K. Künstlersozialversicherung 402
L. Saldierung nach der Entscheidung 402
M. Checkliste 403
N. Ehezeitauskunft 404

§ 4 Versicherungsförmige Anwartschaften 425

A. Allgemeines 425
B. Grundsätze 425
C. Bewertung 426
   I. Bezugsgröße 426

II. Rückkaufswert	426
III. Zeitwert	426
IV. Basisrente	427
V. Stornokosten	427
D. Ehezeitanteil	427
E. Externe Teilung	428
F. Interne Teilung	428
G. Steuerliche Auswirkungen	429
H. Probleme bei den Rechnungsgrundlagen	429
I. Checkliste	430

§ 5 Beamtenversorgung … 431

A. Allgemeines	431
B. Faktoren für die Berechnung	431
I. Ruhegehaltsfähige Dienstzeiten	431
II. Ruhegehaltssatz	432
III. Übergangsbestimmungen nach § 85 Abs. 1 i.V.m. Abs. 4 Satz 2 BeamtVG	433
IV. Absenkung des Ruhegehaltssatzes	435
V. Ruhegehaltsfähige Dienstbezüge	436
VI. Berechnung des Brutto-Ruhegeldes vor Anwendung von Anrechnungs-, Kürzungs-, und Ruhensvorschriften	437
C. Ehezeit	437
D. Altersgrenze	438
E. Leistungen	439
F. Sonstiges	439
G. Probleme	439
H. Checkliste für Prüfung der Auskünfte der Beamtenversorgung	440

§ 6 Berufsständische Versorgungen … 441

A. Allgemeines	441
B. Berufsgruppen	441
C. Rechtsgrundlagen	442
D. Leistungen	442
E. Ausgleichswert	443
F. Korrespondierender Kapitalwert	444
G. Bisheriger Versorgungsausgleich	445
H. Reformiertes Recht	445
I. Teilung des Anrechts	446
J. Satzungsänderung aufgrund des VAStrRefG	447
I. Ärztekammer Mecklenburg-Vorpommern	447
II. Satzung der Zahnärzteversorgung Sachsen	448

III. Ärzteversorgung Thüringen 449
IV. Landesärztekammer Hessen 450
K. Probleme 453
L. Checkliste für Auskünfte der Versorgungswerke 453

§ 7 Betriebliche Versorgungen 455
A. Allgemeines 455
B. Wer sind die am Verfahren beteiligten Versorgungsträger? 455
C. Was ist neu? 456
D. Versorgungsarten 456
    I. Leistungszusagen 457
    II. Beitragsorientierte Leistungszusagen 457
    III. Beitragszusage mit Mindestleistung 457
E. Durchführungswege 458
    I. Unterstützungskasse 459
        1. Zusageform 459
        2. Finanzierung 459
        3. Versorgungsausgleich 459
    II. Direktzusage (unmittelbare Versorgungszusage) 459
        1. Zusageform 459
        2. Finanzierung 459
        3. Versorgungsausgleich 459
    III. Direktversicherung 460
        1. Zusageform 460
        2. Finanzierung 460
        3. Versorgungsausgleich 460
    IV. Pensionskasse 461
        1. Zusageform 461
        2. Finanzierung 461
        3. Versorgungsausgleich 461
    V. Pensionsfonds 461
        1. Zusageform 461
        2. Finanzierung 462
        3. Versorgungsausgleich 462
    VI. Sonstige 462
F. Leistungsarten 462
G. Verfallbarkeit 462
H. Insolvenzsicherung 463
I. Wartezeit 463
J. Anpassung 464
K. Wertberechnungen 464
    I. Grundlagen 464

15

Inhaltsverzeichnis

    II. Zeitpunkt der Berechnung 465
   III. Ermittlung des Anrechts 465
   IV. Bewertungsmethoden 465
    V. Zeitratierliche Bewertung 466
L. Korrespondierender Kapitalwert 469
M. Ehezeit 470
N. Teilungskosten 470
O. Vorschlag für Ausgleichswert 471
P. Halbteilungsgrundsatz 471
Q. Rentnerprivileg 472
R. Kürzung des Anrechts der ausgleichspflichtigen Person 472
S. Begründung eines Anrechts bei der ausgleichsberechtigten Person 472
T. Teilungsordnung 473
U. Kosten 473
V. Was müssen die Versorgungsträger tun? 474
W. Auskunftspflichten des Versorgungsträgers 475
X. Risiken des Arbeitgebers 476
Y. Checkliste 477
Z. Fragen und Antworten Betriebliche Altersversorgung 477
     I. Welche Pflichten hat der Arbeitgeber gegenüber dem Familiengericht? .. 477
    II. Welche Pflichten hat der Arbeitgeber gegenüber der ausgleichsberechtigten Person? 480
   III. Welche Pflichten hat der Arbeitgeber gegenüber der ausgleichspflichtigen Person? 480
   IV. Welche Rechte hat der ausgleichspflichtige Mitarbeiter gegenüber dem Arbeitgeber? 481
    V. Welches Gericht ist bei Streitigkeiten der ausgleichsberechtigten Person mit dem Versorgungsträger zuständig? 481
   VI. Was hat der Versorgungsträger zu beachten, wenn die ausgleichsberechtigte Person nach interner Realteilung verstirbt? 481
  VII. Was hat der Versorgungsträger zu beachten, wenn die ausgleichsverpflichtete Person nach interner Realteilung verstirbt? 482
 VIII. Was hat Versorgungsträger zu beachten, wenn die ausgleichsverpflichtete Person nach Zahlung einer Ausgleichsrente verstirbt? 482
   IX. Was muss der Versorgungsträger tun, wenn ein Versorgungsempfänger die Anpassung des Versorgungsausgleichs wegen Unterhalt (§ 33) beantragt? 482
    X. Was kann ein Versorgungsträger tun, wenn eine Anwartschaft aufgrund einer Direktzusage oder aus einer Unterstützungskasse ausgeglichen werden soll? 483
   XI. Was ist bei einer endgehaltsbezogenen Versorgungszusage aufgrund der nachehelichen Einkommensdynamik zu beachten? 483

XII. Was hat der Versorgungsträger zu beachten, wenn die Ehegatten eine abweichende Vereinbarung über eine Abtretung rückständiger Ansprüche treffen? 484

§ 8 Zusatzversorgung des öffentlichen Dienstes 485
A. Allgemeines 485
B. Grundsätze 486
C. Versorgungsträger 486
D. Gesamtversorgungsmodell 486
   I. Startgutschrift 487
      1. Rentennahe Jahrgänge 487
         a) Fiktiver Nettoversorgungssatz 487
         b) Fiktives Nettoentgelt 2001 488
         c) Fiktive Gesamtversorgung abzüglich fiktiver Rente 488
         d) Fiktive Versorgungsrente abzüglich fiktiver Punkte = Startgutschrift 489
      2. Rentenferne Jahrgänge 489
         a) Grundlage des § 18 BetrAVG 489
         b) Berechnung der sog. Voll-Leistung 489
         c) Berechnung des Gesamtversorgungsanspruchs 490
         d) Berechnung des fiktiven Nettoarbeitsentgeltes 491
         e) Berechnung der gesetzlichen Rente im Näherungsverfahren 492
         f) Berechnungsformel für Rentenberechnung im Näherungsverfahren 492
         g) Beispielberechnung der zustehenden Versorgungsrente nach § 18 (2) BetrAVG 493
   II. Musterstreitverfahren 494
E. Versorgungspunktemodell 494
   I. Soziale Komponenten 495
   II. Sonstige Komponenten 496
   III. Die Altersfaktoren 496
   IV. Zugangsfaktor 497
F. Leistungen 498
G. Anpassungen 498
H. Verfallbarkeit 498
I. VBL extra 498
J. VBL dynamik 499
K. Teilung 499
   I. Teilung VBLklassik und VBLextra 499
   II. Teilung VBLdynamik 501
L. Besitzstandsrente 501
M. Gestaltungsmöglichkeiten für die ausgleichsberechtigte Person 502

N. Teilungskosten	502
O. Verrechnung	502
P. VBL: Die Satzung in Form der 14. Änderung	502
Q. Checkliste	504

§ 9 Vereinbarungen ... 505

A. Übersicht	505
B. Formvorschriften	506
C. Inhalts- und Ausübungskontrolle	506
D. Regelungsbereiche	507
I. Ganz oder teilweise Einbeziehung in die Regelung der ehelichen Vermögensverhältnisse	507
II. Ganz oder teilweiser Ausschluss	508
III. Vereinbarung in den schuldrechtlichen Ausgleich nach der Scheidung	509
IV. Verrechnung von Anrechten unterschiedlicher Art	509
E. Hinweise	510
I. Hinweise zur Vereinbarung der internen Teilung	510
II. Hinweise zur Vereinbarung der externen Teilung	511
III. Hinweise zur Vereinbarung der Ehezeit	511
F. Fazit	512
G. Checkliste	512

Teil C: Anhänge ... 515

§ 10 Checklisten ... 515

A. Allgemeine Checklisten	515
I. Durchführung	515
II. Anrechte der Ehegatten	515
III. Allgemeine Prüfung der Auskünfte der Versorgungsträger	515
IV. Ausgleich der Anrechte	516
V. Halbteilung der Anrechte	517
VI. Vereinbarungen zum Versorgungsausgleich	517
VII. Beschluss des Familiengerichts	517
VIII. Auswirkungen für die Ehegatten prüfen	518
IX. Prüfungspflicht der anwaltlichen Berater	518
B. Besondere Checklisten	518
I. Gesetzliche Rentenversicherung	518
II. Versicherungsförmige Versorgungen	519
III. Beamtenversorgung	519
IV. Berufsständische Versorgungen	520
V. Betriebliche Versorgungen	521
VI. Zusatzversorgungen	521

Inhaltsverzeichnis

§ 11 Wertetabellen 523
A. Werte der Rentenversicherung 523
B. Aktueller Rentenwert 524
C. Bezugsgrößen 526
D. Durchschnittsentgelte 527
E. Beitragsbemessungsgrenzen 529
  I. West 529
  II. Ost 532
F. Werte zur Umrechnung der Beitragsbemessungsgrundlagen des Beitrittsgebiets 533
G. Angleichungsfaktoren 535
H. Anhebung Regelaltersgrenzen 536

§ 12 Urteile 538
A. Ehezeitanteil 538
  I. Versorgungsausgleich nach fiktivem Anspruch auf Nachversicherung eines erst nachehelich wiedergewählten Bürgermeisters 538
  II. Ehezeitanteil einer Ministerversorgung 538
  III. Bei Rentenbezug ist für einen Versorgungsausgleich nicht der Ehezeitanteil einer Anwartschaft einzubeziehen, sondern der der laufenden Rente 539
  IV. Trennungszeit von 13 Jahren führt bei mehr als 30-jähriger Ehe nicht zur Beschränkung des Versorgungsausgleichs 539
  V. Die Ehezeit des Versorgungsausgleichs wird durch ein nicht anerkanntes türkisches Eheurteil nicht berührt 539
  VI. Beruht Wertänderung eines Versorgungsanrechts auf individuellen Umständen, bleibt bei Ehezeitende erreichte Gehaltsstufe maßgeblich 540
  VII. Zeit zwischen Ausscheiden aus einem Betrieb und Erreichen der Altersgrenze ist für Ehezeitanteil im Versorgungsausgleich unbeachtlich 540
  VIII. Ausgleichbetrag für vorzeitigen Ruhestand im Versorgungsausgleich 540
  IX. Bemessung des Ehezeitanteils bei nach der Ehezeit vereinbartem vorzeitigen Bezug des Ruhegehalts (GmbH) 541
B. Gesetzliche Rentenversicherung 541
  I. Versorgungsausgleich und Wiederauffüllungsbeiträge 541
  II. Wird Nachversicherung der Rente mit Mitteln finanziert, die in der Ehezeit erworben wurden, muss dies beim Versorgungsausgleich eingerechnet werden 541
  III. „In-Prinzip" bei Rentenanwartschaften 542
  IV. Pflichtbeiträge für Pflegetätigkeit sind in den Versorgungsausgleich einzubeziehen 542
C. Betriebliche Versorgung 542
  I. Allgemein 542

Inhaltsverzeichnis

    II. VBL 543
        1. Ehezeitanteil einer Besitzstandsrente ist im Zeit-Zeit-Verhältnis der zurückgelegten zur gesamten gesamtversorgungsfähigen Zeit zu berechnen 543
        2. Keine Berücksichtigung rechtswidriger Startgutschriftberechnung beim Versorgungsausgleich 543
        3. Laufende Rente 544
        4. Keine ungekürzte Einbeziehung der Ehezeitanteile einer Zusatzversorgung des Ehegatten in den Versorgungsausgleich 544
D. Private Rentenversicherung 544
E. Beamtenversorgung 545
    I. Sonderzahlung für Landesbeamte in NRW im Versorgungsausgleich mit zur Zeit der Entscheidung geltendem Bemessungsfaktor zu berücksichtigen 545
    II. Kürzungen beamtenrechtlicher Versorgungsbezüge durch Verminderung von Sonderzahlungen sind bei Wertermittlung im Versorgungsausgleich zu berücksichtigen 545
    III. Beamtenrechtliche Versorgungsanrechte sind mit dem um die Verminderung der Sonderzahlung verringerten (Brutto-)wert im Versorgungsausgleich zu berücksichtigen 546
    IV. Unterhaltsverpflichtungen eines Beamten aus zweiter Ehe hindern nicht die scheidungsbedingte Kürzung der Versorgungsbezüge 546
    V. Keine Kürzung der Versorgungsbezüge eines Beamten mit dessen Renteneintritt bei Vorliegen eines Härtefalls 546
    VI. Die Verminderung der Sonderzahlung für Pflegeleistungen ist bei der Wertermittlung im Versorgungsausgleich zu berücksichtigen 547
    VII. Abflachungsbetrag beamtenrechtlicher Versorgungsanrechte fällt nicht in öffentlich-rechtlichen Versorgungsausgleich 547
F. Sonstige Versorgungen 547
G. Ehevertrag + Notarvertrag 548
    I. Ehevertraglicher Ausschluss des Versorgungsausgleichs kann in der Anwendung gegen § 242 BGB verstoßen, auch wenn die Abrede zum Zeitpunkt des Vertragsschlusses nicht sittenwidrig war 548
    II. Im Ehevertrag geregelter Versorgungsausgleichsausschluss für eine schwangere ungelernte Frau ist nichtig 548
    III. Eine Veränderung der Ehezeit im Rahmen des Versorgungsausgleichs durch Vereinbarung ist unzulässig 548
H. Nacheheliche Veränderung im laufenden Verfahren 549
I. Schuldrechtlicher Versorgungsausgleich 549
    I. Schuldrechtliche Ausgleichsrente wird um durchgeführten öffentlich-rechtlichen Versorgungsausgleich gekürzt 549

II. Berücksichtigung nachehezeitlicher Wertveränderungen im schuldrechtlichen Versorgungsausgleich 549
III. Keine Verpflichtung eines ausgleichspflichtigen Ehegatten zur Abtretung eines prozentualen dynamischen Anteils seiner Betriebsrente 550
IV. Kein Ausgleich für unterschiedliche Entwicklung von Beamtenversorgung und gesetzlicher Rentenversicherung im schuldrechtlichen Versorgungsausgleich 550
V. Tatsächlich gezahlte Rente 551
  1. Betriebsrente 551
  2. Beamtenversorgung 551
VI. Keine Zahlung einer Ausgleichsrente im verlängerten schuldrechtlichen Versorgungsausgleich für geschiedenen und wiederverheirateten Ehegatten 551
VII. Erstattung zu Unrecht gezahlter Beträge 552
J. Sonstige Verfahrensgrundsätze 552
  I. Internationale Zuständigkeit deutscher Gerichte für isolierte Versorgungsausgleichsverfahren folgt der Zuständigkeit für die Scheidung 552
  II. Versorgungsausgleich auch, wenn Ausgleichspflicht der Ehefrau im Wesentlichen auf Anwartschaften wegen Kindererziehungszeiten beruht ... 552
K. Unbilligkeit 553
  I. Kompensationsloser Versorgungsausschluss kann zur Gesamtnichtigkeit des Ehevertrages führen, wenn die Ehefrau bei Abschluss im neunten Monat schwanger ist 553
  II. Beschränkung des Versorgungsausgleichs auf die Hälfte bei gröblicher Verletzung der Unterhaltspflichten durch den Berechtigten 553
  III. Kein Ausschluss des Versorgungsausgleichs wegen grober Unbilligkeit, wenn vom Ausgleichspflichtigen hingenommen wird, dass der Ausgleichsberechtigte zunächst keine hohen Einkünfte aus seiner Tätigkeit erzielt 553
  IV. Versorgungsausgleich kann bei sog. phasenverschobener Ehe grob unbillig sein 554
  V. Die innere Einstellung gegenüber dem anderen Ehegatten beeinflusst nicht den Versorgungsausgleich 554
  VI. Trotz langer Trennungszeit keine Herabsetzung des Versorgungsausgleichs, wenn Ehegatte widerspruchslos Trennungsunterhalt zahlte 554
L. Aussetzung 555
M. Anfechtung 555
N. Ausschluss 555
  I. Teilweiser Ausschluss des Versorgungsausgleichs bei Aufnahme einer Prostituiertentätigkeit der Ehefrau ohne Kenntnis des Ehemanns 555
  II. Versorgungsausgleich darf auch bei erheblichen Eheverfehlungen des Ehemannes zu Lasten der Ehefrau durchgeführt werden 556

- III. Kompensationsloser Ausschluss des Versorgungsausgleichs ist nichtig .. 556
- IV. Ausschluss eines Ehegatten vom Versorgungsausgleich, der seine Pflicht, zum Familienunterhalt beizutragen, gröblich verletzt hat 556
- V. Kein Ausschluss des Versorgungsausgleichs wegen fehlender Altersvorsorge bei gemeinsamem Immobilienkauf während der Ehe 557
- VI. Kein Ausschluss des Versorgungsausgleichs wegen vor der Ehezeit übernommener Aufwendungen 557
- VII. Kein Versorgungsausgleich für gewalttätigen Ehemann 557
- VIII. Keine Herabsetzung des Versorgungsausgleichs 558
- IX. Begrenzung des Versorgungsausgleichs bei einer über 11 Jahre andauernden Trennung und wirtschaftlicher Verselbstständigung der Eheleute . 558
- X. Wirksamkeit eines notariell beurkundeten Ausschlusses des Versorgungsausgleichs bei Möglichkeit des Aufbaus einer eigenen Altersversorgung durch die Ehefrau 558
- XI. Keine schematische Durchführung des Versorgungsausgleichs bei schweren Straftaten gegen den Ausgleichspflichtigen 559
- O. Verzicht 559

Stichwortverzeichnis 561

Abkürzungsverzeichnis

AA.	Arbeitsamt, Arbeitsagentur, Bundesagentur für Arbeit
Abs.	Absatz
a.F.	alte Fassung
AG	Amtsgericht
AltZertG	Gesetz über die Zertifizierung von Altersvorsorgeverträge
Art.	Artikel
Az.	Aktenzeichen
BAG	Bundesarbeitsgericht
BarwertVO	Barwertverordnung
bAV	betrieblich Altersversorgung
BBG	Beitragsbemessungsgrenze in der gesetzlichen RV
BeamtV	Beamtenversorgung
bStV	berufsständische Versorgung
BetrAVG	Betriebsrentengesetz
BGB	Bürgerliches Gesetzbuch
BSG	Bundessozialgericht
BStBl I	Bundessteuerblatt Teil I
BVerfG	Bundesverfassungsgericht
BVersTG	Bundesversorgungsteilungsgesetz
BVV	Versicherungsverein des Bankgewerbes a.G.; Versorgungskasse des Bankgewerbes e.V.; Pensionsfonds des Bankgewerbes AG
bzw.	beziehungsweise
DRV	Deutsche Rentenversicherung
DV	Direktversicherung
DZ	Direktzusage
EGBGB	Einführungsgesetz zum Bürgerlichen Gesetzbuche
EStG	Einkommensteuergesetzes
FamFG	Familienverfahrensgesetz
FamRZ	Familienrechtszeitung
ff.	fort folgende
FPR	Familie, Partnerschaft, Recht (Zeitschrift)
FuR	Familie und Recht (Zeitschrift)
GG	Grundgesetz
GmbH	Gesellschaft mit beschränkter Haftung
GRV	gesetzliche Rentenversicherung
i.S.	im Sinne

Abkürzungsverzeichnis

i.V.m.	in Verbindung mit
KK	Krankenkasse
KV	Krankenversicherung
KZVK	Kirchliche oder Kommunale Zusatzversorgungskassen
m.w.N.	mit weiteren Nachweisen
m.z.w.N.	mit zahlreichen weiteren Nachweisen
n.F.	neue Fassung
n.v.	nicht veröffentlicht
OLG	Oberlandesgericht
pAV	private Altersversorgung
PF	Pensionsfond
PK	Pensionskasse
PV	Pflegeversicherung
Rn	Randnummer
RV	Die Rentenversicherung (Zeitschrift)
SGB	Sozialgesetzbuch
UK	Unterstützungskasse
usw.	und so weiter
UV	Unfallversicherung
v.	vom
VAHRG	Versorgungsausgleichshärteregelungsgesetz
VAwMG	Gesetz über weitere Maßnahmen auf dem Gebiete des Versorgungsausgleichs
VAStrRefG	Gesetz zur Strukturreform des Versorgungsausgleichs (Artikelgesetz)
VAÜG	Gesetz zur Überleitung des Versorgungsausgleichs auf das Beitrittsgebiet
VBL	Versorgungsanstalt des Bundes und der Länder
VersAusglG	Versorgungsausgleichsgesetz
vgl.	vergleiche
z.B.	zum Beispiel
z.H.	zu Händen
ZeitWK	Zeitwertkonten
ZÖD	Zusatzversorgung öffentlicher Dienst
ZPO	Zivilprozessordnung
ZRP	Zeitschrift für Rechtspolitik

Literaturverzeichnis

Borth, Die Reform des Versorgungsausgleichs, 2009, DAA

Häußerman, Zehn Fallstricke des neuen Versorgungsausgleichs, FPR 2009 Heft 5

Maier/Michaelis, Versorgungsausgleich in der gesetzlichen Rentenversicherung, 8. Auflage Februar 2007

Reimann/Wiechmann, Die Strukturreform des Versorgungsausgleichs – Auswirkungen in der gesetzlichen Rentenversicherung, Deutsche Rentenversicherung, Heft 2 – April 2009

Schott, Die Grundzüge der Strukturreform des Versorgungsausgleichs, RVaktuell 5/6/2009

Wick, Reform des Versorgungsausgleichs – Auswirkungen auf die anwaltliche Praxis, Familienrecht kompakt

Wick, Vereinbarungen über den Versorgungsausgleich – Regelungsbefugnis der Ehegatten, FPR 2009 Heft 5

Weitere Materialien:

Breuers, Einfacher und gerechter – der neue Versorgungsausgleich, Mai 2009, Justizakademie NRW in Recklinghausen

Deutsche Rentenversicherung Bund, „SGB VI – Gesetzliche Rentenversicherung, Text und Erläuterungen"

Eulering, Das neue Versorgungsausgleichsrecht, Justizakademie NRW in Recklinghausen

Harder-Buschner, Steuerliche Begleitung der Strukturreform des Versorgungsausgleichs in der bAV, aba Vortrag Juni 2008

Pohl, Aktuelle Stunde, aba-Forum Steuerrecht am 28. April 2009

Schmid, Versorgungsausgleich in der betrAV, aba Vortrag am 10.6.2008

Viefhues, Elektronische Kommunikation zwischen Familiengerichten und Versorgungsträgern, Unterarbeitsgruppe "Strukturreform des Versorgungsausgleichs" der BLK AG Elektronischer Rechtsverkehr

Entwurf eines Gesetzes zur Strukturreform des Versorgungsausgleichs (VAStrRefG), BT Drucksache 16/10144 vom 20.8.2008 mit Begründung

Gesetz zur Änderung des Vierten Buches Sozialgesetzbuch, zur Errichtung einer Versorgungsausgleichskasse und anderer Gesetze vom 15.7.2009, Bundesgesetzblatt Jahrgang 2009 Teil 1 Nr. 43 vom 21.7.2009

Literaturverzeichnis

Gesetz zur Strukturreform des Versorgungsausgleichs (VAStrRefG), Erläuterungen zu Artikel 5 (Bundesversorgungsteilungsgesetz) und Artikel 6 (Änderung des Beamten-Versorgungsgesetzes), Rundschreiben des BMI vom 19.5.2009

Gesetz zur Strukturreform des Versorgungssausgleich (VAStrRefG) vom 3.4.2009, Bundesgesetzblatt Jahrgang 2009 Teil 1 Nr. 18 vom 8.4.2009

Referentenentwurf für ein Gesetz zur Strukturreform des Versorgungsausgleichs (VAStrRefG) vom 12.2.2008 mit Begründung

Teil A: Strukturreform des Versorgungsausgleichs

§ 1 Überblick über das Reformkonzept

A. Der Versorgungsausgleich als unverzichtbares Institut

Wird die Ehe geschieden, ist es von Verfassung wegen geboten, einen Ausgleich zu schaffen.[1] **1**

Der Versorgungsausgleich soll die von den Eheleuten während der Ehe erworbenen Anrechte auf eine Versorgung wegen Alter und Invalidität gleichmäßig aufteilen – Halbteilungsgrundsatz.

Das Ziel ist frühzeitig eigenständige Versorgungsanrechte der ausgleichsberechtigten Person zu schaffen und damit die Versorgungsschicksale der geschiedenen Eheleute möglichst bei der Scheidung endgültig zu trennen.

Grundsätzlich soll durch interne Teilung jedes Versorgungsanrechts die gerechte Teilhabe im Versorgungsfall erfolgen.

> *Merksatz: Halbteilungsgrundsatz*
>
> Im Versorgungsausgleich sind die in der Ehezeit erworbenen Anteile von Anrechten jeweils zur Hälfte zwischen den geschiedenen Ehegatten zu teilen.

In der betrieblichen Altersversorgung und der privaten Altersversorgung bedeutet **2**
gerechte Teilhabe, dass der Ausgleichswert aufgrund unterschiedlicher biometrischer Risiken (Alter, Geschlecht) und unterschiedlichen Leistungsumfang (Ausgleich für Ausschluss Invalidität und Hinterbliebenenversorgung) nicht zu gleich hohen Rentenbeträgen führen muss.

Die gesetzliche Rentenversicherung kennt diese Differenzierung nicht. Dort werden Entgeltpunkte wertgleich übertragen.

Auch die Riester Versorgungen kennen diese Differenzierung seit der Einführung der Unisex Tarife nicht mehr.

---

1 BVerfG vom 28. Februar 1980 – BvL 17/77 = FamRZ 1980, 326.

§ 1 Teil A: Strukturreform des Versorgungsausgleichs

Der Begriff der Hälfte ist nicht normiert. Es kann die
- numerische Hälfte einer Rente
- mathematische Hälfte eines Deckungskapitals
- um die Teilungskosten gekürzte Hälfte eines Anrechts

sein. Es wird wohl Aufgabe der Gerichte sein, den Ehegatten Ihre Hälfte zu erklären.

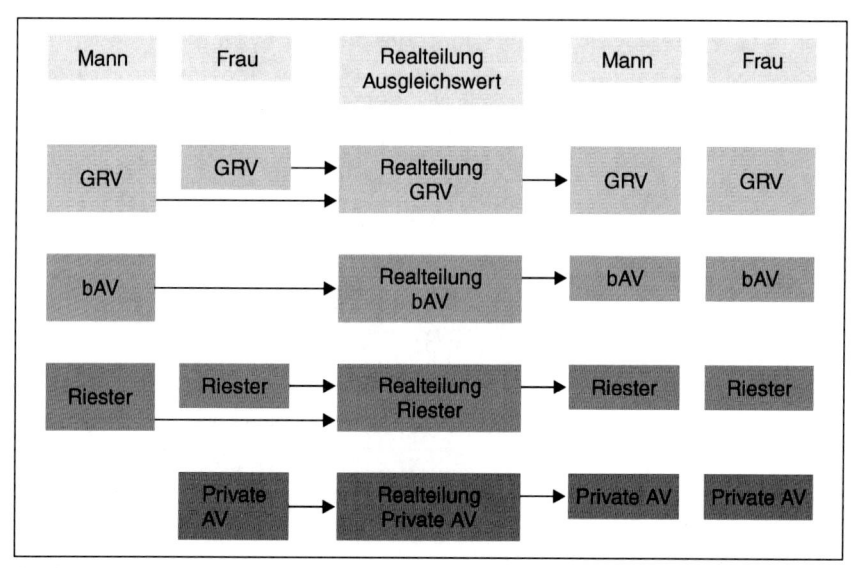

Mann	Frau	Realteilung Ausgleichswert	Mann	Frau
GRV	GRV →	→ Realteilung GRV →	GRV	GRV
bAV	→	Realteilung bAV →	bAV	bAV
Riester	Riester →	→ Realteilung Riester →	Riester	Riester
Private AV	→	Realteilung Private AV →	Private AV	Private AV

Abbildung: Realteilung Ausgleichswerte

Den Gerichten wurde aufgegeben, die Auskünfte und Vorschläge der Versorgungsträger zu prüfen. Der Familienrichter hat die Wahl:

- Er erwirbt umfangreiches Fachwissen um die Auskünfte der Versorgungsträger prüfen und die Berechnungen nachvollziehen zu können.
- Er verlässt sich auf die Auskünfte der Versorgungsträger und überlässt es den Ehegatten und deren anwaltlichen Beratern die Prüfungen vorzunehmen.
- Er bedient sich wie bisher eines Sachverständigen.

Es ist fraglich, ob damit die angestrebte Entlastung der Familiengerichte erreicht wird und es sich nicht weiterhin um ein Expertenrecht handelt.

B. Die Elemente des reformierten Versorgungsausgleichs

I. Der Grundsatz der internen Teilung (Ausgleich bei demselben Versorgungsträger)

Der neue Grundsatz des reformierten Versorgungsausgleichs lautet: **3**

Jedes Anrecht ist innerhalb des jeweiligen Versorgungssystems zu teilen (interne Teilung).

Damit soll nach Willen des Gesetzgebers zweierlei erreicht werden:
- Zum einen entfällt die Notwendigkeit, Anrechte unterschiedlichster Art und Wertenwicklung zum Zwecke des Ausgleichs vergleichbar zu machen. Die Barwert-Verordnung oder ein vergleichbares Instrument werden entbehrlich.
- Zum anderen sollen Transferverluste vermieden werden, also Unterschiede, die mit dem Wechsel von Versorgungssystemen verbunden sind.

Durch die interne Teilung nimmt die ausgleichsberechtigte Person an den Chancen aber auch Risiken des Versorgungssystems der ausgleichspflichtigen Person teil.

Bei der internen Teilung spielen die unterschiedlichen Wertentwicklungen keine Rolle mehr.

Die Abkehr vom Einmalausgleich über die gesetzliche Rentenversicherung erlaubt **4** es, auch betriebliche und private Anrechte schon im Wertausgleich bei der Scheidung vollständig intern zu teilen und damit abschließend zu regeln. Weil das bisherige Recht keine obligatorische Teilung dieser Anrechte vorsah, konnten sie bisher nur zu einem geringen Teil und regelmäßig mit erheblichen Wertverzerrungen über
- das sogenannte „Supersplitting" in der gesetzlichen Rentenversicherung (§ 3b Abs. 1 Nr. 1 VAHRG) und
- Beitragszahlung in die gesetzliche Rentenversicherung (§ 3b Abs. 1 Nr. 2 VAHRG)

ausgeglichen werden.

Mit der Umstellung auf den Grundsatz der internen Teilung entfällt auch das faktische Moratorium aufgrund des Versorgungsausgleichs-Überleitungsgesetzes (VAÜG). Anwartschaften auf der Grundlage von „Entgeltpunkten West" und „Entgeltpunkten Ost" können gesondert ausgeglichen werden.

Ausgleichsansprüche nach der Scheidung (bisher: schuldrechtlicher Versorgungsausgleich) werden damit zugunsten einer abschließenden Regelung im Wertausgleich bei der Scheidung zurückgedrängt.

Wie im bisherigen Recht sind die Maßgaben für die Umsetzung der internen Teilung in den jeweiligen Versorgungssystemen selbst zu regeln.

- Für die gesetzliche Rentenversicherung wurden die Vorschriften des Sechsten Buches Sozialgesetzbuch angepasst.
- Im Dienstrecht der Beamtinnen und Beamten des Bundes wurde das BundesversorgungsTeilungsgesetz (BVersTG) eingefügt, weil auch dort künftig eine interne Teilung vorgesehen ist.
- Für das Betriebsrentenrecht enthält § 11 des Versorgungsausgleichsgesetzes (VersAusglG) Vorgaben für die interne Teilung.
- Sofern besondere Vorschriften für den Vollzug der internen Teilung fehlen, gelten nach § 11 Abs. 2 VersAusglG die Regelungen über das Anrecht der ausgleichspflichtigen Person für das zu übertragende Anrecht entsprechend.
- Für geteilte Betriebsrenten ordnet § 12 VersAusglG an, dass die ausgleichsberechtigte Person die Stellung eines ausgeschiedenen Arbeitnehmers im Sinne des Betriebsrentengesetzes erlangt.

II. Die zulässigen Fälle einer externen Teilung (Ausgleich bei einem anderen Versorgungsträger)

5 Die externe Teilung, also ein mit einem Wechsel des Versorgungsträgers verbundener Ausgleich, ist grundsätzlich in zwei Fällen zulässig:

Nach § 14 Abs. 2 Nr. 1 VersAusglG dann, wenn der Versorgungsträger mit dem Abfluss des Versorgungskapitals einverstanden ist und auch die ausgleichsberechtigte Person zustimmt. In diesem Fall besteht kein Anlass, eine externe Teilung wegen etwaiger Transferverluste von Gesetzes wegen zu unterbinden. Deshalb sieht das Gesetz hier auch keine Wertgrenze vor. Bei kleineren Ausgleichswerten erlaubt es § 14 Abs. 2 Nr. 2 i.V.m. Abs. 3 VersAusglG dem Versorgungsträger, auch ohne Zustimmung der ausgleichsberechtigten Person eine externe Teilung zu verlangen. Damit sollen die Versorgungsträger von der Verwaltung eines zusätzlichen Anrechts entlastetet werden. Dies ist nach dem Willen des Gesetzgebers von der ausgleichsberechtigte Person zu akzeptieren.

6 Schließlich sieht § 16 VersAusglG für die Beamtinnen und Beamten außerhalb der Bundesverwaltung vor, dass es wie nach bisherigem Recht beim Ausgleich über die gesetzliche Rentenversicherung bleibt, solange die Bundesländer im Rahmen ihrer seit der Föderalismusreform begründeten Zuständigkeit eine interne Teilung nicht ermöglichen. Der Bund hat für diese Versorgungen keine Regelungskompetenz mehr. Für Beamtinnen und Beamte des Bundes gilt künftig der Grundsatz der internen Teilung nach § 10 VersAusglG.

Kommt es ausnahmsweise zu einer externen Teilung, so entscheidet die ausgleichsberechtigte Person nach § 15 Abs. 1 VersAusglG über die Zielversorgung, also darüber, in welches Versorgungssystem der Ausgleichswert zu transferieren ist.

Sie kann beispielsweise eine bestehende Versorgung aufstocken, was einer Zersplitterung der Anrechte entgegenwirkt. Übt sie das Wahlrecht nicht aus, so erfolgt die externe Teilung durch die Begründung von Anrechten in der gesetzlichen Rentenversicherung (§ 15 Abs. 3 VersAusglG) oder für Anrecht im Sinne des Betriebsrentenrechts in der Versorgungsausgleichskasse (§ 15 Abs. 5 VersAusglG).

Weitere Einzelheiten sind hierzu im neuen Verfahrensrecht geregelt (siehe § 2 Rn 206 ff., § 222 FamFG). Dazu gehört unter anderem die Verpflichtung des Versorgungsträgers, der sich für eine externe Teilung entscheidet, das entsprechende Vorsorgekapital an den Träger der Zielversorgung zu zahlen.

III. Ausnahmen von der internen oder der externen Teilung

Nicht in jedem Fall ist es erforderlich, ein Anrecht intern oder extern zu teilen. Deshalb sieht das Gesetz folgende Ausnahmen vor:

- Nach § 3 Abs. 3 VersAusglG findet bei einer kurzen Ehe von bis zu drei Jahren ein Ausgleich grundsätzlich nur noch auf Antrag statt.
- Darüber hinaus regelt § 18 VersAusglG zwei Fälle, in denen ein Ausgleich in der Regel verzichtbar ist:
- Das ist zum einen nach § 18 Abs. 1 VersAusglG dann der Fall, wenn die Differenz beiderseitiger *Anrechte gleicher Art* gering ist.
- Zum anderen nach § 18 Abs. 2 VersAusglG *einzelne* Anrechte mit einem geringen Ausgleichswert.

7

IV. Keine „Dynamisierung" und „Totalrevision" mehr erforderlich

Das reformierte Ausgleichssystem kennt keine Vergleichbarmachung aller Anrechte mehr mit Hilfe der Barwert-Verordnung oder eines vergleichbaren Mechanismus:

8

Es wird aber auch im neuen Recht in gewissen Konstellationen eine Gesamtschau erforderlich sein, z.b. bei
- Verfahren zur Prüfung eines Härtefalls nach § 27 VersAusglG

- der Prüfung der Geringfügigkeit von Anrechten gleicher Art nach § 18 VersAusglG
- der Wirksamkeit einer vertraglichen Abrede über den Versorgungsausgleich.

In diesen Fällen ist es für das Familiengericht hilfreich, die gesamte Versorgungslage auf Grundlage einer Vorsorgevermögensbilanz beurteilen zu können. Damit dies systemübergreifend möglich ist, verpflichtet § 5 Abs. 3 VersAusglG diejenigen Versorgungsträger, die nicht ohnehin den Ausgleichswert als Kapitalwert mitteilen, einen korrespondierenden Kapitalwert mitzuteilen (§ 2 Rn 164 ff., siehe § 47 VersAusglG).

Diese Werte können in eine Bilanz eingestellt werden. Sie ermöglichen eine annähernd genaue Bilanzierung aller Ausgleichswerte auf Kapitalwertbasis für die zuvor genannten Zwecke und darüber hinaus auch die Berechnung der Wertdifferenz nach § 18 Abs. 1 VersAusglG.

Darüber hinaus wird die vollständige Überprüfung („Totalrevision") gemäß § 10a VAHRG entbehrlich.

Dynamikunterschiede werden nicht mehr korrigiert, weil die Teilhabe an der künftigen Wertentwicklung gewährleistet sein muss (§ 2 Rn 40, siehe auch § 11 Abs. 1 Satz 2 Nr. 2 VersAusglG).

Bei der externen Teilung verzichtet das Gesetz auf eine nachträgliche Korrektur von Dynamikunterschieden wenn dies der Versorgungsträger und die ausgleichsberechtigte Person vereinbaren oder der Versorgungsträger dies wegen eines geringen Ausgleichswert verlangt (§ 14 Abs. 2 VersAusglG) geregelten Gründen.

Zu Anpassungen (vormals Abänderungen) kommt es nach dem neuen Verfahrensrecht nur noch dann, wenn nachträgliche rechtliche oder tatsächliche Veränderungen auf den Ausgleichswert zurückwirken (§ 2 Rn 216 ff., siehe §§ 225, 226 FamFG).

Auch in diesen Fällen ist aber eine aufwendige Totalrevision nicht mehr erforderlich. Bislang musste der gesamte Ausgleich neu berechnet werden. Künftig genügt die Korrektur des jeweiligen betroffenen Anrechts.

V. Erweiterte Spielräume für Ehegatten, Entlastung der Versorgungsträger und der Gerichte

9 Die Reform schafft neue Gestaltungsspielräume für die Ehegatten, die Familiengerichte und die Versorgungsträger:

Überblick über das Reformkonzept § 1

Die Eheleute können in weiterem Umfang als bislang Vereinbarungen über den Versorgungsausgleich schließen, und zwar sowohl
- in Eheverträgen als auch
- in Scheidungsfolgenvereinbarungen.

Die Inhalts- und Ausübungskontrolle nach Maßgabe der höchstrichterlichen Rechtsprechung soll sicherstellen, dass dies nicht zulasten eines Ehegatten geht. **10**

§ 8 Abs. 1 VersAusglG weist ausdrücklich auf diese Prüfpflicht des Familiengerichts hin. Hält eine Vereinbarung dieser Prüfung und den sonstigen formellen und materiellen Wirksamkeitsvoraussetzungen nach den §§ 7 und 8 VersAusglG stand, ist das Gericht aber nach § 6 Abs. 2 VersAusglG an die von den Ehegatten getroffene Entscheidung gebunden.

Für die betrieblichen und privaten Versorgungsträger sollen die Ausnahmen vom Grundsatz der internen oder externen Teilung Entlastungseffekte mit sich bringen, um die gesteigerte Inanspruchnahme durch die verpflichtende interne Teilung zu kompensieren. **11**

§ 14 VersAusglG sieht für Versorgungsträger ein Wahlrecht zugunsten einer externen Teilung vor. Von diesem Recht werden die Versorgungsträger Gebrauch machen, wenn der damit verbundene Abfluss von Versorgungskapital ihrer spezifischen Interessenlage gerecht wird. **12**

Außerdem können sie bei der internen Teilung die entstehenden Teilungskosten angemessenen an die Ehegatten weiterbelasten (§ 13 VersAusglG).

Das Familiengericht soll künftig von Rechenarbeit entlastet werden, weil § 5 VersAusglG die Versorgungsträger verpflichtet, die bereits berechneten Werte zur Verfügung zu stellen. Diese Arbeit fällt zukünftig vermehrt den Parteien zu. Aufgrund der erforderlichen Prüfungen zu geringfügigen Anrechten (§ 18 VersAusglG), fehlender Ausgleichsreife (§ 19 Abs. 3 VersAusglG) und unbilliger Härte (§ 27 VersAusglG) wird dieses Ziel jedoch nur zum Teil erreicht. **13**

Insbesondere bei betrieblichen Versorgungen ist die Prüfung durch die Gerichte und die anwaltlichen Berater erforderlich, weil diese nicht zu den anpassungsfähigen Anrechten nach § 32 VersAusglG gehören.

VI. Strukturelle und sprachliche Neuordnung des Normenbestands

14 Die bislang auf drei Gesetze verstreuten, teilweise sehr komplizierten Vorschriften in den §§ 1587 ff. BGB, im VAHRG und im VAÜG sind zentral im Versorgungsausgleichsgesetz (VersAusglG) zusammengefasst.

Bislang musste die Praxis mit folgenden Ausgleichsformen zurechtkommen, nämlich:
- durch Übertragung
  - Splitting (§ 1587b Abs. 1 BGB),[2]
  - Supersplitting (§ 3b Abs. 1 Nr. 1 VAHRG)[3]
- durch Begründung
  - Quasi-Splitting (§ 1587b Abs. 2 BGB),

---

[2] § 1587b Übertragung und Begründung von Rentenanwartschaften durch das Familiengericht
(1) Hat ein Ehegatte in der Ehezeit Rentenanwartschaften in einer gesetzlichen Rentenversicherung im Sinne des § 1587a Abs. 2 Nr. 2 erworben und übersteigen diese die Anwartschaften im Sinne des § 1587a Abs. 2 Nr. 1, 2, die der andere Ehegatte in der Ehezeit erworben hat, so überträgt das Familiengericht auf diesen Rentenanwartschaften in Höhe der Hälfte des Wertunterschieds. Das Nähere bestimmt sich nach den Vorschriften über die gesetzlichen Rentenversicherungen.
(2) Hat ein Ehegatte in der Ehezeit eine Anwartschaft im Sinne des § 1587a Abs. 2 Nr. 1 gegenüber einer Körperschaft, Anstalt oder Stiftung des öffentlichen Rechts, einem ihrer Verbände einschließlich der Spitzenverbände oder einer ihrer Arbeitsgemeinschaften erworben und übersteigt diese Anwartschaft allein oder zusammen mit einer Rentenanwartschaft im Sinne des § 1587a Abs. 2 Nr. 2 die Anwartschaften im Sinne des § 1587a Abs. 2 Nr. 1, 2, die der andere Ehegatte in der Ehezeit erworben hat, so begründet das Familiengericht für diesen Rentenanwartschaften in einer gesetzlichen Rentenversicherung in Höhe der Hälfte des nach Anwendung von Absatz 1 noch verbleibenden Wertunterschieds. Das Nähere bestimmt sich nach den Vorschriften über die gesetzlichen Rentenversicherungen.

[3] § 3b Erweiterter Ausgleich (Super-Splitting, Super-Quasi-Splitting, Anwartschaftsbegründung durch Beitragszahlung)
(1) Verbleibt auch nach Anwendung des § 1587b des Bürgerlichen Gesetzbuchs und des § 1 Abs. 2 und 3 noch ein unverfallbares, dem schuldrechtlichen Versorgungsausgleich unterliegendes Anrecht, kann das Familiengericht
1. ein anderes vor oder in der Ehezeit erworbenes Anrecht des Verpflichteten, das seiner Art nach durch Übertragung oder Begründung von Anrechten ausgeglichen werden kann, zum Ausgleich heranziehen. Der Wert der zu übertragenden oder zu begründenden Anrechte darf, bezogen auf das Ende der Ehezeit, insgesamt zwei vom Hundert des auf einen Monat entfallenden Teils der am Ende der Ehezeit maßgebenden Bezugsgröße (§ 18 des Vierten Buches Sozialgesetzbuch) nicht übersteigen;
2. den Verpflichteten, soweit ihm dies nach seinen wirtschaftlichen Verhältnissen zumutbar ist, verpflichten, für den Berechtigten Beiträge zur Begründung von Anrechten auf eine bestimmte Rente in einer gesetzlichen Rentenversicherung zu zahlen; dies gilt nur, solange der Berechtigte die Voraussetzungen für eine Vollrente wegen Alters aus der gesetzlichen Rentenversicherung nicht nicht erfüllt. Das Gericht kann dem Verpflichteten Ratenzahlungen gestatten; es hat dabei die Höhe der dem Verpflichteten obliegenden Ratenzahlungen festzusetzen; § 1587d Abs. 2, § 1587e Abs. 3 und § 1587f Nr. 3 des Bürgerlichen Gesetzbuchs gelten entsprechend.

- analoges Quasisplitting (§ 1 Abs. 3 VAHRG),[4]
- Superquasisplitting (§ 3b Abs. 1 Nr. 1 VAHRG i.V.m. 1587b Abs. 2 BGB),
- analoges Superquasisplitting (§ 1 Abs. 3 VAHRG i.V.m. § 1 Abs. 3 VAHRG),
- der Verpflichtung zur Beitragszahlung (§ 3b Abs. 1 Nr. 2 VAHRG).
- der Realteilung (§ 1 Abs. 2 VAHRG).

Im Wertausgleich bei der Scheidung kennt das reformierte Recht nur noch
- die interne Teilung (§ 10 Abs. 1 VersAusglG),
- die externe Teilung (§ 14 Abs. 1 VersAusglG) und
- den Ausgleich nach der Scheidung (§§ 20 ff. VersAusglG).

Auch vermeidet das reformierte Recht Ausgleichsreste, die bislang durch die Wertgrenzen in § 1587b Abs. 5 BGB[5] und § 3b Abs. 1 Nr. 1 VAHRG entstanden sind und bei einem späteren schuldrechtlichen Ausgleich dieser Reste sehr schwierige Berechnungen ausgelöst haben.

---

4 § 1 Beseitigung der Beitragszahlungspflicht im Versorgungsausgleich, Realteilung, Quasi-Splitting
(1) Sind im Versorgungsausgleich andere als die in § 1587b Abs. 1 und 2 des Bürgerlichen Gesetzbuchs genannten Anrechte auszugleichen, so gelten an Stelle des § 1587b Abs. 3 Satz 1 des Bürgerlichen Gesetzbuchs die nachfolgenden Bestimmungen.
(2) Wenn die für ein Anrecht des Verpflichteten maßgebende Regelung dies vorsieht, begründet das Familiengericht für den anderen Ehegatten ein Anrecht außerhalb der gesetzlichen Rentenversicherung (Realteilung). Das Nähere bestimmt sich nach den Regelungen über das auszugleichende und das zu begründende Anrecht.
(3) Findet ein Ausgleich nach Absatz 2 nicht statt und richtet sich das auszugleichende Anrecht gegen einen öffentlich-rechtlichen Versorgungsträger, so gelten die Vorschriften über den Ausgleich von Anrechten aus einem öffentlich-rechtlichen Dienstverhältnis (Quasi-Splitting) sinngemäß.

5 § 1587b Übertragung und Begründung von Rentenanwartschaften durch das Familiengericht
(5) Der Monatsbetrag der nach Absatz 1 zu übertragenden oder nach Absatz 2, 3 zu begründenden Rentenanwartschaften in den gesetzlichen Rentenversicherungen darf zusammen mit dem Monatsbetrag der in den gesetzlichen Rentenversicherungen bereits begründeten Rentenanwartschaften des ausgleichsberechtigten Ehegatten den in § 76 Abs. 2 Satz 3 des Sechsten Buches Sozialgesetzbuch bezeichneten Höchstbetrag nicht übersteigen.

§ 2 Gesetz zur Strukturreform des Versorgungsausgleichs (VAStrREfG)

1 Das Gesetz zu Strukturreform des Versorgungsausgleichs ist ein Artikelgesetz mit 22 Artikeln.

Es enthält Änderungen verschiedener
- bestehender Gesetze
- Sozialgesetzbuch VI
- Abgeordnetenversorgungsgesetz
- und neue Gesetze
- Versorgungsausgleichsgesetz
- Beamtenversorgungsteilungsgesetz

Im Folgenden werden die einzelnen Artikel erläutert.

A. Artikel 1: Gesetz über den Versorgungsausgleich (Versorgungsausgleichsgesetz – VersAusglG)

Teil 1: Der Versorgungsausgleich

2 Teil 1 umfasst die zentralen Vorschriften über den Ausgleich der Versorgungsanrechte.

Die Wertermittlungsvorschriften in Teil 2 sind in erster Linie für die Berechnung des Ehezeitanteils und die Ermittlung eines Ausgleichswerts durch die Versorgungsträger von Bedeutung.

Für Scheidungen, die bis zum 31.12.1991 im Beitragsgebiet erfolgt sind, bleibt es wie nach der bisherigen Rechtslage dabei, dass kein Versorgungsausgleich durchzuführen ist.

Kapitel 1: Allgemeiner Teil

3 In diesem Kapitel befinden sich die grundlegenden allgemeinen Bestimmungen für den Ausgleich und dessen Durchführung:
- Der Halbteilungsgrundsatz (§ 1 VersAusglG)
- Die Definition der auszugleichenden Anrechte (§ 2 VersAusglG)
- Die Vorschriften zur Ehezeit (§ 3 VersAusglG)

- Die Auskunftsansprüche (§ 4 VersAusglG)
- Die Berechnungsgrundlagen (§ 5 VersAusglG)

Sie haben Bedeutung für jedes Ausgleichsverfahren.

Einer Legaldefinition, wer Versorgungsträger im Sinne dieses Gesetzes ist, bedarf es nicht. In Zweifelsfällen sind die Bestimmungen des jeweiligen Versorgungssystems maßgeblich.

Bei der betrieblichen Altersversorgung im Sinne des § 1 Abs. 1 Satz 1 BetrAVG etwa stellt § 1 Abs. 1 Satz 2 BetrAVG klar, dass die Durchführung der Versorgung entweder unmittelbar über den Arbeitgeber oder über einen der in § 1b Abs. 2 bis 4 BetrAVG genannten Versorgungsträger erfolgen kann.

Versorgungsträger ist also je nach Zusage entweder

- der Arbeitgeber selbst oder das Versicherungsunternehmen der Direktversicherung (§ 1b Abs. 2 BetrAVG),
- die Pensionskasse (§ 1b Abs. 3 BetrAVG),
- der Pensionsfonds (§ 1b Abs. 3 BetrAVG) oder
- die Unterstützungskasse (§ 1b Abs. 4 BetrAVG).

§ 1 VersAusglG   Halbteilung der Anrechte

(1) Im Versorgungsausgleich sind die in der Ehezeit erworbenen Anteile von Anrechten (Ehezeitanteile) jeweils zur Hälfte zwischen den geschiedenen Ehegatten zu teilen.

(2) Ausgleichspflichtige Person im Sinne dieses Gesetzes ist diejenige, die einen Ehezeitanteil erworben hat. Der ausgleichsberechtigten Person steht die Hälfte des Werts des jeweiligen Ehezeitanteils (Ausgleichswert) zu.

Absatz 1 beschreibt das Grundprinzip des reformierten Versorgungsausgleichs. Er regelt die Halbteilung, die Anknüpfung an die Ehezeit und den Gegenstand des Ausgleichs (Ehezeitanteil eines Anrechts). Somit ist § 1 Abs. 1 VersAusglG auch der Programmsatz für das gesamte Gesetz.

4

Die Eingangsnorm stellt zugleich heraus, auf welche Weise im neuen Recht der Grundsatz der gleichmäßigen Teilhabe der Eheleute am ehezeitlichen Vorsorgevermögen verwirklicht werden soll, nämlich durch die Teilung jedes Anrechts.

Die Halbteilung ist hierbei der Maßstab des Versorgungsausgleichsrechts; er ist bei der Auslegung einzelner Vorschriften und bei Ermessensentscheidungen zu berücksichtigen.

Merksatz: Halbteilung

Halbteilung = gleichmäßige Teilhabe am ehezeitlichen Vorsorgevermögen durch Teilung jedes Anrechts.

Der Begriff der Teilung umfasst

- die interne Teilung im Rahmen eines Versorgungssystems (§§ 10 bis 13 VersAusglG),
- die in Ausnahmefällen zulässige externe Teilung (§§ 14 bis 17 VersAusglG) und
- die Ausgleichsansprüche nach der Scheidung (§§ 20 bis 26 VersAusglG).

Der in Satz 1 eingeführte Begriff des Ehezeitanteils beschreibt den Gegenstand des Ausgleichs. Dabei handelt es sich um den Anteil eines Anrechts, der in der Ehezeit „geschaffen" wurde; die Einzelheiten der Zuordnung zu Ehezeit ergeben sich aus § 3 Abs. 2 VersAusglG. Welche Anrechte dies betrifft, folgt aus § 2 VersAusglG. Die Ehezeit wird in § 3 VersAusglG genau bestimmt. Die Bewertung des Ehezeitanteils richtet sich nach § 5 VersAusglG in Verbindung mit §§ 39 ff. VersAusglG.

In Absatz 2 werden die ausgleichsberechtigte und die ausgleichspflichtige Person gesetzlich definiert.

Bereits hier wird deutlich, dass wegen des anrechtsbezogenen Ausgleichs jeder Ehegatte grundsätzlich ausgleichspflichtig ist, wenn er Anrechte während der Ehezeit erworben hat. Der andere Ehegatte ist insoweit ausgleichsberechtigt.

Merksatz: Ausgleichspflicht

Ein ehezeitliches Anrecht führt zur Ausgleichspflicht.

Hier weicht das reformierte Recht vom bisherigen § 1587a Abs. 1 Satz 2 BGB[1] ab, der nach Bilanzierung aller Anrechte der Eheleute nur eine Ausgleichsrichtung bestimmte.

---

1 § 1587a Ausgleichsanspruch
(1) Ausgleichspflichtig ist der Ehegatte mit den werthöheren Anwartschaften oder Aussichten auf eine auszugleichende Versorgung. Dem berechtigten Ehegatten steht als Ausgleich die Hälfte des Wertunterschieds zu.

Absatz 2 Satz 2 führt den Begriff des Ausgleichswerts ein. Das ist der Wert, der von dem Ehezeitanteil des Anrechts (§ 1 Abs. 1 VersAusglG) auf die ausgleichsberechtigte Person zu transferieren ist, um insoweit die Halbteilung dieses Anrechts zu realisieren.

Merksatz: Ausgleichswert

Ist der Wert, der von dem Ehezeitanteil des Anrechts auf die ausgleichsberechtigte Person zur Realisierung der Halbteilung zu transferieren ist.

$$Ausgleichswert = \frac{Ehezeitanteil\ des\ Anrechts}{2} ./. \frac{Teilungskosten}{2}$$

Es kann jedoch zur Abweichung vom Grundsatz der numerischen Halbteilung kommen wenn das Deckungskapital nach einer Versorgungsregelung in der Weise aufgeteilt wird, dass für die Ehegatten gleich hohe Rentenbeträge erzeugt werden. Aufgrund der biometrischen Unterschiede (Geschlecht, Alter) können sich unterschiedliche Parameter ergeben. Diese ungleiche Aufteilung des Deckungskapitals um gleich hohe Rentenbeträge zu erzeugen ist zulässig da die gleichmäßige Teilhabe gewahrt bleibt.

Tabelle: Aufteilung Deckungskapital

Ehezeitliches Deckungskapital 20.000,- EUR vor Ausgleich	Ausgleichsberechtigte Person	Ausgleichspflichtige Person
Geschlecht, Alter	Weiblich, 40 Jahre	Männlich, 50 Jahre
Abzug Rentenbetrag		100,- EUR
Zuschlag Rentenbetrag	100,- EUR	
Deckungskapital nach Ausgleich	13.000,- EUR	7.000,- EUR

| § 2 VersAusglG | Auszugleichende Anrechte |

(1) Anrechte im Sinne dieses Gesetzes sind im In- oder Ausland bestehende Anwartschaften auf Versorgungen und Ansprüche auf laufende Versorgungen, insbesondere aus der gesetzlichen Rentenversicherung, aus anderen Regelsicherungssystemen wie der Beamtenversorgung oder der berufsständischen Versorgung, aus der betrieblichen Altersversorgung oder aus der privaten Alters- und Invaliditätsvorsorge.

(2) Ein Anrecht ist auszugleichen, sofern es
1. durch Arbeit oder Vermögen geschaffen oder aufrechterhalten worden ist,

2. der Absicherung im Alter oder bei Invalidität, insbesondere wegen verminderter Erwerbsfähigkeit, Berufsunfähigkeit oder Dienstunfähigkeit, dient und
3. auf eine Rente gerichtet ist; ein Anrecht im Sinne des Betriebsrentengesetzes oder des Altersvorsorgeverträge-Zertifizierungsgesetzes ist unabhängig von der Leistungsform auszugleichen.

(3) Eine Anwartschaft im Sinne dieses Gesetzes liegt auch vor, wenn am Ende der Ehezeit eine für das Anrecht maßgebliche Wartezeit, Mindestbeschäftigungszeit, Mindestversicherungszeit oder ähnliche zeitliche Voraussetzung noch nicht erfüllt ist.

(4) Ein güterrechtlicher Ausgleich für Anrechte im Sinne dieses Gesetzes findet nicht statt.

5 § 2 VersAusglG definiert die einzubeziehenden Anrechte im Sinne des Versorgungsausgleichs und grenzt sie gegenüber nicht einzubeziehenden Vermögensgegenständen ab. Nach dieser Vorschrift ist also zu entscheiden, ob ein Anrecht grundsätzlich in den Versorgungsausgleich einzubeziehen ist oder nicht.

Bislang waren nach § 1587 Abs. 1 BGB[2] „Anwartschaften und Aussichten" Gegenstand des Versorgungsausgleichs.

Absatz 1 spricht jetzt von „Anwartschaften auf Versorgungen und Ansprüchen auf laufende Versorgungen". Klargestellt ist damit, dass ein Anrecht auch dann dem Ausgleich unterliegt, wenn bereits eine laufende Versorgung fließt. Dies entspricht der Auslegung des bislang geltenden Rechts. Auf die Kategorie der „Aussichten" wird verzichtet.

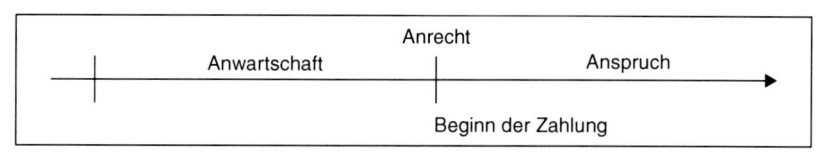

```
                          Anrecht
           Anwartschaft  |         Anspruch
       |─────────────────|──────────────────────▶
                     Beginn der Zahlung
```

Abbildung: Ansprüche

2   § 1587 Auszugleichende Versorgungsanrechte
(1) Zwischen den geschiedenen Ehegatten findet ein Versorgungsausgleich statt, soweit für sie oder einen von ihnen in der Ehezeit Anwartschaften oder Aussichten auf eine Versorgung wegen Alters oder verminderter Erwerbsfähigkeit der in § 1587a Abs. 2 genannten Art begründet oder aufrechterhalten worden sind. Außer Betracht bleiben Anwartschaften oder Aussichten, die weder mit Hilfe des Vermögens noch durch Arbeit der Ehegatten begründet oder aufrechterhalten worden sind.

Nach dem bislang geltenden Recht waren die Unterschiede zwischen Aussichten und Anwartschaften nicht immer klar; ebenso wenig wie die damit verbundenen Rechtsfolgen. Den praktisch wichtigsten Zweifelsfall, nämlich die Nichterfüllung einer allgemeinen Wartezeit, regelt Absatz 3. Deshalb ist die Differenzierung zwischen Aussichten und Anwartschaften entbehrlich.

Das reformierte Recht verwendet daher den einheitlichen Begriff des Anrechts. Zudem wird ausdrücklich klargestellt, dass auch im Ausland bestehende Anwartschaften und Ansprüche in den Versorgungsausgleich einzubeziehen sind.

In Absatz 1 Halbsatz 2 sind als Regelbeispiele Anrechte aufgezählt, die in den Versorgungsausgleich einzubeziehen sind. Erwähnt sind in Anlehnung an das „Drei-Säulen-Modell" der Vorsorge
- die Regelsicherungssysteme,
- die betriebliche Altersversorgung sowie
- die private Alters- und Invaliditätsvorsorge.
- Anrechte gegenüber ausländischen, zwischen- oder überstaatlichen Versorgungsträgern.

Die beispielhafte Aufzählung ist nicht abschließend.

Absatz 2 definiert die qualitativen Voraussetzungen, unter denen ein Anrecht dem Versorgungsausgleich unterliegt. Hierbei müssen sämtliche in den Nummern 1 bis 3 genannten Kriterien erfüllt sein. **6**

Nummer 1 entspricht dem bisherigen § 1587 Abs. 1 Satz 2 BGB. Im Versorgungsausgleich zu berücksichtigende Anrechte müssen also durch Arbeit oder Vermögen erworben worden sein. Im Rahmen der gesetzlichen Rentenversicherung sind Anrechte aus Arbeit auch solche, die als rentenrechtliche Zeiten im Sinne des § 54 des Sechsten Buches Sozialgesetzbuch (SGB VI) genannt sind (Beitragszeiten, beitragsfreie Zeiten, Berücksichtigungszeiten).

Auch die zweite Alternative in Nummer 1 – der Erwerb durch Vermögen – ist ohne Änderung aus dem bisherigen Recht übernommen worden. Maßgeblich ist hier, dass eigenes Vermögen der Eheleute zur Schaffung oder Aufrechterhaltung eines Anrechts verwendet wird. Auf die Zweckbestimmung beim Erwerb des Anrechts kommt es, wie im bislang geltenden Recht, nicht an.[3]

Der Erwerb durch Arbeit oder Vermögen ist im Einzelfall von Leistungen mit Entschädigungscharakter abzugrenzen. Letztere sind wie im bislang geltenden Recht

---

3 BGH vom 13. Januar 1993 – XII ZB 75/89 = FamRZ 1993, 684.

nicht einzubeziehen, und zwar auch dann nicht, wenn zu dem schädigenden Ereignis ein beruflicher Bezug besteht wie bei der gesetzlichen Unfallversicherung. Ebenso wenig unterliegt die private Unfallrente dem Versorgungsausgleich.

Im Übrigen ist eine wertende Betrachtung im Einzelfall erforderlich, ob eine Versorgung nach Sinn und Zweck des Versorgungsausgleichs einzubeziehen ist oder nicht. So hat der Bundesgerichtshof zutreffend entschieden, dass bei Abwägung aller Umstände die niederländische AOW-Pension in den Versorgungsausgleich einzubeziehen ist.[4]

7 Nummer 2 bezieht sich auf den Gegenstand der Vorsorge und umfasst neben der Altersversorgung auch eine Versorgung wegen Invalidität. Dies entspricht dem bislang geltenden Recht. Der Begriff der Invalidität ist in der gesetzlichen Rentenversicherung durch den Begriff der verminderten Erwerbsfähigkeit ersetzt worden. Diese ist nach § 33 Abs. 3 SGB VI wiederum der Oberbegriff für Renten wegen voller oder teilweiser Erwerbsminderung nach § 43 SGB VI, wegen Berufsunfähigkeit der Bergleute nach § 45 SGB VI und wegen Erwerbs- und Berufsunfähigkeit nach Übergangsrecht (§§ 240 bis 242 SGB VI).

Der Begriffswechsel in der gesetzlichen Rentenversicherung ist aber von vielen anderen Vorsorgesystemen nicht nachvollzogen worden. In den einschlägigen betrieblichen Versorgungsordnungen ist weiterhin meist von „Invalidität" die Rede. In der Beamtenversorgung bezeichnet „Dienstunfähigkeit" den vergleichbaren Sachverhalt. Deshalb verwendet das Versorgungsausgleichsgesetz den Begriff „Invalidität" im Sinne einer bei allen Versorgungen möglichen Einschränkung der Arbeits- oder Dienstfähigkeit vor dem Erreichen der Regelaltersgrenze. Die nicht abschließende Aufzählung der jeweiligen Fachbegriffe in Nummer 2 stellt dies klar.

Für selbstständige private laufende Versorgungen wegen Invalidität enthält § 28 VersAusglG eine Spezialvorschrift.

Sofern eine Hinterbliebenenversorgung zum Leistungsspektrum des auszugleichenden Anrechts gehört, sind diese Leistungen in den Versorgungsausgleich mit einzubeziehen, und zwar auch dann, wenn sie im Einzelfall versicherungsmathematisch gesondert bewertet werden können.

Nur die isolierte Hinterbliebenenversorgung ist nicht in den Versorgungsausgleich mit einzubeziehen.

---

4 BGH vom 6. Februar 2008 – XII ZB 66/07.

Nummer 3 Halbsatz 1 stellt klar, dass Anrechte dem Versorgungsausgleich unterliegen, wenn sie auf eine Leistung in Rentenform gerichtet sind. Maßgeblich für eine Rente sind zum einen eine regelmäßig wiederkehrende Geldzahlung und zum anderen die Absicherung eines Risikos, insbesondere des biometrischen „Risikos" der Langlebigkeit, also eine Leistung für die Dauer der Lebenszeit oder aber der Invalidität der begünstigten Person.

8

Nummer 3 Halbsatz 2 bestimmt zum einen, dass anders als nach dem bislang geltenden Recht alle Anrechte nach dem Betriebsrentengesetz in den Versorgungsausgleich einzubeziehen sind, und zwar unabhängig von der Leistungsform.

Ein Ausgleich findet also auch statt, wenn das betriebliche Anrecht auf eine Kapitalzahlung gerichtet ist.

Bisher wurden auf Kapitalauszahlung gerichtete Versorgungszusagen im Zugewinnausgleich berücksichtigt. Daraus ergaben sich verschiedene Probleme, denen mit der Einbeziehung in den Versorgungsausgleich begegnet wird:
- Beim Zugewinnausgleich muss die ausgleichspflichtige Person die Forderung der ausgleichsberechtigten Person mit Rechtskraft des Urteils auch dann erfüllen, wenn die auszugleichende Versorgung selbst weder fällig noch anderweitig verfügbar ist.
- Die notwendige Liquidität muss durch den ausgleichspflichtigen Ehegatten aus anderen Mitteln aufgebracht werden, die gerade in der Scheidungssituation oft nicht vorhanden sind.

In Einzelfällen wurde der Versorgungsausgleich umgangen, indem nach Rechtshängigkeit des Scheidungsantrags ein Kapitalwahlrecht ausgeübt wurde.[5]

Nummer 3 Halbsatz 2 regelt, dass auch Anrechte nach dem Altersvorsorgeverträge-Zertifizierungsgesetz unabhängig von der konkreten Auszahlungsform auszugleichen sind.

Zu diesen Auszahlungsformen gehören
- die lebenslange Leibrente,
- der Auszahlungsplan mit anschließender Teilkapitalverrentung.[6]

Bei diesen Anlageformen ist eine reguläre Auszahlung vor Vollendung des 60. Lebensjahres grundsätzlich nicht möglich. Außerdem sind nur Auszahlungsarten begünstigt, die dem Anleger oder der Anlegerin eine lebenslange Altersversorgung

---

5 BGH vom 5. Februar 2003 – XII ZB 53/98 = FamRZ 2003, 664.
6 Siehe § 1 Abs. 1 Satz 1 Nr. 4 AltZertG.

gewähren. Hierzu gehören neben der lebenslangen Rente auch die Auszahlung im Rahmen eines Auszahlungsplans mit Teilverrentung ab dem 85. Lebensjahr und die zu Beginn der Auszahlungsphase mögliche Teilkapitalisierung in Höhe von 30 Prozent des zur Verfügung stehenden Kapitals.

Eine besondere Regelung zur Einbeziehung von Kapitalleistungen berufsständischer Versorgungsträger in den Versorgungsausgleich ist entbehrlich. Diese spielen praktisch keine Rolle mehr, nachdem seit dem Veranlagungszeitraum 2005 der steuerliche Sonderausgabenabzug nach § 10 Abs. 1 Nr. 2 Buchstabe a des Einkommensteuergesetzes (EStG) für Beiträge zu berufsständischen Versorgungseinrichtungen nur noch dann möglich ist, wenn sie den gesetzlichen Rentenversicherungen vergleichbare Leistungen erbringen.[7]

Kapitalabfindungen sind keine vergleichbaren Leistungen im Sinne dieser Vorschrift. Im Übrigen ist wie im bislang geltenden Recht eine Regelung über den Zugewinnausgleich möglich.

9   Die Erfassung der zuvor genannten Anrechte aus der betrieblichen und privaten Altersversorgung erfordert es nicht, auch private Kapitallebensversicherungen in den Versorgungsausgleich einzubeziehen. Anders als Leistungen der betrieblichen Altersversorgung oder aus einem zertifizierten Altersvorsorgevertrag haben diese strukturell nicht immer Vorsorgecharakter, sondern dienen teilweise der Finanzierung größerer Anschaffungen und damit nicht nur der Vorsorge, sondern auch dem Konsum.

Zudem kann die ausgleichspflichtige Person über das angesparte Kapital in der Anwartschaftsphase verfügen, zum Beispiel durch eine vorzeitige Kündigung. Dies ist bei Anrechten der betrieblichen Altersversorgung regelmäßig nicht möglich. Daher bleibt es dabei, nur diejenigen privaten Lebensversicherungen in den Versorgungsausgleich einzubeziehen, die auf eine Rentenleistung gerichtet sind.

Dies gilt auch für Verträge mit Kapitalwahlrecht, solange das Wahlrecht nicht ausgeübt ist. Sofern das Anrecht nicht dem Versorgungsausgleich unterliegt, findet wie nach dem bislang geltenden Recht gegebenenfalls ein güterrechtlicher Ausgleich statt.

Absatz 3 stellt klar, dass es für die Charakterisierung eines Anrechts als Anwartschaft im Sinne dieses Gesetzes nicht darauf ankommt, welchen Grad von Verfesti-

---

7   Siehe Rundschreiben des Bundesministeriums der Finanzen vom 7. Februar 2007 – IV C 8 – S 2221 – 128/06 = BStBl I 2007 S. 262.

gung es bereits erreicht hat. Mithin sind auch Anrechte erfasst, bei denen noch weitere Bedingungen erfüllt sein müssen als der Eintritt des versicherten Risikos. Die Formulierung entspricht weitgehend § 1587a Abs. 7 Satz 1 Halbsatz 1 BGB[8] des geltenden Rechts, der insoweit mit einer kleinen sprachlichen Änderung übernommen wurde.

Absatz 4 regelt die Abgrenzung zum Güterrecht. Sie entspricht im Ergebnis § 1587 Abs. 3 BGB.[9] Es wird nun deutlicher als bislang, dass eine Doppelverwertung eines Anrechts sowohl im Versorgungsausgleich als auch über das Güterrecht, insbesondere im Zugewinnausgleich, nicht stattfindet.[10]

Übersicht: Anrechte

Einzubeziehende Anrechte aus Arbeit oder Vermögen	Nicht einzubeziehende Versorgungen
Anrechte gegenüber ausländischen oder überstaatlichen Versorgungsträgern	Vermögensgegenstände
Regelsicherungssysteme (gesetzliche Rentenversicherung, Beamtenversorgung, berufsständische Versorgung	isolierte Hinterbliebenenversorgungen
betriebliche Altersversorgung unabhängig von der Leistungsform	Leistungen mit Entschädigungscharakter
private Alters- und Invalidenvorsorge	private Kapitallebensversicherungen
reine Versorgung wegen Invalidität	Zeitwertkonten in Ansparphase
Anrechte nach dem Altersvorsorgeverträge-Zertifizierungsgesetz unabhängig von der Auszahlungsform	
lebenslange Leibrenten	

---

8 § 1587a Ausgleichsanspruch
   (7) Für die Zwecke der Bewertung nach Absatz 2 bleibt außer Betracht, dass eine für die Versorgung maßgebliche Wartezeit, Mindestbeschäftigungszeit, Mindestversicherungszeit oder ähnliche zeitliche Voraussetzungen im Zeitpunkt des Eintritts der Rechtshängigkeit des Scheidungsantrags noch nicht erfüllt sind; Absatz 2 Nr. 3 Satz 3 bleibt unberührt. Dies gilt nicht für solche Zeiten, von denen die Rente nach Mindesteinkommen in den gesetzlichen Rentenversicherungen abhängig ist.
9 § 1587 Auszugleichende Versorgungsanrechte
   (3) Für Anwartschaften oder Aussichten, über die der Versorgungsausgleich stattfindet, gelten ausschließlich die nachstehenden Vorschriften; die güterrechtlichen Vorschriften finden keine Anwendung.
10 Siehe BGH vom 11. März 1992 – XII ZB 172/90 = FamRZ 1992, 790.

§ 2 Gesetz über den Versorgungsausgleich (VersAusglG)

Einzubeziehende Anrechte aus Arbeit oder Vermögen	Nicht einzubeziehende Versorgungen
Auszahlungsplan mit anschließender Teilkapitalverrentung	
privaten Lebensversicherungen die auf eine Rentenleistung gerichtet sind	
Zeitwertkonten in Freistellungsphase	

§ 3 VersAusglG — Ehezeit, Ausschluss bei kurzer Ehezeit

(1) Die Ehezeit im Sinne dieses Gesetzes beginnt mit dem ersten Tag des Monats, in dem die Ehe geschlossen worden ist; sie endet am letzten Tag des Monats vor Zustellung des Scheidungsantrags.

(2) In den Versorgungsausgleich sind alle Anrechte einzubeziehen, die in der Ehezeit erworben wurden.

(3) Bei einer Ehezeit von bis zu drei Jahren findet ein Versorgungsausgleich nur statt, wenn ein Ehegatte dies beantragt.

Absatz 1 entspricht in der Sache § 1587 Abs. 2 BGB[11] des bislang geltenden Rechts.

Die Ehezeit endet am letzten Tag des Monats, der der Zustellung des Scheidungsantrags vorausgeht.

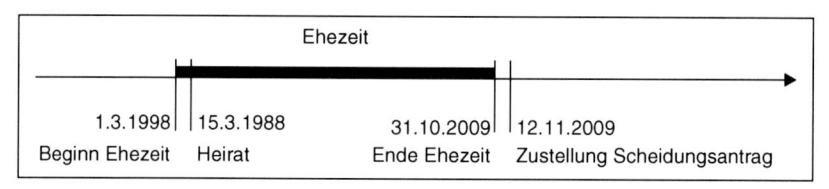

```
                        Ehezeit
   ├────────┼═══════════════════════┼────────►
 1.3.1998  15.3.1988        31.10.2009  12.11.2009
Beginn Ehezeit Heirat      Ende Ehezeit Zustellung Scheidungsantrag
```

Abbildung: Ehezeit

Die Ehezeit kann durch eine Vereinbarung nicht geändert werden. Es darf jedoch vereinbart werden, dass in einer bestimmten Zeit erworbene Anrechte nicht ausgeglichen werden sollen.

---

11 § 1587 Auszugleichende Versorgungsanrechte: (2) Als Ehezeit im Sinne der Vorschriften über den Versorgungsausgleich gilt die Zeit vom Beginn des Monats, in dem die Ehe geschlossen worden ist, bis zum Ende des Monats, der dem Eintritt der Rechtshängigkeit des Scheidungsantrags vorausgeht.

Bei Ehen mit langer Trennungszeit kann wie nach bisheriger Praxis eine Korrektur über § 27 VersAusglG (bisher: § 1587c BGB[12]) erfolgen.

Absatz 2 regelt, wann ein Anrecht der Ehezeit zuzurechnen ist. Diese Frage bereitet keine Probleme, wenn die Beiträge für den Erwerb des in der Ehezeit erworbenen Anrechts auch in der Ehezeit entrichtet worden sind und die entsprechenden Bestandteile des Anrechts deshalb der Ehezeit zugeordnet werden können.

11

Fraglich ist die Zuordnung aber dann, wenn diese Zeiträume nicht deckungsgleich sind. Absatz 2 bestimmt insoweit, dass für die Zuordnung eines Anrechts zur Ehezeit der Zeitpunkt seines Erwerbs maßgeblich ist. Diesen bestimmen die einschlägigen Regelungen des jeweiligen Versorgungssystems. Mit der Regelung wird ein Gleichlauf zwischen versorgungsausgleichsrechtlicher und versorgungsrechtlicher Bewertung geschaffen. Im Einzelnen gilt danach Folgendes:

In der gesetzlichen Rentenversicherung (GRV) werden die Beiträge normalerweise direkt aus dem Arbeitsentgelt gezahlt, so dass es hier darauf ankommt, wann die entsprechende Arbeitsleistung erbracht wurde. Fällt diese in die Ehezeit, so ist der entsprechende Bestandteil des Anrechts auch der Ehezeit zuzuordnen, gleichgültig, ob die Beiträge tatsächlich auch in der Ehezeit gezahlt wurden.

Anders verhält es sich jedoch beispielsweise mit Beiträgen von versicherungspflichtigen Selbstständigen oder auch mit freiwilligen Beiträgen. Hier ist der Zeitpunkt der Beitragszahlung maßgeblich.

Werden solche Beiträge in der Ehezeit gezahlt, so sind die entsprechenden Bestandteile des Anrechts auch der Ehezeit zuzuordnen.[13]

---

12 § 1587c Beschränkung oder Wegfall des Ausgleichs
Ein Versorgungsausgleich findet nicht statt,
1. soweit die Inanspruchnahme des Verpflichteten unter Berücksichtigung der beiderseitigen Verhältnisse, insbesondere des beiderseitigen Vermögenserwerbs während der Ehe oder im Zusammenhang mit der Scheidung, grob unbillig wäre; hierbei dürfen Umstände nicht allein deshalb berücksichtigt werden, weil sie zum Scheitern der Ehe geführt haben;
2. soweit der Berechtigte in Erwartung der Scheidung oder nach der Scheidung durch Handeln oder Unterlassen bewirkt hat, dass ihm zustehende Anwartschaften oder Aussichten auf eine Versorgung, die nach § 1587 Abs. 1 auszugleichen wären, nicht entstanden oder entfallen sind;
3. soweit der Berechtigte während der Ehe längere Zeit hindurch seine Pflicht, zum Familienunterhalt beizutragen, gröblich verletzt hat.
13 BGH vom 27. März 1985 – IVb ZB 789/81 = FamRZ 1985, 687.

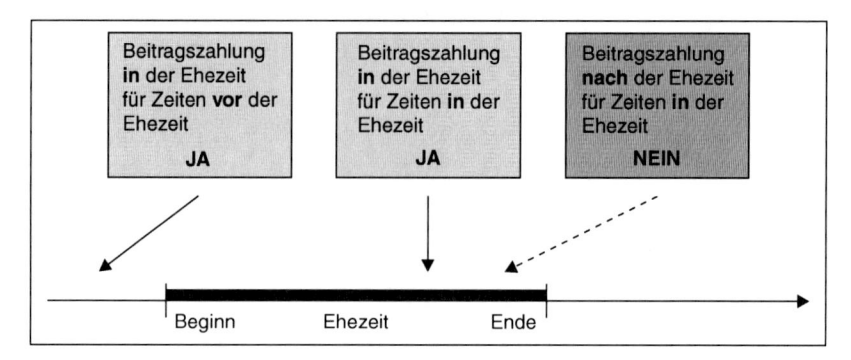

§ 2 Gesetz über den Versorgungsausgleich (VersAusglG)

Abbildung: ehezeitliche Beitragszahlung DRV

In der berufsständischen Versorgung (bStV) ist ähnlich wie in der gesetzlichen Rentenversicherung zwischen Pflichtbeiträgen und freiwilligen Beiträgen zu unterscheiden. Eine Beitragspflicht entsteht auch hier durch geleistete Arbeit, so dass für die Zuordnung eines entsprechenden Bestandteils eines Anrechts maßgeblich ist, ob die geleistete Arbeit in die Ehezeit fällt oder nicht. Dagegen ist bei freiwilligen Beiträgen entscheidend, wann die Zahlung erfolgt ist. In diesem Fall sind nur diejenigen Beiträge auszugleichen, die in der Ehezeit gezahlt wurden.

In der Beamtenversorgung (BeamtV) ist für den Erwerb eines Anrechts die Dienstzeit maßgeblich. Ein Anrecht ist also insoweit der Ehezeit zuzuordnen, als die Dienstzeit in die Ehezeit fällt.

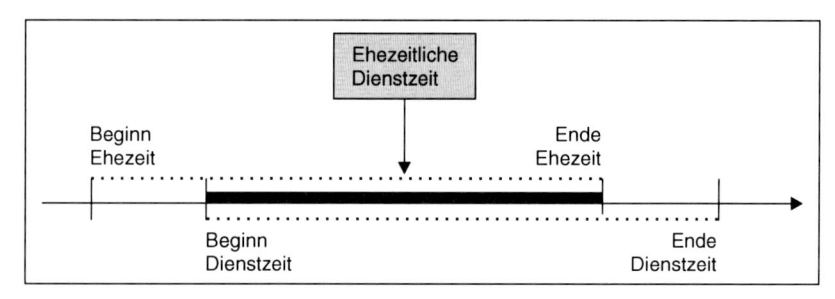

Abbildung: ehezeitliche Dienstzeit Beamte

In der betrieblichen Altersversorgung (bAV) kommt es auf den Zeitpunkt der Arbeitsleistung an. Fiel diese in die Ehezeit, ist das Anrecht insoweit zuzurechnen.

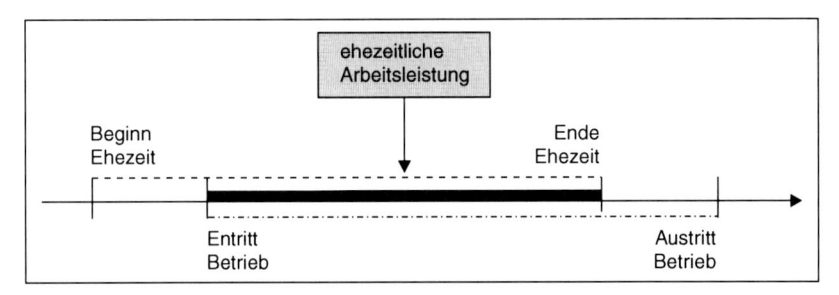

Abbildung: ehezeitliche Arbeitsleistung Betriebsrente

Eine Ausnahme davon bilden Zeitwertkonten (ZeitWK). Ein Zeitwertguthaben kann nämlich durchaus auch in der Ehezeit erwirtschaftet werden, aber es dient dennoch nicht der Altersversorgung, sondern der Finanzierung einer Freistellung vor dem Ruhestand. Deshalb ist das Zeitwertguthaben selbst auch nicht in den Versorgungsausgleich einzubeziehen, soweit die Freistellung nicht in die Ehezeit fällt.

Aber auch die wegen der Bildung des Zeitwertguthabens noch nicht fällig gewordenen Sozialversicherungsbeiträge können noch keine Anrechte in der gesetzlichen Rentenversicherung sichern, die in einem Versorgungsausgleich zu berücksichtigen wären, wenn die Freistellung vor Ehezeitende noch nicht begonnen hat. Die Beiträge werden nämlich erst in der Freistellungsphase (oder in einem Störfall) fällig und begründen erst dann Anrechte in der gesetzlichen Rentenversicherung.

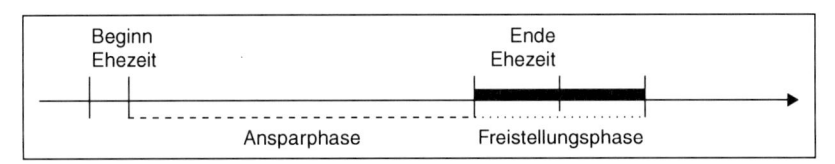

Abbildung: Zeitwertkonten

Eine private Altersversorgung (pAV) wird durch Beitragszahlungen des Versicherungsnehmers aufgebaut, so dass für den Erwerb eines Bestandteils eines Anrechts entscheidend ist, wann der entsprechende Beitrag gezahlt wird. Fällt die Beitragszahlung also in die Ehezeit, so ist der entsprechende Bestandteil eines Anrechts der Ehezeit zuzuordnen; anderenfalls nicht.

§ 2 Gesetz über den Versorgungsausgleich (VersAusglG)

Beitragszahlung **in** der Ehezeit für Zeiten **vor** der Ehezeit	Beitragszahlung **in** der Ehezeit für Zeiten **in** der Ehezeit	Beitragszahlung **nach** der Ehezeit für Zeiten **in** der Ehezeit
JA	JA	NEIN

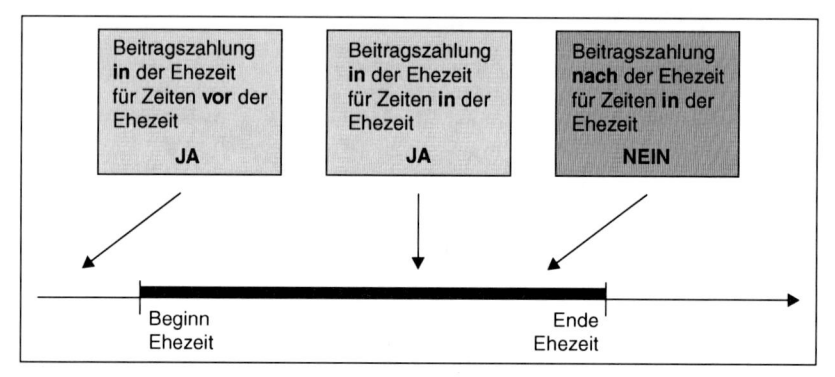

Beginn Ehezeit — Ende Ehezeit

Abbildung private Altersversorgung

12 Nach Absatz 3 wird der Versorgungsausgleich bei einer Ehedauer von bis zu drei Jahren grundsätzlich ausgeschlossen. Er wird nur auf Antrag einer Partei durchgeführt.

Das Antragsrecht dient insbesondere dazu in Fällen mit einem hohen Anrechtserwerb in kurzer Zeit auf Seiten nur eines Ehegatten einen Versorgungsausgleich zu ermöglichen. Damit wurden verfassungsrechtliche Bedenken gegenstandslos, die im Hinblick auf den pauschalen Ausschluss bei kurzer Ehedauer geäußert worden sind.[14] Einen solchen Antrag kann auch der anwaltlich nicht vertretene Ehegatte stellen, was durch die Änderung von § 114 Abs. 4 Nr. 7 FamFG klargestellt ist. Die Antragstellung ist an keine Bedingung gebunden.

Da die Scheidung gemäß § 1565 Abs. 2,[15] § 1566 Abs. 1 BGB[16] grundsätzlich eine einjährige Trennung voraussetzt, hat die Versorgungsgemeinschaft der Eheleute in den Fällen des Absatzes 3 tatsächlich nur höchstens zwei Jahre bestanden.

Eine Schutzlücke besteht auch in dem Fall nicht, dass ein Kind aus einer kurzen Ehe hervorgegangen ist: Denn hier erwirbt regelmäßig der erziehende Ehepartner Anrechte aus Kindererziehungszeiten in der gesetzlichen Rentenversicherung. Bei einem durchschnittlichen Einkommen eines arbeitenden Ehepartner tritt in der Re-

---

14 Z.B. Stellungnahme Bundesverband der Rentenberater vom 1.8.2008 Punkt 3.
15 § 1565 Scheitern der Ehe: (2) Leben die Ehegatten noch nicht ein Jahr getrennt, so kann die Ehe nur geschieden werden, wenn die Fortsetzung der Ehe für den Antragsteller aus Gründen, die in der Person des anderen Ehegatten liegen, eine unzumutbare Härte darstellen würde.
16 § 1566 Vermutung für das Scheitern: (1) Es wird unwiderlegbar vermutet, dass die Ehe gescheitert ist, wenn die Ehegatten seit einem Jahr getrennt leben und beide Ehegatten die Scheidung beantragen oder der Antragsgegner der Scheidung zustimmt.

gel keine Ausgleichspflicht ein. Denn der Anwartschaftserwerb aus Kindererziehungszeiten knüpft an das rentenrechtliche Durchschnittseinkommen an, so dass die in der Ehezeit von den Eheleuten erworbenen Anrechte in diesem Fall gleich hoch sind. Sofern der Ehepartner der die Kindererziehungszeiten nicht erhält, kein oder ein unterdurchschnittliches Einkommen hat, würde es – was nach dem bislang geltenden Recht nicht selten geschehen ist – sogar zu einer Ausgleichspflicht des erziehenden Ehepartners kommen, weil die von ihr durch die Kindererziehungszeiten erworbenen Anrechte höher sind als die vom nicht erziehenden Ehepartner.

Merksatz: Ehezeitanteil

Allgemein	Zeitpunkt des Erwerbs des Anrechts in Ehezeit	
BeamtV	Dienstzeit in Ehezeit	
BAV	Arbeitsleitung in Ehezeit	
ZeitWK	nur wenn Freistellungsphase vor Ehezeitende	
PAV	Beitragszahlung in Ehezeit	
GRV + berufStV	Pflichtbeiträge Arbeitnehmer	Arbeitsleisung in Ehezeit
GRV + berufStV	Pflichtbeiträge Selbständige	Beitragszahlung in Ehezeit
GRV + berufStV	Freiwillige Beiträge	Beitragszahlung in Ehezeit

Nach § 224 Abs. 3 FamFG muss das Familiengericht bei der Entscheidung über den Versorgungsausgleich in der Beschlussformel feststellen, dass ein Wertausgleich bei Scheidung nach § 3 Abs. 3 VersAusglG nicht stattfindet.

Der anwaltliche Berater der ausgleichsberechtigten Person sollte aus Haftungsgründen genau prüfen, in welcher Höhe sich ein Verzicht auf das Antragsrecht auswirkt.

Es bietet sich an, den Antrag zunächst zu stellen um den Ausgleichswert ermitteln zu lassen. Wenn sich nur ein geringfügiger Ausgleichswert (§ 18) ergibt wäre dieser Punkt haftungsrechtlich geklärt und der Antrag kann zurückgenommen werden. Ggf. kann auch dieser geringe Ausgleichswert im Rahmen einer Vereinbarung (§§ 6 ff.) im Zugewinn mit ausgeglichen werden.

Wenn die vertretene Partei ausdrücklich auf die Antragstellung verzichtet, sollte sich der Anwalt dies durch eine aufklärende Haftungsfreistellung bestätigen lassen.

§ 2 Gesetz über den Versorgungsausgleich (VersAusglG)

| § 4 VersAusglG | Auskunftsansprüche |

(1) Die Ehegatten, ihre Hinterbliebenen und Erben sind verpflichtet, einander die für den Versorgungsausgleich erforderlichen Auskünfte zu erteilen.

(2) Sofern ein Ehegatte, seine Hinterbliebenen oder Erben die erforderlichen Auskünfte von dem anderen Ehegatten, dessen Hinterbliebenen oder Erben nicht erhalten können, haben sie einen entsprechenden Auskunftsanspruch gegen die betroffenen Versorgungsträger.

(3) Versorgungsträger können die erforderlichen Auskünfte von den Ehegatten, deren Hinterbliebenen und Erben sowie von den anderen Versorgungsträgern verlangen.

(4) Für die Erteilung der Auskunft gilt § 1605 Abs. 1 Satz 2 und 3 des Bürgerlichen Gesetzbuchs entsprechend.

13 Die Vorschrift regelt die Voraussetzungen für die wechselseitigen Auskunftsansprüche der Beteiligten über auszugleichende Versorgungen. Dies unterstreicht die Bedeutung dieser Ansprüche: Ohne umfassende Auskünfte über die Anrechte der Eheleute können Entscheidungen über den Versorgungsausgleich nicht getroffen werden.

Erforderlich im Sinne des § 4 VersAusglG ist eine Auskunft dann, wenn sie zur Wahrnehmung der Rechte oder Interessen im Zusammenhang mit dem Versorgungsausgleich benötigt wird.

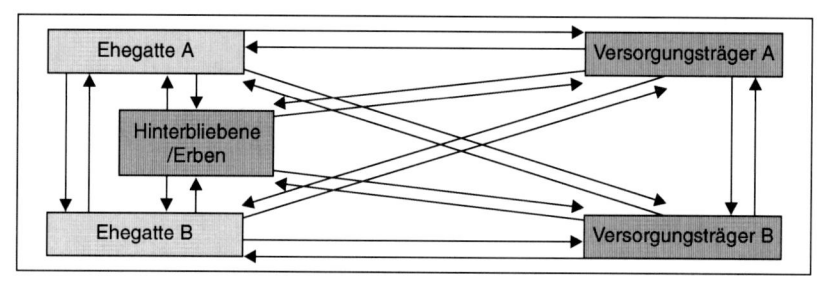

Abbildung: Auskunftsansprüche

Absatz 1 führt die vielfältigen materiell-rechtlichen gegenseitigen Auskunftsansprüche der Eheleute aus dem bisherigen Recht in einer zentralen Norm zusammen und regelt diese einheitlich mit einer neuen Systematik.

Bislang fanden sich diese Ansprüche in § 1587e Abs. 1,[17] § 1587k Abs. 1 BGB,[18] jeweils in Verbindung mit § 1580 BGB,[19] sowie in § 3a Abs. 8, § 9 Abs. 4 und § 10a Abs. 11 VAHRG.

Verfahrensrechtliche Auskunftspflichten der Beteiligten gegenüber dem Gericht sind künftig in § 220 FamFG (siehe hierzu § 2 Rn 202 – 204) geregelt. Diese Regelungen machen indes materiell-rechtliche Auskunftspflichten der Beteiligten untereinander nicht entbehrlich, insbesondere dann, wenn sie vorab den Versorgungsausgleich in einer Scheidungsfolgenvereinbarung regeln möchten und hierfür entsprechende Informationen benötigen.

Neben den Ansprüchen der Eheleute, einander Auskunft zu erteilen, besteht nach Absatz 2 hilfsweise ein Auskunftsrecht eines Ehegatten gegenüber den Versorgungsträgern des anderen Ehegatten. Auch diese neue Vorschrift fasst die bisherigen materiellen Auskunftsansprüche im Verhältnis zu den Versorgungsträgern zusammen und erweitert den Anwendungsbereich auf alle Versorgungsträger. Bisher waren entsprechende Ansprüche für das Abänderungsverfahren in § 10a Abs. 11 Satz 2 VAHRG und für den verlängerten schuldrechtlichen Versorgungsausgleich in § 3a Abs. 8 Satz 2 VAHRG normiert. Die mangelnde Auskunftsbereitschaft des auskunftsverpflichteten Ehegatten wird der ausgleichsberechtigte Ehegatte gegenüber den Versorgungsträgern nachweisen müssen, beispielsweise durch eine vergebliche Mahnung.

Nach Absatz 3 kann auch ein Versorgungsträger bei einem berechtigten Interesse entweder Auskunft von den Eheleuten, ihren Hinterbliebenen oder Erben sowie von anderen Versorgungsträgern verlangen. Letzteres betrifft insbesondere die Konstellation, dass ein Versorgungsträger die Höhe der auszugleichenden Versorgung nicht selbstständig zu ermitteln vermag, weil diese von der Höhe einer anderen Versorgung abhängig ist, etwa bei einer Gesamtversorgung.

Auch bei der Teilhabe an der Hinterbliebenenversorgung kann eine solche Auskunft benötigt werden (bisher § 3a Abs. 8 Satz 3 VAHRG) oder bei einem Anpassungsverfahren nach den §§ 32 bis 36 VersAusglG.

---

17 § 1587e Auskunftspflicht; Erlöschen des Ausgleichsanspruchs: (1) Für den Versorgungsausgleich nach § 1587b gilt § 1580 entsprechend.

18 § 1587k Anwendbare Vorschriften; Erlöschen des Ausgleichsanspruchs: (1) Für den Ausgleichsanspruch nach § 1587g Abs. 1 Satz 1 gelten die §§ 1580, 1585 Abs. 1 Satz 2, 3 und § 1585b Abs. 2, 3 entsprechend.

19 § 1580 Auskunftspflicht: Die geschiedenen Ehegatten sind einander verpflichtet, auf Verlangen über ihre Einkünfte und ihr Vermögen Auskunft zu erteilen. § 1605 ist entsprechend anzuwenden.

In Absatz 4 sind wie im bisherigen Recht (§ 1587e Abs. 1, § 1587k Abs. 1 BGB) die weiteren Einzelheiten der Auskunftspflicht durch einen Verweis auf das Unterhaltsrecht geregelt.

14 Neben den in den Absätzen 1 bis 4 geregelten Auskunftsansprüchen besteht die verfahrensrechtliche Auskunftspflicht nach § 220 FamFG.

Das Gericht holt die erforderlichen Auskünfte von Amts wegen von den Versorgungsträgern ein, so dass für die Eheleute in der Regel kein Anlass besteht, die in § 4 VersAusglG geregelten Auskunftsansprüche gesondert geltend zu machen. Wenn das Gericht nach dem Amtsermittlungsgrundsatz Auskünfte einholt und eine Partei nicht mitwirkt, ist das Gericht gehalten zu reagieren, um Verfahrensverzögerungen zu vermeiden. Tut es das nicht, muss den Parteien die Möglichkeit erhalten bleiben, von sich aus das Verfahren zu beschleunigen, indem sie den Auskunftsanspruch des mitwirkenden Ehegatten gegen den säumigen geltend machen können. In der Praxis wird diese Anspruchskonkurrenz aber künftig eine noch geringere Rolle spielen als bisher. Nach § 95 Abs. 4 FamFG kann das Familiengericht zur Durchsetzung der Auskunftspflichten auch Zwangshaft nach § 888 ZPO[20] anordnen. Dies war nach dem bislang geltenden Verfahrensrecht nicht möglich.

Schließlich ist zu beachten, dass gegebenenfalls weitere materielle Auskunftsansprüche der Beteiligten aus dem jeweiligen materiellen Leistungsrecht geltend gemacht werden können.

Als Rechtsgrundlagen für Auskünfte kommen beispielsweise die §§ 109, 149 Abs. 3 und 4 sowie § 196 Abs. 1 SGB VI oder § 4a BetrAVG in Betracht.

Im Bereich privater Versorgungsträger bestehen unter Umständen vertragliche Auskunfts- und Informationsansprüche.

Absatz 4 verweist nicht auf § 1605 Abs. 2. Somit können die Auskünfte auch häufiger als nur alle 2 Jahre verlangt werden.

---

20 § 888 Nicht vertretbare Handlungen
(1) Kann eine Handlung durch einen Dritten nicht vorgenommen werden, so ist, wenn sie ausschließlich von dem Willen des Schuldners abhängt, auf Antrag von dem Prozessgericht des ersten Rechtszuges zu erkennen, dass der Schuldner zur Vornahme der Handlung durch Zwangsgeld und für den Fall, dass dieses nicht beigetrieben werden kann, durch Zwangshaft oder durch Zwangshaft anzuhalten sei. Das einzelne Zwangsgeld darf den Betrag von 25 000 EUR nicht übersteigen. Für die Zwangshaft gelten die Vorschriften des Vierten Abschnitts über die Haft entsprechend.
(2) Eine Androhung der Zwangsmittel findet nicht statt.
(3) Diese Vorschriften kommen im Falle der Verurteilung zur Eingehung einer Ehe, im Falle der Verurteilung zur Herstellung des ehelichen Lebens und im Falle der Verurteilung zur Leistung von Diensten aus einem Dienstvertrag nicht zur Anwendung.

Es fehlt jedoch weiterhin eine ausdrückliche Regelung für Auskunftsansprüche der Ehegatten gegenüber den Versorgungsträgern vor Rechthängigkeit der Scheidung. Die Ehegatten müssen ggf. darlegen, dass die Auskünfte für einen (geplanten) Versorgungsausgleich benötigt werden.

Sehen die Versorgungsträger kein besonderes Auskunftsrecht vor, fehlt es an wichtigen Informationen für eine Vereinbarung, z.b.

- Ehezeitanteil der Versorgung
- Ausgleichswert
- Korrespondierender Kapitalwert
- Regelungen der Versorgungsordnung
- Interne oder externe Teilung
- Wertentwicklung
- Umfang des Risikoschutzes
- Teilungskosten

§ 5 VersAusglG — Bestimmung von Ehezeitanteil und Ausgleichswert

(1) Der Versorgungsträger berechnet den Ehezeitanteil des Anrechts in Form der für das jeweilige Versorgungssystem maßgeblichen Bezugsgröße, insbesondere also in Form von Entgeltpunkten, eines Rentenbetrags oder eines Kapitalwerts.

(2) Maßgeblicher Zeitpunkt für die Bewertung ist das Ende der Ehezeit. Rechtliche oder tatsächliche Veränderungen nach dem Ende der Ehezeit, die auf den Ehezeitanteil zu rückwirken, sind zu berücksichtigen.

(3) Der Versorgungsträger unterbreitet dem Familiengericht einen Vorschlag für die Bestimmung des Ausgleichswerts und, falls es sich dabei nicht um einen Kapitalwert handelt, für einen korrespondierenden Kapitalwert nach § 47.

(4) In Verfahren über Ausgleichsansprüche nach der Scheidung nach den §§ 20 und 21 oder den §§ 25 und 26 ist grundsätzlich nur der Rentenbetrag zu berechnen. Allgemeine Wertanpassungen des Anrechts sind zu berücksichtigen.

(5) Die Einzelheiten der Wertermittlung ergeben sich aus den §§ 39 bis 47.

§ 5 VersAusglG regelt die grundlegenden Pflichten bei der Ermittlung der Ehezeitanteile und der hierauf beruhenden Ausgleichswerte (vgl. § 1 Abs. 2 VersAusglG).

15

§ 2 Gesetz über den Versorgungsausgleich (VersAusglG)

> *Merksatz: Bestimmung Ehezeitanteil*
> Die Berechnung der Ehezeitanteile in der jeweils maßgeblichen Bezugsgröße zum Ende der Ehezeit als Kapitalwert obliegt den Versorgungsträgern.

Der Versorgungsträger ist gehalten, den Ehezeitanteil in der für das jeweilige Versorgungssystem maßgeblichen Bezugsgröße zu berechnen. Es besteht bei der Bestimmung der Bezugsgröße also kein Auswahlermessen, sofern nicht die §§ 39 ff. VersAusglG ein Wahlrecht einräumen (z.b. § 45 VersAusglG) oder konkrete Vorgaben zur Berechnung von Ehezeitanteil und Ausgleichswert für spezifische Anrechte enthalten (z.b. § 46 VersAusglG).

16 Die in Absatz 1 normierte Verpflichtung des Versorgungsträgers, den Ehezeitanteil zu ermitteln, ist in dieser Form neu. Zwar haben schon bisher die

- gesetzlichen Rentenversicherungsträger,
- die Privatversicherungen,
- die Träger der Beamtenversorgung,
- die Zusatzversorgungen des öffentlichen oder kirchlichen Dienstes und
- einige betriebliche Versorgungsträger

dem Gericht einen bereits berechneten Ehezeitanteil des Anrechts übermittelt. Andere Versorgungsträger haben bislang lediglich die Daten der Betriebszugehörigkeit und den Wert der Versorgung mitgeteilt.

Nach dem bislang geltenden Recht war dies zulässig, weil formal das Familiengericht für die Berechnung des Ehezeitanteils auf Grundlage der mitgeteilten Daten zuständig war.

Die Ermittlung des Ehezeitanteils wird nun generell in die Hand des Versorgungsträgers gelegt, weil dieser nach Auffassung des Gesetzgebers den Wert der Versorgung aus dem eigenen Versorgungssystem und aufgrund der ihm vertrauten rechtlichen Regelungen am besten zu berechnen vermag.

Die Versorgungsträger sind verpflichtet, den Ehezeitanteil in der von ihrem jeweiligen Versorgungssystem verwandten Bemessungs- bzw. Bezugsgröße zu bestimmen, also insbesondere als

- Rentenbetrag oder
- Kapitalwert oder
- Entgeltpunkte oder
- Punktwert oder
- Kennzahl.

So hat die gesetzliche Rentenversicherung etwa Entgeltpunkte zu verwenden, die kapitalgedeckten Systeme der privaten Altersvorsorge können Kapitalwerte, die berufsständischen Versorgungswerke auch Versorgungspunkte, Leistungszahlen oder Steigerungszahlen errechnen. Diese Flexibilität und Praxisnähe ist deswegen möglich, weil das neue Ausgleichssystem – anders als das bisherige Recht – nicht darauf angewiesen ist, alle Anrechte für Ausgleichszwecke vergleichbar zu machen.

Merksatz: Bestimmung Ausgleichswert der betrieblichen Versorgungen

Familiengerichte und Anwaltschaft haben bei betrieblichen Versorgungen eine besondere Sorgfaltspflicht, da bei fehlerhaften Auskünften nachträglich keine Änderung mehr erfolgen kann, weil diese Anrechte nicht nach § 32 VersAusglG anpassungsfähig sind.

Absatz 2 Satz 1 normiert das Stichtagsprinzip. Maßgeblicher Zeitpunkt für die Bewertung des Ehezeitanteils – und damit auch für die Bestimmung des Ausgleichswerts – ist das **Ende der Ehezeit** (§ 3 Abs. 1 VersAusglG). **17**

Die Anrechte sind grundsätzlich zu diesem Zeitpunkt zu bewerten. Insoweit wird zugleich die fehlerhafte wiederholte Bezugnahme in § 1587a Abs. 2 BGB auf den „Eintritt der Rechtshängigkeit des Scheidungsantrags" geändert.

Absatz 2 Satz 2 regelt eine Ausnahme vom Stichtagsprinzip für die Fälle, in denen sich Änderungen zwischen Ehezeitende und Entscheidung ergeben.

Führen diese rückwirkend zu einer anderen Bewertung des Ehezeitanteils und damit des Ausgleichswerts, sollen sie bei der Entscheidung berücksichtigt werden. Dies ergibt sich aus dem Rechtsgedanken der §§ 225, 226 FamFG (bisher § 10a VAHRG), wonach eine rechtskräftige Entscheidung zum Versorgungsausgleich abgeändert werden kann, wenn sich der beim Wertausgleich bei der Scheidung zugrunde gelegte Ausgleichswert aus rechtlichen oder tatsächlichen Gründen nachträglich wesentlich ändert.

Es entspricht der bisherigen ständigen Rechtsprechung des Bundesgerichtshofs,[21] diese nachehezeitlichen Veränderungen auch bereits bis zur letzten Tatsachenentscheidung im Erstverfahren zu berücksichtigen.

Typische Fälle sind:
- Die Änderung der Art der Berechnung des Ehezeitanteils wegen Eintritt des Versicherungsfalls, z.B. wenn die ausgleichspflichtige Person nach dem Ende

---

21 BGH vom 6. Juli 1988 – IVb ZB 151/84 = FamRZ 1988, 1148.

der Ehezeit, aber vor der Entscheidung über den Wertausgleich dienstunfähig wird.
- Die Änderung der Art der Berechnung des Ehezeitanteils wegen Beendigung der Zugehörigkeit zu einem Versorgungssystem, z.b. ausscheiden aus dem Beamtenverhältnis mit Nachversicherung in der GRV.
- Die Änderungen von gesetzlichen Bestimmungen, von Satzungen oder sonstigen Regelungen die die Höhe des ehezeitlichen Anrechts beeinflussen, z.b. der Wegfall oder die Kürzung der Bewertung von Schul- und Studienzeiten in der gesetzlichen Rentenversicherung.
- Eintritt der Unverfallbarkeit einer betrieblichen Altersversorgung.

Nicht zu berücksichtigen ist aber wie bei § 225 FamFG die übliche Wertentwicklung des Anrechts, etwa durch zwischenzeitlich erfolgte Anpassungen der Bemessungsgrundlagen für die Anwartschaft, also die Dynamik, die dem jeweiligen Anrecht innewohnt.

Gleiches gilt für nachehezeitliche Veränderungen, die keinen Bezug zur Ehezeit haben, wie etwa spätere Beförderungen. Das bisherige Problem des nachehelichen „Karrieresprungs" wird sich dadurch nicht mehr ergeben.

Die unterschiedlichen Wertentwicklungen von Anrechten nach § 32 im Zeitraum vom Ende der Ehezeit bis zum Wirksamwerden einer Abänderungsentscheidung (§§ 51 und 52) ist zumindest problematisch. Auch wenn die unterschiedliche Wertentwicklung in Abänderungsverfahren unerheblich sein soll, weil bei der internen Teilung jeder der Ehegatten grundsätzlich an der Wertentwicklung der nunmehr auch ihm zugeordneten Anrechte im Versorgungssystem des anderen Ehegatten teilnimmt, kann der Ausgleichswert der auf das Ende der Ehezeit bezogenen Anrechte von dem Ausgleichswert der auf das Wirksamwerden der Abänderungsentscheidung bezogenen Anrechte erheblich abweichen.

18 Absatz 3 stellt klar, dass die abschließende Bestimmung des Ausgleichswerts wie im geltenden Recht Sache des Gerichts ist; jedoch wird den Versorgungsträgern auferlegt, dafür einen Vorschlag zu unterbreiten. Das Gleiche gilt für den korrespondierenden Kapitalwert nach § 47 VersAusglG, den die Versorgungsträger gegebenenfalls zusätzlich zu ermitteln haben.

Absatz 3 gibt den Versorgungsträgern auf, mit der Berechnung des Ehezeitanteils auch einen Vorschlag für die Bestimmung des Ausgleichswerts zu unterbreiten. In vielen Fällen, beispielsweise bei der gesetzlichen Rentenversicherung, beträgt der Ausgleichswert exakt die Hälfte des Ehezeitanteils: Sind etwa 8,400 Entgeltpunkte erworben worden, so schlägt die gesetzliche Rentenversicherung die Übertragung eines Anrechts in Höhe von 4,200 Entgeltpunkten vor.

Merksatz: Ausgleichswert

Bisher haben die Versorgungsträger die Anwartschaften mitgeteilt, teilweise auch schon deren Ehezeitanteil.

Jetzt unterbreitet der Versorgungsträger einen Vorschlag für die Bestimmung des Ausgleichswerts aus dem bereits durch 2 geteilten Ehezeitanteil, ggf. nach Abzug der hälftigen Teilungskosten.

Dies ist erforderlich, da keine Saldierung mit Errechnung eines Wertausgleichs mehr erfolgt.

Abweichungen von der numerischen Halbteilung werden die Vorschläge privater Versorgungsträger enthalten, sofern sie von der Möglichkeit eines Kostenabzugs nach § 13 VersAusglG Gebrauch machen.

Denn dieser Kostenabzug findet seinen Niederschlag noch nicht bei der Berechnung des Ehezeitanteils, wohl aber beim Vorschlag für den Ausgleichswert.

Schließlich sind Teilungsformen möglich, bei denen das Deckungskapital in der Weise verteilt wird, dass für die Ehegatten gleich hohe Rentenbeträge erzeugt werden (siehe § 2 Rn 40, Begründung zu § 11 Abs. 1 Satz 2 Nr. 2 VersAusglG). Auch hier kann es zu Abweichungen von der numerischen Halbteilung des Ehezeitanteils kommen.

Absatz 3 bestimmt weiter, dass die Versorgungsträger zusätzlich einen korrespondierenden Kapitalwert nach § 47 VersAusglG zu berechnen und vorzuschlagen haben, wenn ein Ausgleichswert in anderer Form als in einem Kapitalwert ermittelt wird, etwa als Entgeltpunkt, als Rentenbetrag oder als andere Bezugsgröße.

Anmerkung: Berechnungsgrundlagen

Ob die Versorgungsträger bereit sind, alle Berechnungsgrundlagen mitzuteilen wird bezweifelt (insbesondere versicherungsförmige). Hier wird die Rechtsprechung Kriterien aufstellen müssen, was die Versorgungsträger mitteilen müssen und wieweit die Überprüfungspflicht der Familiengerichte und Anwaltschaft geht.

Dem Familiengericht, aber auch den Eheleuten, sollen damit für alle Anrechte Werte zur Verfügung stehen, die den Stichtagswert der jeweiligen Ausgleichswerte als Kapitalbetrag ausdrücken. Sie drücken einen aktuellen Wert der Anwartschaften aus, die sich oft erst Jahrzehnte später realisieren. Diese Werte können dann bei Bedarf in einer Vorsorgevermögensbilanz einander gegenübergestellt werden.

Eine Vorsorgevermögensbilanz ist in folgenden Fällen hilfreich:
- für Vereinbarungen der Eheleute über den Versorgungsausgleich und gegebenenfalls über weitere Folgesachen (Unterhalt und Zugewinnausgleich);
- für die Prüfung des Gerichts, ob der Versorgungsausgleich aus Härtefallgründen nach § 27 VersAusglG auszuschließen ist;
- für die Prüfung des Gerichts, ob die Durchführung des Versorgungsausgleichs trotz geringfügiger Wertunterschiede am Stichtag nach § 18 Abs. 3 VersAusglG geboten ist.

Absatz 3 stellt zugleich klar, dass die Berechnung des Ehezeitanteils nach Absatz 1 und der Vorschlag des Ausgleichswerts durch den Versorgungsträger nach Absatz 3 das Familiengericht und ggf. die anwaltlichen Berater nicht von der Verantwortung entbindet, die Auskünfte zu prüfen. Das Familiengericht hat dann den Ausgleichswert festzusetzen.

Ermöglicht wird diese Prüfung auch durch § 220 Abs. 4 FamFG: Hiernach sind die Versorgungsträger verpflichtet, nicht nur die nach § 5 VersAusglG benötigten Werte mitzuteilen, sondern auch die hierfür erforderlichen Berechnungen nachvollziehbar und verständlich darzustellen, einschließlich der maßgeblichen Rechnungsgrundlagen und Regelungen. Nach § 220 Abs. 4 Satz 2 FamFG kann das Gericht bei etwaigen Zweifeln oder lückenhaften Auskünften zudem die Versorgungsträger von Amts wegen oder auf Antrag eines Beteiligten auffordern, die Einzelheiten der Wertermittlung zu erläutern.

20 Nach Absatz 4 ermitteln die Versorgungsträger abweichend von der Regelung in Absatz 3 den Ehezeitanteil lediglich als Rentenbetrag, wenn es um eine Entscheidung über eine schuldrechtliche Ausgleichsrente nach den §§ 20 und 21 VersAusglG oder über die Teilhabe an der Hinterbliebenenversorgung nach den §§ 25 und 26 VersAusglG geht. Der Rentenbetrag ist hier zweckdienlich, weil es um den Ausgleich laufender Versorgungen geht. Bei dem Anspruch auf Ausgleich von Kapitalzahlung nach § 22 VersAusglG und der Abfindung der künftigen schuldrechtlichen Ausgleichsrente nach den §§ 23 und 24 VersAusglG hingegen ist eine Kapitalzahlung auf Grundlage des Ausgleichswerts zu erbringen. Insoweit gelten also nur die Berechnungspflichten nach den Absätzen 1 und 3 zur Ermittlung des Zeitwerts bei der Abfindung (siehe § 2 Rn 83, Begründung zu § 24 VersAusglG).

Satz 2 verdeutlicht, dass in Verfahren über Ausgleichsansprüche nach der Scheidung diejenigen nachehezeitlichen Wertveränderungen zu berücksichtigen sind, die den bei Ehezeitende bestehenden Wert des Anrechts aktualisieren, also insbesondere die planmäßigen Anpassungen von Anwartschaften und laufenden Versorgungen. Die Berücksichtigung dieser Wertentwicklung entspricht der bisherigen Rechtslage.[22]

Absatz 5 stellt klar, dass die weiteren Einzelheiten der Wertermittlung in den §§ 39 bis 47 VersAusglG geregelt sind.

21

Kapitel 2: Ausgleich

Während Kapitel 1 die Grundlagen des Ausgleichs regelt, bestimmen die Regelungen in Kapitel 2, wie die Teilung durchzuführen ist. Der Ausgleich kann durch Vereinbarung geregelt werden (Abschnitt 1). Geschieht dies nicht, so wird in der Mehrzahl der Fälle der Wertausgleich bei der Scheidung (Abschnitt 2) abschließend durchgeführt. Soweit Anrechte hierbei nicht ausgeglichen werden können, kann es zum nachgelagerten Ausgleich über die Ausgleichsansprüche nach der Scheidung kommen (Abschnitt 3). Die Härtefälle sind schließlich in Abschnitt 4 geregelt.

22

Abschnitt 1: Vereinbarungen über den Versorgungsausgleich

Die Reform der Bestimmungen über vertragliche Vereinbarungen der Eheleute soll deren Dispositionsmöglichkeiten stärken. Gleichzeitig wurden die Vorschriften gestrafft und vereinfacht.

23

Nach bisherigem Recht konnten Vereinbarungen über den Versorgungsausgleich entweder im Rahmen eines Ehevertrages nach § 1408 Abs. 2 BGB[23] oder im Rah-

---

22 Vgl. BGH vom 11. Juni 2008 – XII ZB 154/07 = FamRZ 2008, 1512.
23 § 1408 Ehevertrag, Vertragsfreiheit
    (1) Die Ehegatten können ihre güterrechtlichen Verhältnisse durch Vertrag (Ehevertrag) regeln, insbesondere auch nach der Eingehung der Ehe den Güterstand aufheben oder ändern.
    (2) In einem Ehevertrag können die Ehegatten durch eine ausdrückliche Vereinbarung auch den Versorgungsausgleich ausschließen. Der Ausschluss ist unwirksam, wenn innerhalb eines Jahres nach Vertragsschluss Antrag auf Scheidung der Ehe gestellt wird.

men einer Scheidungsfolgenvereinbarung gemäß § 1587o BGB[24] geschlossen werden. Nach § 1408 Abs. 2 BGB können die Eheleute in einem Ehevertrag durch eine ausdrückliche Vereinbarung den Versorgungsausgleich ganz oder teilweise ausschließen. Eine solche Vereinbarung bedurfte nach bisherigem Recht gemäß § 1410 BGB[25] der notariellen Beurkundung bei gleichzeitiger Anwesenheit beider Ehegatten. Die Vereinbarung war gemäß § 1408 Abs. 2 Satz 2 BGB unwirksam, wenn innerhalb eines Jahres ein Scheidungsantrag eingereicht wurde. Nach § 1587o Abs. 1 Satz 1 BGB konnten die Eheleute im Zusammenhang mit der Scheidung eine Vereinbarung über den Ausgleich von Anwartschaften oder Anrechten auf eine Versorgung wegen Alter oder verminderter Erwerbsfähigkeit schließen. Diese bedurfte gemäß § 1587o Abs. 2 Satz 1 BGB der notariellen Beurkundung oder der Aufnahme in das gerichtliche Protokoll gemäß § 1587o Abs. 2 Satz 2 BGB in Verbindung mit § 127a BGB[26] und darüber hinaus der Genehmigung des Familiengerichts (§ 1587o Abs. 2 Satz 3 BGB). Diese Vorschriften mit den beschriebenen Schutzmechanismen waren das Ergebnis einer ausführlichen Diskussion im Gesetzgebungsverfahren zum Ersten Gesetz zur Reform des Ehe- und Familienrechts – 1. EheRG –.[27] Insgesamt war so eine komplizierte und nur schwer handhabbare Rechtslage entstanden.

Mit der Reform werden die formellen und materiellen Voraussetzungen für Vereinbarungen über den Versorgungsausgleich in den §§ 6 bis 8 VersAusglG zusammengefasst. § 1408 Abs. 2 BGB enthält deshalb nur noch einen Verweis auf diese Vorschriften.

Unterschiedliche Regelungstatbestände entfallen somit. Die bislang teilweise schwierige Abgrenzung zwischen Vereinbarungen im Sinne des § 1408 Abs. 2

---

24 § 1587o Vereinbarungen über den Ausgleich
(1) Die Ehegatten können im Zusammenhang mit der Scheidung eine Vereinbarung über den Ausgleich von Anwartschaften oder Anrechten auf eine Versorgung wegen Alters oder verminderter Erwerbsfähigkeit (§ 1587) schließen. Durch die Vereinbarung können Anwartschaftsrechte in einer gesetzlichen Rentenversicherung nach § 1587b Abs. 1 oder 2 nicht begründet oder übertragen werden.
(2) Die Vereinbarung nach Absatz 1 muss notariell beurkundet werden. § 127a ist entsprechend anzuwenden. Die Vereinbarung bedarf der Genehmigung des Familiengerichts. Die Genehmigung soll nur verweigert werden, wenn unter Einbeziehung der Unterhaltsregelung und der Vermögensauseinandersetzung offensichtlich die vereinbarte Leistung nicht zu einer dem Ziel des Versorgungsausgleichs entsprechenden Sicherung des Berechtigten geeignet ist oder zu keinem nach Art und Höhe angemessenen Ausgleich unter den Ehegatten führt.

25 § 1410 Form: Der Ehevertrag muss bei gleichzeitiger Anwesenheit beider Teile zur Niederschrift eines Notars geschlossen werden.

26 § 127a Gerichtlicher Vergleich: Die notarielle Beurkundung wird bei einem gerichtlichen Vergleich durch die Aufnahme der Erklärungen in ein nach den Vorschriften der Zivilprozessordnung errichtetes Protokoll ersetzt.

27 BVerfG vom 4. Mai 1982 – 1 BvL 26/77 = FamRZ 1982, 769.

BGB und des § 1587o BGB wird entbehrlich.[28] Zugleich wird die ohnehin leicht zu umgehende Frist des § 1408 Abs. 2 Satz 2 BGB aufgegeben. Wirksame Vereinbarungen zum Versorgungsausgleich können damit jederzeit getroffen werden. Darüber hinaus entfällt das richterliche Genehmigungserfordernis.

Der erforderliche Schutz der Eheleute soll durch Formvorschriften (§ 7 VersAusglG) sowie die richterliche Prüfung der materiellen Wirksamkeit im Verfahren (§ 8 VersAusglG) erreicht werden. Maßstab dieser Überprüfung ist die neuere Rechtsprechung von Bundesverfassungsgericht und Bundesgerichtshof zur Inhalts- und Ausübungskontrolle von Eheverträgen.[29] Wegen dieser bereits nach geltendem Recht regelmäßig durchzuführenden Inhalts- und Ausübungskontrolle, auf die § 8 Abs. 1 VersAusglG Bezug nimmt, bedarf es der bisher erforderlichen Genehmigung nach § 1587o Abs. 2 Satz 3 BGB nicht mehr.

Hinweis: Vereinbarungen

Das intensive erarbeiten von gestaltenden Vereinbarungen ist für die Gerichte nur im Rahmen des eingeräumten Ermessen möglich, für die anwaltlichen Berater zeitintensiv und haftungsträchtig. Daher werden sich oft nur vermögendere Parteien Gestaltungsspielräume aufzeigen und Vereinbarungen leisten können.

§ 6 VersAusglG Regelungsbefugnisse der Ehegatten

(1) Die Ehegatten können Vereinbarungen über den Versorgungsausgleich schließen. Sie können ihn insbesondere ganz oder teilweise
1. **in die Regelung der ehelichen Vermögensverhältnisse einbeziehen,**
2. **ausschließen sowie**
3. **Ausgleichsansprüchen nach der Scheidung gemäß den §§ 20 bis 24 vorbehalten.**

(2) Bestehen keine Wirksamkeits- und Durchsetzungshindernisse, ist das Familiengericht an die Vereinbarung gebunden.

Absatz 1 Satz 1 enthält den Grundsatz, dass auch der Versorgungsausgleich der Dispositionsbefugnis der Eheleute unterliegt. Damit wird klargestellt, dass Vereinbarungen der Eheleute über den Versorgungsausgleich grundsätzlich erwünscht sind.

---

28 *Hauß*, Versorgungsausgleichsvereinbarungen und ihre Einordnung, FPR 2005, S. 135.
29 BVerfG vom 6. Februar 2001 – 1 BvR 12/92 = FamRZ 2001, 343; BGH vom 11. Februar 2004 – XII ZR 265/02 = FamRZ 2004, 601.

Absatz 1 Satz 2 gibt Regelbeispiele für die Ausgestaltung von Vereinbarungen. Damit sollen die Eheleute und die Anwaltschaft auf ihre Handlungsmöglichkeiten hingewiesen werden. Mit diesen Regelbeispielen wird zugleich deutlich, dass die bisherige Rechtsprechung zur Nichtigkeit von anrechtsbezogenen Teilausschlüssen des Versorgungsausgleichs wegen der künftigen anrechtsbezogenen Teilung hinfällig ist.

Nach ständiger Rechtsprechung des Bundesgerichtshofs war eine Vereinbarung über einen Teilausschluss eines Anrechts nichtig, wenn diese teilweise Regelung zur Folge hatte, dass im Rahmen einer Gesamtbilanz zulasten des insgesamt ausgleichspflichtigen Ehegatten mehr Rentenanwartschaften übertragen worden wären als ohne die Vereinbarung.[30]

Dies war immer dann zwangsläufig der Fall, wenn der Teilausschluss ein Anrecht des insgesamt ausgleichsberechtigten Ehegatten betraf, weil dies zu einer höheren Ausgleichspflicht der insgesamt ausgleichspflichtigen Person führte.

Beispiel: unwirksame Vereinbarung

Ehezeitanteile ohne Vereinbarung

	Ehemann	Ehefrau	
GRV	500,00	250,00	
bAV		100,00	
Summe	500,00	350,00	
Wertunterschied			150,00
Hälfte des Wertunterschieds			75,00

Ehezeitanteile mit Vereinbarung

	Ehemann	Ehefrau	
GRV	500,00	250,00	
bAV		Ausschluss	
Summe	500,00	250,00	
Wertunterschied			250,00
Hälfte des Wertunterschieds			125,00

Die Vereinbarung über den Ausschluss der betrieblichen Versorgung führt zu einem 50,00 höheren Ausgleich in der gesetzlichen Rentenversicherung.

---

30 BGH vom 7. Oktober 1987 – IVb ZB 4/87 = FamRZ 1988, 153.

Durch die Abkehr vom Einmalausgleich zugunsten einer anrechtsbezogenen Teilung kann dieses Problem nicht mehr entstehen. Gleichzeitig entstehen so größere Gestaltungsmöglichkeiten für die Eheleute.

Nummer 1 stellt klar, dass die Eheleute den Versorgungsausgleich ganz oder teilweise in die Regelung der ehelichen Vermögensverhältnisse bei der Scheidung einbeziehen können. Damit wird deutlich gemacht, dass der Versorgungsausgleich nicht zwangsläufig gesondert von den sonstigen Vermögensangelegenheiten zu regeln ist, wie das nach bislang geltendem Recht häufig der Fall war.

25

So können im Rahmen einer notariellen Vereinbarung etwa die Stichtagswerte der Anrechte zugrunde gelegt und der Wertunterschied über andere Vermögenswerte kompensiert werden, z.B.
- durch die Einzahlung von Beiträgen in die gesetzliche Rentenversicherung,
- durch die Finanzierung einer Privatrente aus dem in der Ehe erworbenen Sparguthaben oder
- durch die Überlassung von Immobilien für die Altersvorsorge.

Solche Vereinbarungen werden sich insbesondere dann anbieten, wenn
- mehrere geringfügige Anrechte vorhanden sind (§ 18 VersAusglG) oder
- Anrechte nicht ausgleichsreif sind (§ 19 VersAusglG) oder
- eine unbillige Härte droht (§ 27 VersAusglG).

Damit können die Eheleute in diesem Fall ihre Angelegenheiten abschließend regeln und sind nicht auf Ausgleichsansprüche nach der Scheidung angewiesen.

Nummer 2 bestimmt, dass die Eheleute den Versorgungsausgleich ganz oder teilweise ausschließen können. Dies kann beispielsweise in Betracht kommen, wenn beide Ehegatten nach dem gewählten Ehemodell keinen Bedarf für einen Ausgleich der in der Ehe erworbenen Anrechte sehen. Die Eheleute können auch vereinbaren, auf den Ausgleich der ergänzenden Altersvorsorge zu verzichten, also auf den Ausgleich von
- Betriebsrenten und
- von Anrechten aus der privaten Vorsorge.

In diesem Fall führt das Gericht den Wertausgleich bei der Scheidung nur für die Anrechte der Regelsicherungssysteme durch.

Der gänzliche oder teilweise Ausschluss kommt aber auch in Verbindung mit Nummer 1 in Betracht, etwa dann, wenn jeder Ehegatte die selbst erworbenen Versorgungen behält und der Wertunterschied am Ende der Ehezeit anderweitig kompensiert wird.

Die gesetzliche Ehezeit kann durch eine Vereinbarung nicht geändert werden. Es darf jedoch vereinbart werden, dass in einem Teil der Ehezeit erworbene Anrechte nicht ausgeglichen werden sollen, z.B. bei langer Trennungszeit.

Nummer 3 regelt, dass Vereinbarungen sich nicht auf den Wertausgleich bei der Scheidung nach den §§ 9 bis 19 VersAusglG beschränken müssen. Die Parteien können also auch bestimmen, dass Anrechte nach den §§ 20 bis 24 (Ausgleichsansprüche nach der Scheidung) auszugleichen sind.

Absatz 2 regelt, dass das Familiengericht an die Vereinbarungen der Eheleute gebunden ist, soweit
- diese den allgemeinen vertraglichen Wirksamkeitsvoraussetzungen und
- den in den §§ 7 und 8 VersAusglG geregelten besonderen Erfordernissen entsprechen.

Dies gilt insbesondere auch für die in § 8 Abs. 1 VersAusglG normierte Inhalts- und Ausübungskontrolle.

All dies hat das Gericht von Amts wegen zu prüfen, sofern entsprechende Anhaltspunkte vorliegen. Wegen der Einzelheiten wird auf die Begründung zu den §§ 7 und 8 VersAusglG verwiesen.

Hält die Vereinbarung der inhaltlichen und formellen Kontrolle stand, so stellt das Gericht nach § 224 Abs. 3 FamFG in der Beschlussformel fest, dass insoweit kein Versorgungsausgleich (durch das Familiengericht) stattfindet. Diese Entscheidung erwächst in Rechtskraft (siehe § 2 Rn 211, Begründung zu § 224 Abs. 3 FamFG). Kommt das Familiengericht bei seiner Prüfung zu dem Ergebnis, dass die Vereinbarung unwirksam ist, so führt es den Wertausgleich bei der Scheidung von Amts wegen bzw. das Verfahren über Ausgleichsansprüche nach der Scheidung auf Antrag durch und wird in den Gründen darlegen, weshalb es die Unwirksamkeit der Vereinbarung annimmt.

§ 7 VersAusglG	Besondere formelle Wirksamkeitsvoraussetzungen

(1) Eine Vereinbarung über den Versorgungsausgleich, die vor Rechtskraft der Entscheidung über den Wertausgleich bei der Scheidung geschlossen wird, bedarf der notariellen Beurkundung.

(2) § 127a des Bürgerlichen Gesetzbuchs gilt entsprechend.

(3) Für eine Vereinbarung über den Versorgungsausgleich im Rahmen eines Ehevertrags gilt die in § 1410 des Bürgerlichen Gesetzbuchs bestimmte Form.

Absatz 1 bestimmt, dass wie im bisher geltenden Recht Verträge über den Versorgungsausgleich notariell zu beurkunden sind. Sofern die Vereinbarung im Rahmen eines Ehevertrags geschlossen wird, ist nach Absatz 3 die strengere Formvorschrift des § 1410 BGB[31] maßgeblich (notarielle Beurkundung in Anwesenheit beider Ehegatten).

26

Klargestellt ist jetzt, bis zu welchem Zeitpunkt die Formerfordernisse über den Versorgungsausgleich zu beachten sind. Dies ist der Zeitpunkt der Rechtskraft der Entscheidung über den Wertausgleich. Dieser Zeitpunkt fällt häufig mit der Rechtskraft der Scheidung zusammen. Aber auch wenn das Verfahren über den Versorgungsausgleich abgetrennt wird und eine Entscheidung über den Wertausgleich bei der Scheidung somit erst nach Rechtskraft der Scheidung getroffen wird, bleibt es bei den genannten Formerfordernissen. Damit unterscheidet sich die Reichweite der Beurkundungspflicht von dem durch das Gesetz zur Änderung des Unterhaltsrechts vom 21. Dezember 2007 (BGBl I S. 3189) geänderten § 1585c Satz 2 BGB,[32] der eine Formfreiheit für Unterhaltsvereinbarungen bereits ab Rechtskraft der Scheidung vorsieht. Für den Versorgungsausgleich erscheint es vorzugswürdig, auf den Zeitpunkt der Rechtskraft der Entscheidung über den Wertausgleich abzustellen.

Beispiel: beurkundungspflichtige Vereinbarung

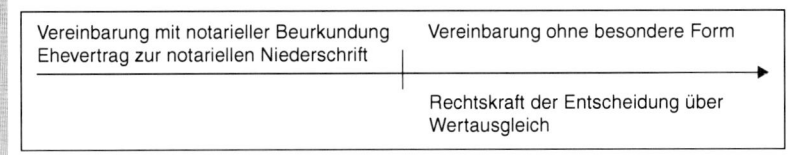

Vereinbarung mit notarieller Beurkundung Ehevertrag zur notariellen Niederschrift	Vereinbarung ohne besondere Form
	Rechtskraft der Entscheidung über Wertausgleich

Vereinbarungen, die nach Rechtskraft der Entscheidung über den Wertausgleich bei der Scheidung im Hinblick auf noch nicht ausgeglichene Anrechte getroffen werden, bedürfen wie im bisherigen Recht keiner besonderen Form. Sie haben hinreichend Zeit, die Notwendigkeit und den Inhalt etwaiger vertraglicher Vereinbarungen zu prüfen und sich darüber gegebenenfalls beraten zu lassen. Durch das vorangegangene Scheidungsverfahren wissen sie zudem, welche Bedeutung die

---

31 § 1410 Form: Der Ehevertrag muss bei gleichzeitiger Anwesenheit beider Teile zur Niederschrift eines Notars geschlossen werden.

32 § 1585c Vereinbarungen über den Unterhalt: Die Ehegatten können über die Unterhaltspflicht für die Zeit nach der Scheidung Vereinbarungen treffen. Eine Vereinbarung, die vor der Rechtskraft der Scheidung getroffen wird, bedarf der notariellen Beurkundung. § 127a findet auch auf eine Vereinbarung Anwendung, die in einem Verfahren in Ehesachen vor dem Prozessgericht protokolliert wird.

Regelungen über den Versorgungsausgleich haben. Schließlich sind die Parteien dadurch geschützt, dass sie beim Familiengericht einen Antrag auf Entscheidung über Ausgleichsansprüche nach der Scheidung stellen können und die Vereinbarung in diesem Verfahren inzident[33] geprüft wird.

Absatz 2 entspricht dem derzeit geltenden § 1587o Abs. 2 Satz 2 BGB.[34] Diese Vorschrift wird in der Sache unverändert übernommen. Sie stellt klar, dass Vereinbarungen über den Versorgungsausgleich auch dann, wenn sie nicht den Charakter eines Vergleichs haben, nach der in § 127a BGB[35] bestimmten Form geschlossen werden können. Für Vergleiche im Sinne des § 779 BGB[36] ist § 127a BGB unmittelbar anzuwenden.

Absatz 3 stellt deklaratorisch klar, dass die Formvorschriften der Absätze 1 und 2 für Vereinbarungen über den Versorgungsausgleich im Rahmen von Eheverträgen nicht gelten. Für Eheverträge ist die Formvorschrift des § 1410 BGB maßgeblich.

Übersicht: Wirksamkeitsvoraussetzungen

Verträge über den Versorgungsausgleich	Formvorschrift	Art	Zeitpunkt
Ehevertrag	§ 1410 BGB	notarielle Beurkundung	**Vor** Rechtskraft der Entscheidung über den Wertausgleich

---

[33] Inzident (lat.) ist die Bezeichnung für „nebenbei anfallend". In juristischen Gutachten wird von einer inzidenten Prüfung (= Inzidentprüfung) gesprochen, wenn man bei der Prüfung eines Tatbestands einen anderen, an sich selbstständig zu prüfenden Tatbestand, innerhalb der ersten Tatbestandsprüfung als Voraussetzung prüft.

[34] § 1587o Vereinbarungen über den Ausgleich
(2) Die Vereinbarung nach Absatz 1 muss notariell beurkundet werden. § 127a ist entsprechend anzuwenden. Die Vereinbarung bedarf der Genehmigung des Familiengerichts. Die Genehmigung soll nur verweigert werden, wenn unter Einbeziehung der Unterhaltsregelung und der Vermögensauseinandersetzung offensichtlich die vereinbarte Leistung nicht zu einer dem Ziel des Versorgungsausgleichs entsprechenden Sicherung des Berechtigten geeignet ist oder zu keinem nach Art und Höhe angemessenen Ausgleich unter den Ehegatten führt.

[35] § 127a Gerichtlicher Vergleich: Die notarielle Beurkundung wird bei einem gerichtlichen Vergleich durch die Aufnahme der Erklärungen in ein nach den Vorschriften der Zivilprozessordnung errichtetes Protokoll ersetzt.

[36] § 779 Begriff des Vergleichs, Irrtum über die Vergleichsgrundlage
(1) Ein Vertrag, durch den der Streit oder die Ungewissheit der Parteien über ein Rechtsverhältnis im Wege gegenseitigen Nachgebens beseitigt wird (Vergleich), ist unwirksam, wenn der nach dem Inhalt des Vertrags als feststehend zugrunde gelegte Sachverhalt der Wirklichkeit nicht entspricht und der Streit oder die Ungewissheit bei Kenntnis der Sachlage nicht entstanden sein würde.
(2) Der Ungewissheit über ein Rechtsverhältnis steht es gleich, wenn die Verwirklichung eines Anspruchs unsicher ist.

Verträge über den Versorgungsausgleich	Formvorschrift	Art	Zeitpunkt
Vereinbarung	§ 127a BGB	Vor Gericht mit 2 Rechtsanwälten	**Vor** Rechtskraft der Entscheidung über den Wertausgleich
Abgetrenntes Verfahren	§ 1410 BGB	notarielle Beurkundung	**Nach** Rechtskraft der Scheidung aber **vor** Entscheidung über den Wertausgleich
noch nicht ausgeglichene Anrechte		keine besondere Form	**Nach** Rechtskraft der Entscheidung über den Wertausgleich

§ 8 VersAusglG   **Besondere materielle Wirksamkeitsvoraussetzungen**

(1) Die Vereinbarung über den Versorgungsausgleich muss einer Inhalts- und Ausübungskontrolle standhalten.

(2) Durch die Vereinbarung können Anrechte nur übertragen oder begründet werden, wenn die maßgeblichen Regelungen dies zulassen und die betroffenen Versorgungsträger zustimmen.

Absatz 1 stellt klar, dass das Gericht überprüfen muss, ob der Vertrag der Eheleute nach den allgemeinen gesetzlichen Bestimmungen wirksam ist und ihm auch keine Durchsetzungshindernisse entgegenstehen. In diesem Zusammenhang sind insbesondere die §§ 138[37] und 242 BGB[38] von Bedeutung.

27

Hier hat das Gericht eine Vereinbarung der Eheleute bei entsprechenden Anhaltspunkten einer Inhalts- und Ausübungskontrolle zu unterziehen. Nach der Entscheidung des Bundesverfassungsgerichts,[39] ist dies bei einem Ehevertrag dann geboten, wenn dieser zu einer evident einseitigen Lastverteilung der Eheleute führt

---

37 § 138 Sittenwidriges Rechtsgeschäft; Wucher
(1) Ein Rechtsgeschäft, das gegen die guten Sitten verstößt, ist nichtig.
(2) Nichtig ist insbesondere ein Rechtsgeschäft, durch das jemand unter Ausbeutung der Zwangslage, der Unerfahrenheit, des Mangels an Urteilsvermögen oder der erheblichen Willensschwäche eines anderen sich oder einem Dritten für eine Leistung Vermögensvorteile versprechen oder gewähren lässt, die in einem auffälligen Missverhältnis zu der Leistung stehen.
38 § 242 Leistung nach Treu und Glauben: Der Schuldner ist verpflichtet, die Leistung so zu bewirken, wie Treu und Glauben mit Rücksicht auf die Verkehrssitte es erfordern.
39 BVerfG vom 6. Februar 2001 – 1 BvR 12/92 = FamRZ 2001, 343.

und ein Ehegatte bei dessen Abschluss in einer erheblich schwächeren Verhandlungsposition war. Dabei hat das Familiengericht nach der Rechtsprechung des Bundesgerichtshofs[40] in Betracht zu ziehen, inwieweit die vertraglichen Abreden unmittelbar in den Kernbereich des Scheidungsfolgenrechts eingreifen. Zu diesem gehörten, so der Bundesgerichtshof, in erster Linie der Betreuungsunterhalt, dann der Krankheitsunterhalt und der Altersunterhalt.

Der Versorgungsausgleich rangiere auf derselben Stufe wie der Altersunterhalt. Er stehe so einer vertraglichen Disposition nicht unbegrenzt offen. Bei dieser Prüfung der Wirksamkeit nach § 138 BGB sei eine Gesamtwürdigung anzustellen, die die Einkommens- und Vermögensverhältnisse der Eheleute, den Zuschnitt der Ehe (Ehetypus) und die Auswirkungen der vereinbarten Regelung auf die Ehegatten und die Kinder in Betracht ziehe.

Sodann sei bei einem vereinbarten völligen oder teilweisen Ausschluss des Versorgungsausgleichs im Rahmen der Ausübungskontrolle am Maßstab des § 242 BGB zu prüfen, ob infolge der Vereinbarung etwa „ein Ehegatte aufgrund einvernehmlicher Änderung der gemeinsamen Lebensumstände über keine hinreichende Alterssicherung verfügt und dieses Ergebnis mit dem Gebot ehelicher Solidarität schlechthin unvereinbar erscheint."[41] Auf eine Scheidungsfolgenvereinbarung sind diese Grundsätze entsprechend anzuwenden.[42]

Eine Vereinbarung über den Versorgungsausgleich kann auch dann unwirksam sein, wenn sie voraussichtlich dazu führt, individuelle Vorteile zum Nachteil der Grundsicherung nach SGB XII zu erzielen. Dies folgt ebenfalls aus § 138 BGB.[43] Die bisherige Rechtsprechung zu damit verbundenen Fragen bezieht sich auf den Verzicht auf nachehelichen Unterhalt,[44] gilt aber gleichermaßen für den Versorgungsausgleich. Das Gericht hat zu prüfen, ob eine Vereinbarung nach ihrem Ge-

---

40 BGH vom 11. Februar 2004 – XII ZR 265/02 = FamRZ 2004, 601.
41 BGH vom 6. Oktober 2004 – XII ZB 57/03 = FamRZ 2005, 185; siehe auch Deisenhofer, Unwirksamkeit des Ausschlusses des Versorgungsausgleichs bei Nichtigkeit des Ehevertrags, FÜR 2007, 124.
42 Bergmann, Richterliche Kontrolle von Eheverträgen und Scheidungsvereinbarungen unter besonderer Berücksichtigung des Versorgungsausgleichs, Forum Familienrecht 2007, 16.
43 § 138 Sittenwidriges Rechtsgeschäft; Wucher
(1) Ein Rechtsgeschäft, das gegen die guten Sitten verstößt, ist nichtig.
(2) Nichtig ist insbesondere ein Rechtsgeschäft, durch das jemand unter Ausbeutung der Zwangslage, der Unerfahrenheit, des Mangels an Urteilsvermögen oder der erheblichen Willensschwäche eines anderen sich oder einem Dritten für eine Leistung Vermögensvorteile versprechen oder gewähren lässt, die in einem auffälligen Missverhältnis zur Leistung stehen.
44 BGH vom 8. Dezember 1982 – IVb ZR 333/ 81 = FamRZ 1983, 137, vgl. auch BGH vom 25. Oktober 2006 – XII ZR 144/04 = FamRZ 2007, 197.

samtcharakter dafür geeignet ist, dass die Ehegatten bewusst oder unbewusst Verpflichtungen, die auf der Ehe beruhen, objektiv zulasten der Sozialhilfe oder Grundsicherung regeln.

Zu prüfen ist also, ob ein Ehegatte künftig auf Sozialhilfe oder Grundsicherung im Alter oder bei Erwerbsminderung angewiesen ist, dies aber ohne die Vereinbarung nicht der Fall wäre. Es ist insoweit also eine Prognose erforderlich. Wird der Versorgungsausgleich, wie es häufig geschieht, bereits Jahrzehnte vor Erreichen der Regelaltersgrenze durchgeführt, so wird es meist an entsprechenden Hinweisen auf eine Vereinbarung zulasten der Sozialsysteme fehlen. In diesen Fällen kann nämlich oftmals ein Gesamt- oder Teilverzicht auf den Versorgungsausgleich durch die weitere Erwerbsbiografie kompensiert werden oder durch andere Gründe gerechtfertigt sein. Anders kann es sich bei rentennahen Jahrgängen oder dann verhalten, wenn ein Ehegatte keine Beschäftigung mehr ausüben kann.

Absatz 2 bestimmt, dass Anrechte im Rahmen einer Vereinbarung der Eheleute nur übertragen oder begründet werden können, wenn die maßgeblichen Versorgungsregelungen dies zulassen und die betroffenen Versorgungsträger zustimmen. Damit modifiziert die Reform das diesbezügliche im bislang geltenden § 1587o Abs. 1 Satz 2 BGB[45] in Bezug auf die gesetzliche Rentenversicherung enthaltene kategorische Verbot. Hintergrund der Regelung ist der allgemeine Rechtsgrundsatz, dass Verträge nicht zulasten Dritter geschlossen werden können. Entsprechende Bestimmungen finden sich in den jeweiligen Versorgungssystemen; die Anordnung erfolgt aus Gründen der Klarstellung hier aber nochmals. Insbesondere über Anrechte in den öffentlich-rechtlichen Sicherungssystemen können die Eheleute nicht disponieren.

28

Das ist in den §§ 32[46] und 46 Abs. 2 SGB I[47] normiert. Nur das Familiengericht kann in diesen Fällen also durch rechtsgestaltende Entscheidung Anrechte zugunsten der ausgleichsberechtigten Person übertragen oder begründen. Die Öffnung des bisherigen generellen Verbots, das vorwiegend auf öffentlich-rechtliche Versor-

---

45 § 1587o Vereinbarungen über den Ausgleich
  (1) Die Ehegatten können im Zusammenhang mit der Scheidung eine Vereinbarung über den Ausgleich von Anwartschaften oder Anrechten auf eine Versorgung wegen Alters oder verminderter Erwerbsfähigkeit (§ 1587) schließen. Durch die Vereinbarung können Anwartschaftsrechte in einer gesetzlichen Rentenversicherung nach § 1587b Abs. 1 oder 2 nicht begründet oder übertragen werden.
46 § 32 Verbot nachteiliger Vereinbarungen: Privatrechtliche Vereinbarungen, die zum Nachteil des Sozialleistungsberechtigten von Vorschriften dieses Gesetzbuchs abweichen, sind nichtig.
47 § 46 Verzicht: (2) Der Verzicht ist unwirksam, soweit durch ihn andere Personen oder Leistungsträger belastet oder Rechtsvorschriften umgangen werden.

gungssysteme zugeschnitten war, ist vor allem für hohe Ausgleichswerte aus privaten Versorgungen von Bedeutung. Hier können sich die Eheleute im Rahmen einer Gesamt-Vermögensauseinandersetzung unter Einbeziehung der beteiligten Versorgungsträger darüber einigen, zugunsten der ausgleichsberechtigten Person ein Anrecht in einer gewissen Höhe zu schaffen. Ist der Versorgungsträger mit dieser Vereinbarung einverstanden, besteht kein Anlass, diese Vereinbarung für unwirksam zu erklären. Auch solche Verträge unterliegen aber der Inhalts- und Ausübungskontrolle durch das Familiengericht.

Übersicht: Durchsetzungshindernisse

Inhalts- und Ausübungskontrolle	Formvorschrift	Hindernisgründe	Erläuterung
Ehevertrag, Vereinbarung über völligen oder teilweisen Ausschluss, Scheidungsfolgenvereinbarung, Gesamt-Vermögensauseinandersetzung	§§ 138 und 242 BGB	evident einseitige Lastenverteilung	schwächere Verhandlungsposition, vertragliche Disposition nicht unbegrenzt, Einkommens- und Vermögensverhältnisse, Gebot ehelicher Solidarität
		Eingriff in Kernbereiche des Scheidungsfolgenrechts	Betreuungsunterhalt, Krankheitsunterhalt, Altersunterhalt
		zum Nachteil der Sozialhilfe, Grundsicherung oder Sozialsysteme	Ggf. langfristige Prognose erforderlich
		Fehlende Zustimmung Versorgungsträger	Verträge nicht zulasten Dritter
		Keine Disposition bei öffentlich-rechtlichen Sicherungssystemen	Ausnahme rechtsgestaltende Entscheidung durch Familiengericht

Abschnitt 2: Wertausgleich bei der Scheidung

Das Familiengericht soll, meist im Scheidungsverbund, möglichst abschließend den Ausgleich der Anrechte zwischen den Ehegatten regeln.

29

Die Entscheidung des Gerichts über den Wertausgleich bei der Scheidung erfolgt von Amts wegen. Dies ergibt sich aus § 137 Abs. 2 Satz 2 FamFG. Mit dem Verfahren von Amts wegen wird dem Zweck des Versorgungsausgleichs entsprochen, eine angemessene Versorgung durch die gleichberechtigte Teilhabe der Eheleute an den in der Ehezeit erworbenen Anrechten sicherzustellen.

Nach den neuen Regelungen wird grundsätzlich jedes Anrecht intern nach den §§ 10 bis 13 VersAusglG geteilt. In Ausnahmefällen ist die externe Teilung nach den §§ 14 bis 17 VersAusglG möglich.

Die interne Teilung soll die gerechte Teilhabe der ausgleichsberechtigten Person gewährleisten, da beide Anrechte grundsätzlich an der gleichen Wertentwicklung teilhaben. Der internen Teilung entsprach im bisherigen Recht vor allem das Splitting innerhalb der gesetzlichen Rentenversicherung. Dieses Prinzip wird nun auf alle Versorgungen erstreckt.

Interne Teilung = gerechte Teilhabe = Halbteilung

Durch den Wegfall der Teilungsform des Supersplittings können künftig alle ausgleichsreifen betrieblichen Anrechte vollständig ausgeglichen werden.

Auch die Begründung von Rentenanwartschaften zugunsten der ausgleichsberechtigten Person durch Beitragszahlung nach § 3b Abs. 1 Nr. 2 VAHRG wird als Ausgleichsform nicht länger beibehalten. Entsprechende Vereinbarungen über Beitragszahlungen sind nach § 6 ff. VersAusglG aber weiterhin möglich.

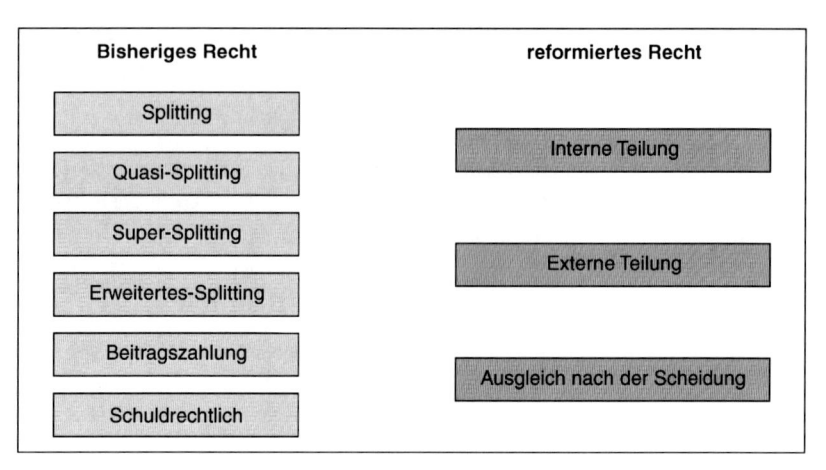

§ 2 Gesetz über den Versorgungsausgleich (VersAusglG)

Bisheriges Recht	reformiertes Recht
Splitting	Interne Teilung
Quasi-Splitting	
Super-Splitting	Externe Teilung
Erweitertes-Splitting	
Beitragszahlung	Ausgleich nach der Scheidung
Schuldrechtlich	

Übersicht: Ausgleichsformen

Der Ausgleich wird ferner dadurch vereinfacht, dass die Höchstbetrag Regelung des § 1587b Abs. 5 BGB entfällt, die auf § 76 Abs. 2 Satz 3 SGB VI verweist. Danach durfte der Monatsbetrag der zu übertragenden oder zu begründenden Anwartschaften einen bestimmten Höchstbetrag nicht übersteigen.

Nun ist es möglich, durch eine externe Teilung über die gesetzliche Rentenversicherung auch größere Anrechte vollständig auszugleichen. Dies gilt etwa für Beamtenversorgungen gemäß § 16 VersAusglG, solange diese keine interne Teilung zulassen. Damit entstehen auch in diesen Fällen keine Reste mehr, die im bisherigen Recht nur auf der Grundlage von komplizierten Berechnungen im schuldrechtlichen Versorgungsausgleich nachträglich ausgeglichen werden konnten.

Zwar kann es künftig in wenigen Einzelfällen zu atypisch hohen Versorgungen kommen, die über eine Beitragszahlung nicht zu erreichen gewesen wären. Die hierdurch entstehenden Kosten sind vom Versorgungsträger der ausgleichspflichtigen Person aber nach § 225 SGB VI[48] zu erstatten.

Unterabschnitt 1: Grundsätze des Wertausgleichs bei der Scheidung

| § 9 VersAusglG | Rangfolge der Ausgleichsformen, Ausnahmen

(1) Dem Wertausgleich bei der Scheidung unterfallen alle Anrechte, es sei denn, die Ehegatten haben den Ausgleich nach den §§ 6 bis 8 geregelt oder die Ausgleichsreife der Anrechte nach § 19 fehlt.

(2) Anrechte sind in der Regel nach den §§ 10 bis 13 intern zu teilen.

(3) Ein Anrecht ist nur dann nach den §§ 14 bis 17 extern zu teilen, wenn ein Fall des § 14 Abs. 2 oder des § 16 Abs. 1 oder 2 vorliegt.

(4) Ist die Differenz beiderseitiger Ausgleichswerte von Anrechten gleicher Art gering oder haben einzelne Anrechte einen geringen Ausgleichswert, ist § 18 anzuwenden.

Die Vorschrift dient im Wesentlichen dazu, die Struktur des Wertausgleichs bei der Scheidung schnell zu erfassen. Sie gibt in einer Vorschrift eine Orientierung, welche Ausgleichsformen der Wertausgleich bei der Scheidung zur Verfügung stellt und welche besonderen Umstände hierbei zu beachten sind. Darüber hinaus stellt sie klar, dass die interne Teilung Vorrang vor der externen Teilung hat.

30

---

48 SGB VI § 225 Erstattung durch den Träger der Versorgungslast
(1) Die Aufwendungen des Trägers der Rentenversicherung aufgrund von Rentenanwartschaften, die durch Entscheidung des Familiengerichts begründet worden sind, werden von dem zuständigen Träger der Versorgungslast erstattet. Ist der Ehegatte oder Lebenspartner, zu dessen Lasten der Versorgungsausgleich durchgeführt wurde, später nachversichert worden, sind nur die Aufwendungen zu erstatten, die bis zum Ende des Kalenderjahres entstanden sind, das der Zahlung der Beiträge für die Nachversicherung oder in Fällen des § 185 Abs. 1 Satz 3 dem Eintritt der Voraussetzungen für die Nachversicherung vorausging. Ist die Nachversicherung durch eine Zahlung von Beiträgen an eine berufsständische Versorgungseinrichtung ersetzt worden (§ 186 Abs. 1), geht die Erstattungspflicht nach Satz 1 mit dem Ende des in Satz 2 genannten Kalenderjahres auf die berufsständische Versorgungseinrichtung als neuen Träger der Versorgungslast über.
(2) Wird durch Entscheidung des Familiengerichts eine Rentenanwartschaft begründet, deren Monatsbetrag 1 vom Hundert der bei Ende der Ehezeit oder Lebenspartnerschaftszeit geltenden monatlichen Bezugsgröße nicht übersteigt, hat der Träger der Versorgungslast Beiträge zu zahlen. Absatz 1 ist nicht anzuwenden.

§ 2 Gesetz über den Versorgungsausgleich (VersAusglG)

Absatz 1 benennt als Grundsatz, dass das Familiengericht, soweit rechtlich und tatsächlich möglich, über alle auszugleichenden Anrechte im Wertausgleich bei der Scheidung zu entscheiden hat. Dieser Grundsatz ist zweifach eingeschränkt:

Zum einen findet insoweit kein Wertausgleich statt, als die Eheleute eine wirksame Vereinbarung nach §§ 6 ff. VersAusglG getroffen haben.

Zum anderen ist die Ausgleichsreife der Anrechte erforderlich, die insbesondere bei noch verfallbaren betrieblichen Anrechten fehlt. Dies stellt der Hinweis auf § 19 VersAusglG klar.

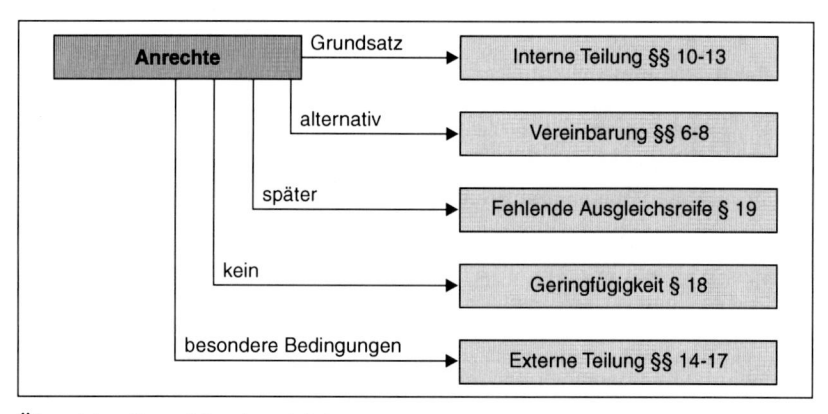

Anrechte		
	Grundsatz →	Interne Teilung §§ 10-13
	alternativ →	Vereinbarung §§ 6-8
	später →	Fehlende Ausgleichsreife § 19
	kein →	Geringfügigkeit § 18
	besondere Bedingungen →	Externe Teilung §§ 14-17

Übersicht: Rangfolge Ausgleich

Absatz 2 führt die interne Teilung als Grundsatz des Wertausgleichs bei der Scheidung ein. Hierbei handelt es sich um die regelmäßig anzuwendende Ausgleichsform. Das Weitere ist in den §§ 10 bis 13 VersAusglG bestimmt.

Absatz 3 stellt klar, dass eine externe Teilung gegenüber der internen Teilung nachrangig ist und nur in Frage kommt, wenn die Voraussetzungen des § 14 Abs. 2 VersAusglG oder des § 16 Abs. 1 oder 2 VersAusglG vorliegen. Die Rechtsanwender werden so darauf hingewiesen, dass die Abweichung von dem in Absatz 2 geregelten Prinzip der internen Teilung an besondere Bedingungen geknüpft ist.

Absatz 4 macht mit dem Verweis auf § 18 VersAusglG deutlich, dass der Ausgleich nicht in jedem Fall durchgeführt werden muss. Er findet in der Regel nicht statt, wenn die Differenz beiderseitiger Ausgleichswerte gleicher Art gering ist oder einzelne Anrechte nur einen geringen Ausgleichswert aufweisen. Insoweit ist ein Spielraum für das Ermessen des Gerichts eröffnet. Diese Ausnahmefälle werden in der Praxis vor der Anordnung der internen oder externen Teilung nach den Absätzen 2 und 3 zu prüfen sein. Dies ändert aber nichts daran, dass es sich bei § 18 VersAusglG um Ausnahmen zu dem in § 1 Abs. 1 VersAusglG geregelten Grundsatz der Halbteilung handelt.

Unterabschnitt 2: Interne Teilung

Der Unterabschnitt zur internen Teilung umfasst die zentralen Ausgleichsbestimmungen des VersAusglG. Durch die interne Teilung soll der gerechte Ausgleich der Vorsorgeanrechte beider Ehegatten sichergestellt werden. Geregelt sind im Einzelnen **31**
- die Durchführung der Teilung (§ 10 VersAusglG),
- die Ausgestaltung des zu schaffenden Anrechts (§ 11 VersAusglG),
- die besonderen Rechtsfolgen bei Betriebsrenten (§ 12 VersAusglG) und
- eine Bestimmung zu den Teilungskosten (§ 13 VersAusglG).

Die Übertragung von Anrechten durch das Familiengericht erfolgt bei dem Versorgungsträger der ausgleichspflichtigen Person. Die Hälfte des Ehezeitanteils eines Anrechts ergibt den Ausgleichswert. Innerhalb eines Versorgungsträgers kann verrechnet werden.

Merksatz: Bestimmung Ausgleichswert Verrechnung

	Ehemann	Ausgleichswert	Ehefrau
DRV	1.000,00	⟶ 1.000,00	
DRV		⟵ 600,00	600,00
DRV Verrechnung		⟵ 400,00	
BAV XY	400,00	⟵ 400,00	
BAV AZ		⟶ 200,00	200,00

§ 10 VersAusglG	Interne Teilung

(1) Das Familiengericht überträgt für die ausgleichsberechtigte Person zulasten des Anrechts der ausgleichspflichtigen Person ein Anrecht in Höhe des Ausgleichswerts beim Versorgungsträger, bei dem das Anrecht der ausgleichspflichtigen Person besteht (interne Teilung).

(2) Sofern nach der internen Teilung durch das Familiengericht für beide Ehegatten Anrechte gleicher Art bei demselben Versorgungsträger auszugleichen sind, vollzieht dieser den Ausgleich nur in Höhe des Wertunterschieds nach Verrechnung. Satz 1 gilt entsprechend, wenn verschiedene Versorgungsträger zuständig sind und Vereinbarungen zwischen ihnen eine Verrechnung vorsehen.

(3) Maßgeblich sind die Regelungen über das auszugleichende und das zu übertragende Anrecht.

32 Absatz 1 regelt den Grundsatz der internen Teilung eines Anrechts innerhalb eines Versorgungssystems. Diese Teilung erfolgt durch richterlichen Gestaltungsakt, durch den – zulasten des Anrechts der ausgleichspflichtigen Person – ein Rechtsverhältnis zwischen der ausgleichsberechtigten Person und dem Versorgungsträger der ausgleichspflichtigen Person geschaffen wird, sofern dieses nicht bereits besteht.

Aus der Übertragung des Anrechts auf die ausgleichsberechtigte Person zulasten des Anrechts der ausgleichspflichtigen Person folgt die Befugnis des Versorgungsträgers, dieses Anrecht entsprechend zu kürzen. Die Einzelheiten dafür richten sich nach dem für das Anrecht maßgeblichen Recht: So regelt beispielsweise § 76 SGB VI die Abschläge beim Versorgungsausgleich in der gesetzlichen Rentenversicherung. Soweit betriebliche oder private Anrechte intern geteilt werden, sind die für die jeweilige Versorgung maßgebenden Regelungen einschlägig. Hierbei muss die Kürzung natürlich dem auf die ausgleichsberechtigte Person übertragenen Wert entsprechen.

Das Anrecht wird bei der internen Teilung zugunsten der ausgleichsberechtigten Person „übertragen". Dies gilt auch dann, wenn für die ausgleichsberechtigte Person in dem Versorgungssystem erstmalig ein Anrecht erworben wird. Bei der externen Teilung werden Anrechte „begründet". Daher sollte bei einer internen Teilung im Tenor auch der Begriff der Übertragung von Anrechten verwendet werden.

33 Die in Absatz 2 Satz 1 vorgesehene Regelung zur Verrechnung von Anrechten gleicher Art stellt sicher, dass die Versorgungsträger bei der Umsetzung der gerichtlichen Teilungsentscheidung keinen Hin-und-her-Ausgleich durchführen müssen, wenn beide Ehegatten über auszugleichende Anrechte bei demselben Versorgungsträger verfügen. Das ist beispielsweise dann der Fall, wenn beide Ehegatten in der gesetzlichen Rentenversicherung pflichtversichert sind. Muss etwa der Ehemann einen Ausgleichswert von fünf Entgeltpunkten an die Ehefrau abgeben und sie zwei Entgeltpunkte an ihn, so wird nach Verrechnung lediglich – im Ergebnis also wie nach bislang geltendem Recht – ein Ausgleich von 3 Entgeltpunkten zugunsten der Ehefrau vollzogen.

§ 10 VersAusglG § 2

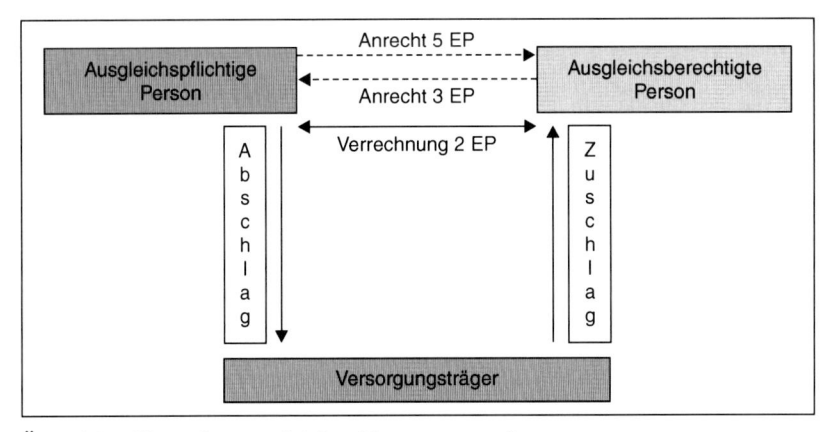

```
                    Anrecht 5 EP
┌─────────────────┐ ─────────────▶ ┌─────────────────┐
│ Ausgleichs-     │ ◀ ─ ─ ─ ─ ─ ─  │ Ausgleichs-     │
│ pflichtige      │   Anrecht 3 EP │ berechtigte     │
│ Person          │                │ Person          │
└─────────────────┘                └─────────────────┘
   A       ◀─── Verrechnung 2 EP ───▶   Z
   b                                    u
   s                                    s
   c                                    c
   h                                    h
   l                                    l
   a                                    a
   g                                    g
   ▼                                    ▲
        ┌──────────────────────┐
        │   Versorgungsträger  │
        └──────────────────────┘
```

Übersicht: Verrechnung gleicher Versorgungsträger

Der Tenor könnte wie folgt aussehen:

I.

Im Wege der internen Teilung wird zu Lasten des Anrechts des Ehemannes bei der Deutschen Rentenversicherung Bund (Versicherungsnummer: 99 010165 S 499) zugunsten der Ehefrau ein Anrecht in Höhe des Ausgleichswerts von 5,0000 Entgeltpunkten bezogen auf den 31.10.2009 übertragen.

II.

Im Wege der internen Teilung wird zulasten des Anrechts der Ehefrau bei der Deutschen Rentenversicherung Bund (Versicherungsnummer: 99 020270 S 999) zugunsten des Ehemannes ein Anrecht in Höhe des Ausgleichswerts von 3,0000 Entgeltpunkten zugunsten des Antragstellers übertragen.

Die Deutsche Rentenversicherung Bund als Versorgungsträger würde aufgrund dieser Entscheidung eine Verrechnung vornehmen und die Differenz von 2,0000 Entgeltpunkten (2009: 50,40 EUR) vom Versicherungskonto des ausgleichspflichtigen Ehemanns auf das Versicherungskonto der ausgleichsberechtigten Ehefrau übertragen. Für den Ausgleich gesetzlicher Rentenanwartschaften ändert sich also im Vergleich zum bisherigen Recht im Ergebnis nichts.

Absatz 2 Satz 2 regelt den Fall, dass zwar verschiedene Versorgungsträger zuständig sind, zwischen diesen aber Vereinbarungen bestehen, die eine Verrechnung von Anrechten gleicher Art erlauben. Bestehen solche Vereinbarungen, müssen wie im Fall des Satzes 1 nicht zwei Umsetzungsakte dergestalt vollzogen werden, dass bei beiden Ehegatten der jeweilige Ausgleichswert gekürzt und zugleich dem anderen Ehegatten gutgeschrieben wird. Vielmehr genügt es, in diesen Fällen den Saldo nach Verrechnung auszugleichen. Der Gesetzgeber hofft, dass Versorgungsträger nach Einführung der obligatorischen internen Teilung solche Abkommen schließen. Mit § 10 Abs. 2 Satz 2 VersAusglG stellt das Gesetz einen Mechanismus zur Verfügung, der den Verwaltungsaufwand in diesen Fällen vermindern kann.

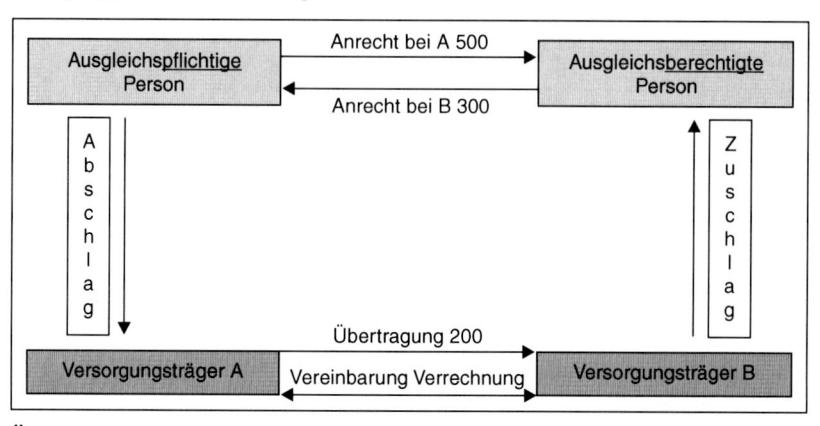

```
┌─────────────────────┐   Anrecht bei A 500   ┌─────────────────────┐
│   Ausgleichspflichtige   │ ────────────────────▶ │  Ausgleichsberechtigte  │
│        Person            │ ◀──────────────────── │        Person           │
└─────────────────────┘   Anrecht bei B 300   └─────────────────────┘
   A                                                           Z
   b                                                           u
   s                                                           s
   c                                                           c
   h                                                           h
   l                                                           l
   a                                                           a
   g                                                           g
                              Übertragung 200
┌─────────────────────┐                         ┌─────────────────────┐
│  Versorgungsträger A │◀── Vereinbarung Verrechnung ──│ Versorgungsträger B │
└─────────────────────┘                         └─────────────────────┘
```

Übersicht: Verrechnung verschiedene Versorgungsträger

34 Für die gesetzliche Rentenversicherung enthält der neue § 120f SGB VI nun Vorschriften zur Anwendung von § 10 Abs. 2 VersAusglG: Dort ist zum einen in § 120f Abs. 1 SGB VI geregelt, dass alle bei einem Träger der gesetzlichen Rentenversicherung erworbenen Anrechte als bei demselben Versorgungsträger erworbene Anrechte gelten. Zum anderen ist in § 120f Abs. 2 Nr. 1 und 2 SGB VI bestimmt, dass

- „Ostanrechte" und
- „Westanrechte" sowie
- Anrechte aus der allgemeinen Rentenversicherung und
- in der knappschaftlichen Rentenversicherung

nicht verrechnet werden, da es sich insoweit nicht um Anrechte gleicher Art handelt.

Anrechte gleicher Art im Sinne des Absatzes 2 sind Anrechte, die sich in Struktur und Wertentwicklung entsprechen, so dass ein Saldenausgleich nach Verrechnung im Wesentlichen zu demselben wirtschaftlichen Ergebnis führt wie ein Hin-und-her-Ausgleich. Eine Wertidentität ist nicht erforderlich, ausreichend ist eine strukturelle Übereinstimmung in den wesentlichen Fragen z.B.:

- Leistungsspektrum,
- Finanzierungsart,
- Anpassung von Anwartschaften und laufenden Versorgungen.

Insoweit unterscheidet sich die Vorschrift von der Befugnis des Gerichts nach § 18 Abs. 3 Satz 2 VersAusglG, bei geringen Ausgleichswerten auch Anrechte unterschiedlicher Art zu verrechnen.

Das Gesetz weist jetzt den Versorgungsträgern und nicht dem Gericht die Aufgabe der Verrechnung zu. Das Familiengericht kann sich darauf beschränken, jedes Anrecht isoliert zu teilen.

Merksatz: Verrechnung

Das Familiengericht ordnet die Teilung an.

Die Versorgungsträger nehmen die Verrechnung vor.

Da der Versorgungsträger nach der Entscheidung des Familiengerichts die Versorgungskonten ohnehin bearbeiten muss, ist bei Verrechnungen nach Absatz 2 Satz 2 eine Zuständigkeit der Versorgungsträger für diese Aufgabe naheliegend: Denn das Familiengericht wird häufig nicht wissen, zwischen welchen Versorgungsträgern entsprechende Abkommen bestehen, und müsste dies mit unter Umständen relativ hohem Aufwand klären. Die Versorgungsträger hingegen kennen den Bestand entsprechender Abkommen und können auf Grundlage der familiengerichtlichen Entscheidung entscheiden, in welchen Fällen eine Verrechnung durchzuführen ist, um so den Verwaltungsaufwand zu vermindern.

35 Absatz 3 bestimmt, dass sich die Einzelheiten des Vollzugs einer internen Teilung nach den Vorschriften für die jeweiligen Versorgungssysteme bestimmen. Die Vorschrift greift damit inhaltlich den bislang geltenden § 1 Abs. 2 Satz 2 VAHRG auf.

Vergleichbare Regelungen enthielten auch § 1587b Abs. 1 Satz 2 BGB[49] und § 1587b Abs. 2 Satz 2 BGB.

Maßgeblich sind somit
- gesetzliche Bestimmungen (wie beispielsweise § 76 SGB VI) oder
- untergesetzliche Bestimmungen in Versorgungsordnungen,
- Satzungen,
- vertraglichen Vereinbarungen oder
- vergleichbaren Regelungen.

Untergesetzliche Regeln sind inhaltlich an den Anforderungen aus § 11 VersAusglG zu messen.

§ 11 VersAusglG Anforderungen an die interne Teilung

(1) Die interne Teilung muss die gleichwertige Teilhabe der Ehegatten an den in der Ehezeit erworbenen Anrechten sicherstellen. Dies ist gewährleistet, wenn im Vergleich zum Anrecht der ausgleichspflichtigen Person
1. **für die ausgleichsberechtigte Person ein eigenständiges und entsprechend gesichertes Anrecht übertragen wird,**
2. **ein Anrecht in Höhe des Ausgleichswerts mit vergleichbarer Wertentwicklung entsteht und**
3. **der gleiche Risikoschutz gewährt wird; der Versorgungsträger kann den Risikoschutz auf eine Altersversorgung beschränken, wenn er für das nicht abgesicherte Risiko einen zusätzlichen Ausgleich bei der Altersversorgung schafft.**

---

49   § 1587b Übertragung und Begründung von Rentenanwartschaften durch das Familiengericht
(1) Hat ein Ehegatte in der Ehezeit Rentenanwartschaften in einer gesetzlichen Rentenversicherung im Sinne des § 1587a Abs. 2 Nr. 2 erworben und übersteigen diese die Anwartschaften im Sinne des § 1587a Abs. 2 Nr. 1, 2, die der andere Ehegatte in der Ehezeit erworben hat, so überträgt das Familiengericht auf diesen Rentenanwartschaften in Höhe der Hälfte des Wertunterschieds. Das Nähere bestimmt sich nach den Vorschriften über die gesetzlichen Rentenversicherungen.
(2) Hat ein Ehegatte in der Ehezeit eine Anwartschaft im Sinne des § 1587a Abs. 2 Nr. 1 gegenüber einer Körperschaft, Anstalt oder Stiftung des öffentlichen Rechts, einem ihrer Verbände einschließlich der Spitzenverbände oder einer ihrer Arbeitsgemeinschaften erworben und übersteigt diese Anwartschaft allein oder zusammen mit einer Rentenanwartschaft im Sinne des § 1587a Abs. 2 Nr. 2 die Anwartschaften im Sinne des § 1587a Abs. 2 Nr. 1, 2, die der andere Ehegatte in der Ehezeit erworben hat, so begründet das Familiengericht für diesen Rentenanwartschaften in einer gesetzlichen Rentenversicherung in Höhe der Hälfte des nach Anwendung von Absatz 1 noch verbleibenden Wertunterschieds. Das Nähere bestimmt sich nach den Vorschriften über die gesetzlichen Rentenversicherungen.

(2) **Für das Anrecht der ausgleichsberechtigten Person gelten die Regelungen über das Anrecht der ausgleichspflichtigen Person entsprechend, soweit nicht besondere Regelungen für den Versorgungsausgleich bestehen.**

§ 11 VersAusglG benennt die Maßgaben für die interne Teilung. Die Vorschrift gilt insbesondere für Versorgungsträger, die

- ihre Versorgungsordnungen kraft Satzungsautonomie regeln (z.b. berufsständische Versorgungswerke), oder
- auf kollektiv- oder privatvertraglicher Basis handeln (z.b. betriebliche oder private Versorgungsträger).

Absatz 1 enthält einen Regelungsauftrag an die Versorgungsträger, Bestimmungen über die interne Teilung von Anrechten zu treffen.

Die entsprechenden Bestimmungen hat das Familiengericht auf Grundlage der nach § 220 FamFG erteilten Auskünfte im Zweifelsfall zu prüfen. Sie ist nicht anwendbar auf gesetzliche Bestimmungen über den Versorgungsausgleich, also etwa auf

- die leistungsrechtlichen Regelungen zur Umsetzung des Versorgungsausgleichs in der gesetzlichen Rentenversicherung oder
- auf die Bestimmungen über die interne Teilung von Beamtenversorgungen.

Diese haben den verfassungsrechtlichen Maßgaben für eine angemessene Teilhabe zu entsprechen. Den Familiengerichten steht keine Kontrollbefugnis zu.

36

Absatz 1 Satz 1 schreibt den Grundsatz der gleichwertigen Teilhabe fest und konkretisiert diesen in Absatz 1 Satz 2 Nr. 1 bis 3. Dort werden die Mindestanforderungen benannt, denen untergesetzliche Regelungen im Sinne des § 10 Abs. 3 VersAusglG genügen müssen.

37

Der Gesetzgeber hat keine Regelungen für die einzelne Ausgestaltung der internen Teilung aller denkbaren Versorgungen getroffen. Dies wäre mit einem umfangreichen und fehleranfälligen Regelungsaufwand verbunden gewesen. Auch der Spielraum der Versorgungsträger für passgenaue Regelungen in Bezug auf das jeweilige Versorgungssystem wäre eingeschränkt.

Bereits nach bisherigem Recht war für die Realteilung nach § 1 Abs. 2 Satz 2 VAHRG anerkannt, dass Einzelheiten der Ausgestaltung den Versorgungsträgern überlassen werden konnte, sofern das Teilungssystem grundlegenden verfassungsrechtlichen Anforderungen genügte.

So können die Versorgungsträger etwa darüber entscheiden, ob das zu übertragende Anrecht weiter ausbaubar ist oder nicht, es sei denn, das maßgebliche Recht enthält insoweit zwingende Vorgaben wie etwa § 1b Abs. 5 Satz 1 Nr. 2 des Betriebsrentengesetzes (BetrAVG).[50]

38 Die in Absatz 1 Satz 2 Nr. 1 bis 3 aufgeführten Kriterien normieren den Kernbestand einer gleichwertigen Teilhabe bei einer internen Teilung. Damit kodifiziert[51] die Reform die Mindestanforderungen, die von der Rechtsprechung zur bisherigen Praxis der Realteilung entwickelt worden sind.[52]

Der schon nach bisherigem Recht bestehende Spielraum der Versorgungsträger bei der Ausgestaltung der Realteilung gemäß § 1 Abs. 2 Satz 2 VAHRG bleibt damit erhalten. Die Versorgungsträger können in

- Satzung,
- Betriebsvereinbarung,
- Einzelzusage,
- Tarifvertrag oder
- Geschäftsplan

den eigenen Belangen gerecht werdende Regelungen entwickeln. Diejenigen Versorgungsträger, die im Rahmen der Realteilung nach bislang geltendem Recht bereits systemintern teilen, können also ihre bisherige Praxis beibehalten. Andere Versorgungsträger können sich bei der Umstellung auf den Grundsatz der internen Teilung an dieser Praxis orientieren.

39 Nummer 1 regelt zum einen, dass der ausgleichsberechtigten Person eine eigenständige Versorgung verschafft werden muss. Das bedeutet, dass sie einen selbst-

---

50 (5) Soweit betriebliche Altersversorgung durch Entgeltumwandlung erfolgt, behält der Arbeitnehmer seine Anwartschaft, wenn sein Arbeitsverhältnis vor Eintritt des Versorgungsfalles endet; in den Fällen der Absätze 2 und 3
1. dürfen die Überschussanteile nur zur Verbesserung der Leistung verwendet,
2. muss dem ausgeschiedenen Arbeitnehmer das Recht zur Fortsetzung der Versicherung oder Versorgung mit eigenen Beiträgen eingeräumt und
3. muss das Recht zur Verpfändung, Abtretung oder Beleihung durch den Arbeitgeber ausgeschlossen werden.
Im Fall einer Direktversicherung ist dem Arbeitnehmer darüber hinaus mit Beginn der Entgeltumwandlung ein unwiderrufliches Bezugsrecht einzuräumen.
51 Kodifikation ist die systematische Zusammenfassung des für einen bestimmten Lebensbereich geltenden Rechts in einem zusammenhängenden Gesetzeswerk (Gesetzbuch). Sie hat den Anspruch, ihre Materie abschließend zu regeln (aus Wikipedia).
52 Vgl. BGH vom 21. September 1988 – IVb ZB 70/85 = FamRZ 1988, 1254; BGH vom 12. Mai 1989 – IVb ZB 88/85 = FamRZ 1989, 951; BGH vom 10. September 1997 – XII ZB 31/96 = FamRZ 1997, 1470; BGH vom 19. August 1998 – XII ZB 100/96 = FamRZ 1999, 158.

ständigen Anspruch gegen den Versorgungsträger der ausgleichspflichtigen Person erlangt, der vom Versorgungsschicksal der ausgleichspflichtigen Person unabhängig ist.

Eine Abtretung beispielsweise reicht hierfür nicht aus, weil dieser Anspruch mit dem Tod der ausgleichspflichtigen Person unterginge.

Bei privaten Lebensversicherungsverträgen und bei Direktversicherungen der betrieblichen Altersversorgung ist es erforderlich, dass die ausgleichsberechtigte Person selbst versicherte Person wird.[53]

Nummer 1 bestimmt darüber hinaus, dass das zu übertragende Anrecht vergleichbar gesichert sein muss wie das auszugleichende Anrecht.

Der Versorgungsträger muss für das übertragene Anrecht dieselbe Sicherheit gewährleisten wie für das auszugleichende Anrecht:

Für betriebliche Anrechte etwa gilt wegen § 12 VersAusglG die Insolvenzsicherung nach §§ 7 ff. BetrAVG auch für die ausgleichsberechtigte Person.

Private Versorgungen unterliegen nach Durchführung der internen Teilung den Schutzmechanismen des Versicherungsaufsichtsrechts, die für alle Versicherungsnehmer wirken.

Praktische Bedeutung kann die Frage einer hinreichenden Sicherung aber bei betrieblichen Unternehmerversorgungen erlangen, also etwa in dem Fall, dass eine Gesellschaft mit beschränkter Haftung (GmbH) ihrem geschäftsführenden Alleingesellschafter eine Rente verspricht. Für Versorgungen dieser Art ist das Betriebsrentengesetz im Allgemeinen nicht anwendbar, wenn nicht ausnahmsweise § 17 BetrAVG gegeben ist.[54] Anrechte dieser Art sind insbesondere nicht zwingend gegen Insolvenzen gesichert.

Das zu übertragende Anrecht der ausgleichsberechtigten Person teilt dann sowohl die Chancen als auch die Risiken des Anrechts der ausgleichsberechtigten Person. Fehlt also eine Rückdeckung, so trägt das Anrecht der geschiedenen ausgleichsberechtigten Person ebenso das Insolvenzrisiko in sich wie das Anrecht der ausgleichspflichtigen Person.

Der Versorgungsausgleich erfordert eine gleiche Teilhabe, aber keine Besserstellung der ausgleichsberechtigten Person. Ist die Versorgung allerdings rückgedeckt,

---

53 *Frels*, Rechtsfragen bei der Realteilung von privaten Lebensversicherungsverträgen im Versorgungsausgleich, VersR 1983, S. 112 ff.
54 Siehe im Einzelnen *Glockner/Uebelhack*, Die betriebliche Altersversorgung im Versorgungsausgleich, 1989, Rn 84a.

etwa über eine von der GmbH abgeschlossene Lebensversicherung, so ist der ausgleichsberechtigten Person im Rahmen der internen Teilung ein entsprechender Insolvenzschutz zu verschaffen.

> *Merksatz: Insolvenzsicherung*
>
> Fehlt eine Insolvenzsicherung oder Rückdeckung bei der ausgleichsverpflichteten Person gilt dies auch für die ausgleichsberechtigte Person. Es erfolgt keine Besserstellung.

40 Nummer 2 regelt zum einen, dass das zu übertragende Anrecht dem bei der ausgleichspflichtigen Person verbliebenen Anrecht in Bezug auf den Ausgleichswert wertmäßig entsprechen muss. Dem Versorgungsträger stehen dafür drei Möglichkeiten zur Verfügung:

1. Teilung des Deckungskapitals z.b. bei privaten Rentenversicherungen
2. Halbteilung von Rentenbeträgen
3. Halbteilung von Bezugsgrößen, z.b. Leistungskennzahlen

Da die Halbteilung von Rentenbeträgen zur Bildung unterschiedlich hohen Deckungskapitals und damit zur Belastung des Versorgungsträgers führen würde, wenn die ausgleichsberechtigte Person versicherungsmathematisch eine ungünstigere Risikostruktur als die ausgleichspflichtige Person aufweist, besteht auch die Möglichkeit das der Versorgungsträger gleich hohe Rentenbeträge nach dem vorhandenen Deckungskapital ermittelt und teilt dieses entsprechend auf.[55]

Nummer 2 bestimmt darüber hinaus, dass das zu übertragende Anrecht eine vergleichbare Wertentwicklung aufweisen muss wie das auszugleichende Anrecht. Unzulässig wäre es also beispielsweise, künftige Anpassungen in der Anwartschafts- oder in der Leistungsphase für die ausgleichsberechtigte Person auszuschließen, obwohl die am Ehezeitende gültige Satzung für das auszugleichende Anrecht eine regelmäßige Anpassung vorsieht. Dagegen bleiben Veränderungen von Satzungen und Bemessungsgrundlagen, die nach dem Ehezeitende eintreten, außer Betracht (siehe § 2 Rn 17, Begründung zu § 5 Abs. 2 Satz 2 VersAusglG).

41 Nach Nummer 3 soll das zugeteilte Anrecht grundsätzlich die gleiche Qualität wie das auszugleichende Anrecht haben, also die gleichen Risiken absichern. Regelmäßig muss es zumindest eine lebenslange Altersversorgung vorsehen. Zudem soll es eine Invaliditätsabsicherung und Hinterbliebenenversorgung umfassen, wenn diese im auszugleichenden Anrecht enthalten sind.

---

[55] Siehe auch schon Bundestagsdrucksache 9/2296, S. 11.

Jedoch ist letzteres wie nach bislang geltendem Recht nicht zwingend. Es kann sich beispielsweise so verhalten, dass im System des Anrechts der ausgleichspflichtigen Person ein Invaliditätsschutz für Außenstehende nicht vermittelt werden kann.[56]

In diesen Fällen ist der reduzierte Risikoschutz im Rahmen der Altersversorgung wertmäßig zu kompensieren. Die Entscheidung über die Beschränkung des Risikoschutzes trifft der Versorgungsträger. Er hat jedoch in der Auskunft nach § 220 Abs. 4 FamFG nachvollziehbare Angaben hierzu zu machen, insbesondere zum finanziellen Ausgleich als Kompensation für wegfallenden Risikoschutz.

Die ausgleichsberechtigte Person hat kein Widerspruchsrecht sondern ist an die Entscheidung des Versorgungsträgers gebunden.

Gleichwertige Teilhabe
- eigenständige Versorgung mit
  - unabhängigem Versorgungsschicksaal
- Vergleichbare Sicherung wie auszugleichendes Anrecht
- Vergleichbare Wertentwicklung
  - in Anwartschaftsphase
  - in Leistungsphase
- Gleich Qualität mit
  - lebenslanger Altersversorgung
  - Invaliditätsabsicherung
  - Hinterbliebenenversorgung
- Chance und Risiken des auszugleichenden Anrechts
- Unterschiedliche biometrische Risiken wie
  - Alter
  - Lebenserwartung
  - Geschlecht

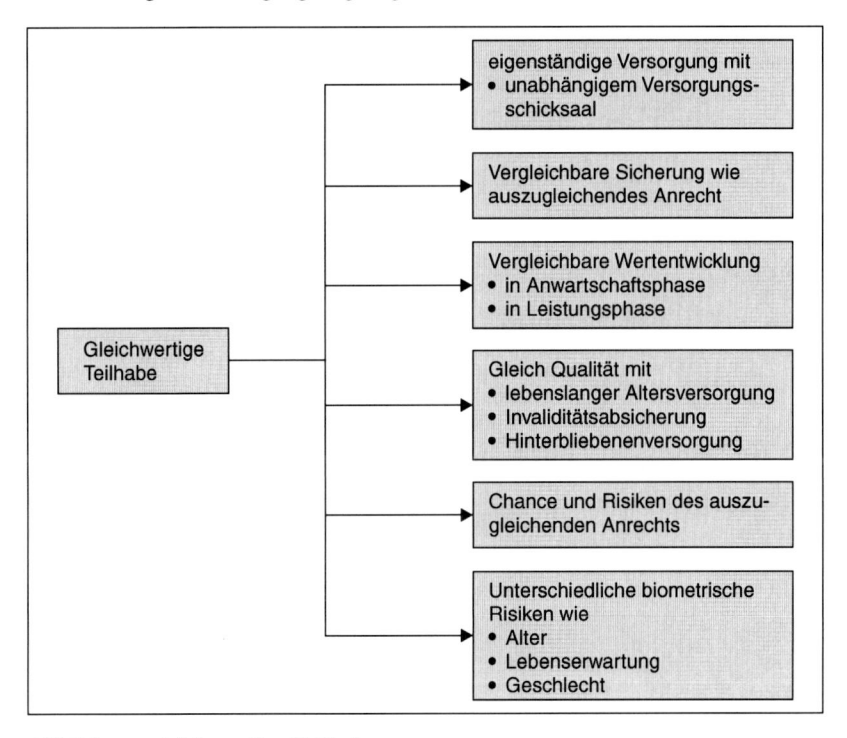

Abbildung: gleichwertige Teilhabe

---

56 Siehe hierzu BGH vom 19. August 1998 – XII ZB 100/96 = FamRZ 1999, 158.

42 Absatz 2 ordnet an, dass für das Anrecht der ausgleichsberechtigten Person die Regelungen über das Anrecht der ausgleichspflichtigen Person entsprechend gelten, wenn keine besonderen Regelungen über den Versorgungsausgleich bestehen oder wegen eines Verstoßes gegen die Maßgaben des Absatzes 1 unwirksam sind. Damit steht es beispielsweise bei betrieblichen oder privaten Versorgungsträgern letztlich in ihrem Ermessen, ob sie die für sie maßgebliche Rechtsordnung anpassen und gesonderte Regelungen erlassen oder aber dieselben Bestimmungen anwenden, die auch für das auszugleichende Anrecht gelten.

Es ist also auch dann ein rechtlicher Rahmen vorhanden, wenn die Versorgungsträger noch keine besonderen Regelungen für den Versorgungsausgleich getroffen haben. Damit entspricht die Struktur des § 11 VersAusglG einem Regelungsauftrag an die Versorgungsträger (Absatz 1) mit einer Auffangregelung (Absatz 2), die ebenfalls nicht staatliches Recht setzt, sondern private Rechtsordnungen nutzbar macht.[57]

Die Versorgungsträger können und sollten Teilungsordnungen erstellen und diese dem Gericht mitteilen.

Die Vorschrift ist auch dann anzuwenden, wenn zwar besondere Vorschriften erlassen wurden, diese aber gegen die in Absatz 1 geregelten Grundsätze verstoßen und deshalb gemäß § 134 BGB unwirksam sind.[58]

Der Gesetzgeber hat jedoch nicht geregelt, was zu geschehen hat, wenn die Anforderungen an die interne Teilung insgesamt nicht erfüllt sind. Eine externe Teilung kommt nicht in Betracht weil kein Fall im Sinne der §§ 14 Abs. 2 oder 16 vorliegt. Es verbleibt wohl nur die Verweisung in den schuldrechtlichen Ausgleich nach den §§ 20 ff.

Insgesamt sind die Regelungen durch umfangreiche Ausnahmen nicht zwangläufig dazu geeignet, eine gleichwertige Teilhabe für die ausgleichsberechtigte Person in allen Punkten zu erreichen.

---

57 Siehe hierzu auch *Bachmann*, Private Ordnung: Grundlagen ziviler Regelsetzung, 2006, S. 359 ff., insbesondere S. 375 f.
58 § 134 Gesetzliches Verbot
Ein Rechtsgeschäft, das gegen ein gesetzliches Verbot verstößt, ist nichtig, wenn sich nicht aus dem Gesetz ein anderes ergibt.

Tabelle: Ausnahmen

Anforderungen	Ausnahmen
Vergleichbare Wertentwicklung	Andere Dynamisierung aufgrund Satzungsänderung nach Ehezeit und andere Dynamisierung ab Versorgungsbeginn
Stellung eines ausgeschiedenen Mitarbeiters	Andere Abfindungsregelungen
	Andere Portabiltätskriterien
	Andere Fortführungsregelungen
Gleicher Risikoschutz	Beschränkung auf Altersversorgung

§ 12 VersAusglG   Rechtsfolge der internen Teilung von Betriebsrenten

Gilt für das auszugleichende Anrecht das Betriebsrentengesetz, so erlangt die ausgleichsberechtigte Person mit der Übertragung des Anrechts die Stellung eines ausgeschiedenen Arbeitnehmers im Sinne des Betriebsrentengesetzes.

Mit der Vorschrift wird fingiert, dass bei einer internen Teilung betrieblicher Anrechte die ausgleichsberechtigte Person die Rechtsstellung eines ausgeschiedenen Arbeitnehmers im Sinne des Betriebsrentengesetzes erlangt. Die ausgleichsberechtigte Person erhält damit keine arbeitsrechtliche Stellung, sondern es wird lediglich eine versorgungsrechtliche Beziehung mit dem Versorgungsträger hergestellt.   **43**

Die Fiktion bedeutet unter anderem, dass bei Vorliegen der entsprechenden Voraussetzungen für die ausgleichsberechtigte Person auch folgende Regelungen gelten

- die Anpassungsregelungen für laufende Leistungen nach § 16 BetrAVG,
- der Insolvenzschutz nach §§ 7 ff. BetrAVG,
- das Recht zur Fortsetzung der Versorgung mit eigenen Beiträgen gemäß § 1b Abs. 5 Satz 1 Nr. 2 BetrAVG hat,
- das Recht zur Mitnahme gemäß § 4 Abs. 3 BetrAVG.

Für Rechtsstreitigkeiten der ausgleichsberechtigten Person mit dem Versorgungsträger ist das Arbeitsgericht zuständig, da die ausgleichsberechtigte Person durch den richterlichen Gestaltungsakt nach § 10 Abs. 1 VersAusglG Rechtsnachfolgerin im Sinne des § 3 des Arbeitsgerichtsgesetzes wird.

§ 2 Gesetz über den Versorgungsausgleich (VersAusglG)

```
Interne Teilung ──┬──► Rechtsstellung eines ausgeschiedenen Arbeitnehmers
                  ├──► • keine arbeitsrechtliche Stellung
                  │     • nur versorgungsrechtliche Beziehung
                  ├──► Anpassungsregelungen wie für laufende Leistungen
                  ├──► Insolvenzschutz
                  ├──► Recht zur Fortsetzung der Versorgung mit eigenen Beiträgen
                  └──► Recht zur Mitnahme
                        • Pensionsfonds
                        • Pensionskasse
                        • Direktversicherung
```

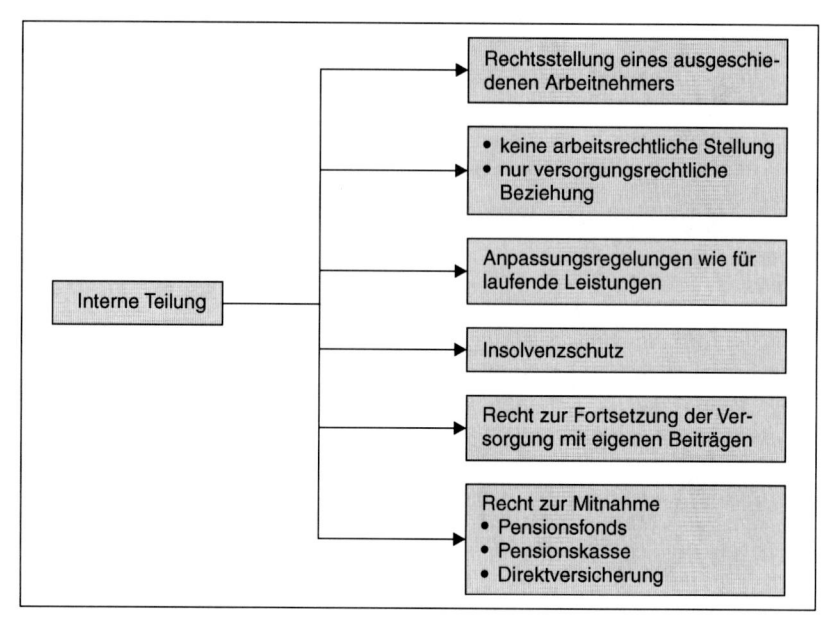

Abbildung: Rechtsfolge

§ 13 VersAusglG — Teilungskosten des Versorgungsträgers

Der Versorgungsträger kann die bei der internen Teilung entstehenden Kosten jeweils hälftig mit den Anrechten beider Ehegatten verrechnen, soweit sie angemessen sind.

44 Die Norm stellt klar, dass die durch die interne Teilung entstehenden Kosten von den Eheleuten hälftig zu tragen sind, sofern der Versorgungsträger diese Kosten geltend macht. Damit soll der organisatorische Mehraufwand der Versorgungsträger ausgeglichen werden.

Es dürfen nur solche Kosten verrechnet werden, die durch die Teilung entstehen und die angemessen sind. Kosten für die Ermittlung des Ehezeitanteils sind wie auch nach der bisherigen Rechtslage hiervon nicht erfasst.

Wie im bislang geltenden Recht des Versorgungsausgleichs kann es angemessen sein, diese Kosten zu pauschalieren. Die Rechtsprechung hat pauschale Kostenabzüge von 2 Prozent bzw. 3 Prozent des Deckungskapitals im Rahmen der Realteilung nach § 1 Abs. 2 VAHRG gebilligt.[59]

Der Kostenabzug unterliegt jedoch der Kontrolle des Familiengerichts. Nach § 220 Abs. 4 FamFG ist der Versorgungsträger verpflichtet, Auskunft auch über den beabsichtigten Kostenabzug zu erteilen.

Die Gerichte sollten bei der Anerkennung angemessener Teilungskosten des Versorgungsträgers sich nicht in jedem Fall schematisch an einem bestimmten Prozentsatz des auszugleichenden Werts orientieren, sondern bei einem hohen Wert keinen Abzug zulassen, der das Anrecht empfindlich schmälern würde und außer Verhältnis zu dem Aufwand der Versorgungsträger stünde.

Zudem ist der Kostenabzug bei dem Vorschlag für die Bestimmung des Ausgleichswerts nach § 5 Abs. 3 VersAusglG auszuweisen (siehe § 2 Rn 19, Begründung zu § 5 VersAusglG).

Die Regelung für die Verrechnung gilt lediglich für die interne Teilung. Für die externe Teilung besteht keine entsprechende Regelung.

Nach Auffassung des Gesetzgebers besteht kein Regelungsbedürfnis weil
- auf der Seite des abgebenden Systems lediglich ein Kapitalabfluss entsteht, aber kein Verwaltungsaufwand zur Einrichtung eines neuen Kontos,
- auf der Seite des aufnehmenden Systems bestehe entweder schon ein Konto, wenn ein bestehendes Anrecht aufgestockt werden soll, oder aber das aufnehmende System gewinnt einen neuen Kunden, sofern es sich um einen privaten Versorgungsträger handelt.
- weil die externe Teilung als Sonderfall konzipiert ist. Sie kommt nach § 14 Abs. 2 Nr. 1 und 2 VersAusglG nur in Betracht, wenn der Versorgungsträger der ausgleichspflichtigen Person mit dieser Teilungsform einverstanden ist.

Die Versorgungsträger haben durchaus eine andere Auffassung vertreten.

Die Vorschrift ermöglicht den Versorgungsträgern auch nur, die angemessenen Teilungskosten vorrangig mit den Anrechten zu verrechnen. Das bedeutet nicht, dass in Teilungsordnungen nicht weitere Kosten an die Ehegatten weiterbelastet werden dürfen. Dies könnte beispielsweise der Fall sein, wenn die Ehegatten für Vereinbarungen bereits vor Anhängigkeit des Scheidungsantrags die Versorgungsträger um Auskünfte bitten, und diese die Kosten für die Wertermittlung in Rechnung stellen.

---

59 Siehe hierzu BGH vom 19. August 1998 – XII ZB 100/96 = FamRZ 1999, 158.

Es wird immer wieder diskutiert, ob die Weiterbelastung der Teilungskosten an die Ehegatten noch mit dem Halbteilungsgrundsatz vereinbar ist.[60]

Es ist aber auch nicht nachzuvollziehen, warum die Versorgungsträger oder die anderen im Versorgungssystem vorhandenen Personen die Kosten für die Teilung tragen sollen. Die Entscheidung für eine Scheidung und damit die Folgen und Kosten einer Scheidung liegen letztendlich einzig und allein im privaten Entscheidungsbereich der Ehegatten.

Merksatz: Verrechnung Teilungskosten
- Nur bei interner Teilung
- Keine Kosten für Ermittlung Ehezeitanteil
- Hälftige Teilung der Kosten für laufende Teilung
- Kontrolle der Angemessenheit durch Familiengericht

Unterabschnitt 3: Externe Teilung

45 Unterabschnitt 3 enthält die Regelungen über die externe Teilung, also den Ausgleich außerhalb des Versorgungssystems des auszugleichenden Anrechts. Die externe Teilung ist nur in den besonderen Fällen des § 14 Abs. 2 und des § 16 Abs. 1 und 2 VersAusglG zulässig.

46 Mit den differenzierten Bestimmungen zur externen Teilung soll den besonderen Belangen der Beteiligten entsprochen werden:
1. Wünschen der Versorgungsträger der ausgleichspflichtigen Person und die ausgleichsberechtigte Person einen Transfer in ein anderes System, ist dies nach § 14 Abs. 2 Nr. 1 VersAusglG zu ermöglichen.
2. Bei geringen Ausgleichswerten gilt dies im Interesse des Versorgungsträgers des auszugleichenden Anrechts nach § 14 Abs. 2 Nr. 2 VersAusglG auch ohne das Einverständnis der ausgleichsberechtigten Person.
3. Diese Möglichkeit erweitert § 17 VersAusglG für die internen Durchführungswege einer betrieblichen Altersversorgung.
4. Darüber hinaus bleibt nach § 16 Abs. 1 VersAusglG eine externe Teilung wie nach bisherigem Recht („Quasisplitting") den Trägern von Beamtenversorgungen erlaubt, solange dort noch keine Regelungen für die interne Teilung geschaffen worden sind.

---

60 Siehe *Bergner*, Die reformbedürftige Strukturreform des Versorgungsausgleichs, ZRP 7/2008.

5. Immer extern auszugleichen sind schließlich die Versorgungsanwartschaften von Beamtinnen und Beamten auf Widerruf und Soldatinnen und Soldaten auf Zeit (§ 16 Abs. 2 VersAusglG).

In Ergänzung zu den materiell-rechtlichen Bestimmungen in den §§ 14 bis 17 VersAusglG regelt § 222 FamFG verfahrensrechtliche Einzelheiten der externen Teilung:

Die in den §§ 14 und 15 VersAusglG eingeräumten Wahlrechte sind hiernach fristgebunden gegenüber dem Gericht auszuüben.

Zugleich ist nachzuweisen, dass der ausgewählte Versorgungsträger der Zielversorgung mit dem gewünschten Ausbau bzw. der Begründung eines Anrechts einverstanden ist.

Schließlich hat das Familiengericht den Betrag in Höhe des Kapitalwerts bzw. des korrespondierenden Kapitalwerts festzusetzen, der von dem Versorgungsträger der ausgleichspflichtigen Person an den Träger der Zielversorgung zu zahlen ist.[61] In § 114 Abs. 4 Nr. 7 FamFG ist klargestellt, dass die Ausübung des Wahlrechts nach § 15 Abs. 1 VersAusglG nicht dem Anwaltszwang nach § 114 Abs. 1 FamFG unterliegt.

Merksatz: Externe Teilung

Die Begründung von Anrechten durch das Familiengericht bei einem anderem Versorgungsträger als dem der ausgleichspflichtigen Person.

Beispiel: Externe Teilung

	Ehemann	Ausgleichswert	Ehefrau
BAV XY	1.000,00	1.000,00	0,00
BAV ZA			1.000,00
BAV ZA (außerhalb Ehezeit)			400,00
BAV ZA Gesamt			1.400,00

§ 14 VersAusglG Externe Teilung

(1) Das Familiengericht begründet für die ausgleichsberechtigte Person zulasten des Anrechts der ausgleichspflichtigen Person ein Anrecht in Höhe des

---

61 Siehe im Einzelnen die Begründung zu § 222 FamFG-VAE.

Ausgleichswerts bei einem anderen Versorgungsträger als demjenigen, bei dem das Anrecht der ausgleichspflichtigen Person besteht (externe Teilung).

(2) Eine externe Teilung ist nur durchzuführen, wenn
1. die ausgleichsberechtigte Person und der Versorgungsträger der ausgleichspflichtigen Person eine externe Teilung vereinbaren oder
2. der Versorgungsträger der ausgleichspflichtigen Person eine externe Teilung verlangt und der Ausgleichswert am Ende der Ehezeit bei einem Rentenbetrag als maßgeblicher Bezugsgröße höchstens 2 Prozent, in allen anderen Fällen als Kapitalwert höchstens 240 Prozent der monatlichen Bezugsgröße nach § 18 Abs. 1 des Vierten Buches Sozialgesetzbuch beträgt.

(3) § 10 Abs. 3 gilt entsprechend.

(4) Der Versorgungsträger der ausgleichspflichtigen Person hat den Ausgleichswert als Kapitalbetrag an den Versorgungsträger der ausgleichsberechtigten Person zu zahlen.

(5) Eine externe Teilung ist unzulässig, wenn ein Anrecht durch Beitragszahlung nicht mehr begründet werden kann.

47 Absatz 1 definiert zunächst die externe Teilung. Diese erfolgt wie die interne Teilung durch gerichtliche Entscheidung. Sie begründet ein Rechtsverhältnis zwischen der ausgleichsberechtigten Person und einem von ihr ausgewählten Versorgungsträger oder baut ein dort bestehendes Rechtsverhältnis aus.

Das Anrecht wird bei der externen Teilung zugunsten der ausgleichsberechtigten Person „begründet". Dies gilt auch dann, wenn für die ausgleichsberechtigte Person in dem Versorgungssystem erstmalig ein Anrecht erworben wird. Bei der internen Teilung werden Anrechte „übertragen".

Daher sollte bei einer externen Teilung im Tenor auch der Begriff der Begründung von Anrechten verwendet werden.

Wird die Wahl nicht ausgeübt, erfolgt der Ausgleich nach § 15 Abs. 5 VersAusglG über die gesetzliche Rentenversicherung oder bei betrieblichen Anrechten über die Versorgungsausgleichskasse.

Wie bei der internen Teilung wird das Anrecht der ausgleichspflichtigen Person entsprechend gekürzt. Mit der Zahlung des vom Gericht festgesetzten Betrags an den Versorgungsträger der ausgleichsberechtigten Person wird der Versorgungsträger der ausgleichspflichtigen Person insoweit von seinen Rechten und Pflichten befreit (Haftungsbefreiung). Für die betriebliche Altersversorgung ist damit auch klargestellt, dass die Zusage des Arbeitgebers der ausgleichspflichtigen Person insoweit erlischt.

Absatz 2 stellt klar, dass es sich bei einer externen Teilung um eine strukturelle Ausnahme von dem Grundsatz der internen Teilung handelt, weil sie an besondere Bedingungen geknüpft ist. Die interne Teilung soll eine bestmögliche Teilhabe der Eheleute an den gemeinsam in der Ehe erwirtschafteten Anrechten gewährleisten. Eine externe Teilung ist ausschließlich in den in Absatz 2 geregelten Fällen zulässig. **48**

Liegt eine der Alternativen des Absatzes 2 vor, so ist das Gericht aber an die Wahl der externen Teilung gebunden.

Tabelle: Wertgrenzen bei der externen Teilung (Werte 2009)

Vereinbarung zwischen ausgleichsberechtigter Person und Versorgungsträger	§ 14 Abs. 2 Nr. 1 VersAusglG	keine Wertgrenze
Einseitiges Gestaltungsrecht des Versorgungsträgers (bei Direktversicherung, Pensionskasse, Pensionsfond)	§ 14 Abs. 2 Nr. 2 VersAusglG	Ausgleichswert: 6.048 EUR als Kapitalwert, 50,40 EUR als Rentenbetrag (240 % bzw. 2 % der Bezugsgröße nach § 18 Abs. 1 SGB IV)
Einseitiges Gestaltungsrecht des Versorgungsträgers bei internen Durchführungswegen der betrAV (Pensionszusage, Unterstützungskasse)	§ 17 VersAusglG	Ausgleichswert: 64.800 EUR als Kapitalwert (Beitragsbemessungsgrenze in der ges. RV)

Nummer 1 ermöglicht es dem Versorgungsträger der ausgleichspflichtigen Person und der ausgleichsberechtigten Person sich über eine externe Teilung zu einigen. **49**

Der Versorgungsträger wird eine solche Lösung anbieten, wenn er hinreichend liquide ist und ein Interesse daran hat, die ausgleichsberechtigte Person nicht in das eigene Versorgungssystem aufzunehmen.

§ 2 Gesetz über den Versorgungsausgleich (VersAusglG)

Die ausgleichsberechtigte Person wird ein solches Angebot annehmen, wenn sie eine Versorgung bei einem anderen Versorgungsträger begründen oder eine bestehende andere Versorgung ausbauen und ggf. Teilungskosten vermeiden möchte.

Die Vorschrift stellt es dem Versorgungsträger und der ausgleichsberechtigten Person frei, auch über hohe Ausgleichswerte Vereinbarungen zu treffen. Zwar ist dann die ideale Halbteilung nicht mehr garantiert, denn die Zielversorgung kann sich besser oder schlechter entwickeln als das auszugleichende Anrecht. Die ausgleichsberechtigte Person kann hierüber aber frei entscheiden und trägt somit die damit verbundenen Chancen und Risiken.

Die Vereinbarung nach Nummer 1 ist eine Abrede über den Ausgleichsweg zwischen dem Versorgungsträger der ausgleichspflichtigen Person auf der einen Seite und der ausgleichberechtigten Person auf der anderen Seite.

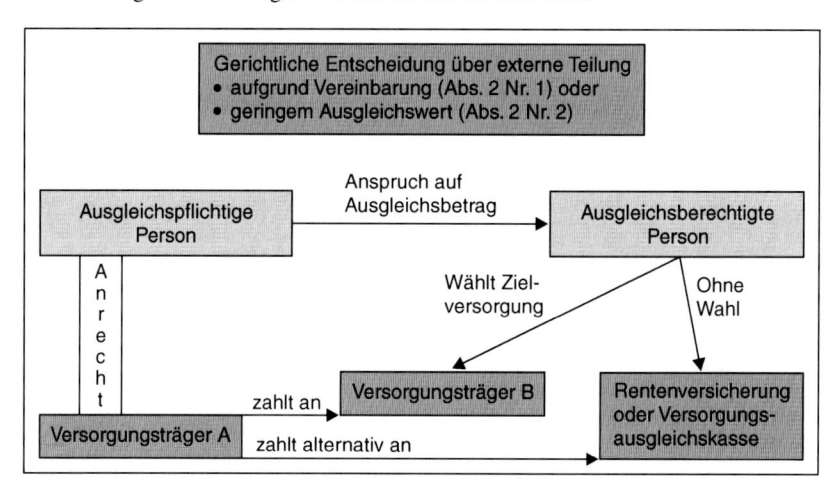

Abbildung: Vereinbarung externe Teilung

Davon zu unterscheiden ist die Wahl der Zielversorgung. Der Träger der Zielversorgung muss einverstanden sein, wenn die ausgleichsberechtigte Person diese auswählt (siehe § 2 Rn 55 und 206 ff., vgl. § 15 Abs. 1 und 2 VersAusglG i.V.m. § 222 Abs. 2 FamFG).

Ansonsten ist der externe Ausgleich nur über die gesetzliche Rentenversicherung, die ihrerseits nicht zustimmen muss, oder bei betrieblichen Anrechten über die Versorgungsausgleichskasse möglich (siehe § 2 Rn 54 ff., vgl. § 15 Abs. 5 VersAusglG).

Einigen sich der Versorgungsträger der ausgleichspflichtigen Person und die ausgleichsberechtigte Person zwar über eine externe Teilung, jedoch nur unter der Bedingung der Wahl einer nach § 15 Abs. 2 VersAusglG ungeeigneten Zielversorgung, so wird das Familiengericht aufzuklären haben, ob dies zur Unwirksamkeit der Vereinbarung insgesamt führt.

Was im Fall der Unwirksamkeit dann vom Gericht zu unternehmen ist, wurde gesetzlich nicht geregelt. Ggf. verbleibt es bei der externen Teilung und die Zielversorgung wird nach § 15 Abs. 5 VersAusglG bestimmt.

Die externe Teilung selbst ist mit der Vereinbarung im Sinne der Nummer 1 noch nicht vollzogen, denn hierüber entscheidet gemäß Absatz 1 das Gericht. Es handelt sich nicht um eine Vereinbarung nach den §§ 6 bis 8 VersAusglG, denn sie wird nicht zwischen den Ehegatten geschlossen. Das Formerfordernis des § 7 VersAusglG gilt folglich nicht. Der Schutz der ausgleichsberechtigten Person ist durch die gerichtliche Entscheidung über die Durchführung der externen Teilung gewährleistet. Das Erfordernis einer angemessenen Zielversorgung nach § 15 VersAusglG sichert die Interessen der ausgleichsberechtigten Person nach Auffassung des Gesetzgebers hinreichend.

50 Nummer 2 ermöglicht es dem Versorgungsträger, kleinere Ausgleichswerte auch ohne Zustimmung der ausgleichsberechtigten Person extern zu teilen, im Ergebnis also abzufinden.

Der Transfer in ein anderes Versorgungssystem soll bei kleineren Ausgleichswerten aus folgenden Gründen stattfinden:

- Die Entstehung von Kleinstanrechten kann vermieden werden, weil die Abfindung in bestehende Versorgungen hilfsweise in die gesetzliche Rentenversicherung oder an die Versorgungsausgleichskasse fließt.
- Die Kosten für die Verwaltung kleiner Anrechte werden vermieden.

Die in Absatz 2 Nr. 2 geregelte Wertgrenze ist doppelt so hoch wie diejenige des § 18 Abs. 4 VersAusglG (siehe § 2 Rn 65, siehe auch Begründung dort).

Im Jahr 2009 beläuft sich die monatliche Bezugsgröße nach § 18 Abs. 1 SGB IV auf 2.520 EUR.[62] Anrechte im Sinne dieser Vorschrift sind also Anrechte, bei denen der Ausgleichswert am Ende der Ehezeit im Jahr 2009 als Rentenbetrag höchst-

---

62 Verordnung über maßgebende Rechengrößen der Sozialversicherung für 2009, Sozialversicherungs-Rechengrößenverordnung 2009.

tens 50,40 EUR (2 Prozent von 2.520 EUR) oder als Kapitalwert höchstens 6.048 EUR (240 Prozent von 2.520 EUR) beträgt.

Für Anrechte aus den internen Durchführungswegen der betrieblichen Altersversorgung gilt abweichend davon nach § 17 VersAusglG ein Grenzwert in Höhe der Beitragsbemessungsgrenze in der allgemeinen Rentenversicherung nach den §§ 159[63] und 160 SGB VI.[64]

Tabelle: Rechengrößen externe Teilung

Art	Rechengröße	Wert Ehezeitende 10/2009
Rentenbetrag	2 % der Bezugsgröße	2.520 * 2 % = 50,40
Kapitalwert	240 % der Bezugsgröße	2.520 * 240 % = 6.048,00
Grenzwert bAV (§ 17)	Beitragsbemessungsgrenze	64.800,00

Die jeweiligen aktuellsten Werte finden Sie im Internet unter www.deutsche-rentenversicherung-bund.de in der Rubrik Aktuelle Werte.

51 Der Verweis in Absatz 3 auf § 10 Abs. 2 VersAusglG stellt klar, dass eine Verrechnung auch insoweit möglich ist, als aufgrund einer externen Teilung nunmehr beide Ehegatten über Anrechte bei demselben Versorgungsträger verfügen. Dies wäre beispielsweise dann der Fall, wenn seitens der Ehefrau nur ein Ausgleichswert aus einer privaten Vorsorge auszugleichen wäre und der private Versorgungsträger nach § 14 Abs. 2 Nr. 2 VersAusglG sich für eine externe Teilung entschieden hat. Benennt der Ehemann dann keine Zielversorgung, findet nach § 15 Abs. 5 VersAusglG insoweit ein Ausgleich über die gesetzliche Rentenversicherung statt. Hat er zugleich Entgeltpunkte aus der gesetzlichen Rentenversicherung an die Ehefrau zu übertragen, so hat die gesetzliche Rentenversicherung die entsprechenden Ausgleichswerte zu verrechnen und zugunsten der Ehefrau nur die Differenz nach Verrechnung auszugleichen.

---

63 § 159 Beitragsbemessungsgrenzen
Die Beitragsbemessungsgrenzen in der allgemeinen Rentenversicherung sowie in der knappschaftlichen Rentenversicherung ändern sich zum 1. Januar eines jeden Jahres in dem Verhältnis, in dem die Bruttolöhne und -gehälter je Arbeitnehmer (§ 68 Abs. 2 Satz 1) im vergangenen zu den entsprechenden Bruttolöhnen und -gehältern im vorvergangenen Kalenderjahr stehen. Die veränderten Beträge werden nur für das Kalenderjahr, für das die Beitragsbemessungsgrenze bestimmt wird, auf das nächsthöhere Vielfache von 600 aufgerundet.

64 § 160 Verordnungsermächtigung
Die Bundesregierung hat durch Rechtsverordnung mit Zustimmung des Bundesrates
1. die Beitragssätze in der Rentenversicherung
2. in Ergänzung der Anlage 2 die Beitragsbemessungsgrenzen
festzusetzen.

Beispiel: Verrechnung externe Teilung

Ausgleichswerte	Ehefrau	Übertragung	Ehemann
Private Leibrente mtl.	50,-	50,-	0
DRV als Zielversorgung		50,- 1,8382 EP →	
DRV ehezeitlich in EUR mtl.	200,- 7,3529 EP	100,- 3,6765 EP ←	300,- 11,0294 EP
DRV **nach** Verrechnung		50,- 1,8383 EP ←	

Die Ehefrau hat zum Ende der Ehezeit im Oktober 2009 einen Ausgleichswert von 50 EUR aus einer privaten Rentenversicherung. Da der Wert geringfügig ist (unter 2 % der Bezugsgröße 2009 von 50,40 EUR) entscheidet sich der Versorgungsträger für die externe Teilung. Die 50 EUR entsprechen 1,8382 Entgeltpunkten in der gesetzlichen Rentenversicherung (GRV). Der ausgleichsberechtigte Ehemann benennt keine Zielversorgung. Daher erfolgt die externe Teilung in die GRV. In der GRV hat der Ehemann selbst einen ehezeitlichen Ausgleichswert von 11,0294 Entgeltpunkten. Das entspricht bei einem aktuellen Rentenwert zum Ende der Ehezeit von 27,20 EUR einer Monatsrente in Höhe von 300 EUR (11,0294 * 27,20). Die Ehefrau hat in der GRV einen Ausgleichswert von 7,3529 Entgeltpunkten. Das entspricht bei einem aktuellen Rentenwert zum Ende der Ehezeit von 27,20 EUR einer Monatsrente in Höhe von 200 EUR (7,3529 * 27,20). Die GRV verrechnet nun die 11,0294 Entgeltpunkte des Ehemannes mit den 7,3529 Entgeltpunkten der Ehefrau so dass 3,6765 Entgeltpunkte vom Ehemann auf die Ehefrau zu übertragen sind. Nun können noch die aus der privaten Leibrente übertragenen 1,8382 Entgeltpunkte verrechnet werden. Es verbleibt somit eine Übertragung von 1,8383 Entgeltpunkten. Das entspricht bei einem aktuellen Rentenwert zum Ende der Ehezeit von 27,20 EUR einer Monatsrente in Höhe von 50 EUR (1,8383 * 27,20).

Der Verweis in Absatz 3 auf § 10 Abs. 3 VersAusglG stellt klar, dass sich – wie bei der internen Teilung – die Regelungen für den Vollzug der externen Teilung aus dem Recht der beiden betroffenen Versorgungssysteme ergeben.

Absatz 4 stellt – korrespondierend zur verfahrensrechtlichen Regelung in § 222 FamFG – auch materiellrechtlich klar, dass der abgebende Versorgungsträger der ausgleichspflichtigen Person bei einer externen Teilung den erforderlichen Kapitalbetrag an den aufnehmenden Versorgungsträger der ausgleichsberechtigten Person zu zahlen hat.

Der vom Versorgungsträger der ausgleichspflichtigen Person geschuldete Kapitalbetrag nach § 14 Abs. 4 VersAusglG entspricht dem Ausgleichswert.

53 Ist eine externe Teilung nach Absatz 5 unzulässig, weil ein Anrecht durch eine Beitragszahlung nicht mehr begründet werden kann, bleibt es bei dem Grundsatz, dass das auszugleichende Anrecht intern zu teilen ist (§ 2 Rn 30, siehe auch § 9 Abs. 2 und 3 VersAusglG).

In der Sache entspricht die Bestimmung damit dem bislang geltenden § 1587e Abs. 3 BGB,[65] der allerdings auf die Beitragszahlung in die gesetzliche Rentenversicherung beschränkt war. Satz 1 ist nur auf eine externe Teilung nach den §§ 14 und 15 VersAusglG anwendbar, nicht aber auf den Ausgleich von Beamtenversorgungen über die gesetzliche Rentenversicherung nach § 16 VersAusglG. Ansonsten könnten nämlich eigenständige Anrechte nach § 16 VersAusglG grundsätzlich nicht mehr begründet werden, wenn der ausgleichsberechtigte Ehegatte bereits die Regelaltersgrenze erreicht hat.

§ 15 VersAusglG — Wahlrecht hinsichtlich der Zielversorgung

(1) Die ausgleichsberechtigte Person kann bei der externen Teilung wählen, ob ein für sie bestehendes Anrecht ausgebaut oder ein neues Anrecht begründet werden soll.

(2) Die gewählte Zielversorgung muss eine angemessene Versorgung gewährleisten.

(3) Die Zahlung des Kapitalbetrags nach § 14 Abs. 4 an die gewählte Zielversorgung darf nicht zu steuerpflichtigen Einnahmen oder zu einer schädlichen Verwendung bei der ausgleichspflichtigen Person führen, es sei denn, sie stimmt der Wahl der Zielversorgung zu.

(4) Ein Anrecht in der gesetzlichen Rentenversicherung, im Sinne des Betriebsrentengesetzes oder aus einem Vertrag, der nach § 5 des Altersvorsorgeverträge-Zertifizierungsgesetzes zertifiziert ist, erfüllt stets die Anforderungen der Absätze 2 und 3.

(5) Übt die ausgleichsberechtigte Person ihr Wahlrecht nicht aus, so erfolgt die externe Teilung durch Begründung eines Anrechts in der gesetzlichen Ren-

---

65 § 1587e Auskunftspflicht; Erlöschen des Ausgleichsanspruchs: (3) Der Anspruch auf Entrichtung von Beiträgen (§ 1587b Abs. 3) erlischt außerdem, sobald der schuldrechtliche Versorgungsausgleich nach § 1587g Abs. 1 Satz 2 verlangt werden kann.

tenversicherung. Ist ein Anrecht im Sinne des Betriebsrentenrechts auszugleichen, ist abweichend von Satz 1 ein Anrecht bei der Versorgungsausgleichskasse zu begründen.

Aktueller Hinweis: Versorgungsausgleichskasse 54

Das VersAusglKassG ist nicht zum 1.9.2009 in Kraft getreten. Wurde also bei der externen Teilung eines Anrechts nach dem BetrAVG das Wahlrecht nicht ausgeübt, erfolgt eine Begründung bis zum In Kraft treten des VersAusglKassG in der gesetzlichen Rentenversicherung. § 15 Abs. 5 Satz 2 VersAusglG entfällt solange.

Kommt eine Vereinbarung über eine externe Teilung zustande oder macht der Versorgungsträger von seinem Abfindungsrecht Gebrauch, so entscheidet nach Absatz 1 die ausgleichsberechtigte Person, darüber, bei welchem Versorgungsträger sie ein neues Anrecht begründen oder ein bestehendes Anrecht ausbauen will (Zielversorgung). Der ausgewählte Versorgungsträger muss mit der vorgesehenen Teilung einverstanden sein. Dies ist dem Gericht gemäß § 222 FamFG nachzuweisen. 55

Dem Versorgungsträger der ausgleichspflichtigen Person kann eine konkrete Zielversorgung vorzuschlagen, z.B. die Absicherung über eine Pensionskasse, die demselben Konzern angehört. Die ausgleichsberechtigte Person muss diesen Vorschlag aber nicht akzeptieren.

Nur ein Angebot nach § 14 Abs. 2 Nr. 1 VersAusglG kann mit einer entsprechenden Bedingung versehen werden.

Das einseitige Wahlrecht nach § 14 Abs. 2 Nr. 2 VersAusglG selbst ist bedingungsfeindlich. Dies hindert den Versorgungsträger und die ausgleichsberechtigte Person aber natürlich nicht daran, sich auch im Fall des § 14 Abs. 2 Nr. 2 VersAusglG einvernehmlich mit dem Versorgungsträger der ausgleichspflichtigen Person über die Zielversorgung zu verständigen.

Absatz 2 bestimmt, dass die von der ausgleichsberechtigten Person gewählte Zielversorgung eine angemessene Versorgung erfüllen muss. Was als angemessen gilt wird in Absatz 4 genannt.

§ 2 Gesetz über den Versorgungsausgleich (VersAusglG)

Externe Teilung

Träger Ausgleichsversorgung schlägt ggf. Zielversorgung vor

Ausgleichsberechtigte Person wählt

Zielversorgung
- Bestehendes Anrecht ausbauen
- Neues Anrecht begründen Ohne Wahl
- Bei bAV an Versorgungsausgleichskasse
- Sonst an GRV

Gericht prüft
- Wahl der Ausgleichsberechtigten Person
- Angemessenheit Zielversorgung
- Zustimmung Zielversorgungsträger

Träger der Zielversorgung
- muss einverstanden sein
- muss angemessene Versorgung gewährleisten
- angemessen sind immer:
  o gesetzliche RV
  o betriebliche AV
  o Riester/Rürup

Ausgleichsverpflichtete Person
- Keine steuerlichen Nachteil
- Keine schädliche Verwendung
- Oder Zustimmung

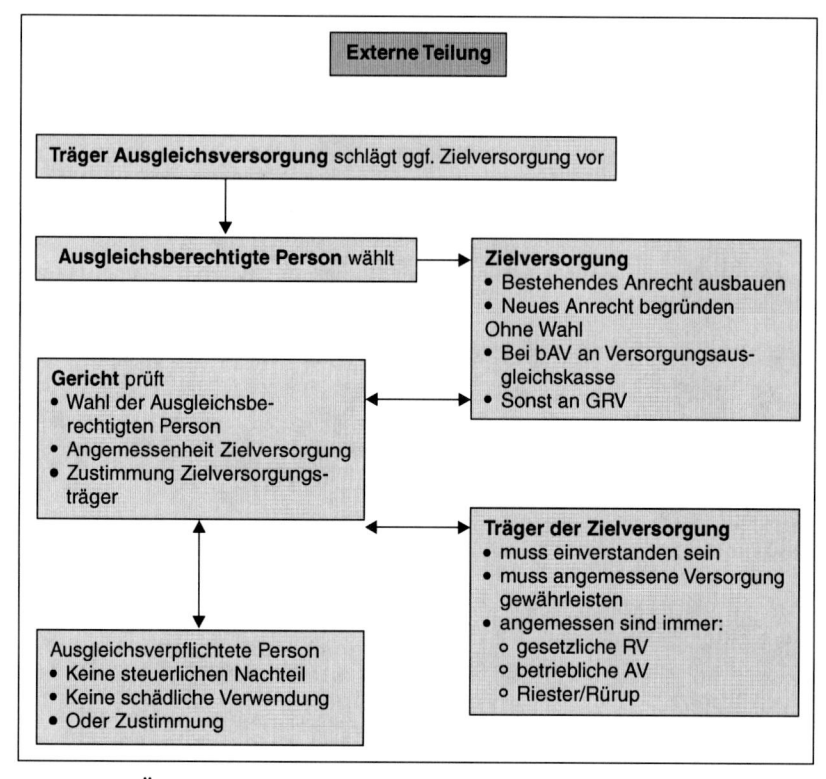

Abbildung: Übersicht externe Teilung

Laut Absatz 3 darf es bei der Wahl der Zielversorgung es nicht zu steuerlichen Nachteilen oder zu einer schädlichen Verwendung bei der ausgleichspflichtigen Person kommen, es sei denn diese stimmt ausdrücklich zu. Diese Rechtsfolge ergibt sich aus dem Steuerrecht, wird hier aber nochmals wiederholt, um die familiengerichtliche Praxis bei diesen Zielversorgungen von der Prüfung nach dem Absatz 3 im Einzelfall zu entlasten.

Der anwaltliche Berater der ausgleichspflichtigen Person sollte dafür Sorgen, das seine Partei klären lässt, ob die externe Teilung für sie steuerneutral ist. Ist dies nicht der Fall, sollten vor einer Zustimmung die steuerlichen Folgen bekannt sein.

56 Nach Absatz 4 sind
- die gesetzliche Rentenversicherung,
- betriebliche Versorgungen und

- zertifizierte Altersvorsorgeverträge nach § 5 AltZertG (sogenannte Riester-Verträge)

immer als angemessen anzusehen.

Bei betrieblichen Anrechten müssen die Versorgungsträger eine sogenannte Umfassungszusage erteilen, das für das begründete Anrecht das BetrAVG Anwendung findet, weil es sich sonst nicht um Anrechte im Sinne des BetrAVG sondern um eine besondere Form der privaten Altersvorsorge ohne Einstandspflicht des Arbeitgebers handelt.

Wählt die ausgleichsberechtigte Person keine der vorgenannten Versorgungen, sondern eine andere Versorgung als Zielversorgung, muss das Familiengericht prüfen, ob die gewählte Zielversorgung eine angemessene Versorgung der ausgleichsberechtigten Person gewährleistet.

Dies ist sicher noch der Fall, wenn nur das biometrische Risiko der Langlebigkeit abgesichert wird. Besteht die Altersversorgung jedoch aus einem reinen Wertpapier-Depot o.Ä. ist meist keine lebenslange Zahlung vereinbart.

Hat die ausgleichsberechtigte Person bereits Anrechte bei einem versicherungsförmig agierenden Träger der betrieblichen Altersversorgung und ist der Versorgungsträger mit dem Ausbau des Anrechts einverstanden so kann die zusätzliche Altersvorsorge der ausgleichsberechtigten Person gebündelt werden.

Die ausgleichsberechtigte Person im Ruhestand kann sich alternativ eine Zusatzrente gegen Einmalzahlung kaufen. Auch hierbei kann es sich im Einzelfall um eine angemessene Versorgung im Sinne des Absatzes 2 Satz 1 handeln.

Falls die ausgleichsberechtigte Person keine Zielversorgung benennt, aber die Voraussetzungen einer externen Teilung nach § 14 Abs. 2 VersAusglG vorliegen, ordnet Absatz 5 die Begründung von Anwartschaften in der gesetzlichen Rentenversicherung an. Bei betrieblichen Anrechten erfolgt die externe Teilung nicht in die gesetzliche Rentenversicherung sondern in die neu gegründete Versorgungsausgleichskasse (§ 2 Rn 345 ff., siehe Gesetz über die Versorgungsausgleichskasse).

Neben der Versorgungsausgleichskasse als Auffang-Zielversorgung wird es sicherlich weitere Anbieter versicherungsförmiger Versorgungen geben.

Schon im bisherigen Recht war eine Abfindung in eine private Rentenversicherung für beide Ehegatten günstiger als eine Beitragsentrichtung in die gesetzliche Rentenversicherung.

Die anwaltlichen Berater sollten bei Vereinbarungen oder Beratungen zur Wahl der Zielversorgung aus haftungsrechtlichen Gründen darauf hinweisen.

| § 16 VersAusglG | Externe Teilung von Anrechten aus einem öffentlich-rechtlichen Dienst- oder Amtsverhältnis |

(1) Solange der Träger einer Versorgung aus einem öffentlich-rechtlichen Dienst- oder Amtsverhältnis keine interne Teilung vorsieht, ist ein dort bestehendes Anrecht zu dessen Lasten durch Begründung eines Anrechts bei einem Träger der gesetzlichen Rentenversicherung auszugleichen.

(2) Anrechte aus einem Beamtenverhältnis auf Widerruf sowie aus einem Dienstverhältnis einer Soldatin oder eines Soldaten auf Zeit sind stets durch Begründung eines Anrechts in der gesetzlichen Rentenversicherung auszugleichen.

(3) Das Familiengericht ordnet an, den Ausgleichswert in Entgeltpunkte umzurechnen. Wurde das Anrecht im Beitrittsgebiet erworben, ist die Umrechnung in Entgeltpunkte (Ost) anzuordnen.

57 Die Vorschrift bestimmt in Absatz 1, dass das Familiengericht ausnahmsweise wie nach bisherigem Recht (§ 1587b Abs. 2 BGB[66]) zum Ausgleich von Anrechten bei einem Träger der Beamtenversorgung und auch von Versorgungen aus anderen öffentlich-rechtlichen Dienst- oder Amtsverhältnis – beispielsweise Ministerversorgung – zugunsten der ausgleichsberechtigten Person Anrechte in der gesetzlichen Rentenversicherung zu begründen hat.

Dieser Fall einer gesetzlich vorgesehenen externen Teilung muss so lange möglich bleiben, wie die zuständigen Versorgungsträger keine interne Teilung vorsehen. Aus Sicht des Versorgungsausgleichs ist es jedoch erstrebenswert, auch bei Beamtenversorgungen den Grundsatz der internen Teilung jedes Anrechts umzusetzen.

---

66 § 1587b Übertragung und Begründung von Rentenanwartschaften durch das Familiengericht
(2) Hat ein Ehegatte in der Ehezeit eine Anwartschaft im Sinne des § 1587a Abs. 2 Nr. 1 gegenüber einer Körperschaft, Anstalt oder Stiftung des öffentlichen Rechts, einem ihrer Verbände einschließlich der Spitzenverbände oder einer ihrer Arbeitsgemeinschaften erworben und übersteigt diese Anwartschaft allein oder zusammen mit einer Rentenanwartschaft im Sinne des § 1587a Abs. 2 Nr. 2 die Anwartschaft im Sinne des § 1587a Abs. 2 Nr. 1, 2, die der andere Ehegatte in der Ehezeit erworben hat, so begründet das Familiengericht für diesen Rentenanwartschaften in einer gesetzlichen Rentenversicherung in Höhe der Hälfte des nach Anwendung von Absatz 1 noch verbleibenden Wertunterschieds. Das Nähere bestimmt sich nach den Vorschriften über die gesetzlichen Rentenversicherungen.

Deshalb gibt es im Bereich der Bundesbeamten eine entsprechende Lösung (§ 2 Rn 265 ff.).[67]

Der Bund besitzt nach der Föderalismusreform ab dem 1. September 2006 im Bereich des Beamtenversorgungsrechts allerdings nur noch die Gesetzgebungskompetenz für Regelungen für Beamtinnen und Beamte des Bundes. Die Zuständigkeit für das Versorgungsrecht der Beamtinnen und Beamten der Länder und Kommunen liegt bei den Ländern. Es bleibt abzuwarten ob auch dort sukzessive die interne Teilung eingeführt wird.

Absatz 2 bestimmt, dass ein Ausgleich von Anrechten aus Beamten- und anderen Dienstverhältnissen in bestimmten Fällen ebenfalls über die gesetzliche Rentenversicherung stattfindet. Dies betrifft Beamtinnen und Beamte auf Widerruf sowie Soldatinnen und Soldaten auf Zeit. In diesen Fällen ist noch offen, ob die ausgleichspflichtige Person in ein Dienstverhältnis auf Lebenszeit wechselt, ob ihnen also die Versorgungsanwartschaften aus einer Beamten- oder Soldatenversorgung verbleiben. Endet das Dienstverhältnis durch Widerruf oder Zeitablauf, ist die ausgleichspflichtige Person nach § 8 Abs. 2 Nr. 1 SGB VI[68] nachzuversichern. Deshalb findet wie nach bislang geltendem Recht in diesen Fällen ein Ausgleich über die gesetzliche Rentenversicherung statt. Die Vorschrift ist entsprechend auf ein Anrecht aus einem Beamtenverhältnis nach den §§ 66, 67 des Beamtenversorgungsgesetzes (BeamtVG) anzuwenden, bei dem bis zum Ende der Amtszeit die Wartefrist nicht erfüllt werden kann.[69] Die Bewertung der in Absatz 2 geregelten Anrechte ist in § 44 Abs. 4 VersAusglG geregelt (§ 2 Rn 154, siehe § 44 Abs. 4 VersAusglG).

58

---

67 Siehe Artikel 5 dieses Gesetzes.
68 § 8 Nachversicherung, Versorgungsausgleich und Rentensplitting
(2) Nachversichert werden Personen, die als
1. Beamte oder Richter auf Lebenszeit, auf Zeit oder auf Probe, Berufssoldaten und Soldaten auf Zeit sowie Beamte auf Widerruf im Vorbereitungsdienst,
2. sonstige Beschäftigte von Körperschaften, Anstalten oder Stiftungen des öffentlichen Rechts, deren Verbänden einschließlich der Spitzenverbände oder ihrer Arbeitsgemeinschaften
3. satzungsmäßige Mitglieder geistlicher Genossenschaften, Diakonissen oder Angehörige ähnlicher Gemeinschaften oder
4. Lehrer oder Erzieher an nichtöffentlichen Schulen oder Anstalten
versicherungsfrei waren oder von der Versicherungspflicht befreit worden sind, wenn sie ohne Anspruch oder Anwartschaft auf Versorgung aus der Beschäftigung ausgeschieden sind oder ihren Anspruch auf Versorgung verloren haben und Gründe für einen Aufschub der Beitragszahlung (§ 184 Abs. 2) nicht gegeben sind. Die Nachversicherung erstreckt sich auf den Zeitraum, in dem die Versicherungsfreiheit oder die Befreiung von der Versicherungspflicht vorgelegen hat (Nachversicherungszeitraum). Bei einem Ausscheiden durch Tod erfolgt eine Nachversicherung nur, wenn ein Anspruch auf Hinterbliebenenrente geltend gemacht werden kann.
69 Siehe hierzu *Wick*, Der Versorgungsausgleich, 2. Aufl. 2007, Rn 119.

§ 2 Gesetz über den Versorgungsausgleich (VersAusglG)

```
┌─────────────────────────────────────────────────────────────────┐
│        Anrechte aus einem öffentlich-rechtlichen Dienst-        │
│                    oder Amtsverhältnis                          │
│                                                                 │
│   Grundsätzlich                                                 │
│   Beamte nach BversTG  ───────────▶  Interne Teilung            │
│                                                                 │
│   Ausnahme: Beamte ohne                                         │
│   BversTG z.b.:                                                 │
│   • Landesbeamte                                                │
│   • Kommunalbeamte                                              │
│                          ───────────▶  Externe Teilung über GRV │
│   Immer                                                         │
│   • Beamte auf Widerruf                                         │
│   • Soldaten auf Zeit                                           │
└─────────────────────────────────────────────────────────────────┘
```

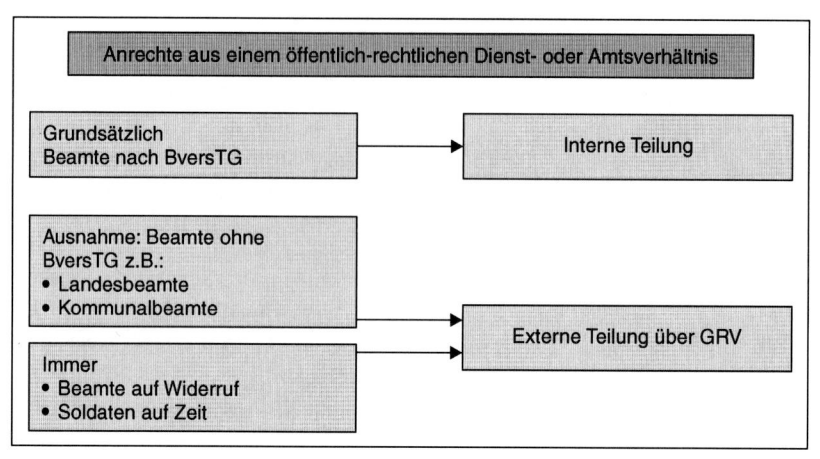

Abbildung: Teilung Beamtenanrechte

59 Nach Absatz 3 Satz 1 hat das Gericht die Umrechnung des Ausgleichswerts in Entgeltpunkte anzuordnen. Diese Bestimmung ist erforderlich, da nur bei einer internen Teilung von Anrechten der gesetzlichen Rentenversicherung Entgeltpunkte ausgeglichen werden. Wird ein Anrecht aus einer Beamtenversorgung über die gesetzliche Rentenversicherung ausgeglichen, so ist die Bezugsgröße des auszugleichenden Anrechts ein Rentenbetrag. Dieser ist in Entgeltpunkte zum Ende der Ehezeit umzurechnen. Die Regelung entspricht § 1587b Abs. 6 BGB[70] des bislang geltenden Rechts. Absatz 3 Satz 2 stellt klar, dass bei Anrechten aus dem Beitrittsgebiet eine Umrechnung in Entgeltpunkte (Ost) stattfindet.[71]

Rechenbeispiel: Umrechnung Rentenbetrag in Beitragsaufwand

West, Ende der Ehezeit Oktober 2009		
Monatsrente als Ausgleichsbetrag		100,00 EUR
Geteilt durch aktuellen Rentenwert bei Ende der Ehezeit	27,20 EUR	
Entgeltpunkte	3,6765	

---

[70] § 1587b Übertragung und Begründung von Rentenanwartschaften durch das Familiengericht: (6) Bei der Übertragung oder Begründung von Rentenanwartschaften in der gesetzlichen Rentenversicherung hat das Familiengericht anzuordnen, dass der Monatsbetrag der zu übertragenden oder zu begründenden Rentenanwartschaften in Entgeltpunkte umzurechnen ist.

[71] Siehe auch § 3 Abs. 1 Nr. 5 VAÜG.

Umrechnungsfaktor Entgeltpunkte in Beiträge	6144,9210	
Beitragsaufwand		22.591,80 EUR

Ist aus der Beamtenversorgung ein Ausgleichswert in Höhe von monatlich 100 EUR als externe Teilung in der gesetzlichen Rentenversicherung zu begründen, so muss der Träger der Beamtenversorgung einen Betrag in Höhe von 22.591,80 EUR bezogen auf das Ehezeitende an die gesetzliche Rentenversicherung zahlen.

Erfolgt ein Ausgleich über die gesetzliche Rentenversicherung ist ein vollständiger Ausgleich ohne Beachtung des „Höchstbetrages" möglich. Die Höchstbetragsregelung des § 76 SGB VI wurde aufgehoben.

§ 17 VersAusglG Besondere Fälle der externen Teilung von Betriebsrenten

Ist ein Anrecht im Sinne des Betriebsrentengesetzes aus einer Direktzusage oder einer Unterstützungskasse auszugleichen, so darf im Fall des § 14 Abs. 2 Nr. 2 der Ausgleichswert als Kapitalwert am Ende der Ehezeit höchstens die Beitragsbemessungsgrenze in der allgemeinen Rentenversicherung nach den §§ 159 und 160 des Sechsten Buches Sozialgesetzbuch erreichen.

Die Vorschrift regelt, dass für Anrechte im Sinne des Betriebsrentengesetzes aus

- einer Direktzusage oder
- einer Unterstützungskasse

im Fall des § 14 Abs. 2 Nr. 2 VersAusglG eine abweichende Wertgrenze gilt.

60

Durch eine externe Teilung können solche Anrechte auch dann ausgeglichen werden, wenn der Ausgleichswert nicht höher als die Beitragsbemessungsgrenze in der allgemeinen Rentenversicherung nach den §§ 159 und 160 SGB VI ist. Handelt es sich also um ein Anrecht aus einem sogenannten internen Durchführungsweg der betrieblichen Altersversorgung, so kann der Versorgungsträger eine externe Teilung durch einseitiges Verlangen auch dann bewirken, wenn die Wertgrenze des § 14 Abs. 2 Nr. 2 VersAusglG überschritten ist, der Ausgleichswert als Kapitalwert aber nicht höher ist als die Beitragsbemessungsgrenze in der allgemeinen Rentenversicherung.

§ 2 Gesetz über den Versorgungsausgleich (VersAusglG)

Tabelle: Rechengrößen externe Teilung

Art	Rechengröße	Wert Ehezeitende 10/2009
Rentenbetrag	2 % der Bezugsgröße	2.520 * 2 % = 50,40
Kapitalwert	240 % der Bezugsgröße	2.520 * 240 % = 6.048,00
Grenzwert bAV (§ 17)	Beitragsbemessungsgrenze	64.800,00

Die jeweiligen aktuellsten Werte finden Sie im Internet unter www.deutsche-rentenversicherung-bund.de unter der Rubrik „Aktuelle Werte".

Eine höhere Wertgrenze für die internen Durchführungswege der betrieblichen Altersversorgung ist nach Ansicht des Gesetzgebers gerechtfertigt, weil der Arbeitgeber hier, anders als bei Anrechten aus einem externen Durchführungsweg

- Direktversicherung,
- Pensionskasse,
- Pensionsfonds,

unmittelbar mit den Folgen einer internen Teilung konfrontiert ist, also die Verwaltung der Ansprüche betriebsfremder Versorgungsempfänger übernehmen muss. Das mögliche Interesse der ausgleichsberechtigten Person an der systeminternen Teilhabe muss in diesen Fällen zurückstehen, bleibt aber insoweit gewahrt, als sie nach § 15 VersAusglG über die Zielversorgung entscheidet.

Soweit der Ausgleichswert aus

- einer Direktzusage oder
- einer Unterstützungskasse

die Beitragsbemessungsgrenze übersteigt, verbleibt es dabei, dass eine externe Teilung nur dann in Frage kommt, wenn der Versorgungsträger und die ausgleichsberechtigte Person hierüber nach § 14 Abs. 2 Nr. 1 VersAusglG Einvernehmen erzielen.

61 Die vorgesehene externe Teilung kann jedoch zu unerwünschten Ergebnissen führen und Streit provozieren.

Denn im Falle, dass die ausgleichsberechtigte Person ihr Wahlrecht hinsichtlich der Zielversorgung nicht ausübt, ist der nach den Regeln des § 4 Abs. 5 BetrAVG i.V.m. § 6a EStG zu ermittelnde Kapitalwert zur Begründung eines Anrechts in der Versorgungsausgleichskasse zu verwenden, § 2 Rn 56, vgl. auch § 15 Abs. 5 VersAusglG.

Bei einer zum Ausgleich verpflichteten männlichen Person von 45 Jahren entspricht ein Kapitalwert in Höhe der Beitragsbemessungsgrenze (2008) in Höhe von 63.600 EUR einem Ausgleichswert von 1.397,31 EUR Rente monatlich (Rechnungsgrundlage: Richttafeln Heubeck 2005 G [= Rentenbeginn 65. Lebensjahr, Invaliden- und Altersrente, Rechnungszins von 6 %]).

Durch Einzahlung eines Betrages von 63.600 EUR in die gesetzliche Rentenversicherung (2008) könnte nur eine Anwartschaft von 282,16 EUR begründet werden.

Welchen Rentenbetrag die Zahlung von 63.600 EUR in der Versorgungsausgleichskasse oder einer anderen Zielversorgung ergeben wird, kann zur Zeit noch nicht abgeschätzt werden.

Diese Wertverzerrung in kapitalgedeckten Versorgungssystemen durch Berücksichtigung der biometrischen Daten (Geschlecht, Alter, Lebenserwartung) kann sich noch nachteiliger für die ausgleichsberechtigte Person Auswirken als die bisherige Dynamisierung nach der Barwertverordnung.

Außerdem kann bei Tod der ausgleichsberechtigten Person kein Rückausgleich erfolgen, weil es sich nicht um anpassungsfähige Anrechte nach § 32 handelt. Das Kapital verbleibt also beim Versorgungsträger und wird den Ehegatten komplett entzogen. Ob dies noch mit den höheren Kosten für die Versorgungsträger begründet werden kann wird bezweifelt.

Hier hat der anwaltliche Berater der ausgleichsberechtigten Person zu prüfen, ob das Ergebnis nicht nach § 27 VersAusglG unbillig ist.

Unterabschnitt 4: Ausnahmen

Unterabschnitt 4 regelt diejenigen Fälle, in denen von der internen oder externen Teilung aller Anrechte abgesehen werden kann.

62

Das Gericht hat im Verfahren zunächst zu prüfen, ob ein Anrecht überhaupt ausgleichsreif im Sinne des § 19 VersAusglG ist. Ist dies ausnahmsweise nicht der Fall, wird es vom Wertausgleich bei der Scheidung nicht erfasst.

Möglich bleiben dann aber noch Ausgleichsansprüche nach der Scheidung.

Liegt ein Fall der Geringfügigkeit nach § 18 Abs. 1 oder 2 VersAusglG vor, findet eine Teilung regelmäßig nicht statt, es sei denn, dass dies im Einzelfall nach § 18 Abs. 3 VersAusglG dennoch geboten ist.

§ 2 Gesetz über den Versorgungsausgleich (VersAusglG)

> **§ 18 VersAusglG** Geringfügigkeit
>
> (1) Das Familiengericht soll beiderseitige Anrechte gleicher Art nicht ausgleichen, wenn die Differenz ihrer Ausgleichswerte gering ist.
>
> (2) Einzelne Anrechte mit einem geringen Ausgleichswert soll das Familiengericht nicht ausgleichen.
>
> (3) Ein Wertunterschied nach Absatz 1 oder ein Ausgleichswert nach Absatz 2 ist gering, wenn er am Ende der Ehezeit bei einem Rentenbetrag als maßgeblicher Bezugsgröße höchstens 1 Prozent, in allen anderen Fällen als Kapitalwert höchstens 120 Prozent der monatlichen Bezugsgröße nach § 18 Abs. 1 des Vierten Buches Sozialgesetzbuch beträgt.

63 Absatz 1 stellt klar, das die Geringfügigkeit nur für Anrechte gleicher Art gilt. Eine Gesamtsaldierung aller beiderseitigen Anrechte ist nicht vorgesehen.

Die Beschränkung des Absatzes 1 auf Anrechte gleicher Art trägt der Tatsache Rechnung, dass sich die auszugleichenden Anrechte
- im Leistungsspektrum,
- im Finanzierungsverfahren und
- in der Risikoabsicherung und
- in anderen wertbildenden Faktoren

teilweise erheblich unterscheiden. Annähernd vergleichbare kapitalisierte Stichtagswerte am Ende der Ehezeit können deshalb zu unterschiedlichen Versorgungsleistungen führen.[72] Bei Anrechten gleicher Art werden hingegen annähernd gleiche Stichtagswerte mit geringem Wertunterschied auch zu ähnlich hohen Versorgungen führen.[73]

> *Beispiel*
>
> Der Ehemann verfügt über eine Beamtenversorgung mit einem Ausgleichswert von 1.000 EUR als monatlichem Rentenbetrag.
>
> Die Ehefrau hat eine Anwartschaft in der gesetzlichen Rentenversicherung mit einem Ausgleichswert von 15 Entgeltpunkten erworben, das im Oktober 2009 einem Rentenbetrag von 408 EUR entspricht. Beide Eheleute haben jeweils noch Anwartschaften in einer privaten Rentenversicherung begründet, die sie

---

72 Siehe hierzu den Allgemeinen Teil der Begründung des Regierungsentwurfs, Drucksache 16/10144, Seite 32, sowie die Änderung des § 47 VersAusglG.
73 Siehe Begründung des Regierungsentwurfs zu § 10 Abs. 2 VersAusglG, Drucksache 16/10144, Seite 55.

während der Ehe kurz hintereinander bei derselben Versicherung über dieselbe Versicherungssumme abgeschlossen haben. Der Ausgleichswert dieser Anrechte (als Kapitalwert) beträgt beim Ehemann 6.000 EUR, bei der Ehefrau 8.000 EUR.

Rechenbeispiel: Geringfügigkeit

Ausgleichswert	Ehemann	Ehefrau	Richtung	Betrag
GRV (Rente)		408,00	←	408,00
BeamtV (Rente)	1.00,00		→	1.000,00
PRV (Kapitalwert)	6.000,00	8.000,00	∅	0,00

Die Differenz zwischen den Kapitalwerten beträgt 2.000 EUR. Damit wird die Wertgrenzen für Kapitalwerte von höchstens 120 Prozent der monatlichen Bezugsgröße nach § 18 Abs. 1 des Vierten Buches Sozialgesetzbuch (2009 = 3.024,00) und 1 % für Rentenbeträge (2009 = 25,20) nicht überschritten.

Der Absatz 1 erlaubt in diesem Fall den Verzicht auf die Teilung der beiden zum Stichtag annähernd gleichwertigen Anrechte aus der privaten Zusatzversorgung.

Die Bestimmung von Anrechte gleicher Art ist jedoch schwieriger als es der Gesetzestext vermuten lässt. Die Anrechte sollen sich in Struktur, Wertentwicklung, Risikoabsicherung und anderer wertbildender Faktoren entsprechen, damit ein Saldenausgleich nach Verrechnung zu dem annähernd gleichen Ergebnis wie ein Hin- und-Her-Ausgleich führt.

Bildet man zunächst Gruppen von Anrechten, würde sich folgende Einteilung anbieten: **64**

- Die in § 32 VersAusglG genannten Regelsicherungssysteme
  - Gesetzliche Rentenversicherung
  - Beamtenversorgung
  - Berufsständische Versorgungen
  - Alterssicherung der Landwirte
  - Versorgung der Abgeordneten
- Betriebliche Versorgungen
  - Direktzusage (über Versicherungsvertrag)
  - Direktversicherung
  - Pensionskasse
  - Pensionsfond
  - Unterstützungskasse

- Private Versorgungen
  - Direktversicherung (übrige)
  - Private Rentenversicherung
  - Zertifizierte Altersvorsorgeverträge (Riester, Rürup)

In der Gruppe der Regelsicherungssysteme dürfte von einer Gleichartigkeit auszugehen sein.

Bei betrieblichen Versorgungen aus unterschiedlichen Durchführungswegen kann aufgrund der unterschiedlichen Risikoabsicherung und Wertentwicklung regelmäßig nicht von Anrechten gleicher Art ausgegangen werden. Selbst bei einem Versorgungsträger müssen die Anrechte nicht gleichartig sein. Ein Beispiel hierfür ist der BVV.

Bei den privaten Versorgungen, deren Leistungen aus einem Deckungskapital erbracht werden, ist wiederum von gleichartigen Anrechten im Sinne dieser Vorschrift auszugehen.

Bei Versorgungen die in unterschiedlichen Bezugsgrößen ausgewiesen werden, z.b. Deckungskapital und Rentenbausteinen, ist nicht von Gleichartigkeit auszugehen. Bestehen Zweifel an der Gleichartigkeit so ist von einem Ausschluss eher abzusehen.

Absatz 1 und Absatz 2 sind beide als Soll-Vorschrift formuliert. Der Wortlaut macht deutlich, dass das Familiengericht bei Anwendung des § 18 VersAusglG ein Ermessen hat: Es soll bei einem geringen Wertunterschied vom Ausgleich absehen, kann aber von dieser gesetzlichen Regel abweichen, wenn es die Umstände des Einzelfalls erfordern.[74]

65 Das Gericht hat anhand des Einzelfalls zu prüfen, ob trotz geringfügiger Differenz- bzw. Ausgleichswerte ausnahmsweise ein Ausgleich geboten ist, und zwar insbesondere in Anbetracht der gegenseitigen Ausgleichswerte. Hierbei kommt es auf die Versorgungssituation der Ehegatten an. In den Fällen des Absatzes 1 könnten es besondere Umstände, wie beispielsweise die offenkundig herausragende Dynamik eines Anrechts oder dessen besonders großzügige Leistungsvoraussetzungen, geboten erscheinen lassen, den anderen Ehegatten daran teilhaben zu lassen. In den Fällen des Absatzes 2 wäre auch denkbar, dass es der ausgleichsberechtigten Person gerade durch einen geringfügigen Ausgleich gelingt, eine eigene Anwartschaft so aufzufüllen, dass hierdurch eine Wartezeit für den Bezug der Rente erfüllt

---

74 Siehe Regierungsentwurfs zu § 18 Abs. 3 Satz 1 VersAusglG, Drucksache 16/10144, Seite 61.

ist. Auch kann eine Teilung ausnahmsweise erforderlich sein, wenn die insgesamt ausgleichsberechtigte Person dringend auf den Wertzuwachs angewiesen ist. Schließlich kommen Fälle in Betracht, bei denen ein Ehegatte über viele kleine Ausgleichswerte verfügt, die in der Summe einen erheblichen Wert darstellen, während der andere Ehegatte nur vergleichsweise geringe Anrechte in der Ehezeit erworben hat.

Rechenbeispiel: Geringfügigkeit Verletzung Halbteilung

Ausgleichs- wert	Ausgleichs- pflichtige Person	Ausgleichsbe- rechtigte Person	Differenz	Ausgleich
Anrecht VT 1	20.000	23.000	3.000	geringfügig
Anrecht VT 2	12.000		12.000	←
Anrecht VT 3		3.000	3.000	geringfügig
Anrecht VT 4		2.000	2.000	geringfügig
Anrecht VT 5		1.000	1.000	geringfügig
Summe	**32.000**	**26.000**	**6.000**	←

In diesem Beispiel wäre der Halbteilungsgrundsatz grob verletzt. Die Ausgleichspflichtige Person müsste 12.000 EUR Ausgleichswert abgeben, obwohl sich in einer Gesamtbilanz nur 6.000 EUR Ausgleichswert ergeben würden.

Bei der Prüfung ist auch das Votum der Eheleute von Bedeutung. Sprechen sich diese für einen Ausschluss nach Absatz 1 oder Absatz 2 aus, wird ein Fall des Absatzes 3 zu verneinen sein. Die Eheleute müssen dann keinen Verzicht auf den Ausgleich nach § 6 VersAusglG vereinbaren, der an die formellen Wirksamkeitsvoraussetzungen des § 7 VersAusglG gebunden wäre. Insbesondere ist die beiderseitige anwaltliche Vertretung anders als bei einem protokollierten Vergleich bei einer gerichtlichen Entscheidung nach § 18 Abs. 1 oder 2 VersAusglG nicht erforderlich.

Will das Gericht den Ausgleich trotz der Geringfügigkeit nach Absatz 3 ausnahmsweise durchführen, wäre grundsätzlich jedes Anrecht getrennt intern oder extern zu teilen.

Hat sich ein Versorgungsträger gemäß § 14 Abs. 2 Nr. 2 VersAusglG bei geringen Ausgleichswerten für die externe Teilung entschieden, muss das Gericht diese Vorgabe beachten.

Die Höhe der Wertgrenze und das Wertverhältnis zwischen Rentenbetrag und Kapitalwert entsprechen zugleich § 3 Abs. 2 BetrAVG[75] und greift damit insbesondere für die Fälle des Absatzes 2 eine Wertung des Betriebsrentenrechts auf: Dort ist ein einseitiges Abfindungsrecht des betrieblichen Versorgungsträgers für Anwartschaften bis zu dieser Wertgrenze bestimmt. Es widerspräche diesem Rechtsgedanken, wenn der Versorgungsausgleich betriebliche, aber auch private Versorgungsträger regelmäßig verpflichten würde, Anwartschaften unterhalb dieser Wertgrenze zu übertragen oder zu begründen. Dies ist nur für diejenigen Fälle akzeptabel, in denen die Teilung von Anrechten mit geringen Ausgleichswerten aus den vorgenannten Erwägungen nach Absatz 3 ausnahmsweise geboten ist.

Anmerkung: Anrechte gleicher Art

Die Vermeidung von Verwaltungsaufwand bei den Versorgungsträgern führt jedoch zu einem erhöhten Aufwand bei den Gerichten und Anwälten. Die Gerichte haben den Ermittlungsaufwand und die Ermessensprüfung. Die anwaltlichen Vertreter der ausgleichsberechtigten Person müssen darauf hinwirken, dass das Gericht von seinem Ermessen Gebrauch macht und den Ausgleich im Zweifelsfall trotzdem durchführt.

Ziel der Reform war es die Vergleichbarmachung der Dynamik von Anrechten für den Einmalausgleich entbehrlich zu machen.

Jetzt müssen sich Gerichte und anwaltliche Berater mit der Beurteilung von Anrechten gleicher Art beschäftigen.

Damit ist zwar die verfassungsrechtlich beanstandete Barwert-Verordnung entfallen, nicht aber die fehleranfällige Prognose von künftigen Wertveränderungen.

§ 19 VersAusglG — Fehlende Ausgleichsreife

(1) Ist ein Anrecht nicht ausgleichsreif, so findet insoweit ein Wertausgleich bei der Scheidung nicht statt. § 5 Abs. 2 gilt entsprechend.

---

75 § 3 BetrAVG Abfindung: (2) Der Arbeitgeber kann eine Anwartschaft ohne Zustimmung des Arbeitnehmers abfinden, wenn der Monatsbetrag der aus der Anwartschaft resultierenden laufenden Leistung bei Erreichen der vorgesehenen Altersgrenze 1 vom Hundert, bei Kapitalleistungen zwölf Zehntel der monatlichen Bezugsgröße nach § 18 des Vierten Buches Sozialgesetzbuch nicht übersteigen würde. Dies gilt entsprechend für die Abfindung einer laufenden Leistung. Die Abfindung ist unzulässig, wenn der Arbeitnehmer von seinem Recht auf Übertragung der Anwartschaft Gebrauch macht.

(2) Ein Anrecht ist nicht ausgleichsreif,
1. wenn es dem Grund oder der Höhe nach nicht hinreichend verfestigt ist, insbesondere als noch verfallbares Anrecht im Sinne des Betriebsrentengesetzes,
2. soweit es auf eine abzuschmelzende Leistung gerichtet ist,
3. soweit sein Ausgleich für die ausgleichsberechtigte Person unwirtschaftlich wäre oder
4. wenn es bei einem ausländischen, zwischenstaatlichen oder überstaatlichen Versorgungsträger besteht.

(3) Hat ein Ehegatte nicht ausgleichsreife Anrechte nach Absatz 2 Nr. 4 erworben, so findet ein Wertausgleich bei der Scheidung auch in Bezug auf die sonstigen Anrechte der Ehegatten nicht statt, soweit dies für den anderen Ehegatten unbillig wäre.

(4) Ausgleichsansprüche nach der Scheidung gemäß den §§ 20 bis 26 bleiben unberührt.

§ 19 VersAusglG nimmt Anrechte vom Ausgleich aus, bei denen die Teilung zum Zeitpunkt der Entscheidung über den Wertausgleich bei der Scheidung aus verschiedenen Gründen nicht möglich ist. Dies sind insbesondere diejenigen Anrechte, bei denen ein Rechtsanspruch der ausgleichspflichtigen Person selbst auf eine Leistung noch nicht hinreichend verfestigt ist. Sie sind gemäß § 2 Abs. 3 VersAusglG zwar grundsätzlich in den Versorgungsausgleich einzubeziehen. § 19 VersAusglG stellt aber für diese Anrechte in Absatz 4 klar, dass insoweit nur ein schuldrechtlicher Ausgleich nach Maßgabe des § 20 ff. VersAusglG in Betracht kommt.

Ein Ausgleich dieser Anrechte zu einem späteren Zeitpunkt ist erforderlich, insbesondere weil ihr Wert erheblich sein kann. Nach § 224 Abs. 4 FamFG ist das Familiengericht verpflichtet, noch nicht ausgleichsreife Anrechte in der Begründung zu benennen. Damit wird die ausgleichsberechtigte Partei daran erinnert, dass ihr insoweit noch Ansprüche zustehen können.

Neu ist der Begriff der fehlenden Ausgleichsreife. Er ist umfassender als der bereits bekannte Begriff der Verfallbarkeit und gilt auch für Anrechte, deren Ausgleich für die ausgleichsberechtigte Person unwirtschaftlich wäre oder aufgrund eines Auslandsbezugs in Ermangelung hoheitlicher Eingriffsbefugnis oder schon wegen fehlender Aufklärbarkeit nicht möglich wäre.

Absatz 1 Satz 1 regelt die Rechtsfolge der fehlenden Ausgleichsreife. Danach findet der Wertausgleich bei der Scheidung für diese Anrechte nicht statt.

§ 2 Gesetz über den Versorgungsausgleich (VersAusglG)

Absatz 1 Satz 2 ordnet die entsprechende Geltung des § 5 Abs. 2 VersAusglG an. Danach ist für die Frage der Ausgleichsreife grundsätzlich auf das Ende der Ehezeit abzustellen (§ 5 Abs. 2 Satz 1 VersAusglG).

Jedoch sind nach § 5 Abs. 2 Satz 2 VersAusglG nachträgliche Veränderungen bis zur Entscheidung zu berücksichtigen. Hier ist vor allem an die Fälle zu denken, in denen ein Anrecht aus einer betrieblichen Altersversorgung nach dem Ende der Ehezeit, aber noch vor der Entscheidung über den Wertausgleich unverfallbar geworden ist und somit Ausgleichsreife erlangt hat.

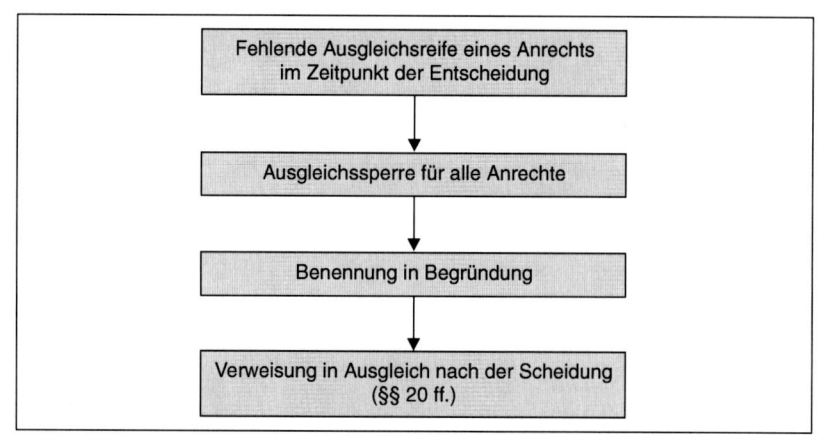

```
┌─────────────────────────────────────┐
│ Fehlende Ausgleichsreife eines Anrechts │
│     im Zeitpunkt der Entscheidung   │
└─────────────────┬───────────────────┘
                  ▼
┌─────────────────────────────────────┐
│   Ausgleichssperre für alle Anrechte │
└─────────────────┬───────────────────┘
                  ▼
┌─────────────────────────────────────┐
│       Benennung in Begründung        │
└─────────────────┬───────────────────┘
                  ▼
┌─────────────────────────────────────┐
│ Verweisung in Ausgleich nach der Scheidung │
│              (§§ 20 ff.)            │
└─────────────────────────────────────┘
```

Abbildung: Geltung fehlende Ausgleichsreife

Absatz 2 bestimmt die Fälle der fehlenden Ausgleichsreife:

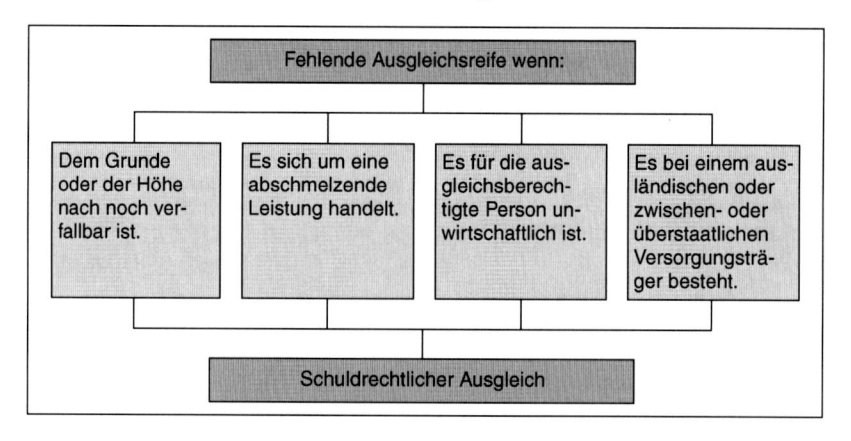

```
┌───────────────────────────────────────────────────────────────┐
│                  Fehlende Ausgleichsreife wenn:               │
└───┬──────────────┬──────────────┬──────────────┬──────────────┘
    │              │              │              │
┌───┴──────┐  ┌────┴─────┐  ┌─────┴─────┐  ┌─────┴──────┐
│ Dem Grunde│ │Es sich um│ │Es für die │ │Es bei einem│
│ oder der  │ │eine ab-  │ │ausgleichs-│ │ausländischen│
│ Höhe nach │ │schmelzende│ │berechtigte│ │oder zwischen-│
│ noch ver- │ │Leistung  │ │Person un- │ │oder über-  │
│ fallbar   │ │handelt.  │ │wirtschaft-│ │staatlichen │
│ ist.      │ │          │ │lich ist.  │ │Versorgungs-│
│           │ │          │ │           │ │träger      │
│           │ │          │ │           │ │besteht.    │
└─────┬─────┘ └────┬─────┘ └─────┬─────┘ └─────┬──────┘
      │            │             │             │
      └────────────┴──────┬──────┴─────────────┘
                          ▼
            ┌─────────────────────────┐
            │ Schuldrechtlicher Ausgleich │
            └─────────────────────────┘
```

67 Nummer 1 regelt zunächst die noch verfallbaren Anrechte im Sinne des Betriebsrentengesetzes. Diese Anrechte sind noch nicht ausgleichsreif, weil sie auch aus der Sicht der ausgleichspflichtigen Person noch unsicher sind. Ein Ausgleich ist daher im Wertausgleich bei der Scheidung noch nicht gerechtfertigt. Dies entspricht dem bisherigen Recht (§ 1587a Abs. 2 Nr. 3 Satz 3 BGB[76]), das die ausgleichsberechtigte Person ebenfalls auf schuldrechtliche Ansprüche verwies.

Als verfallbar gelten Versorgungsanwartschaften in Bezug auf Verfallbarkeit dem Grunde und der **Höhe** nach.

Klargestellt wird auch, dass Anrechten nicht nur dann die Ausgleichsreife fehlt, wenn sie nach den gesetzlichen Bestimmungen des Betriebsrentengesetzes noch verfallbar sind, sondern dass dies auch bei einer individual- oder tarifvertraglichen Verfallbarkeit gilt. Darüber hinaus erstreckt der Tatbestand den Fall der fehlenden Ausgleichsreife auch auf weitere vergleichbare Sachverhalte. Hier ist beispielsweise an Anwartschaften zu denken, bei denen die Höhe des unverfallbaren Anspruchs zum Zeitpunkt der Scheidung noch nicht hinreichend sicher bestimmt werden kann. Zum anderen macht die geänderte Regelung deutlich, dass auch Anrechte, für die das Betriebsrentengesetz nicht gilt, Regelungen kennen, die den Verfallbarkeitsbestimmungen des Betriebsrentenrechts entsprechen können und denen deshalb die Ausgleichsreife fehlt. Das ist etwa bei Versorgungszusagen für herrschende Gesellschafter-Geschäftsführer der Fall, die aufgrund vertraglicher Vereinbarungen (Verfallbarkeitsklauseln, Widerrufsrechte, Bedingungen) ebenfalls noch nicht so hinreichend verfestigt sind, dass eine interne oder externe Teilung dieser Anrechte möglich wäre. Da für diese Anrechte das Betriebsrentengesetz nicht anwendbar ist, bedurfte es einer Erweiterung des Tatbestands.

68 Nummer 2 regelt, dass eine abzuschmelzende Leistung nicht ausgleichsreif ist. Ein solches Anrecht bzw. solcher Bestandteil eines Anrechts, teilweise auch „degressives Anrecht" genannt, bleibt nach § 19 Abs. 4 VersAusglG Ausgleichsansprüchen nach der Scheidung vorbehalten. Hierbei geht es um eine Leistung, auf die meist aus Gründen des Bestandsschutzes ein Anspruch besteht, die auf Anpassungen der Versorgung angerechnet und somit letztlich abgeschmolzen wird.

---

76 § 1587a Ausgleichsanspruch: (2 Nr. 3 Satz 3) Für Anwartschaften oder Aussichten auf Leistungen der betrieblichen Altersversorgung, die im Zeitpunkt des Erlasses der Entscheidung noch nicht unverfallbar sind, finden die Vorschriften über den schuldrechtlichen Versorgungsausgleich Anwendung.

Betroffen sind zum einen Sachverhalte, die bislang in § 3 Abs. 1 Nr. 6 und 7 VAÜG geregelt waren. Nach diesen Bestimmungen waren bestimmte Zusatzleistungen in der gesetzlichen Rentenversicherung nur schuldrechtlich auszugleichen.

Nummer 2 greift diese Systematik auf. Es handelt sich hierbei um den nichtdynamischen Teil der gesetzlichen Rente

- nach § 307b Abs. 6 oder den §§ 315a, 319a, 319b SGB VI,
- nach § 4 Abs. 4 des Anspruchs- und Anwartschaftsüberführungsgesetzes oder
- nach § 4 Abs. 1 des Zusatzversorgungssystem-Gleichstellungsgesetzes.

Auch bei Anrechten anderer Versorgungsträger als der gesetzlichen Rentenversicherung kann es abzuschmelzende Bestandteile von Versorgungen geben.

Als Beispiel seien hier die Abflachungsbeträge von Anrechten aus der Beamtenversorgung genannt. Auch diese können im Wertausgleich bei der Scheidung nicht hinreichend sicher bewertet werden, weshalb sie auch nach bislang geltendem Recht dem schuldrechtlichen Versorgungsausgleich vorbehalten blieben.[77]

69 Nummer 3 ist dem bislang geltenden § 1587b Abs. 4 BGB[78] nachgebildet: Ein Wertausgleich bei der Scheidung unterbleibt demnach, wenn er für die ausgleichsberechtigte Person unwirtschaftlich wäre. Damit ist auch der bislang in § 1587b Abs. 4 BGB erwähnte weitere Fall erfasst, dass sich die Teilung voraussichtlich nicht zu ihren Gunsten auswirken würde. Anderer Regelungsbefugnisse des Familiengerichts bedarf es hier anders als im bisherigen Recht nicht, weil es sich in der Praxis ohnehin meist um Anrechte mit einem geringen Ausgleichswert handeln dürfte, für die § 18 Abs. 2 VersAusglG bereits einen großen Ermessensspielraum des Gerichts eröffnet.

Der andere häufige Anwendungsfall ist derjenige eines Beamten oder einer Beamtin auf Lebenszeit, der bzw. die durch den Ausgleich nach § 16 Abs. 1 VersAusglG (bisher: Quasisplitting) Anwartschaften in der gesetzlichen Rentenversicherung erhalten würde, die allgemeine Wartezeit für den Bezug einer gesetzlichen Rente aber voraussichtlich nicht mehr erfüllen könnte.

---

77 Siehe BGH vom 14. März 2007 – XII ZB 85/03 = FamRZ 2007, S. 995.
78 § 1587b Übertragung und Begründung von Rentenanwartschaften durch das Familiengericht: (4) Würde sich die Übertragung oder Begründung von Rentenanwartschaften in den gesetzlichen Rentenversicherungen voraussichtlich nicht zugunsten des Berechtigten auswirken oder wäre der Versorgungsausgleich in dieser Form nach den Umständen des Falles unwirtschaftlich, soll das Familiengericht den Ausgleich auf Antrag einer Partei in anderer Weise regeln; § 1587o Abs. 1 Satz 2 gilt entsprechend.

70 Nummer 4 stellt klar, dass die bei ausländischen, zwischen- oder überstaatlichen (auswärtigen) Versorgungsträgern bestehenden Anrechte generell nicht ausgleichsreif sind. Dies berücksichtigt den Umstand, dass ein ausländischer Versorgungsträger nicht durch deutsche Gerichte verpflichtet werden kann, die ausgleichsberechtigte Person in sein Versorgungssystem aufzunehmen oder das Anrecht extern auszugleichen. Die Norm entbindet das Gericht aber nicht von einer grundsätzlichen Pflicht zur Aufklärung dieser Anrechte. Die Aufklärung braucht aber bei besonderen Schwierigkeiten nicht zwingend durchgeführt zu werden und soll das Verfahren nicht unnötig verzögern, denn anders als im bislang geltenden Recht ist die Berücksichtigung im Rahmen eines Gesamtsaldos nicht mehr erforderlich. Die Regelung trägt damit den Praxisproblemen Rechnung, zu denen das bisherige Recht bei auszugleichenden auswärtigen Anrechten oftmals führte.

Nach § 224 Abs. 4 FamFG sind Anrechte, die nicht dem Wertausgleich bei der Scheidung unterliegen, aber in der Begründung der Entscheidung über den Versorgungsausgleich ausdrücklich aufzuführen.

71 Absatz 3 regelt, dass in Fällen, in denen ein Ehegatte nicht ausgleichsreife Anrechte nach Absatz 2 Nr. 4 erworben hat, ein Wertausgleich bei der Scheidung auch in Bezug auf die anderen – eigentlich ausgleichsreifen – Anrechte beider Eheleute nicht stattfindet, soweit dies für den anderen Ehegatten unbillig wäre. Die fehlende Ausgleichsreife eines oder mehrerer Anrechte wirkt also als Ausgleichssperre; damit können unbillige Ergebnisse für den anderen Ehegatten vermieden werden, die anderenfalls wegen des Grundsatzes der Teilung jedes Anrechts entstehen könnten.

> *Merksatz: fehlende Ausgleichsreife*
>
> Die fehlende Ausgleichsreife eines Anrechts wirkt als Ausgleichssperre für alle Anrechte, sofern sie nicht unbillig ist.

Zu denken ist hier insbesondere an Fälle, bei denen ein Ehegatte in der Ehezeit beispielsweise durch eine längere, gut dotierte Tätigkeit im Ausland erhebliche Anwartschaften bei einem ausländischen Versorgungsträger erworben hat, die nach § 19 Abs. 2 Nr. 4 VersAusglG nicht ausgleichsreif sind. Hat der andere Ehegatte in der Ehe nun beispielsweise nur Anwartschaften in der (inländischen) gesetzlichen Rentenversicherung erworben, so wäre dieses Anrecht grundsätzlich ausgleichsreif. Es wäre aber unbillig, wenn dieser Ehegatte durch die Teilung des von ihm erworbenen Anrechts die Hälfte seiner ehezeitlichen Versorgung verlöre und gleichzeitig wegen seiner Teilhabe an den ausländischen Anrechten des anderen Ehegatten nach § 19 Abs. 4 VersAusglG auf die schwächeren schuldrechtlichen

Ausgleichsansprüche nach der Scheidung angewiesen wäre. Deshalb würde in diesen Fällen insgesamt von einem Wertausgleich bei der Scheidung abzusehen sein.

Die Ausgleichssperre des Absatzes 3 für sämtliche Anrechte greift aber nur, soweit ein Wertausgleich bei der Scheidung für den anderen Ehegatten unbillig ist. Daran fehlt es beispielsweise, wenn die Anrechte nach § 19 Abs. 2 Nr. 4 VersAusglG nur einen geringen Ausgleichswert haben und im Übrigen größere Werte auszugleichen sind. Auch sind Fälle denkbar, in denen der Ehegatte, der nicht ausgleichsreife ausländische Anrechte erworben hat, zugleich über ausgleichsreife Anrechte aus inländischen Regelsicherungssystemen verfügt. In diesen Fällen entspricht es dem Interesse des anderen Ehegatten, dieses Anrecht zu teilen, damit jedenfalls insoweit ein Erwerb schon im Wertausgleich bei der Scheidung möglich ist. Das Familiengericht wird dann nur insoweit vom Wertausgleich absehen, als der andere Ehegatte ebenfalls über auszugleichende Anrechte verfügt. Ob und wieweit es also zur Anwendung des Absatzes 3 kommt, hat das Familiengericht im Einzelfall zu entscheiden.

Absatz 4 stellt klar, dass Ausgleichsansprüche nach der Scheidung nach den §§ 20 bis 26 unberührt bleiben. Nach den Maßgaben dieser Bestimmungen bleibt also ein Ausgleich

- im Wege der schuldrechtlichen Ausgleichsrente,
- einer Abfindung oder
- der Teilhabe an der Hinterbliebenenversorgung

möglich.

Anmerkung: ausländische Anrechte

Der § 19 führt aber eigentlich zum Gegenteil von dem, was der Gesetzgeber erreichen wollte, nämlich die Ausgleichsansprüche nach der Scheidung (bisher schuldrechtlicher Versorgungsausgleich) zurückzudrängen.

Gerade bei den häufiger werdenden ausländischen Anrechten wird es immer seltener zum öffentlich-rechtlichen Versorgungsausgleich kommen. Die Ehegatten sind weiterhin auf die Ausgleichsansprüche nach der Scheidung angewiesen. Die angestrebte frühzeitige endgültige Trennung der Versorgungsschicksale und Schaffung eigenständige Anrechte wird nicht erreicht.

Das Gericht muss die Höhe der ausländischen Anrechte nicht ermitteln. Nur wenn eine der Parteien Unbilligkeit geltend macht, wird das Gericht so weit wie möglich ermitteln müssen um die gesamten Umstände für eine Billigkeitsprüfung berücksichtigen zu können (§ 2 Rn 92, siehe hierzu § 27 VersAusglG).

Erhält das Gericht weder von den Parteien noch von den ausländischen Versorgungsträgern entsprechende Auskünfte, kann eine Billigkeitsprüfung im Prinzip nicht stattfinden.

Die anwaltlichen Berater der Parteien sollten bei ausländischen Anrechten aus haftungsrechtlichen Gründen immer prüfen, ob sie Unbilligkeit geltend machen.

Abschnitt 3: Ausgleichsansprüche nach der Scheidung

Eines der wesentlichen Ziele der Strukturreform ist es, die nach bisherigem Recht erforderlichen Verfahren nach der Scheidung, die in §§ 1587f ff. als schuldrechtlicher Versorgungsausgleich bzw. in § 3a VAHRG als „Verlängerung des schuldrechtlichen Versorgungsausgleichs" geregelt waren, so weit wie möglich entbehrlich zu machen. Allerdings war eine Teilung der Anrechte zum Zeitpunkt der Entscheidung nicht immer möglich. Nach bislang geltendem Recht war das relativ häufig der Fall, zum einen im Hinblick auf die Verfallbarkeit eines betrieblichen Anrechts (§ 1587a Abs. 2 Nr. 3 Satz 3, § 1587f Nr. 4 BGB[79]), zum anderen wegen der Begrenzungen des Ausgleichs über die gesetzliche Rentenversicherung nach § 1587b Abs. 5 BGB (Höchstbetrag)[80] und nach § 3b Abs. 1 Nr. 1 VAHRG oder wegen der fehlenden Zumutbarkeit einer Beitragszahlung (§ 3b Abs. 1 Nr. 2 VAHRG). Da einige dieser Vorschriften künftig entfallen, kann der Ausgleich insoweit abschließend im Wertausgleich bei der Scheidung geregelt werden; in diesen Fällen entstehen anders als bisher keine Ausgleichsansprüche nach der Scheidung mehr. Ein gewisser Anwendungsbereich verbleibt aber insbesondere für diejenigen Anrechte, die nicht ausgleichsreif im Sinne des § 19 Abs. 2 VersAusglG sind.

72

Über Ausgleichsansprüche nach §§ 20 – 26 VersAusglG ist gemäß § 223 FamFG nur auf Antrag zu entscheiden.

79 § 1587f Voraussetzungen
In den Fällen, in denen
4. in den Ausgleich Leistungen der betrieblichen Altersversorgung aufgrund solcher Anwartschaften oder Aussichten einzubeziehen sind, die im Zeitpunkt des Erlasses der Entscheidung noch nicht unverfallbar waren,
erfolgt insoweit der Ausgleich auf Antrag eines Ehegatten nach den Vorschriften der §§ 1587g bis 1587n (schuldrechtlicher Versorgungsausgleich).

80 § 1587b Übertragung und Begründung von Rentenanwartschaften durch das Familiengericht: (5) Der Monatsbetrag der nach Absatz 1 zu übertragenden oder nach Absatz 2, 3 zu begründenden Rentenanwartschaften in den gesetzlichen Rentenversicherungen darf zusammen mit dem Monatsbetrag der in den gesetzlichen Rentenversicherungen bereits begründeten Rentenanwartschaften des ausgleichsberechtigten Ehegatten den in § 76 Abs. 2 Satz 3 des Sechsten Buches Sozialgesetzbuch bezeichneten Höchstbetrag nicht übersteigen.

Unterabschnitt 1: Schuldrechtliche Ausgleichszahlungen

73 Unterabschnitt 1 umfasst die Regeln für die schuldrechtliche Ausgleichsrente sowie deren Abtretung. Die Bestimmungen wurden neu geordnet, entsprechen im Wesentlichen aber dem bislang geltenden Recht. Neu ist die Bestimmung in § 22 VersAusglG zum schuldrechtlichen Ausgleich von Kapitalzahlungen.

Wird nach dem 31.8.2009 ein Antrag auf schuldrechtliche Ausgleichsrente gestellt (und nicht auf Abänderung), gelten die Bestimmungen der §§ 20 bis 26 VersAusglG auch für die Fälle, in denen nach dem bislang geltenden Recht Anrechte in den schuldrechtlichen Ausgleich verwiesen wurden.

§ 20 VersAusglG — Anspruch auf schuldrechtliche Ausgleichsrente

(1) Bezieht die ausgleichspflichtige Person eine laufende Versorgung aus einem noch nicht ausgeglichenen Anrecht, so kann die ausgleichsberechtigte Person von ihr den Ausgleichswert als Rente (schuldrechtliche Ausgleichsrente) verlangen. Die auf den Ausgleichswert entfallenden Sozialversicherungsbeiträge oder vergleichbaren Aufwendungen sind abzuziehen. § 18 gilt entsprechend.

(2) Der Anspruch ist fällig, sobald die ausgleichsberechtigte Person
1. eine eigene laufende Versorgung im Sinne des § 2 bezieht,
2. die Regelaltersgrenze der gesetzlichen Rentenversicherung erreicht hat oder
3. die gesundheitlichen Voraussetzungen für eine laufende Versorgung wegen Invalidität erfüllt.

(3) Für die schuldrechtliche Ausgleichsrente gelten § 1585 Abs. 1 Satz 2 und 3 sowie § 1585b Abs. 2 und 3 des Bürgerlichen Gesetzbuchs entsprechend.

74 § 20 VersAusglG benennt die Voraussetzungen des Anspruchs auf eine schuldrechtliche Ausgleichsrente zwischen den geschiedenen Ehegatten. Die Norm fasst die bisherigen §§ 1587f[81] und 1587g BGB[82] zusammen und passt sie dem neuen Ausgleichssystem an.

Absatz 1 Satz 1 setzt ebenso wie der bisherige § 1587g Abs. 1 Satz 2 BGB voraus, dass die ausgleichspflichtige Person eine laufende Versorgung aus einem noch nicht ausgeglichenen Anrecht bezieht. Das ist der Fall, wenn und soweit im Wertausgleich bei der Scheidung ein Ausgleich dieses Anrechts noch nicht erfolgt ist. Praktische Bedeutung hat dies vor allem für Anrechte bei ausländischen Versorgungsträgern, die weder intern noch extern geteilt werden können. Darüber hinaus sind die inzwischen unverfallbar gewordenen betrieblichen Anrechte zu nennen (siehe § 19 Abs. 2 Nr. 1 VersAusglG) und Anrechte, die auf eine abzuschmelzende Leistung gerichtet sind (§ 19 Abs. 2 Nr. 2 VersAusglG) oder deren Ausgleich unwirtschaftlich im Sinne von § 19 Abs. 1 Nr. 3 VersAusglG wäre. Denkbar ist aber auch, dass sich die Eheleute geeinigt haben, den Versorgungsausgleich nicht durch den Wertausgleich bei der Scheidung durchzuführen, sondern ihn nach § 6 Abs. 1

75

---

81   § 1587f Voraussetzungen
     In den Fällen, in denen
     1. die Begründung von Rentenanwartschaften in einer gesetzlichen Rentenversicherung mit Rücksicht auf die Vorschrift des § 1587b Abs. 3 Satz 1 zweiter Halbsatz nicht möglich ist,
     2. die Übertragung oder Begründung von Rentenanwartschaften in einer gesetzlichen Rentenversicherung mit Rücksicht auf die Vorschrift des § 1587b Abs. 5 ausgeschlossen ist,
     3. der ausgleichspflichtige Ehegatte die ihm nach § 1587b Abs. 3 Satz 1 erster Halbsatz auferlegten Zahlungen zur Begründung von Rentenanwartschaften in einer gesetzlichen Rentenversicherung nicht erbracht hat,
     4. in den Ausgleich Leistungen der betrieblichen Altersversorgung aufgrund solcher Anwartschaften oder Aussichten einzubeziehen sind, die im Zeitpunkt des Erlasses der Entscheidung noch nicht unverfallbar waren,
     5. das Familiengericht nach § 1587b Abs. 4 eine Regelung in der Form des schuldrechtlichen Versorgungsausgleichs getroffen hat oder die Ehegatten nach § 1587o den schuldrechtlichen Versorgungsausgleich vereinbart haben,
     erfolgt insoweit der Ausgleich auf Antrag eines Ehegatten nach den Vorschriften der §§ 1587g bis 1587n (schuldrechtlicher Versorgungsausgleich).
82   § 1587g Anspruch auf Rentenzahlung
     (1) Der Ehegatte, dessen auszugleichende Versorgung die des anderen übersteigt, hat dem anderen Ehegatten als Ausgleich eine Geldrente (Ausgleichsrente) in Höhe der Hälfte des jeweils übersteigenden Betrags zu entrichten. Die Rente kann erst dann verlangt werden, wenn beide Ehegatten eine Versorgung erlangt hat und der andere Ehegatte wegen Krankheit oder anderer Gebrechen oder Schwäche seiner körperlichen oder geistigen Kräfte auf nicht absehbare Zeit eine ihm nach Ausbildung und Fähigkeiten zumutbare Erwerbstätigkeit nicht ausüben kann oder das 65. Lebensjahr vollendet hat.
     (2) Für die Ermittlung der auszugleichenden Versorgung gilt § 1587a entsprechend. Hat sich seit Eintritt der Rechtshängigkeit des Scheidungsantrags der Wert einer bei Eintritt der Rechtshängigkeit des Scheidungsantrags vorhandene Versorgung oder eine Anwartschaft oder Aussicht auf Versorgung weggefallen oder sind Voraussetzungen einer Versorgung eingetreten, die bei Eintritt der Rechtshängigkeit gefehlt haben, so ist dies zusätzlich zu berücksichtigen.
     (3) § 1587d Abs. 2 gilt entsprechend.

Satz 2 Nr. 3 VersAusglG Ausgleichsansprüchen nach der Scheidung vorzubehalten, weil dies ihrer Interessenlage besser entspricht.

Eine weitere Fallgruppe nicht ausgeglichener Anrechte im Sinne des § 20 Abs. 1 VersAusglG stellen diejenigen Versorgungen dar, bei denen sich ein Anrecht de facto in zwei Teile spaltet, nämlich einen unverfallbaren und einen verfallbaren Bestandteil. Vor der Strukturreform der Zusatzversorgung bei der Versorgungsanstalt des Bundes und der Länder (VBL) war dies zum Beispiel bei der VBL-Rente der Fall.

Ein „nicht ausgeglichenes Anrecht" im Sinne des Gesetzes ist auch eine zum Zeitpunkt der Entscheidung noch verfallbare Einkommensdynamik. Dies kommt beispielsweise bei endgehaltsbezogenen betrieblichen Anrechten vor, weil nach § 45 Abs. 1 VersAusglG wie im geltenden Recht für die Zwecke der Wertberechnung entsprechend § 2 Abs. 5 BetrAVG das fiktive Ausscheiden des Beschäftigten aus dem Unternehmen am Ende der Ehezeit angenommen wird. Die endgültige Bezugsgröße der Anwartschaft, nämlich das Endgehalt, kann zu diesem Zeitpunkt noch nicht bekannt sein.[83] Die praktische Bedeutung dieser Fälle wird allerdings abnehmen, weil diese Zusageform wegen der Kalkulationsschwierigkeiten in modernen Betriebsrentensystemen kaum mehr verwendet wird: Bei der Bewertung des Finanzierungsaufwands für die Betriebsrente stellen sich ähnliche Schwierigkeiten wie bei der versorgungsausgleichsrechtlichen Bewertung, weil für die Bezugsgröße eine Prognose erforderlich ist. Der im Wertausgleich bei der Scheidung nicht ausgeglichene Bestandteil solcher Anrechte kann jedenfalls nach § 20 Abs. 1 VersAusglG ausgeglichen werden.

Ein nach dem bislang geltenden Recht noch nicht ausgeglichenes Anrecht ist ebenfalls nach den §§ 20 ff. VersAusglG auszugleichen.

---

[83] Siehe hierzu BGH vom 12. April 1989 – IVb ZB 146/86 = FamRZ 1989, 844 sowie *Borth*, Versorgungsausgleich in anwaltschaftlicher und familiengerichtlicher Praxis, 3. Aufl. 1998, Rn 424 ff.

§ 20 VersAusglG § 2

```
Ausgleichspflichtige Person
• bezieht eine laufende Versorgung aus einem noch nicht
• ausgeglichenen Anrecht, z.b.:
    o ausländische Versorgung
    o unverfallbar gewordenes betriebliches Anrecht
    o abzuschmelzende Leistung
    o Ausgleich war unwirtschaftlich
    o Anrecht bestand aus einen unverfallbaren und
      verfallbaren Bestandteil (z.b. VBL)
    o Bisher verfallbare Einkommensdynamik oder
      endgehaltsbezogene Zusage
• Anrecht ist nicht geringfügig
          ↓
Ausgleichsberechtigte Person
• Bezieht eigene Versorgung oder
• Erreicht Regelaltersgrenzen GRV oder
• Ist Invalide
          ↓
Anspruch auf Ausgleichsrente aus einem noch nicht
ausgeglichenen Anrecht
          ↓
Berechnung des Ausgleichswert ggf. abzüglich Sozial-
versicherungsbeiträge
```

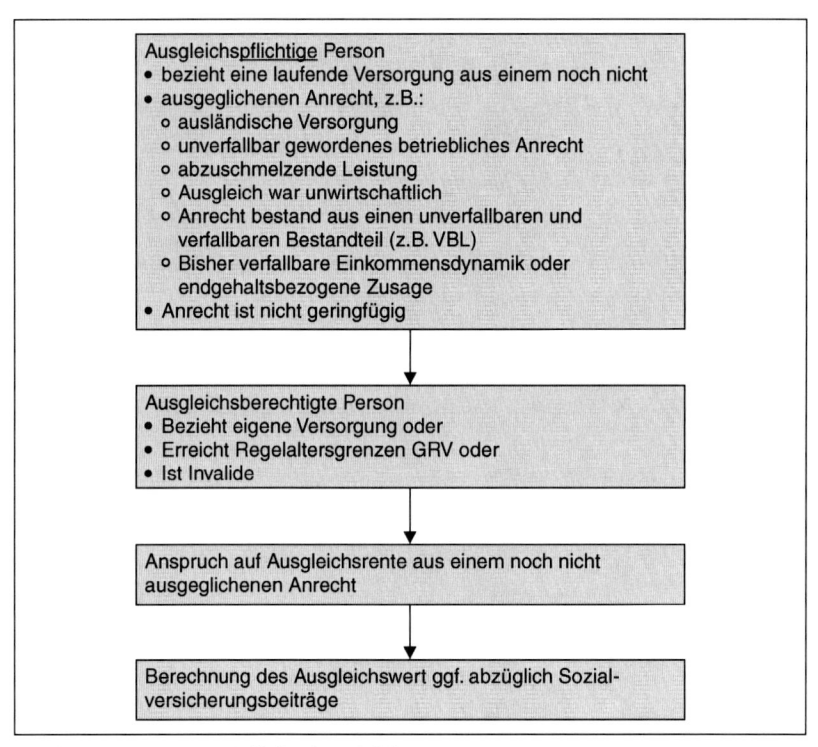

Abbildung: schuldrechtliche Ausgleichsrente

Nach Absatz 1 Satz 2 sind vom Ausgleichswert die hierauf entfallenden Sozialversicherungsbeiträge in Abzug zu bringen. Von Bedeutung ist dies vor allem in den Fällen, in denen nach § 248 SGB V[84] pflichtversicherte Betriebsrentner auf ihre Betriebsrente den vollen Beitragssatz in der Krankenversicherung zu entrichten haben, während der ausgleichsberechtigte Ehegatte regelmäßig keiner weiteren Versicherungspflicht unterliegt. Nach der bislang geltenden Regelung können diese Beiträge, die nur die ausgleichspflichtige Person treffen, nur in besonderen Härtefällen berücksichtigt werden.[85] Die neue Regelung erlaubt es nunmehr, diese An-

76

---

84 § 248 Beitragssatz aus Versorgungsbezügen und Arbeitseinkommen: Bei Versicherungspflichtigen gilt für die Bemessung der Beiträge aus Versorgungsbezügen und Arbeitseinkommen der allgemeine Beitragssatz. Abweichend von Satz 1 gilt bei Versicherungspflichtigen für die Bemessung der Beiträge aus Versorgungsbezügen nach § 229 Abs. 1 Satz 1 Nr. 4 die Hälfte des allgemeinen Beitragssatzes zuzüglich 0,45 Beitragssatzpunkte.
85 Siehe hierzu *Wick*, Der Versorgungsausgleich, 2. Aufl. 2007, Rn 342b.

teile vom Bruttobetrag abzuziehen. Betragen beispielsweise der Ehezeitanteil der Bruttorente 1 000 EUR und der hierauf beruhende Ausgleichswert 500 EUR, so errechnet sich bei einer Beitragslast von 17 Prozent für Kranken- und Pflegeversicherungsbeiträge eine Ausgleichsrente von 415 EUR (500 EUR abzüglich 17 Prozent hiervon = 85 EUR).

Beispiel: Abzug Sozialversicherungsbeiträge

Ehezeitanteil des Anrecht		1.000,00 EUR
Ausgleichswert brutto		500,00 EUR
Beitragslast KV + PV	17,0 %	85,00 EUR
Ausgleichsrente netto		415,00 EUR

Hinweis: gesetzliche Sozialversicherungsbeiträge

Der anwaltliche Berater der ausgleichsberechtigten Person sollte aber prüfen, ob nicht auch ohne den Ausgleichswert in der gesetzlichen Kranken- und Pflegeversicherung der Höchstbetrag zu zahlen wäre. In diesem Fall ergibt sich durch den Versorgungsausgleich kein Nachteil für die ausgleichspflichtige Person.

Vielmehr ergibt sich ein vergleichbarer Regelungsbedarf auch bei ausgleichspflichtigen Personen, die privatversichert sind.

Hinweis: private Versicherungsbeiträge

Der anwaltliche Berater ausgleichsberechtigten Person sollte bei privat Kranken- und Pflegeversicherten ausgleichspflichtigen Personen prüfen, ob in den Aufwendungen tatsächlich Beitragsanteile für die ausgleichsberechtigte Person enthalten sind. Die Beitragsberechnung erfolgt nach den individuellen Risiken der ausgleichspflichtigen Person und nicht nach der Höhe des Einkommens wie in der GKV und GPV. Ist im Beitrag tatsächlich ein fester Betrag für die ausgleichsberechtigte Person enthalten, dann dürfte dieser auch abgezogen werden. Ist dies nicht der Fall, wäre die Beitragshöhe unabhängig von einem Versorgungsausgleich und dürfte nicht abgezogen werden. Auch hier sollte das Prinzip der angemessenen Teilhabe im Blick bleiben.

77 Absatz 1 Satz 3 bestimmt die entsprechende Anwendbarkeit von § 18 Abs. 2 und 3 Satz 1 sowie Abs. 4 VersAusglG. Hiernach findet ein Ausgleich von geringen Ausgleichswerten auch bei Ausgleichsansprüchen nach der Scheidung nicht statt. Es wäre ein Wertungswiderspruch, diese geringen Ausgleichswerte vom Wertausgleich bei der Scheidung auszunehmen, einen nachträglichen Ausgleich aber zuzulassen. Allerdings besteht wie beim Wertausgleich bei der Scheidung die Möglichkeit, den Ausgleich entsprechend § 18 Abs. 3 VersAusglG dennoch durchzuführen, wenn dies im Einzelfall geboten ist. Auf die Begründung zu dieser Vorschrift wird verwiesen. Der Verweis auf § 18 Abs. 2 und 3 Satz 1 sowie Abs. 4 VersAusglG gilt auch für den Anspruch auf Abfindung einer künftigen schuldrechtlichen Ausgleichsrente und auf Teilhabe an der Hinterbliebenenversorgung, denn die §§ 23 bis 26 VersAusglG nehmen jeweils auf die schuldrechtliche Ausgleichsrente und damit auf § 20 Abs. 1 VersAusglG Bezug.

Absatz 2 entspricht in der Sache dem bislang geltenden § 1587g Abs. 1 Satz 2 BGB. Geregelt ist der Zeitpunkt, von dem an die Ausgleichsrente verlangt werden kann. Die zusätzliche Voraussetzung des Eintritts des Versorgungsfalls bei der ausgleichspflichtigen Person ergibt sich bereits aus Absatz 1 Satz 1. Die Fälligkeit des Anspruchs kann sich also aus einer der folgenden Alternativen ergeben: **78**

Nach Nummer 1 muss die ausgleichsberechtigte Person ihrerseits eine Versorgung im Sinne des § 2 VersAusglG beziehen, also entweder eine Altersrente oder eine Versorgung wegen Invalidität vor Erreichen der Regelaltersgrenze.

Nach Nummer 2 kann die ausgleichsberechtigte Person die schuldrechtliche Ausgleichsrente auch verlangen, wenn sie die Regelaltersgrenze der gesetzlichen Rentenversicherung erreicht, aber keine eigene Versorgung wegen Alters erworben hat. In diesen Fällen besteht ein entsprechender Versorgungsbedarf. Die pauschalierende Anknüpfung an die Regelaltersgrenze der gesetzlichen Rentenversicherung hat der Gesetzgeber aus Gründen der Vereinfachung einer Anknüpfung an individuelle Umstände (z.B. Regelaltersgrenze des tatsächlich zuständigen Regelsicherungssystems) vorgezogen.

Schließlich kann nach Nummer 3 die ausgleichsberechtigte Person die schuldrechtliche Ausgleichsrente beanspruchen, wenn sie invalide ist. Da sie in diesem Fall in aller Regel eine entsprechende Rente aus ihrer eigenen Invaliditätsversorgung beziehen wird, sind hier meist bereits die Voraussetzungen der Nummer 1 erfüllt. Ein Versorgungsbedarf besteht aber auch dann, wenn die ausgleichsberechtigte Person ausnahmsweise noch keine eigene Rente bezieht – sei es, weil sie über eine entsprechende Versorgung gar nicht verfügt, sei es, weil sie beispielsweise die versicherungsrechtlichen Voraussetzungen nicht erfüllt. Maßgeblich ist nach Nummer 3 deshalb nur, ob die gesundheitlichen Voraussetzungen für den Bezug einer Rente wegen Invalidität vorliegen. Auch der Nachweis durch ein amtsärztliches Gutachten ist möglich.

§ 2 Gesetz über den Versorgungsausgleich (VersAusglG)

```
Rentenbezug
ausgleichspflichtige Person
                                    |Beginn Ausgleichsrente
|───────────────────────────────────|──────────────────────►
                              Rentenbezug
                   ausgleichsberechtigte Person

                                    Rentenbezug
                                    ausgleichspflichtige Person
|───────────────────────────────────|──────────────────────►
                                    |Beginn Ausgleichsrente
Rentenbezug
ausgleichsberechtigte Person
```

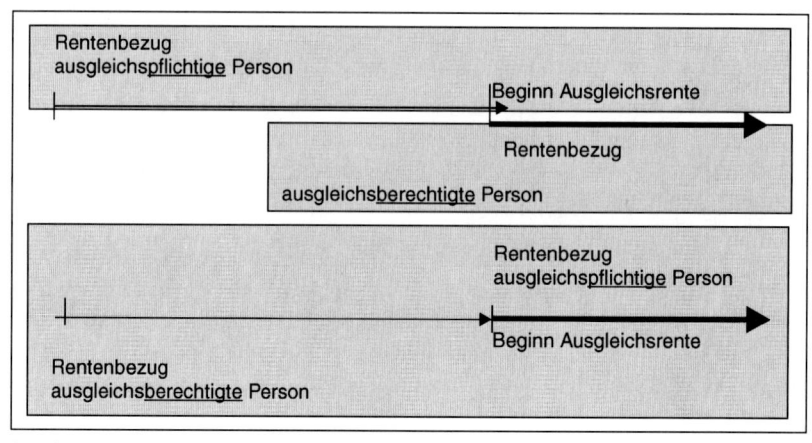

Abbildung: Beginn Ausgleichsrente

Absatz 3 verweist wegen der Zahlungsmodalitäten wie der bislang geltende § 1587k Abs. 1 BGB[86] auf das Unterhaltsrecht. An der Fälligkeit im Voraus nach § 1585 Abs. 1 Satz 2 BGB[87] wird festgehalten, wenngleich einige Versorgungssysteme inzwischen Rentenzahlungen erst am Ende des Monats leisten (siehe z.B. § 118 Abs. 1 Satz 1 SGB VI).[88] Ebenso wird der Verweis auf § 1585b Abs. 2 und 3 BGB[89] beibehalten. Hierbei ist zu beachten, dass § 1585b Abs. 2 BGB in der seit

---

86 § 1587k Anwendbare Vorschriften; Erlöschen des Ausgleichsanspruchs: (1) Für den Ausgleichsanspruch nach § 1587g Abs. 1 Satz 1 gelten die §§ 1580, 1585 Abs. 1 Satz 2, 3 und § 1585b Abs. 2, 3 entsprechend.
87 § 1585 Art der Unterhaltsgewährung: (1) Der laufende Unterhalt ist durch Zahlung einer Geldrente zu gewähren. Die Rente ist monatlich im Voraus zu entrichten. Der Verpflichtete schuldet den vollen Monatsbetrag auch dann, wenn der Unterhaltsanspruch im Laufe des Monats durch Wiederheirat oder Tod des Berechtigten erlischt.
88 § 118 Fälligkeit und Auszahlung: (1) Laufende Geldleistungen mit Ausnahme des Übergangsgeldes werden am Ende des Monats fällig, zu dessen Beginn die Anspruchsvoraussetzungen erfüllt sind; sie werden am letzten Bankarbeitstag dieses Monats ausgezahlt.
89 § 1585b Unterhalt für die Vergangenheit
(2) Im Übrigen kann der Berechtigte für die Vergangenheit Erfüllung oder Schadensersatz wegen Nichterfüllung nur entsprechend § 1613 Abs. 1 fordern.
(3) Für eine mehr als ein Jahr vor der Rechtshängigkeit liegende Zeit kann Erfüllung oder Schadensersatz wegen Nichterfüllung nur verlangt werden, wenn anzunehmen ist, dass der Verpflichtete sich der Leistung absichtlich entzogen hat.

dem 1. Januar 2008 geltenden Fassung § 1613 Abs. 1 BGB[90] für entsprechend anwendbar erklärt.

Der Antrag auf eine schuldrechtliche Ausgleichsrente muss – wie im bisherigen Recht – nicht beziffert werden. Der Verzug tritt auch ohne Stufenmahnung ein, da es sich um ein Verfahren der freiwilligen Gerichtsbarkeit handelt.

§ 21 VersAusglG   Abtretung von Versorgungsansprüchen

(1) Die ausgleichsberechtigte Person kann von der ausgleichspflichtigen Person verlangen, ihr den Anspruch gegen den Versorgungsträger in Höhe der Ausgleichsrente abzutreten.

(2) Für rückständige Ansprüche auf eine schuldrechtliche Ausgleichsrente kann keine Abtretung verlangt werden.

(3) Eine Abtretung nach Absatz 1 ist auch dann wirksam, wenn andere Vorschriften die Übertragung oder Pfändung des Versorgungsanspruchs ausschließen.

(4) Verstirbt die ausgleichsberechtigte Person, so geht der nach Absatz 1 abgetretene Anspruch gegen den Versorgungsträger wieder auf die ausgleichspflichtige Person über.

Absatz 1 entspricht dem bisherigen § 1587i Abs. 1 BGB[91] und fasst die Vorschrift sprachlich neu, jedoch ohne inhaltliche Änderung.

Absatz 2 entspricht in der Sache dem bisherigen § 1587i Abs. 1 letzter Halbsatz BGB. Mit der Abtretung soll nicht die Durchsetzung rückständiger Ansprüche auf Leistung der schuldrechtlichen Ausgleichsrente ermöglicht werden, was der Wort-

---

90   § 1613 Unterhalt für die Vergangenheit: (1) Für die Vergangenheit kann der Berechtigte Erfüllung oder Schadensersatz wegen Nichterfüllung nur von dem Zeitpunkt an fordern, zu welchem der Verpflichtete zum Zwecke der Geltendmachung des Unterhaltsanspruchs aufgefordert worden ist, über seine Einkünfte und sein Vermögen Auskunft zu erteilen, zu welchem der Verpflichtete in Verzug gekommen oder der Unterhaltsanspruch rechtshängig geworden ist. Der Unterhalt wird ab dem Ersten des Monats, in den die bezeichneten Ereignisse fallen, geschuldet, wenn der Unterhaltsanspruch dem Grunde nach zu diesem Zeitpunkt bestanden hat.

91   § 1587i Abtretung von Versorgungsansprüchen
(1) Der Berechtigte kann vom Verpflichteten in Höhe der laufenden Ausgleichsrente Abtretung der in den Ausgleich einbezogenen Versorgungsansprüche verlangen, die für den gleichen Zeitabschnitt fällig geworden sind oder fällig werden.
(2) Der Wirksamkeit der Abtretung an den Ehegatten gemäß Absatz 1 steht der Ausschluss der Übertragbarkeit und Pfändbarkeit der Ansprüche nicht entgegen.
(3) § 1587d Abs. 2 gilt entsprechend.

laut der Vorschrift jetzt klarstellt. Unbenommen bleibt den Ehegatten aber, abweichende Vereinbarungen über eine Abtretung rückständiger Ansprüche zu treffen, denn die Bestimmung begrenzt insoweit nur den gesetzlichen Anspruch der ausgleichsberechtigten Person.

Absatz 3 stimmt inhaltlich mit dem bisherigen § 1587i Abs. 2 BGB überein und wurde nur sprachlich angepasst. Wie im bisherigen Recht stellt die Vorschrift klar, dass eine Abtretung nach Absatz 1 auch dann wirksam ist, wenn andere Bestimmungen die Übertragbarkeit oder Pfändbarkeit des zugrunde liegenden Versorgungsanspruchs ausschließen, wie beispielsweise § 2 Abs. 2 Satz 4 BetrAVG[92] in Verbindung mit § 851 ZPO.[93] Der Versorgungsausgleich wird hiernach in seiner Bedeutung höher eingestuft als die Schutzvorschriften, die eine Übertragung und Pfändbarkeit von laufenden Versorgungen verbieten.

Absatz 4 entspricht dem bisherigen § 1587k Abs. 2 Satz 2 BGB[94] und wurde ebenfalls sprachlich klarer gefasst. Wenn die ausgleichsberechtigte Person verstirbt, erlischt nach § 31 Abs. 3 Satz 1 VersAusglG der Ausgleichsanspruch nach § 20. In diesem Fall soll der abgetretene Anspruch gegen den Versorgungsträger wieder auf die ausgleichspflichtige Person übergehen.

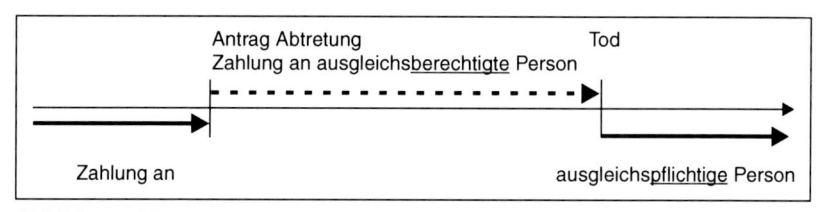

Abbildung: Abtretung

92 § 2 Höhe der unverfallbaren Anwartschaft: (Abs. 2 Satz 4) Der ausgeschiedene Arbeitnehmer darf die Ansprüche aus dem Versicherungsvertrag in Höhe des durch Beitragszahlungen des Arbeitgebers gebildeten geschäftsplanmäßigen Deckungskapitals oder, soweit die Berechnung des Deckungskapitals nicht zum Geschäftsplan gehört, das nach § 169 Abs. 3 und 4 des Versicherungsvertragsgesetzes berechneten Wertes weder abtreten noch beleihen.

93 § 851 Nicht übertragbare Forderungen
(1) Eine Forderung ist in Ermangelung besonderer Vorschriften der Pfändung nur insoweit unterworfen, als sie übertragbar ist.
(2) Eine nach § 399 des Bürgerlichen Gesetzbuchs nicht übertragbare Forderung kann insoweit gepfändet und zur Einziehung überwiesen werden, als der geschuldete Gegenstand der Pfändung unterworfen ist.

94 § 1587k Anwendbare Vorschriften; Erlöschen des Ausgleichsanspruchs: (2) Der Anspruch erlischt mit dem Tode des Berechtigten; § 1586 Abs. 2 gilt entsprechend. Soweit hiernach der Anspruch erlischt, gehen die nach § 1587i Abs. 1 abgetretenen Ansprüche auf den Verpflichteten über.

| § 22 VersAusglG | Anspruch auf Ausgleich von Kapitalzahlungen |

Erhält die ausgleichspflichtige Person Kapitalzahlungen aus einem noch nicht ausgeglichenen Anrecht, so kann die ausgleichsberechtigte Person von ihr die Zahlung des Ausgleichswerts verlangen. Im Übrigen sind die §§ 20 und 21 entsprechend anzuwenden.

Die Vorschrift bestimmt, dass in den Fällen, in denen aus einem noch nicht ausgeglichenen Anrecht eine Kapitalzahlung geleistet wird, eine Zahlung in Höhe des Ausgleichswerts abzüglich der hierauf entfallenden Sozialversicherungsbeiträge fällig wird. Erforderlich ist die Regelung, weil betriebliche Anrechte und Anrechte im Sinne des Altersvorsorgeverträge-Zertifizierungsgesetzes nach § 2 Abs. 2 Nr. 3 VersAusglG im Unterschied zu anderen Anrechten auch dann in den Versorgungsausgleich einbezogen werden, wenn sie auf Kapitalleistungen gerichtet sind. Das gilt auch für Kapitalleistungen aus Wahl-, Zwitter- oder Hybridversorgungen. Ist deren Ausgleich im Wertausgleich bei der Scheidung unterblieben, kann die ausgleichsberechtigte Person den Anspruch nach § 22 VersAusglG geltend machen.

80

Die §§ 20, 21 VersAusglG sind insoweit nicht unmittelbar anwendbar, weil sie eine Leistung in Rentenform voraussetzen. Bei der Bestimmung der Höhe des Anspruchs ist entsprechend § 41 Abs. 1 VersAusglG der tatsächlich ausgezahlte Kapitalbetrag zugrunde zu legen. Wie in § 20 Abs. 1 Satz 1 VersAusglG angeordnet, sind auch hier die anteiligen Sozialversicherungsbeiträge zu berücksichtigen. Sofern die Auszahlung des Kapitals in mehreren Raten erfolgt, richtet sich die Fälligkeit des Anspruchs nach diesen Teilzahlungen; es wird also nicht etwa mit der ersten Rate der gesamte Ausgleichswert fällig.

Die Vorschrift gibt einen Anspruch rückwirkend auch dann, wenn die Kapitalzahlung zum Zeitpunkt der Geltendmachung bereits erfolgt ist. Anders als laufende Rentenzahlungen dienen Kapitalleistungen meist nicht dazu, den unmittelbaren Lebensunterhalt zu bestreiten. Die ausgleichspflichtige Person weiß zudem, dass ein Teil des an sie ausgezahlten Kapitalbetrags nicht ihr, sondern der ausgleichsberechtigten Person zusteht, diese den Zahlungszeitpunkt aber nicht zwangsläufig kennt. Das Schutzbedürfnis der ausgleichsberechtigten Person an der Teilhabe am Ausgleichswert hat vor diesem Hintergrund höheren Rang als der Vertrauensschutz der ausgleichspflichtigen Person, den gesamten Ausgleichswert behalten zu dürfen.

§ 2 Gesetz über den Versorgungsausgleich (VersAusglG)

> *Hinweis: Auskunftspflicht*
>
> Da in § 4 nur die grundsätzliche Auskunftspflicht aber keine besondere zeitnahe Mitteilungspflicht der ausgleichsverpflichtete Person geregelt ist, muss die ausgleichsberechtigte Person regelmäßig bei der ausgleichspflichtigen Person anfragen, ob diese bereits Leistungen aus dem noch nicht ausgeglichenem Anrecht erhält.

```
┌─────────────────────────────────────────────────────────────┐
│ Ausgleichsverpflichtete Person erhält Kapitalzahlung aus noch│
│ nicht ausgeglichenem Anrecht                                │
│  • Gesamtes Anrecht oder                                    │
│  • Teilzahlungen/Ratenzahlung                               │
└─────────────────────────────────────────────────────────────┘
                              ↓
┌─────────────────────────────────────────────────────────────┐
│ Gericht                                                     │
│  • Ermittelt Ausgleichsbetrag aus tatsächlich gezahltem Be- │
│    trag abzüglich Sozialversicherungsbeiträge               │
└─────────────────────────────────────────────────────────────┘
                              ↓
┌─────────────────────────────────────────────────────────────┐
│ Ausgleichsberechtigte Person erhält                         │
│  • Ausgleichsbetrag abzüglich Sozialversicherungsbeiträge   │
└─────────────────────────────────────────────────────────────┘
```

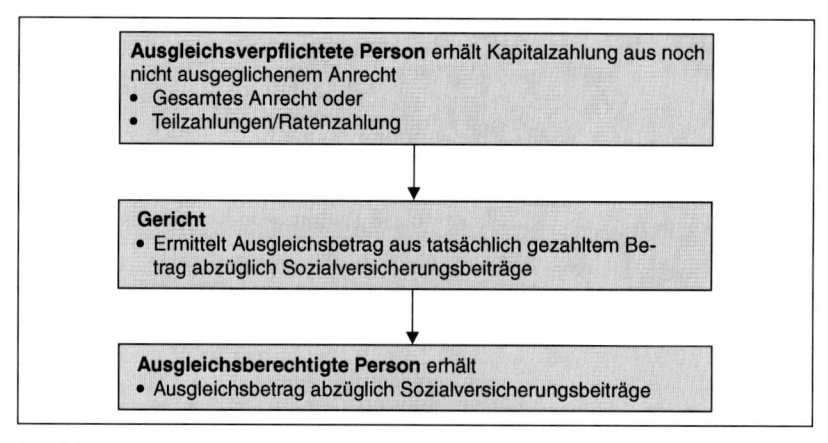

Abbildung: Anspruch Ausgleich Kapitalzahlung

Unterabschnitt 2: Abfindung

81 Die Abfindung eines noch nicht ausgeglichenen Anrechts ist nunmehr in einem eigenen Unterabschnitt geregelt. Bislang war die Abfindung in den §§ 1587l[95] bis

---

[95] § 1587l Anspruch auf Abfindung künftiger Ausgleichsansprüche
(1) Ein Ehegatte kann wegen seiner künftigen Ausgleichsansprüche von dem anderen eine Abfindung verlangen, wenn diesem die Zahlung nach seinen wirtschaftlichen Verhältnissen zumutbar ist.
(2) Für die Höhe der Abfindung ist der nach § 1587g Abs. 2 ermittelte Zeitwert der beiderseitigen Anwartschaften oder Aussichten auf eine auszugleichende Versorgung zugrunde zu legen.
(3) Die Abfindung kann nur in Form der Zahlung von Beiträgen zu einer gesetzlichen Rentenversicherung oder zu einer privaten Lebens- oder Rentenversicherung verlangt werden. Wird die Abfindung in Form der Zahlung von Beiträgen zu einer privaten Lebens- oder Rentenversicherung gewählt, so muss der Versicherungsvertrag vom Berechtigten auf seine Person für den Fall des Todes und des Erlebens des 65. oder eines niedrigeren Lebensjahrs abgeschlossen sein und vorsehen, dass Gewinnanteile zur Erhöhung der Versicherungsleistungen verwendet werden. Auf Antrag ist dem Verpflichteten Ratenzahlung zu gestatten, soweit dies nach seinen wirtschaftlichen Verhältnissen der Billigkeit entspricht.

1587n BGB[96] im Zusammenhang mit der schuldrechtlichen Ausgleichsrente normiert.

Die bisherige Vorschrift des § 1587n BGB entfällt. Sie hatte das Ziel, eine doppelte Inanspruchnahme der ausgleichspflichtigen Person zu vermeiden, wenn sie gegenüber der ausgleichsberechtigten Person zugleich unterhaltspflichtig ist. Die Vorschrift ist entbehrlich: Verwendet die ausgleichsberechtigte Person die Abfindung bestimmungsgemäß nach § 24 Abs. 2 in Verbindung mit § 15 Abs. 1 VersAusglG für die Altersversorgung, entfällt im Alter insoweit die Bedürftigkeit. Verwendet sie die Abfindung nicht bestimmungsgemäß, könnte die ausgleichspflichtige Person, die die Abfindung gezahlt hat, der ausgleichsberechtigten Person eine mutwillige Herbeiführung der Bedürftigkeit im Sinne des § 1579 Nr. 4 BGB[97] entgegenhalten.

§ 23 VersAusglG   Anspruch auf Abfindung, Zumutbarkeit

(1) Die ausgleichsberechtigte Person kann für ein noch nicht ausgeglichenes Anrecht von der ausgleichspflichtigen Person eine zweckgebundene Abfindung verlangen. Die Abfindung ist an den Versorgungsträger zu zahlen, bei dem ein bestehendes Anrecht ausgebaut oder ein neues Anrecht begründet werden soll.

(2) Der Anspruch nach Absatz 1 besteht nur, wenn die Zahlung der Abfindung für die ausgleichspflichtige Person zumutbar ist.

(3) Würde eine Einmalzahlung die ausgleichspflichtige Person unbillig belasten, so kann sie Ratenzahlung verlangen.

Absatz 1 Satz 1 bestimmt, dass die ausgleichsberechtigte Person für ein noch nicht ausgeglichenes Anrecht von der ausgleichspflichtigen Person eine Abfindung ver-

82

---

96 § 1587n Anrechnung auf Unterhaltsanspruch: Ist der Berechtigte nach § 1587l abgefunden worden, so hat er sich auf einen Unterhaltsanspruch gegen den geschiedenen Ehegatten den Betrag anrechnen zu lassen, den er als Versorgungsausgleich nach § 1587g erhalten würde, wenn die Abfindung nicht geleistet worden wäre.
97 § 1579 Beschränkung oder Versagung des Unterhalts wegen grober Unbilligkeit:
Ein Unterhaltsanspruch ist zu versagen, herabzusetzen oder zeitlich zu begrenzen, soweit die Inanspruchnahme des Verpflichteten auch unter Wahrung der Belange eines dem Berechtigten zur Pflege oder Erziehung anvertrauten gemeinschaftlichen Kindes grob unbillig wäre, weil ...
4. der Berechtigte seine Bedürftigkeit mutwillig herbeigeführt hat.

langen kann. Dieser Grundtatbestand war bislang in § 1587l Abs. 1 BGB[98] geregelt. Das Gesetz schafft damit eine Möglichkeit, Versorgungen in der Anwartschaftsphase auch dann endgültig auszugleichen, wenn eine interne oder externe Teilung nach den §§ 9 bis 19 VersAusglG nicht möglich war, etwa deshalb, weil das Anrecht bei einem ausländischen Versorgungsträger besteht oder noch nicht unverfallbar war. Denkbar ist eine Abfindung aber auch noch in der Leistungsphase, wenn bereits eine schuldrechtliche Ausgleichsrente nach § 20 VersAusglG verlangt werden kann. Hat die ausgleichsberechtigte Person beispielsweise bereits zwei Jahre lang eine schuldrechtliche Ausgleichsrente bezogen, so kann sie auch dann noch eine Abfindung verlangen, sofern die Voraussetzungen des Anspruchs nach den §§ 23 und 24 VersAusglG erfüllt sind.

Absatz 1 Satz 2 stellt klar, dass die Abfindung nicht zur freien Verfügung der ausgleichsberechtigten Person steht, sondern für den Ausbau eines bestehenden oder die Begründung eines neuen Anrechts zu verwenden ist. Dies entspricht in der Sache § 1587l Abs. 3 Satz 1 BGB des bislang geltenden Rechts. Die weiteren Einzelheiten zur Zielversorgung ergeben sich aus § 24 Abs. 2 VersAusglG, der auf § 15 VersAusglG verweist.

Absatz 2 knüpft wie im bisher geltenden Recht den Anspruch an die Zumutbarkeit der Zahlung für die ausgleichspflichtige Person. Weil sie in der Regel über das noch auszugleichende Anrecht nicht verfügen kann und deshalb die Abfindung aus dem sonstigen Vermögen aufbringen muss, dürfen an die Zumutbarkeit keine geringen Anforderungen gestellt werden. Dies ist weiterhin vom Familiengericht unter Würdigung aller Umstände zu prüfen.

Absatz 3 entspricht dem bislang geltenden § 1587l Abs. 3 Satz 3 BGB. Es wird klargestellt, dass es sich um einen Anspruch der ausgleichspflichtigen Person handelt, statt der Einmalzahlung eine Ratenzahlung zu verlangen.

---

98 § 1587l Anspruch auf Abfindung künftiger Ausgleichsansprüche
(1) Ein Ehegatte kann wegen seiner künftigen Ausgleichsansprüche von dem anderen eine Abfindung verlangen, wenn diesem die Zahlung nach seinen wirtschaftlichen Verhältnissen zumutbar ist.
(2) Für die Höhe der Abfindung ist der nach § 1587g Abs. 2 ermittelte Zeitwert der beiderseitigen Anwartschaften oder Aussichten auf eine auszugleichende Versorgung zugrunde zu legen.
(3) Die Abfindung kann nur in Form der Zahlung von Beiträgen zu einer gesetzlichen Rentenversicherung oder zu einer privaten Lebens- oder Rentenversicherung verlangt werden. Wird die Abfindung in Form der Zahlung von Beiträgen zu einer privaten Lebens- oder Rentenversicherung gewählt, so muss der Versicherungsvertrag vom Berechtigten auf seine Person für den Fall des Todes und des Erlebens des 65. oder eines niedrigeren Lebensjahrs abgeschlossen sein und vorsehen, dass Gewinnanteile zur Erhöhung der Versicherungsleistungen verwendet werden. Auf Antrag ist dem Verpflichteten Ratenzahlung zu gestatten, soweit dies nach seinen wirtschaftlichen Verhältnissen der Billigkeit entspricht.

Abfindung Ausgleichsrente

Ausgleichsberechtigte Person beantragt Abfindung für ein noch nicht ausgeglichenes Anrecht
- Noch in Anwartschaftsphase oder
- Versorgung wird von der ausgleichsverpflichteten Person bezogen oder
- Ausgleichsrente wird bereits gezahlt.

wählt ↓

Zielversorgung
- Bestehendes Anrecht ausbauen
- neues Anrecht begründen

Träger der Zielversorgung
- erklärt Zustimmung
- muss angemessene Versorgung gewährleisten
- angemessen sind immer:
  o gesetzliche RV
  o betriebliche AV
  o Riester/Rürup

beantragt →

Gericht ermittelt und prüft
- Ausgleichswert § 24
- Geringfügigkeit § 18
- Zumutbarkeit für ausgleichsverpflichtete Person
- Angemessenheit Zielverpflichtung
- Zustimmung Zielversorgungsträger
- Steuerliche Nachteile Ausgleichspflichtige Person

← klären →

verpflichtet ↓

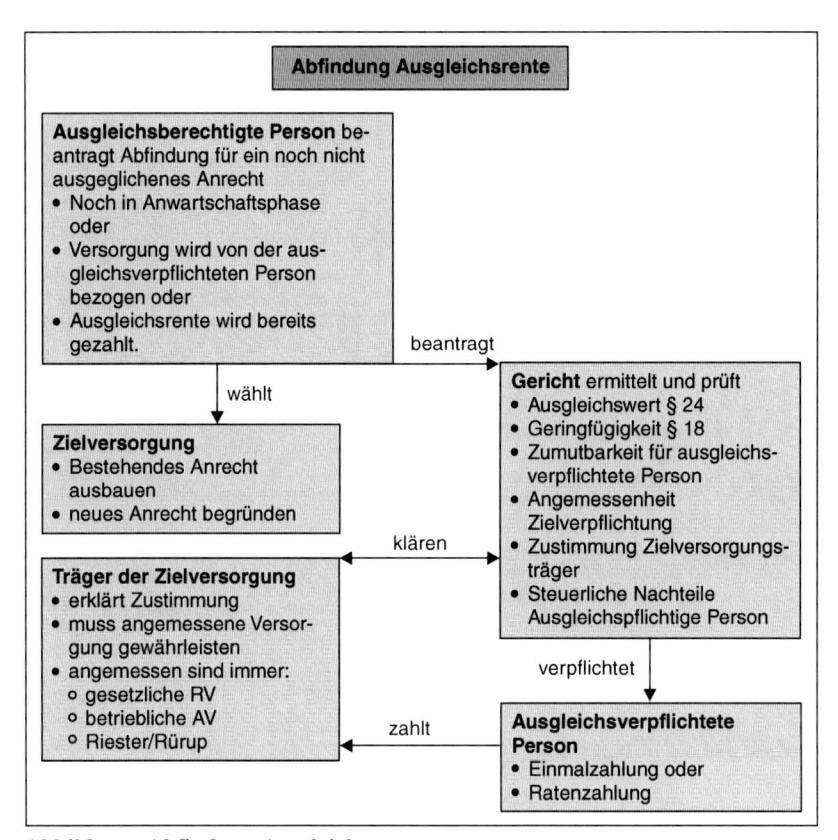

Ausgleichsverpflichtete Person
- Einmalzahlung oder
- Ratenzahlung

← zahlt

Abbildung: Abfindung Ausgleichsrente

---

§ 24 VersAusglG   Höhe der Abfindung, Zweckbindung

(1) Für die Höhe der Abfindung ist der Zeitwert des Ausgleichswerts maßgeblich. § 18 gilt entsprechend.

(2) Für das Wahlrecht hinsichtlich der Zielversorgung gilt § 15 entsprechend.

Absatz 1 Satz 1 bestimmt, dass für die Höhe der Abfindung der Zeitwert des Ausgleichswerts maßgeblich ist. Ausgangspunkt für die Feststellung der Abfindungshöhe ist also der Ausgleichswert des noch auszugleichenden Anrechts, der zum Stichtag Ehezeitende unmittelbar als Kapitalwert oder als korrespondierender Kapitalwert nach § 47 VersAusglG vorliegt.

83

In einem zweiten Schritt ist der Zeitwert des Ausgleichswerts zu ermitteln. Wird etwa fünf Jahre nach Ehezeitende eine Abfindung verlangt und handelt es sich um eine kapitalgedeckte Versorgung, so wird der Ausgleichswert entsprechend dem zwischenzeitlich eingetretenen Wertzuwachs des Anrechts aufzuzinsen sein. Das ist etwa dann der Fall, wenn zwischenzeitlich Überschüsse gutgeschrieben worden sind. Wird die Abfindung erst geltend gemacht, nachdem bereits ein Wertverzehr des auszugleichenden Anrechts eingetreten ist, ist dies mit Abschlägen zu berücksichtigen.

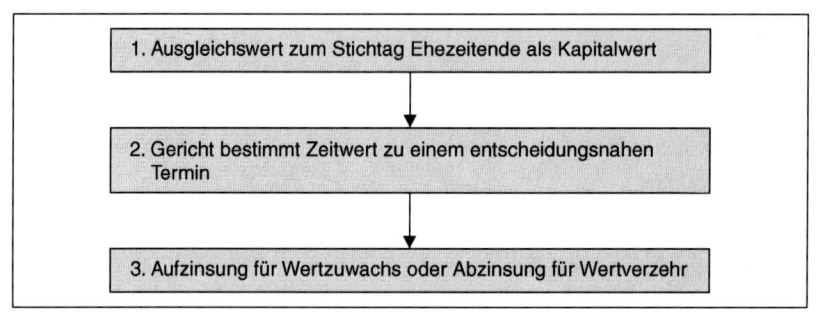

```
┌─────────────────────────────────────────────────────────────┐
│ 1. Ausgleichswert zum Stichtag Ehezeitende als Kapitalwert  │
└─────────────────────────────────────────────────────────────┘
                              ↓
┌─────────────────────────────────────────────────────────────┐
│ 2. Gericht bestimmt Zeitwert zu einem entscheidungsnahen    │
│    Termin                                                   │
└─────────────────────────────────────────────────────────────┘
                              ↓
┌─────────────────────────────────────────────────────────────┐
│ 3. Aufzinsung für Wertzuwachs oder Abzinsung für Wertverzehr│
└─────────────────────────────────────────────────────────────┘
```

Bestimmung: Ausgleichswert für Abfindung

Wird die Abfindung vor dem Familiengericht geltend gemacht, obliegt diesem wie nach geltendem Recht die Bestimmung des maßgeblichen Bewertungszeitpunkts.[99] Zweckmäßig ist die Bewertung zu einem entscheidungsnahen Termin. Schon wegen der erforderlichen Zumutbarkeitsprüfung kommt es hier in besonderer Weise auf die individuellen Umstände an.

Die Ehegatten können jedoch auch ohne Gericht eine Abfindung vereinbaren.

Absatz 1 Satz 2 bestimmt mit dem Verweis auf § 18 Abs. 2 und 3 Satz 1 sowie Abs. 4 VersAusglG, dass Anrechte mit einem geringen Ausgleichswert in der Regel nicht abzufinden sind. Diese Regelung entspricht § 20 Abs. 1 Satz 2 VersAusglG für die schuldrechtliche Ausgleichsrente; auf die Begründung dort wird verwiesen.

Absatz 2 ordnet die entsprechende Anwendung des § 15 VersAusglG an. Die ausgleichsberechtigte Person kann also nach § 15 Abs. 1 VersAusglG wählen, ob ein bestehendes Anrecht ausgebaut oder ein neues Anrecht für sie begründet werden soll. Die Zweckbindung ist durch die Verweisung auf § 15 Abs. 2 VersAusglG gesi-

---

99 Siehe hierzu *Johannsen/Henrich/Hahne*, Eherecht, 4. Aufl. 2003, § 1587l Rn 10.

chert. Der Verweis auf § 15 Abs. 5 VersAusglG regelt, dass ein Anrecht bei der gesetzlichen Rentenversicherung oder der Versorgungsausgleichskasse zu begründen ist, wenn das Wahlrecht hinsichtlich der Zielversorgung nicht oder nicht wirksam ausgeübt worden ist.

Unterabschnitt 3: Teilhabe an der Hinterbliebenenversorgung

Da die schuldrechtliche Ausgleichsrente keinen eigenständigen Anspruch der ausgleichsberechtigten Person gegen den Versorgungsträger schafft, kann eine Versorgungslücke entstehen, wenn die ausgleichspflichtige Person stirbt. Wie im bislang geltenden § 3a VAHRG soll in diesen Fällen über einen Anspruch gegen den Versorgungsträger oder aber gegen die Witwe bzw. den Witwer der ausgleichspflichtigen Person Abhilfe geschaffen werden. Da dieser Anspruch davon abhängt, dass der Versorgungsträger eine Hinterbliebenenversorgung gewährt, profitiert die ausgleichsberechtigte Person gerade von dieser Leistung. Dies wird durch die Bezeichnung „Teilhabe an der Hinterbliebenenversorgung" in Unterabschnitt 3 deutlich gemacht, die die wenig aussagekräftige Bezeichnung „Verlängerung des schuldrechtlichen Versorgungsausgleichs" ablöst. Letztere bot zu Missverständnissen Anlass, weil der Anspruch auf schuldrechtliche Ausgleichsrente nicht „verlängert" wird, sondern im Fall des Todes der ausgleichspflichtigen Person erlischt.[100] Die §§ 25 und 26 VersAusglG normieren also wie bislang § 3a VAHRG einen eigenständigen Anspruch der ausgleichsberechtigten Person gegen den Versorgungsträger bzw. – im Fall des § 26 VersAusglG – gegen die Witwe oder den Witwer der ausgleichspflichtigen Person.

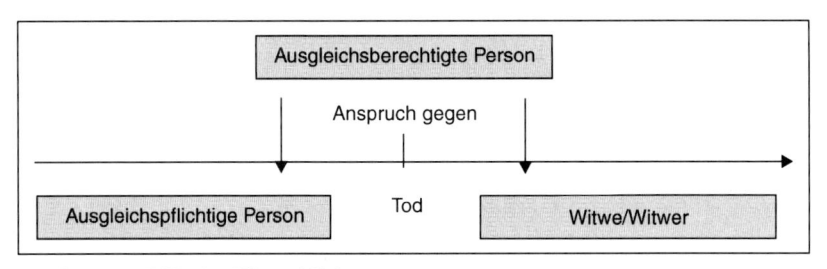

84

Abbildung: Teilhabe Hinterbliebenenversorgung

---

100 BVerfG vom 8. April 1986 – 1 BvR 1186/83 = FamRZ 1986, 853; BGH vom 12. April 1989 – IVb ZB 84/85 = FamRZ 1989, 950; jetzt § 31 Abs. 3 Satz 1 VersAusglG.

§ 2 Gesetz über den Versorgungsausgleich (VersAusglG)

| § 25 VersAusglG | Anspruch gegen den Versorgungsträger |

(1) Stirbt die ausgleichspflichtige Person und besteht ein noch nicht ausgeglichenes Anrecht, so kann die ausgleichsberechtigte Person vom Versorgungsträger die Hinterbliebenenversorgung verlangen, die sie erhielte, wenn die Ehe bis zum Tod der ausgleichspflichtigen Person fortbestanden hätte.

(2) Der Anspruch ist ausgeschlossen, wenn das Anrecht wegen einer Vereinbarung der Ehegatten nach den §§ 6 bis 8 oder wegen fehlender Ausgleichsreife nach § 19 Abs. 2 Nr. 2 oder Nr. 3 oder Abs. 3 vom Wertausgleich bei der Scheidung ausgenommen worden war.

(3) Die Höhe des Anspruchs ist auf den Betrag beschränkt, den die ausgleichsberechtigte Person als schuldrechtliche Ausgleichsrente verlangen könnte. Leistungen, die sie von dem Versorgungsträger als Hinterbliebene erhält, sind anzurechnen.

(4) § 20 Abs. 2 und 3 gilt entsprechend.

(5) Eine Hinterbliebenenversorgung, die der Versorgungsträger an die Witwe oder den Witwer der ausgleichspflichtigen Person zahlt, ist um den nach den Absätzen 1 und 3 Satz 1 errechneten Betrag zu kürzen.

85 Absatz 1 nimmt den Grundtatbestand des § 3a Abs. 1 Satz 1 VAHRG auf; anders als dort sind die Regelungen zur Höhe des Anspruchs nun aber aus Gründen der Übersichtlichkeit systematisch auf die Absätze 1 bis 3 aufgeteilt. Diese Aufgliederung dient dem besseren Verständnis der erforderlichen Berechnungsschritte. Wie bisher ist Voraussetzung des Anspruchs, dass das noch nicht ausgeglichene Anrecht eine Hinterbliebenenversorgung beinhaltet. Nur dann ist es gerechtfertigt, den Versorgungsträger zu verpflichten, der ausgleichsberechtigten Person einen Teilhabeanspruch zu gewähren. Sofern die entsprechende Versorgungsregelung in diesem Zusammenhang eine Wiederverheiratungsklausel vorsieht, wonach eine Witwenrente bei Wiederheirat erlischt, ist diese Klausel auch für den Teilhabeanspruch der ausgleichsberechtigten Person zu beachten. Solche Klauseln sind zulässig.[101] Auf diese Weise wird die ausgleichsberechtigte Person nicht bessergestellt als sie stünde, wenn ihre Ehe durch den Tod des Ehegatten aufgelöst worden wäre.

---

101 BGH vom 17. November 2004 – XII ZB 46/01 = FamRZ 2005, 189.

Absatz 1 setzt wie nach bislang geltendem Recht voraus, dass ein noch nicht ausgeglichenes Anrecht besteht. Das ist zum einen der Fall, wenn der verstorbene Ehegatte vor seinem Tod selbst eine noch auszugleichende laufende Versorgung bezog, aber auch dann, wenn er vor Erreichen des Rentenalters starb. Denn auch in diesem Fall war der verstorbene Ehegatte im Hinblick auf dieses Anrecht über Ausgleichsansprüche nach der Scheidung dem Grunde nach (schuldrechtlich) ausgleichspflichtig.

Absatz 2 regelt ähnlich wie § 3a Abs. 3 Satz 1 und 2 VAHRG, dass der Anspruch auf Teilhabe an der Hinterbliebenenversorgung in bestimmten Fällen ausgeschlossen ist. Die Regelung soll den Versorgungsträger vor zusätzlichen wirtschaftlichen Belastungen schützen, die mit den Ansprüchen aus den §§ 25, 26 VersAusglG verbunden sind. Ein Anspruch besteht zum einen dann nicht, wenn die Eheleute im Wege einer Vereinbarung auf eine Regelung durch den Wertausgleich bei der Scheidung nach den §§ 9 bis 19 VersAusglG verzichtet und den Ausgleich so schuldrechtlichen Ansprüchen vorbehalten haben. In diesem Fall kann die ausgleichsberechtigte Person nur Ansprüche nach den §§ 20 bis 24 VersAusglG geltend machen. Zum anderen kommt auch dann, wenn Anrechte nach § 19 Abs. 2 Nr. 2 und 3 VersAusglG nicht ausgleichsreif sind, eine Teilhabe an der Hinterbliebenenversorgung nicht in Betracht. Auch dies entspricht im Wesentlichen der bislang geltenden Rechtslage. Die gleiche Rechtsfolge ist für diejenigen Fälle angeordnet, bei denen nach § 19 Abs. 3 VersAusglG wegen nicht ausgleichsreifen Anrechten der Wertausgleich bei der Scheidung auch in Bezug auf die sonstigen Anrechte der Ehegatten nicht stattfindet.

86

§ 2 Gesetz über den Versorgungsausgleich (VersAusglG)

```
┌─────────────────────────────────────────────────────────┐
│   Anspruch auf noch nicht ausgegelichenes Anrecht       │
│          vor oder während laufendem Bezug               │
└─────────────────────────────────────────────────────────┘
                            ↓
┌─────────────────────────────────────────────────────────┐
│     Anrecht beinhaltet eine Hinterbliebenenversorgung   │
└─────────────────────────────────────────────────────────┘
                            ↓
┌─────────────────────────────────────────────────────────┐
│    Ausgleichsberechtigte Person hat einen Teilhabeanspruch │
└─────────────────────────────────────────────────────────┘
                            ↓
┌─────────────────────────────────────────────────────────┐
│  • Wiederverheiratungsklausel: Kein Anspruch            │
│    bei Wiederheirat                                     │
│  • Vereinbarung nach §§ 6 – 8: Kein Anspruch            │
│  • Fehlende Ausgleichsreife nach § 19: Kein Anspruch    │
│  • Geringfügigkeit nach § 18                            │
└─────────────────────────────────────────────────────────┘
                            ↓
┌─────────────────────────────────────────────────────────┐
│         Berechnung aus Ausgleichsrente,                 │
│        begrenzt auf Hinterbliebenenversorgung           │
└─────────────────────────────────────────────────────────┘
                            ↓
┌─────────────────────────────────────────────────────────┐
│    Fälligkeitsvoraussetzungen nach § 20 müssen bei der  │
│       ausgleichsberechtigten Person eingetreten sein    │
└─────────────────────────────────────────────────────────┘
```

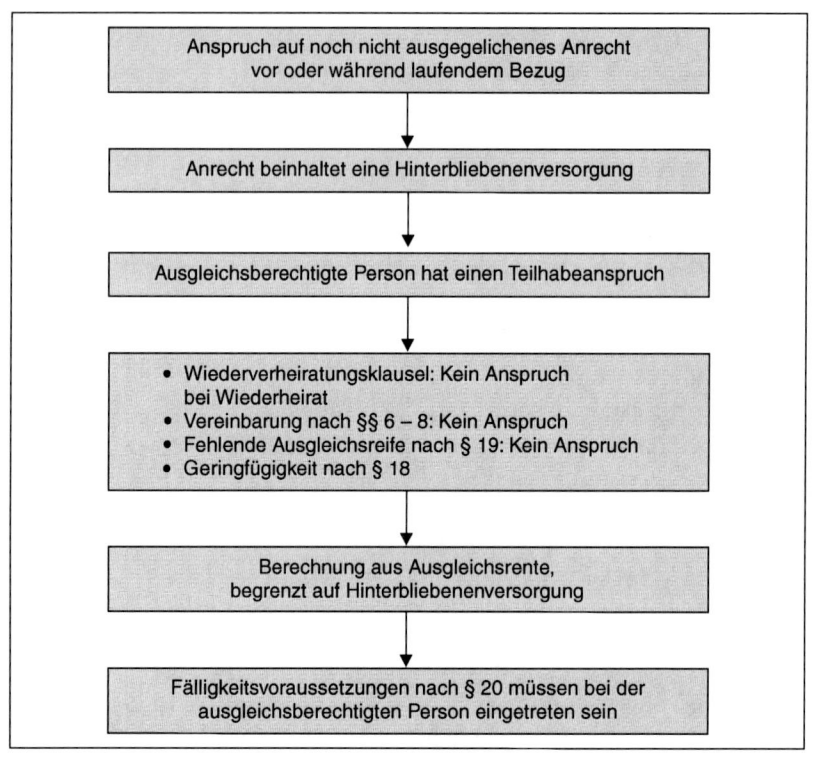

Abbildung: Anspruch gegen Versorgungsträger

87 Nach Absatz 3 Satz 1 ist für die Höhe des Teilhabeanspruchs wie bisher (siehe § 3a Abs. 1 Satz 1 VAHRG) die Höhe der schuldrechtlichen Ausgleichsrente maßgeblich. Insoweit sind die entsprechenden Berechnungsvorschriften heranzuziehen (jetzt § 41 VersAusglG). Zusätzlich ist der Teilhabeanspruch nach § 25 Abs. 1 VersAusglG auf die Höhe der Hinterbliebenenversorgung begrenzt. Entsprechend dem geltenden Recht findet somit eine doppelte Wertberechnung statt.[102] Sowohl die Hinterbliebenenversorgung als auch der entfallene Anspruch auf die schuldrechtliche Ausgleichsrente begrenzen den Teilhabeanspruch der Höhe nach.

Aus dem Verweis auf die schuldrechtliche Ausgleichsrente nach § 20 VersAusglG folgt auch, dass auch bei dem Anspruch auf Teilhabe an der Hinterbliebenenversorgung geringfügige Ausgleichswerte nicht auszugleichen sind, es sei denn, es be-

---
[102] Vgl. *Schwab/Hahne*, Handbuch des Scheidungsrechts, 5. Aufl., 2004, VI. Teil, Rn 262.

steht ein besonderer Anlass, diesen Ausgleich dennoch durchzuführen (§ 20 Abs. 1 Satz 2 VersAusglG in Verbindung mit § 18 Abs. 2 und 3 Satz 1 sowie Abs. 4 VersAusglG). Sozialversicherungsbeiträge sind hier jedoch anders als nach § 20 Abs. 1 Satz 1 VersAusglG nicht in Abzug zu bringen, weil diese Beiträge erst bei der ausgleichsberechtigten Person selbst anfallen.

Entbehrlich ist die bislang geltende Bestimmung des § 3a Abs. 1 Satz 3 VAHRG. Die dort bislang vorgesehene Quotierung mehrerer Anrechte kann entfallen. Jedes Anrecht, auch im schuldrechtlichen Versorgungsausgleich, wird gesondert ausgeglichen. Eine Saldierung findet nicht statt.

Gemäß Absatz 3 Satz 2 ist eine Hinterbliebenenversorgung anzurechnen, die derselbe Versorgungsträger der ausgleichsberechtigten Person gewährt. Insoweit werden die beiden Regelungen zusammengeführt, die das geltende Recht für Zahlungen des Trägers der Hinterbliebenenversorgung an die ausgleichsberechtigte Person vorsah: Zum einen war gemäß § 3a Abs. 2 Nr. 2 VAHRG ein Anspruch zu verneinen, wenn die für das auszugleichende Anrecht maßgebliche Regelung einen allgemein gleichwertigen Anspruch gewährte, also etwa eine Geschiedenenwitwenrente oder einen Unterhaltsbeitrag. Zum anderen sah § 3a Abs. 5 Satz 2 VAHRG die Anrechnung von Leistungen im Rahmen des Anspruchs gegen die Witwe bzw. den Witwer der ausgleichspflichtigen Person vor. Die jetzige Vorschrift erlaubt in beiden Fällen eine Berücksichtigung von Zahlungen an die ausgleichsberechtigte Person. **88**

Absatz 4 verweist zum einen auf § 20 Abs. 2 VersAusglG. Diese Bezugnahme auf die Fälligkeitsvoraussetzungen des schuldrechtlichen Versorgungsausgleich entspricht dem bisherigen Recht in § 3a Abs. 1 Satz 2 VAHRG in Verbindung mit § 1587g Abs. 1 Satz 2 BGB.[103] Entscheidend ist danach, dass die Fälligkeitsvoraussetzungen bei der ausgleichsberechtigten Person eingetreten sind. **89**

Zum anderen verweist Absatz 4 auf § 20 Abs. 3 VersAusglG. Dies entspricht einem Teil der Verweise in dem bislang geltenden § 3a Abs. 6 VAHRG auf § 1585 Abs. 1 Satz 2 und 3 sowie § 1585b Abs. 2 und 3 BGB. Sinn dieser Norm ist es unter anderem, den Versorgungsträger vor einer rückwirkenden Inanspruchnahme zu schützen.

---

103 § 1587g Anspruch auf Rentenzahlung: (1 Satz 2) Die Rente kann erst dann verlangt werden, wenn beide Ehegatten eine Versorgung erlangt haben oder wenn der ausgleichspflichtige Ehegatte eine Versorgung erlangt hat und der andere Ehegatte wegen Krankheit oder anderer Gebrechen oder Schwäche seiner körperlichen oder geistigen Kräfte auf nicht absehbare Zeit eine ihm nach Ausbildung und Fähigkeiten zumutbare Erwerbstätigkeit nicht ausüben kann oder das 65. Lebensjahr vollendet hat.

Absatz 5 entspricht § 3a Abs. 4 Satz 1 VAHRG.[104] Er vermeidet Doppelbelastungen des Versorgungsträgers.

An die ausgleichsberechtigte geschiedene Person ist vorrangig vor dem überlebenden Ehegatten zu zahlen. Diese erhält dann nur noch eine um den Ausgleichsbetrag gekürzte Hinterbliebenenrente.

Der Antrag auf eine Hinterbliebenenversorgung muss – wie im bisherigen Recht – nicht beziffert werden. Der Verzug tritt auch ohne Stufenmahnung ein, da es sich um ein Verfahren der freiwilligen Gerichtsbarkeit handelt.

§ 26 VersAusglG Anspruch gegen die Witwe oder den Witwer

(1) Besteht ein noch nicht ausgeglichenes Anrecht bei einem ausländischen, zwischenstaatlichen oder überstaatlichen Versorgungsträger, so richtet sich der Anspruch nach § 25 Abs. 1 gegen die Witwe oder den Witwer der ausgleichspflichtigen Person, soweit der Versorgungsträger an die Witwe oder den Witwer eine Hinterbliebenenversorgung leistet.

(2) § 25 Abs. 2 bis 4 gilt entsprechend.

90 Absatz 1 entspricht weitgehend § 3a Abs. 5 Satz 1 VAHRG.[105] Der Anspruch gegen die Witwe oder den Witwer stellt eine Auffangnorm für den Fall dar, dass der Versorgungsträger im Rahmen der deutschen Gerichtsbarkeit nicht verpflichtet werden kann. Der Antragsgrundsatz ist jetzt in § 223 FamFG geregelt.

---

104 § 3a Verlängerung des schuldrechtlichen Versorgungsausgleichs
(4) Eine an die Witwe oder den Witwer des Verpflichteten zu zahlende Hinterbliebenenversorgung ist in Höhe der nach Absatz 1 ermittelten und gezahlten Ausgleichsrente zu kürzen. Die Kürzung erfolgt auch über den Tod des Berechtigten hinaus. Satz 2 gilt nicht, wenn der Versorgungsträger nach Absatz 1 nur Leistungen erbracht hat, die insgesamt zwei Jahresbeträge der auf das Ende des Leistungsbezugs berechneten Ausgleichsrente nicht übersteigen. Hat er solche Leistungen erbracht, so sind diese auf die an die Witwe oder den Witwer des Verpflichteten zu zahlende Hinterbliebenenversorgung anzurechnen.

105 § 3a Verlängerung des schuldrechtlichen Versorgungsausgleichs
(5) Ist eine ausländische, zwischenstaatliche oder überstaatliche Einrichtung Träger der schuldrechtlich auszugleichenden Versorgung, so hat die Witwe oder der Witwer des Verpflichteten auf Antrag die entsprechend den vorstehenden Absätzen ermittelte Ausgleichsrente zu entrichten, soweit die Einrichtung an die Witwe oder den Witwer eine Hinterbliebenenversorgung erbringt. Leistungen, die der Berechtigte von der Einrichtung als Hinterbliebener erhält, werden angerechnet.

Für die weiteren Modalitäten des Anspruchs gilt nach Absatz 2 der Norm § 25 Abs. 2 bis 4 VersAusglG entsprechend. Die Höhe des Anspruchs, die Fälligkeit und die Zahlungsmodalitäten richten sich also nach den dort geregelten Einzelheiten.

Abschnitt 4: Härtefälle

Der folgende Abschnitt regelt Härtefälle, in denen der Versorgungsausgleich aus Billigkeitsgründen ganz oder teilweise ausgeschlossen werden kann. Die Vorschrift des § 27 VersAusglG gilt, wie sich aus der gesetzlichen Systematik ergibt, sowohl **91**
- für den Wertausgleich bei der Scheidung als auch
- für Ausgleichsansprüche nach der Scheidung.

Anders als im bislang geltenden Recht (§§ 1587c und 1587h BGB sowie § 3a Abs. 6 VAHRG) werden die Härtefälle nicht mehr in drei gesonderten Vorschriften geregelt. Die Harmonisierung dieser Vorschriften wurde in der Literatur mehrfach eingefordert.[106] Durch den Verzicht auf Regelbeispiele hat der Gesetzgeber den Gerichten die Aufgabe der Ausgestaltung überlassen, entgegen der Absicht, die Gerichte zu entlasten. Im Übrigen kann auf die bislang entwickelten Fallgruppen der Härtefälle zurückgreifen. Im Abänderungsverfahren ist die Bestimmung nach § 226 Abs. 3 FamFG entsprechend anzuwenden.

| § 27 VersAusglG | Beschränkung oder Wegfall des Versorgungsausgleichs |

Ein Versorgungsausgleich findet ausnahmsweise nicht statt, soweit er grob unbillig wäre. Dies ist nur der Fall, wenn die gesamten Umstände des Einzelfalls es rechtfertigen, von der Halbteilung abzuweichen.

---

106 *Bergner*, Der Reformbedarf des Versorgungsausgleichs, Sonderbeilage zu FuR 4/2006, S. 23.

§ 2 Gesetz über den Versorgungsausgleich (VersAusglG)

92 § 27 VersAusglG greift die Regelungen der §§ 1587c[107] und 1587h BGB[108] sowie § 3a Abs. 6 VAHRG[109] auf. Wie im bislang geltenden Recht erlaubt die Vorschrift eine Korrektur, wenn die schematische Durchführung des Versorgungsausgleichs zu einem der Gerechtigkeit in nicht erträglicher Weise widersprechenden Ergebnis führen würde.[110] Das Bundesverfassungsgericht[111] hat hierzu ausgeführt, dass die Härteklausel Grundrechtsverletzungen verhindern könne. Bei bestimmten Konstellationen sei der Versorgungsausgleich nicht mehr mit der bisherigen und fortwirkenden Gemeinschaft der Eheleute zu rechtfertigen. So könne der Versorgungsausgleich bei sehr langer Trennung der Ehegatten vor der Scheidung oder dann der Rechtfertigung aus Artikel 6 Abs. 1 oder Artikel 3 Abs. 2 GG entbehren, wenn der ausgleichsberechtigte Ehegatte die aus der ehelichen Gemeinschaft resultierenden Pflichten grob verletzt habe.[112]

---

[107] § 1587c Beschränkung oder Wegfall des Ausgleichs
Ein Versorgungsausgleich findet nicht statt,
1. soweit die Inanspruchnahme des Verpflichteten unter Berücksichtigung der beiderseitigen Verhältnisse, insbesondere des beiderseitigen Vermögenserwerbs während der Ehe oder im Zusammenhang mit der Scheidung, grob unbillig wäre; hierbei dürfen Umstände nicht allein deshalb berücksichtigt werden, weil sie zum Scheitern der Ehe geführt haben;
2. soweit der Berechtigte in Erwartung der Scheidung oder nach der Scheidung durch Handeln oder Unterlassen bewirkt hat, dass ihm zustehende Anwartschaften oder Aussichten auf eine Versorgung, die nach § 1587 Abs. 1 auszugleichen wären, nicht entstanden oder entfallen sind;
3. soweit der Berechtigte während der Ehe längere Zeit hindurch seine Pflicht, zum Familienunterhalt beizutragen, gröblich verletzt hat.

[108] § 1587h Beschränkung oder Wegfall des Ausgleichsanspruchs
Ein Ausgleichsanspruch gemäß § 1587g besteht nicht,
1. soweit der Berechtigte den nach seinen Lebensverhältnissen angemessenen Unterhalt aus seinen Einkünften und seinem Vermögen bestreiten kann und die Gewährung des Versorgungsausgleichs für den Verpflichteten bei Berücksichtigung der beiderseitigen wirtschaftlichen Verhältnisse eine unbillige Härte bedeuten würde; § 1577 Abs. 3 gilt entsprechend;
2. soweit der Berechtigte in Erwartung der Scheidung oder nach der Scheidung durch Handeln oder Unterlassen bewirkt hat, dass ihm eine Versorgung, die nach § 1587 auszugleichen wäre, nicht gewährt wird;
3. soweit der Berechtigte während der Ehe längere Zeit hindurch seine Pflicht, zum Familienunterhalt beizutragen, gröblich verletzt hat.

[109] § 3a Verlängerung des schuldrechtlichen Versorgungsausgleichs
(6) In den Fällen der Absätze 1, 4 und 5 gelten § 1585 Abs. 1 Sätze 2 und 3, § 1585b Abs. 2 und 3, § 1587d Abs. 2, § 1587h und § 1587Abs. 2 Satz 1 des Bürgerlichen Gesetzbuchs entsprechend.

[110] Vgl. Bundestagsdrucksache 7/650, S. 162.

[111] Bundesverfassungsgericht vom 28. Februar 1980 – 1 BvL 17/77 = FamRZ 1980, 326.

[112] Vgl. dazu auch BGH vom 21. März 1979 – IV ZB 142/78 = FamRZ 1979, 477; zur Auslegung und Anwendung der Härteklausel bei persönlichem Fehlverhalten siehe außerdem die Entscheidung des Bundesverfassungsgerichts vom 20. Mai 2003 – 1 BvR 237/97 = FamRZ 2003, 1173.

In der Praxis von überragender Bedeutung war bislang die Vorschrift des § 1587c Nr. 1 BGB, die § 27 VersAusglG übernimmt. Sie fungierte bereits bislang als Generalklausel[113] bzw. als Auffangtatbestand.[114] Die Reform zieht hieraus die Konsequenz, in Anlehnung an den Wortlaut des § 1587c Nr. 1 BGB eine knappe Generalklausel zu formulieren, die es erlaubt, auf die bisherige Rechtsprechung zu den ausdrücklich geregelten Härtefällen und zu den darüber hinaus entwickelten Fallgruppen zurückzugreifen. Eine Änderung des materiellen Rechts ist mit der sprachlichen Neufassung der Norm auf der Tatbestandsseite also nicht verbunden. Die Praxis zu § 242 BGB[115] zeigt, dass auch mit knappen Tatbeständen ein hohes Maß an Einzelfallgerechtigkeit erzielt werden kann.

Nach wie vor bedarf es der Gesamtschau der beiderseitigen Verhältnisse der Ehegatten. Aufgabe der Gerichte ist es also, im Einzelfall „ein dem Zweck des Versorgungsausgleichs und den Verfassungsnormen, insbesondere den Artikel 6 Abs. 1,[116] Artikel 3 Abs. 2 GG[117] entsprechendes Ergebnis zu erzielen, das ungerechte Schematisierungen vermeidet".[118] Das Gericht hat

- dabei zum einen die gegenwärtige und zukünftige wirtschaftliche Situation der Eheleute in den Blick zu nehmen und
- alle bereits bekannten und vorhersehbaren Lebensumstände in Betracht zu ziehen, die ihre die Versorgungslage beeinflussen.
- auch die sonstigen persönlichen Lebensumstände der Eheleute zu würdigen.

Insoweit kann die Aufstellung einer Vorsorgevermögensbilanz (siehe Begründung zu § 5 VersAusglG) Grundlage sein für die weitere Betrachtung, in die dann z.B. etwaige Vermögensverschiebungen über den Zugewinnausgleich einzubeziehen sind.

Das entspricht der bisherigen Generalklausel des § 1587c Nr. 1 BGB. In § 1587h Nr. 1 BGB wurde im Wortlaut bislang nur auf die „beiderseitigen wirtschaftlichen Verhältnisse" Bezug genommen. Diese Unterscheidung war aber auch in der Vergangenheit schon dadurch aufgehoben, dass die Beschränkung auf die Berücksich-

---

113 *Borth*, Versorgungsausgleich in anwaltlicher und familiengerichtlicher Praxis, 3. Aufl. 1998, Rn 717.
114 Palandt/*Brudermüller*, BGB-Kommentar, 66. Aufl. 2007, § 1587c Rn 13.
115 § 242 Leistung nach Treu und Glauben: Der Schuldner ist verpflichtet, die Leistung so zu bewirken, wie Treu und Glauben mit Rücksicht auf die Verkehrssitte es erfordern.
116 Artikel 6: (1) Ehe und Familie stehen unter dem besonderen Schutze der staatlichen Ordnung.
117 Artikel 3: (2) Männer und Frauen sind gleichberechtigt. Der Staat fördert die tatsächliche Durchsetzung der Gleichberechtigung von Frauen und Männern und wirkt auf die Beseitigung bestehender Nachteile hin.
118 BGH vom 21. März 1979 – IV ZB 142/78 = FamRZ 1979, 477.

tigung nur der „wirtschaftlichen" Verhältnisse einem Versehen des Gesetzgebers zugeschrieben und daher § 1587c BGB neben § 1587h BGB angewandt wurde.[119]

Das Erfordernis des bisherigen § 1587h Nr. 1 BGB, dass die ausgleichsberechtigte Person ihren angemessenen Unterhalt auch im Alter ohne Weiteres selbst bestreiten kann, bedarf keiner eigenen Normierung, denn es ist bei der Würdigung der wirtschaftlichen Verhältnisse ohnehin ein entscheidendes Kriterium:

Der Ausschluss einer schuldrechtlichen Ausgleichsrente wird nur in den Fällen in Betracht kommen, in denen die ausgleichsberechtigte Person auf diese nicht zur Sicherung ihres Lebensbedarfs angewiesen ist.

Maßgeblich sind immer die gesamten Umstände des Einzelfalls, wobei das von der Verfassung geschützte Recht auf Teilhabe der Maßstab für einen ausnahmsweise anzuordnenden Teil- oder Gesamtausschluss des Versorgungsausgleichs bleibt.

Auch nach § 27 muss das Gericht sämtliche Umstände pro und contra eines Ausschlusses ermitteln, den von den Parteien vorgetragenen Umständen nachgehen und feststellen und darlegen aufgrund welcher Tatsachengrundlage die Billigkeitsabwägung erfolgte.

Die Reform verzichtet darauf, neben der Generalklausel die einzelnen Fallgruppen der denkbaren Härtefälle zu kodifizieren:

Wie im bislang geltenden Recht kann das Familiengericht entscheiden, dass der Versorgungsausgleich ganz oder teilweise ausgeschlossen wird. Insgesamt erlaubt das neue System der anrechtsbezogenen Teilung auf der Rechtsfolgenseite aber flexiblere Lösungen: Soll der Versorgungsausgleich nur teilweise ausgeschlossen werden, kann das Gericht dies etwa durch die Beschränkung der Teilung auf einzelne Anrechte erreichen.

Anders als im bislang geltenden Recht kann nun auch treuwidriges Einwirken jedes Ehegatten – und nicht nur das der insgesamt ausgleichsberechtigten Person – auf seine Anrechte sanktioniert werden. Als Beispiel sei hier
- die Kündigung von privaten Versicherungsverträgen oder
- die mutwillige Aufgabe des Arbeitsplatzes genannt.

Dies war bisher in § 1587c Nr. 2 BGB nur für ein entsprechendes Handeln der ausgleichsberechtigten Person geregelt. Gleiches Tun der ausgleichspflichtigen Person blieb folgenlos: Wegen der Saldierung konnte nicht derart reagiert werden, dass

---

119 Siehe *Soergel/Lipp*, BGB-Kommentar, 13. Aufl. 2000, § 1587h BGB Rn 9.

die ausgleichsberechtigte Person von den verbleibenden Versorgungen entsprechend mehr erhielt. Vielmehr konnte der Versorgungsausgleich auch dann nur bis zur Hälfte des Wertunterschiedes im Hinblick auf die noch vorhandenen Versorgungen durchgeführt werden.[120]

Da nun jedes Anrecht hälftig geteilt wird, sind beide Ehegatten in Bezug auf einzelne Anrechte sowohl berechtigt als auch verpflichtet. Daher können wechselseitig Ausgleichsansprüche der jeweils ausgleichspflichtigen Person in entsprechender Höhe gekürzt oder ausgeschlossen werden, sobald sie auf eigene Anrechte einwirkt. Bezogen auf ein einzelnes Anrecht wird aber auch in Zukunft höchstens der Ausgleichswert übertragen. Insofern bleibt die ausgleichspflichtige Person auch im Rahmen des § 27 VersAusglG geschützt.

Den erweiterten Spielraum bei der Anordnung eines Ausschlusses des Ausgleichs, der jetzt an jedem einzelnen Anrecht anknüpfen kann, darf das Gericht aber nur im Rahmen der von der Verfassung gezogenen Grenzen ausnutzen. Insbesondere darf die Härtefallentscheidung keinen Strafcharakter annehmen. Das könnte der Fall sein, wenn es zu einer Wertverschiebung über den fiktiven Saldo der Ausgleichswerte hinaus käme, jedenfalls aber dann, wenn die Wertverschiebung höher als die Differenz der Ehezeitanteile wäre.

> Dies sei an folgendem **Beispiel** verdeutlicht:
>
> Auf der Seite von E 1 seien Ehezeitanteile von insgesamt 100.000 EUR auszugleichen, bei E 2 insgesamt 60.000 EUR.

Liegt kein Härtefall im Sinne des § 27 VersAusglG vor, so führt die anrechtsbezogene Teilung wirtschaftlich dazu, dass beide Eheleute über Anrechte im Wert von jeweils 80.000 EUR verfügen. Im Wege einer anrechtsbezogenen Härtefallkorrektur kann das Gericht nun einen hiervon abweichenden Ausgleich gestalten, nach welchem im Ergebnis beiden Eheleuten im äußersten Fall zwischen mindestens 60.000 EUR und höchstens 100.000 EUR zugeteilt würden. Würde E 1 mit den insgesamt höheren Anrechten mehr als 100.000 EUR erhalten, so würde er besserstehen als ohne Versorgungsausgleich. Die materielle Korrektur durch die Anwendung des § 27 VersAusglG kann hier also nur zu einer Reduzierung der Anrechte führen. Ebenso wenig wäre es zu rechtfertigen, dass E 2 mit den insgesamt niedrigeren Anrechten weniger als 60.000 EUR erhält. Hier kann die materielle Korrektur nur eine Besserstellung rechtfertigen.

---

120 H.M., vgl. *Johannsen/Henrich/Hahne*, Eherecht, 4. Aufl. 2003, § 1587c BGB, Rn 1.

Diese absolute Ober- bzw. Untergrenze des korrigierenden Eingriffs in den schematisch-rechnerischen Ausgleich wirkt sich spiegelbildlich auf den jeweils anderen Ehegatten aus: Deshalb können E 1 im Ergebnis äußerstenfalls nicht weniger als 60.000 EUR und E 2 nicht mehr als 100.000 EUR erhalten. Gerechtfertigt wird diese Umverteilung in den schon oben genannten Fällen sein, in denen ein Ehegatte (in diesem Beispiel: E 1) seine Versorgungslage absichtlich drastisch verschlechtert hat, um zum Nachteil von E 2 nur noch einen Ehezeitanteil von 50.000 EUR ausgleichen zu müssen. Im Übrigen bleibt es bei der Grenze des fiktiven Saldos der Ausgleichswerte, wonach E 1 im Ergebnis nicht mehr als 100.000 EUR und nicht weniger als 80 000 EUR sowie E 2 nicht mehr als 80.000 EUR und nicht weniger als 60.000 EUR zugeordnet werden dürfen.

Tabelle: anrechtsbezogene Härtefallkorrektur

Ehezeitanteile	E1	E 2	maximal	minimal
Kapitalwert 1	100.000			
Kapitalwert 2		60.000		
Ausgleichsbetrag			20.000	0
Obergrenze	100.000	80.000		
Untergrenze	80.000	60.000		

Kapitel 3: Ergänzende Vorschriften

93 Kapitel 3 umfasst Vorschriften, die zwar für den Versorgungsausgleich allgemein gelten, jedoch nachrangige praktische Bedeutung haben. Deshalb ist es angemessen, sie an dieser Stelle zu regeln. Es handelt sich um Sondervorschriften

- für privatrechtliche Versorgungen wegen Invalidität (§ 28 VersAusglG),
- spezielle Regelungen für die Versorgungsträger (§§ 29 und 30 VersAusglG) sowie
- Bestimmungen für den Todesfall eines Ehegatten (§ 31 VersAusglG).

§ 28 VersAusglG	Ausgleich eines Anrechts der Privatvorsorge wegen Invalidität

(1) Ein Anrecht der Privatvorsorge wegen Invalidität ist nur auszugleichen, wenn der Versicherungsfall in der Ehezeit eingetreten ist und die ausgleichsberechtigte Person am Ende der Ehezeit eine laufende Versorgung wegen Invalidität bezieht oder die gesundheitlichen Voraussetzungen dafür erfüllt.

(2) Das Anrecht gilt in vollem Umfang als in der Ehezeit erworben.
(3) Für die Durchführung des Ausgleichs gelten die §§ 20 bis 22 entsprechend.

Diese Vorschrift regelt den Ausgleich eines Anrechts der Privatvorsorge auf eine Versorgung wegen Invalidität. Es geht hierbei um den Ausgleich von privaten Berufsunfähigkeitsversicherungen und Berufsunfähigkeits-Zusatzversicherungen, die eine zunehmende Bedeutung erlangen. Die Praxis hatte im bisherigen Recht erhebliche Probleme, diese Versorgungen sachgerecht auszugleichen.[121] Die hiermit verbundenen Fragen werden nun in dieser Vorschrift zusammenfassend geregelt.

94

Absatz 1 bestimmt, dass Anrechte aus einer privaten Versicherung gegen das Risiko Invalidität nur dann dem Ausgleich unterliegen, wenn der Versicherungsfall bereits in der Ehezeit eingetreten ist. Dies entspricht weitgehend der bisherigen Rechtslage.[122] Damit scheidet der Ausgleich von entsprechenden Anrechten aus, wenn sie sich am Ende der Ehezeit noch in der Anwartschaftsphase befinden. Der Grund für diese Regelung liegt in der besonderen Struktur dieser Risikoversicherungen und ihrer versicherungsmathematischen Kalkulation: In der Anwartschaftsphase wird hier nämlich nur ein geringes Deckungskapital aufgebaut, das erst nach Eintritt des Versicherungsfalls entsprechend erhöht wird. Damit fehlt es in der Anwartschaftsphase an einer für den Versorgungsausgleich geeigneten Ausgleichsmasse.

Gleichzeitig wird der Ausgleich auf diejenigen Fälle beschränkt, in denen die ausgleichsberechtigte Person selbst eine Invaliditätsrente bezieht oder aber die gesundheitlichen Voraussetzungen dafür erfüllen würde. Denn nur in diesen Fällen besteht – in Abwägung mit den für die ausgleichspflichtige Person verbundenen Folgen der Kürzung – ein Bedarf für die Teilhabe der ausgleichsberechtigten Person an der laufenden Versorgung der ausgleichspflichtigen Person. Auch der Versorgungsfall bei der ausgleichsberechtigten Person muss also zum Ende der Ehezeit vorliegen, damit das Anrecht in den Ausgleich einbezogen werden kann. Denn diese Voraussetzung, also der Eintritt des Versicherungsfalls in der Ehezeit, löst bei der ausgleichspflichtigen Person erst die Entstehung der Ausgleichspflicht aus, so dass es gerechtfertigt ist, dies spiegelbildlich auch bei der ausgleichsberechtigten Person als Voraussetzung für die Teilhabe zu verlangen.

---

121 Siehe instruktiv *Hauß*, Versorgungsausgleich und Verfahren in der anwaltlichen Praxis, 1. Aufl. 2004, Rn 470 ff.
122 BGH vom 20. Juli 2005 – XII ZB 289/03 = FamRZ 2005, 1530.

§ 2 Gesetz über den Versorgungsausgleich (VersAusglG)

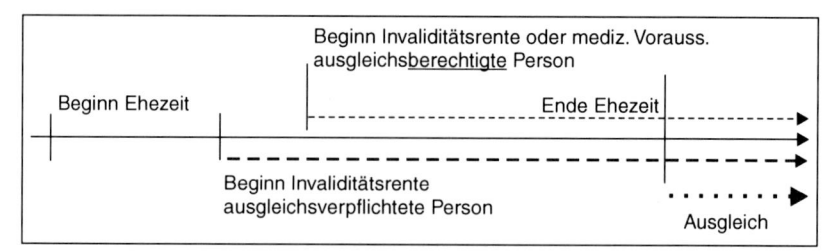

Abbildung: Voraussetzungen Invaliditätsrente

95 Absatz 2 enthält strukturell eine besondere Bestimmung zur Wertermittlung des Ehezeitanteils. Die Vorschrift berücksichtigt den besonderen Charakter dieses Ausgleichs, da Anknüpfungstatbestand nicht die Zahl der in der Ehezeit gezahlten Beiträge oder das angesammelte Deckungskapital ist, sondern die Tatsache, dass der Versicherungsfall in der Ehezeit eintrat und folglich der letzte Beitrag in der Ehezeit geleistet wurde. Denn erst mit Eintritt des Versicherungsfalls wird das für die laufende Versorgung erforderliche Deckungskapital gebildet.

Mit dem Verweis auf die §§ 20 bis 22 VersAusglG in Absatz 3 wird bestimmt, wie die Teilung durchzuführen ist: Eine laufende Versorgung wegen Invalidität aus einem Anrecht der Privatvorsorge ist danach schuldrechtlich auszugleichen. Dem liegt die Überlegung zugrunde, dass die ausgleichsberechtigte Person auch im Fall eigener Invalidität von einer internen Teilung des Anrechts durch den Wertausgleich bei der Scheidung nicht zwingend profitieren würde. Eine Leistung aus diesem Anrecht würde sie nämlich nur dann erhalten, wenn auch bei ihr die vertraglich vereinbarten Voraussetzungen für die Erwerbs- oder Berufsunfähigkeit erfüllt wären. Ist die ausgleichsberechtigte Person aber beispielsweise nicht erwerbstätig, weil sie Erziehungsaufgaben übernommen hat, kann sie keine Leistung aus einem solchen Anrecht erhalten. Zum anderen wären aufwendige Gesundheitsprüfungen erforderlich, da oftmals bestimmte Risiken ausgeschlossen sind.

Der Verweis auf die schuldrechtliche Ausgleichsrente bedeutet jedoch nicht, dass der Anspruch beim Wertausgleich bei der Scheidung nur auf Antrag erfolgt, wie in § 223 FamFG für die §§ 20 bis 26 VersAusglG vorgesehen. Vielmehr hat das Gericht den Ausgleich nach § 28 VersAusglG von Amts wegen zu prüfen, denn die Teilhabe im Wege der schuldrechtlichen Ausgleichsrente tritt an die Stelle der von Amts wegen durchzuführenden internen oder externen Teilung jedes Anrechts.

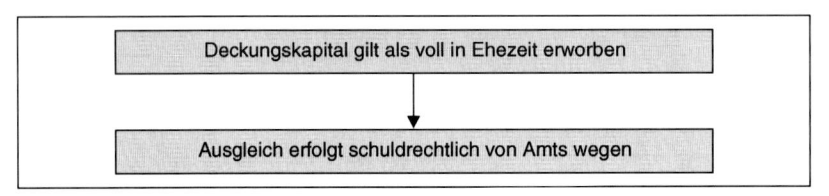

> Deckungskapital gilt als voll in Ehezeit erworben
>
> ↓
>
> Ausgleich erfolgt schuldrechtlich von Amts wegen

Abbildung: Ausgleichsfolge Invaliditätsrente

§ 29 VersAusglG — Leistungsverbot bis zum Abschluss des Verfahrens

Bis zum wirksamen Abschluss eines Verfahrens über den Versorgungsausgleich ist der Versorgungsträger verpflichtet, Zahlungen an die ausgleichspflichtige Person zu unterlassen, die sich auf die Höhe des Ausgleichswerts auswirken können.

Die Vorschrift entspricht § 10d VAHRG[123] des bislang geltenden Rechts.

96

Den Versorgungsträgern wird weiterhin verboten, während eines laufenden Verfahrens Zahlungen an die ausgleichspflichtige Person zu erbringen, die sich auf die Höhe des Ausgleichswerts auswirken können.

Dadurch wird aber das Problem einer Vereitelung des Versorgungsausgleichs nach der Scheidung durch vorzeitige Kapitalisierung und Auszahlung durch den Versorgungsträger an den Ausgleichspflichtigen nicht vollständig gelöst.

Der BGH beurteilte einen Ausgleich von Anrechten aus einem Renten-Lebensversicherungsvertrag mit Kapitalwahlrecht, wenn der Berechtigte sein Wahlrecht erst nach der Rechtshängigkeit des Scheidungsantrags ausübt als zulässig und auch nicht als ein treuwidriges Verhalten der ausgleichspflichtigen Person. Das Anrecht sei dann ggf. im Zugewinn auszugleichen. Ist der Zugewinn bereits abgeschlossen, besteht weiterhin keine Ausgleichsmöglichkeit mehr.[124]

---

123 § 10d VAHRG: Bis zum wirksamen Abschluss eines Verfahrens über den Versorgungsausgleich ist der Versorgungsträger verpflichtet, Zahlungen an den Versorgungsberechtigten zu unterlassen, die auf die Höhe eines in den Versorgungsausgleich einzubeziehenden Anrechts Einfluss haben können.
124 BGH, Beschluss vom 5. Februar 2003 – XII ZB 53/98.

§ 2 Gesetz über den Versorgungsausgleich (VersAusglG)

§ 30 VersAusglG | **Schutz des Versorgungsträgers**

(1) Entscheidet das Familiengericht rechtskräftig über den Ausgleich und leistet der Versorgungsträger innerhalb einer bisher bestehenden Leistungspflicht an die bisher berechtigte Person, so ist er für eine Übergangszeit gegenüber der nunmehr auch berechtigten Person von der Leistungspflicht befreit. Satz 1 gilt für Leistungen des Versorgungsträgers an die Witwe oder den Witwer entsprechend.

(2) Die Übergangszeit dauert bis zum letzten Tag des Monats, der dem Monat folgt, in dem der Versorgungsträger von der Rechtskraft der Entscheidung Kenntnis erlangt hat.

(3) Bereicherungsansprüche zwischen der nunmehr auch berechtigten Person und der bisher berechtigten Person sowie der Witwe oder dem Witwer bleiben unberührt.

97 Der Schutz des Versorgungsträgers wird in Anlehnung an das bislang geltende Recht geregelt. Bislang fanden sich entsprechende Vorschriften an drei verschiedenen Stellen:

- Für den öffentlich-rechtlichen bzw. schuldrechtlichen Versorgungsausgleich in § 1587p BGB,[125]

---

[125] § 1587p Leistung an den bisherigen Berechtigten: Sind durch die rechtskräftige Entscheidung des Familiengerichts Rentenanwartschaften in einer gesetzlichen Rentenversicherung auf den berechtigten Ehegatten übertragen worden, so muss dieser eine Leistung an den verpflichteten Ehegatten gegen sich gelten lassen, die der Schuldner der Versorgung bis zum Ablauf des Monats an den verpflichteten Ehegatten bewirkt, der dem Monat folgt, in dem ihm die Entscheidung zugestellt worden ist.

- für den verlängerten schuldrechtlichen Versorgungsausgleich in § 3a Abs. 7 VAHRG[126] sowie
- für die Abänderungsverfahren in § 10a Abs. 7 VAHRG.[127]

Diese Vorschriften werden nun in einer Norm zusammengefasst.

Absatz 1 Satz 1 bestimmt Tatbestand und Rechtsfolge in allgemeiner Form: Entscheidet das Familiengericht rechtskräftig über den Versorgungsausgleich, so greift es gestaltend sowohl in die Rechtsbeziehungen der ausgleichsberechtigten als auch der ausgleichspflichtigen Person zu den jeweils beteiligten Versorgungsträgern ein. Diese Entscheidung muss bei den Versorgungsträgern technisch umgesetzt werden. Der Versorgungsträger muss außerdem zum Zeitpunkt der rechtskräftigen Entscheidung über den Versorgungsausgleich unter Umständen bereits einer bestehenden Leistungspflicht nachkommen. Diese Leistungspflicht ändert sich, eine neue Leistungspflicht tritt unter Umständen hinzu. Deshalb bestimmt Absatz 1, dass der

98

---

126 § 3a VAHRG (7) Der Versorgungsträger wird bis zum Ablauf des Monats, der dem Monat folgt, in dem er von der Rechtskraft der Entscheidung über die Ausgleichsrente nach Absatz 1 Kenntnis erlangt,
1. gegenüber dem Berechtigten befreit, soweit er an die Witwe oder den Witwer des Verpflichteten Leistungen erbringt, welche die um die Ausgleichsrente nach Absatz 1 gekürzte Hinterbliebenenversorgung übersteigen;
2. gegenüber der Witwe oder dem Witwer des Verpflichteten befreit, soweit er an den Berechtigten nach Maßgabe eines gegen den Verpflichteten gerichteten Vollstreckungstitels, der diesen wegen des bei dem Versorgungsträger begründeten Anrechts zur Zahlung einer Ausgleichsrente verpflichtete, oder aufgrund einer Abtretung nach § 1587i Abs. 1 des Bürgerlichen Gesetzbuchs Leistungen erbringt, welche die Ausgleichsrente nach Absatz 1 übersteigen. Nach Ablauf des Monats, der dem Monat folgt, in dem der Berechtigte den Versorgungsträger zur Zahlung der Ausgleichsrente aufgefordert und ihm eine beglaubigte Abschrift des Vollstreckungstitels übermittelt hat, findet Nummer 1 keine Anwendung; Nummer 1 findet ferner insoweit keine Anwendung, als der Versorgungsträger in dem dem Tod des Verpflichteten vorangehenden Monat an den Berechtigten aufgrund einer Abtretung nach § 1587i des Bürgerlichen Gesetzbuchs Leistungen erbracht hat;
3. gegenüber dem Berechtigten befreit, soweit er an die Witwe oder den Witwer des Verpflichteten nach Maßgabe einer gemäß Absatz 9 Satz 3 ergangenen einstweiligen Anordnung Leistungen erbringt, welche die um die Ausgleichsrente nach Absatz 1 gekürzte Hinterbliebenenversorgung übersteigen; gegenüber der Witwe oder dem Witwer des Verpflichteten wird er befreit, soweit er an den Berechtigten nach Maßgabe einer solchen einstweiligen Anordnung Leistungen erbringt, welche die Ausgleichsrente nach Absatz 1 übersteigen. Nach Ablauf des Monats, der dem Monat folgt, in welchem dem Versorgungsträger die einstweilige Anordnung zugestellt worden ist, finden die Nummern 1 und 2 keine Anwendung.
127 VAHRG § 10a: (7) Die Abänderung wirkt auf den Zeitpunkt des der Antragstellung folgenden Monatsersten zurück. Die Ehegatten und ihre Hinterbliebenen müssen Leistungen des Versorgungsträgers gegen sich gelten lassen, die dieser aufgrund der früheren Entscheidung bis zum Ablauf des Monats erbringt, der dem Monat folgt, in dem er von dem Eintritt der Rechtskraft der Abänderungsentscheidung Kenntnis erlangt hat. Werden durch die Abänderung einem Ehegatten zum Ausgleich eines Anrechts Anrechte übertragen oder für ihn begründet, so müssen sich der Ehegatte oder seine Hinterbliebenen Leistungen, die der Ehegatte wegen dieses Anrechts gemäß § 3a erhalten hat, anrechnen lassen.

Versorgungsträger nach einer rechtskräftigen Entscheidung für eine Übergangszeit gegenüber der nunmehr auch berechtigten Person von der Leistungspflicht befreit wird, um so Doppelleistungen zu vermeiden.

Zu einer befreienden Wirkung gemäß Absatz 1 kann einerseits ein bestehender Leistungsanspruch der bisher berechtigten Person gegen den Versorgungsträger führen (bislang in ähnlicher Weise in § 1587p BGB geregelt). Es kann sich aber auch um eine frühere Entscheidung eines Familiengerichts handeln, die nun abgeändert wird (bislang vergleichbar in § 10a Abs. 7 Satz 2 VAHRG angeordnet).

99 Absatz 1 Satz 2 regelt die entsprechende Anwendbarkeit von Satz 1 für Leistungen des Versorgungsträgers an die Witwe oder den Witwer der ausgleichspflichtigen Person. Auch diese haben bis zur rechtskräftigen Entscheidung über die Teilhabe an der Hinterbliebenenversorgung befreiende Wirkung; dies entspricht § 3a Abs. 7 Nr. 1 VAHRG des bislang geltenden Rechts.[128] Die weiteren in § 3a Abs. 7 Nr. 2 und 3 VAHRG enthaltenen besonderen Bestimmungen sind nach Auffassung des Gesetzgebers entbehrlich, weil die praktische Bedeutung der §§ 25 und 26 VersAusglG mit dem Grundsatz der Teilung aller Anrechte weiter abnehmen wird.

100 In Absatz 2 wird die Übergangszeit definiert, die wie im bisher geltenden Recht bis zum letzten Tag des Monats dauert, der dem Monat folgt, in dem der Versorgungsträger von der Rechtskraft der Entscheidung nach Absatz 1 Kenntnis erlangt.

101 Absatz 3 stellt klar, dass es für die Rechtsbeziehungen zwischen der nunmehr auch berechtigten Person und der bisher berechtigten Person (bzw. der Witwe oder dem Witwer in den Fällen der §§ 25 und 26 VersAusglG) bei den allgemeinen bereicherungsrechtlichen Regelungen des §§ 812 ff. BGB bleibt. § 30 VersAusglG ist also allein eine Schutzvorschrift zugunsten der Versorgungsträger.

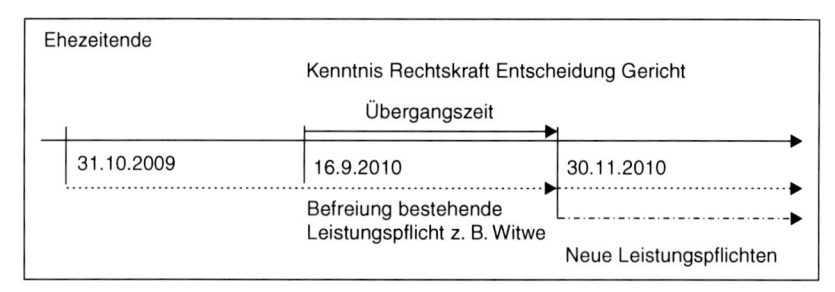

Ehezeitende			
		Kenntnis Rechtskraft Entscheidung Gericht	
		Übergangszeit	
31.10.2009	16.9.2010		30.11.2010
	Befreiung bestehende Leistungspflicht z. B. Witwe		Neue Leistungspflichten

Abbildung: Beginn Leistungspflicht Versorgungsträger

---

128 Siehe *Soergel/Häußermann*, BGB-Kommentar, 13. Aufl. 2000, § 3a VAHRG Rn 34.

Für die Zeit von dem auf den Antragsmonat folgenden Monat (§ 226 Abs. 4 FamFG) bis zum letzten Tag des Monats, der dem Monat folgt, in dem der Versorgungsträger von der Rechtskraft der Entscheidung Kenntnis erlangt hat (Übergangszeit nach Abs. 3) sind von der ausgleichsverpflichteten Person an die ausgleichsberechtigte Person intern nach Bereicherungsrecht (§§ 812 ff. BG) auszugleichen.

§ 31 VersAusglG Tod eines Ehegatten

(1) Stirbt ein Ehegatte nach Rechtskraft der Scheidung, aber vor Rechtskraft der Entscheidung über den Wertausgleich nach den §§ 9 bis 19, so ist das Recht des überlebenden Ehegatten auf Wertausgleich gegen die Erben geltend zu machen. Die Erben haben kein Recht auf Wertausgleich.

(2) Der überlebende Ehegatte darf durch den Wertausgleich nicht bessergestellt werden, als wenn der Versorgungsausgleich durchgeführt worden wäre. Sind mehrere Anrechte auszugleichen, ist nach billigem Ermessen zu entscheiden, welche Anrechte zum Ausgleich herangezogen werden.

(3) Ausgleichsansprüche nach der Scheidung gemäß den §§ 20 bis 24 erlöschen mit dem Tod eines Ehegatten. Ansprüche auf Teilhabe an der Hinterbliebenenversorgung nach den §§ 25 und 26 bleiben unberührt. § 1586 Abs. 2 Satz 1 des Bürgerlichen Gesetzbuchs gilt entsprechend.

102 Die Regelungen für den Fall des Todes eines Ehegatten unterscheiden wie im bislang geltenden Recht zwei Fälle:

- Zum einen den des Todesfalls zwischen Rechtskraft der Scheidung und Rechtskraft der Entscheidung über den Versorgungsausgleich (Absatz 1 und 2),
- zum anderen den des Todesfalls nach durchgeführtem Wertausgleich bei der Scheidung (Absatz 3).

Stirbt ein Ehegatte vor Rechtskraft der Scheidung, so gilt das Verfahren als in der Hauptsache erledigt (§ 131 FamFG[129]). Insoweit besteht also kein Regelungsbedarf, weil es nicht mehr zu einer Entscheidung über den Versorgungsausgleich kommt. Gegebenfalls bestehen dann noch Ansprüche aus einer Hinterbliebenenversorgung.

---

129 § 131 Tod eines Ehegatten: Stirbt ein Ehegatte, bevor die Endentscheidung in der Ehesache rechtskräftig ist, gilt das Verfahren als in der Hauptsache erledigt.

§ 2 Gesetz über den Versorgungsausgleich (VersAusglG)

```
  Antrag Scheidung, laufendes Verfahren │ Tod eines Ehegatten
──┼───────────────────────────────────────┼──────────────────────────────▶
                                          │ keine Entscheidung (§ 131 FamFG)
```

Abbildung: Tod eines Ehegatten vor Rechtskraft Entscheidung

Die Absätze 1 und 2 regeln die Rechtsfolgen für den Fall, dass ein Ehegatte zwischen Rechtskraft der Scheidung und rechtskräftiger Entscheidung über den Wertausgleich bei der Scheidung stirbt. Im bisherigen Recht war dies in § 1587e Abs. 2 BGB[130] geregelt.

Nach Absatz 1 Satz 1 erlischt das Recht auf Wertausgleich nach den §§ 9 – 19 des überlebenden Ehegatten nicht mit dem Tod des anderen Ehegatten. Dieses Recht kann in den Grenzen von Absatz 2 gegen die Erben des verstorbenen Ehegatten geltend gemacht werden (bisher § 1587e Abs. 4 BGB).

```
│ Rechtskraft der Scheidung                │
│ keine Entscheidung über Wertausgleich    │ Rechtskraft der Entscheidung Wertausgleich
│   │ Tod Ausgleichspflichtige P           │ Übergangsphase │
├───┼──────────────────────────────────────┼────────────────┼─────────────────────────▶
    ├─ ─ ─ ─ ─ ─ ─ ─ ─ ─ ─ ─ ─ ─ ─ ─ ─ ─ ─▶│...........................▶
       Anspruch gegen Erben                   Anspruch gegen
       der ausgleichspflichtigen Person       Versorgungsträger
```

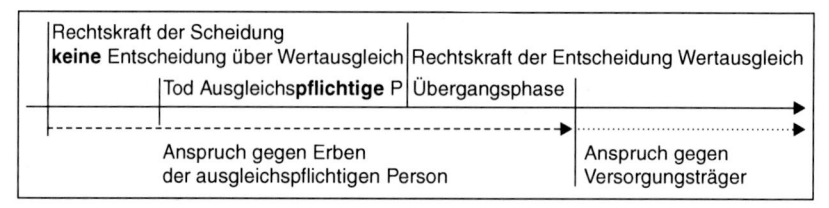

Abbildung: Tod der ausgleichspflichtigen Person vor Entscheidung über Wertausgleich

Absatz 1 Satz 2 nimmt die Regelung des § 1587e Abs. 2 BGB[131] auf. Die Erben des verstorbenen Ehegatten können kein Recht auf Wertausgleich geltend machen. Es geht vielmehr mit dem Tod unter.

---

130 § 1587e Auskunftspflicht; Erlöschen des Ausgleichsanspruchs
     (2) Mit dem Tode des Berechtigten erlischt der Ausgleichsanspruch.
     (4) Der Ausgleichsanspruch erlischt nicht mit dem Tode des Verpflichteten. Er ist gegen die Erben geltend zu machen.
131 § 1587e Auskunftspflicht; Erlöschen des Ausgleichsanspruchs: (2) Mit dem Tode des Berechtigten erlischt der Ausgleichsanspruch.

```
| Rechtskraft der Scheidung          |                              |
| keine Entscheidung über Wertausgleich | Rechtskraft Entscheidung über |
|         Tod Ausgleichsberechtigte P| Wertausgleich                 |
|                                    |                              |
| Durchführung des Ausgleichs        | Prüfung der Anpassung         |
| nach §§ 9-19                       | nach §§ 37-38                 |
```

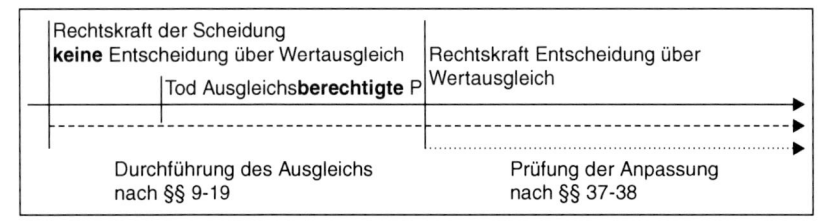

Abbildung: Tod der ausgleichsberechtigten Person vor Entscheidung über Wertausgleich

Stirbt die ausgleichsverpflichtete Person nach der Rechtskraft der Entscheidung über den Wertausgleich ändert sich an den ausgeglichenen Anrechten nichts mehr. Es bleibt jedoch die Prüfung der Anpassung nach den §§ 37 – 38 VersAusglG.

Soweit der überlebende Ehegatte sein Recht auf Wertausgleich gegen die Erben gemäß Absatz 1 Satz 1 geltend macht, bedarf es eines Vergleichs der Höhe seiner ihm wegen Absatz 1 Satz 2 verbleibenden Anrechte mit der Höhe der Anrechte, die er nach durchgeführtem Wertausgleich bei der Scheidung gehabt hätte. Dies regelt Absatz 2. Ist die Summe seiner eigenen Anrechte geringer als diejenige, die der überlebende Ehegatte nach durchgeführtem Versorgungsausgleich gehabt hätte, so besteht ein Bedürfnis, diese Lücke zu schließen. In dieser Höhe ist der Wertausgleich zulasten eines der Anrechte oder gegebenenfalls mehrerer Anrechte des Verstorbenen durchzuführen.

Falls die Teilung eines Anrechts der verstorbenen ausgleichspflichtigen Person hierfür nicht ausreicht, sind mehrere Anrechte zum Wertausgleich heranzuziehen. Die Wahl der heranzuziehenden Anrechte hat das Gericht gemäß Absatz 2 Satz 2 nach seinem Ermessen vorzunehmen.

Hat der Überlebende hingegen höhere eigene Anrechte als der verstorbene Ehegatte, läuft das Recht auf Wertausgleich nach Absatz 1 Satz 1 ins Leere. In diesen Fällen braucht der Überlebende aber auch keine eigenen Anrechte abzugeben, was sich aus Absatz 1 Satz 2 ergibt (kein Recht der Erben auf Wertausgleich).

```
┌─────────────────────────────────┐     ┌─────────────────────────────────┐
│ Ausgleichsberechtigte Person    │     │ Ausgleichsverpflichtete Person  │
│ hat insgesamt höhere Anrechte   │     │ hat insgesamt höhere Anrechte   │
└─────────────────────────────────┘     └─────────────────────────────────┘
                 │                                       │
                 ▼                                       ▼
┌─────────────────────────────────┐     ┌─────────────────────────────────┐
│        Ausgleich wird           │     │        Ausgleich wird           │
│        nicht durchgeführt       │     │        durchgeführt             │
└─────────────────────────────────┘     └─────────────────────────────────┘
```

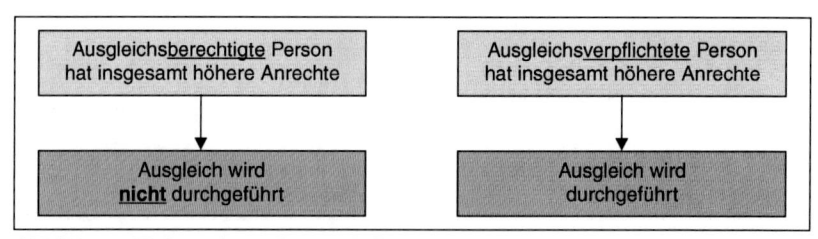

Abbildung: Höhere Anrechte nach Tod

103 Absatz 3 regelt die Rechtsfolgen für Ausgleichsansprüche nach der Scheidung. Damit greift die Vorschrift die Regelungen von § 1587k Abs. 2 Satz 1[132] und § 1587m BGB[133] sowie § 3a Abs. 6 VAHRG[134] auf. Diese ordneten das Erlöschen der Ansprüche mit dem Tode der ausgleichsberechtigten Person an. Anders als im bislang geltenden Recht ist jetzt in Absatz 3 Satz 1 ausdrücklich bestimmt, dass dies auch dann gilt, wenn die ausgleichspflichtige Person stirbt. Diese Rechtsfolge ergab sich bislang lediglich durch Auslegung des bisherigen Rechts.[135] Die Ausgleichspflicht geht also nicht mit dem Tod der ausgleichspflichtigen Person als Nachlassverbindlichkeit auf die Erben über.

Absatz 3 Satz 2 stellt klar, dass der Tod des einen Ehegatten den Anspruch auf Teilhabe an der Hinterbliebenenversorgung nicht zum Erlöschen bringt. Dieser Anspruch tritt vielmehr an die Stelle des erloschenen Anspruchs auf die schuldrechtliche Ausgleichsrente. Folglich kann der überlebende Ehegatte ein noch nicht ausgeglichenes Anrecht nach den §§ 25 und 26 VersAusglG vom Versorgungsträger bzw. von der Witwe oder dem Witwer der ausgleichspflichtigen verstorbenen Person beanspruchen.

Die Verweisung in Satz 3 auf § 1586 Abs. 2 Satz 1 BGB war im früheren Recht in § 1587k Abs. 2 Satz 1 Halbsatz 2 BGB enthalten. Danach galt die Erlöschensvorschrift nicht für Erfüllungs- oder Schadensersatzvorschriften der ausgleichsberechtigten Person. Aufgrund der Formulierung in Absatz 3 Satz 1 bezieht sich diese Regelung nun auf Erfüllungs- oder Schadensersatzansprüche beider Ehegatten.

---

132 § 1587k Anwendbare Vorschriften; Erlöschen des Ausgleichsanspruchs: (2) Der Anspruch erlischt mit dem Tode des Berechtigten; § 1586 Abs. 2 gilt entsprechend. Soweit hiernach der Anspruch erlischt, gehen die nach § 1587i Abs. 1 abgetretenen Ansprüche auf den Verpflichteten über.
133 § 1587m Erlöschen des Abfindungsanspruchs: Mit dem Tode des Berechtigten erlischt der Anspruch auf Leistung der Abfindung, soweit er von dem Verpflichteten noch nicht erfüllt ist.
134 VAHRG § 3a: (6) In den Fällen der Absätze 1, 4 und 5 gelten § 1585 Abs. 1 Sätze 2 und 3, § 1585b Abs. 2 und 3, § 1587d Abs. 2, § 1587h und § 1587k Abs. 2 Satz 1 des Bürgerlichen Gesetzbuchs entsprechend.
135 Siehe BGH vom 12. April 1989 – IVb ZB 84/85 = FamRZ 1989, 950.

```
┌─────────────────────────────────────────┬──────────────────────────────────┐
│ Rechtskraft der Scheidung               │ Tod Ausgleichspflichtiger        │
│ Entscheidung über Wertausgleich         │                                ▶ │
├╌╌╌╌╌╌╌╌╌╌╌╌╌╌╌╌╌╌╌╌╌╌╌╌╌╌╌╌╌╌╌╌╌╌╌╌╌╌╌▶ │ ................................▶│
│ Anspruch auf Ausgleichsrente gegen      │ Anspruch gegen Versorgungsträger │
│ ausgleichspflichtige Person nach §§ 20-24│ oder Witwe(r) nach §§ 25-26     │
└─────────────────────────────────────────┴──────────────────────────────────┘
```

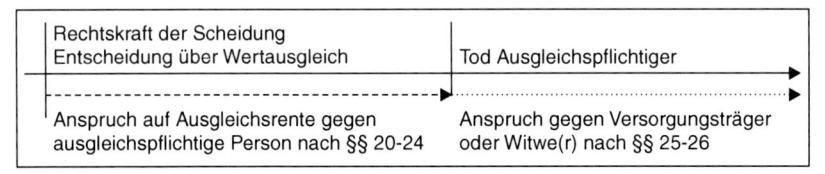

Abbildung: Tod der ausgleichspflichtigen Person vor Entscheidung über Wertausgleich

Kapitel 4: Anpassung nach Rechtskraft

Kapitel 4 umfasst Fallgestaltungen, bei denen die Rechtsfolgen der Entscheidung über den Wertausgleich bei der Scheidung beseitigt werden: **104**
- zeitweise oder endgültig
- ganz oder teilweise.

Diese Sachverhalte waren bisher im Gesetz zur Regelung von Härten im Versorgungsausgleich (VAHRG) geregelt und erfüllten den Auftrag des Bundesverfassungsgerichts aus der Grundsatzentscheidung vom 28. Februar 1980,[136] die Vorschriften des Bürgerlichen Gesetzbuchs durch Regelungen zu ergänzen, die es ermöglichen, nachträglich eintretenden grundrechtswidrigen Auswirkungen des Versorgungsausgleichs zu begegnen. Diese könnten – so das Bundesverfassungsgericht – entstehen, wenn die ausgleichspflichtige Person eine spürbare Kürzung ihrer Rentenansprüche hinnehmen müsse, ohne dass sich andererseits der Erwerb eines selbstständigen Versicherungsschutzes angemessen für die ausgleichsberechtigte Person auswirke. Namentlich sei dies im Zusammenhang mit dem Vorversterben der ausgleichsberechtigten vor der ausgleichspflichtigen Person und bei einer im Versicherungsfall (noch) bestehenden Unterhaltsverpflichtung der ausgleichspflichtigen Person gegenüber der ausgleichsberechtigten Person denkbar. Das Gesetz zur Regelung von Härten im Versorgungsausgleich hatte diese Fälle in den §§ 4, 7 und 8 (Vorversterben der ausgleichsberechtigten Person) sowie in den §§ 5 und 6 (Unterhaltsfall) geregelt.

Tabelle: Synopse Härtefälle

Härtefall	Altes Recht	Neues Recht
Tod	§ 4 VAHRG	§§ 37 und 38 VersAusglG
Unterhalt	§ 5 VAHRG	§§ 33 und 34 VersAusglG
Invalidität		§§ 35 und 36 VersAusglG

---

136   1 BvL 17/77 = FamRZ 1980, 326.

§ 2 Gesetz über den Versorgungsausgleich (VersAusglG)

Der bislang in § 4 VAHRG enthaltene Härtefall ist nun in den §§ 37 und 38 VersAusglG normiert, der Härtefall des § 5 VAHRG in den §§ 33 und 34 VersAusglG. Mit den §§ 35 und 36 VersAusglG ist ein weiterer Tatbestand eingefügt worden, um etwaige Härten abzumildern, die im Fall der Invalidität durch das neue Teilungssystem entstehen könnten; allerdings nur im Vergleich mit dem bislang geltenden Recht.

Wie schon bei den bislang geltenden §§ 4 bis 10 VAHRG stehen auch die §§ 32 bis 38 VersAusglG in einem Spannungsverhältnis zum Versicherungsprinzip: Die von beiden Eheleuten erworbenen Anrechte werden durch den Wertausgleich bei der Scheidung neu zugeordnet, die Versorgungsschicksale also grundsätzlich getrennt. Diesen Grundsatz durchbrechen wie im bislang geltenden Recht die §§ 32 bis 38 VersAusglG.

Neu ist, dass die Anpassung nach Rechtskraft erst ab Antragstellung wirkt. Dies entspricht allgemeinen verfahrensrechtlichen Prinzipien und schützt die Versorgungsträger als Sachwalter der Versicherten vor einer aufwendigen Rückabwicklung. Eine Wirkung ab Antragstellung ist auch deshalb angemessen, weil die ausgleichspflichtige Person den Zeitpunkt der Antragstellung zu verantworten hat. Sie hat also selbst darauf zu achten, ob Tatbestände eintreten, die eine Anpassung nach Rechtskraft rechtfertigen.

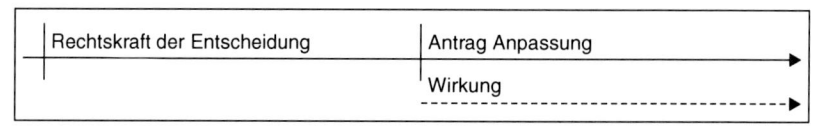

Abbildung: Wirkung Anpassung

Die §§ 33 – 38 gelten nur für die Regelsicherungssysteme gemäß § 32 VersAusglG mit der Folge, dass die betrieblichen Altersversorgungen von der Anpassung nach den §§ 33 – 38 ausgeschlossen wird.

§ 32 VersAusglG   Anpassungsfähige Anrechte

Die §§ 33 bis 38 gelten für Anrechte aus der gesetzlichen Rentenversicherung einschließlich der Höherversicherung, der Beamtenversorgung oder einer anderen Versorgung, die zur Versicherungsfreiheit nach § 5 Abs. 1 des Sechsten Buches Sozialgesetzbuch führt, einer berufsständischen oder einer anderen Versorgung, die nach § 6 Abs. 1 Nr. 1 oder Nr. 2 des Sechsten Buches Sozialgesetzbuch zu einer Befreiung von der Sozialversicherungspflicht führen kann, der Alterssicherung der Landwirte, den Versorgungssystemen der Abgeordneten und der Regierungsmitglieder im Bund und in den Ländern.

Die Vorschriften zur Vermeidung verfassungswidriger Härten sind nach § 32 VersAusglG nur für die Regelsicherungssysteme vorgesehen. Im Bereich der ergänzenden Altersvorsorge kommen die Anpassungsvorschriften grundsätzlich nicht zur Anwendung. Die Nummern 1 bis 5 nennen nur öffentlich-rechtliche Versorgungsträger. Private Versorgungsträger, die sich gemäß § 1 Abs. 2 VAHRG für eine (interne oder externe) Realteilung entschieden hatten, waren auch nach bislang geltendem Recht von der unmittelbaren Anwendung der §§ 4 bis 9 VAHRG ausgenommen. **105**

Die Nummern 1 bis 5 zählen abschließend auf, für welche Regelsicherungssysteme die Vorschriften der §§ 33 bis 38 VersAusglG gelten:

Nummer 1 betrifft die gesetzliche Rentenversicherung, also die Deutsche Rentenversicherung Bund und die Regionalträger der Deutschen Rentenversicherung sowie die Deutsche Rentenversicherung Knappschaft-Bahn-See (§ 125 SGB VI) einschließlich der umlagefinanzierten hüttenknappschaftlichen Zusatzversicherung.

Nummer 2 betrifft Versorgungen für Beamte, Richter, Soldaten, beamtenähnlich Beschäftigte sowie satzungsgemäße Mitglieder geistlicher Genossenschaften.

Nummer 3 betrifft die berufsständischen Versorgungen im Sinne des § 6 Abs. 1 Nr. 1 SGB VI und die Versorgungsträger des pädagogischen Personals von Privatschulen im Sinne des § 6 Abs. 1 Nr. 2 SGB VI. Schon nach dem bisherigen Recht galten die §§ 4 und 5 VAHRG auch für berufsständische Versorgungen, weil diese ebenfalls öffentlich-rechtliche Versorgungsträger sind und damit über § 10 VAHRG in den Geltungsbereich fielen. Sie konnten sich auch über die satzungsgemäße Einführung der Realteilung schon bisher nicht entziehen.[137]

Nummer 4 benennt die Versorgung für die Versicherten der landwirtschaftlichen Sozialversicherung.

Nummer 5 bezieht sich auf die Versorgung für Abgeordnete und Regierungsmitglieder.

---

[137] BGH vom 7. Oktober 1992 – XII ZB 53/91 = FamRZ 1993, 298.

§ 2 Gesetz über den Versorgungsausgleich (VersAusglG)

> **§ 33 VersAusglG** — Anpassung wegen Unterhalt
>
> (1) Solange die ausgleichsberechtigte Person aus einem im Versorgungsausgleich erworbenen Anrecht keine laufende Versorgung erhalten kann und sie gegen die ausgleichspflichtige Person ohne die Kürzung durch den Versorgungsausgleich einen gesetzlichen Unterhaltsanspruch hätte, wird die Kürzung der laufenden Versorgung der ausgleichspflichtigen Person auf Antrag ausgesetzt.
>
> (2) Die Anpassung nach Absatz 1 findet nur statt, wenn die Kürzung am Ende der Ehezeit bei einem Rentenbetrag als maßgeblicher Bezugsgröße mindestens 2 Prozent, in allen anderen Fällen als Kapitalwert mindestens 240 Prozent der monatlichen Bezugsgröße nach § 18 Abs. 1 des Vierten Buches Sozialgesetzbuch betragen hat.
>
> (3) Die Kürzung ist in Höhe des Unterhaltsanspruchs auszusetzen, höchstens jedoch in Höhe der Differenz der beiderseitigen Ausgleichswerte aus denjenigen Anrechten im Sinne des § 32, aus denen die ausgleichspflichtige Person eine laufende Versorgung bezieht.
>
> (4) Fließen der ausgleichspflichtigen Person mehrere Versorgungen zu, ist nach billigem Ermessen zu entscheiden, welche Kürzung ausgesetzt wird.

106 Die §§ 33 und 34 VersAusglG regeln das Anpassungsrecht in Unterhaltsfällen (bisher: §§ 5 und 6 VAHRG) in mehrfacher Hinsicht neu:

- Über den Antrag entscheidet nach § 34 Abs. 1 VersAusglG nicht mehr der Versorgungsträger, sondern das Familiengericht. Insoweit wird auf die Ausführungen zu § 34 verwiesen (§ 2 Rn 110).
- Darüber hinaus wird anders als nach bislang geltendem Recht die Kürzung der Versorgung der ausgleichspflichtigen Person nach § 33 Abs. 3 VersAusglG nicht mehr in voller Höhe ausgesetzt, sondern nur noch in Höhe des Unterhaltsanspruchs, der bei ungekürzter Versorgung gegeben wäre.

Die neue Regelung soll der Gefahr von Manipulationen durch Zusammenwirken der Eheleute begegnen. Diese am Einzelfall orientierte Aussetzung entspricht den Anforderungen des Bundesverfassungsgerichts:[138]

---

[138] BVerfG vom 28. Februar 1980 – 1 BvL 17/77 = FamRZ 1980, 326.

§ 33 VersAusglG § 2

- Die in den Unterhaltsfällen auftretende doppelte Belastung der ausgleichspflichtigen Person durch Kürzung der Altersversorgung einerseits und
- bestehender Unterhaltsverpflichtung andererseits

wird durch die differenzierte Rechtsfolge im Einzelfall sachgerecht kompensiert.

Absatz 1 normiert die Voraussetzungen der Unterhaltsfälle wie im bislang geltenden § 5 Abs. 1 VAHRG:

- Die ausgleichs*pflichtige* Person muss eine Versorgung erhalten, die um den auf den Versorgungsausgleich entfallenden Anteil gemindert ist.
- Die ausgleichs*berechtigte* Person darf gleichzeitig noch keine laufende Versorgung erhalten und müsste bei einer ungekürzten Versorgung des anderen Ehegatten nach den gesetzlichen Bestimmungen einen nachehelichen Unterhaltsanspruch gegen diesen haben.

107 Absatz 2 führt eine Wertgrenze ein, damit die Gerichte nicht bei Fällen von geringer Bedeutung tätig werden müssen. Sie entspricht der Wertgrenze des § 14 Abs. 2 Nr. 2 VersAusglG (2 % der Bezugsgröße, 2009 = 50,40 EUR, 2010 = 51,10 EUR). Maßgeblich ist der Wert der Kürzung am Ende der Ehezeit. Damit kann auf Grundlage des Scheidungsurteils auf einfache Weise festgestellt werden, ob der Antrag auf Anpassung zulässig ist.

108 Absatz 3 ordnet im ersten Halbsatz die gegenüber dem bisherigen Recht differenzierte Rechtsfolge an, wenn das Gericht die in den Absätzen 1 und 2 normierten Voraussetzungen für die Aussetzung der Kürzung grundsätzlich bejaht hat: Die Kürzung der Versorgung der ausgleichspflichtigen Person ist, wie oben ausgeführt, (nur) in Höhe des gemäß Absatz 1 festgestellten – fiktiven – Unterhaltsanspruchs auszusetzen.

> Dies soll an einem **Beispiel** verdeutlicht werden:
>
> Die ausgleichspflichtige Person müsste nach Rentenbezug ohne Kürzung bei einer eigenen Versorgung von 2.750 EUR und bereinigten Einkünften der ausgleichsberechtigten Person von 1.600 EUR einen Unterhalt in Höhe von 575 EUR [(2.750 EUR – 1.600 EUR) × 1/2] zahlen.

Tabelle: Aussetzung Anpassung vor VA 1

Vor VA	Ausgleichspflichtig	Ausgleichsberechtigt	
Versorgung	2.750,00		
ber. Einkünfte		1.600,00	
Differenz			1.150,00
Unterhalt			575,00

§ 2 Gesetz über den Versorgungsausgleich (VersAusglG)

Nach Durchführung des Versorgungsausgleichs reduziert sich die Versorgung auf nunmehr 2.000 EUR, beispielsweise durch Teilung eines eigenen Anrechts für die ausgleichpflichtige Person in Höhe von 900 EUR und Erwerb eines Anrechts von der ausgleichsberechtigten Person von 150 EUR. Nach der nun angeordneten Rechtsfolge ist der Betrag der Unterhaltsleistungen von der vollen Kürzung des Anrechts der ausgleichspflichtigen Person abzuziehen. Das Gericht würde hier also die Kürzung infolge des Versorgungsausgleichs um 575 EUR (brutto) zeitweise aussetzen, so dass die ausgleichspflichtige Person dann eine laufende Versorgung von 2.575 EUR (brutto) hätte (2.750 EUR − 900 EUR + 150 EUR + 575 EUR). In der Folge könnte sie von diesem Betrag Unterhalt zahlen, also (2.575 EUR − 1.600 EUR) × 1/2 = 487,50 EUR. Allerdings wird der im Tenor ausgewiesene Anpassungsbetrag nicht mit demjenigen Betrag übereinstimmen, der sich nach Durchführung der Anpassung als Rentenzahlung ergibt. Ursache hierfür ist beispielsweise der Abzug von Sozialversicherungsbeiträgen vom Anpassungsbetrag.

Tabelle: Aussetzung Anpassung nach VA 1

Nach VA	Ausgleichspflichtig	Ausgleichsberechtigt
Versorgung	2.750,00	
abzgl. Ausgleichsb.	− 900,00	
zzgl. Ausgleichsb.	150,00	
Summe	2.000,00	
Aussetzung Unterhalt	575,00	
Summe	2.575,00	
ber. Einkünfte		1.600,00
Differenz		925,00
Unterhalt		487,50
abzgl. SV Beiträge 17 %		404,63

Sofern die ausgleichspflichtige Person trotz teilweiser Aussetzung der Kürzung zu einer Unterhaltsleistung nicht in der Lage wäre, versagt das Gericht die Anpassung. Denn in diesem Fall käme diese der unterhalts- und ausgleichsberechtigten Person nicht zugute.

Beispiel: Die ausgleichspflichtige Person schuldet bei Eintritt des Versorgungsfalls auf der Basis ihrer ungekürzten Versorgung von 1.400 EUR Unterhalt in Höhe von 100 EUR (bei Einkünften der unterhalts- und ausgleichsberechtigten Person in Höhe von 1.200 EUR).

Tabelle: Aussetzung Anpassung vor VA 2

Vor VA	Ausgleichspflichtig	Ausgleichsberechtigt	
Versorgung	1.400,00		
ber. Einkünfte		1.200,00	
Differenz			200,00
Unterhalt			100,00

Nach Kürzung durch den Versorgungsausgleich beläuft sich die Versorgung der unterhalts- und ausgleichspflichtigen Person auf 1.000 EUR, so dass sie auch bei Aussetzung der Kürzung in Höhe des Unterhaltsanspruchs von 100 EUR und Erhöhung des Einkommens auf 1.100 EUR keine Unterhaltspflicht mehr hätte. Für diese Prüfung muss das Gericht gegebenenfalls die Nettoversorgung der ausgleichspflichtigen Person nach Kürzung durch den Versorgungsausgleich ermitteln. Zu dieser Auskunft sind die Versorgungsträger nach § 220 FamFG verpflichtet.

Tabelle: Aussetzung Anpassung nach VA 2

Nach VA	Ausgleichspflichtig	Ausgleichsberechtigt	
Versorgung	1.400,00		
abzgl. Ausgleichsb.	– 500,00		
zzgl. Ausgleichsb.	100,00		
Summe	1.000,00		
Aussetzung Unterhalt	100,00		
Summe	1.100,00		
ber. Einkünfte		1.200,00	
Differenz			– 100,00
Unterhalt			0,00

Absatz 3 stellt im zweiten Halbsatz außerdem sicher, dass die ausgleichspflichtige Person keinen ungerechtfertigten Vorteil aus der Anpassung zieht. Sie darf nicht bessergestellt werden, als seien die Ausgleichswerte aus den Regelsicherungssystemen (§ 32 VersAusglG) saldiert worden.

Dies soll an folgendem **Beispiel** verdeutlicht werden:

Bei einer Versorgung von 2.000 EUR ohne Kürzung hätte die ausgleichspflichtige Person 600 EUR Unterhalt zu zahlen.

§ 2 Gesetz über den Versorgungsausgleich (VersAusglG)

Tabelle: Aussetzung Anpassung vor VA 3

Vor VA	Ausgleichspflichtig	Ausgleichsberechtigt	
Versorgung	2.000,00		
ber. Einkünfte		800,00	
Differenz			1.200,00
Unterhalt		600,00	

Durch den Versorgungsausgleich würde ihre Versorgung zugunsten der ausgleichsberechtigten Person um 800 EUR gekürzt, umgekehrt erhielte sie von der Versorgung der ausgleichsberechtigten Person 400 EUR. Sie würde dann nach Durchführung des Versorgungsausgleichs über insgesamt 1.600 EUR verfügen.

Tabelle: Aussetzung Anpassung nach VA 3

Nach VA	Ausgleichspflichtig	Ausgleichsberechtigt	
Versorgung	2.000,00		
abzgl. Ausgleichsb.	– 800,00		
zzgl. Ausgleichsb.	400,00		
Diff. Ausgleichsb.			400,00
Summe	1.600,00		

Theoretisch ließe sich nun – aufgrund des neuen Teilungssystems – die Kürzung der Versorgung der ausgleichspflichtigen Person um 600 EUR aussetzen. Dabei bliebe aber unbeachtet, dass sie per Saldo durch den Versorgungsausgleich nur 400 EUR verliert, so dass die Aussetzung der Versorgungskürzung auf diesen Betrag zu beschränken ist.

Tabelle: Aussetzung Anpassung nach VA 4

Nach VA Aussetzung	Ausgleichspflichtig	Ausgleichsberechtigt	
Versorgung	2.000,00		
abzgl. Ausgleichsb.	– 800,00		
zzgl. Ausgleichsb.	400,00		
diff. Ausgleichsb.			400,00
Summe	1.600,00		
Unterhalt			600,00
Aussetzung Unterhalt begrenzt	400,00		
Summe	2.000,00		

Aus dem genannten Beispiel wird zugleich deutlich, dass bei dieser Wertgrenze nur diejenigen Anrechte nach § 32 VersAusglG zu berücksichtigen sind, aus denen die ausgleichsberechtigte Person tatsächlich eine laufende Versorgung bezieht.

Nach Absatz 4 kann das Gericht nach billigem Ermessen entscheiden, bei welcher Versorgung bzw. welchen Versorgungen die Kürzung ausgesetzt wird, wenn die ausgleichspflichtige Person über mehrere Versorgungen verfügt. Auf diese Weise kann die Aussetzung im Einzelfall entweder bei mehreren Versorgungen anteilsmäßig erfolgen oder nur bei einer oder mehreren bestimmten Versorgungen.

§ 34 VersAusglG   Durchführung einer Anpassung wegen Unterhalt

(1) Über die Anpassung und deren Abänderung entscheidet das Familiengericht.

(2) Antragsberechtigt sind die ausgleichspflichtige und die ausgleichsberechtigte Person. Die Abänderung einer Anpassung kann auch von dem Versorgungsträger verlangt werden.

(3) Die Anpassung wirkt ab dem ersten Tag des Monats, der auf den Monat der Antragstellung folgt.

(4) Der Anspruch auf Anpassung geht auf die Erben über, wenn der Erblasser den Antrag nach § 33 Abs. 1 gestellt hatte.

(5) Die ausgleichspflichtige Person hat den Versorgungsträger, bei dem die Kürzung ausgesetzt ist, unverzüglich über den Wegfall oder Änderungen seiner Unterhaltszahlungen, über den Bezug einer laufenden Versorgung aus einem Anrecht nach § 32 sowie über den Rentenbezug, die Wiederheirat oder den Tod der ausgleichsberechtigten Person zu unterrichten.

(6) Über die Beendigung der Aussetzung aus den in Absatz 5 genannten Gründen entscheidet der Versorgungsträger. Dies gilt nicht für den Fall der Änderung von Unterhaltszahlungen.

Absatz 1 bestimmt, dass über den Antrag künftig nicht mehr wie bislang der Versorgungsträger entscheidet, sondern das **Familiengericht**. Bisher hatten die Versorgungsträger das Bestehen gesetzlicher Unterhaltsansprüche der ausgleichsberechtigten Person zu prüfen und in der Folge die Kürzung der Versorgung der ausgleichspflichtigen Person auszusetzen.

Die funktionelle Zuständigkeit des Familiengerichts ergibt sich aus § 23a Abs. 1 Nr. 1 des Gerichtsverfassungsgesetzes (GVG) in Verbindung mit § 111 Nr. 7

FamFG. Die örtliche Zuständigkeit richtet sich nach § 218 FamFG. Ist insoweit ein anderes Familiengericht nach § 232 FamFG für ein etwa parallel anhängiges Unterhaltsverfahren zuständig, können die Parteien beispielsweise dort die Abgabe der Unterhaltssache an das für die Versorgungsausgleichssache zuständige Gericht nach § 4 FamFG anregen.

Im Übrigen sollen die Gerichte das Verfahren in der Unterhaltssache aussetzen, bis die Versorgungsausgleichssache entschieden ist.

Dies erscheint jedoch nicht sinnvoll. Wenn das mit dem Unterhaltsprozess befasste Gericht nach der Entscheidung zum Versorgungsausgleich zu anderen Ergebnissen kommt, müssten die Unterhaltsbeträge rückwirkend angepasst werden. Kommen dabei dann niedrigere Unterhaltsbeträge als in der Entscheidung im Versorgungsausgleichsverfahren heraus, können sich Überzahlungen ergeben.

111 Absatz 2 regelt die Antragsberechtigung. Anders als im bislang geltenden § 9 Abs. 2 VAHRG verfügen die Hinterbliebenen künftig nicht mehr allein über ein Antragsrecht.

Ist eine durchgeführte Anpassung abzuändern – und nicht die Aussetzung der Kürzung vollständig zu beenden –, sind auch die Versorgungsträger antragsberechtigt. Damit werden insbesondere die Fälle abgedeckt, bei denen geänderte Einkommensverhältnisse der geschiedenen Eheleute zu einer geringeren Unterhaltsverpflichtung der ausgleichspflichtigen Person führen. In diesem Fall kann der Versorgungsträger die Kürzung der Versorgung wieder in höherem Maß berücksichtigen. Die geschiedenen Eheleute selbst hätten in diesem Fall kein Interesse an der Abänderung: Die ausgleichspflichtige Person hat nämlich aufgrund der derzeit geringeren Kürzung ein höheres Einkommen, die ausgleichs- und unterhaltsberechtigte Person dadurch einen höheren Unterhaltsanspruch.

Tabelle: Aussetzung Antragsberichtigung

Art	Antragsberechtigte	Antragsrecht
Nachlassverbindlichkeit	Hinterbliebene	Nein
Abänderung Anpassung	Versorgungsträger	Ja
Aussetzung der Kürzung	Versorgungsträger	Nein
Änderung Einkommensverhältnisse	Geschiedene Eheleute	Ja

112 Nach Absatz 3 ist die Versorgungskürzung ab dem Monat auszusetzen, der der Antragstellung folgt. Diese Wirkung der Entscheidung auf den Zeitpunkt der Antragstellung, aus rententechnischen Gründen hier auf den nächsten Monatsersten bezogen, entspricht allgemeinen verfahrensrechtlichen Grundsätzen. Im bislang geltenden Recht findet sie ein Vorbild beim Abänderungsverfahren, das nach § 10a Abs. 7 Satz 1 VAHRG die Rechtswirkungen ebenfalls ab Antragstellung entfaltete. § 226 Abs. 4 FamFG übernimmt dieses Regelungskonzept auch für das reformierte Abänderungsverfahren. So wird insgesamt ein Gleichklang des maßgeblichen Zeitpunkts für die Anpassungen nach Rechtskraft gemäß §§ 32 ff. VersAusglG und für die Abänderungsverfahren nach den §§ 225 und 226 FamFG hergestellt.

Damit stellt die Regelung klar, dass eine Anpassung mit Rückwirkung über die Antragstellung hinaus (also mit Wirkung ex tunc)[139] nicht mehr stattfindet. Die Versorgungskürzung wird vielmehr anders als im geltenden Recht erst mit Wirkung ex nunc ausgesetzt. Ergänzend wird auf die Ausführungen zu § 33 VersAusglG verwiesen.

	Antrag Aussetzung	Wirkung Aussetzung
	10.10.2009	1.11.2009

Abbildung: Aussetzung Wirkung

Absatz 4 entspricht § 9 Abs. 3 VAHRG.[140]

Absatz 5 greift die bisher in § 9 Abs. 5 VAHRG[141] geregelte Mitteilungspflicht der ausgleichspflichtigen Person auf:

Die ausgleichs*pflichtige* Person hat den Versorgungsträger über die in der Vorschrift aufgeführten Tatsachen zu unterrichten, die zu einer Beendigung der Aussetzung bzw. zu einer Änderung der Anpassung führen können. Die Vorschrift wurde sprachlich angepasst und inhaltlich insofern geändert, als jetzt zum einen nicht nur die vollständige Einstellung, sondern auch eine Änderung der Unterhaltszahlungen mitzuteilen sind. Dies ist wegen der in § 33 Abs. 3 Halbsatz 1 VersAusglG angeordneten modifizierten Rechtslage erforderlich: Leistet die ausgleichspflichtige Person nunmehr geringeren Unterhalt – etwa weil die ausgleichsberechtigte Person höhere eigene Einkünfte hat, die ihren Unterhaltsanspruch reduzieren –, kann der Versorgungsträger so prüfen, ob er einen Antrag auf Abänderung der Anpassung stellt, da die Aussetzung der Versorgungskürzung zu verrin-

---

139 Ex nunc ist lateinisch für von jetzt an. Häufig verwendet wird der Begriff im Juristenlatein, um zu kennzeichnen, dass ein Ereignis nur Wirkung für die Zukunft hat, nicht für die Vergangenheit. Das Gegenteil ist ex tunc lateinisch für von Anfang an.
140 VAHRG § 9: (3) Ansprüche nach §§ 4 bis 8 gehen auf den Erben über, wenn der Erblasser den erforderlichen Antrag gestellt hatte.
141 VAHRG § 9: (5) In den Fällen des § 5 hat der Verpflichtete dem Leistungsträger die Einstellung der Unterhaltsleistungen, die Wiederheirat des Berechtigten sowie dessen Tod mitzuteilen.

§ 2 Gesetz über den Versorgungsausgleich (VersAusglG)

gern sein könnte. Mitzuteilen ist auch der Bezug einer laufenden Versorgung nach § 32, weil sich dieser nach § 33 Abs. 3 Halbsatz 2 VersAusglG auf den Anpassungsbetrag auswirken kann.

Zusätzlich ist auch die Verpflichtung der ausgleichspflichtigen Person aufgenommen, ihren Versorgungsträger über einen Rentenbezug der ausgleichsberechtigten Person zu informieren. Denn damit entfiele die Berechtigung der Aussetzung der Kürzung. Der Versorgungsträger kennt den Zeitpunkt aber nicht, zu welchem die ausgleichsberechtigte Person eine Versorgung aus einem anderen Regelsicherungssystem erhält. Daneben hat auch der für die ausgleichsberechtigte Person zuständige Versorgungsträger dem Versorgungsträger der ausgleichspflichtigen Person auf Anfrage mitzuteilen, ob der ausgleichspflichtigen Person Rentenansprüche zustehen. Dies folgt aus § 4 Abs. 3 VersAusglG. Danach sind die Versorgungsträger untereinander verpflichtet, die zur Durchführung der Anpassung erforderlichen Auskünfte zu erteilen.

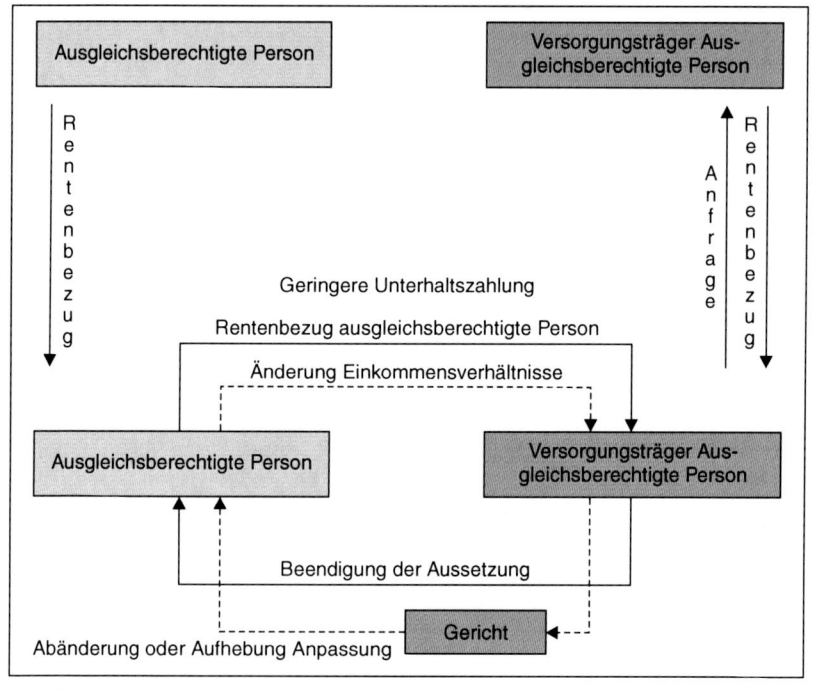

Abbildung: Aussetzung Mitteilungspflichten

170

114 Absatz 6 regelt in Satz 1 die Zuständigkeit der Versorgungsträger für die Entscheidung über die Beendigung der Aussetzung. Wird der Versorgungsträger, der die Kürzung der Versorgung der ausgleichspflichtigen Person ausgesetzt hat, über eine der in Absatz 5 genannten Tatsachen, die zum Wegfall der Aussetzungsberechtigung führen, unterrichtet, setzt er die volle Kürzung der Versorgung der ausgleichspflichtigen Person wieder in Kraft. In diesen Fällen bedarf es keiner erneuten gerichtlichen Befassung. Ist nämlich offensichtlich eine Unterhaltslast der ausgleichspflichtigen Person nicht (mehr) gegeben, sind zwingend die Voraussetzungen für die Anpassung entfallen.

Anders ist es dann, wenn sich lediglich die Einkommensverhältnisse der geschiedenen Eheleute aus anderen Gründen ändern, z.B. weil die ausgleichspflichtige Person Leistungen aus ihr übertragenen Anrechten geltend machen kann: Dann ist die Unterhaltsverpflichtung neu zu ermitteln. Dazu ist das Familiengericht berufen, was in Absatz 6 Satz 2 bestimmt ist. Dies wird in der Regel zur Abänderung der Anpassung führen. In Einzelfällen kann die Änderung der Unterhaltszahlungen auch dazu führen, dass die Anpassung insgesamt durch das Familiengericht aufzuheben ist.

§ 35 VersAusglG **Anpassung wegen Invalidität der ausgleichspflichtigen Person oder einer für sie geltenden besonderen Altersgrenze**

(1) Solange die ausgleichspflichtige Person eine laufende Versorgung wegen Invalidität oder Erreichens einer besonderen Altersgrenze erhält und sie aus einem im Versorgungsausgleich erworbenen Anrecht keine Leistung beziehen kann, wird die Kürzung der laufenden Versorgung aufgrund des Versorgungsausgleichs auf Antrag ausgesetzt.

(2) § 33 Abs. 2 gilt entsprechend.

(3) Die Kürzung ist höchstens in Höhe der Ausgleichswerte aus denjenigen Anrechten im Sinne des § 32 auszusetzen, aus denen die ausgleichspflichtige Person keine Leistung bezieht.

(4) Fließen der ausgleichspflichtigen Person mehrere Versorgungen zu, so ist jede Versorgung nur insoweit nicht zu kürzen, als dies dem Verhältnis ihrer Ausgleichswerte entspricht.

115 Härten könnten auftreten, wenn die ausgleichspflichtige Person vor Erreichen der in diesem Versorgungssystem geltenden allgemeinen Altersgrenze invalide wird und beispielsweise aus der gesetzlichen Rentenversicherung eine um den Ausgleichsbetrag gekürzte Erwerbsminderungsrente erhält, nicht jedoch aus einem durch den Versorgungsausgleich erworbenen Anrecht bei einem anderen Versorgungsträger, beispielsweise einer berufsständischen Versorgung. Das könnte der Fall sein, wenn nach der Versorgungsordnung des erworbenen Anrechts eine Leistung für den Fall der Erwerbsminderung nicht vorgesehen ist oder an besondere Voraussetzungen geknüpft ist, die bei der ausgleichspflichtigen Person (noch) nicht vorliegen. Dann stünde die ausgleichspflichtige Person schlechter als nach bislang geltendem Recht, denn hiernach würde sich ihre Erwerbsminderungsrente nur um den Saldo aus den Versorgungen beider Eheleute reduzieren.

Ferner in den Fällen, in denen die ausgleichspflichtige Person aufgrund einer besonderen Altersgrenze vorzeitig in den Ruhestand tritt und ihre eigene Versorgung gekürzt wird, sie gleichzeitig aber aus dem im Versorgungsausgleich erworbenen Anrecht noch keine Leistungen erhalten kann, weil sie die in diesem Versorgungssystem geltende allgemeine Altersgrenze noch nicht erreicht hat. In diesen Fällen steht die ausgleichspflichtige Person wie in den Fällen des § 35 Abs. 1 Satz 1 VersAusglG schlechter als nach dem bislang geltenden Ausgleichssystem, das auf der Saldierung der Ehezeitanteile beruhte.

Hierbei handelt es sich nicht um ein Problem des Versorgungsausgleichs selbst, sondern um die leistungsrechtliche Konsequenz des neuen Konzepts der internen Teilung jedes Anrechts in den Primärsystemen: Aus dem Anrecht des geschiedenen Ehegatten erhält der andere das, was das jeweilige System leistet. So können auch nach bisherigem Recht Hausfrauen oder Beamte beim Ausgleich über die gesetzliche Rentenversicherung oft keine Erwerbsminderungsrente beziehen, weil sie in den letzten fünf Jahren vor Eintritt der Erwerbsminderung keine Pflichtbeiträge für drei Jahre gemäß § 43 Abs. 1 Satz 1 Nr. 2 SGB VI nachweisen können.

Die ausgleichspflichtige Person erhält eine Versorgung wegen Invalidität oder eine Altersrente aufgrund „besonderer Altersgrenze". Diese Versorgung wird nach interner oder externer Teilung sofort gekürzt. Kann die ausgleichspflichtige Person aus dem Anrecht, das sie von dem anderen Ehegatten im Wege des Wertausgleichs erhalten hat, noch keine Versorgung erhalten, wird die Kürzung ihrer gewährten Versorgung vorübergehend ausgesetzt und zwar solange, bis der andere Ehegatte eine Versorgung bezieht.

Ausgleichswerte	Mann		Frau
Gesetzliche Rentenversicherung	0,00 €	⬅	400,00 €
Beamtenversorgung	1.000,00 €	➡	0,00 €

§ 35 VersAusglG § 2

Der Mann wird mit 50 Jahren dienstunfähig und erhält seine um den Versorgungsausgleich gekürzte Pension. Da er aus der gesetzlichen Rentenversicherung noch keine Erwerbsminderungsrente oder vorgezogene Altersrente erhalten kann, kann er den Antrag nach § 35 VersAusglG stellen. Dann wird seine Beamtenversorgung um 400 EUR nicht gekürzt, da er in Höhe von 400 EUR noch keine Leistung erhalten kann.

Dieses Problem kann auch andersherum entstehen, wobei nur Anrechte im Sinne des § 32 VersAusglG zu berücksichtigen sind und die jeweiligen Ehezeitanteile betrachtet werden:

Die ausgleichspflichtige Person hat 1.000 EUR aus der gesetzlichen Rentenversicherung (Anrecht A) und 200 EUR aus einer weiteren Regelversorgung, z.B. einer berufsständischen Versorgung (Anrecht B); der andere Ehegatte hat 100 EUR in einer anderen Regelversorgung, z.B. der Beamtenversorgung (Anrecht C).

Tabelle: Anpassung Invalidität 1

Ehezeitanteile	ausgleichspflichtige Person	ausgleichsberechtigte Person	Ausgleich
gesetzliche Rentenversicherung (Anrecht A)	1.000,–		500,–
berufsständische Versorgung (Anrecht B)	200,–		100,–
Beamtenversorgung (Anrecht C)		100,–	50,–

Die ausgleichspflichtige Person erhält nun eine Erwerbsunfähigkeitsrente oder vorgezogene Altersrente aus der gesetzlichen Rentenversicherung (in Höhe von gekürzt 500 EUR) und aus der berufsständischen Versorgung (in Höhe von gekürzt 100 EUR). Aus dem zugeteilten Anrecht der Beamtenversorgung (in Höhe von 50 EUR) erhält sie keine Leistungen.

Tabelle: Anpassung Invalidität 2

Rentenbeträge neues Recht	ausgleichspflichtige Person
Erwerbsminderungsrente aus gesetzliche Rentenversicherung gekürzt (1.000 – 500,–)	500,–
Berufsunfähigkeitsrente aus berufsständische Versorgung gekürzt (200 – 100)	100,–
Beamtenversorgung (Anrecht C)	0,–
Summe	600,–

Nach bislang geltendem Recht wären zulasten der ausgleichspflichtigen Person nach Splitting bzw. analogem Quasisplitting per Saldo 550 EUR auszugleichen.

Tabelle: Anpassung Invalidität 3

Ehezeitanteile	ausgleichspflichtige Person	ausgleichsberechtigte Person	Ausgleich
gesetzliche Rentenversicherung (Anrecht A)	1.000,–		
berufsständische Versorgung (Anrecht B)	200,–		
Beamtenversorgung (Anrecht C)		100,–	
Saldo	1.200,–	100,–	
Wertunterschied			1.100,–
Hälfte Wertunterschied			550,–
Splitting Rentenversicherung (1.000 – 0,– =1.000 : 2 = 500,–)	– 500,–	+ 500,–	
Analoges Quasisplitting (200 – 100 = 100 : 2 = 50,–)	– 50,–	+ 50,–	
Saldo	650,–	650,–	

Sie bezöge im Invaliditätsfall also 650 EUR, nämlich 500 EUR aus der gesetzlichen Rentenversicherung und 150 EUR aus der berufsständischen Versorgung.

Tabelle: Anpassung Invalidität 4

Rentenbeträge altes Recht	ausgleichspflichtige Person
Splitting (1.000 – 0,– = 1.000 : 2 = 500,–)	
Analoges Quasisplitting (200 – 100 = 100 : 2 = 50,–)	
Erwerbsminderungsrente aus gesetzliche Rentenversicherung gekürzt nach Splitting (1.000,– – 500,–)	500,–
Berufsunfähigkeitsrente aus berufsständische Versorgung gekürzt nach analogem Quasisplitting (200,– – 50,- = 150,–)	150,–
Beamtenversorgung (Anrecht C)	0,–
Saldo	650,–

Die Teilung jedes Anrechts mit der daraus folgenden getrennten Prüfung der Leistungsvoraussetzungen führt zu einem Nachteil von 50 EUR. Auf diesen Betrag ist daher die Rückgängigmachung der Kürzung zu beschränken.

Deshalb soll auch hier ein Nachteilsausgleich gewährt werden. Von dieser Regelung profitieren vor allem Beamtinnen und Beamte mit vorgezogenen Altersgrenzen sowie Soldatinnen und Soldaten. Als Leistungsbezug aufgrund einer besonderen Altersgrenze gilt auch der Bezug jeder vor Erreichen der Regelaltersgrenze gewährten Altersrente aus der gesetzlichen Rentenversicherung, sei es der Bezug einer vorgezogenen Altersrente oder der gesetzlich ermöglichte vorzeitige Bezug bei anderen Altersrenten.

116 Absatz 2 verweist auf die Wertgrenze in § 33 Abs. 2 VersAusglG. Damit wird vermieden, dass die Versorgungsträger die verwaltungstechnisch aufwendige zeitweise Aussetzung der Kürzung auch bei geringen Kürzungen durchzuführen haben (§ 2 Rn 107).

117 Absatz 3 regelt, dass die ausgleichspflichtige Person durch die neu eingeführte Anpassungsbestimmung nicht bessergestellt wird als nach bisherigem Versorgungsausgleichsrecht. Auch nach der bisher geltenden Rechtslage war eine Kürzung in Höhe des Saldos im Fall der Invalidität hinzunehmen. Auszugleichen ist also nur der Nachteil, der durch das neue Teilungssystem dann auftreten kann, wenn die Leistungsvoraussetzungen aus dem zugeteilten Anrecht – anders als bei dem eigenen Anrecht – nicht vorliegen. Dieser Nachteil entsteht also nur in Höhe des Werts der nicht fließenden laufenden Versorgungen im Sinne des § 32 VersAusglG. Die Aussetzung der Kürzung ist deshalb auf diesen Betrag zu beschränken.

118 Absatz 4 regelt die Aussetzung der Kürzung, falls die ausgleichspflichtige Person mehrere Versorgungen im Sinne des § 32 VersAusglG bezieht. Insoweit ähnelt der Sachverhalt der Regelung in § 33 Abs. 4 VersAusglG, wonach das für Unterhaltsfälle zuständige Familiengericht bei mehreren Versorgungen im Sinne des § 32 VersAusglG nach billigem Ermessen über die Aussetzung der Kürzung entscheidet. Diese Rechtsfolge ist aber auf die in den §§ 35 und 36 VersAusglG geregelten Sachverhalte nicht übertragbar, denn zuständig sind hier die jeweiligen **Versorgungsträger**. Deshalb regelt Absatz 4, dass hier jeweils nur ein anteiliger Anspruch auf Aussetzung entsprechend des Wertverhältnisses der Ausgleichswerte besteht.

Das bedeutet für obiges Beispiel, in welchem die Kürzung in Höhe von 50 EUR ausgesetzt werden kann: Das Wertverhältnis zwischen den eigenen ungekürzten Versorgungen der ausgleichspflichtigen Person beläuft sich auf 5 : 1 (1.000 : 200 = 5), deshalb ergeben sich für die Versorgungsträge folgende Aussetzungsbeträge:

Tabelle: Anpassung Invalidität Quotierung

Anrecht A	50 / (5 +1) * 5 =	41,67
Anrecht B	50 / 6 * 1 =	8,33
Summe		50,00

Damit der **zuständige Versorgungsträger** diese Berechnung anstellen kann, wird er – durch entsprechende Formularschreiben – ermitteln, ob die ausgleichspflichtige Person weitere Versorgungen erhält, deren Kürzung ebenfalls ausgesetzt werden kann. Zu dieser Mitteilung ist die ausgleichspflichtige Person gemäß § 4 Abs. 3 VersAusglG verpflichtet. Zudem kann sich der zuständige Versorgungsträger auch unmittelbar an die anderen Versorgungsträger wenden.

§ 36 VersAusglG **Durchführung einer Anpassung wegen Invalidität der ausgleichspflichtigen Person oder einer für sie geltenden besonderen Altersgrenze**

(1) Über die Anpassung, deren Abänderung und Aufhebung entscheidet der Versorgungsträger, bei dem das aufgrund des Versorgungsausgleichs gekürzte Anrecht besteht.

(2) Antragsberechtigt ist die ausgleichspflichtige Person.

(3) § 34 Abs. 3 und 4 gilt entsprechend.

(4) Sobald die ausgleichspflichtige Person aus einem im Versorgungsausgleich erworbenen Anrecht eine Leistung im Sinne des § 35 Abs. 1 beziehen kann, hat sie den Versorgungsträger, der die Kürzung ausgesetzt hat, unverzüglich darüber zu unterrichten.

119 Nach Absatz 1 entscheidet der **Versorgungsträger** über den Antrag auf Aussetzung der Versorgungskürzung, bei dem das betroffene Anrecht der ausgleichspflichtigen Person besteht.

Absatz 2 regelt die Antragsbefugnis der ausgleichspflichtigen Person. Maßgeblich ist danach, ob sie hinsichtlich des Anrechts, dessen Kürzung ausgesetzt werden soll, ausgleichspflichtig ist.

Mit dem Verweis auf § 34 Abs. 3 VersAusglG in Absatz 3 wird der Wirkungseintritt geregelt. Die Anpassung wirkt ab dem ersten Tag des Monats, der auf den Monat der Antragstellung folgt. Der weitere Verweis auf § 34 Abs. 4 VersAusglG bewirkt, dass der Anpassungsanspruch auf die Erben übergeht, wenn der Erblasser den Antrag gestellt hatte. Der Anpassungsanspruch fällt also in den Nachlass.

Absatz 4 stellt sicher, dass der Versorgungsträger die Kürzung der Versorgung wieder realisieren kann, wenn der Grund für die Aussetzung der Kürzung wegfällt: Das ist der Fall, wenn die ausgleichspflichtige Person Leistungen aus einem im Versorgungsausgleich erworbenen Anrecht erhalten kann, beispielsweise deshalb, weil sie wegen einer Veränderung ihres Gesundheitszustands jetzt auch die Voraussetzungen für den Leistungsbezug aus dem erworbenen Anrecht erfüllt. Darüber muss sie den Versorgungsträger informieren. Daneben sind die Versorgungsträger gemäß § 4 Abs. 3 VersAusglG untereinander verpflichtet, die zur Durchführung der Anpassung erforderlichen Auskünfte zu erteilen.

§ 37 VersAusglG Anpassung wegen Tod der ausgleichsberechtigten Person

(1) Ist die ausgleichsberechtigte Person gestorben, so wird ein Anrecht der ausgleichspflichtigen Person auf Antrag nicht länger aufgrund des Versorgungsausgleichs gekürzt. Beiträge, die zur Abwendung der Kürzung oder zur Begründung von Anrechten zugunsten der ausgleichsberechtigten Person gezahlt wurden, sind unter Anrechnung der gewährten Leistungen an die ausgleichspflichtige Person zurückzuzahlen.

(2) Die Anpassung nach Absatz 1 findet nur statt, wenn die ausgleichsberechtigte Person die Versorgung aus dem im Versorgungsausgleich erworbenen Anrecht nicht länger als 36 Monate bezogen hat.

(3) Hat die ausgleichspflichtige Person im Versorgungsausgleich Anrechte im Sinne des § 32 von der verstorbenen ausgleichsberechtigten Person erworben, so erlöschen diese, sobald die Anpassung wirksam wird.

Absatz 1 Satz 1 regelt den Grundtatbestand der Anpassung wegen Todes der ausgleichs*berechtigten* Person. Danach gilt wie im bislang geltenden Recht, dass die Versorgung der ausgleichspflichtigen Person in diesen Fällen unter gewissen Voraussetzungen nicht gekürzt wird.

120

Anders als in § 4 Abs. 1 VAHRG ist aber ein Anpassungsanspruch nicht mehr vorgesehen, wenn nur die Hinterbliebenen der ausgleichspflichtigen Person von der Anpassung profitieren würden. Diese haben kein schutzwürdiges Interesse an der Rückgängigmachung der Versorgungskürzung. Die Witwe oder der Witwer der ausgleichspflichtigen Person konnte und musste damit rechnen, dass die (Hinterbliebenen-)Versorgung der ausgleichspflichtigen Person um den für den Versorgungsausgleich abgezogenen Betrag reduziert war. Stammen hinterbliebene Kinder aus der ersten Ehe der ausgleichspflichtigen Person, haben sie unter Umstän-

§ 2 Gesetz über den Versorgungsausgleich (VersAusglG)

den einen Anspruch auf Hinterbliebenenrente auch aus dem übertragenen Anrecht nach der ebenfalls verstorbenen ausgleichsberechtigten Person. Stammen Kinder aus der zweiten Ehe, so ist ihr noch lebender Elternteil versorgungsrechtlich in Anspruch zu nehmen.

```
┌─────────────────────────────────────┐
│ Tod ausgleichsberechtigte Person    │
└──────────────────┬──────────────────┘
                   ▼
┌─────────────────────────────────────────────┐
│ Antrag Anpassung ausgleichspflichtige Person│
│ • Kein Antragsrecht Hinterbliebene          │
└──────────────────┬──────────────────────────┘
                   ▼
┌──────────────────────────────────────────────┐
│ Versorgungsträger prüft                      │
│ • Leistungsbezug von weniger als 36 Monate   │
│   aus dem übertragenen Anrecht               │
│ • Auch bei Bezug einer weiteren Hinter-      │
│   bliebenenversorgung                        │
└──────────────────┬───────────────────────────┘
                   ▼
┌──────────────────────────────────────────────────┐
│ Versorgungsträger                                │
│ • Rückzahlung von Beiträgen der ausgleichspflich-│
│   tigen Person an ihren Versorgungsträger        │
│   ○ zur Abwendung der erfolgten Kürzung          │
│   ○ zur Begründung von Anrechten                 │
│ • unter Anrechnung der gewährten Leistungen      │
└──────────────────────────────────────────────────┘
```

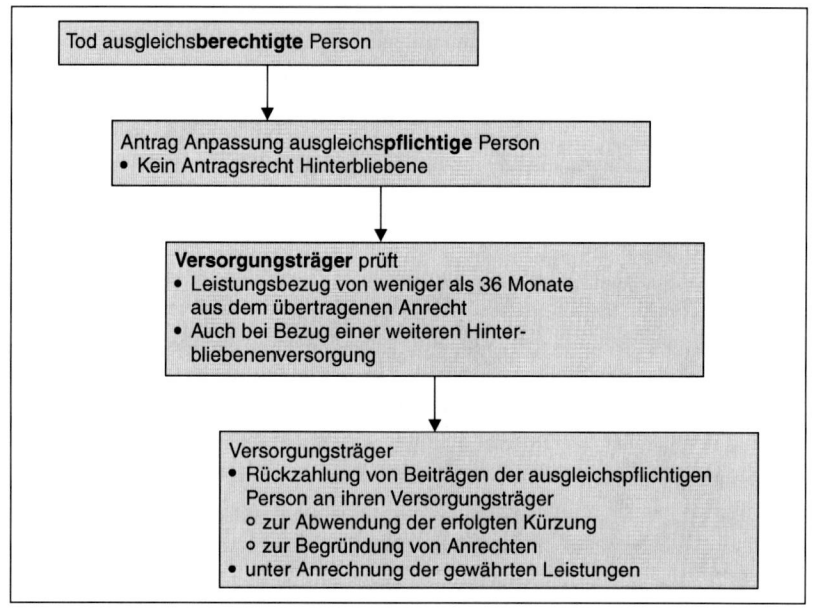

Abbildung: Anpassung Tod

121 Absatz 1 Satz 2 regelt zum einen die Rückabwicklung der Zahlung von Beiträgen der ausgleichspflichtigen Person an ihren Versorgungsträger zur Abwendung der erfolgten Kürzung, beispielsweise nach § 187 SGB VI oder nach § 58 BeamtVG. Da die ausgleichspflichtige Person durch die Anwendung des § 37 VersAusglG Versorgungsleistungen wieder in der ursprünglichen Höhe bezieht, ist diese Zahlung unter Anrechnung der gewährten Leistungen rückabzuwickeln (siehe auch den bislang geltenden § 8 VAHRG).[142]

Zum anderen ordnet Absatz 1 Satz 2 an, dass Beiträge, die zur Begründung von Anrechten zugunsten der ausgleichsberechtigten Person gezahlt wurden, an die

---

142 § 8 VAHRG: Ein zur Abwendung der Kürzung gezahlter Kapitalbetrag ist unter Anrechnung der gewährten Leistung zurückzuzahlen, wenn feststeht, dass aus dem im Versorgungsausgleich erworbenen Anrecht keine höheren als die in § 4 Abs. 2 genannten Leistungen zu gewähren sind.

ausgleichspflichtige Person zurückzuzahlen sind. Benötigt wird diese Bestimmung für Anpassungsfälle, bei denen der Ausgleich noch nach bislang geltendem Recht durch die Beitragszahlung erfolgt ist, beispielsweise auf Grundlage des § 3b Abs. 1 Nr. 2 VAHRG. Insoweit entspricht die Vorschrift dem bislang geltenden § 7 VAHRG. Der reformierte Versorgungsausgleich kennt einen Ausgleich durch Beitragszahlung der ausgleichspflichtigen Person nicht mehr.

Absatz 2 normiert die Voraussetzungen für die Aufhebung der Versorgungskürzung. Eine nachträgliche Anpassung ist dann vorgesehen, wenn die ausgleichsberechtigte Person keine oder nur geringe Leistungen aus dem im Versorgungsausgleich erworbenen Anrecht bezogen hat. Er bestimmt dafür eine Höchstgrenze. **122**

Eine Anpassung findet statt, wenn die ausgleichsberechtigte Person nicht länger als 36 Monate Leistungen aus dem übertragenen Anrecht bezogen hat.

Anders als im bislang geltenden Recht kommt es ausschließlich darauf an, ob die ausgleichsberechtigte Person selbst Leistungen aus dem im Versorgungsausgleich erworbenen Anrecht bezogen hat.

Eine Anpassung ist also auch dann möglich, wenn aus dem Anrecht eine Hinterbliebenenversorgung fließt.

Gleichzeitig findet eine rückwirkende Anpassung nicht mehr statt. Vielmehr tritt die Wirkung nach § 38 Abs. 3 VersAusglG in Verbindung mit § 34 Abs. 3 VersAusglG ab dem ersten Tag des Monats ein, der auf den Monat der Antragstellung folgt.

	Antrag Anpassung	Wirkung Anpassung
	10.10.2009	1.11.2009
		Aufhebung Versorgungskürzung
	Erlöschen von Zahlungen aus Anrechten aus Regelsicherungssystemen nach § 32 der ausgleichsberechtigten Person	

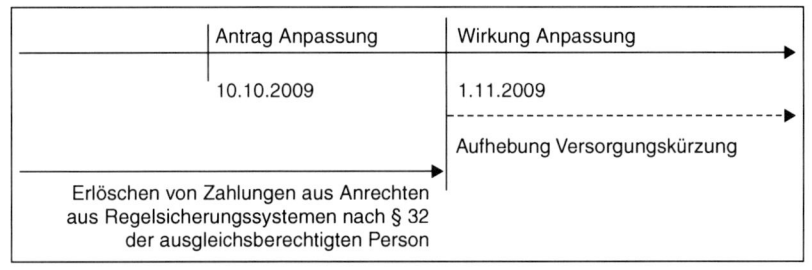

Abbildung: Anpassung Tod Wirkung

Auf die Ausführungen zu § 38 Abs. 3 VersAusglG wird verwiesen (§ 2 Rn 125).

Absatz 3 stellt sicher, dass die ausgleichspflichtige Person nach Anwendung der Härtefallregelung nicht bessergestellt ist, als wenn ein Versorgungsausgleich nicht durchgeführt worden wäre. Die Anpassung beseitigt nämlich die Kürzung ihrer ei- **123** genen Anrechte. Da sie aber regelmäßig auch Anrechte aus Regelsicherungssystemen des verstorbenen Ehegatten erworben hat, würde sie bessergestellt, wenn ihr diese weiter zufließen würden. Deshalb ordnet Absatz 3 an, dass diese Anrechte zu dem Zeitpunkt erlöschen, der nach § 38 Abs. 3 VersAusglG in Verbindung mit § 34 Abs. 3 VersAusglG maßgeblich ist. Durch die Unterrichtungspflichten nach § 38 Abs. 4 VersAusglG ist sichergestellt, dass diese Versorgungsträger ihre Leistungen rechtzeitig einstellen können.

> *Hinweis: Rückgängigmachung Betriebsrenten*
>
> Durch interne Teilung ist der Ausgleichswert für verpflichtete Person für immer verloren. Dabei spielt es keine Rolle, ob die berechtigte Person eine Rente erhalten hat oder nicht.
>
> Eine Rückgängigmachung des Versorgungsausgleichs findet nicht statt, da die Betriebsrente nicht zu den in § 32 aufgeführten Versorgungssystemen gehört. Das gleiche gilt für die externe Realteilung.

§ 38 VersAusglG Durchführung einer Anpassung wegen Tod der ausgleichsberechtigten Person

(1) Über die Anpassung entscheidet der Versorgungsträger, bei dem das aufgrund eines Versorgungsausgleichs gekürzte Anrecht besteht. Antragsberechtigt ist die ausgleichspflichtige Person.

(2) § 34 Abs. 3 und 4 gilt entsprechend.

(3) Die ausgleichspflichtige Person hat die anderen Versorgungsträger, bei denen sie Anrechte der verstorbenen ausgleichsberechtigten Person aufgrund des Versorgungsausgleichs erworben hat, unverzüglich über die Antragstellung zu unterrichten. Der zuständige Versorgungsträger unterrichtet die anderen Versorgungsträger über den Eingang des Antrags und seine Entscheidung.

124 Absatz 1 regelt in Übereinstimmung mit dem bisherigen Recht, dass derjenige **Versorgungsträger** über die Anpassung entscheidet, bei dem das gekürzte Anrecht besteht. Wenn die ausgleichspflichtige Person mehrere Versorgungen im Sinne des § 32 VersAusglG bei verschiedenen Versorgungsträgern bezieht, sind gegebenenfalls mehrere Anträge bei den jeweils zuständigen Versorgungsträgern zu stellen.

Satz 2 entspricht teilweise dem bisherigen § 9 Abs. 2 VAHRG und regelt die Antragsberechtigung des überlebenden ausgleichspflichtigen Ehegatten. Die Hinterbliebenen sind im Gegensatz zu § 9 Abs. 2 VAHRG nicht mehr antragsberechtigt. Auf die Begründung zu § 37 VersAusglG wird verwiesen (§ 2 Rn 120).

Der Verweis in Absatz 2 auf § 34 Abs. 3 VersAusglG bestimmt, dass die Anpassung mit dem ersten Tag des Monats wirkt, der auf den Monat der Antragstellung folgt. Damit wird ein Gleichlauf mit den anderen Anpassungsfällen und dem Abänderungsverfahren hergestellt. Zugleich erfolgt im Unterschied zum bisherigen Recht eine Beschränkung der Anpassung dahingehend, dass diese nunmehr für die Zukunft wirkt.

Dies war aus dem Gesetzeswortlaut bisher nicht eindeutig erkennbar und war durch das Bundessozialgericht im Sinne einer Ex-tunc-Wirkung ausgelegt worden,[143] zuletzt sogar im Sinne einer kompletten Rückabwicklung ohne Begrenzung auf die Vierjahresfrist des § 48 Abs. 4 SGB X in Verbindung mit § 44 Abs. 4 SGB X.[144]

In Absatz 2 ist ferner mit dem Verweis auf § 34 Abs. 4 VersAusglG die Vererblichkeit des Anpassungsrechts geregelt. Dies entspricht § 9 Abs. 3 VAHRG.

Absatz 3 Satz 1 bestimmt, dass die ausgleichspflichtige Person diejenigen Versorgungsträger der **Regelsicherungssysteme** unverzüglich über die Antragstellung unterrichten muss, bei denen sie Anrechte von der verstorbenen ausgleichsberechtigten Person aufgrund eines Versorgungsausgleichs erworben hat. Erforderlich ist dies, damit diese ihre Leistungen an die ausgleichspflichtige Person rechtzeitig einstellen können, wenn das fragliche Anrecht gemäß § 37 Abs. 3 VersAusglG erlischt. Gleichzeitig ist in Absatz 3 Satz 2 die Informationspflicht des Versorgungsträgers, bei dem der Antrag auf Rückgängigmachung der Kürzung gestellt wurde, gegenüber den weiteren Versorgungsträgern geregelt. Diese sollen verlässlich erfahren, von welchem Zeitpunkt an sie die Leistung einstellen können. Damit der zuständige Versorgungsträger diese Informationspflichten erfüllen kann, wird er im Rahmen des Antragsverfahrens wiederum von der ausgleichspflichtigen Person den Nachweis verlangen, dass sie ihre Pflichten nach Absatz 3 Satz 1 erfüllt hat.

125

---

143 Grundlegend BSG vom 1. September 1988 – 4/11a RA 38/87 = SGb 1989, 209.
144 BSG vom 12. Dezember 2006 – B 13 R 33/06 R = FamRZ 2007, 815.

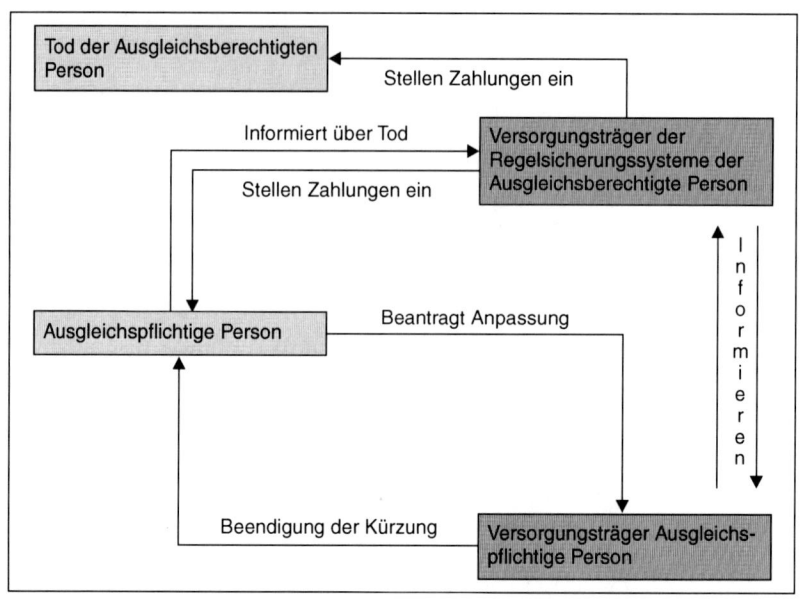

§ 2 Gesetz über den Versorgungsausgleich (VersAusglG)

Abbildung: Aussetzung Mitteilungspflichten

Die antragstellende Person wird also folgende Unterlagen vorzulegen haben:
- eine Sterbeurkunde der ausgleichsberechtigten Person,
- eine Kopie des Scheidungsurteils, dem sämtliche beteiligte Versorgungsträger zu entnehmen sind,
- einen Nachweis über die erfolgte Information nach Absatz 3 Satz 1.

Teil 2: Wertermittlung

126 Die Wertermittlung des Ehezeitanteils ist im bislang geltenden Recht in erster Linie in § 1587a Abs. 2 und 3 BGB geregelt. Während sich in § 1587a Abs. 2 BGB zahlreiche Bestimmungen finden, wie Anrechte der unterschiedlichen Versorgungssysteme zu bewerten sind, wird in § 1587a Abs. 3 BGB geregelt, wie die verschiedenen Versorgungsanrechte vergleichbar gemacht werden.

Die insgesamt zehn Bewertungsvorschriften im bisherigen § 1587a Abs. 2 BGB lassen sich im Wesentlichen auf zwei grundsätzliche Methoden zurückführen:

- die unmittelbare Bewertung (teilweise auch als „beitragsorientierte Bewertung" bezeichnet)[145] und
- die zeitratierliche Bewertung.

Die unmittelbare Bewertung ist vorgesehen für:
- Renten oder Rentenanwartschaften aus der gesetzlichen Rentenversicherung) nach § 1587a Abs. 2 Nr. 2 BGB. Für die Berechnung des in den Wertausgleich einzustellenden Rentenbetrags sind danach die auf die Ehezeit entfallenden Entgeltpunkte ohne Berücksichtigung des Zugangsfaktors maßgeblich.
- Sonstige Renten die nach § 1587a Abs. 2 Nr. 4 BGB in den Buchstaben a, c und d zu bemessen sind – das sind im Wesentlichen:
  - berufsständische Versorgungen,
  - Versorgungen, die nach der Dauer einer Anrechnungszeit (Buchstabe a) oder
  - nach einem Bruchteil entrichteter Beiträge (Buchstabe c) oder
  - nach den für die gesetzliche Rentenversicherung geltenden Grundsätzen (Buchstabe d).
- Versorgungsanrechte aufgrund eines Versicherungsvertrages,
  - privaten Altersversorgung (§ 1587a Abs. 2 Nr. 5 BGB), die prämienfreie Leistung wird als Maßstab herangezogen.

Die zeitratierliche Bewertung ist vorgesehen für:
- Anrechte aus einem öffentlich-rechtlichen Dienstverhältnis nach § 1587a Abs. 2 Nr. 1 BGB. Hier ist die in die Ehezeit fallende ruhegehaltfähige Dienstzeit zu der bis zur Altersgrenze insgesamt möglichen ruhegehaltfähigen Dienstzeit ins Verhältnis zu setzen.
- Anrechte der betrieblichen Altersversorgung nach § 1587a Abs. 2 Nr. 3 BGB.
- Sonstigen Anrechte nach § 1587a Abs. 2 Nr. 4 Buchstabe b BGB.

Dieses komplizierte Regelungssystem hat in der Vergangenheit das Verständnis für die im Versorgungsausgleich erforderlichen Bewertungen erheblich erschwert. Die Reform ordnet das Bewertungsrecht neu:
- § 5 VersAusglG regelt allgemeine Grundsätze.
- Die §§ 39 und 40 VersAusglG normieren die beiden grundlegenden Bewertungsmethoden für Anwartschaften systemneutral.
- § 41 VersAusglG bestimmt, wie laufende Versorgungen zu bewerten sind.
- § 42 VersAusglG gibt eine Auffangbestimmung für die wenigen Fälle, in denen weder eine unmittelbare noch eine zeitratierliche Bewertung zu einem angemessenen Ergebnis führen.

---

[145] MünchKomm/*Glockner*, BGB-Kommentar, 4. Aufl. 2000, § 1587a Rn 381.

§ 2 Gesetz über den Versorgungsausgleich (VersAusglG)

- Die §§ 43 bis 46 VersAusglG enthalten Spezialvorschriften für besondere Versorgungssysteme nur noch insoweit, als dies erforderlich ist.
- § 47 VersAusglG schließlich bestimmt, wie die neu eingeführte Hilfsgröße des korrespondierenden Kapitalwerts zu ermitteln ist.

Die in § 1587a Abs. 3 BGB[146] enthaltenen Regelung gibt es nicht mehr, da ein Mechanismus für die Vergleichbarmachung der unterschiedlichen Anrechte bei der anrechtsbezogenen Teilung nach Auffassung des Gesetzgebers nicht mehr erforderlich ist.

Eine Vergleichbarkeit der Anrechte beider Ehegatten ist aber für die Härtefallprüfung nach § 27 VersAusglG oder die Prüfung eines etwaigen geringfügigen Wertunterschieds nach § 18 Abs. 1 VersAusglG erforderlich. Dies geschieht künftig mithilfe von korrespondierenden Kapitalwerten (§ 47 VersAusglG).

Kapitel 1: Allgemeine Wertermittlungsvorschriften

127 In Kapitel 1 sind die beiden grundlegenden Berechnungsmethoden für Anwartschaften normiert,

- die unmittelbare Bewertung (§ 39 VersAusglG),
- die zeitratierliche Bewertung (§ 40 VersAusglG).

Laufende Versorgungen sind nach § 41 VersAusglG zu bewerten. Subsidiär greift für Ausnahmefälle die Billigkeitsbewertung nach § 42 VersAusglG.

---

146 Hinweis: Der Text des § 1587a BGB ist unter Fußnote 3 aufgeführt.

Teil 2: Wertermittlung § 2

```
┌─────────────────────────────────┐      ┌─────────────────────────────────┐
│ Anrecht in der Anwartschaftsphase│      │  Anrecht in der Leistungsphase  │
│              § 39                │      │              § 41               │
└─────────────────────────────────┘      └─────────────────────────────────┘
                 │                                        │
                 ▼                                        │
┌─────────────────────────────────┐                       │
│ Wert kann aus einer unmittelbar │◄──────────────────────┤
│ Zeitabschnitten zugeordneten    │                       │
│ Bezugsgröße ermittelt werden.   │                       │
│          § 39 Abs. 1            │                       │
└─────────────────────────────────┘                       │
          │              │                                │
          ▼              ▼                                ▼
┌──────────────┐  ┌──────────────────┐   ┌────────────────────────┐
│ Unmittelbare │  │ Zeitratierliche  │   │ Zeitratierliche Bewegung│
│  Bewertung   │  │    Bewegung      │   │  aus tatsächlichen Werten│
│     § 39     │  │       § 40       │   │        § 41 Abs. 2      │
└──────────────┘  └──────────────────┘   └────────────────────────┘
          │              │                                │
          ▼              ▼                                ▼
        ┌─────────────────────────────────────────────────┐
        │    Entspricht der Halbteilungsgrundsatz § 5     │
        └─────────────────────────────────────────────────┘
                    │                                │
                   nein                              ja
                    ▼                                ▼
        ┌──────────────────────────┐    ┌──────────────────────────┐
        │ Bewertung nach Billigkeit│    │      Ausgleichswert      │
        │          § 42            │    │                          │
        └──────────────────────────┘    └──────────────────────────┘
```

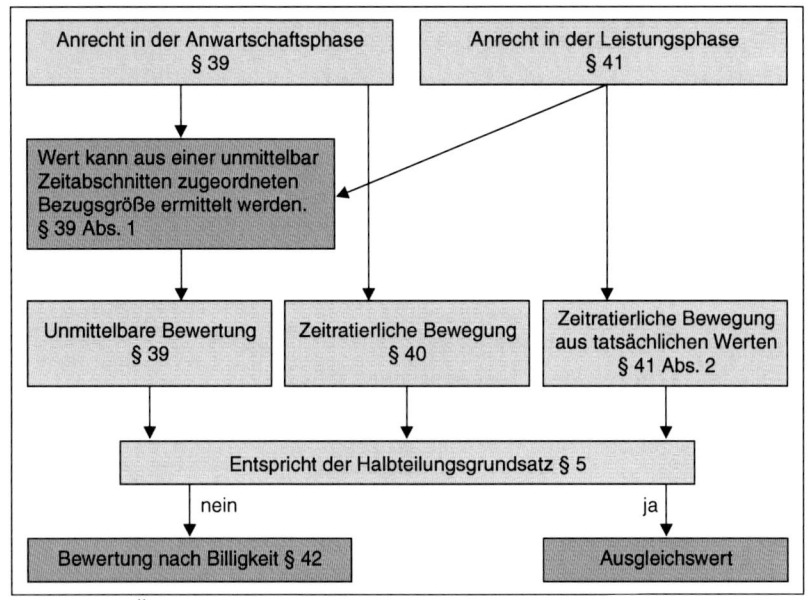

Abbildung: Übersicht Bewertungen

Für den Zeitpunkt der Bewertung der Anrechte ist das Ehezeitende zugrunde zu legen (§ 2 Rn 17). Für Veränderungen zwischen Ehezeitende und Entscheidung gilt § 5 Abs. 2 Satz 2 VersAusglG.

Für eine auf eine Kapitalzahlung gerichtete Leistung, die nach § 2 Abs. 2 Nr. 3 Halbsatz 2 VersAusglG ebenfalls Gegenstand des Versorgungsausgleichs sein kann, sind die nachfolgenden Bestimmungen entsprechend anzuwenden.

Grundsätzlich erfolgt die Ermittlung des auf die Ehezeit entfallenden Anteils eines Anrechtes und nicht der Wertzuwachs des Anrechtes während der Ehezeit.

Die Bewertung des Ehezeitanteils erfolgt versicherungsmathematisch nach folgenden Kriterien:
- Bewertungsmethode
- Barwert = Summe der mit der Wahrscheinlichkeit der Fälligkeit gewichteten, auf den Bewertungsstichtag abgezinsten möglichen künftigen Zahlungen
- Bewertungsprämissen
- Rechnungszins
- wirtschaftliche Interpretation durch Arbeitgeber/Arbeitnehmer
- Biometrische Daten
- Dynamische Entwicklungen

§ 2 Gesetz über den Versorgungsausgleich (VersAusglG)

| § 39 VersAusglG | Unmittelbare Bewertung einer Anwartschaft |

(1) Befindet sich ein Anrecht in der Anwartschaftsphase und richtet sich sein Wert nach einer Bezugsgröße, die unmittelbar bestimmten Zeitabschnitten zugeordnet werden kann, so entspricht der Wert des Ehezeitanteils dem Umfang der auf die Ehezeit entfallenden Bezugsgröße (unmittelbare Bewertung).

(2) Die unmittelbare Bewertung ist insbesondere bei Anrechten anzuwenden, bei denen für die Höhe der laufenden Versorgung Folgendes bestimmend ist:
1. die Summe der Entgeltpunkte oder vergleichbarer Rechengrößen wie Versorgungspunkten der Leistungszahlen,
2. die Höhe eines Deckungskapitals,
3. die Summe der Rentenbausteine,
4. die Summe der entrichteten Beiträge oder
5. die Dauer der Zugehörigkeit zum Versorgungssystem.

128 § 39 VersAusglG regelt die Bewertung von Anrechten, die sich in der Anwartschaftsphase befinden und deren Wert sich unmittelbar bestimmen lässt.

Nach Absatz 1 ist eine unmittelbare Bewertung dann möglich, wenn ein direkter Zusammenhang zwischen einer Bezugsgröße, die aus der Ehezeit resultiert, und der Höhe der Versorgung besteht. Die unmittelbare Bewertung ist vorrangig anzuwenden, weil hierdurch die konkret in der Ehezeit erwirtschafteten Versorgungswerte ermittelt werden können.

Die Bewertung nach § 39 VersAusglG erfolgt nach dem Ende der Ehezeit rückschauend und benötigt deshalb keine Annahmen und die damit notwendigerweise verbundenen Unsicherheiten mehr. Auch aus diesem Grund geht § 39 VersAusglG dem § 40 VersAusglG vor.

Anrechte, die sowohl unmittelbar als auch zeitratierlich zu bewertende Elemente haben, sind differenziert zu berechnen. Dies trifft für einige Anrechte im Bereich der berufsständischen und betrieblichen Altersversorgung zu. Dort ist wegen des Vorrangs der Bewertung nach § 39 VersAusglG nur der Teil zeitratierlich zu bewerten, der nicht unmittelbar bewertet werden kann.

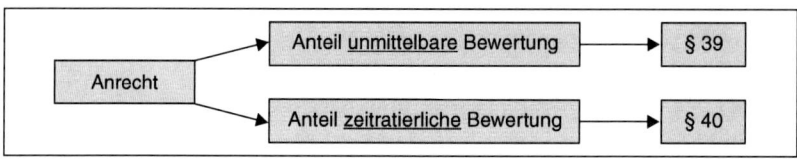

Abbildung: Art der Bewertung

Bei einem berufsständischen Versorgungsträger kann sich beispielsweise die zu erwartende Versorgung bei Erreichen der maßgeblichen Altersgrenze in erster Linie aus den erworbenen Steigerungszahlen ergeben. Zusätzlich kann die Versorgungsordnung aber noch einen Zuschlag in Höhe des x-Fachen der durchschnittlichen Steigerungszahl vorsehen. Ist der Ehezeitanteil eines solchen Anrechts zu bestimmen, so können die erworbenen Steigerungszahlen eindeutig der Ehezeit zugeordnet werden, so dass diese unmittelbar zu bewerten sind. Der angegebene Zuschlag ist dagegen nicht direkt zuzuordnen und muss daher zeitratierlich berechnet werden.[147]

129

Bei einer Zusatzversorgungskasse des öffentlichen oder kirchlichen Dienstes ist der Stichtag 31. Dezember 2001 zu beachten (Umstellung vom Gesamtversorgungsmodell auf das Punktemodell):[148]

130

- Die bis zum 31. Dezember 2001 erworbenen Anwartschaften sind in der Startgutschrift enthalten und zeitratierlich zu bewerten (§ 2 Rn 152),
- während die Anwartschaften ab dem 1. Januar 2002 auf Basis von Versorgungspunkten kalkuliert und unmittelbar bewertet werden können.

Darüber hinaus gibt es auch Anrechte, insbesondere solche auf Basis von Rentenbausteinen, die grundsätzlich zwar unmittelbar zu bewerten sind, aber eben nicht zu jedem Zeitpunkt. Diese Schwierigkeit entsteht dadurch, dass diese Rentenbausteine dem (potenziellen) Versorgungsempfänger nur in jährlichen Abständen gutgeschrieben werden. Für die Jahre, die komplett in die Ehezeit fallen, ist dieser Fall völlig unproblematisch, da die entsprechenden Rentenbausteine auch ganz der Ehezeit zuzuordnen sind. Lediglich im ersten und im letzten Jahr der Ehezeit müssen die Anteile an den entsprechenden Rentenbausteinen bestimmt werden, die der Ehezeit zuzuordnen sind. Hier bietet es sich an, die Anzahl der Monate im jeweiligen Jahr, die in die Ehezeit fallen, durch zwölf zu teilen und dieses Ergebnis mit dem Wert des Rentenbausteins zu multiplizieren. Falls der Wert des Rentenbausteins für das letzte Jahr der Ehezeit noch nicht feststeht, so kann dieser mithilfe einer Extrapolation ermittelt werden. Bei einer solchen Extrapolation (oder Hochrechnung) schreibt man die Wertentwicklung, wie sie in den vorangegangenen Jahren beobachtet werden konnte, für das Folgejahr fort.

131

Ein 5- bis 10-Jahreszeitraum ist sicherlich ausreichend. Bei starken Schwankungen sollte ein möglichst langer Zeitraum gewählt werden um einen guten Mittelwert zu errechnen.

---

147 Vgl. BGH vom 20. September 1995 – XII ZB 15/94 = FamRZ 1996, 95.
148 *Rotax*, Praxis des Familienrechts, 3. Aufl. 2007, Teil 10, Rn 340 ff.

Tabelle: Rentenbausteine

Ehezeit	1.3.2002 – 31.10.2009		
Jahr	Rentenbaustein	Ehezeitanteil	Ausgleichswert
2002	52,00	52,00 /12 * 10 = 43,33	21,67
2003	54,00	54,00	27,00
2004	48,00	48,00	24,00
2005	50,00	50,00	25,00
2006	54,00	54,00	27,00
2007	55,00	55,00	27,50
2008	52,00	52,00	26,00
2009	(48+50+54+55+52) / 5 = 51,80	51,80 / 12 * 10 = 43,17	21,59
Summe			199,76

132 Absatz 2 benennt durch eine nicht abschließende Aufzählung beispielhaft diejenigen Versorgungssysteme, die unmittelbar bewertet werden können.

133 Nummer 1 bezieht sich auf die praktisch bedeutsamste Fallgruppe von Versorgungen, nämlich Anrechte aus der gesetzlichen Rentenversicherung. Hier richtet sich die Höhe der Versorgung nach der Summe der in der Ehezeit erworbenen Entgeltpunkte. Für die gesetzliche Rentenversicherung ändert sich durch das reformierte Recht nichts, da auch im bislang geltenden § 1587a Abs. 2 Nr. 2 BGB die „auf die Ehezeit entfallenden Entgeltpunkte" zur Bewertung herangezogen wurden (§ 2 Rn 110).

134 Nummer 2 benennt Anrechte, bei denen sich die Höhe der Versorgung nach der Höhe des in der Ehezeit erworbenen Deckungskapitals richtet. Dies sind insbesondere solche aus privaten Rentenversicherungsverträgen. Das Deckungskapital setzt sich im Wesentlichen aus den eingezahlten Beiträgen, den erzielten Zinsgewinnen und den zugeteilten Überschussanteilen zusammen, vermindert um Risiko-, Verwaltungs- und sonstige Kosten. Die spätere Versorgung errechnet sich hier durch Verrentung des Deckungskapitals unter Anwendung versicherungsmathematischer Grundsätze und Rechnungsgrundlagen. Des nach dem bisherigen § 1587a Abs. 2 Nr. 5 BGB für solche Versorgungssysteme vorgegebenen Umwegs über die fiktive Umwandlung in eine prämienfreie Versicherung bedarf es nicht mehr. Die Versorgungsträger können direkt auf das Deckungskapital aus der Ehezeit zurückgreifen. Weitere Einzelheiten sind für betriebliche kapitalgedeckte Anrechte in § 45 VersAusglG und für Privatversicherungen in § 46 VersAusglG geregelt.

Nach Nummer 3 sind Anrechte, bei denen sich die Höhe der Versorgung aus der Summe der Rentenbausteine ergibt, ebenfalls unmittelbar zu bewerten. In solchen Versorgungssystemen wird dem Versorgungsbeitrag für jedes Jahr der Anwartschaft direkt eine resultierende Leistung zugeordnet. Die resultierende Versorgung muss dabei nicht zwangsläufig in einem Geldwert ausgedrückt werden. Es sind beispielsweise auch Versorgungssysteme denkbar, die dem Versorgungsbeitrag eine entsprechende Anzahl von Fondsanteilen zuordnen. Die Höhe der Versorgung ergibt sich hier aus der Summe der Rentenbausteine für jedes Jahr der Anwartschaft. Für solche Versorgungssysteme gab es bisher keine ausdrückliche Regelung, so dass sie in der Regel gemäß § 1587a Abs. 2 Nr. 4 Buchstabe b BGB bewertet wurden. § 39 Abs. 2 Nr. 3 VersAusglG behebt diese Regelungslücke. **135**

Unmittelbar zu bewerten sind nach Nummer 4 auch Anrechte, bei denen sich die Höhe der Versorgung unmittelbar aus der Summe der entrichteten Beiträge ergibt. Eine entsprechende Regelung ist im bislang geltenden Recht in § 1587a Abs. 2 Nr. 4 Buchstabe c BGB enthalten und vor allem für berufsständische Versorgungen relevant. **136**

Auch betriebliche Versorgungen die auf beitragsorientierten Leistungszusagen beruhen sind unmittelbar zu bewerten, Die unmittelbare Bewertung einer Leistungszusage darf jedoch nicht aus einer Leistungsstaffel abgeleitet werden. Ferner sind Dynamik und Verzinsung zu berücksichtigen.

Nummer 5 schließlich benennt beispielhaft Anrechte, bei denen sich die Höhe der laufenden Versorgung nach der Dauer der Zugehörigkeit zum Versorgungssystem richtet. Sie ergibt sich hier in der Regel aus der Multiplikation der Dauer der Zugehörigkeit zum entsprechenden Versorgungssystem (in Jahren) mit dem entsprechenden Rentenwert, der dem Versorgungsanwärter für jedes Jahr der Zugehörigkeit zugesichert wurde. Der bislang geltende § 1587a Abs. 2 Nr. 4 Buchstabe a BGB enthält eine vergleichbare Bestimmung. **137**

§ 40 VersAusglG Zeitratierliche Bewertung einer Anwartschaft

(1) Befindet sich ein Anrecht in der Anwartschaftsphase und richtet sich der Wert des Anrechts nicht nach den Grundsätzen der unmittelbaren Bewertung gemäß § 39, so ist der Wert des Ehezeitanteils auf der Grundlage eines Zeit-Zeit-Verhältnisses zu berechnen (zeitratierliche Bewertung).

(2) Zu ermitteln ist die Zeitdauer, die bis zu der für das Anrecht maßgeblichen Altersgrenze höchstens erreicht werden kann (n). Zudem ist der Teil dieser

Zeitdauer zu ermitteln, der mit der Ehezeit übereinstimmt (m). Der Wert des Ehezeitanteils ergibt sich, wenn das Verhältnis der in die Ehezeit fallenden Zeitdauer und der höchstens erreichbaren Zeitdauer (m/n) mit der zu erwartenden Versorgung (R) multipliziert wird (m/n x R).

(3) Bei der Ermittlung der zu erwartenden Versorgung ist von den zum Ende der Ehezeit geltenden Bemessungsgrundlagen auszugehen. § 5 Abs. 2 Satz 2 bleibt unberührt.

(4) Die zeitratierliche Bewertung ist insbesondere bei Anrechten anzuwenden, bei denen die Höhe der Versorgung von dem Entgelt abhängt, das bei Eintritt des Versorgungsfalls gezahlt werden würde.

(5) Familienbezogene Bestandteile des Ehezeitanteils, die die Ehegatten nur aufgrund einer bestehenden Ehe oder für Kinder erhalten, dürfen nicht berücksichtigt werden.

138 Absatz 1 regelt die zeitratierliche Bewertung einer Anwartschaft. Sie ist nur anzuwenden, wenn die unmittelbare Bewertung nicht möglich ist. Das ist der Fall, wenn kein direkter Zusammenhang zwischen einer Bezugsgröße aus der Ehezeit und der Höhe der Versorgung besteht. Die zeitratierliche Bewertung geht davon aus, dass ein Versorgungsanrecht im Laufe der Zeit gleichmäßig aufgebaut wird, ohne dass eine unmittelbare Zuordnung von Wertbestandteilen zur Ehezeit möglich wäre. Die zeitratierliche Methode ist wegen dieser Annahme ungenauer als die unmittelbare Bewertung und deshalb nur nachrangig anzuwenden.

Bei der zeitratierlichen Bewertung sind somit zwei Zeiträume (in Tagen, Monaten oder Jahren) zu bestimmen: Dies ist nach Absatz 2 Satz 1 zunächst die bis zur für das Anrecht maßgeblichen Altersgrenze höchstens erreichbare Zeitdauer der Zugehörigkeit zum Versorgungssystem (n), nach Satz 2 zum anderen deren Teil, der in die Ehezeit fällt (m). Anstelle der maßgeblichen Altersgrenze können auch andere Stichtage die Zeiträume bestimmen, etwa der Stichtag der Systemumstellung der öffentlich-rechtlichen Zusatzversorgungen (31. Dezember 2001) für die Bewertung der Startgutschrift (siehe auch die Begründung zu § 39 VersAusglG).

Neben den Zeitperioden m und n ist die zu erwartende Versorgung (R) zu ermitteln. Sowohl die heranzuziehende Altersgrenze als auch die voraussichtliche Versorgung sind den für die Versorgung maßgeblichen Bestimmungen zu entnehmen, also beispielsweise den beamtenrechtlichen Vorschriften oder der Satzung des betrieblichen Versorgungsträgers.

Auf Grundlage dieser Werte ist nach Absatz 2 Satz 3 der Ehezeitanteil mit der Formel „m/n × R" zu berechnen. Damit erfolgt die Bewertung nach § 40 VersAusglG notwendigerweise vorausschauend, also mit Annahmen für die weitere Entwicklung der Anwartschaftsphase.

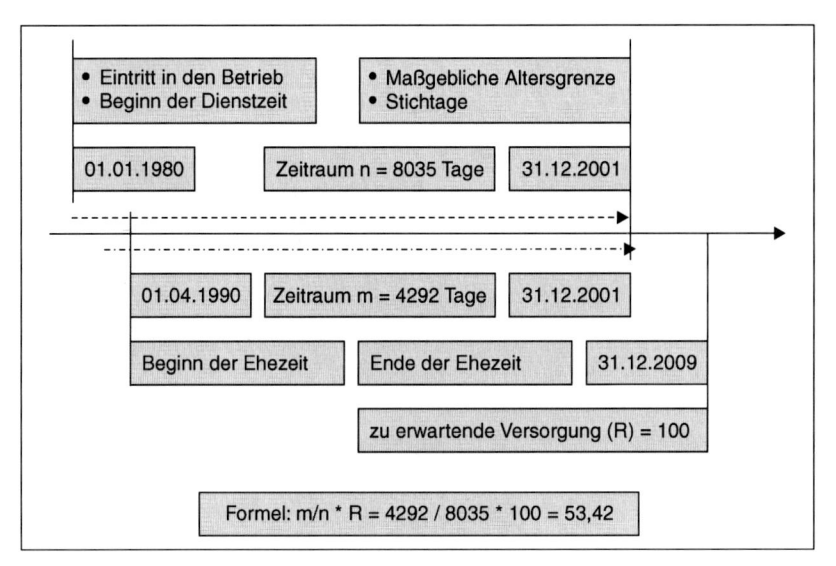

```
┌─────────────────────────────────────────────────────────────────┐
│  • Eintritt in den Betrieb      • Maßgebliche Altersgrenze       │
│  • Beginn der Dienstzeit        • Stichtage                      │
│                                                                   │
│  01.01.1980      Zeitraum n = 8035 Tage      31.12.2001          │
│                                                                   │
│         01.04.1990    Zeitraum m = 4292 Tage    31.12.2001       │
│                                                                   │
│         Beginn der Ehezeit   Ende der Ehezeit    31.12.2009      │
│                                                                   │
│                    zu erwartende Versorgung (R) = 100             │
│                                                                   │
│              Formel: m/n * R = 4292 / 8035 * 100 = 53,42         │
└─────────────────────────────────────────────────────────────────┘
```

Abbildung: zeitratierliche Zeiträume

Anders verhält es sich bei der Bewertung nach § 39 VersAusglG, die nach dem Ende der Ehezeit rückschauend erfolgen kann und deshalb keine Annahmen und die damit notwendigerweise verbundenen Unsicherheiten mehr benötigt. Auch aus diesem Grund geht § 39 VersAusglG dem § 40 VersAusglG vor.

Gemäß Absatz 3 Satz 1 sind dem Stichtagsprinzip folgend die zum Ende der Ehezeit maßgeblichen Bemessungsgrundlagen zugrunde zu legen. Dieser Grundsatz ergibt sich bereits aus § 5 Abs. 2 Satz 1 VersAusglG (§ 2 Rn 17). Die Vorschrift in § 40 VersAusglG stellt dies noch einmal klar, da die zeitratierliche Bewertung mit prognostischen Werten arbeitet, etwa der zu erwartenden Versorgung. Dennoch ist auch bei dieser Bewertungsmethode von den zum Stichtag geltenden Bemessungsgrundlagen auszugehen. Tatsächliche oder rechtliche Änderungen zwischen Ende der Ehezeit und Zeitpunkt der Entscheidung sind dabei wie nach geltendem Recht insofern zu berücksichtigen, als sie Anlass zu einer Abänderung nach den §§ 225, 226 FamFG geben könnten. Dies ist durch den Verweis auf § 5 Abs. 2 Satz 2 in Absatz 3 Satz 2 klargestellt.

139

140 Absatz 4 verdeutlicht die Hauptanwendungsfälle der zeitratierlichen Bewertung: Dies sind die Versorgungssysteme, bei denen der Versorgungsanspruch vom Entgelt bei Eintritt des Versorgungsfalls abhängt. Dies ist insbesondere der Fall bei:
- der Beamtenversorgung,
- teilweise auch bei betrieblichen Versorgungszusagen,
- Standardfall bei Leistungszusagen
- insbesondere der Direktzusage[149] zu einer nach zeitratierlichen Grundsätzen zu bemessenden Versorgung eines GmbH-Gesellschafters.

141 Absatz 5 entspricht dem bisherigen § 1587a Abs. 8 BGB. Wie nach bislang geltendem Recht soll die Regelung vermeiden, dass familienbezogene Bestandteile, die dem Ehegatten nur vorübergehend für die Dauer einer bestehenden Ehe zustehen, in die Bewertung und somit in den Ausgleich einbezogen werden. Sind solche Bestandteile unveränderlich, werden sie wie nach der bisherigen Rechtsprechung ausgeglichen.[150] Dies ist bei Anrechten, die nach § 39 VersAusglG unmittelbar bewertet werden können, immer der Fall: Dort sind diese Bestandteile bereits verfestigt. Die Versorgungshöhe richtet sich nämlich nach der jeweils aktuellen Bemessungsgrundlage wie dem jeweils aktuellen Gehalt, das etwaige Familienbestandteile umfasst. Deshalb bezieht sich die Regelung des Absatzes 5 wegen ihres Standorts in § 40 VersAusglG nur auf zeitratierlich zu bewertende Anrechte.

Eine Ausnahme von dieser Regelung gibt es im § 97 Abs. 13 Gesetz über die Alterssicherung der Landwirte (ALG). Dort ist geregelt, dass der Verheiratetenzuschlag nach Besitzstandsrecht im Versorgungsausgleich als familienbezogener Rentenbestandteil berücksichtigt wird (§ 2 Rn 299).

§ 41 VersAusglG Bewertung einer laufenden Versorgung

(1) Befindet sich ein Anrecht in der Leistungsphase und wäre für die Anwartschaftsphase die unmittelbare Bewertung maßgeblich, so gilt § 39 Abs. 1 entsprechend.

(2) Befindet sich ein Anrecht in der Leistungsphase und wäre für die Anwartschaftsphase die zeitratierliche Bewertung maßgeblich, so gilt § 40 Abs. 1 bis 3 entsprechend. Hierbei sind die Annahmen für die höchstens erreichbare Zeit-

---

[149] BGH vom 14. März 2007 – XII ZB 142/06 = FamRZ 2007, 891.
[150] *Borth*, Versorgungsausgleich in anwaltlicher und familiengerichtlicher Praxis, 3. Aufl. 1998, Rn 131.

dauer und für die zu erwartende Versorgung durch die tatsächlichen Werte zu ersetzen.

Die Vorschrift regelt die Bewertung laufender Versorgungen. Auch in der Leistungsphase ist hiernach zu prüfen, ob das Anrecht unmittelbar bewertet werden kann oder ob es hilfsweise zeitratierlich zu bewerten ist. **142**

Deshalb verweist § 41 VersAusglG auf die §§ 39 und 40 VersAusglG, je nachdem, ob für die Bewertung einer entsprechenden Anwartschaft die unmittelbare oder zeitratierliche Berechnungsmethode einschlägig wäre. Auch bei dieser Verweisung gilt also der Vorrang der unmittelbaren Bewertung.

Bei der unmittelbaren Bewertung in der Leistungsphase gemäß Absatz 1 ist es im Regelfall so, dass sich die Bezugsgröße nach Erreichen der für das Anrecht maßgeblichen Altersgrenze nicht mehr ändert. So werden in der Anwartschaftsphase

- Entgeltpunkte,
- Versorgungspunkte oder
- Steigerungszahlen erworben,
- und auch Beiträge zu einer Altersvorsorge

nur in dieser Zeit gezahlt.

Es ist also in der Regel ausreichend, sich bei der Bewertung des Ehezeitanteils auf den Zeitraum vom Beginn der Ehezeit bis zum Erreichen der für das Anrecht maßgeblichen Altersgrenze zu beschränken.

Anders kann es sein, wenn sich die zugrunde liegende Bezugsgröße nach dem Erreichen der für das Anrecht maßgeblichen Altersgrenze ändert. Hier sind Veränderungen zu berücksichtigen, soweit sich der Wert des Anrechts aufgrund geleisteter Versorgungen reduziert. Dies kann bei kapitalgedeckten Versorgungssystemen der Fall sein, die ein individuelles Deckungskapital als maßgebliche Bezugsgröße haben. Dieses Kapital wird durch Leistungen zwischen dem Erreichen der für das Anrecht maßgeblichen Altersgrenze und dem Ende der Ehezeit bereits aufgebraucht. Bei der Bewertung des Ehezeitanteils ist dieser Kapitalverzehr, von dem beide Eheleute profitiert haben, also zu berücksichtigen.

Unberührt bleibt auch die bisherige Rechtsprechung zu den Auswirkungen des Bestandsschutzes in der gesetzlichen Rentenversicherung gemäß § 88 SGB VI auf den Versorgungsausgleich. Nach ständiger Rechtsprechung sind in den Fällen, in denen die ausgleichspflichtige Person eine Erwerbsminderungsrente bezieht und mit der Entziehung dieser Rente nicht mehr zu rechnen ist, die bestandsgeschützten Entgeltpunkte dieser Rente maßgeblich, wenn die Altersrente niedriger wäre.[151]

143 Absatz 2 betrifft laufende Versorgungen, die in der Anwartschaftsphase zeitratierlich bewertet werden würden. § 40 VersAusglG ist dann entsprechend anzuwenden. Da bei der laufenden Versorgung die tatsächlichen Versorgungsleistungen bereits bekannt sind, sind diese bei der Berechnung des Ehezeitanteils zugrunde zu legen. Absatz 2 Satz 2 stellt dies klar. Allerdings ändert dies nichts daran, dass das Stichtagsprinzip zu wahren ist: Maßgeblich sind also die tatsächlichen Bemessungsgrundlagen bei Ehezeitende und nicht zum Zeitpunkt der Entscheidung (§ 40 Abs. 3 VersAusglG).

```
• Eintritt in den Betrieb          • Beginn der Versorgung
• Beginn der Dienstzeit

01.01.1980    Zeitraum n = 8035 Tage    31.12.2001

01.04.1990    Zeitraum m = 4292 Tage    31.12.2001

Beginn der Ehezeit    Ende der Ehezeit    31.12.2009

Bemessungsgrundlage ist bei Ehezeitende die
tatsächliche Versorgungsleistung (R) = 120

Formel: m/n * R = 4292 / 8035 * 120 = 64,10
```

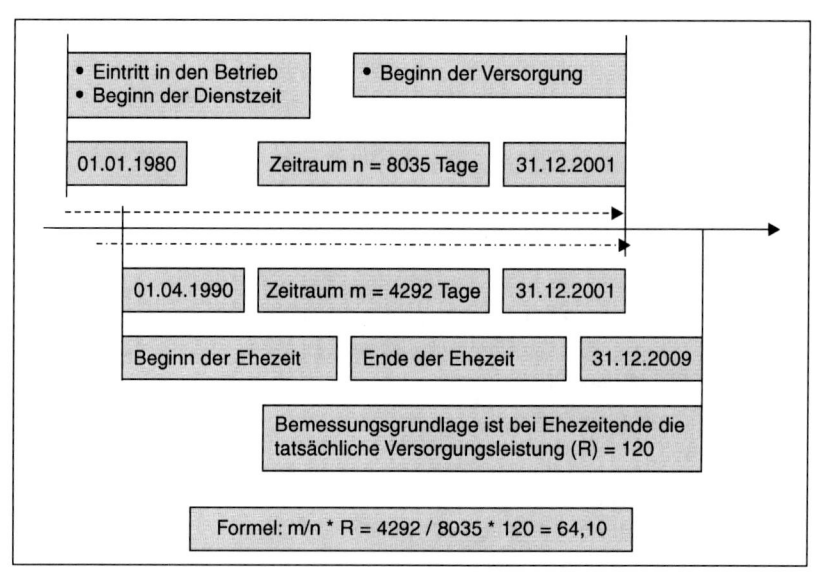

Abbildung: zeitratierlich laufende Versorgung

Nachehezeitliche Veränderungen, die keinen Bezug zur Ehezeit haben, bleiben unberücksichtigt. Damit entfällt auch die Prüfung eines nachehelichen sogenannten „Karrieresprung".

Maßgeblich für die Bewertung nach den Absätzen 1 und 2 ist der tatsächliche Leistungsbezug.

---

151 BGH vom 15. Oktober 1996 – XII ZB 225/94 = FamRZ 1997, 160.

144 Eine besondere Vorschrift über Zu- und Abschläge wegen einer von der Regelaltersgrenze abweichenden Inanspruchnahme einer Versorgung gibt es nicht mehr. Der Zugangsfaktor nach § 77 SGB VI kann grundsätzlich unberücksichtigt bleiben. Dies folgt aus dem neuen Teilungsmodus des reformierten Rechts: Maßgeblich für die Teilung von Anrechten aus der gesetzlichen Rentenversicherung ist die für das Versorgungssystem maßgebliche Bezugsgröße, also der Entgeltpunkt. Bei einer internen Teilung von laufenden Versorgungen aus der gesetzlichen Rentenversicherung werden also nicht (fiktive oder tatsächliche) Rentenbeträge geteilt, sondern Entgeltpunkte. Die Umrechnung der Versorgung in Rentenbeträge ist nicht mehr erforderlich.

Die Rentenversicherungsträger wollen aber zur Übersichtlichkeit in den Auskünften neben den Entgeltpunkten und dem korrespondierenden Kapitalwert auch weiterhin einen Rentenbetrag aufführen.

Einer Regelung wie in § 1587a Abs. 2 Nr. 2 BGB bedurfte es somit nicht mehr – die mit dieser Bestimmung verbundenen Effekte treten nun wegen der Teilung der in der Ehezeit erworbenen Entgeltpunkte im Zusammenspiel mit den Vorschriften des Sechsten Buches Sozialgesetzbuch unmittelbar ein.

145 Auch bei der Beamtenversorgung ist die tatsächlich bezogene, um den Versorgungsabschlag gekürzte Pension zu berücksichtigen. Dabei ändert sich allerdings zugleich das Zeit-Zeit-Verhältnis, denn mit der vorzeitigen Inanspruchnahme steht fest, dass die Regelaltersgrenze nicht mehr erreicht werden kann.

Von weiteren Differenzierungen bei einer von der Regelaltersgrenze abweichenden Inanspruchnahme einer Versorgung hat der Gesetzgeber abgesehen. Bei einer nach Ehezeitende getroffenen Entscheidung für den vorzeitigen Ruhestand bleiben die Abschläge außer Betracht, weil der Bezug zur Ehezeit fehlt.[152] Im Übrigen kann besonderen Einzelfällen durch eine wertende Korrektur im Rahmen des § 27 VersAusglG Rechnung getragen werden.

| § 42 VersAusglG | Bewertung nach Billigkeit |

Führt weder die unmittelbare Bewertung noch die zeitratierliche Bewertung zu einem Ergebnis, das dem Grundsatz der Halbteilung entspricht, so ist der Wert nach billigem Ermessen zu ermitteln.

---

152 OLG Koblenz vom 5. Februar 2007 – 13 UF 726/06 = FamRZ 2007, 1248.

146 Die Vorschrift ermöglicht eine Bewertung nach billigem Ermessen und entspricht in der Sache dem bisherigen § 1587a Abs. 5 BGB. Die offene Formulierung bietet die Möglichkeit, Anrechte entsprechend den Besonderheiten des jeweiligen Versorgungssystems zu bewerten, falls eine Bewertung nach den §§ 39 bis 41 VersAusglG nicht zu angemessenen Ergebnissen führt. Die Berücksichtigung versicherungsmathematischer Grundsätze ist auch in diesen Fällen sachlich geboten. Sofern die nach § 42 VersAusglG zu bewertenden Anrechte jedenfalls teilweise unmittelbar oder zeitratierlich bewertet werden können, sind die §§ 39 bis 41 VersAusglG insoweit vorrangig vor einer Ermessensentscheidung anzuwenden.

Kapitel 2: Sondervorschriften für bestimmte Versorgungsträger

147 Kapitel 2 enthält Sondervorschriften für einzelne Versorgungssysteme, die die allgemeinen Bewertungsmethoden ergänzen. Diese Sondervorschriften gehen den allgemeinen Bewertungsvorschriften des Kapitels 1 vor.

§ 43 VersAusglG   Sondervorschriften für Anrechte aus der gesetzlichen Rentenversicherung

(1) Für Anrechte aus der gesetzlichen Rentenversicherung gelten die Grundsätze der unmittelbaren Bewertung.

(2) Soweit das Anrecht auf eine abzuschmelzende Leistung nach § 19 Abs. 2 Nr. 2 gerichtet ist, ist der Ehezeitanteil für Ausgleichsansprüche nach der Scheidung nach dem Verhältnis der auf die Ehezeit entfallenden Entgeltpunkte (Ost) zu den gesamten Entgeltpunkten (Ost) zu bestimmen.

(3) Besondere Wartezeiten sind nur dann werterhöhend zu berücksichtigen, wenn die hierfür erforderlichen Zeiten bereits erfüllt sind.

148 Absatz 1 stellt klar, dass für Anrechte aus der gesetzlichen Rentenversicherung die unmittelbare Berechnungsmethode des § 39 VersAusglG anzuwenden ist. Dies ergibt sich bereits aus der allgemeinen Bestimmung in § 39 Abs. 2 Nr. 1 VersAusglG, wird aber wegen der Bedeutung der gesetzlichen Rentenversicherung als wichtigstem Versorgungssystem hier nochmals ausdrücklich geregelt.

In der Sache ergibt sich keine Änderung zum bislang geltenden Recht, weil auch nach § 1587a Abs. 2 Nr. 2 BGB „die auf die Ehezeit entfallenden Entgeltpunkte" die Bewertungsgrundlage darstellten.

Der Träger der gesetzlichen Rentenversicherung muss nicht mehr den auf Grundlage der Entgeltpunkte ermittelten Wert als Rentenbetrag mitteilen (§ 2 Rn 144).

Teilungsgegenstand ist bei Anrechten, die nach der unmittelbaren Berechnung bewertet werden können, die Summe der jeweiligen Bezugsgröße und nicht der in der Anwartschaftsphase letztlich nur fiktiv zu ermittelnde Rentenbetrag im Leistungsfall. Nach bislang geltendem Recht musste der Rentenbetrag nach § 1587b Abs. 6 BGB im Übrigen wieder in Entgeltpunkte zurückgerechnet werden. Damit entfallen künftig zwei Rechenschritte, die sich im Ergebnis letztlich aufheben.

Die Rentenversicherungsträger wollen aber zum besseren Verständnis für die Ehegatten in den Auskünften neben den Entgeltpunkten und dem korrespondierenden Kapitalwert auch weiterhin einen Rentenbetrag aufführen.

149 Absatz 2 regelt, dass der Ehezeitanteil bei abzuschmelzenden Leistungen der gesetzlichen Rentenversicherung im Sinne des § 19 Abs. 2 Nr. 2 VersAusglG (§ 2 Rn 67) nicht mittels der unmittelbaren Bewertung nach § 39 VersAusglG zu bestimmen ist, sondern nach einer zeitratierlichen Methode zu erfolgen hat. Bei den abzuschmelzenden Besitzschutzbeträgen, die zu den nach dem SGB VI berechneten Renten im Beitrittsgebiet übergangsweise noch zu zahlen sind, ist eine streng ehezeitbezogene Zuordnung nicht möglich. Die Bestimmung entspricht dem bislang geltenden Recht.[153]

150 Absatz 3 stellt klar, dass besondere Wartezeiten in der gesetzlichen Rentenversicherung nur dann werterhöhend zu berücksichtigen sind, wenn sie im nach § 5 Abs. 2 VersAusglG maßgeblichen Zeitpunkt (Ende der Ehezeit) bereits erfüllt sind. Damit erweitert die Vorschrift in der Sache den bisherigen § 1587a Abs. 7 Satz 2 BGB, der auf die Rente nach Mindesteinkommen gemäß § 262 SGB VI abstellte, und bezieht jetzt auch die Rente nach § 70 Abs. 3a SGB VI ein (Höherbewertung bei 25 Jahren Pflichtversicherung und Kindererziehungszeiten).

| § 44 VersAusglG | Sondervorschriften für Anrechte aus einem öffentlich-rechtlichen Dienstverhältnis |

(1) Für Anrechte aus einem Beamtenverhältnis oder einem anderen öffentlich-rechtlichen Dienstverhältnis und aus einem Arbeitsverhältnis, bei dem ein Anspruch auf eine Versorgung nach beamtenrechtlichen Vorschriften oder

---

[153] § 3 Abs. 1 Nr. 6 Satz 3 VAÜG; siehe auch Soergel/*Schmeiduch*, BGB-Kommentar, 13. Auflage 2000, § 3 VAÜG Rn 30.

Grundsätzen besteht, sind die Grundsätze der zeitratierlichen Bewertung anzuwenden.

(2) Stehen der ausgleichspflichtigen Person mehrere Anrechte im Sinne des Absatzes 1 zu, so ist für die Wertberechnung von den gesamten Versorgungsbezügen, die sich nach Anwendung der Ruhensvorschriften ergeben, und von der gesamten in die Ehezeit fallenden ruhegehaltfähigen Dienstzeit auszugehen.

(3) Stehen der ausgleichspflichtigen Person neben einem Anrecht im Sinne des Absatzes 1 weitere Anrechte aus anderen Versorgungssystemen zu, die Ruhens oder Anrechnungsvorschriften unterliegen, so gilt Absatz 2 sinngemäß. Dabei sind die Ruhens- oder Anrechnungsbeträge nur insoweit zu berücksichtigen, als das nach Satz 1 berücksichtigte Anrecht in der Ehezeit erworben wurde und die ausgleichsberechtigte Person an diesem Anrecht im Versorgungsausgleich teilhat.

(4) Bei einem Anrecht aus einem Beamtenverhältnis auf Widerruf oder aus einem Dienstverhältnis einer Soldatin oder eines Soldaten auf Zeit ist der Wert maßgeblich, der sich bei einer Nachversicherung in der gesetzlichen Rentenversicherung ergäbe.

151 Absatz 1 weist die Anrechte aus öffentlich-rechtlichen Dienstverhältnissen und aus Arbeitsverhältnissen mit Anspruch auf Versorgung nach beamtenrechtlichen Vorschriften der zeitratierlichen Bewertung zu. Damit entspricht der Anwendungsbereich dem bislang geltenden § 1587a Abs. 2 Nr. 1 BGB.[154] Der Regelungsgehalt der Bestimmung ist weitgehend unverändert, doch wurde sie im Hinblick auf die nun eingeführte allgemeine Wertermittlungsvorschrift des § 40 VersAusglG umformuliert.

---

154 § 1587a Ausgleichsanspruch
(2) Für die Ermittlung des Wertunterschieds sind folgende Werte zugrunde zu legen:
1. Bei einer Versorgung oder Versorgungsanwartschaft aus einem öffentlich-rechtlichen Dienstverhältnis oder aus einem Arbeitsverhältnis mit Anspruch auf Versorgung nach beamtenrechtlichen Vorschriften oder Grundsätzen ist von dem Betrag auszugehen, der sich im Zeitpunkt des Eintritts der Rechtshängigkeit des Scheidungsantrags als Versorgung ergäbe. Dabei wird die bis zu diesem Zeitpunkt zurückgelegte ruhegehaltfähige Dienstzeit um die Zeit bis zur Altersgrenze erweitert (Gesamtzeit). Maßgebender Wert ist der Teil der Versorgung, der dem Verhältnis der in die Ehezeit fallenden ruhegehaltfähigen Dienstzeit zu der Gesamtzeit entspricht. Unfallbedingte Erhöhungen bleiben außer Betracht. Insofern stehen Dienstbezüge entpflichteter Professoren Versorgungsbezügen gleich und gelten die beamtenrechtlichen Vorschriften über die ruhegehaltfähige Dienstzeit entsprechend.

Absatz 2 entspricht § 1587a Abs. 6 Halbsatz 1 BGB.[155]

152

Als erstes ist der volle Wert der jeweiligen Versorgung zu ermitteln. Die letzte Dienstzeit ist auf die feste Altersgrenze hochzurechnen.

Danach erfolgen die Bestimmung der Höchstgrenze aus allen Versorgungen (ohne Doppelanrechnungen) und Dienstbezüge nach der Endstufe der Besoldungsgruppe der vorangehenden Dienstverhältnisse.

Anschließend sind die aus den vorangehenden Dienstverhältnissen ermittelten Versorgungsanwartschaften um den Betrag zu kürzen, um den die Summe der vorangehenden Versorgungen die Höchstgrenze übersteigt.

Zur Ermittlung des Ehezeitanteils wird die Summe aus der letzten ungekürzten Versorgung und den vorangegangenen gekürzten Versorgungen im Verhältnis der in die Ehezeit fallenden Dienstzeiten zur gesamten Dienstzeit quotiert.

Absatz 3 regelt, wie zu verfahren ist, wenn es zu einer Anrechnung einer anderen Versorgung, insbesondere aus der gesetzlichen Rentenversicherung, auf eine Versorgung im Sinne des Absatzes 1 kommt. Insoweit ordnete § 1587a Abs. 6 Halbsatz 2 BGB bislang die sinngemäße Anwendung der Bestimmungen über das Zusammentreffen zweier Beamtenversorgungen an. Diese Regelung wurde in der Rechtsprechung des Bundesgerichtshofs dahingehend ausgelegt, dass sich die ausgleichsberechtigte Person den ermittelten Kürzungsbetrag nur dann entgegenhalten lassen muss, wenn die angerechnete Versorgung in der Ehezeit erworben wurde und die ausgleichsberechtigte Person hieran im Versorgungsausgleich teilhat.[156] Die Vorschrift greift diese Auslegung des Bundesgerichtshofs auf.

153

Absatz 4 enthält in Ergänzung zur Regelung des § 16 Abs. 2 VersAusglG eine Bewertungsvorschrift für diejenigen Anrechte aus öffentlich-rechtlichen Dienstverhältnissen, bei denen sich der Status der ausgleichspflichtigen Person noch nicht hinreichend verfestigt hat. Auf die Begründung zu § 16 Abs. 2 VersAusglG (§ 2 Rn 58) wird insoweit verwiesen. Absatz 4 stellt in Übereinstimmung mit dem bislang geltenden Recht klar, dass in diesen Fällen der Wert maßgeblich ist, der sich

154

---

[155] (6) Stehen einem Ehegatten mehrere Versorgungsanwartschaften im Sinne von Absatz 2 Nr. 1 zu, so ist für die Wertberechnung von den sich nach Anwendung von Ruhensvorschriften ergebenden gesamten Versorgungsbezügen und der gesamten in die Ehezeit fallenden ruhegehaltfähigen Dienstzeit auszugehen; sinngemäß ist zu verfahren, wenn die Versorgung wegen einer Rente oder einer ähnlichen wiederkehrenden Leistung einer Ruhens- oder Anrechnungsvorschrift unterliegen würde.

[156] BGH vom 19. Januar 2000 – XII ZB 16/96 = FamRZ 2000, 746; bestätigt in BGH vom 15. Dezember 2004 – XII ZB 179/03 = FamRZ 2005, 511.

bei einer Nachversicherung in der gesetzlichen Rentenversicherung ergäbe.[157] In diesen Fällen hat das Familiengericht die Auskunft also beim Träger der gesetzlichen Rentenversicherung einzuholen, der für die Nachversicherung zuständig wäre.

Die Dienstbezüge entpflichteter Professorinnen und Professoren stehen Versorgungsbezügen gleich. Die beamtenrechtlichen Vorschriften über die ruhegehaltfähige Dienstzeit gelten entsprechend.

§ 45 VersAusglG Sondervorschriften für Anrechte nach dem Betriebsrentengesetz

(1) Bei einem Anrecht im Sinne des Betriebsrentengesetzes ist der Wert des Anrechts als Rentenbetrag nach § 2 des Betriebsrentengesetzes oder der Kapitalwert nach § 4 Abs. 5 des Betriebsrentengesetzes maßgeblich. Hierbei ist anzunehmen, dass die Betriebszugehörigkeit der ausgleichspflichtigen Person spätestens zum Ehezeitende beendet ist.

(2) Der Wert des Ehezeitanteils ist nach den Grundsätzen der unmittelbaren Bewertung zu ermitteln. Ist dies nicht möglich, so ist eine zeitratierliche Bewertung durchzuführen. Hierzu ist der nach Absatz 1 ermittelte Wert des Anrechts mit dem Quotienten zu multiplizieren, der aus der ehezeitlichen Betriebszugehörigkeit und der gesamten Betriebszugehörigkeit bis zum Ehezeitende zu bilden ist.

(3) Die Absätze 1 und 2 gelten nicht für ein Anrecht, das bei einem Träger einer Zusatzversorgung des öffentlichen oder kirchlichen Dienstes besteht.

155 § 45 VersAusglG ordnet in Verbindung mit den allgemeinen Vorschriften der §§ 39 bis 42 die Wertermittlung für betriebliche Anrechte grundlegend neu. Diese war bislang in § 1587a Abs. 2 Nr. 3 BGB geregelt und sah die Bestimmung des Ehezeitanteils einer Anwartschaft oder einer Leistung aus einer betrieblichen Altersversorgung in jedem Fall nach der zeitratierlichen Methode vor. Bei Einführung des Versorgungsausgleichs vor drei Jahrzehnten war dies auch sinnvoll, denn endgehaltsabhängige Direktzusagen, die vom Arbeitgeber selbst gewährt wurden, waren der Regelfall der betrieblichen Altersversorgung. Auch das Betriebsrentengesetz in der damaligen Fassung kannte nur die zeitratierliche Methode als Verfahren der Wertermittlung.

---

157 BGH vom 2. Oktober 2002 – XII ZB 76/98 = FamRZ 2003, 29.

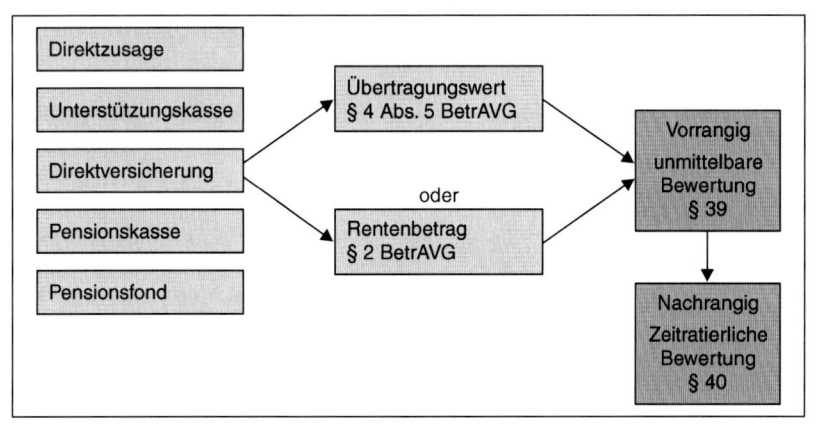

Abbildung: Bewertung von betrieblichen Anrechten

Inzwischen haben sich die betriebliche Altersversorgung und auch das Betriebsrentenrecht aber erheblich fortentwickelt. Zugleich sind weitere Zusageformen und zusätzliche Durchführungswege entstanden. Dieser Entwicklung folgend enthält jetzt auch das Betriebsrentenrecht differenzierte Regeln und Bewertungsvorschriften für die höchst unterschiedlichen Ausgestaltungen der betrieblichen Versorgungssysteme.[158] Nach geltendem Recht sind mehr als 20 Gestaltungen denkbar, die sich aus der Kombination von fünf Durchführungswegen, drei Zusageformen und zwei Finanzierungsformen ergeben.[159]

Die Vorschrift lehnt sich so weit wie möglich an das Bewertungsrecht des Betriebsrentengesetzes an. Deshalb können die betrieblichen Versorgungsträger mit Bewertungsvorschriften arbeiten, die ihnen aus dem jeweiligen betrieblichen Versorgungssystem ohnehin geläufig sind. Sie berücksichtigen die Form

- der Zusage,
- der Durchführung und
- der Finanzierung.

Änderungen des in ständiger Entwicklung befindlichen Betriebsrentensystems können auch in Zukunft bei der Wertermittlung im Versorgungsausgleich nachvollzogen werden.

---

[158] Zum Anpassungsbedarf für den Versorgungsausgleich insoweit *Riedel*, Hintergründe zur Überarbeitung der Barwert-Verordnung, BetrAV 2004, S. 122, 123.
[159] Siehe auch *Scheld*, Die wachsende Komplexität der Alterssicherungssysteme, 2006, S. 25 ff.

§ 2 Gesetz über den Versorgungsausgleich (VersAusglG)

Die Vorschrift gilt für alle Anrechte der betrieblichen Altersversorgung in der Privatwirtschaft, unabhängig vom Durchführungsweg.

Für Anrechte aus der Zusatzversorgung des öffentlichen oder kirchlichen Dienstes gelten dagegen die allgemeinen Bewertungsvorschriften, also § 39 ff. VersAusglG (siehe Absatz 3).

Sie erstreckt sich nicht auf laufende Versorgungen, sondern nur auf Anwartschaften der betrieblichen Altersversorgung. Laufende Versorgungen sind auch hier nach der allgemeinen Vorschrift des § 41 VersAusglG zu bewerten.

Absatz 1 Satz 1 bestimmt, dass bei einem auszugleichenden Anrecht im Sinne des Betriebsrentengesetzes vom Wert des Anrechts entweder

- als Rentenbetrag nach § 2 BetrAVG (Höhe der unverfallbaren Anwartschaft) oder
- als Kapitalwert nach § 4 Abs. 5 BetrAVG (Übertragungswert bei Arbeitgeberwechsel oder Abfindung)

auszugehen ist.

Damit bleibt es dem betrieblichen Versorgungsträger überlassen, die Bezugsgröße für die interne oder externe Teilung zu bestimmen.

156 Absatz 1 Satz 2 regelt, dass für die Wertermittlung das Ausscheiden aus dem Betrieb zum Ehezeitende anzunehmen ist, falls die Mitgliedschaft der ausgleichspflichtigen Person im Betriebsrentensystem zu diesem Zeitpunkt noch fortbesteht. Dieses Verfahren ist den betrieblichen Versorgungsträgern bekannt, denn auch bei der Auskunftserteilung nach § 4a BetrAVG gegenüber Betriebsangehörigen muss das Ausscheiden zum Zeitpunkt der Auskunftserteilung fingiert werden. Auf diese Weise kann der Wert der Anwartschaft nach den Maßgaben der jeweiligen Versorgungsordnung zum Ende der Ehezeit als maßgeblichem Stichtag für den Versorgungsausgleich ermittelt werden.

```
                | Beginn der Ehezeit    Ende der Ehezeit |
        |---------------------------|----------------|----------------→
          Eintritt in Betrieb      Fiktives Ausscheiden   tatsächliches Ausscheiden
```

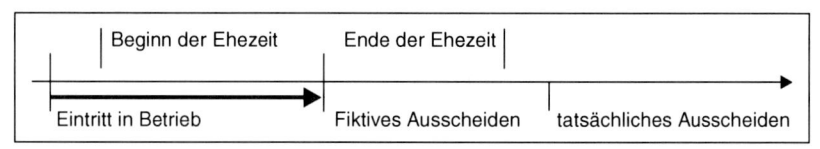

Abbildung: Wertermittlung Betriebsrente

Absatz 2 bestimmt, wie der Ehezeitanteil des betrieblichen Anrechts zu ermitteln ist.   **157**
1. Vorrang der unmittelbaren Bewertung
2. Nachrangig zeitratierlichen Bewertung.

Letztere ist im Weiteren in Satz 3 geregelt, der insoweit eine Sondervorschrift zu dem in § 40 VersAusglG geregelten allgemeinen Verfahren der zeitratierlichen Bewertung enthält.

Nach Absatz 2 Satz 1 ist der Wert des Ehezeitanteils nach den Grundsätzen der unmittelbaren Bewertung zu ermitteln. Bei kapitalgedeckten Anrechten und Rentenbaustein-Systemen lässt sich der ehezeitliche Anteil des Anrechts auf diese Weise feststellen.

Absatz 2 Satz 2 regelt die Anwendung der zeitratierlichen Bewertung in denjenigen Fällen, in denen eine unmittelbare Bewertung nicht möglich ist.   **158**

- Der wichtigste Fall ist hierbei die endgehaltsbezogene Direktzusage, bei der wie nach bislang geltendem Recht die Grundsätze der zeitratierlichen Bewertung anzuwenden sind.
- Allerdings muss auch bei kapitalgedeckten Systemen möglicherweise auf die zeitratierliche Bewertung zurückgegriffen werden, beispielsweise bei Pensionskassen, bei denen es arbeitsrechtlich auf den Zeitpunkt des Kapitalzuflusses nicht ankommt und eine unmittelbare Bewertung daher nicht möglich ist.
- Schließlich sind Fälle denkbar, in denen die unmittelbare Bewertung mit einem unzumutbaren Aufwand verbunden wäre, etwa dann, wenn zwar die Größe des gesamten Anrechts, nicht aber mehr die konkreten Zahlungsströme in der Ehezeit aus den bei dem Versorgungsträger vorhandenen Dokumentationen ersichtlich sind.

Bei der zeitratierlichen Bewertung ist nach Ermittlung der gesamten betrieblichen Anwartschaft nach Absatz 1 ein Quotient aus der ehezeitlichen Betriebszugehörigkeit und der in die Ehezeit fallenden Betriebszugehörigkeit zu bilden. Entsprechend der Regelung des § 2 Abs. 1 BetrAVG und der Rechtsprechung zu § 1587a Abs. 2 Nr. 3 Buchstabe a BGB ist dabei nicht auf die Mitgliedschaft bei der jeweiligen Versorgungseinrichtung eines Betriebes, sondern auf die Betriebszugehörigkeit abzustellen.[160]

---

160 BGH vom 9. Oktober 1996 – XII ZB 188/94 = FamRZ 1997, 166.

§ 2 Gesetz über den Versorgungsausgleich (VersAusglG)

Nach dem „betriebsrentenrechtlichen m/n-Verfahren" ist also in einem zweiten Schritt ein „versorgungsausgleichsrechtliches m/n" zu errechnen, um so den Ehezeitanteil zu ermitteln.

```
|         Beginn der Ehezeit      Ende der Ehezeit |
|─────────┼─────────────────────────────┼──────────▶
          ◀─────────────────────────────▶  n1
          ◀·─·─·─·─·─·─·─·─·─·─·─·─·─·─▶  n2
          ◀──·──·──·──·──·──·──·──·──·─▶  m1
          ◀─────────────────────────────▶  m2
 Eintritt in Betrieb                            Regelaltersgrenze
```

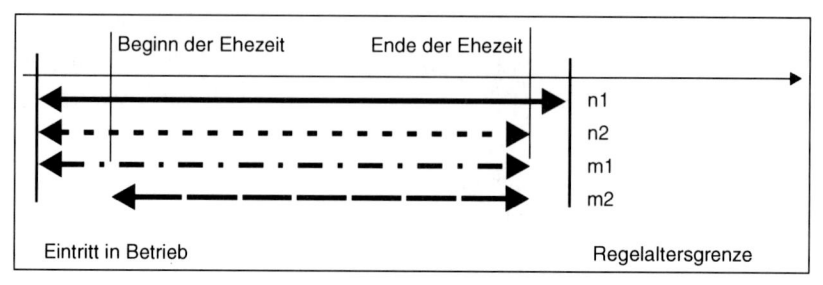

Abbildung: Zeiträume für Wertermittlung Betriebsrente

Beläuft sich beispielsweise der Wert der gesamten betrieblichen Anwartschaft nach § 2 BetrAVG bis zum Stichtag nach Absatz 1 auf 500 EUR und dauerte die Betriebszugehörigkeit bis zu diesem Zeitpunkt 40 Jahre, die ehezeitliche Betriebszugehörigkeit aber nur 20 Jahre, so beträgt nach Absatz 2 Satz 2 der Quotient 20/40 = 1/2. Der Ehezeitanteil beträgt dann 250 EUR; der hierauf beruhende Ausgleichswert 125 EUR (ohne Berücksichtigung von Kosten).

Beispiel: ehezeitlicher Anteil Betriebsrente

Eintritt in den Betrieb:	1.11.1974		
Beginn der Ehezeit:	1.11.1989		
Ende der Ehezeit:	31.10.2009		
Wert zum Ehezeitende	500,00 EUR		
Dauer der Betriebszugehörigkeit	1.11.1974 bis 31.10.2009	35 Jahre 420 Monate	
Dauer der Ehezeit	1.11.1989 bis 31.10.2009	20 Jahre 240 Monate	
Ehezeitlicher Anteil	500,00 EUR *	240 Monate / 420 Monate	250,00 EUR
Hälfte aus Ausgleichswert			125,00 EUR

Rechnerisch führt die Neuregelung in den Fällen einer endgehaltabhängigen Direktzusage zu demselben Ergebnis (gleicher Ehezeitanteil) wie die bislang geltende Berechnungsvorschrift des § 1587a Abs. 2 Nr. 3 BGB.

§ 45 VersAusglG § 2

Ist die Höhe der unverfallbaren Anwartschaft nach dem „m/n-Verfahren" zu berechnen, so ist in einem ersten Schritt („betriebsrentenrechtliches m/n") sowohl die Dauer vom Eintritt in den Betrieb bis zum Ehezeitende (m1) als auch die Dauer vom Eintritt in den Betrieb bis zum Erreichen der maßgeblichen Altersgrenze (n1) zu bestimmen. Wird etwa einem Arbeitnehmer bei Erreichen der maßgeblichen Altersgrenze eine Versorgung in Höhe von R zugesagt, so ist die Höhe der unverfallbaren Anwartschaft in diesem Fall (m1/n1) × R. Im zweiten Schritt („versorgungsausgleichsrechtliches m/n") ist sowohl die Dauer der Betriebszugehörigkeit, die in die Ehezeit fällt (m2), als auch die gesamte Betriebszugehörigkeit bis zum Ehezeitende (n2) zu bestimmen. Der Ehezeitanteil ergibt sich dann, indem die unverfallbare Anwartschaft mit dem „versorgungsausgleichsrechtlichen m/n" multipliziert wird: [(m2/n2) × (m1/n1)] × R. Fasst man die beiden Quotienten zusammen, so ergibt sich für den Ehezeitanteil [(m1 × m2)/(n1 × n2)] × R. Da sowohl m1 als auch n2 für die Dauer vom Eintritt in den Betrieb bis zum Ehezeitende stehen, lässt sich die Formel kürzen und es ergibt sich für den Ehezeitanteil: (m2/n1) × R. Der Ehezeitanteil eines solchen Anrechts ergibt sich folglich, indem die zu erwartende Versorgung bei Erreichen der maßgeblichen Altersgrenze (R) mit dem Verhältnis von ehezeitlicher Betriebszugehörigkeit (m2) zu maximal möglicher Betriebszugehörigkeit (n1) multipliziert wird. Dies entspricht der allgemeinen Vorschrift zur zeitratierlichen Bewertung (§ 40 VersAusglG) und auch dem bislang geltenden Recht (§ 1587a Abs. 2 Nr. 3 BGB).

159

Tabellen: Formel ehezeitlicher Anteil Betriebsrente

Eintritt in den Betrieb	1.1.1980
Maßgebliche Altersgrenze	31.12.2010
Versorgung in Höhe von (R)	500,00
Beginn der Ehezeit	1.11.1989
Ende der Ehezeit	31.10.2009

Schritt 1 betriebsrentenrechtliches m/n	
Dauer vom Eintritt i. d. Betrieb bis zum Ehezeitende (m1)	358 Monate
Dauer vom Eintritt i. d. Betrieb bis zur maßgeblichen Altersgrenze (n1)	372 Monate
Verhältnis m1/n1 358/372	0,9624

Schritt 2 versorgungsausgleichsrechtliches m/n	
Dauer der Betriebszugehörigkeit, die in die Ehezeit fällt (m2)	240 Monate
Dauer gesamte Betriebszugehörigkeit bis zum Ehezeitende (n2)	358 Monate
Verhältnis m2/n2 240/358	0,6704

Formel lang	[(m2/n2) ×	(m1/n1)] ×	R
	[(240/358) *	(358/372)] *	500,00 EUR
	[0,6704 *	0,9623] *	500,00 EUR
	[0,6451] *	500,00 EUR =	322,55 EUR
Formel kurz	(m2/n1) ×	R	
	(240/372) *	500,00 EUR	
	0,6451 *	500,00 EUR =	322,55 EUR

160 Absatz 3 bestimmt, dass die in Absatz 1 und 2 geregelten Bewertungsvorschriften nicht für Anrechte aus einer Zusatzversorgung des öffentlichen oder kirchlichen Dienstes gelten. Eine Bezugnahme auf § 2 BetrAVG ist hier nicht möglich, weil diese Bestimmungen auf die Wertermittlung von Anwartschaften in der Privatwirtschaft zugeschnitten sind. Auch § 4 Abs. 5 BetrAVG ist nicht ohne Weiteres anwendbar, weil danach auf das gebildete Kapital abzustellen ist. Die Zusatzversorgungen des öffentlichen oder kirchlichen Dienstes sind aber überwiegend umlagefinanziert, so dass die Kapitaldeckung des Anrechts kein geeigneter Maßstab für die Ermittlung des Ehezeitanteils ist. Deshalb sind Anrechte aus einer Zusatzversorgung des öffentlichen Dienstes nach den allgemeinen Bewertungsmethoden der §§ 39 bis 41 VersAusglG zu bewerten. Die Versorgungsträger haben also, je nachdem, ob das Anrecht in der Gesamtversorgung oder im Punktemodell erworben wurde, entweder eine Aufteilung im Zeit-Zeit-Verhältnis innerhalb der Gesamtversorgungszeit vorzunehmen oder die in der Ehezeit unmittelbar erworbenen Versorgungspunkte zu ermitteln. In der gegenwärtigen Praxis wird dies bereits so gehandhabt; auf die Begründung zu § 39 VersAusglG wird verwiesen.

§ 46 VersAusglG	Sondervorschriften für Anrechte aus Privatversicherungen

Für die Bewertung eines Anrechts aus einem privaten Versicherungsvertrag sind die Bestimmungen des Versicherungsvertragsgesetzes über Rückkaufswerte anzuwenden. Stornokosten sind nicht abzuziehen.

161 Maßgebliche Bezugsgröße ist nach Satz 1 in Verbindung mit § 39 VersAusglG der auf die Ehezeit entfallende Rückkaufswert.

Der Rückkaufswert ist vom Versicherer im Fall der Kündigung durch den Versicherungsnehmer oder die Versicherungsnehmerin oder im Fall der Aufhebung des Vertrags durch Kündigung oder Rücktritt seitens des Versicherers zu zahlen. Er bildet also den Stichtagswert am Ende der Ehezeit als Kapitalwert des Anrechts ab. So steht im System der privaten Rentenversicherung ein Wert zur Verfügung, auf dessen Grundlage der Ehezeitanteil unmittelbar bestimmt werden kann. Damit orientiert sich auch die Sondervorschrift für die Bewertung von Anrechten aufgrund eines privaten Versicherungsvertrags an dessen Primärsystem, das im Versicherungsvertragsgesetz geregelt ist.

Für Verträge nach § 10 Abs. 1 Nr. 2 Buchstabe b EStG (sogenannte Basisrente bzw. „Rürup-Rente") ist der Wert unmittelbar nach § 39 VersAusglG zu ermitteln, weil es dort einen Rückkaufswert nicht gibt, denn das Anrecht darf nicht kapitalisierbar sein.

Nach § 169 Abs. 3 Satz 1 VVG in der seit dem 1. Januar 2008 geltenden Fassung des Gesetzes zur Reform des Versicherungsvertragsrechts vom 23. November 2007 (BGBl I S. 2631) wird zur Bestimmung des Rückkaufswerts auf das Deckungskapital zum Ende einer Versicherungsperiode zurückgegriffen, das nach den anerkannten Regeln der Versicherungsmathematik mit den Rechnungsgrundlagen der Prämienkalkulation berechnet wird.

Da bei fondsgebundenen Versicherungen kein Deckungskapital im eigentlichen Sinne gebildet wird, hält das Versicherungsvertragsrecht in § 169 Abs. 4 Satz 1 VVG eine eigene Bewertungsvorschrift bereit und verweist insoweit auf den Zeitwert. Der ausgleichsberechtigten Person steht jedoch nicht nur die Hälfte der ehezeitlichen Garantieleistung zu, sondern auch der entsprechende Anteil an den in der Ehezeit zugeteilten Überschüssen (§ 169 Abs. 7 VVG).

Beruht das auszugleichende Anrecht auf einem privaten Versicherungsvertrag, der bis zum 31. Dezember 2007 geschlossen worden ist, so handelt es sich um einen Altvertrag nach Artikel 1 Abs. 1 EGVVG in der seit dem 1. Januar 2008 geltenden Fassung. Für diese Verträge ist nach Artikel 4 Abs. 2 EGVVG der Rückkaufswert nach § 176 VVG in der bis zum 31. Dezember 2007 geltenden Fassung zu ermitteln.

162 Satz 2 stellt klar, dass Stornokosten bei der Bewertung zu Zwecken des Versorgungsausgleichs nicht zu berücksichtigen sind. Ein solcher Abschlag ist dann gerechtfertigt, wenn dem Versicherungsunternehmen aufgrund der Zahlung des Rückkaufswerts Kosten entstehen, die kompensiert werden sollen (siehe § 169 Abs. 5 VVG). Im Versorgungsausgleich wird dieser Rückkaufswert bei der internen Teilung aber nicht ausgezahlt, so dass keine Stornokosten entstehen und ein Stornoabschlag deshalb nicht erforderlich ist.

Zu einer externen Teilung mit Kapitalabfluss kommt es nur mit Zustimmung des Versorgungsträgers, der in diesem Fall dann auch die mit dem Kapitalabfluss verbundenen Kosten zu tragen hat.

Tabelle: Übersicht Bewertung private Versorgungen

Art	Berechnung
private Rentenversicherung	auf die Ehezeit entfallender Rückkaufswert, ermittelt aus dem Deckungskapital zum Ende einer Versicherungsperiode, das nach den anerkannten Regeln der Versicherungsmathematik mit den Rechnungsgrundlagen der Prämienkalkulation berechnet wird.
privater Versicherungsvertrag, der bis zum 31. Dezember 2007 geschlossen wurde	Rückkaufswert § 176 VVG in der bis zum 31. Dezember 2007 geltenden Fassung
Basisrente bzw. „Rürup-Rente"	unmittelbare Bewertung nach § 39 VersAusglG
fondsgebundenen Versicherungen	Zeitwert nach § 169 Abs. 4 Satz 1 VVG

Kapitel 3: Korrespondierender Kapitalwert

163 Kapitel 3 enthält Regelungen zur Bestimmung des korrespondierenden Kapitalwerts nach § 5 Abs. 3 VersAusglG. Dieser dient der Vergleichbarmachung von Anrechten, soweit dies nach dem neuen Ausgleichssystem erforderlich ist (§ 2 Rn 18, siehe auch § 5 VersAusglG).

Soweit also die Vergleichbarmachung noch nötig ist, soll sie, jedenfalls beim Wertausgleich bei der Scheidung, anders als im bisherigen Recht nicht auf der Basis von monatlichen Rentenbeträgen erfolgen, sondern auf der Grundlage von Kapitalwerten. Denn diese Werte sind anschaulicher und vermitteln den Beteiligten eine bessere Vorstellung von der wirtschaftlichen Bedeutung der auszugleichenden Anrechte. Kapitalwerte erlauben auch einen besseren Vergleich mit anderen Vermögenswerten.

Aus diesem Grund ordnet § 5 Abs. 3 VersAusglG an, dass die Versorgungsträger den korrespondierenden Kapitalwert dann berechnen müssen, wenn der auf dem Ehezeitanteil beruhende Ausgleichswert nicht ohnehin in Form eines Kapitalwerts mitgeteilt wird. Sofern der Ausgleichswert als Kapitalwert bestimmt wird, bedarf es keiner Ermittlung eines korrespondierenden Kapitalwerts.

Der Begriff „korrespondierend" verdeutlicht, dass es sich um einen Hilfswert handelt. Er ist insofern fiktiv, als er tatsächlich von den Eheleuten nicht aufzubringen ist. Nur im Fall einer externen Teilung gemäß den §§ 14 bis 17 VersAusglG kann es zu einem Vermögenstransfer in Höhe des korrespondierenden Kapitalwerts kommen, nämlich zwischen den beteiligten Versorgungsträgern. Zugleich stellt der Begriff klar, dass eine tatsächliche Kapitaldeckung in Höhe dieses Werts bei den Versorgungsträgern nicht vorhanden sein muss. Ein korrespondierender Kapitalwert kann deshalb auch bei umlagefinanzierten Systemen wie der gesetzlichen Rentenversicherung oder bei teilweise kapitalgedeckten Systemen wie etwa berufsständischen Versorgungen ermittelt werden.

Merksatz: korrespondierender Kapitalwert

Der korrespondierende Kapitalwert wird benötigt, um einen wertmäßigen Vergleich verschiedener Anrechte vornehmen zu können,
- bei der Prüfung eines Härtefalles wegen grober Unbilligkeit,
- bei einer geplanten Vereinbarungen zum Versorgungsausgleich,
- bei Prüfung des Ausschlusses des Versorgungsausgleichs bei geringfügigen Wertunterschieden

§ 47 VersAusglG — Berechnung des korrespondierenden Kapitalwerts

(1) Der korrespondierende Kapitalwert ist eine Hilfsgröße für ein Anrecht, dessen Ausgleichswert nach § 5 Abs. 3 nicht bereits als Kapitalwert bestimmt ist.

(2) Der korrespondierende Kapitalwert entspricht dem Betrag, der zum Ende der Ehezeit aufzubringen wäre, um beim Versorgungsträger der ausgleichspflichtigen Person für sie ein Anrecht in Höhe des Ausgleichswerts zu begründen.

(3) Für Anrechte im Sinne des § 44 Abs. 1 sind bei der Ermittlung des korrespondierenden Kapitalwerts die Berechnungsgrundlagen der gesetzlichen Rentenversicherung entsprechend anzuwenden.

(4) Für ein Anrecht im Sinne des Betriebsrentengesetzes gilt der Übertragungswert nach § 4 Abs. 5 des Betriebsrentengesetzes als korrespondierender Kapitalwert. Für ein Anrecht, das bei einem Träger einer Zusatzversorgung des öffentlichen oder kirchlichen Dienstes besteht, ist als korrespondierender Kapitalwert der Barwert im Sinne des Absatzes 5 zu ermitteln.

(5) Kann ein korrespondierender Kapitalwert nach den Absätzen 2 bis 4 nicht ermittelt werden, so ist ein nach versicherungsmathematischen Grundsätzen ermittelter Barwert maßgeblich.

(6) Bei einem Wertvergleich in den Fällen der §§ 6 bis 8, 18 Abs. 1 und 27 sind nicht nur die Kapitalwerte und korrespondierenden Kapitalwerte, sondern auch die weiteren Faktoren der Anrechte zu berücksichtigen, die sich auf die Versorgung auswirken.

164 Absatz 1 weist auf die Hilfsfunktion des korrespondierenden Kapitalwerts hin, der mit Bedacht anzuwenden ist.[161] Er wird nach § 5 Abs. 3 VersAusglG nur benötigt, wenn der Ausgleichswert eines Anrechts nicht ohnehin unmittelbar als Kapitalwert bestimmt ist, wie dies beispielsweise bei Anrechten aus der kapitalgedeckten Privatvorsorge der Fall ist.

165 Absatz 2 bestimmt den korrespondierenden Kapitalwert.

> *Merksatz: korrespondierender Kapitalwert*
>
> Korrespondierender Kapitalwert ist der Kapitalbetrag zum Ende der Ehezeit, um beim Versorgungsträger der ausgleichsverpflichteten Person ein Anrecht in Höhe des Ausgleichswerts für die ausgleichspflichtige Person zu begründen (Einkaufspreis).

Als korrespondierender Kapitalwert wird also der Einkaufspreis des auszugleichenden Anrechts herangezogen. Ein solcher Wert ist in vielen Versorgungssystemen verfügbar; die Versorgungsträger müssen in diesen Fällen also keinen besonderen Wert ermitteln. Die zu ermittelnden Kosten des Anrechtserwerbs am Ende der Ehezeit liefern einen Kapitalbetrag, der ein Wertäquivalent für Anrechte darstellt, die in Rentenbeträgen oder anderen Bezugsgrößen ausgedrückt werden.

Bei Anrechten in der gesetzlichen Rentenversicherung ist die Berechnung des korrespondierenden Kapitalwerts unproblematisch: Anhand der allgemeinen Rechengrößen (Wert der Entgeltpunkte zum Stichtag) kann der entsprechende Beitragsaufwand auf einfache Weise ermittelt werden. Die entsprechenden Rechengrößen liegen auch § 187 SGB VI (bzw. § 281a SGB VI) zugrunde.

---

161 Siehe bereits die Begründung des Regierungsentwurfs zu Kapitel 3, Drucksache 16/10144, Seite 84.

Beispiel: Umrechnung Entgeltpunkte in korrespondierenden Kapitalwert

Ende der Ehezeit	31.10.2009
zu übertragenden Entgeltpunkte (EP)	5,0000
Umrechnungsfaktor EP in Beitrag bei Ende der Ehezeit	6.144,9210
Korrespondierender Kapitalwert	30.724,61 EUR

Soweit andere Versorgungsträger wie etwa berufsständische Versorgungswerke über entsprechende Rechengrößen verfügen, beispielsweise zur Berechnung von freiwilligen Beitragsleistungen, können diese herangezogen werden. Anderenfalls ist nach Absatz 5 ein Barwert nach den spezifischen Rechnungsgrundlagen des jeweiligen Versorgungssystems zu ermitteln.

Absatz 3 regelt, dass für Anrechte im Sinne des § 44 Abs. 1 VersAusglG, also insbesondere für Beamtenversorgungen, der korrespondierende Kapitalwert nach den Rechengrößen der gesetzlichen Rentenversicherung zu ermitteln ist. Der Grund hierfür ist, dass bei diesen Versorgungssystemen der Erwerb von Anrechten durch freiwillige Beitragszahlung häufig nicht möglich ist, entsprechende Werte also nicht zur Verfügung stehen. Daher wird die entsprechende Anwendung der Rechengrößen für die gesetzliche Rentenversicherung angeordnet. Wert- sowie Strukturänderungen in der gesetzlichen Rentenversicherung werden in der Regel in der Beamtenversorgung nachvollzogen.

166

Beispiel: Umrechnung Beamtenversorgung in korrespondierenden Kapitalwert

Ende der Ehezeit	31.10.2009
monatlicher Ausgleichswert aus Beamtenversorgung	150,00 EUR
Aktueller Rentenwert Ehezeitende	27,20 EUR
Entgeltpunkte (EP)	5,5147
Umrechnungsfaktor EP in Beitrag bei Ende der Ehezeit	6.144,9210
Beitrag	33.887,40 EUR

Für die Ermittlung des korrespondierenden Kapitalwerts bei Anrechten aus der betrieblichen Altersversorgung nach dem Betriebsrentengesetz verweist Absatz 4 Satz 1 auf den in § 4 Abs. 5 BetrAVG[162] definierten Übertragungswert.

167

---

162 § 4 Abs. 5 BetrAVG (Übertragungswert): (5) Der Übertragungswert entspricht bei einer unmittelbar über den Arbeitgeber oder über eine Unterstützungskasse durchgeführten betrieblichen Altersversorgung dem Barwert der nach § 2 bemessenen künftigen Versorgungsleistung im Zeitpunkt der Übertragung; bei der Berechnung des Barwerts sind die Rechnungsgrundlagen sowie die anerkannten Regeln der Versicherungsmathematik maßgebend. Soweit die betriebliche Altersversorgung über einen Pensionsfonds, eine Pensionskasse oder eine Direktversicherung durchgeführt worden ist, entspricht der Übertragungswert dem gebildeten Kapital im Zeitpunkt der Übertragung.

§ 2 Gesetz über den Versorgungsausgleich (VersAusglG)

Da es sich beim Übertragungswert aber um den vollen Wert des ganzen Anrechts handelt, meint der Gesetzgeber sicherlich, dass der korrespondierende Kapitalwert dem Übertragungswert des Ausgleichswertes entspricht.

Hier müssen die Gerichte und anwaltlichen Berater sorgsam prüfen.

Dann ist eine Wertberechnung möglich, die den geänderten Strukturen des Betriebsrentenrechts entspricht, insbesondere der stark angewachsenen Vielfalt der Versorgungssysteme.[163]

Ein Beispiel, wie sich ein unterschiedlicher Rechnungszins auf die Höhe Kapitalwertes auswirkt und welcher monatliche Rentenbetrag der ausgleichspflichtigen Person abgezogen und der ausgleichsberechtigten Person gutgeschrieben wird:

Korrespondierender Kapitalwert (Alter 46) auf der Grundlage der Tabellen von Heubeck (2005 G):

100,00 EUR x 12 x 4,374 (Rechnungszins 6 %) = 5.248,80 EUR
100,00 EUR x 12 x 5,620 (Rechnungszins 5 %) = 6.744,00 EUR
100,00 EUR x 12 x 6,394 (Rechnungszins 4,5 %) = 7.672,80 EUR
100,00 EUR x 12 x 9,556 (Rechnungszins 3 %) = 11.467,20 EUR

Für den Rechnungszins ist § 253 II HGB zum Bilanzmodernisierungsgesetz zu beachten. Da dieser Wert zum Zeitpunkt der Erstellung des Buches noch nicht bekannt ist, wurde in diesem Beispiel ein Rechnungszins von 4,5 % zugrunde gelegt.

Beispiel: Berechnung korrespondierender Kapitalwert bei betrieblicher Altersversorgung

	Mann	Frau
Alter	46	41
Barwertfaktor (4,5 %, Trend 1,0 %)[164]	6,394	6,116
Ausgleichswert monatlich	100,00	100,00
Kapitalwert	100*12*6,394 = 7.672,80	7.672,80
Kosten interne Teilung 3 %	1,03	0,97
Kapitalwert nach Kosten	7.902,98	7.442,62
Rentenbetrag jährlich	7.902,98 / 6,394 = 1.236,00	1.216,91
Rentenbetrag monatlich	103,00	101,41

---

163 Siehe auch die Begründung zu § 45 VersAusglG.
164 Tabellen von *Heubeck* (2005 G).

§ 47 VersAusglG § 2

168 Für ein Anrecht aus einer Zusatzversorgung des öffentlichen oder kirchlichen Dienstes schließt Absatz 4 Satz 2 die Anwendbarkeit des § 4 Abs. 5 BetrAVG aus. Der korrespondierende Kapitalwert für ein Anrecht aus der Zusatzversorgung des öffentlichen oder kirchlichen Dienstes ist ausschließlich nach der Auffangregelung des Absatzes 5 zu ermitteln. Eine Wertermittlung nach Absatz 2 wäre problematisch, da die arbeitgeberfinanzierten Zusatzversorgungskassen sich bei gleicher Leistung durch erheblich voneinander abweichende Umlagesätze auszeichnen. Es käme damit zu Wertverzerrungen, wenn auf die fiktive Einzahlung dieser Beiträge abgestellt werden würde.

169 Absatz 5 bestimmt, dass bei allen anderen Versorgungssystemen die versicherungsmathematischen Grundsätze maßgeblich sind, um einen entsprechenden Barwert als korrespondierenden Kapitalwert zu bestimmen.

Grundsätzlich gibt ein Barwert an, welchen Wert die Summe der zukünftigen Leistungen am Stichtag hat. Es sind also die in der Zukunft anfallenden Rentenbeträge zu bestimmen und auf den heutigen Zeitpunkt abzuzinsen. Dabei sind folgende Überlegungen zu beachten:

Eine zukünftige Rentenleistung ist grundsätzlich durch zwei Größen bestimmt:
- durch die Höhe der Rente und
- durch die Wahrscheinlichkeit, dass diese Rente überhaupt gezahlt wird.

Der Rentenbetrag ist in Form des Ausgleichswerts bekannt, der unmittelbar als Zahlbetrag oder in Form der entsprechenden Bezugsgröße ohnehin vom Versorgungsträger zu ermitteln ist.

Daneben sind die für das jeweilige Versorgungssystem einschlägigen biometrischen Faktoren zu berücksichtigen, also die Sterbe- bzw. Überlebenswahrscheinlichkeiten.

Aufgrund der unterschiedlichen Finanzierung der Versorgungssysteme kann ein Rentenbetrag von 100 EUR einmal ein Kapital von 22.591,62 EUR (GRV) und einmal ein Kapital von 7.672,80 EUR (bAV) zugrunde liegen.

Die Wahl des Rechnungszinses für die Diskontierung wird den Versorgungsträgern überlassen. Als Maßstab könnte die bilanzielle Bewertung der entsprechenden Pensionsverpflichtung dienen.

Das Gesetzes zur Modernisierung des Bilanzrechts (Bilanzrechtsmodernisierungsgesetz – BilMoG) sieht in § 253 Abs. 2 Satz 1 und 2 HGB[165] vor, dass Rückstellungen für Rentenverpflichtungen mit dem durchschnittlichen Marktzinssatz zu bewerten sind. Die anzuwendenden Abzinsungszinssätze sollen nach § 253 Abs. 2 Satz 3 HGB von der Deutschen Bundesbank ermittelt und monatlich bekannt gegeben werden.

http://www.bundesbank.de/statistik/statistik_zinsen.php#abzinsung

170 Absatz 6 macht deutlich, dass es bei einem Wertvergleich auf der Grundlage von Kapitalwerten und korrespondierenden Kapitalwerten nicht nur auf deren Höhe ankommt. Berücksichtigt werden sollen auch weitere wertbildende Faktoren, die sich auf die Versorgung auswirken.

Die Vorschrift benennt zunächst diejenigen Fälle, in denen ein solcher Wertvergleich erforderlich ist: Dies sind

- Vereinbarungen der Ehegatten (§§ 6 bis 8 VersAusglG)
- geringe Wertunterschiede (§ 18 Abs. 1 VersAusglG)
- Härtefällen, bei denen es auf eine wirtschaftliche Gesamtbetrachtung der Versorgungssituation ankommt (§ 27 VersAusglG).

Maßgeblich sind dabei in erster Linie die von den Versorgungsträgern ermittelten Kapitalwerte und korrespondierenden Kapitalwerte.

Außerdem stellt die Vorschrift klar, dass bei dem Wertvergleich darüber hinaus neben diesen Kapitalwerten der auszugleichenden Anrechte auch weitere wertbildende Faktoren zu berücksichtigen sind, die sich auf die zu erwartende oder die tatsächlich gezahlte Versorgung auswirken. Dies sind

---

165 § 253 HGB Zugangs- und Folgebewertung
(2) Rückstellungen mit einer Restlaufzeit von mehr als einem Jahr sind mit dem ihrer Restlaufzeit entsprechenden durchschnittlichen Marktzinssatz der vergangenen sieben Geschäftsjahre abzuzinsen. Abweichend von Satz 1 dürfen Rückstellungen für Altersversorgungsverpflichtungen oder vergleichbare langfristig fällige Verpflichtungen pauschal mit dem durchschnittlichen Marktzinssatz abgezinst werden, der sich bei einer angenommenen Restlaufzeit von 15 Jahren ergibt. Die Sätze 1 und 2 gelten entsprechend für auf Rentenverpflichtungen beruhende Verbindlichkeiten, für die eine Gegenleistung nicht mehr zu erwarten ist. Der nach den Sätzen 1 und 2 anzuwendende Abzinsungszinssatz wird von der Deutschen Bundesbank nach Maßgabe einer Rechtsverordnung ermittelt und monatlich bekannt gegeben. In der Rechtsverordnung nach Satz 4, die nicht der Zustimmung des Bundesrates bedarf, bestimmt das Bundesministerium der Justiz im Benehmen mit der Deutschen Bundesbank das Nähere zur Ermittlung der Abzinsungszinssätze, insbesondere die Ermittlungsmethodik und deren Grundlagen, sowie die Form der Bekanntgabe.

- das Leistungsspektrum
- isolierte Altersversorgung
- Anrechte, die neben der Altersversorgung auch Invaliditäts- und Hinterbliebenenschutz gewährleisten,
- die allgemeinen Anpassungen
- Steigerungen der gesetzlichen Rentenversicherung,
- statische Leibrenten ohne Erhöhungen in der Leistungsphase,
- die Finanzierungsverfahren
- Abschnittsdeckungsverfahren berufsständischer Versorgungswerke,
- Umlagefinanzierungsverfahren der Sozialversicherung,
- andere wertbildende Faktoren
- z.B. Insolvenzschutz,
- Teilkapitalisierungsrechte etc.

Das Gesetz zur Modernisierung des Bilanzrechts[166] konkretisiert die Bestimmungen für den maßgeblichen Rechnungszins bei der Bewertung von Pensionsrückstellungen.

Nach § 253 Abs. 2 HGB soll dieser Rechnungszins nach Maßgabe einer Rechtsverordnung ermittelt und monatlich von der Deutschen Bundesbank bekannt gegeben werden. Der aktuelle Wert zum Ende der Ehezeit wird auf der Internetseite www.bundesbank.de veröffentlicht werden:
http://www.bundesbank.de/statistik/statistik.php

Der steuerliche Rechnungszins von 6 Prozent nach § 6a EStG kann künftig also nicht mehr herangezogen werden.[167]

Wie aber soll ein unterschiedlicher Rechnungszins für die Zeit zwischen Ende der Ehezeit und voraussichtlichem Leistungsfall berücksichtigt werden?

Bergner macht hierzu einen interessanten Vorschlag:[168] Zwischen statischen und dynamischen Anwartschaften im Verhältnis der Wertentwicklung vom statischen Anrecht (100) zum voraussichtlichen dynamischen Wert (120) also 100/120 = 0,8333; aus 100 EUR werden 83,33 EUR.

Zwischen superdynamischen und dynamischen Anwartschaften im Verhältnis der Wertentwicklung vom voraussichtlichen superdynamischen Anrecht (130) zum vo-

---

166 Bilanzrechtsmodernisierungsgesetz – BilMoG, Drucksache 16/10067.
167 Drucksache 16/10067, Seite 56.
168 Versorgungsausgleichstabellen für das zweite Halbjahr 2009 Seite 16, Beilage zu NJW 30/2009 und FPR 7/2009.

raussichtlichen dynamischen Wert (120), also 130/120 = 1,0833 aus 100 EUR werden 108,33 EUR.

Für die Dynamik der gesetzlichen Rentenversicherung wird die Wertentwicklung aus dem Rentenversicherungsbericht 2008 vorgeschlagen. Da die Rentenanpassung 2009 aber aus politischen Gründen erheblich höher ausgefallen ist als ursprünglich angenommen, die zukünftigen Anpassungen aber wohl geringer als erwartet ausfallen werden, können die Werte wirklich nur „annähernd vergleichbare" Werte liefern.

Teil 3: Übergangsvorschriften

171 Die §§ 48 bis 54 VersAusglG enthalten die Übergangsvorschriften. Diese regeln zum einen die Fälle, in denen

- nach Inkrafttreten des Gesetzes ausnahmsweise das bisherige Recht anzuwenden ist,
- die Wiederaufnahme von Verfahren, die nach dem Versorgungsausgleichs-Überleitungsgesetz ausgesetzt wurden

und bestimmen, wie

- ein nach bisherigem Recht durchgeführter öffentlich-rechtlicher Versorgungsausgleich abzuändern bzw.
- ein bereits erfolgter Teilausgleich im Rahmen von Ausgleichsansprüchen nach der Scheidung zu bewerten ist.

Schließlich werden einzelne Übergangsvorschriften des bisherigen Rechts weiter für anwendbar erklärt.

Das reformierte Recht kommt schnell und weitgehend zur Anwendung. Damit müssen nicht über einen langen Zeitraum zwei Rechtsordnungen nebeneinander angewendet werden. Dies wäre der Fall, wenn das bisherige Abänderungsverfahren nach § 10a VAHRG unverändert auf bereits getroffene Ausgleichsentscheidungen anwendbar bliebe: Die Versorgungsträger, die Gerichte und die rechtsberatenden Berufe wären dann gezwungen, noch über Jahrzehnte im Rahmen von Abänderungsverfahren wie nach bisherigem Recht einen Saldo auszugleichen, während im Übrigen die Versorgungen nach reformiertem Recht anrechtsbezogen zu teilen wären.

Für Scheidungen, die bis zum 31. Dezember 1991 im Beitrittsgebiet erfolgt sind, bleibt es dabei, dass kein Versorgungsausgleich durchzuführen ist.[169]

---

169 Artikel 234 § 6 EGBGB.

Teil 3: Übergangsvorschriften §2

In der Übergangszeit nach Inkrafttreten des reformierten Rechts werden die Familiengerichte insbesondere die Versorgungsträger bei Auskunftsersuchen darauf hinzuweisen haben, ob die Auskunft nach dem bislang geltenden Recht oder nach den neu in Kraft getretenen Vorschriften zu erteilen ist.

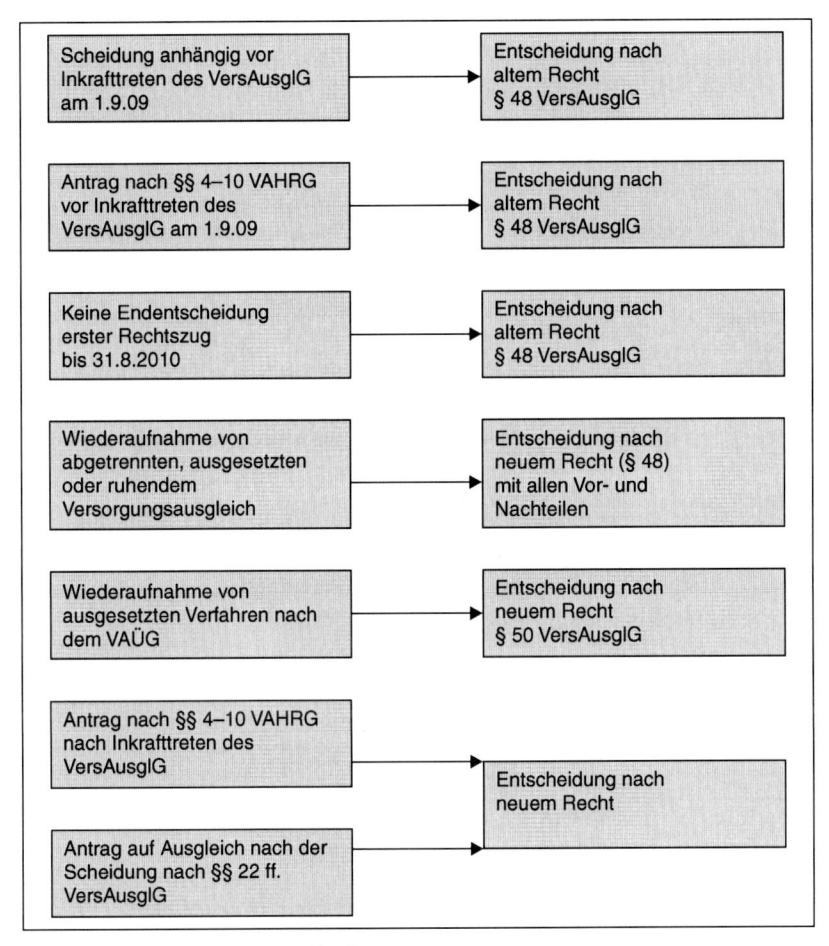

Scheidung anhängig vor Inkrafttreten des VersAusglG am 1.9.09	Entscheidung nach altem Recht § 48 VersAusglG
Antrag nach §§ 4–10 VAHRG vor Inkrafttreten des VersAusglG am 1.9.09	Entscheidung nach altem Recht § 48 VersAusglG
Keine Endentscheidung erster Rechtszug bis 31.8.2010	Entscheidung nach altem Recht § 48 VersAusglG
Wiederaufnahme von abgetrennten, ausgesetzten oder ruhendem Versorgungsausgleich	Entscheidung nach neuem Recht (§ 48) mit allen Vor- und Nachteilen
Wiederaufnahme von ausgesetzten Verfahren nach dem VAÜG	Entscheidung nach neuem Recht § 50 VersAusglG
Antrag nach §§ 4–10 VAHRG nach Inkrafttreten des VersAusglG	Entscheidung nach neuem Recht
Antrag auf Ausgleich nach der Scheidung nach §§ 22 ff. VersAusglG	

Abbildung: altes oder neues Recht

§ 2 Gesetz über den Versorgungsausgleich (VersAusglG)

| § 48 VersAusglG | Allgemeine Übergangsvorschrift |

(1) In Verfahren über den Versorgungsausgleich, die vor dem 1. September 2009 eingeleitet worden sind, ist das bis dahin geltende materielle Recht und Verfahrensrecht weiterhin anzuwenden.

(2) Abweichend von Absatz 1 ist das ab dem 1. September 2009 geltende materielle Recht und Verfahrensrecht anzuwenden in Verfahren, die am 1. September 2009 abgetrennt oder ausgesetzt sind oder deren Ruhen angeordnet ist oder nach dem 1. September 2009 abgetrennt oder ausgesetzt werden oder deren Ruhen angeordnet wird.

(3) Abweichend von Absatz 1 ist in Verfahren, in denen am 31. August 2010 im ersten Rechtszug noch keine Endentscheidung erlassen wurde, ab dem 1. September 2010 das ab dem 1. September 2009 geltende materielle Recht und Verfahrensrecht anzuwenden.

172 Der § 48 VersAusglG bündelt die Anordnungen zum Übergangsrecht.

Für Verfahren, die ab dem 1. September 2009 eingeleitet werden, gilt das reformierte materielle Recht des Versorgungsausgleichs und das reformierte Verfahrensrecht des FGG-Reformgesetzes.[170]

Für Verfahren, die vor dem 1. September 2009 eingeleitet werden, ist das bislang geltende Recht anzuwenden (Absatz 1), es sei denn, es kommt aus besonderen Gründen zur Anwendung des neuen Rechts (Absatz 2).

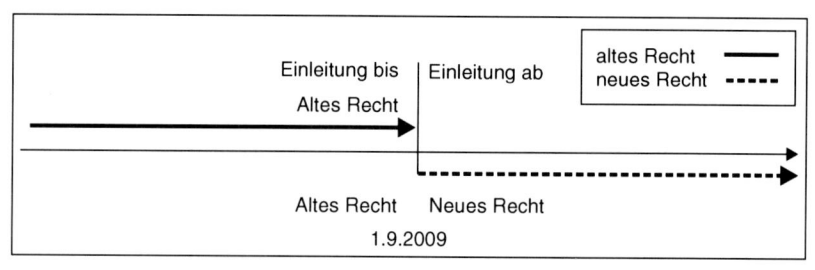

Abbildung: ab wann neues Recht

---

[170] FGG-Reformgesetz vom 17. Dezember 2008, BGBl I S. 2586.

Ergänzt wird diese Regelung durch die Anordnung, wonach das reformierte Recht auch dann anzuwenden ist, wenn am 31. August 2010 noch keine erstinstanzliche Endentscheidung ergangen ist (Absatz 3).[171]

```
Verfahren eingeleitet        Erster Rechtzug      Altes Recht  ———
    bis 31.8.2009  Entscheidung bis 31.8.2010    Neues Recht  -----
```

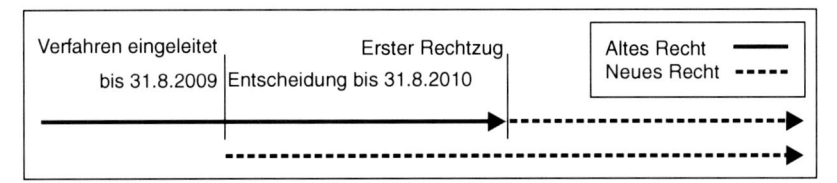

Abbildung: neues Recht bei fehlender Erstentscheidung

Absatz 1 stellt klar, dass neben dem bislang geltenden materiellen Recht auch das bisherige Verfahrensrecht anzuwenden ist, wenn das Verfahren über den Versorgungsausgleich bis zum 1. September 2009 eingeleitet worden ist. Dies entspricht der allgemeinen Übergangsvorschrift des FGG-Reformgesetzes:[172] Nach Artikel 111 Abs. 1 Satz 1 FGG-RG gilt das bis zum Inkrafttreten des Reformgesetzes geltende Verfahrensrecht für diejenigen Verfahren, die bis zu diesem Zeitpunkt – dem 1. September 2009 (vgl. Artikel 112 Abs. 1 FGG-RG) – eingeleitet worden sind.

173

Absatz 2 regelt die Ausnahmen zu dem in Absatz 1 bestimmten Grundsatz, und zwar ebenfalls sowohl für das Verfahrensrecht als auch für das materielle Recht: Für bestimmte, noch vor dem 1. September 2009 eingeleitete Verfahren gilt das reformierte Recht. Verfahrensrechtlich wird dies auch in Artikel 111 FGG-Reformgesetz nachvollzogen.[173] Damit ist die Parallelität von materiellem Recht und Verfahrensrecht auch im Übergangsrecht gewährleistet.[174]

174

In der jeweils ersten Alternative der Nummern 1 und 2 nimmt Absatz 2 die in Artikel 111 Abs. 4 FGG-RG vorgesehene Ergänzung auf, mit der die Anwendung des neuen Verfahrensrechts auch für abgetrennte Versorgungsausgleichssachen angeordnet wird.

Dieser Regelung entsprechend erstreckt Absatz 2 die Geltung des neuen materiellen Rechts und des Verfahrensrechts auf Versorgungsausgleichssachen, die – nach § 628 Nr. 1, 2 oder 4 ZPO bzw. nach § 140 Abs. 2 Nr. 1, 2, 4 oder 5 FamFG – vom

---

171 Siehe auch Vorschlag des Bundesrates in seiner Stellungnahme zu Nummer 10 (Drucksache 16/10144, Seite 119 f.).
172 FGG-Reformgesetze vom 17. Dezember 2008 (BGBl I S. 2586, 2743).
173 Siehe Artikel 22 VersStrRefG.
174 Siehe Drucksache 16/10144, Seite 87.

§ 2 Gesetz über den Versorgungsausgleich (VersAusglG)

Scheidungsverbund abgetrennt sind (Nummer 1) oder nach Inkrafttreten des neuen Rechts abgetrennt werden (Nummer 2).

Die Vorschrift entspricht insoweit materiell § 48 Satz 2 VersAusglG.

Erfasst werden damit insbesondere diejenigen praktisch wichtigen Fälle, in denen der Versorgungsausgleich abgetrennt wird, weil die Entscheidung über den Versorgungsausgleich die Ehescheidung außergewöhnlich verzögern und dieser Aufschub eine unzumutbare Härte darstellen würde (§ 628 Satz 1 Nr. 4 ZPO). Eine formelle Aussetzung oder Ruhensanordnung erfolgt in diesen abgetrennten Versorgungsausgleichssachen dann in der Regel nicht. Vielmehr werden sie weiter betrieben, was tatsächlich jedoch wegen der Schwierigkeiten bei der Beibringung von Auskünften und der Ermittlung von Anrechten oft mit langen Bearbeitungszeiten verbunden ist, vor allem in Fällen mit Auslandsbezug. Es ist weder erforderlich noch praktikabel, in diesen Verfahren noch nach Jahren das bisherige Ausgleichssystem beizubehalten. Außerdem nimmt Absatz 2 die Neuregelungen in Artikel 111 Absatz 3 FGG-RG auf.

Neues Verfahrensrecht ist danach auch auf Verfahren anzuwenden, die bei Inkrafttreten des Reformgesetzes ausgesetzt sind oder danach ausgesetzt werden bzw. deren Ruhen bei Inkrafttreten des Reformgesetzes angeordnet ist oder danach angeordnet wird.[175]

Absatz 2 übernimmt diese Regelung und stellt auch hier den Gleichlauf zwischen dem materiellen Recht des Versorgungsausgleichs und dem Verfahrensrecht her für diejenigen Verfahren,
- die als Folgesache oder isoliertes Verfahren am Stichtag ausgesetzt sind oder ruhen (Nummer 1) oder
- danach ausgesetzt oder zum Ruhen gebracht werden (Nummer 2).

Dies betrifft z.B. die Fälle einer Wiederaufnahme nach Aussetzung gemäß § 614 ZPO oder § 53c FGG.

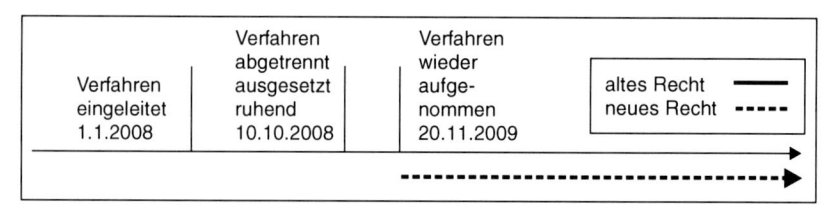

Verfahren eingeleitet 1.1.2008	Verfahren abgetrennt ausgesetzt ruhend 10.10.2008	Verfahren wieder aufgenommen 20.11.2009	altes Recht ——— neues Recht -----

Abbildung: neues Recht bei Aussetzung

---

175 Siehe Drucksache 16/10144, Seite 120 und 128.

Absatz 3 entspricht einer weiteren Änderung des FGG-Reformgesetzes (siehe Artikel 22 – neu): Artikel 111 FGG-RG wird um einen Absatz 5 ergänzt, der den Geltungsbereich des neuen Verfahrensrechts auch auf Verfahren über den Versorgungsausgleich sowie die mit diesen im Verbund stehenden Scheidungs- und Folgesachen erstreckt, in denen am 31. August 2010 im ersten Rechtszug noch keine Endentscheidung erlassen wurde.

In Absatz 3 wird dieser Geltungsbereich für das materielle Recht des Versorgungsausgleichs übernommen und zugleich für das Verfahrensrecht wiederholt. Auf diese Weise sind ein Jahr nach Inkrafttreten des VAStrRefG auf alle erstinstanzlich noch nicht entschiedenen und vor dem 1. September 2009 eingeleiteten Versorgungsausgleichssachen, die nicht bereits nach Absatz 2 in das reformierte Recht überführt worden sind, das neue materielle Recht und das neue Verfahrensrecht anzuwenden.

Erfasst werden auch nicht weiterbetriebene und nach der Aktenordnung weggelegte Scheidungsverfahren. Ohne diese Vorschrift müssten diese Verfahren bei erneutem Aufruf noch über viele Jahre nach bisherigem Recht entschieden und hierbei auch die verfassungsrechtlich bedenkliche Barwert-Verordnung weiter angewendet werden.

Das reformierte Recht gilt also für alle Versorgungsausgleichssachen im Sinne des § 217 FamFG, die nach dem Inkrafttreten des VersAusglG bei Gericht eingeleitet werden,
- sei es gemäß § 137 Abs. 2 FamFG als Folgesache zu einem Scheidungsverfahren oder
- als isoliertes Versorgungsausgleichsverfahren.

Zu den letzteren zählen die Verfahren, in denen nach Inkrafttreten des VersAusglG Ausgleichsansprüche nach der Scheidung gemäß § 20 ff. VersAusglG geltend gemacht werden (nach bisherigem Recht: schuldrechtlicher Versorgungsausgleich gemäß § 1587f ff. BGB bzw. nach § 3a VAHRG). Dabei wird es sich im Wesentlichen um folgende Fälle handeln:
- Verfahren über den öffentlich-rechtlichen Versorgungsausgleich in denen nach bisherigem Recht der schuldrechtliche Versorgungsausgleich ganz oder nach einem Supersplitting gemäß § 3b Abs. 1 Nr. 1 VAHRG teilweise vorbehalten worden ist (siehe hierzu auch § 53 VersAusglG).
- Verfahren in denen eine schuldrechtliche Ausgleichsrente abgeändert werden soll (bisher § 1587g Abs. 3 in Verbindung mit § 1587d Abs. 2 BGB) sowie
- Verfahren in denen der Versorgungsausgleich erst nachträglich durchzuführen ist (Artikel 17 Abs. 3 EGBGB).

§ 2 Gesetz über den Versorgungsausgleich (VersAusglG)

```
Entscheidung          Antrag Ausgleich
im Erstverfahren      nach der Scheidung     altes Recht  ———
10.10.2008            eingeleitet            neues Recht  -----
                      20.11.2009
```

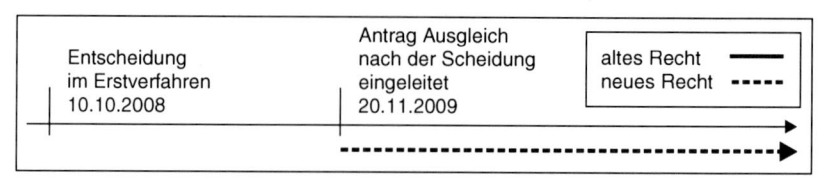

Abbildung: neues Recht bei schuldrechtlichem Ausgleich

Für Abänderungsverfahren (bisher § 10a VAHRG) enthalten die §§ 51 und 52 VersAusglG besondere Bestimmungen.

Ein Versorgungsausgleichsverfahren ist im Sinne von § 48 VersAusglG eingeleitet, wenn der Scheidungsantrag bei Gericht anhängig gemacht worden ist und der Versorgungsausgleich von Amts wegen im Verbund mit der Scheidungssache durchzuführen ist (§ 623 Abs. 1 Satz 3 ZPO bzw. § 137 des Gesetzes über das Verfahren in Familiensachen und in den Angelegenheiten der freiwilligen Gerichtsbarkeit).

In den Fällen, in denen der Versorgungsausgleich auf Antrag durchzuführen ist, ist ein Versorgungsausgleichsverfahren eingeleitet, wenn der entsprechende Antrag bei Gericht eingereicht worden ist.

176 Wird über einen vor dem 1.9.2009 gestellten Antrag erst nach dem 31.8.2010 entschieden wird, ist nach § 48 Abs. 3 VersAusglG das ab dem 1.9.2009 geltende materielle Recht und Verfahrensrecht anzuwenden. Es gilt dann die Regelung des § 52 Abs. 1 VersAusglG i.V.m. § 226 Abs. 4 FamFG, nach der die Abänderung ab dem ersten Tag des Monats wirkt, der auf den Monat der Antragstellung folgt.

Das VersAusglG gilt zwar erst ab 1.9.2009 (Art. 23 Satz 1 VAStrRefG); dies steht aber der Rückwirkung des Abänderungsantrags nach § 52 Abs. 1 VersAusglG i.V.m. § 226 Abs. 4 FamFG nicht entgegen.

Antrag	Wirkung		Entscheidung nach neuem Recht Berechnung nach neuem Recht
10.8.2009	1.9.2009	16.6.2010	20.10.2010
	Wirkung		Entscheidung nach neuem Recht Berechnung nach altem Recht

Abbildung: Wirkung von Abänderungsverfahren

| § 49 VersAusglG | Übergangsvorschrift für Auswirkungen des Versorgungsausgleichs in besonderen Fällen |

Für Verfahren nach den §§ 4 bis 10 des Gesetzes zur Regelung von Härten im Versorgungsausgleich, in denen der Antrag beim Versorgungsträger vor dem 1.9.2009 eingegangen ist, ist das bis dahin geltende Recht weiterhin anzuwenden.

Bei Verfahren, die auf die nachträgliche Anpassung einer Entscheidung über den öffentlich-rechtlichen Versorgungsausgleich gerichtet sind (§§ 4 ff. VAHRG, jetzt die §§ 32 bis 38 VersAusglG), sieht die Vorschrift wie § 48 Satz 1 VersAusglG eine Anwendung des bisher geltenden Rechts vor, wenn der Antrag beim zuständigen Versorgungsträger vor dem 1.9.2009 eingegangen ist.

177

Der Eingang des verfahrenseinleitenden Antrags beim Versorgungsträger ist auch dann maßgebend, wenn sich an das behördliche Verfahren ein gerichtliches Verfahren angeschlossen hat und dieses Verfahren noch beim Gericht anhängig ist.

Anders als in § 48 Satz 2 VersAusglG wird für anhängige Verfahren nach den §§ 4 bis 10 VAHRG, die nach einer Aussetzung wieder aufgenommen werden, nicht die Geltung des neuen Rechts angeordnet. Nach reformiertem Recht sind die Versorgungsträger nur noch für Anträge auf Anpassung wegen

- Invalidität oder
- Tod

zuständig (§§ 35 bis 38 VersAusglG), während für Anträge auf

- Anpassung wegen Unterhalt

die Familiengerichte zuständig sind (§§ 33 und 34 VersAusglG).

Abbildung: altes Recht bei Abänderung

Waren solche Verfahren ausgesetzt, würde die Anwendung des neuen Rechts bei der Wiederaufnahme zu einem Wechsel der Zuständigkeit vom Versorgungsträger zum Familiengericht während eines anhängigen Verfahrens führen. Um dies zu vermeiden, bleibt es bei der Anwendung des bisherigen Rechts.

§ 2 Gesetz über den Versorgungsausgleich (VersAusglG)

> **§ 50 VersAusglG** Wiederaufnahme von ausgesetzten Verfahren nach dem Versorgungsausgleichs-Überleitungsgesetz
>
> (1) Ein nach § 2 Abs. 1 Satz 2 des Versorgungsausgleichs-Überleitungsgesetzes ausgesetzter Versorgungsausgleich ist auf Antrag eines Ehegatten oder eines Versorgungsträgers wieder aufzunehmen, wenn aus einem im Versorgungsausgleich zu berücksichtigenden Anrecht Leistungen zu erbringen oder zu kürzen wären; soll von Amts wegen spätestens bis zum 1.9.2014 wieder aufgenommen werden.
>
> (2) Der Antrag nach Absatz 1 Nr. 1 ist frühestens sechs Monate vor dem Zeitpunkt zulässig, ab dem aufgrund des Versorgungsausgleichs voraussichtlich Leistungen zu erbringen oder zu kürzen wären.

178 Die Vorschrift regelt, zu welchem Zeitpunkt die nach § 2 Abs. 1 Satz 2 VAÜG ausgesetzten Versorgungsausgleichsverfahren wieder aufzunehmen sind[176] und greift dabei die Grundgedanken des bislang geltenden Rechts auf: Nach § 2 Abs. 2 in Verbindung mit § 2 Abs. 1 Satz 1 Nr. 2 VAÜG war der Versorgungsausgleich vor der Einkommensangleichung auf Antrag eines Ehegatten, eines Hinterbliebenen oder eines betroffenen Versorgungsträgers wieder aufzunehmen, wenn aus einem im Versorgungsausgleich zu berücksichtigenden Anrecht aufgrund des Versorgungsausgleichs Leistungen zu erbringen oder zu kürzen gewesen wären.

Der Fall der Wiederaufnahme auf Antrag ist nunmehr in § 50 Abs. 1 Nr. 1 VersAusglG geregelt. In § 2 Abs. 3 Satz 2 VAÜG war eine Wiederaufnahme der ausgesetzten Verfahren von Amts wegen spätestens fünf Jahre nach der Einkommensangleichung vorgesehen. Da nach dem neuen Recht aufgrund der Teilung jedes Anrechts ein Wertausgleich bereits vor der Einkommensangleichung durchgeführt werden kann, sieht die neue Sollvorschrift in § 50 Abs. 1 Nr. 2 VersAusglG eine Wiederaufnahme von Amts wegen spätestens fünf Jahre nach dem Inkrafttreten der Reform vor. Es ist aber anzunehmen, das Aufgrund der Anzahl der ausgesetzten Verfahren und der schwächeren Sollvorschrift mit einem längeren Zeitraum der Abwicklung zu rechnen ist.

Nach § 48 Satz 2 VersAusglG ist bei Wiederaufnahme des Verfahrens nach reformiertem Recht zu entscheiden.

---

[176] Drucksache 16/10144, Seite 121.

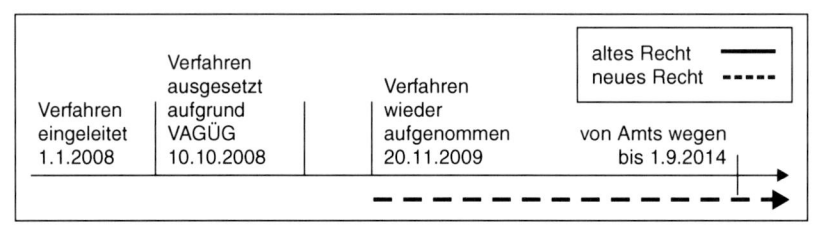

```
                              Verfahren                                  altes Recht  ———
                              ausgesetzt        Verfahren                neues Recht  -----
          Verfahren           aufgrund          wieder
          eingeleitet         VAGÜG             aufgenommen              von Amts wegen
          1.1.2008            10.10.2008        20.11.2009               bis 1.9.2014
```

Abbildung: neues Recht bei Aussetzung VAÜG

Nach Absatz 1 Nr. 1 ist ein nach § 2 Abs. 1 Satz 2 VAÜG ausgesetzter Versorgungsausgleich auf Antrag wieder aufzunehmen, wenn aus einem im Versorgungsausgleich zu berücksichtigenden Anrecht Leistungen zu erbringen oder zu kürzen wären. Dies ist dann der Fall, wenn bei einem Ehegatten der Leistungsfall eintritt, z.B. bei Erreichen der Regelaltersgrenze erreicht. Da der Versorgungsausgleich in diesen Fällen bereits direkte Auswirkungen auf die Höhe der laufenden Versorgungen hat, sollen die Ehegatten wie auch nach bisherigem Recht (§ 2 Abs. 2 Satz 1 VAÜG in Verbindung mit § 2 Abs. 1 Satz 2 VAÜG) nicht darauf warten müssen, dass das Gericht tätig wird.   **179**

Antragsberechtigt sind wie nach bisherigem Recht (dort § 2 Abs. 2 Satz 2 VAÜG) die Ehegatten und die Versorgungsträger.

Nicht übernommen wurde das Antragsrecht der Hinterbliebenen. Diesem Antragsrecht entspricht nämlich keine materielle Berechtigung, da gemäß § 31 VersAusglG mit dem Tod eines Ehegatten sein Recht auf Wertausgleich erlischt. Dies ist im bislang geltenden Recht in § 1587e BGB geregelt, der auch dann anzuwenden war, wenn der Versorgungsausgleich nach § 628 ZPO abgetrennt bzw. nach § 53c FGG oder § 2 Abs. 1 Satz 2 VAÜG ausgesetzt war.[177] Die Hinterbliebenen haben kein Recht auf Wiederaufnahme eines ausgesetzten Verfahrens.

Absatz 1 Nr. 2 regelt die Verpflichtung der Gerichte, die nach § 2 Abs. 1 Satz 2 VAÜG ausgesetzten Verfahren spätestens fünf Jahre nach Inkrafttreten des VersAusglG von Amts wegen wieder aufzunehmen. Nach dem neuen materiellen Recht ist nun eine Durchführung des Ausgleichs möglich, da „Westanrechte" und „Ostanrechte" nicht mehr vergleichbar gemacht und saldiert werden müssen, sondern jedes Anrecht einzeln ausgeglichen wird.   **180**

In der Praxis kann nach dem Inkrafttreten des VersAusglG – insbesondere in den Monaten kurz danach – folgende Situation eintreten: Der Versorgungsausgleich ist

---

177 Siehe BGH vom 15. August 2007 – XII ZB 64/06 = FamRZ 2007, 1804.

noch nach dem bisherigen Recht durchzuführen, weil das Verfahren vor dem Inkrafttreten eingeleitet worden ist (§ 48 Satz 1). Gemäß § 2 Abs. 1 Satz 2 VAÜG ist das Verfahren auszusetzen. Nach Aussetzung wirkt die Sollvorschrift des § 50 Abs. 1 Nr. 2 VersAusglG auf die Familiengerichte, den Versorgungsausgleich spätestens binnen fünf Jahren wieder aufzunehmen. In diesen Fällen hat das Familiengericht die Möglichkeit, im Scheidungstermin eine Aussetzung des Versorgungsausgleichsverfahrens zu beschließen und im Anschluss sogleich eine Wiederaufnahme des Verfahrens anzuordnen. Kann auf Grundlage der eingeholten Auskünfte der Versorgungsträger bereits zum Scheidungstermin nach reformiertem Recht über den Versorgungsausgleich entschieden werden, können sowohl die Scheidung als auch die Folgesache bereits in diesem Termin abgeschlossen werden. Dies ist insbesondere dann der Fall, wenn die Eheleute nur Anwartschaften in der gesetzlichen Rentenversicherung erworben haben, da die Auskünfte der Versorgungsträger nach bisherigem Recht in diesen Fällen in der Regel auch eine Entscheidung nach reformiertem Recht ermöglichen. Müssen hingegen, etwa bei Vorliegen einer zusätzlichen betrieblichen Anwartschaft, noch neue Auskünfte der Versorgungsträger eingeholt werden, so kann das Familiengericht das Versorgungsausgleichsverfahren im Scheidungstermin nach § 2 Abs. 1 Satz 2 VAÜG aussetzen und abtrennen und dem Scheidungsantrag stattgeben (§ 628 ZPO). Die Entscheidung über den Versorgungsausgleich kann das Familiengericht mit Zustimmung beider Parteien dann anschließend im schriftlichen Verfahren treffen. So ist für die Eheleute, ihre anwaltlichen Berater sowie für das Gericht kein weiterer Verhandlungstermin erforderlich.

181 Absatz 2 enthält eine Sonderbestimmung zu Absatz 1 Nr. 1: Anders als nach bisherigem Recht kann der Antrag nach Absatz 1 Nr. 1 nun bereits bis zu sechs Monate vor dem Zeitpunkt gestellt werden, zu dem aufgrund des Versorgungsausgleichs voraussichtlich Leistungen zu erbringen oder zu kürzen wären. So kann das Wiederaufnahmeverfahren bereits vor Erreichen der Regelaltersgrenze oder bei einem Rentenantrag eingeleitet und die gerichtliche Entscheidung über den Versorgungsausgleich unter Umständen schon bei der Festsetzung der Rente berücksichtigt werden. Andernfalls könnte ein längerer Zeitraum vergehen, in dem die ausgleichsberechtigte Person bereits Rente bezieht, ohne dass die Entscheidung über den Versorgungsausgleich zu ihren Gunsten wirksam wird. Im Fall einer Invaliditätsrente ist der früheste zulässige Zeitpunkt für den Antrag nach Absatz 1 Nr. 1 der Zeitpunkt des Antrags auf Invaliditätsrente, denn hier ist, anders als bei der Altersrente, der Leistungsfall nicht längere Zeit im Voraus absehbar.

Der Zeitraum von sechs Monaten ist in Anlehnung an § 120d Abs. 1 SGB VI in der seit dem 1. Januar 2008 geltenden Fassung gewählt. Diese Vorschrift sieht vor, dass eine Erklärung der Eheleute zum Rentensplitting (§ 120a SGB VI) frühestens sechs Monate vor der voraussichtlichen Erfüllung der Anspruchsvoraussetzungen abgegeben werden kann. Bei der Wiederaufnahme eines nach dem VAÜG ausgesetzten Verfahrens liegt eine vergleichbare Situation vor: Wäre ein Antrag erst ab Leistungsbeginn zulässig, würde sich die Änderung der tatsächlichen Bezüge in jedem Fall erst nach dem Rentenbeginn auswirken.

§ 51 VersAusglG Zulässigkeit einer Abänderung des öffentlich-rechtlichen Versorgungsausgleichs

(1) Eine Entscheidung über einen öffentlich-rechtlichen Versorgungsausgleich, die nach dem Recht getroffen worden ist, das bis zum 1.9.2009 gegolten hat, ändert das Gericht bei einer wesentlichen Wertänderung auf Antrag ab, indem es die in den Ausgleich einbezogenen Anrechte nach den §§ 9 bis 19 teilt.

(2) Die Wertänderung ist wesentlich, wenn die Voraussetzungen des § 225 Abs. 2 und 3 des Gesetzes über das Verfahren in Familiensachen und in den Angelegenheiten der freiwilligen Gerichtsbarkeit vorliegen, wobei es genügt, dass sich der Ausgleichswert nur eines Anrechts geändert hat.

(3) Eine Abänderung nach Absatz 1 ist auch dann zulässig, wenn sich bei Anrechten der berufsständischen, betrieblichen oder privaten Altersvorsorge (§ 1587a Abs. 3 oder 4 des Bürgerlichen Gesetzbuchs in der bis zum 1.9.2009 geltenden Fassung der vor der Umrechnung ermittelte Wert des Ehezeitanteils wesentlich von dem dynamisierten und aktualisierten Wert unterscheidet. Die Aktualisierung erfolgt mithilfe der aktuellen Rentenwerte der gesetzlichen Rentenversicherung. Der Wertunterschied nach Satz 1 ist wesentlich, wenn er mindestens 2 Prozent der zum Zeitpunkt der Antragstellung maßgeblichen monatlichen Bezugsgröße nach § 18 Abs. 1 des Vierten Buches Sozialgesetzbuch beträgt.

(4) Eine Abänderung nach Absatz 3 ist ausgeschlossen, wenn für das Anrecht nach einem Teilausgleich gemäß § 3b Abs. 1 Nr. 1 des Gesetzes zur Regelung von Härten im Versorgungsausgleich noch Ausgleichsansprüche nach der Scheidung gemäß den §§ 20 bis 26 geltend gemacht werden können.

(5) § 225 Abs. 4 und 5 des Gesetzes über das Verfahren in Familiensachen und in den Angelegenheiten der freiwilligen Gerichtsbarkeit gilt entsprechend.

Die Norm regelt die Abänderung gerichtlicher Entscheidungen über einen öffentlich-rechtlichen Versorgungsausgleich nach bisherigem Recht. Diese konnten unter den Voraussetzungen des § 10a VAHRG abgeändert werden. Schon aus verfas-

§ 2 Gesetz über den Versorgungsausgleich (VersAusglG)

sungsrechtlichen Gründen muss insoweit auch nach reformiertem Recht eine Abänderungsmöglichkeit bestehen.

Allerdings konnte der bislang geltende § 10a VAHRG nicht unverändert fortbestehen. Dies hätte nämlich zur Folge, dass indirekt über die Abänderungsvorschrift die im Übrigen außer Kraft gesetzten bisherigen Teilungsregelungen und Ausgleichsformen (Saldierung und Einmalausgleich über die gesetzliche Rentenversicherung) über mehrere Jahrzehnte weiter anzuwenden wären. Um dies zu vermeiden, sieht die Übergangsbestimmung vor, dass bei einer wesentlichen Wertänderung ein neuer Versorgungsausgleich nach reformiertem Recht durchgeführt wird (Absatz 1). Die Durchführung eines vollständig neuen Versorgungsausgleichs entspricht dem Konzept des bislang geltenden § 10a VAHRG, denn auch nach dieser Vorschrift war eine sogenannte Totalrevision durchzuführen.

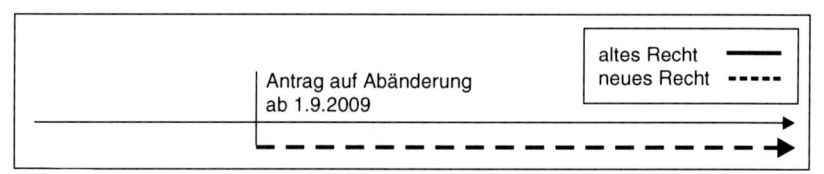

	Antrag auf Abänderung ab 1.9.2009	altes Recht —— neues Recht -----

Abbildung: neues Recht bei Abänderung

Die §§ 51 und 52 VersAusglG ordnen also eine „Totalrevision" nach reformiertem Recht an. In diese sind aber nur diejenigen Anrechte einzubeziehen, die auch Gegenstand der abzuändernden Entscheidung waren.

51 Abs. 1	Abänderung für Altfälle nach Neuem Recht
51 Abs. 2	Neue Wesentlichkeitsgrenze (5 % des bisherigen Ausgleichswerts) - § 255 III FamFG -
51 Abs. 3	Abänderung von sämtlichen Versorgungssystemen bei denen die Barwert-VO angewandt wurde
51 Abs. 4	Restausgleich von Betriebsrenten (schuldrechtlich)

Abbildung: Übersicht Abänderungsfälle

Anrechte, deren Einbeziehung erst das reformierte Recht ermöglicht, wie etwa Kapitalleistungen aus der betrieblichen Altersversorgung (siehe § 1 Abs. 2 Nr. 3 VersAusglG), bleiben außer Betracht. Sie waren nämlich im Scheidungsverfahren über den Zugewinnausgleich zu berücksichtigen; gegebenenfalls liegt insoweit eine rechtskräftige Entscheidung vor. Diese kann nicht über ein Abänderungsverfahren im Versorgungsausgleich unter Anwendung des neuen Rechts ausgehöhlt werden. Ebenso wenig kann eine Versorgung, die bei der Erstentscheidung übersehen wurde, nun in die Abänderung einbezogen werden, weil diese auch damals nicht Verfahrensgegenstand war.

```
Antragsberechtigung?
        ↓
Zulässiger Antrag?
        ↓
Wesentliche Wertänderung?
        ↓
Ausgleich der Anrechte
        ↓
Wirkung der Abänderung
```

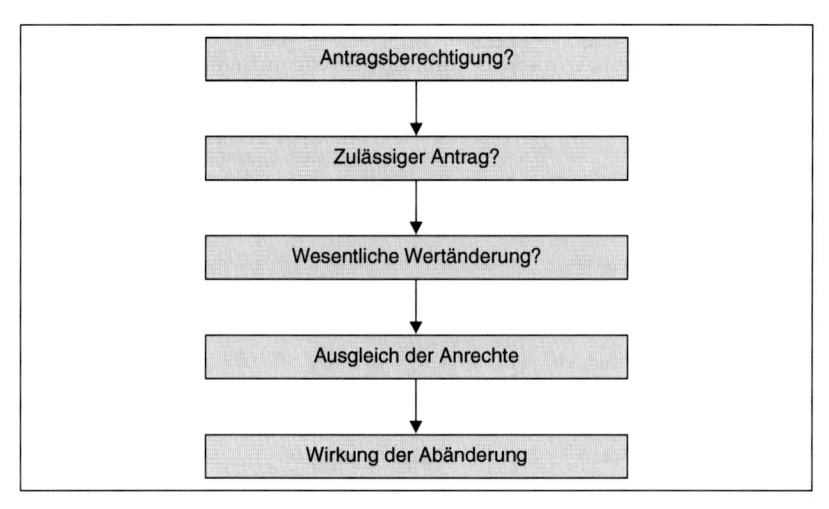

Abbildung: Prüfschema für Abänderungsverfahren nach §§ 51 und 52

Nach Absatz 1 ist eine Abänderung nach neuem Recht aber nur bei einer wesentlichen Wertänderung zulässig. In welchen Fällen eine wesentliche Wertänderung vorliegt, bestimmen die Absätze 2 und 3. Daneben ist eine Abänderung nach Absatz 5 in Verbindung mit § 225 Abs. 4 FamFG auch dann möglich, wenn durch sie eine Wartezeit erfüllt wird, die für die Versorgung der ausgleichsberechtigten Person maßgebend ist. **183**

In Absatz 2 ist die erste Fallgruppe einer wesentlichen Wertänderung geregelt. Hierbei handelt es sich um Wertänderungen des auszugleichenden Anrechts aufgrund rechtlicher oder tatsächlicher Veränderungen nach dem Ende der Ehezeit, was aus der Verweisung auf § 225 Abs. 2 FamFG folgt. Anders als nach dem bislang geltenden § 10a Abs. 1 und 2 VAHRG ist nicht mehr maßgeblich, ob sich der gesamte Wertunterschied nach Saldierung der Ehezeitanteile geändert hat. Entscheidend ist allein, ob sich der Ausgleichswert eines Anrechtes wesentlich geändert hat. **184**

§ 2 Gesetz über den Versorgungsausgleich (VersAusglG)

> *Merksatz: wesentliche Wertänderung bei Abänderung*
>
> Es muss sich nur der Ausgleichswert eines Anrechts um mindestens 5 % des bisherigen Ausgleichswerts des Anrechts geändert haben.

Diese Regelung zur Zulässigkeit der Abänderung ist eine Konsequenz des neuen Ausgleichsprinzips, wonach alle Anrechte gesondert ausgeglichen werden und somit eine anrechtsbezogene Abänderung möglich ist. Anderenfalls wäre erneut eine Saldenbildung erforderlich, um die Zulässigkeit der Abänderung zu prüfen.

Für die Höhe der Wertänderung nimmt Absatz 2 auf die Wesentlichkeitsgrenze in § 225 Abs. 3 FamFG Bezug (siehe Begründung zu § 225 Abs. 3 FamFG).

185 Absatz 3 regelt die zweite Fallgruppe einer wesentlichen Wertänderung. Hierbei handelt es sich um Wertverzerrungen, die durch die sogenannte Dynamisierung entstanden sind, das bedeutet durch die Umwertung von sogenannten nicht volldynamischen Anrechten mit der Barwert-Verordnung, also die Ermittlung einer dynamischen Rente durch fiktive Einzahlung in die gesetzliche Rentenversicherung. Die tatsächlichen Wertsteigerungen in der gesetzlichen Rentenversicherung haben nämlich der realen Wertentwicklung nicht entsprochen.

Dies betrifft

- Anrechte der betrieblichen und privaten Altersversorgung (§ 1587a Abs. 2 Nr. 3 und 5 BGB) und
- sonstige Anrechte im Sinne von § 1587a Abs. 2 Nr. 4 BGB, für die gemäß § 1587a Abs. 3 oder Abs. 4 BGB gegebenenfalls eine Umwertung und jedenfalls eine fiktive Einzahlung in die gesetzliche Rentenversicherung vorzunehmen waren, insbesondere also berufsständische Versorgungen.

Es gibt aber Fälle, die noch nicht eindeutig erfasst sind, z.B. die betrieblichen Anrechte eines zum Ende der Ehezeit bereits ausgeschiedenen Mitarbeiters, weil sich keine schuldrechtlichen Ausgleichsansprüche wegen einer noch nicht ausgeglichenen Einkommensdynamik ergeben können.

186 Die entstandenen Wertverzerrungen stellen nach Absatz 3 eine wesentliche Wertänderung dar, wenn der ursprünglich ermittelte Wert des **Ehezeitanteils** der Versorgung von dem in den Saldo eingestellten und aktualisierten Wert abweicht. Zu vergleichen sind also zwei Werte:

- Einerseits der zum Zeitpunkt der Antragstellung auf Abänderung vom Versorgungsträger mitgeteilte bzw. vom Gericht ermittelte Wert des Ehezeitanteils der auszugleichenden Versorgung;

- andererseits der Wert, der sich ergibt, wenn der damals mit der Barwert-Verordnung dynamisierte Wert des Ehezeitanteils durch den damaligen aktuellen Rentenwert dividiert und mit dem heutigen aktuellen Rentenwert multipliziert wird.

Hierbei wird fingiert, dass sich der erstgenannte Wert nicht geändert hat. Es geht allein um die Prüfung der Zulässigkeit für eine Abänderung nach § 51 Abs. 1 VersAusglG. Das Familiengericht muss also keine neuen Auskünfte einholen, um die Zulässigkeit eines Antrags nach Absatz 3 zu prüfen. Diese Auskünfte werden erst dann benötigt, wenn die Zulässigkeit des Antrags festgestellt ist.

Der so ermittelte Wertunterschied ist wesentlich im Sinne des Absatzes 1, wenn die beiden Werte um mindestens 2 Prozent der bei Antragstellung maßgeblichen monatlichen Bezugsgröße nach § 18 Abs. 1 des Vierten Buches Sozialgesetzbuch abweichen.

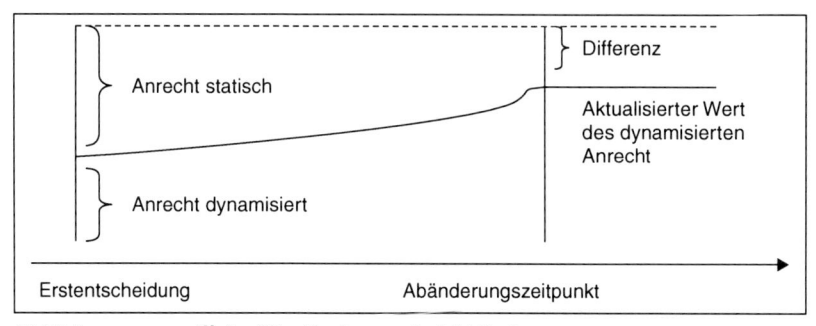

Abbildung: wesentliche Wertänderung bei Abänderung

In der Sache entspricht diese Wertänderung der in § 225 Abs. 3 FamFG festgelegten Wertänderung von 1 Prozent der maßgeblichen Bezugsgröße nach § 18 Abs. 1 SGB IV: Denn während § 225 Abs. 3 FamFG eine Wertänderung des Ausgleichswerts als Grundlage hat, kommt es in § 51 Abs. 3 VersAusglG auf die Wertänderung des **Ehezeitanteils** an, der doppelt so hoch ist wie der Ausgleichswert. Wirtschaftlich entspricht also eine Wertänderung des Ausgleichswerts um 1 Prozent einer Wertänderung des Ehezeitanteils um 2 Prozent.

Beispiel: Wertänderung bei Ehezeitanteil und Ausgleichswert

Ehezeitanteil	100,00 EUR	2 % Bezugsgröße	50,40 EUR	(50,40/100 = 0,504)
Ausgleichswert	50,00 EUR	1 % Bezuggröße	25,20 EUR	(25,20/50 = 0,504)

§ 2 Gesetz über den Versorgungsausgleich (VersAusglG)

Die nach Absatz 3 erforderliche Berechnung soll an folgendem **Beispiel** erläutert werden:

Am 1. September 2000 wurde rechtskräftig über den Versorgungsausgleich entschieden; die ausgleichspflichtige Person war zu diesem Zeitpunkt 55 Jahre alt. Dabei war unter anderem auch ein in der Anwartschaftsphase statisches, in der Leistungsphase dynamisches betriebliches Anrecht auszugleichen. Das Gericht ermittelte aufgrund der Auskunft des Versorgungsträgers einen monatlichen Rentenbetrag von 234,70 DM (= 120 EUR) als Ehezeitanteil und errechnete daraus nach § 1587a Abs. 4, 3 Nr. 2 BGB mit der damals geltenden Barwert-Verordnung einen Barwert von 22 981,82 DM (= 234,70 DM × 12 × 5,1 × 1,6]).

Daraus berechnete das Gericht eine dynamische Rente durch fiktive Einzahlung in die gesetzliche Rentenversicherung: Der Betrag wurde mit dem für das Ehezeitende geltenden Umrechnungsfaktor in Entgeltpunkte umgerechnet. Diese wurden dann mithilfe des aktuellen Rentenwerts in eine Rente umgerechnet: 22 981,82 DM × 0,0000950479 = 2,1844 EP; 2,1844 EP x 48,58 DM = 106,12 DM (= 54,26 EUR). Diesen Wert stellte das Gericht zur Ermittlung des Saldos für den Einmalausgleich über die gesetzliche Rentenversicherung in die Versorgungsbilanz ein.

Nach Inkrafttreten des neuen Rechts, beispielsweise im Oktober 2009, kann mithilfe des dann geltenden aktuellen Rentenwerts ein neuer monatlicher Rentenbetrag berechnet werden: 2,1844 EP × 27,20 EUR = 59,41 EUR. In der gesetzlichen Rentenversicherung ist somit in der Zeit zwischen dem öffentlich-rechtlichen Versorgungsausgleich (2000) und dem Abänderungsverfahren nach § 51 VersAusglG (10/2009) nicht der angenommene Wertzuwachs erfolgt. Vielmehr beträgt die Differenz zu dem tatsächlichen Wert des Anrechts (120,00 EUR ./. 59,41 EUR = 60,59 EUR). Dieser Wertunterschied liegt oberhalb der im Jahr 2009 maßgeblichen Wesentlichkeitsgrenze nach § 18 Abs. 1 SGB IV, so dass eine Abänderung in diesem Fall möglich ist.

Beispiel: Berechnung wesentliche Wertänderung bei Abänderung

Rechtskraft der Entscheidung	1.9.2000
Antrag auf Abänderung	1.10.2009
Alter der ausgleichspflichtigen Person bei Erstentscheidung	55
Ehezeitanteil Betriebsrente teildynamisch (120,00 EUR)	234,70 DM (120,– EUR)
Barwert (234,70 DM × 12 × 5,1 × 1,6)	22.981,82 DM
Umrechnungsfaktor Barwert in Entgeltpunkte	0,0000950479

Entgeltpunkte (22 981,82 DM × 0,0000950479)	2,1844
Aktueller Rentenwert Ehezeitende	48,58 DM
Ehezeitanteil Betriebsrente dynamisiert (2,1844 × 48,58 DM)	106,12 DM (54,26 EUR)
Aktueller Rentenwert bei Abänderung	27,20 EUR
neuer monatlicher Rentenbetrag (2,1844 EP × 27,20 EUR)	59,41 EUR
Differenz (120,00 EUR ./. 59,41 EUR)	60,59 EUR
Wesentlichkeitsgrenze nach § 18 Abs. 1 SGB IV	50,40 EUR

Demnach wäre die Voraussetzung des § 51 Abs. 3 erfüllt.

Das Beispiel zeigt, dass die Zulässigkeitsprüfung ohne eine gesonderte Auskunft der Versorgungsträger durchzuführen ist: Der ursprünglich mitgeteilte Wert des Anrechts vor der Dynamisierung ergibt sich aus der abzuändernden Entscheidung. Sowohl der damalige als auch der zum Zeitpunkt der Antragstellung geltende aktuelle Rentenwert ist allgemein verfügbar.

Absatz 4 bestimmt, dass eine Abänderung nach Absatz 3 ausgeschlossen ist, wenn für das betroffene Anrecht noch Ausgleichsansprüche nach der Scheidung nach den §§ 20 bis 26 VersAusglG geltend gemacht werden können. Dem liegt die Erwägung zugrunde das in vielen nach bislang geltendem Recht getroffenen Entscheidungen Anrechte nach § 1587a Abs. 3 und 4 BGB nicht vollständig ausgeglichen wurden. Betriebliche Versorgungen konnten häufig nur anteilig über das „Supersplitting" nach § 3b Abs. 1 Nr. 1 VAHRG ausgeglichen werden. In diesen Fällen ist es auch nach reformiertem Recht möglich, Ausgleichsansprüche nach der Scheidung nach den §§ 20 bis 26 VersAusglG geltend zu machen. Dabei wird der zum Teil ausgeglichene Betrag nach § 53 VersAusglG entsprechend seiner tatsächlichen Entwicklung in der gesetzlichen Rentenversicherung angerechnet (§ 2 Rn 193).[178]

188

Die nach Absatz 4 erforderliche Berechnung soll an folgendem **Beispiel** erläutert werden:

Ein Teilausgleich einer Betriebsrente erfolgte im Erstverfahren in Höhe von 2 % der Bezugsgröße am Ende der Ehezeit (5/1990) mittels Super-Splitting gemäß § 3b Abs. 1 Nr. 1 VAHRG (65,80 DM). Der Restbetrag wurde in den schuldrechtlichen VA verwiesen.

---

178 Umsetzung des BGH-Beschlusses vom 20.12.2006, FamRZ 2007,363 in Bezug auf die VA-Entscheidungen unter Berücksichtigung der aktuellen Barwert-VO.

Im Oktober 2009 wird der Anspruch auf die „restliche" schuldrechtliche Ausgleichsrente nach § 20 VersAusglG bezüglich der Betriebsrente von der Berechtigten geltend gemacht.

Das Familiengericht holt eine neue Auskunft über die Höhe der tatsächlich gezahlten Betriebsrente zum Zeitpunkt der Antragstellung der Ausgleichsrente vom Versorgungsträger ein. Die Betriebsrente beträgt 1.450 EUR monatlich. Die ehezeitliche Versorgung beträgt 850 EUR mtl. Davon steht der Berechtigten die Hälfte = 425 EUR als Ausgleichsrente zu, wenn noch kein Teilausgleich mittels Super-Splitting erfolgt wäre. Dieser Teilausgleich wird nunmehr auf folgende Weise auf die restliche Ausgleichsrente angerechnet:

Beispiel: Anrechnung Super-Splitting Betrag

Aktueller Rentenwert im Mai 1990	38,39 DM
Aktueller Rentenwert im Oktober 2009	53,20 DM (27,20 EUR)
Super-Splitting Betrag 1990	65,80 DM
65,80 DM : 38,39 DM x 53,20 DM =	
dynamisierter Super-Splitting Betrag	91,18 DM (46,62 EUR)
Ausgleichsrente	425,00 EUR
abzüglich dynamisierter Super-Splitting Betrag	46,62 EUR
restliche Ausgleichsrente	378,38 EUR

Durch den Vorrang der Geltendmachung von Ausgleichsansprüchen nach der Scheidung erübrigt sich in diesen Fällen der Aufwand einer vollständig neuen Ausgleichsentscheidung im Wege der Abänderung. Diese würde es erforderlich machen, wegen der fehlerhaften Bewertung eines einzelnen Anrechts den gesamten bereits entschiedenen öffentlich-rechtlichen Wertausgleich neu aufzurollen, während die Ausgleichsansprüche nach der Scheidung nur das einzelne Anrecht betreffen. Zudem wären alle beteiligten Versorgungsträger gezwungen, die Ehezeitanteile neu zu bewerten und die Teilung – nach reformiertem Recht – vorzunehmen, obwohl diese sich unter Umständen nicht verändert haben. Eine „Totalrevision" nach den §§ 51 und 52 VersAusglG führt gegenüber einem Verfahren über Ausgleichsansprüche nach der Scheidung zu einem Mehraufwand.

189 Absatz 5 verweist einerseits auf § 225 Abs. 4 FamFG und regelt so, dass die Abänderung unabhängig von einer wesentlichen Wertänderung auch dann zulässig ist, wenn sie dazu führt, dass eine Wartezeit erfüllt wird.

Die Abänderung ist andererseits jeweils nur dann vorzunehmen, wenn sie sich zugunsten eines Ehegatten oder seiner Hinterbliebenen auswirkt. Dies ist durch den Verweis in Absatz 5 auf § 225 Abs. 5 FamFG bestimmt.

Bei der Prüfung, ob die Voraussetzungen für eine Abänderung erfüllt sind ist in umgekehrter Reihenfolge der Absätze vorzugehen.

```
┌─────────────────────────────────┐
│ Können nach einem Teilausgleich │
│ gemäß § 3b Abs. 1 Nr. 1 VAHRG   │        ja
│ (Supersplitting) noch schuld-   │ ─────────────────┐
│ rechtliche Ausgleichsansprüche  │                  │
│ nach den §§ 20 bis 26 VersAusglG│                  │
│ geltend gemacht werden          │                  │
│ (Absatz 4)?                     │                  │
└─────────────────────────────────┘                  │
         │ nein                                      ▼
┌─────────────────────────────────┐  nein  ┌──────────────────┐
│ Abänderung eines dynamisierten  │ ─────▶ │ Keine Abänderung!│
│ Anrechts (Abs. 3)?              │        └──────────────────┘
└─────────────────────────────────┘                  ▲
         │ ja                                        │
┌─────────────────────────────────┐  nein            │
│ Wesentliche Wertänderung        │ ─────────────────┘
│ (Abs. 2)?                       │
└─────────────────────────────────┘
         │ ja
┌─────────────────────────────────┐
│ Abänderung (Abs. 1)             │
└─────────────────────────────────┘
```

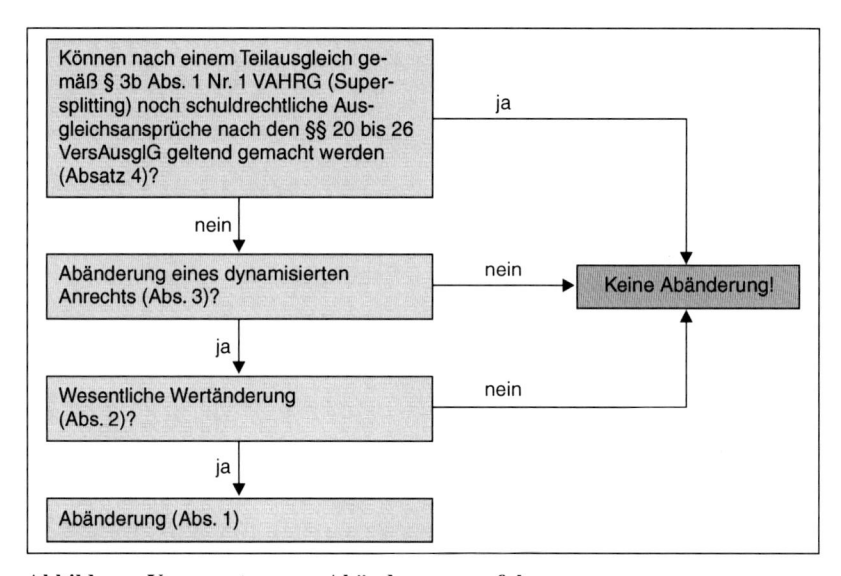

Abbildung: Voraussetzungen Abänderungsverfahren

Nach Sinn und Zweck des § 51 VersAusglG muss der Ausgleich eines nach § 1587a Abs. 3 BGB dynamisierten Anrechts auch dann schuldrechtlich ausgeglichen werden können, wenn es bisher nach § 3b Abs. 1 Nr. 1 VAHRG (Supersplitting) voll im Wertausgleich ausgeglichen worden ist.

Würde man dagegen die Auffassung vertreten, dass für ein derartiges Anrecht keine schuldrechtlichen Ausgleichsansprüche nach den §§ 20 ff. VersAusglG geltend gemacht werden können, müsste es nach § 51 Abs. 3 VersAusglG im Wertausgleich ausgeglichen werden.

Wurde das dynamisierte Anrecht im Erstverfahren voll ausgeglichen, und zwar
- teilweise nach § 3b Abs. 1 Nr. 1 VAHRG durch Supersplitting und
- teilweise nach § 3b Abs. 1 Nr. 2 VAHRG durch Beitragszahlung.

kommen folgende Ausgleichsmöglichkeiten in Betracht:
- Der nach § 3b Abs. 1 Nr. 1 VAHRG (Supersplitting) ausgeglichene Anrechtsteil wird nach 51 Abs. 4 VersAusglG i.V.m. den §§ 20 ff. VersAusglG und der nach § 3b Abs. 1 Nr. 2 VAHRG ausgeglichene Anrechtsteil wird nach 51 Abs. 3 VersAusglG abgeändert.
- Die Abänderung beider Anrechtsteile erfolgt nur nach Maßgabe des § 51 Abs. 3 VersAusglG im Wertausgleich.
- Die Abänderung beider Anrechtsteile erfolgt nur nach Maßgabe des § 51 Abs. 4 VersAusglG i.V.m. den §§ 20 ff. VersAusglG schuldrechtlich.

Die weitere Rechtsentwicklung bleibt abzuwarten.

| § 52 VersAusglG | Durchführung einer Abänderung des öffentlich-rechtlichen Versorgungsausgleichs |

(1) Für die Durchführung des Abänderungsverfahrens nach § 51 ist § 226 des Gesetzes über das Verfahren in Familiensachen und in den Angelegenheiten der freiwilligen Gerichtsbarkeit anzuwenden.

(2) Der Versorgungsträger berechnet in den Fällen des § 51 Abs. 2 den Ehezeitanteil zusätzlich als Rentenbetrag.

(3) Beiträge zur Begründung von Anrechten zugunsten der ausgleichsberechtigten Person sind unter Anrechnung der gewährten Leistungen zurückzuzahlen.

190 Absatz 1 bestimmt, dass für die Durchführung des Abänderungsverfahrens nach § 51 VersAusglG die Vorschrift des § 226 FamFG anzuwenden ist. Dies betrifft also
- die Antragsberechtigung (§ 226 Abs. 1 FamFG),
- den frühesten zulässigen Zeitpunkt der Antragstellung (§ 226 Abs. 2 FamFG),
- die Anwendung der Härtefallbestimmung in § 27 VersAusglG (§ 226 Abs. 3 FamFG),
- den Zeitpunkt der Wirkung der Abänderung (§ 226 Abs. 4 FamFG) sowie
- die Regelungen für den Fall, dass einer der Ehegatten während des Abänderungsverfahrens stirbt (§ 226 Abs. 5 FamFG).

191 Nach Absatz 2 hat der Versorgungsträger in den Fällen des § 51 Abs. 2 VersAusglG – neben den in § 5 VersAusglG geregelten allgemeinen Pflichten – den Ehezeitanteil des abzuändernden Anrechts auch als Rentenbetrag mitzuteilen. Dieser ist nach den veränderten rechtlichen bzw. tatsächlichen Bedingungen, aber zum Stichtag Ehezeitende zu ermitteln. Nachehezeitliche Bestandteile, Karrieresprünge etc. sind also nicht zu berücksichtigen. Damit wird den Beteiligten die Prüfung ermöglicht, ob und in welchem Umfang sich der Wert des Anrechts (bezogen auf die Ehezeit) verändert hat. Dies kann nur mittels eines Rentenbetrags erfolgen, denn die abzuändernde Entscheidung über den öffentlich-rechtlichen Versorgungsausgleich beruht ausschließlich auf Rentenbeträgen. Andererseits benötigt das Gericht aber auch die auf dem Ehezeitanteil beruhenden Ausgleichswerte, um gegebenenfalls die Teilung nach reformiertem Recht durchzuführen. In den Fällen des § 51 Abs. 3 VersAusglG ist keine ergänzende Berechnung durch den Versorgungsträger erforderlich, da es in diesen Fällen auf den Vergleich des ursprünglichen mit dem aktualisierten Ehezeitanteil ankommt.

Absatz 3 bestimmt, dass Beiträge, die zur Begründung von Anrechten zugunsten der ausgleichsberechtigten Person gezahlt worden sind, an die ausgleichspflichtige Person zurückzuerstatten sind. Dieser Sachverhalt, ausgelöst beispielsweise durch die Verpflichtung zur Entrichtung von Beiträgen nach § 3b Abs. 1 Nr. 2 VAHRG im Rahmen der abzuändernden Entscheidung, war bislang in § 10a Abs. 8 VAHRG geregelt.[179] Anders als nach dieser Vorschrift ist künftig eine gerichtliche Anordnung hierzu aber nicht mehr erforderlich. Die Pflicht zur Rückerstattung ergibt sich vielmehr als unmittelbare gesetzliche Rechtsfolge der Abänderung. Dies entlastet die Familiengerichte und entspricht auch insoweit praktischen Bedürfnissen, weil es regelmäßig ohnehin der Mitwirkung des betroffenen Versorgungsträgers bedarf, um den Anrechnungsbetrag zu ermitteln, falls bereits Leistungen aus dem begründeten (und nun wieder abgeänderten) Anrecht gewährt worden sind.

192

| § 53 VersAusglG | Bewertung eines Teilausgleichs bei Ausgleichsansprüchen nach der Scheidung |

Ist bei Ausgleichsansprüchen nach der Scheidung gemäß den §§ 20 bis 26 ein bereits erfolgter Teilausgleich anzurechnen, so ist dessen Wert mithilfe der aktuellen Rentenwerte der gesetzlichen Rentenversicherung zu bestimmen.

Für Verfahren über Ausgleichsansprüche nach der Scheidung, die nach Inkrafttreten dieses Gesetzes anhängig werden, gilt nach § 48 Satz 1 VersAusglG das neue Recht. Wenn zuvor bereits ein Teilausgleich nach bislang geltendem Recht durch-

193

---

179 Siehe hierzu *Dörr*, Zur Abänderung von Versorgungsausgleichsentscheidungen nach § 10a VAHRG, NJW 1988, S. 97, 103.

geführt worden ist, muss dieser Teilausgleich in dem neuen Verfahren berücksichtigt werden. § 53 VersAusglG regelt, wie dieser Wert zu bestimmen ist.

Zu einem Teilausgleich kam es nach dem bislang geltenden Recht vor allem in den Fällen des sogenannten Supersplittings gemäß § 3b Abs. 1 Nr. 1 VAHRG. Dies betraf insbesondere den Ausgleich von höheren Betriebsrenten. Bei hohen berufsständischen Versorgungen war ein Ausgleich im Rahmen des sogenannten Quasisplittings nach § 1 Abs. 3 VAHRG nur bis zur Wertgrenze des § 76 Abs. 2 Satz 3 SGB VI möglich (vgl. § 1587b Abs. 5 BGB des bislang geltenden Rechts).

Bei der Berechnung der Ausgleichsrente in einem Verfahren über Ausgleichsansprüche nach der Scheidung (§§ 20 bis 26 VersAusglG) ist der im öffentlichrechtlichen Versorgungsausgleich bereits erfolgte Teilausgleich zu berücksichtigen. Dies entspricht der bisherigen Rechtslage.[180] Für die Bestimmung des Wertes, mit dem der erfolgte Teilausgleich anzurechnen ist, ordnet § 53 VersAusglG die sogenannte Rentenwertmethode an. Bei dieser Methode wird der zum Zeitpunkt der ursprünglichen Entscheidung mit der Barwert-Verordnung umgerechnete und öffentlichrechtlich ausgeglichene Teil der Versorgung durch den aktuellen Rentenwert zum Ehezeitende dividiert und mit dem aktuellen Rentenwert zum Zeitpunkt der Entscheidung über die Ausgleichsansprüche nach der Scheidung multipliziert. Dies entspricht auch der in § 51 Abs. 3 VersAusglG angeordneten Methode der Aktualisierung (§ 2 Rn 188).

Beispiel:

Ein Teilausgleich einer Betriebsrente erfolgte im Erstverfahren in Höhe von 2 % der Bezugsgröße am Ende der Ehezeit (5/1990) mittels Super-Splitting gemäß § 3b Abs. 1 Nr. 1 VAHRG (65,80 DM). Der Restbetrag wurde in den schuldrechtlichen Versorgungsausgleich verwiesen.

Im Oktober 2009 wird die restliche Ausgleichsrente bezüglich der Betriebsrente von der Berechtigten geltend gemacht.

Das Familiengericht holt eine neue Auskunft über die Höhe der tatsächlich gezahlten Betriebsrente zum Zeitpunkt der Zahlung der Ausgleichsrente vom Versorgungsträger ein. Die Betriebsrente beträgt 1.500 EUR mtl. Die ehezeitliche Versorgung beträgt 800 EUR mtl. Davon steht der Berechtigten die Hälfte = 400 EUR als Ausgleichsrente zu, wenn noch kein Teilausgleich mittels Super-

---

180 Umsetzung des BGH-Beschlusses vom 20.12.2006, FamRZ 2007, 363 in Bezug auf die VA-Entscheidungen unter Berücksichtigung der aktuellen Barwert-VO.

Splitting erfolgt wäre. Dieser Teilausgleich wird nunmehr auf folgende Weise auf die restliche Ausgleichsrente angerechnet:

Aktueller Rentenwert im Mai 1990:	38,39 DM / 19,63 EUR
Aktueller Rentenwert im November 2008:	53,20 DM / 27,20 EUR
65,80 DM : 38,39 DM x 53,20 DM =	91,18 DM / 46,62 EUR

Auf die Ausgleichsrente sind also 46,62 EUR aus dem durchgeführten Super-Splitting anzurechnen. Es ergibt sich eine restliche Ausgleichsrente in Höhe von 353,38 EUR.

Ausgleichsrente	400,00 EUR
Anrechnungsbetrag	46,62 EUR
Restliche Ausgleichsrente	353,38 EUR

§ 54 VersAusglG Weiter anwendbare Übergangsvorschriften des Ersten Gesetzes zur Reform des Ehe- und Familienrechts und des Gesetzes über weitere Maßnahmen auf dem Gebiet des Versorgungsausgleichs für Sachverhalte vor dem 1. Juli 1977

Artikel 12 Nr. 3 Satz 1, 4 und 5 des Ersten Gesetzes zur Reform des Ehe- und Familienrechts vom 14. Juni 1976 (BGBl I S. 1421), das zuletzt durch Artikel 142 des Gesetzes vom 19. April 2006 (BGBl I S. 866) geändert worden ist, und Artikel 4 § 4 des Gesetzes über weitere Maßnahmen auf dem Gebiet des Versorgungsausgleichs vom 8. Dezember 1986 (BGBl I S. 2317), das zuletzt durch Artikel 143 des Gesetzes vom 19. April 2006 (BGBl I S. 866) geändert worden ist, sind in der bis zum 31. August 2009 geltenden Fassung weiterhin anzuwenden.

Es handelt sich um weiter anwendbare Übergangsvorschriften des Ersten Gesetzes zur Reform des Ehe- und Familienrechts und des Gesetzes über weitere Maßnahmen auf dem Gebiet des Versorgungsausgleichs für Sachverhalte vor dem 1. Juli 1977.

Die Vorschrift ordnet an, dass für Sachverhalte vor dem 1. Juli 1977 einige Bestimmungen des 1. EheRG sowie des VersAusglMaßnG weiterhin anzuwenden sind. Es wird sich nur um sehr wenige Fälle handeln, in denen diese Bestimmungen noch zum Tragen kommen. Aus Gründen der Rechtsbereinigung werden die entsprechenden Bestimmungen daher mit den Artikeln 19 und 20 Nr. 3 dieses Gesetzes

194

aufgehoben und in § 54 die noch maßgeblichen Vorschriften für weiterhin anwendbar erklärt. Im Einzelnen geht es hierbei um folgende Sachverhalte:

Mit Artikel 12 Nr. 3 Satz 1 des 1. EheRG wird klargestellt, dass ein Versorgungsausgleich grundsätzlich auch dann durchzuführen ist, wenn die Ehe vor dem 1. Juli 1977 (Einführung des Rechtsinstituts des Versorgungsausgleichs) geschlossen worden ist.

Abweichend hiervon wird ein Versorgungsausgleich nach Artikel 12 Nr. 3 Satz 4 des 1. EheRG nicht durchgeführt, wenn eine Ehe zwar vor dem 1. Juli 1977 geschlossen worden ist, aber noch nach dem Recht geschieden worden ist, das bis zum 30. Juni 1977 gegolten hat.

Der Versorgungsausgleich ist nach der Regelung des Artikels 12 Nr. 3 Satz 5 des 1. EheRG auch dann nicht durchzuführen, wenn vor dem 1. Juli 1977 eine endgültige Abfindung an die ansonsten ausgleichsberechtigte Person für zukünftige Unterhaltsansprüche geleistet wurde, indem von der ansonsten ausgleichspflichtigen Person Vermögensgegenstände übertragen worden sind.

Gleiches gilt, wenn die Eheleute vor dem 1. Juli 1977 einen Vertrag geschlossen haben, der ihre ansonsten vom Versorgungsausgleich umfassten Versorgungsanwartschaften betrifft. Solche Vereinbarungen unterliegen allerdings der Inhalts- und Ausübungskontrolle durch das Familiengericht.

Die bisher in Artikel 12 Nr. 3 Satz 6 und 7 des 1. EheRG enthaltene Übergangsregelung ist gegenstandslos geworden. In der Praxis gibt es keine Fälle mehr, in denen die Eheleute bereits vor dem 1. Juli 1977 getrennt gelebt haben und eine Ehescheidung nach der bis zum 30. Juni 1977 geltenden Vorschrift des § 48 EheG – dreijährige Aufhebung der häuslichen Gemeinschaft und unheilbare Ehezerrüttung – allein am Widerspruch des ausgleichsberechtigten Ehegatten gescheitert ist.

Darüber hinaus ist Artikel 4 § 4 VersAusglMaßnG weiter anzuwenden. Diese Vorschrift beinhaltet einen Wert der Bezugsgröße nach § 18 SGB IV, der für Sachverhalte vor dem 1. Juli 1977 in wenigen Einzelfällen noch von Bedeutung sein kann.

Artikel 2: Änderung des Gesetzes über das Verfahren in Familiensachen und in den Angelegenheiten der freiwilligen Gerichtsbarkeit

195 Das Gesetz zur Reform des Verfahrens in Familiensachen und in den Angelegenheiten der freiwilligen Gerichtsbarkeit hat das Verfahrensrecht in Familiensachen und damit auch in Versorgungsausgleichssachen grundlegend neu geordnet. Insbesondere Buch 2 Abschnitt 8 des Gesetzes über das Verfahren in Familiensachen und in den Angelegenheiten der freiwilligen Gerichtsbarkeit (FamFG) musste noch vor dem Inkrafttreten aufgrund der Strukturreform des materiellen Versorgungsausgleichsrechts angepasst werden.

Maßgebend sind nicht die §§ 217 ff. FamFG in der Fassung vom 17. Dezember 2008, sondern die §§ 217 ff. FamFG in der Fassung des Art. 2 VAStrRefG.

Es wird auf die einschlägigen Kommentare und Werke zum FamFG verwiesen. Regelungen die den Versorgungsausgleich betreffen, werden nachfolgend erläutert.

§ 114 FamFG Vertretung durch einen Rechtsanwalt; Vollmacht

(1) Vor dem Familiengericht und dem Oberlandesgericht müssen sich die Ehegatten in Ehesachen und Folgesachen und die Beteiligten in selbstständigen Familienstreitsachen durch einen Rechtsanwalt vertreten lassen.

(2) Vor dem Bundesgerichtshof müssen sich die Beteiligten durch einen bei dem Bundesgerichtshof zugelassenen Rechtsanwalt vertreten lassen.

(3) Behörden und juristische Personen des öffentlichen Rechts einschließlich der von ihnen zur Erfüllung ihrer öffentlichen Aufgaben gebildeten Zusammenschlüsse können sich durch eigene Beschäftigte oder Beschäftigte der zuständigen Aufsichtsbehörde oder des kommunalen Spitzenverbands des Landes, dem sie angehören, vertreten lassen. Vor dem Bundesgerichtshof müssen die zur Vertretung berechtigten Personen die Befähigung zum Richteramt haben.

(4) Der Vertretung durch einen Rechtsanwalt bedarf es nicht
1. im Verfahren der einstweiligen Anordnung,
2. wenn ein Beteiligter durch das Jugendamt als Beistand vertreten ist,
3. für die Zustimmung zur Scheidung und zur Rücknahme des Scheidungsantrags und für den Widerruf der Zustimmung zur Scheidung,
4. für einen Antrag auf Abtrennung einer Folgesache von der Scheidung,
5. im Verfahren über die Verfahrenskostenhilfe,
6. in den Fällen des § 78 Abs. 3 der Zivilprozessordnung sowie
7. *für die Ausübung des Wahlrechts nach § 15 Abs. 1 des Versorgungsausgleichsgesetzes.*

(5) Der Bevollmächtigte in Ehesachen bedarf einer besonderen auf das Verfahren gerichteten Vollmacht. Die Vollmacht für die Scheidungssache erstreckt sich auch auf die Folgesachen.

196 Die neu angefügte Nummer 7 in § 114 Abs. 4 FamFG regelt, dass für das gegenüber dem Gericht auszuübende Wahlrecht hinsichtlich der Zielversorgung nach § 15 Abs. 1 VersAusglG in Verbindung mit § 222 Abs. 1 FamFG **keine** anwaltliche Vertretung erforderlich ist. Damit wird auch einer anwaltlich nicht vertretenen Partei bei einer Entscheidung über den Versorgungsausgleich die Möglichkeit eingeräumt, die Zielversorgung bei einer externen Teilung zu bestimmen, um so die eigene Altersversorgung zu optimieren und zu bündeln.

Typischerweise geht es in diesen Fällen darum, dass der Versorgungsträger der ausgleichspflichtigen Person bei kleineren Ausgleichswerten von dem Recht zur externen Teilung nach § 14 Abs. 2 Nr. 2 VersAusglG Gebrauch macht und die ausgleichsberechtigte Person den entsprechenden Betrag in eine bereits bestehende oder neu abzuschließende private Versorgung investieren möchte. Die Erklärung hat sowohl materiell-rechtlichen als auch verfahrensrechtlichen Charakter. Mit der Bestimmung wird klargestellt, dass der Anwaltszwang nach § 114 Abs. 1 FamFG insoweit nicht gilt.

Einer entsprechenden Regelung für die Fälle des § 14 Abs. 2 Nr. 1 VersAusglG bedarf es nicht, weil hier der Versorgungsträger der ausgleichspflichtigen Person und die ausgleichsberechtigte Person eine ausschließlich materiell-rechtliche Vereinbarung darüber treffen, dass eine externe Teilung stattfinden soll. Die hierfür erforderlichen Erklärungen können zwar im Rahmen des gerichtlichen Verfahrens abgegeben werden. Adressat der Erklärungen ist aber nicht das Gericht; dieses hat nur zu prüfen, ob eine wirksame Abrede vorliegt. Das einseitige Wahlrecht des Versorgungsträgers nach § 14 Abs. 2 Nr. 2 VersAusglG unterliegt nicht dem Anwaltszwang nach § 114 Abs. 1 FamFG; auch insoweit bedarf es also keiner Regelung.

§ 137 FamFG — Verbund von Scheidungs- und Folgesachen

(1) Über Scheidung und Folgesachen ist zusammen zu verhandeln und zu entscheiden (Verbund).

(2) Folgesachen sind
1. Versorgungsausgleichssachen,
2. Unterhaltssachen, sofern sie die Unterhaltspflicht gegenüber einem gemeinschaftlichen Kind oder die durch Ehe begründete gesetzliche Unter-

haltspflicht betreffen mit Ausnahme des vereinfachten Verfahrens über den Unterhalt Minderjähriger,
3. Wohnungszuweisungs- und Hausratssachen und
4. Güterrechtssachen

wenn eine Entscheidung für den Fall der Scheidung zu treffen ist und die Familiensache spätestens zwei Wochen vor der mündlichen Verhandlung im ersten Rechtszug in der Scheidungssache von einem Ehegatten anhängig gemacht wird. *Für den Versorgungsausgleich ist in den Fällen der §§ 6 bis 19 und 28 des Versorgungsausgleichsgesetzes kein Antrag notwendig.*

(3) Folgesachen sind auch Kindschaftssachen, die die Übertragung oder Entziehung der elterlichen Sorge, das Umgangsrecht oder die Herausgabe eines gemeinschaftlichen Kindes der Ehegatten oder das Umgangsrecht eines Ehegatten mit dem Kind des anderen Ehegatten betreffen, wenn ein Ehegatte vor Schluss der mündlichen Verhandlung im ersten Rechtszug in der Scheidungssache die Einbeziehung in den Verbund beantragt, es sei denn, das Gericht hält die Einbeziehung aus Gründen des Kindeswohls nicht für sachgerecht.

(4) Im Fall der Verweisung oder Abgabe werden Verfahren, die die Voraussetzungen des Absatzes 2 oder des Absatzes 3 erfüllen, mit Anhängigkeit bei dem Gericht der Scheidungssache zu Folgesachen.

(5) Abgetrennte Folgesachen nach Absatz 2 bleiben Folgesachen; sind mehrere Folgesachen abgetrennt, besteht der Verbund auch unter ihnen fort. Folgesachen nach Absatz 3 werden nach der Abtrennung als selbstständige Verfahren fortgeführt.

197 Wie im bislang geltenden Recht wird das zentrale Verfahren des Versorgungsausgleichs – der Wertausgleich bei der Scheidung – auch künftig von Amts wegen beim Familiengericht durchgeführt. Andererseits können die Eheleute nach den §§ 6 bis 8 VersAusglG einfacher als bisher den Ausgleich ihrer Versorgungen selbst regeln. Das Familiengericht prüft dann nur noch die Wirksamkeit der Vereinbarung.

An die Stelle der Amtsverfahren nach § 1587b BGB und § 1 VAHRG tritt nun das Verfahren über den Wertausgleich bei der Scheidung nach den §§ 6 bis 19 und 28 VersAusglG.

§ 2 Gesetz über den Versorgungsausgleich (VersAusglG)

> **§ 142 FamFG** Einheitliche Endentscheidung; Abweisung des Scheidungsantrags
>
> (1) Im Fall der Scheidung ist über sämtliche im Verbund stehenden Familiensachen durch einheitlichen Beschluss zu entscheiden. Dies gilt auch, soweit eine Versäumnisentscheidung zu treffen ist.
>
> (2) Wird der Scheidungsantrag abgewiesen, werden die Folgesachen gegenstandslos. Dies gilt nicht für Folgesachen nach § 137 Abs. 3 sowie für Folgesachen, hinsichtlich derer ein Beteiligter vor der Entscheidung ausdrücklich erklärt hat, sie fortführen zu wollen. Diese werden als selbstständige Familiensachen fortgeführt.
>
> (3) Enthält der Beschluss nach Absatz 1 eine Entscheidung über den Versorgungsausgleich, so kann insoweit bei der Verkündung auf die Beschlussformel Bezug genommen werden.

198 Die neue Regelung in Absatz 3 ermöglicht es dem Gericht, bei der Verkündung des Beschlusses nach § 113 Abs. 1 FamFG in Verbindung mit § 329 Abs. 1 ZPO für die Entscheidung zum Versorgungsausgleich auf die Beschlussformel Bezug zu nehmen.

Sind die Parteien bei der Verkündung anwesend, was in Scheidungssachen die Regel ist, steht für sie der Ausspruch zur Scheidung im Mittelpunkt des Interesses und ihrer Wahrnehmung. Die eher technische Entscheidungsformel betreffend die Regelung des Versorgungsausgleichs, bestehend aus Ausgleichsbeträgen, Kontonummern, Bezeichnungen der Versorgungsträger usw., können und wollen die Parteien und ihre Vertreter in diesem Moment regelmäßig nicht nachvollziehen. Die Einzelheiten erschließen sich ohnehin nur bei der Erörterung der beabsichtigten Regelung in der mündlichen Verhandlung bzw. bei der Lektüre der getroffenen Entscheidung. Deshalb ist die Bezugnahme auf die Beschlussformel bei der Verkündung ausreichend.

> **§ 217 FamFG** Versorgungsausgleichssachen
>
> Versorgungsausgleichssachen sind Verfahren, die den Versorgungsausgleich betreffen.

199 Die Definition der Versorgungsausgleichssachen ist der Systematik des FamFG geschuldet.
Versorgungsausgleichssachen sind Folgesachen einer Scheidungssache.

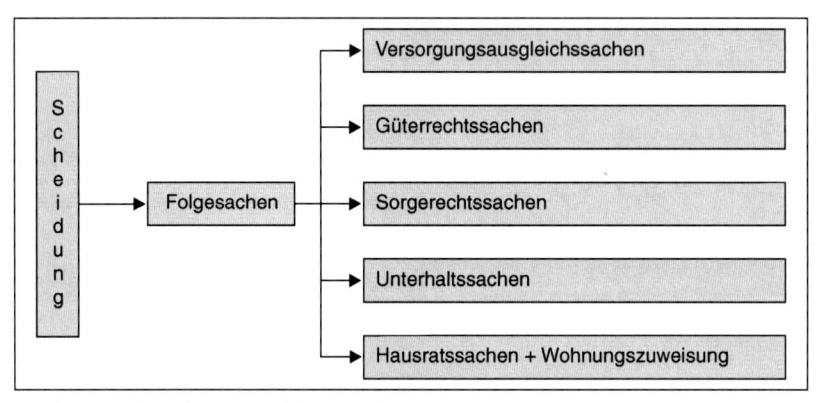

Abbildung: Scheidung und Folgesachen

| § 218 FamFG | Örtliche Zuständigkeit |

Ausschließlich zuständig ist in dieser Rangfolge:
1. während der Anhängigkeit einer Ehesache das Gericht, bei dem die Ehesache im ersten Rechtszug anhängig ist oder war,
2. das Gericht, in dessen Bezirk die Ehegatten ihren gemeinsamen gewöhnlichen Aufenthalt haben oder zuletzt gehabt haben, wenn ein Ehegatte dort weiterhin seinen gewöhnlichen Aufenthalt hat,
3. das Gericht, in dessen Bezirk ein Antragsgegner seinen gewöhnlichen Aufenthalt oder Sitz hat,
4. das Gericht, in dessen Bezirk ein Antragsteller seinen gewöhnlichen Aufenthalt oder Sitz hat,
5. das Amtsgericht Schöneberg in Berlin.

Die Vorschrift regelt abschließend die Reihenfolge der örtlichen Zuständigkeit der Gerichte. Sinnvollerweise soll das Verfahren zum Versorgungsausgleich vorrangig von dem Gericht durchgeführt werden, bei dem die Ehesache im ersten Rechtszug anhängig ist oder war. Dieses Gericht ist oder war bereits mit der Angelegenheit befasst und kennt bereits viele Einzelheiten. Damit soll nach dem Wunsch des Gesetzgebers die Verfahrensdauer verkürzt werden.

200

§ 2 Gesetz über den Versorgungsausgleich (VersAusglG)

> **§ 219 FamFG** — Beteiligte

Zu beteiligen sind
1. die Ehegatten,
2. die Versorgungsträger, bei denen ein auszugleichendes Anrecht besteht,
3. die Versorgungsträger, bei denen ein Anrecht zum Zweck des Ausgleichs begründet werden soll, und
4. die Hinterbliebenen und die Erben der Ehegatten.

201 Die Beteiligungsvorschrift wurde gestrafft. Erfasst sind neben den Ehegatten alle Versorgungsträger, bei denen Anrechte der ausgleichspflichtigen Person bestehen und dort intern geteilt werden oder bei denen Anrechte für die ausgleichsberechtigte Person im Wege der externen Teilung zu begründen sind. In wenigen Fällen wird auch die Beteiligung von Hinterbliebenen oder Erben erforderlich sein, so etwa die Beteiligung der Witwe oder des Witwers bei der Teilhabe an der Hinterbliebenenversorgung nach den §§ 25 und 26 VersAusglG oder die Beteiligung von Hinterbliebenen im Fall der §§ 225 und 226 FamFG.

Die Auskunftspflicht nach § 220 FamFG führt nicht dazu, das es sich um Beteiligte im Sinne dieser Vorschrift handelt.

> **§ 220 FamFG** — Verfahrensrechtliche Auskunftspflicht

(1) Das Gericht kann über Grund und Höhe der Anrechte Auskünfte einholen bei den Personen und Versorgungsträgern, die nach § 219 zu beteiligen sind, sowie bei sonstigen Stellen, die Auskünfte geben können.

(2) Übersendet das Gericht ein Formular, ist dieses bei der Auskunft zu verwenden. Satz 1 gilt nicht für eine automatisiert erstellte Auskunft eines Versorgungsträgers.

(3) Das Gericht kann anordnen, dass die Ehegatten oder ihre Hinterbliebenen oder Erben gegenüber dem Versorgungsträger Mitwirkungshandlungen zu erbringen haben, die für die Feststellung der in den Versorgungsausgleich einzubeziehenden Anrechte erforderlich sind.

(4) Der Versorgungsträger ist verpflichtet, die nach § 5 des Versorgungsausgleichsgesetzes benötigten Werte einschließlich einer übersichtlichen und nachvollziehbaren Berechnung mitzuteilen. Das Gericht kann den Versorgungsträger von Amts wegen oder auf Antrag eines Beteiligten auffordern, die Einzelheiten der Wertermittlung zu erläutern.

(5) Die in dieser Vorschrift genannten Personen und Stellen sind verpflichtet, gerichtliche Ersuchen und Anordnungen zu befolgen.

Nach Absatz 1 sind die Eheleute oder deren Hinterbliebene oder Erben sowie die Versorgungsträger zur Auskunft verpflichtet. „Sonstige Stellen", die ebenfalls Auskunft über Bestand und Höhe der Anrechte zu erteilen haben, sind beispielsweise 202
- frühere Arbeitgeber oder
- die Arbeitsverwaltung, wenn es um die Klärung von Rentenanwartschaften geht oder
- die Verbindungsstellen der gesetzlichen Rentenversicherung, wenn ausländische Anrechte aufzuklären sind.

Hierdurch erlangen sie aber nicht die Stellung eines Beteiligten, siehe § 7 Abs. 5 FamFG. Auch nach bisherigem Recht ist anerkannt, dass die Auskunftspflicht dieser Stellen unabhängig davon besteht, ob sie Verfahrensbeteiligte im formellen Sinne sind.[181]

In Absatz 2 Satz 1 wird geregelt, das sobald das Gericht ein Formular übersendet, dieses von den Beteiligten bei der Auskunft zu verwenden ist.

Absatz 2 Satz 2 regelt eine Ausnahme von Satz 1 für den Fall, dass insbesondere große Versorgungsträger wie etwa die Träger der gesetzlichen Rentenversicherung, aber auch größere betriebliche Versorgungswerke, für die Erteilung der Auskunft elektronische Datenverarbeitungssysteme einsetzen. In diesen Fällen entstünde ein vermeidbarer zusätzlicher Aufwand, wenn die Versorgungsträger gezwungen wären, die vom Gericht übersandten Vordrucke zu benutzen. Bei automatisierter Auskunftserteilung entfällt deshalb die Pflicht zur Verwendung von amtlichen Vordrucken. Selbstverständlich müssen aber auch diese automatisierten Auskünfte den gesetzlich geregelten Auskunftspflichten entsprechen. Der elektronische Rechtsverkehr zwischen den Familiengerichten und den Versorgungsträgern ist im § 229 geregelt (§ 2 Rn 224).

Nach Absatz 3 teilen die Versorgungsträger im Einzelfall mit, welche Mitwirkungshandlungen die Parteien nicht erbringen, so dass das Gericht entsprechende Anordnungen treffen kann. Besondere Regelbeispiele für die Anordnungsbefugnis des Gerichts sind nicht aufgeführt.

Absatz 4 Satz 1 normiert die Auskunftspflichten der Versorgungsträger. Die von ihnen nach § 5 Abs. 1 VersAusglG zu berechnenden Ehezeitanteile und die Vorschlä- 203

---

181 Vgl. auch BGB-RGRK/*Wick*, 12. Aufl. 1995, § 11 VAHRG Rn 5.

ge nach § 5 Abs. 3 und § 47 VersAusglG für Ausgleichswerte und korrespondierende Kapitalwerte der Anrechte sind dem Gericht mitzuteilen.

Die Auskunftspflicht des Versorgungsträgers ändert nichts daran, dass die Prüfung der mitgeteilten Werte und die Bestimmung des maßgeblichen Ausgleichswerts dem Familiengericht obliegt (§ 2 Rn 16, siehe Begründung zu § 5 VersAusglG). Damit das Gericht diesen Pflichten nachkommen kann, ordnet Absatz 4 Satz 1 an, dass der Versorgungsträger im Rahmen der Auskunft die erforderlichen Berechnungen übersichtlich und nachvollziehbar, also kurz und verständlich darzustellen hat. Dazu gehört unter anderem die Benennung des angewandten versicherungsmathematischen Berechnungsverfahrens sowie der grundlegenden Annahmen der Berechnung, insbesondere Zinssatz und angewandte Sterbetafeln.

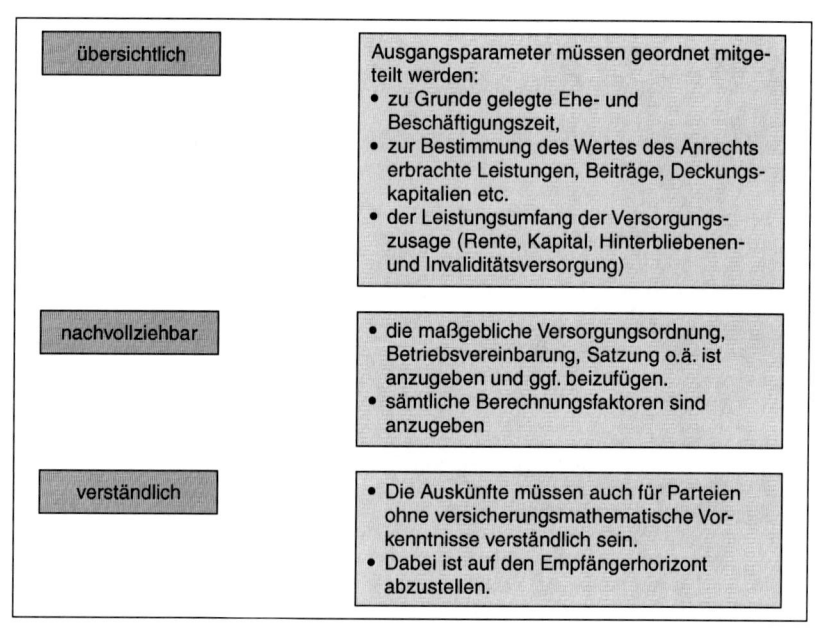

übersichtlich	Ausgangsparameter müssen geordnet mitgeteilt werden: • zu Grunde gelegte Ehe- und Beschäftigungszeit, • zur Bestimmung des Wertes des Anrechts erbrachte Leistungen, Beiträge, Deckungskapitalien etc. • der Leistungsumfang der Versorgungszusage (Rente, Kapital, Hinterbliebenen- und Invaliditätsversorgung)
nachvollziehbar	• die maßgebliche Versorgungsordnung, Betriebsvereinbarung, Satzung o.ä. ist anzugeben und ggf. beizufügen. • sämtliche Berechnungsfaktoren sind anzugeben
verständlich	• Die Auskünfte müssen auch für Parteien ohne versicherungsmathematische Vorkenntnisse verständlich sein. • Dabei ist auf den Empfängerhorizont abzustellen.

Abbildung: Anforderungen an Auskünfte

204 Zur Offenlegung von Geschäftsgeheimnissen (etwa spezifische geschäftsinterne Kalkulationen) ist der Versorgungsträger **nicht** verpflichtet. Eine vergleichbare bilanzrechtliche Informationspflicht fordert im Übrigen künftig § 285 Nr. 24

HGB.[182] Ferner sind – wie auch nach bisherigem Recht – vertragliche Bestimmungen oder einschlägiges Satzungsrecht mitzuteilen, damit das Gericht so die mitgeteilte Berechnung nachvollziehen kann. Wie nach bisheriger Praxis genügt es aber, auf bereits in einem anderen Verfahren bei demselben Gericht eingereichte Unterlagen zu verweisen. Das Gericht kann dann, soweit erforderlich, die entsprechenden Akten beiziehen und die Regelungen dort einsehen. Schließlich werden die Daten über die Zugehörigkeit zum Versorgungssystem benötigt.

Die vorstehend genannten Informationen sollen sowohl dem Familiengericht als auch den Ehegatten bzw. ihren Vertretern ermöglichen, die Auskünfte nachzuvollziehen.

Die anwaltlichen Berater haben die Pflicht gegen über den Mandanten, die Auskünfte der Versorgungsträger zu prüfen. Insbesondere bei Versorgungen die nach § 32 VersAusglG später nicht angepasst werden, können unrichtige Ausgleichswerte durch fehlerhafte Auskünfte später nicht mehr berichtigt werden.

Da hier oftmals komplizierte Berechnungen geprüft werden müssen, bietet es sich an, Rentenberater und Aktuare bei Bedarf mit der Prüfung zu beauftragen. Damit wird auch das Haftungsrisiko für die Anwaltschaft vermindert.

Absatz 4 Satz 2 stellt klar, dass das Gericht bei unvollständigen Auskünften oder in Zweifelsfällen befugt ist, den Versorgungsträger zu ergänzenden Auskünften aufzufordern. Es kann auch einen Vertreter des Versorgungsträgers zum Termin laden, um sich die Wertermittlung erläutern zu lassen. Diese Verpflichtung des Versorgungsträgers besteht auch, wenn Beteiligte einen entsprechenden Antrag bei Gericht stellen. Auch dann bleibt es jedoch dabei, dass die hier geregelte Auskunftspflicht nur gegenüber dem Gericht besteht.

> *Merksatz: Auskunftspflicht*
>
> Die Auskunftspflicht der Versorgungsträger besteht nur gegenüber dem Gericht. Die Anwaltschaft als Vertreter der Ehegatten muss jedoch die Auskünfte prüfen und ggf. einen Antrag auf Erläuterung stellen.

Es kann zweckmäßig sein, dass sich der Versorgungsträger bereits bei seiner Auskunft über den Ehezeitanteil bzw. den Ausgleichswert auch dazu äußert, ob er von seinem Recht Gebrauch machen will, die externe Teilung eines Anrechts nach § 14

---

182 § 285 Sonstige Pflichtangaben: 24. zu den Rückstellungen für Pensionen und ähnliche Verpflichtungen das angewandte versicherungsmathematische Berechnungsverfahren sowie die grundlegenden Annahmen der Berechnung, wie Zinssatz, erwartete Lohn- und Gehaltssteigerungen und zugrunde gelegte Sterbetafeln.

Abs. 2 Nr. 2 VersAusglG zu verlangen. Das Gesetz verzichtet aber darauf, dies zwingend vorzugeben. Vielmehr ist dieses Recht innerhalb einer vom Gericht bestimmten Frist diesem gegenüber auszuüben (s. § 222 Abs. 1 FamFG).

Absatz 5 stellt noch mal klar, das alle am Verfahren Beteiligten (§ 219 FamFG) sowie sonstigen Stellen und Personen den gerichtlichen Auskunftsanfragen und Anordnungen Folge zu leisten haben. Bei Nichtbefolgung stehen dem Gericht die üblichen verfahrensleitenden Maßnahmen zur Verfügung.

| § 221 FamFG | Erörterung, Aussetzung |

(1) Das Gericht soll die Angelegenheit mit den Ehegatten in einem Termin erörtern.

(2) Das Gericht hat das Verfahren auszusetzen, wenn ein Rechtsstreit über Bestand oder Höhe eines in den Versorgungsausgleich einzubeziehenden Anrechts anhängig ist.

(3) Besteht Streit über ein Anrecht, ohne dass die Voraussetzungen des Absatzes 2 erfüllt sind, kann das Gericht das Verfahren aussetzen und einem oder beiden Ehegatten eine Frist zur Erhebung der Klage setzen. Wird diese Klage nicht oder nicht rechtzeitig erhoben, kann das Gericht das Vorbringen unberücksichtigt lassen, das mit der Klage hätte geltend gemacht werden können.

205 Absatz 1 nimmt die vorher in § 53b Abs. 1 FGG enthaltene Regelung auf. Mit dem reformierten materiellen Versorgungsausgleichsrecht wird das Erörterungsgebot noch bedeutsamer werden, denn die Spielräume für Ermessensentscheidungen des Gerichts und für Vereinbarungen der Eheleute werden erweitert. So kann das Gericht im Rahmen der Erörterung bei entsprechenden Anhaltspunkten auf die Möglichkeiten hinweisen, zweckmäßige Vereinbarungen zu schließen. Auch bei Ermessens- oder Billigkeitsentscheidungen, etwa der Durchführung des Ausgleichs trotz geringer Werte nach § 18 Abs. 3 VersAusglG oder einer Härtefallprüfung nach § 27 VersAusglG, ist die Erörterung aller maßgeblichen Gesichtspunkte mit den Beteiligten angezeigt.

Absatz 2 bestimmt, dass das Gericht das Verfahren auszusetzen hat, wenn ein Ehegatte bereits einen Rechtsstreit über den Bestand oder den Wert eines Anrechts mit einem Versorgungsträger führt. So wird sichergestellt, dass es nicht zu voneinander abweichenden Ergebnissen kommt und das Familiengericht auf die Entscheidung des für das jeweilige Anrecht zuständigen Fachgerichts zurückgreifen kann.

Absatz 3 Satz 1 eröffnet dem Gericht die Möglichkeit, die Parteien bei Streit über ein Anrecht unter Fristsetzung zur Klärung durch das zuständige Fachgericht aufzufordern, falls noch kein Rechtsstreit diesbezüglich anhängig ist. Kommen die Parteien dem nicht oder nicht rechtzeitig nach, kann das Gericht selbst in der Sache entscheiden. Dabei kann es nach Absatz 3 Satz 2 den streitigen Vortrag, der mit der unterlassenen Klage hätte geltend gemacht werden können, unberücksichtigt lassen. Wenn die Klage verspätet erhoben worden ist, kann das Gericht aber auch vorerst von einer eigenen Entscheidung absehen und es bei der Aussetzung bis zur fachgerichtlichen Entscheidung belassen.

Streiten die Eheleute im Versorgungsausgleichsverfahren über die Höhe des Ehezeitanteils bzw. des Ausgleichswerts, so kann es sich hierbei auch um einen Streit im Sinne des Absatzes 2 oder 3 handeln. Ein Streit über Bestand oder Höhe eines Anrechts wird sich nämlich regelmäßig auch auf den Ausgleichswert auswirken. Soweit es aber nur um die vom Versorgungsträger vorgenommene Bewertung des Ausgleichswerts geht, ist das Familiengericht zuständig.

Im Übrigen bleiben die allgemeinen verfahrensrechtlichen Aussetzungsmöglichkeiten unberührt, beispielsweise nach den §§ 21 und 136 FamFG.

| § 222 FamFG | Durchführung der externen Teilung |

(1) Die Wahlrechte nach § 14 Abs. 2 und § 15 Abs. 1 des Versorgungsausgleichsgesetzes sind in den vom Gericht zu setzenden Fristen auszuüben.

(2) Übt die ausgleichsberechtigte Person ihr Wahlrecht nach § 15 Abs. 1 des Versorgungsausgleichsgesetzes aus, so hat sie in der nach Absatz 1 gesetzten Frist zugleich nachzuweisen, dass der ausgewählte Versorgungsträger mit der vorgesehenen Teilung einverstanden ist.

(3) Das Gericht setzt in der Endentscheidung den Betrag fest, den der Versorgungsträger der ausgleichspflichtigen Person an den Versorgungsträger der ausgleichsberechtigten Person zu zahlen hat.

Absatz 1 stellt klar, dass das Gericht für die Erklärungen, die die externe Teilung eines Anrechts nach § 14 VersAusglG herbeiführen sollen, Fristen setzen kann. Einigen sich also der Versorgungsträger und die ausgleichsberechtigte Person nach § 14 Abs. 2 Nr. 1 VersAusglG über eine externe Teilung oder verlangt der Versorgungsträger der ausgleichspflichtigen Person die externe Teilung nach § 14 Abs. 2 Nr. 2 VersAusglG, sind diese Erklärungen innerhalb der gesetzten Fristen abzugeben. Dies gilt auch für die Wahl einer Zielversorgung im Sinne des § 15 Abs. 1

VersAusglG durch die ausgleichsberechtigte Person. Damit wird sichergestellt, dass das Verfahren weiter vorangebracht wird. Die Wahrnehmung der Rechte nach § 14 Abs. 2 Nr. 1 oder Nr. 2 VersAusglG zu einem späteren Zeitpunkt wird damit ausgeschlossen. Unterbleibt die Benennung einer Zielversorgung nach § 15 Abs. 1 VersAusglG, erfolgt der Ausgleich nach § 15 Abs. 5 VersAusglG über die gesetzliche Rentenversicherung oder bei betrieblichen Anrechten in der Versorgungsausgleichskasse.

In der Praxis werden die Versorgungsträger regelmäßig bereits in der von ihnen übermittelten Auskunft mitteilen, ob sie eine externe Teilung wünschen,
- sei es im Rahmen einer Vereinbarung mit der ausgleichsberechtigten Person nach § 14 Abs. 2 Nr. 1 VersAusglG,
- sei es aufgrund des einseitigen Optionsrechts nach § 14 Abs. 2 Nr. 2 VersAusglG.

Auch die Eheleute können sich über eine gewünschte Zielversorgung bereits in der Auskunft über die vorhandenen Anrechte erklären.

Eine gesetzlich normierte Frist ist nicht angegeben. Das Verfahren erhält dadurch eine größere Flexibilität.

Der anwaltliche Berater der ausgleichs**berechtigten** Person sollte dafür Sorgen, das die Erklärung des gewünschten Zielversorgungsträgers in der gesetzten Frist vorliegt seine Partei auf die Folgen eines Fristversäumnisses hinweisen.

Der anwaltliche Vertreter der ausgleichs**pflichtigen** Person sollte dafür Sorgen, das seine Partei klären lässt, ob die externe Teilung für sie steuerneutral ist. Ist dies nicht der Fall, sollten die steuerlichen Folgen bekannt sein.

207 Absatz 2 stellt klar, dass es der ausgleichsberechtigten Person obliegt, dem Gericht rechtzeitig die Bereitschaft des Versorgungsträgers der gewählten Zielversorgung zur Begründung oder zum Ausbau eines Anrechts nachzuweisen, nämlich gegebenenfalls innerhalb der nach Absatz 1 gesetzten gerichtlichen Frist, ohne Fristsetzung spätestens bis zur Entscheidung. Zu diesem Nachweis gehört die Mitteilung der einschlägigen Daten, so dass das Gericht den Entscheidungstenor hinreichend bestimmt fassen kann, beispielsweise im Hinblick auf die genaue Firmenbezeichnung des Versicherungsunternehmens oder die Tarifbezeichnung und Policennummer eines bereits bestehenden Vorsorgevertrags, der ausgebaut werden soll.

Die Versorgungsträger werden für diese Zwecke sicherlich entsprechende Bestätigungsschreiben entwickeln, die an die ausgleichsberechtigte Person übersandt und von dieser dem Gericht vorgelegt werden können.

Absatz 3 ordnet an, dass das Gericht in seiner Entscheidung den Betrag festsetzen muss, den der Versorgungsträger der ausgleichspflichtigen Person an den von der ausgleichsberechtigten Person benannten Versorgungsträger zu zahlen hat. Denn mit der externen Teilung ist ein Transfer des entsprechenden Vorsorgevermögens verbunden, der allerdings nach § 14 Abs. 2 VersAusglG immer nur dann stattfindet, wenn der Versorgungsträger der ausgleichspflichtigen Person mit dem Abfluss der Finanzierungsmittel einverstanden ist.

208

Der insoweit vom Gericht festzusetzende Betrag entspricht bei Kapitalwerten dem Ausgleichswert.

> *Hinweis: Abweichung Ausgleichswert und korrespondierender Kapitalwert*
>
> Anders als in der Gesetzesbegründung angegeben, kann bei Rentenbeträgen nicht der korrespondierende Kapitalwert der Ausgleichswert sein, weil dieser nur den Wert der Versorgung beschreibt und nicht den Betrag der zur Begründung oder Übertragung für ein Anrecht der ausgleichsberechtigten Person beim Versorgungsträger der ausgleichspflichtigen Person benötigt wird. **Der Ausgleichswert kann also vom korrespondierenden Kapitalwert abweichen.**

Das Gericht muss daher im Zweifelsfall den korrespondierenden Kapitalbetrag und den vorgeschlagenen Ausgleichswert prüfen und den Ausgleichsbetrag (Kapitaltransfer) selbst festsetzen.

Wenn der Versorgungsträger der ausgleichspflichtigen Person nach Rechtskraft der Entscheidung nicht zahlt, kann der Versorgungsträger der Zielversorgung aus der gerichtlichen Entscheidung die Zwangsvollstreckung betreiben.

Die Vorschrift bezieht sich explizit nur auf die Fälle, in denen es zu einer externen Teilung nach § 14 VersAusglG kommt, also

- aufgrund einer Vereinbarung zwischen der ausgleichsberechtigten Person und dem Versorgungsträger der ausgleichspflichtigen Person bzw.
- aufgrund des Abfindungsverlangens des Versorgungsträgers der ausgleichspflichtigen Person.

§ 222 FamFG gilt daher nicht für den Fall, dass eine Beamtenversorgung über die gesetzliche Rentenversicherung ausgeglichen wird (§ 16 VersAusglG). Hierbei handelt es sich zwar strukturell um eine externe Teilung, doch hat das Gericht hier wie nach bisher geltendem Recht nur anzuordnen, dass zulasten des Anrechts der ausgleichspflichtigen Person bei der Beamtenversorgung für die ausgleichsberechtigte Person ein Anrecht bei der gesetzlichen Rentenversicherung begründet wird (siehe auch § 16 Abs. 3 VersAusglG).

§ 2 Gesetz über den Versorgungsausgleich (VersAusglG)

Das Gericht muss im Tenor neben dem Ausgleichsbetrag (als Kapitaltransfer) auch das zu begründende Anrecht mit dem versicherten Risiko und der Höhe der erworbenen Rentenanwartschaft beschreiben. Dazu wird es die Versicherungsbedingungen und versicherungsmathematischen Grundlagen des aufnehmenden Versorgungsträgers benötigen.

| § 223 FamFG | Antragserfordernis für Ausgleichsansprüche nach der Scheidung |

Über Ausgleichsansprüche nach der Scheidung nach den §§ 20 bis 26 des Versorgungsausgleichsgesetzes entscheidet das Gericht nur auf Antrag.

209 Die Vorschrift stellt klar, dass das Gericht bei Ausgleichsansprüchen nach der Scheidung im Sinne der §§ 20 bis 26 VersAusglG nicht von Amts wegen tätig wird, sondern nur auf Antrag. Dies war früher in den §§ 1587f, 1587i, 1587l BGB und § 3a Abs. 1 VAHRG geregelt.

Aus § 137 Abs. 2 Satz 2 FamFG ergibt sich, dass hingegen kein Antrag erforderlich ist, um den Wertausgleich bei der Scheidung durchzuführen.

Der Ausgleich einer laufenden Invaliditätsrente nach § 28 VersAusglG wird von dieser Vorschrift nicht erfasst. Dieser schuldrechtliche Ausgleich ist vom Gericht von Amts wegen zu prüfen.

| § 224 FamFG | Entscheidung über den Versorgungsausgleich |

(1) Endentscheidungen, die den Versorgungsausgleich betreffen, werden erst mit Rechtskraft wirksam.

(2) Die Endentscheidung ist zu begründen.

(3) Soweit ein Wertausgleich bei der Scheidung nach § 3 Abs. 3, den §§ 6, 18 Abs. 1 oder Abs. 2 oder § 27 des Versorgungsausgleichsgesetzes nicht stattfindet, stellt das Gericht dies in der Beschlussformel fest.

(4) Verbleiben nach dem Wertausgleich bei der Scheidung noch Anrechte für Ausgleichsansprüche nach der Scheidung, benennt das Gericht diese Anrechte in der Begründung.

Absatz 1 entspricht dem vorher geltenden § 53g Abs. 1 FGG.

210

Dies ist insbesondere für das Leistungsverbot nach § 29 VersAusglG und dem Schutz des Versorgungsträgers nach § 30 VersAusglG von Bedeutung da hier auf den wirksamen Abschluss des Verfahrens bzw. auf die rechtskräftige Entscheidung abgestellt wird.

Absatz 2 stimmt mit dem vorher geltenden § 53b Abs. 3 FGG überein.[183]

Das Gericht hat die Gründe für seine Entscheidung anzugeben. Gerade bei den komplizierten Berechnungen und Erläuterungen der Versorgungsträger zum Ausgleichswert kommt der Begründungspflicht besondere Bedeutung zu.

Absatz 3 verpflichtet das Gericht, in der Entscheidung festzustellen, ob und inwieweit der Versorgungsausgleich nicht stattfindet. Ein Ausschluss oder Teilausschluss des Wertausgleichs bei der Scheidung kommt in den in der Norm abschließend aufgeführten Fällen in Betracht. Die Vorschrift stellt damit gleichzeitig klar, dass in diesen Fällen immer eine materielle Prüfung des Gerichts vorausgeht. Die Entscheidung nach Absatz 3 erwächst also in jedem Fall in Rechtskraft, und zwar mit den tragenden Gründen der Entscheidung. Dort hat das Gericht auszuführen, ob der Versorgungsausgleich

211

- wegen einer kurzen Ehezeit (§ 3 Abs. 3 VersAusglG),
- wegen einer wirksamen Vereinbarung der Eheleute über den Versorgungsausgleich (§§ 6 bis 8 VersAusglG),
- wegen geringfügigen Wertunterschieden oder Ausgleichswerten (§ 18 Abs. 1 oder Abs. 2 VersAusglG) oder
- wegen grober Unbilligkeit (§ 27 VersAusglG)

ganz oder teilweise nicht stattfindet.

Der Tenor der Entscheidung würde dann etwa lauten: „Der Versorgungsausgleich findet nicht statt", bei einem Teilausschluss unter Vorbehalt von Ausgleichsansprüchen nach der Scheidung: „Im Übrigen findet ein Wertausgleich bei der Scheidung nicht statt".

Absatz 3 passt also den vorher geltenden § 53d Satz 1 FGG an das neue materielle Versorgungsausgleichsrecht an. Das Genehmigungserfordernis nach § 1587o Abs. 2 Satz 3 BGB für Vereinbarungen zwischen den Eheleuten (siehe Begründung zu den §§ 6 bis 8 VersAusglG) entfällt.

---

183 Drucksache 16/10144 – 96 – Deutscher Bundestag – 16. Wahlperiode.

Die formelle und materielle Wirksamkeit jeder Vereinbarung ist jedoch immer zu prüfen, auch im Fall eines Ehevertrags nach § 1408 Abs. 2 BGB (§ 2 Rn 230).

212 Absatz 4 regelt die Pflicht des Gerichts, diejenigen Anrechte in der Begründung der Endentscheidung ausdrücklich zu benennen, deren Ausgleich beim Wertausgleich bei der Scheidung nicht möglich ist.

Die Eheleute sollen damit daran erinnert werden, dass noch nicht ausgeglichene Anrechte vorhanden sind und gleichzeitig darauf hingewiesen werden, welche Anrechte dies sind. Hierbei kann es sich beispielsweise um Anrechte bei ausländischen Versorgungsträgern handeln, da das Gericht insoweit keine Teilung anordnen kann. Denkbar sind aber auch verfallbare betriebliche Anrechte, die nach der Entscheidung des Gerichts über den Wertausgleich bei der Scheidung unverfallbar werden können und dann im Rahmen von Ausgleichsansprüchen nach der Scheidung einem Ausgleich zugänglich sind. Dieser Hinweis für die Ehegatten in der Begründung der Entscheidung hat keine konstitutive Wirkung.

§ 225 FamFG — Zulässigkeit einer Abänderung des Wertausgleichs bei der Scheidung

(1) Eine Abänderung des Wertausgleichs bei der Scheidung ist nur für Anrechte im Sinne des § 32 des Versorgungsausgleichsgesetzes zulässig.

(2) Bei rechtlichen oder tatsächlichen Veränderungen nach dem Ende der Ehezeit, die auf den Ausgleichswert eines Anrechts zurückwirken und zu einer wesentlichen Wertänderung führen, ändert das Gericht auf Antrag die Entscheidung in Bezug auf dieses Anrecht ab.

(3) Die Wertänderung nach Absatz 2 ist wesentlich, wenn sie mindestens 5 Prozent des bisherigen Ausgleichswerts des Anrechts beträgt und bei einem Rentenbetrag als maßgeblicher Bezugsgröße 1 Prozent, in allen anderen Fällen als Kapitalwert 120 Prozent der am Ende der Ehezeit maßgeblichen monatlichen Bezugsgröße nach § 18 Abs. 1 des Vierten Buches Sozialgesetzbuch übersteigt.

(4) Eine Abänderung ist auch dann zulässig, wenn durch sie eine für die Versorgung der ausgleichsberechtigten Person maßgebende Wartezeit erfüllt wird.

(5) Die Abänderung muss sich zugunsten eines Ehegatten oder seiner Hinterbliebenen auswirken.

213 Die Vorschrift zur Abänderung von Entscheidungen wurde gegenüber dem bislang geltenden Recht (§ 10a VAHRG) neu gefasst und auf zwei Vorschriften aufgeteilt.

Bisher war die Abänderung einer Entscheidung über den Wertausgleich möglich, wenn ein zum Zeitpunkt der Abänderungsentscheidung ermittelter Wertunterschied von dem in der abzuändernden Entscheidung zugrunde gelegten Wertunterschied abwich; dies war in der wichtigsten Fallgruppe der Abänderungsverfahren in § 10a Abs. 1 Nr. 1 VAHRG geregelt. Von dieser Korrekturmöglichkeit wurden „sämtliche denkbaren Gründe" erfasst.[184]

Im Verfahren wurden daher sämtliche Ehezeitanteile neu berechnet und danach erneut saldiert. Es kam zur sogenannten Totalrevision. Nicht ausreichend für eine Korrektur war allerdings die Geltendmachung von Härtegründen im Sinne des § 1587c BGB, die auf bereits im Erstverfahren abgeschlossenen Tatbeständen beruhten.[185]

Des Weiteren war die Abänderung möglich,
- wenn ein als verfallbar behandeltes Anrecht unverfallbar geworden war (§ 10a Abs. 1 Nr. 2 VAHRG) oder
- nachträglich ein öffentlich-rechtlicher Versorgungsausgleich möglich wurde (§ 10a Abs. 1 Nr. 3 VAHRG).

Nach der neuen Regelung in den §§ 225 und 226 FamFG ist eine Entscheidung über den Wertausgleich bei der Scheidung dann abänderbar,
- wenn sich nachträglich rechtliche oder tatsächliche Umstände geändert haben, die für die Bewertung des Ausgleichswerts eines Anrechts maßgeblich sind und
- wenn die Wertänderung wesentlich ist.

Beispiele hierfür sind etwa
- Änderungen des Leistungsrechts
- z.B. die rückwirkende Zuerkennung von Kindererziehungszeiten oder
- eine Dienstunfähigkeit vor Erreichen der Regelaltersgrenze, die bei der zeitratierlich zu bewertenden Beamtenversorgung (§§ 40, 44 VersAusglG) zur Veränderung des Ehezeitanteils führen kann.

Diese Änderungen berechtigen dann wie im bisherigen Recht dazu, die ursprüngliche Entscheidung des Gerichts abändern zu lassen.

---

184 So MünchKomm/*Dörr*, BGB-Kommentar, 4. Aufl. 2000, § 10a VAHRG Rn 16.
185 BGH vom 11. Oktober 2006 – XII ZB 39/03 = FamRZ 2007, 360.

Eine „Totalrevision" findet nicht mehr statt. Dies widerspräche dem Ansatz des neuen Ausgleichssystems, das jedes Anrecht grundsätzlich systemintern teilt. Damit kann sich die Korrektur im Abänderungsverfahren auf das jeweils betroffene Anrecht beschränken.

Zugleich kommt es nicht mehr zur Korrektur von Wertunterschieden, die sich im Versorgungsfall aufgrund unterschiedlicher Wertentwicklung der jeweiligen Versorgungssysteme ergeben. Jeder Ehegatte nimmt bei der internen Teilung der Anrechte grundsätzlich an der Wertentwicklung (Dynamik) der nunmehr auch ihm zugeordneten Anrechte im Versorgungssystem des anderen Ehegatten teil. Im Fall einer externen Teilung kommt es zu Unterschieden in der Dynamik.

Diese Abweichungen können innerhalb der engen Voraussetzungen der externen Teilung von den Eheleuten durch eine entsprechende Vereinbarung akzeptiert werden (§ 14 Abs. 2 Nr. 1 VersAusglG) oder sind bei geringfügigen Ausgleichswerten von ihnen hinzunehmen (§ 14 Abs. 2 Nr. 2 VersAusglG).

Die Abkehr von der „Totalrevision" bedeutet allerdings nicht, dass die Versorgungsträger gehalten sind, beispielsweise Berechnungs- oder Buchungsfehler auch im Abänderungsverfahren beizubehalten. Dies würde sie nämlich dazu zwingen, objektiv falsche Konten fortzuführen und die fehlerhaften Daten für ein etwaiges Abänderungsverfahren vorzuhalten. Insoweit kann also wie nach bislang geltendem Recht im Rahmen der begrenzten Abänderung in Bezug auf das entsprechende Anrecht eine Fehlerkorrektur erfolgen.

Die bisherigen weiteren Abänderungsgründe (§ 10a Abs. 1 Nr. 2 und 3 VAHRG) entfallen. In § 19 Abs. 1 in Verbindung mit Abs. 2 Nr. 1 VersAusglG ist nun geregelt, dass noch verfallbare betriebliche Anrechte schuldrechtlich auszugleichen sind. Die Fallgestaltungen des früheren § 10a Abs. 1 Nr. 3 VAHRG kommen im neuen Ausgleichssystem nicht mehr vor, da alle Anrechte, die teilungsreif sind, im Wertausgleich bei der Scheidung vollständig geteilt werden.

214 Die neue Regelung verhindert etwaige nachträglich eintretende grundrechtswidrige Auswirkungen des Versorgungsausgleichs.[186]

Er ist danach „von Verfassungswegen verpflichtet, die Möglichkeit einer Korrektur für die Fälle zu eröffnen, in denen sich herausstellt, dass die mit dem Versorgungsausgleich verteilten Anrechte nicht oder nicht in voller Höhe entstanden oder dass

---

186 BVerfG vom 28. Februar 1980 – 1 BvL 17/77 = FamRZ 1980, 326.

tatsächlich entstandene Anrechte des Ausgleichsberechtigten unberücksichtigt geblieben sind".[187]

Solche Fallgestaltungen sind auch nach dem neuen Recht denkbar:
- Sind Anrechte, bezogen auf die Ehezeit, erst nachträglich überhaupt entstanden
  - zum Beispiel die der nachträglichen Anrechnung von Kindererziehungszeiten
  - oder ein Statusfeststellungsverfahren führt nachträglich zur Beitragspflicht oder Beitragsfreiheit
- oder nicht bzw. nicht in der angenommenen Höhe entstanden
  - zum Beispiel eine vorzeitige Dienstunfähigkeit,

so ist der Wertausgleich bei der Scheidung aufgrund der unzutreffend gewordenen Annahmen falsch und soll deshalb auf Antrag abgeändert werden können. Es ist in solchen Fällen allerdings ausreichend, die Korrektur bei dem einzelnen Anrecht anzusetzen.

Absatz 1 stellt klar, dass Abänderungen nur bei Anrechten aus denjenigen Regelsicherungssystemen zulässig sind, die in § 32 VersAusglG abschließend aufgezählt sind. **215**

Entscheidend für die Begrenzung auf die in § 32 VersAusglG genannten Regelversorgungen ist nach Auffassung des Gesetzgebers, dass bei der ergänzenden Vorsorge auch rechtstatsächlich kein Bedarf für nachträgliche Abänderungen besteht:
- Soweit die Anrechte kapitalgedeckt sind, beruht die Ermittlung des Ausgleichswerts auf der unmittelbaren Bewertung nach § 39 VersAusglG. Nachträgliche Änderungen des Ehezeitanteils, die auf den Ausgleichswert zurückwirken, sind hier nicht vorstellbar.
- Handelt es sich um Anwartschaften aus der betrieblichen Altersversorgung, die der zeitratierlichen Bewertungsmethode folgen (§ 45 Abs. 2 Satz 2 und 3 VersAusglG), so können sich auch hier keine rückwirkenden Änderungen zum Vorteil der ausgleichspflichtigen Person ergeben, weil bei der Wertermittlung der Übertragungswert bzw. die unverfallbare Anwartschaft am Ehezeitende maßgeblich ist. Ändert sich das Zeit-Zeit-Verhältnis, so allenfalls zum Vorteil der ausgleichsberechtigten Person. (Der Zähler kann sich nachträglich nicht ändern, und der Nenner kann lediglich kleiner werden, so dass der Quotient nur größer werden kann.) Der Ausgleich dieses Mehrbetrags sowie der „verfallbaren Einkommensdynamik" erfolgt dann über Ausgleichsansprüche nach der

---

[187] BVerfG vom 16. November 1992 – 1 BvL 17/89 = FamRZ 1993, 161.

Scheidung (siehe die Begründung zu § 20 VersAusglG), sofern dem nicht § 27 VersAusglG entgegensteht.

216 Nach Absatz 2 ist eine nachträgliche wesentliche Änderung des Ausgleichswerts, die tatsächlich oder rechtlich bedingt ist, Voraussetzung für eine Abänderung. Dazu zählen also zum einen Rechtsänderungen wie neue rentenrechtliche Bestimmungen oder Neuregelungen im Beamtenversorgungsrecht, zum anderen tatsächliche Änderungen wie das Ausscheiden aus dem Beamtenverhältnis oder der Eintritt einer vorzeitigen Dienstunfähigkeit. Auch muss wie im bislang geltenden Recht ein Bezug zur Ehezeit gegeben sein. Wie zuvor erläutert, stellt der Wertunterschied einer extern geteilten Versorgung aufgrund einer von der Dynamik des auszugleichenden Anrechts abweichenden Wertentwicklung keinen Abänderungsgrund dar.

217 Absatz 3 orientiert sich am bisherigen § 10a Abs. 2 Satz 2 VAHRG und enthält wie im geltenden Recht eine relative und eine absolute Wesentlichkeitsgrenze. Die relative Wesentlichkeitsgrenze wird allerdings nicht mehr – wie im bisherigen System des Einmalausgleichs – auf den Ausgleichsbetrag nach Saldierung bezogen, sondern auf den Ausgleichswert des jeweiligen Anrechts. Dies folgt aus der Systematik der Teilung aller Anrechte. Die Wertgrenze wird von bislang 10 Prozent (bezogen auf den Ausgleichsbetrag nach Saldierung) auf jetzt 5 Prozent (bezogen auf den jeweiligen Ausgleichswert) gesenkt, um den Zugang zur Abänderung nicht über Gebühr zu beschränken. Zugleich muss die Änderung jedoch wie im geltenden Recht eine absolute Wesentlichkeitsgrenze übersteigen, um Bagatellverfahren zu vermeiden. Diese absolute Wertgrenze wird von 0,5 Prozent auf 1 Prozent der Bezugsgröße nach § 18 SGB IV angehoben und entspricht damit der Geringfügigkeitsgrenze nach § 18 Abs. 4 VersAusglG.

Beispiel:

Aufgrund eines Statusfeststellungsverfahrens nach der Erstentscheidung über den Wertausgleich wurde vom Rentenversicherungsträger nachträglich Beitragspflicht festgestellt. Von der Beitragsforderung fällt ein Teil in die Ehezeit. Der Ausgleichswert erhöht sich damit von 100 EUR auf 110 EUR.

Tabelle: Wesentlichkeitsgrenze

Ausgleichswert eines Anrechts	100,00 EUR
Wertgrenze 5 % des Anrechts	5,00 EUR
Bagatellgrenze 1 % der Bezugsgröße (2009)	25,40 EUR

Die Wesentlichkeitsgrenze wird in diesem Beispiel nicht erreicht. Die Voraussetzungen für eine Abänderung des Wertausgleichs bei der Scheidung sind nicht erfüllt.

Absatz 4 entspricht § 10a Abs. 2 Nr. 2 VAHRG. Die Regelung sichert wie bisher die Möglichkeit der Abänderung unabhängig von der Wesentlichkeitsgrenze, wenn sie zur Erfüllung einer Wartezeit beispielsweise nach den §§ 50 bis 52 und 243b SGB VI führt.

Absatz 5 entspricht dem bisherigen § 10a Abs. 2 Nr. 3 VAHRG. Wirkt sich die Abänderung nicht zugunsten eines Ehegatten oder seiner Hinterbliebenen aus, sondern nur zugunsten des Versorgungsträgers des abzuändernden Anrechts darf eine Abänderung nicht vorgenommen werden.

§ 226 FamFG Durchführung einer Abänderung des Wertausgleichs bei der Scheidung

(1) Antragsberechtigt sind die Ehegatten, ihre Hinterbliebenen und die von der Abänderung betroffenen Versorgungsträger.

(2) Der Antrag ist frühestens sechs Monate vor dem Zeitpunkt zulässig, ab dem ein Ehegatte voraussichtlich eine laufende Versorgung aus dem abzuändernden Anrecht bezieht oder dies aufgrund der Abänderung zu erwarten ist.

(3) § 27 des Versorgungsausgleichsgesetzes gilt entsprechend.

(4) Die Abänderung wirkt ab dem ersten Tag des Monats, der auf den Monat der Antragstellung folgt.

(5) Stirbt der Ehegatte, der den Abänderungsantrag gestellt hat, vor Rechtskraft der Endentscheidung, hat das Gericht die übrigen antragsberechtigten Beteiligten darauf hinzuweisen, dass das Verfahren nur fortgesetzt wird, wenn ein antragsberechtigter Beteiligter innerhalb einer Frist von einem Monat dies durch Erklärung gegenüber dem Gericht verlangt. Verlangt kein antragsberechtigter Beteiligter innerhalb der Frist die Fortsetzung des Verfahrens, gilt dieses als in der Hauptsache erledigt. Stirbt der andere Ehegatte, wird das Verfahren gegen dessen Erben fortgesetzt.

218 Absatz 1 regelt die Antragsberechtigung und entspricht § 10a Abs. 4 VAHRG. Das Verfahren auf Abänderung wird nicht von Amts wegen eingeleitet, sondern nur auf Antrag der Ehegatten, ihrer Hinterbliebenen oder dem Versorgungsträger des abzuändernden Anrechts.

Der Antrag muss nicht beziffert werden und kann jederzeit zurückgenommen werden.

Absatz 2 regelt, ab welchem Zeitpunkt ein Antrag auf Abänderung nach § 225 FamFG zulässig ist.

Sämtliche bis zum Zeitpunkt des Antrags auf Abänderung eintretenden Änderungen sind im Verfahren zu berücksichtigen. Damit ist zugleich gewährleistet, dass ein weiteres Abänderungsverfahren in der Zwischenzeit unterbleibt. Die Vorschrift stellt nicht mehr alternativ auf das Lebensalter ab, sondern nur noch auf den bevorstehenden Leistungsbeginn.

Leistungsbeginn ist entweder der erstmalige Leistungsbezug eines Ehegatten aus dem Anrecht, dessen Ausgleichswert abgeändert werden soll, oder der Zeitpunkt, zu dem die antragstellende Person durch die Abänderung die Erfüllung der entsprechenden Leistungsvoraussetzungen erwarten kann, beispielsweise die Erfüllung der Wartezeit infolge der Erhöhung des Ausgleichsanspruchs und der daraus folgenden Wartezeitgutschrift gemäß § 52 SGB VI. Ebenso wie in § 50 Abs. 2 VersAusglG ist der Antrag in Anlehnung an § 120d Abs. 1 SGB VI in der seit dem 1. Januar 2008 geltenden Fassung sechs Monate vor dem zu erwartenden Leistungsbeginn zulässig (siehe auch die Begründung dort).

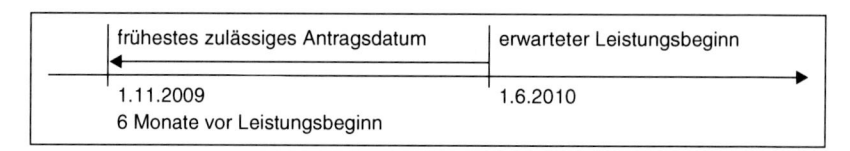

frühestes zulässiges Antragsdatum	erwarteter Leistungsbeginn
1.11.2009 6 Monate vor Leistungsbeginn	1.6.2010

219 Absatz 3 verweist zur Entscheidung über Härtefälle im Abänderungsverfahren auf § 27 VersAusglG. Die früher in § 10a Abs. 3 VAHRG enthaltene entsprechende Regelung ermöglicht es dem Gericht, die Billigkeit der zu treffenden Abänderungsentscheidung zu prüfen und so im Einzelfall von einer schematischen Abänderung abzusehen. Zu berücksichtigen sind dabei wie bisher
- die wirtschaftlichen Verhältnisse der Ehegatten, insbesondere der nacheheliche Erwerb von Anrechten,
- die jeweilige Bedürftigkeit und
- die Gründe für die Veränderung des Ehezeitanteils und damit des Ausgleichswerts.

Bei der Härtefallprüfung sind nur solche Umstände zu berücksichtigen, die nachträglich entstanden sind. Deshalb bleiben wie im geltenden Recht die bereits bei der Erstentscheidung vorliegenden, aber nicht geltend gemachten bzw. nicht berücksichtigten Umstände im Abänderungsverfahren außer Betracht.

Absatz 4 entspricht § 10a Abs. 7 Satz 1 VAHRG. Wie nach bisherigem Recht wirkt also die Abänderungsentscheidung ab dem ersten Tag des Monats, der auf den Monat der Antragstellung folgt. Der Wirkungszeitpunkt entspricht damit zugleich den in § 34 Abs. 3, § 36 Abs. 3 und § 38 Abs. 2 VersAusglG geregelten Wirkungszeitpunkten für die Anpassungsverfahren nach Rechtskraft. **220**

Die bislang in § 10a Abs. 7 Satz 2 VAHRG enthaltene Bestimmung zum Schutz des Versorgungsträgers in der Übergangszeit ist jetzt in § 30 VersAusglG enthalten.

Für die Zeit von dem auf den Antragsmonat folgenden Monat bis zum letzten Tag des Monats, der dem Monat folgt, in dem der Versorgungsträger von der Rechtskraft der Entscheidung Kenntnis erlangt hat (Übergangszeit nach § 30 Abs. 3 VersAusglG) sind von der ausgleichsverpflichteten Person an die ausgleichsberechtigte Person intern nach Bereicherungsrecht (§§ 812 ff. BG) auszugleichen.

Die Regelung in Absatz 5 entspricht inhaltlich § 10a Abs. 10 VAHRG. Sie wurde jedoch an die Systematik des Gesetzes über das Verfahren in Familiensachen und in den Angelegenheiten der freiwilligen Gerichtsbarkeit angepasst, das in verschiedenen Verfahren im Fall des Todes eines Beteiligten bestimmt, dass das Verfahren als erledigt gilt (§§ 131, 181, 208 FamFG). Im Gegensatz zum bisherigen § 10a Abs. 10 VAHRG soll die Frist für das Fortsetzungsverlangen eines antragsberechtigten Beteiligten zukünftig nicht mehr drei Monate betragen, sondern nur noch einen Monat. Die Frist beginnt für einen Beteiligten daher erst zu laufen, wenn ihm der gerichtliche Hinweis zugeht. Ein Verweis auf die Regelung in § 31 VersAusglG ist nicht möglich, weil es im Abänderungsverfahren nicht darauf ankommt, ob die ausgleichspflichtige oder die ausgleichsberechtigte Person stirbt. Maßgeblich ist vielmehr, ob die antragstellende Person oder der Antragsgegner bzw. die Antragsgegnerin stirbt. Im ersteren Fall können Hinterbliebene das Verfahren weiterführen. Stirbt der Antragsgegner bzw. die Antragsgegnerin, so ist das Verfahren gegen die Erben als Prozessstandschafter fortzusetzen, denn die begehrte Änderung kann sich für die antragstellende Person künftig noch auswirken. **221**

§ 227 FamFG Sonstige Abänderungen

(1) **Für die Abänderung einer Entscheidung über Ausgleichsansprüche nach der Scheidung nach den §§ 20 bis 26 des Versorgungsausgleichsgesetzes ist § 48 Abs. 1 anzuwenden.**

(2) Auf eine Vereinbarung der Ehegatten über den Versorgungsausgleich sind die §§ 225 und 226 entsprechend anzuwenden, wenn die Abänderung nicht ausgeschlossen worden ist.

222 Absatz 1 verweist für die Abänderung von Entscheidungen über Ausgleichsansprüche nach der Scheidung gemäß den §§ 20 bis 26 VersAusglG auf § 48 Abs. 1 FamFG.

Bisher waren diese Verfahren im materiellen Versorgungsausgleichsrecht (§ 1587d Abs. 2, § 1587g Abs. 3, § 1587i Abs. 3 BGB, § 3a Abs. 6 und § 3b Abs. 1 Nr. 2 Satz 2 VAHRG) geregelt. Von diesen Fallkonstellationen verbleiben im VersAusglG nur noch

- die schuldrechtliche Ausgleichsrente (bisher § 1587g BGB, jetzt § 20 VersAusglG),
- deren Abtretung (bisher § 1587i BGB, jetzt § 21 VersAusglG) und
- die Teilhabe an der Hinterbliebenenversorgung (bisher § 3a Abs. 6 VAHRG, jetzt §§ 25 und 26 VersAusglG).

Die Abänderung einer insoweit ergangenen Entscheidung ist nach der allgemeinen Vorschrift des § 48 Abs. 1 FamFG möglich. Dort ist geregelt, dass rechtskräftige Endentscheidungen mit Dauerwirkung wegen nachträglich veränderter Tatsachen- oder Rechtsgrundlagen aufgehoben oder geändert werden können. Dazu zählen auch die vorgenannten Entscheidungen über Rentenzahlungen.

Anordnungen des Familiengerichts, die das Ruhen der Verpflichtung zur Beitragszahlung (bisher § 1587d BGB) und die Einzahlung von Beiträgen für die ausgleichsberechtigte Person durch die ausgleichspflichtige Person (bisher § 3b Abs. 1 Nr. 2 Satz 2 VAHRG) betreffen, gibt es im neuen Teilungssystem hingegen nicht mehr. Insoweit bedarf es auch keiner Abänderungsmöglichkeit mehr.

223 Absatz 2 bestimmt, dass die §§ 225 und 226 FamFG anzuwenden sind, wenn Vereinbarungen über den Versorgungsausgleich abgeändert werden sollen (bisher § 10a Abs. 9 VAHRG).

| § 228 FamFG | Zulässigkeit der Beschwerde |

In Versorgungsausgleichssachen gilt § 61 nur für die Anfechtung einer Kostenentscheidung.

224 Der Mindestbeschwerdewert von 600 EUR nach § 61 FamFG gilt in Versorgungsausgleichssachen nur für die Anfechtung einer Kostenentscheidung. Beschwerden gegen Entscheidungen über den Versorgungsausgleich sind ohne Rücksicht auf den Beschwerdewert zulässig.

§ 229 FamFG Elektronischer Rechtsverkehr zwischen den Familiengerichten und den Versorgungsträgern

(1) Die nachfolgenden Bestimmungen sind anzuwenden, soweit das Gericht und der nach § 219 Nr. 2 oder Nr. 3 beteiligte Versorgungsträger an einem zur elektronischen Übermittlung eingesetzten Verfahren (Übermittlungsverfahren) teilnehmen, um die im Versorgungsausgleich erforderlichen Daten auszutauschen. Mit der elektronischen Übermittlung können Dritte beauftragt werden.

(2) Das Übermittlungsverfahren muss
1. bundeseinheitlich sein,
2. Authentizität und Integrität der Daten gewährleisten und
3. bei Nutzung allgemein zugänglicher Netze ein Verschlüsselungsverfahren anwenden, das die Vertraulichkeit der übermittelten Daten sicherstellt.

(3) Das Gericht soll dem Versorgungsträger Auskunftsersuchen nach § 220, der Versorgungsträger soll dem Gericht Auskünfte nach § 220 und Erklärungen nach § 222 Abs. 1 im Übermittlungsverfahren übermitteln. Einer Verordnung nach § 14 Abs. 4 bedarf es insoweit nicht.

(4) Entscheidungen des Gerichts in Versorgungsausgleichssachen sollen dem Versorgungsträger im Übermittlungsverfahren zugestellt werden.

(5) Zum Nachweis der Zustellung einer Entscheidung an den Versorgungsträger genügt die elektronische Übermittlung einer automatisch erzeugten Eingangsbestätigung an das Gericht. Maßgeblich für den Zeitpunkt der Zustellung ist der in dieser Eingangsbestätigung genannte Zeitpunkt.

225 Bisher müssen gerichtliche Entscheidungen im Versorgungsausgleich in der Regel nur an die Träger der gesetzlichen Rentenversicherung zugestellt werden. Das Gesetz zur Strukturreform des Versorgungsausgleichs sieht vor, dass künftig grundsätzlich alle in der Ehe erworbenen Versorgungsansprüche – einschließlich der betrieblichen und privaten vorsorgesysteminern geteilt werden. Die Anzahl der an einem Verfahren beteiligten Versorgungsträger wird sich damit in der Regel erheblich vergrößern. Damit erhöht sich auch die Zahl derjenigen, an die die Endentscheidung im Versorgungsausgleichsverfahren zugestellt werden muss. Um den Aufwand der bei Gericht beschäftigten Servicekräfte mit dem Nachweis ordnungsgemäßer Zustellung so gering wie möglich zu halten, soll die Möglichkeit einer echten elektronischen Zustellung mit elektronisch übermittelter Eingangsbestätigung an das Gericht geschaffen werden.

§ 174 Abs. 3 Satz 1 in Verbindung mit Satz 2 ZPO lässt zwar eine elektronische Zustellung an jeden Verfahrensbeteiligten zu, der der Übermittlung elektronischer Dokumente ausdrücklich zugestimmt hat. § 174 Abs. 3 Satz 3 ZPO setzt hierfür aber eine elektronische Signatur voraus. Zudem ist zum Nachweis der Zustellung nach § 174 Abs. 4 ZPO ein an das Gericht zurückgesandtes Empfangsbekenntnis erforderlich. Dieses kann zwar ebenfalls elektronisch (mit Signatur) erteilt werden, bleibt aber ein Textdokument, das bei der Justiz manuell ausgewertet werden muss. Auch auf Seiten der Versorgungsträger ist die Erstellung eines solchen Empfangsbekenntnisses mit Aufwand verbunden, weil es nicht automatisch erstellt wird, sondern eine „menschliche willensgesteuerte Aktion" voraussetzt.

Angesichts der zu erwartenden Zunahme der Zustellungszahlen im Versorgungsausgleichsverfahren soll das Zustellrecht im Verhältnis zwischen Familiengerichten und Versorgungsträgern dadurch vereinfacht werden, dass in diesem Verhältnis auf das Erfordernis der elektronischen Signatur (§ 174 Abs. 3 ZPO) und den Nachweis der Zustellung durch Empfangsbekenntnis (§ 174 Abs. 4 ZPO) verzichtet wird, wenn die Versorgungsträger über die entsprechenden technischen Voraussetzungen verfügen und einer elektronischen Übermittlung der Entscheidung zugestimmt haben. Die Zustellung erfolgt dann rechtswirksam über sichere Verfahren wie z.B. das elektronische Gerichts- und Verwaltungspostfach (EGVP). Erstellt das Postfach des Versorgungsträgers bei Eingang der Entscheidung automatisch eine Eingangsbestätigung und übermittelt diese elektronisch an das Gericht, so reicht diese automatisch erzeugte technische Eingangsbestätigung als Nachweis der Zustellung aus.

Maßgeblich für den Zeitpunkt der Zustellung ist der in der Eingangsbestätigung genannte Zeitpunkt. Damit ist gewährleistet, dass der fristauslösende Zeitpunkt der Zustellung an jeden beteiligten Versorgungsträger sowie der Zeitpunkt der Rechtskraft der Entscheidung für das Gericht – wie bei der Rücksendung eines Empfangsbekenntnisses – einwandfrei feststellbar ist.

Auf der anderen Seite wird kein Versorgungsträger gezwungen, auf die herkömmliche Zustellung der Entscheidung in Papierform bzw. im Falle der elektronischen Zustellung auf die Rücksendung eines manuell erstellten Empfangsbekenntnisses zu verzichten. An der elektronischen Kommunikation kann und wird nur der Versorgungsträger teilnehmen, der der Übermittlung elektronischer Dokumente ausdrücklich zugestimmt hat, über die entsprechenden technischen Vorkehrungen verfügt und diese auch freigegeben hat. Hat der Versorgungsträger den elektronischen

Zugang gewählt und erzeugt sein System eine technische Eingangsbestätigung, die dem Gericht automatisch elektronisch übermittelt wird, so ist er an den darin genannten Zeitpunkt der Zustellung gebunden.

Die mit der Regelung in den Absätzen 1 und 2 vorgesehene vereinfachte Zustellung ist begrenzt auf das Versorgungsausgleichsrecht und dort beschränkt auf die Fälle der Zustellungen an die Versorgungsträger. Sie ist erforderlich, weil die Versorgungsträger nur Abwicklungsbeteiligte des Verfahrens sind, die es durch Freischaltung der entsprechenden technischen Voraussetzungen selbst in der Hand haben, ob sie zukünftig auf die Rücksendung eines manuell gesteuerten Empfangsbekenntnisses verzichten möchten.

Durch die Verordnungsermächtigung in Absatz 3 sollen die Voraussetzungen dafür geschaffen werden, dass Daten und Dokumente zwischen Familiengerichten und Versorgungsträgern in Versorgungsausgleichssachen wechselseitig ausgetauscht werden können. Die Regelung ist angelehnt an die Neufassung des § 135 der Grundbuchordnung durch den Diskussionsentwurf für ein Gesetz zur Einführung des elektronischen Rechtsverkehrs und der elektronischen Akte im Grundbuchverfahren.

226 Nachfolgende Auszugsweise Eckpunkte der Unterarbeitsgruppe „Strukturreform des Versorgungsausgleichs" der BLK AG Elektronischer Rechtsverkehr:

Warum ist eine elektronische Kommunikation zwischen Gerichten und Versorgungsträgern sinnvoll?
- Förmliche Beteiligung auch der Betriebsrententräger am Verfahren
- Weitere Kommunikation nach Erteilung der Auskunft
- Förmliche Zustellung von Entscheidungen (Zustellungsnachweise)
- Mitteilungen der Rechtskraft

Welche Vorteile ergeben sich durch die elektronische Kommunikation zwischen Familiengerichten und Versorgungsträgern?
- Geringerer Verwaltungsaufwand bei den Versorgungsträgern
- Schnellere Bearbeitung von Vorgängen durch automatische Zuständigkeitszuordnung und Weiterleitung
- Automatischer Eingang und Weiterbearbeitung der Daten statt Erfassung per Hand
- Kein manueller Aufwand bei Empfang von Zustellungen
- Postversand der Auskünfte entfällt

§ 2 Gesetz über den Versorgungsausgleich (VersAusglG)

- Zeitersparnis im Geschäftsablauf
- keine laufenden Kosten im Geschäftsablauf, nur einmaliger Entwicklungsaufwand der IT
- **Geringerer Verwaltungsaufwand bei den Gerichten**
- Schnellere Bearbeitung von Vorgängen durch automatische Zuordnung und Weiterleitung von Eingängen
- Automatischer Eingang und Weiterbearbeitung der Daten statt Erfassung per Hand
- Automatische Weiterbearbeitung möglich (Berechnungen / Entscheidungen)
- kein manueller Aufwand bei Empfang und Versand von Zustellungen
- Zeitersparnis im Geschäftsablauf
- keine laufenden Kosten im Geschäftsablauf nur einmaliger Entwicklungsaufwand der IT
- **Technische Eckpunkte**
- Anbindung an JUDICA
- Gesicherter Datentransport über Elektronisches Gerichts- und Verwaltungspostfach (EGVP)
- Datenaustausch durch strukturierte Datensätze (XML-Datenformat xJustiz)
- Papierweg als „Ausfall-Medium"

227 § 230 FamFG wurde aufgehoben.[188]

Artikel 3: Änderung des Bürgerlichen Gesetzbuchs

228 Da das reformierte Versorgungsausgleichsrecht nun in einem eigenen Gesetz geregelt ist, können die §§ 1587 bis 1587p BGB einschließlich der Kapitelunterteilung des Untertitels 3 entfallen. § 1587 BGB in der neuen Fassung enthält nur noch einen deklaratorischen Verweis auf das Versorgungsausgleichsgesetz. Um unmittel-

---

[188] § 230 Abänderung von Entscheidungen und Vereinbarungen
(1) Das Gericht ändert auf Antrag eine Entscheidung zum Versorgungsausgleich, die nach § 1587b des Bürgerlichen Gesetzbuchs oder nach den §§ 1, 3b des Gesetzes zur Regelung von Härten im Versorgungsausgleich getroffen wurde, oder eine Vereinbarung zum Versorgungsausgleich nach Maßgabe des § 10a des Gesetzes zur Regelung von Härten im Versorgungsausgleich ab.
(2) Das Gericht ändert auf Antrag eine Entscheidung zum schuldrechtlichen Versorgungsausgleich nach Maßgabe von § 1587g Abs. 3 und § 1587d Abs. 2 des Bürgerlichen Gesetzbuchs und eine Entscheidung zum verlängerten schuldrechtlichen Versorgungsausgleich nach Maßgabe des § 3a Abs. 6 des Gesetzes zur Regelung von Härten im Versorgungsausgleich in Verbindung mit § 1587d Abs. 2 des Bürgerlichen Gesetzbuchs ab.
(3) Das Gericht ändert auf Antrag eine Entscheidung nach § 1587 Abs. 1, § 1587i des Bürgerlichen Gesetzbuchs und § 3b Abs. 1 Nr. 2 Satz 2 des Gesetzes zur Regelung von Härten im Versorgungsausgleich nach Maßgabe des § 1587d Abs. 2 des Bürgerlichen Gesetzbuchs ab.

bar deutlich zu machen, welche Anrechte der Versorgungsausgleich regelt, wiederholt die Vorschrift die beschreibende Aufzählung des § 2 Abs. 1 VersAusglG.

§ 1318 BGB Folgen der Aufhebung

(1) Die Folgen der Aufhebung einer Ehe bestimmen sich nur in den nachfolgend genannten Fällen nach den Vorschriften über die Scheidung.

(2) Die §§ 1569 bis 1586b finden entsprechende Anwendung
1. zugunsten eines Ehegatten, der bei Verstoß gegen die §§ 1303, 1304, 1306, 1307 oder § 1311 oder in den Fällen des § 1314 Abs. 2 Nr. 1 oder 2 die Aufhebbarkeit der Ehe bei der Eheschließung nicht gekannt hat oder der in den Fällen des § 1314 Abs. 2 Nr. 3 oder 4 von dem anderen Ehegatten oder mit dessen Wissen getäuscht oder bedroht worden ist;
2. zugunsten beider Ehegatten bei Verstoß gegen die §§ 1306, 1307 oder § 1311, wenn beide Ehegatten die Aufhebbarkeit kannten; dies gilt nicht bei Verstoß gegen § 1306, soweit der Anspruch eines Ehegatten auf Unterhalt einen entsprechenden Anspruch der dritten Person beeinträchtigen würde.

Die Vorschriften über den Unterhalt wegen der Pflege oder Erziehung eines gemeinschaftlichen Kindes finden auch insoweit entsprechende Anwendung, als eine Versagung des Unterhalts im Hinblick auf die Belange des Kindes grob unbillig wäre.

(3) Die §§ 1363 bis 1390 und ~~die §§ 1587 bis 1587p~~ 1587 finden entsprechende Anwendung, soweit dies nicht im Hinblick auf die Umstände bei der Eheschließung oder bei Verstoß gegen § 1306 im Hinblick auf die Belange der dritten Person grob unbillig wäre.

(4) Die Vorschriften der Hausratsverordnung finden entsprechende Anwendung; dabei sind die Umstände bei der Eheschließung und bei Verstoß gegen § 1306 die Belange der dritten Person besonders zu berücksichtigen.

(5) § 1931 findet zugunsten eines Ehegatten, der bei Verstoß gegen die §§ 1304, 1306, 1307 oder § 1311 oder im Fall des § 1314 Abs. 2 Nr. 1 die Aufhebbarkeit der Ehe bei der Eheschließung gekannt hat, keine Anwendung.

In § 1318 Abs. 3 BGB ist eine redaktionelle Folgeänderung erforderlich: Der Verweis auf die §§ 1587 bis 1587p BGB ist durch einen Verweis auf den neu formulierten § 1587 BGB zu ersetzen, der wiederum auf das Versorgungsausgleichsgesetz Bezug nimmt.

§ 2 Gesetz über den Versorgungsausgleich (VersAusglG)

> **§ 1408 BGB** Ehevertrag, Vertragsfreiheit
>
> (1) Die Ehegatten können ihre güterrechtlichen Verhältnisse durch Vertrag (Ehevertrag) regeln, insbesondere auch nach der Eingehung der Ehe den Güterstand aufheben oder ändern.
>
> (2) Schließen die Ehegatten in einem Ehevertrag Vereinbarungen über den Versorgungsausgleich, so sind insoweit die §§ 6 und 8 des Versorgungsausgleichsgesetzes anzuwenden.

230 Anders als im bislang geltenden Recht enthält die Vorschrift in Absatz 2 eine Verweisung auf die Bestimmungen des VersAusglG über vertragliche Vereinbarungen der Eheleute. Die materiell-rechtlichen Anforderungen an eine Vereinbarung sowie die entsprechenden Schutzmechanismen sind damit nur noch im VersAusglG geregelt. Sie gelten damit gleichermaßen für Eheverträge und andere Scheidungsfolgenvereinbarungen. Wegen der Begründung im Einzelnen wird auf die Begründung zu den §§ 6 und 8 VersAusglG verwiesen. Ausgenommen von der Verweisung ist § 7 VersAusglG über besondere formelle Wirksamkeitsvoraussetzungen, denn für Eheverträge gilt die in § 1410 BGB bestimmte Form.

> **§ 1414 BGB** Eintritt der Gütertrennung
>
> Schließen die Ehegatten den gesetzlichen Güterstand aus oder heben sie ihn auf, so tritt Gütertrennung ein, falls sich nicht aus dem Ehevertrag etwas anderes ergibt. Das Gleiche gilt, wenn der Ausgleich des Zugewinns ~~oder der Versorgungsausgleich~~ ausgeschlossen oder die Gütergemeinschaft aufgehoben wird.

231 Es entsprach weit überwiegender Auffassung, dass die bislang geltende Auslegungsregel des § 1414 Satz 2 BGB verfehlt war, wonach beim vertraglichen Ausschluss des Versorgungsausgleichs die Gütertrennung eintreten sollte.[189]

Praktisch hat sich die Auslegungsregel selten ausgewirkt, weil die beurkundenden Notare und Notarinnen entsprechende Hinweise gaben, so dass nach § 1414 Satz 1 BGB Vereinbarungen zum Güterstand geschlossen werden konnten. Dessen ungeachtet dürfte es aber regelmäßig unzutreffend gewesen sein, dass Eheleute, die den Versorgungsausgleich ausschlossen, zugleich eine Gütertrennung wünschten. Deshalb wurde die Bestimmung aufgehoben.

---

[189] Siehe MünchKomm/*Kanzleiter*, BGB-Kommentar, 4. Aufl. 2000, § 1414 Rn 6.

| § 1587 BGB | Verweis auf das Versorgungsausgleichsgesetz |

Nach Maßgabe des Versorgungsausgleichsgesetzes findet zwischen den geschiedenen Ehegatten ein Ausgleich von im In- oder Ausland bestehenden Anrechten statt, insbesondere aus der gesetzlichen Rentenversicherung, aus anderen Regelsicherungssystemen wie der Beamtenversorgung oder der berufsständischen Versorgung, aus der betrieblichen Altersversorgung oder aus der privaten Alters- und Invaliditätsvorsorge.

§ 1587 BGB in der neuen Fassung enthält nur noch einen deklaratorischen Verweis auf das Versorgungsausgleichsgesetz. Zur Verdeutlichung welche Anrechte der Versorgungsausgleich regelt, wiederholt die Vorschrift die beschreibende Aufzählung des § 2 Abs. 1 VersAusglG. **232**

Artikel 4: Änderung des Sechsten Buches Sozialgesetzbuch

Durch die Regelungen des VAStrRefG ergeben sich auch für den Bereich der gesetzlichen Rentenversicherung zahlreiche Änderungen und Anpassungen. **233**

Insbesondere die Wertbestimmungen zu Entgeltpunkten, Wartezeiten, Zeitpunkten von Anpassungen und der Wegfall des sog. Rentnerprivilegs wurden angepasst oder neu geregelt.

| § 52 SGB VI | Wartezeiterfüllung durch Versorgungsausgleich, Rentensplitting und Zuschläge an Entgeltpunkten für Arbeitsentgelt aus geringfügiger versicherungsfreier Beschäftigung |

(1) ~~Ist zugunsten von Versicherten ein Versorgungsausgleich durchgeführt, wird auf die Wartezeit die volle Anzahl an Monaten angerechnet, die sich ergibt, wenn die Entgeltpunkte für übertragene oder begründete Rentenanwartschaften in der allgemeinen Rentenversicherung4) durch die Zahl 0,03132) und in der knappschaftlichen Rentenversicherung durch die Zahl 0,02342) geteilt werden.~~

(1) Ist ein Versorgungsausgleich in der gesetzlichen Rentenversicherung allein zugunsten von Versicherten durchgeführt, wird auf die Wartezeit die volle Anzahl an Monaten angerechnet, die sich ergibt, wenn die Entgeltpunkte für übertragene oder begründete Rentenanwartschaften durch die Zahl 0,0313 geteilt werden. Ist ein Versorgungsausgleich sowohl zugunsten als auch zu Lasten von Versicherten durchgeführt und ergibt sich hieraus nach Verrechnung ein Zuwachs

§ 2 Gesetz über den Versorgungsausgleich (VersAusglG)

an Entgeltpunkten, wird auf die Wartezeit die volle Anzahl an Monaten angerechnet, die sich ergibt, wenn die Entgeltpunkte aus dem Zuwachs durch die Zahl 0,0313 geteilt werden. Ein Versorgungsausgleich ist durchgeführt, wenn die Entscheidung des Familiengerichts wirksam ist. Ergeht eine Entscheidung zur Abänderung des Wertausgleichs nach der Scheidung, entfällt eine bereits von der ausgleichsberechtigten Person erfüllte Wartezeit nicht.

Die Anrechnung erfolgt nur insoweit, als die in die Ehezeit oder Lebenspartnerschaftszeit fallenden Kalendermonate nicht bereits auf die Wartezeit anzurechnen sind.

(1a) Ist ein Rentensplitting durchgeführt, wird dem Ehegatten oder Lebenspartner, der einen Splittingzuwachs erhalten hat, auf die Wartezeit die volle Anzahl an Monaten angerechnet, die sich ergibt, wenn die Entgeltpunkte aus dem Splittingzuwachs durch die Zahl 0,0313 geteilt werden. Die Anrechnung erfolgt nur insoweit, als die in die Splittingzeit fallenden Kalendermonate nicht bereits auf die Wartezeit anzurechnen sind.

(2) Sind Zuschläge an Entgeltpunkten für Arbeitsentgelt aus geringfügiger versicherungsfreier Beschäftigung ermittelt, wird auf die Wartezeit die volle Anzahl an Monaten angerechnet, die sich ergibt, wenn die Zuschläge an Entgeltpunkten durch die Zahl 0,0313²⁾ geteilt wird. Zuschläge an Entgeltpunkten aus einer geringfügigen versicherungsfreien Beschäftigung, die in Kalendermonaten ausgeübt wurde, die bereits auf die Wartezeit anzurechnen sind, bleiben unberücksichtigt. Wartezeitmonate für in die Ehezeit, Lebenspartnerschaftszeit) oder Splittingzeit fallende Kalendermonate einer geringfügigen versicherungsfreien Beschäftigung sind vor Anwendung von Absatz 1 oder 1a gesondert zu ermitteln.

234 Absatz 1 der Vorschrift regelt die Wartezeiterfüllung bei Versorgungsausgleich.

Mit den neuen Sätzen 1 und 2 wird sichergestellt, dass es durch die Teilung jedes Anrechts nach dem Versorgungsausgleichsgesetz nicht zu einem zu weitgehenden Erwerb von Wartezeitmonaten kommen kann. Wartezeitmonate sind nur aus dem Saldo an Anrechten zu ermitteln, der sich nach Verrechnung ergibt. Ohne diese ausdrückliche Regelung wäre insbesondere nicht auszuschließen, dass Wartezeitmonate auch für diejenigen ermittelt werden, die durch den künftig erfolgenden Hin-und-her-Ausgleich im Saldo (nach Verrechnung) Anrechte abgeben müssen.

Dabei wird keine Unterscheidung mehr nach den unterschiedlichen Anrechten aus
- Entgeltpunkten West
- Entgeltpunkten Ost

- Entgeltpunkten Knappschaft West
- Entgeltpunkte Knappschaft Ost

vorgenommen. Die Saldierung für die Wartezeitmonate erfolgt über alle Anrechtsarten hinweg mit dem einheitlichen Faktor 0,0313.

Tabelle: Wartezeitmonate GRV

	Ehemann	Ausgleich		Ehefrau
GRV EP West	10,0000	6,5000	→	3,5000
GRV EP Ost	0,0000	5,0000	←	5,0000
Saldo		1,5000	→	
Geteilt durch		0,0313		
Wartezeitmonate		47,9233		
volle Monate		47		

Der neue Satz 3 enthält – entsprechend dem bisherigen Recht – für das gesamte SGB VI eine Legaldefinition, wann ein Versorgungsausgleich im Sinne der Vorschriften des SGB VI als durchgeführt gilt.

Der neue Satz 4 entspricht der bisher in § 10a Abs. 6 VAHRG enthaltenen Regelung.

235

Wurde bereits aus den aufgrund einer früheren Entscheidung übertragenen Wartezeitmonaten eine Wartezeit erfüllt ist nur diese Wartezeit besitzgeschützt.

Beispiel: Wartezeitmonate GRV

Das Anrecht der Ehefrau in der gesetzlichen Rentenversicherung bestand insgesamt und ehezeitlich nur aus 36 Monaten Kindererziehungszeiten. Aus diesen Zeiten waren die erforderlichen 60 Wartezeitmonate für eine Regelaltersrente nicht erfüllt.

Der Ehemann hatte nur geringe Rentenanwartschaften. Durch Entscheidung im Versorgungsausgleich wurden aus übertragenen 0,9390 Entgeltpunkten weitere 30 Monate für die Wartezeit übertragen (0,9390 : 0,0313 = 30). Mit insgesamt 66 Monaten war jetzt die Wartezeit erfüllt.

Die Ehefrau war jedoch in der Ehezeit auch zeitweise als Lehrerin an der Volkshochschule selbstständig tätig. Aufgrund einer Betriebsprüfung bei der Volkshochschule wurde für die Ehefrau Versicherungspflicht als Lehrerin nach § 2 Nr. 1 SGB VI festgestellt. Aus der Beitragszahlung ergaben sich 2,5400 Entgeltpunkte und 26 Wartezeitmonate.

Im Abänderungsverfahren ist nun nach Verrechnung die Ehefrau Ausgleichspflichtig. Da bei der Verrechnung nur ein Zuwachs an Entgeltpunkten berücksichtigt wird, dürfen keine vorhandenen Wartezeitmonate gekürzt werden. Die aus der Erstentscheidung mit 66 Monaten erfüllte Wartzeit für die Regelaltersrente bleibt erhalten. Für die Berechnung der Rente werden jetzt die 36 Monate mit Pflichtbeiträgen für Kindererziehung, die 26 Monate aus der Beitragszahlung für die selbstständige Tätigkeit und die überschüssigen 4 Monate aus dem Versorgungsausgleich (30–26) berücksichtigt.

236 Satz 5 stellt klar, dass durch die übertragene Wartezeit insgesamt nicht mehr Wartezeitmonate berücksichtigt werden können als Kalendermonate in der Ehezeit vorhanden sind.

Beispiel: Begrenzung Wartezeitmonate GRV

Die Ehezeit umfasst 50 Monate. Es sind 36 Monate Wartezeit in der Ehezeit vorhanden. Aus der Übertragung kommen weitere 20 Monate Wartezeit hinzu. Insgesamt wären dann in der Ehezeit 56 Monate vorhanden. Es erfolgt die Begrenzung auf die 50 Monate der Ehezeit als Höchstwert.

§ 76 SGB VI   Zuschläge oder Abschläge beim Versorgungsausgleich

(1) Ein zugunsten oder zulasten von Versicherten durchgeführter Versorgungsausgleich wird durch einen Zuschlag oder Abschlag an Entgeltpunkten berücksichtigt.

(2) Die Übertragung oder Begründung von Rentenanwartschaften zugunsten von Versicherten führt zu einem Zuschlag an Entgeltpunkten. Der Begründung von Rentenanwartschaften stehen gleich
1. die Wiederauffüllung geminderter Rentenanwartschaften (§ 187 Abs. 1 Nr. 1),
2. die Abwendung einer Kürzung der Versorgungsbezüge, wenn später eine Nachversicherung durchgeführt worden ist (§ 183 Abs. 1).

Der Zuschlag an Entgeltpunkten darf zusammen mit den in der Ehezeit oder Lebenspartnerschaftszeit bereits vorhandenen Entgeltpunkten den Wert nicht übersteigen, der sich ergibt, wenn die Anzahl der Kalendermonate der Ehezeit oder Lebenspartnerschaftszeit durch sechs geteilt wird; eine Übertragung oder Be-

~~gründung von Rentenanwartschaften ist nur bis zu dem entsprechenden Höchstbetrag wirksam.~~

(3) Die Übertragung von Rentenanwartschaften zu Lasten von Versicherten führt zu einem Abschlag an Entgeltpunkten.

(4) Die Entgeltpunkte werden in der Weise ermittelt, dass der Monatsbetrag der Rentenanwartschaften durch den aktuellen Rentenwert mit seinem Wert bei Ende der Ehezeit oder Lebenspartnerschaftszeit geteilt wird. *Entgeltpunkte aus einer Begründung durch externe Teilung nach § 14 des Versorgungsausgleichsgesetzes werden ermittelt, indem der vom Familiengericht nach § 222 Abs. 3 des Gesetzes über das Verfahren in Familiensachen und in den Angelegenheiten der freiwilligen Gerichtsbarkeit festgesetzte Kapitalbetrag mit dem zum Ende der Ehezeit maßgebenden Umrechnungsfaktor für die Ermittlung von Entgeltpunkten im Rahmen des Versorgungsausgleichs vervielfältigt wird. An die Stelle des Endes der Ehezeit oder Lebenspartnerschaftszeit tritt in Fällen, in denen der Versorgungsausgleich nicht Folgesache im Sinne von § 137 Abs. 2 Satz 1 Nr. 1 des Gesetzes über das Verfahren in Familiensachen und in den Angelegenheiten der freiwilligen Gerichtsbarkeit ist oder im Abänderungsverfahren der Eingang des Antrags auf Durchführung oder Abänderung des Versorgungsausgleichs beim Familiengericht, in Fällen der Aussetzung des Verfahrens über den Versorgungsausgleich der Zeitpunkt der Wiederaufnahme des Verfahrens über den Versorgungsausgleich.*

(5) Ein Zuschlag an Entgeltpunkten, die sich aus der Zahlung von Beiträgen zur Begründung einer Rentenanwartschaft oder zur Wiederauffüllung einer geminderten Rentenanwartschaft ergeben, erfolgt nur, wenn die Beiträge bis zu einem Zeitpunkt gezahlt worden sind, bis zu dem Entgeltpunkte für freiwillig gezahlte Beiträge zu ermitteln sind.

(6) Der Zuschlag an Entgeltpunkten entfällt zu gleichen Teilen auf die in der Ehezeit oder Lebenspartnerschaftszeit liegenden Kalendermonate, der Abschlag zu gleichen Teilen auf die in der Ehezeit oder Lebenspartnerschaftszeit liegenden Kalendermonate mit Beitragszeiten und beitragsfreien Zeiten.

(7) Ist eine Rente um einen Zuschlag oder Abschlag aus einem durchgeführten Versorgungsausgleich zu verändern, ist von der Summe der bisher der Rente zugrunde liegenden Entgeltpunkte auszugehen.

237 Die Absätze 1 bis 3 stellen klar, das nur Entgeltpunkte übertragen werden. Damit entfällt im Versorgungsausgleich die Multiplizierung mit dem Zugangsfaktor, denn diese dient der Ermittlung von „persönlichen" Entgeltpunkten.

238 Absatz 2 Satz 3 wurde aufgehoben.

Die bisherige Beschränkung bei der Übertragung bzw. Begründung zusätzlicher Anrechte bis zu einer Gesamthöhe (einschließlich selbst erworbener Anrechte) von maximal zwei Entgeltpunkten entfällt. Der Wegfall der bisherigen Begrenzung ermöglicht den vollständigen Ausgleich von insbesondere in den Regelsicherungssystemen zurückgelegten Zeiten innerhalb der gesetzlichen Rentenversicherung. Es erübrigt sich damit ein Ausgleich über andere Ausgleichsarten.[190]

239 Dem Absatz 4 werden die Sätze 2 und 3 angefügt:
Die neuen Sätze enthalten eine Regelung zur Umrechnung von Kapitalbeträgen in Entgeltpunkte. Eine solche Regelung ist wegen der neu eingeführten externen Teilung durch Zahlung von (Einmal)Kapitalbeträgen in die gesetzliche Rentenversicherung erforderlich. Sie ergänzt die bisherigen Regelungen zur Umrechnung von Monatsbeträgen in Entgeltpunkte.

Beispiel: Umrechnung Kapitalwert in Entgeltpunkte

Antrag auf Abänderung	1.10.2009
Ausgleichswert als Kapitalbetrag	22.981,82 EUR
Umrechnungsfaktor Barwert in Entgeltpunkte 2009	0,0001627360
Entgeltpunkte (22 981,82 EUR × 0,0001627360)	3,7400

240 **§ 86 SGB VI wurde aufgehoben.**[191]

Die bisherige Regelung ist entbehrlich, da nach der neuen Methodik der internen Teilung in der Rentenversicherung jeweils unmittelbar die erworbenen beidseitigen Entgeltpunkte Teilungsgegenstand sind und alle verschiedenartigen Anrechte isoliert geteilt werden. Als verschiedenartige Anrechte gelten hierbei – wegen des unterschiedlichen Rentenartfaktors – etwa auch Anrechte aus der allgemeinen Rentenversicherung einerseits und der knappschaftlichen Rentenversicherung anderer-

---

190 Drucksache 16/10144 – 100 – Deutscher Bundestag – 16. Wahlperiode
191 § 86 Abschläge beim Versorgungsausgleich
(1) Bei der Umrechnung von Rentenanwartschaften in Entgeltpunkte wird der Monatsbetrag der Anwartschaften für den Versicherten, für den die knappschaftliche Rentenversicherung die Versicherung durchführt, durch das 1,3333fache des aktuellen Rentenwerts geteilt.
(2) Entfallen auf die Ehezeit oder Lebenspartnerschaftszeit von Versicherten, zu deren Lasten ein Versorgungsausgleich durchgeführt worden ist, Entgeltpunkte sowohl der knappschaftlichen Rentenversicherung als auch der allgemeinen Rentenversicherung1), werden übertragene Rentenanwartschaften vor der Umrechnung in Entgeltpunkte in Teilbeträge der knappschaftlichen Rentenversicherung sowie der allgemeinen Rentenversicherung entsprechend dem Verhältnis der auf die Ehezeit oder Lebenspartnerschaftszeit entfallenden jeweiligen Entgeltpunkte aufgeteilt. Vor Bildung des Verhältnisses werden die Entgeltpunkte der knappschaftlichen Rentenversicherung mit 1,3333 vervielfältigt.

seits. Eine Umrechnung von Rentenbeträgen in knappschaftliche Entgeltpunkte ist daher entbehrlich.

§ 101 SGB VI Beginn und Änderung in Sonderfällen

(1) Befristete Renten wegen verminderter Erwerbsfähigkeit werden nicht vor Beginn des siebten Kalendermonats nach dem Eintritt der Minderung der Erwerbsfähigkeit geleistet.

(2) Befristete große Witwenrenten oder befristete große Witwerrenten wegen Minderung der Erwerbsfähigkeit werden nicht vor Beginn des siebten Kalendermonats nach dem Eintritt der Minderung der Erwerbsfähigkeit geleistet.

(3) ~~Fallen aus tatsächlichen oder rechtlichen Gründen die Anspruchsvoraussetzungen für eine Rente weg, endet die Rentenzahlung mit dem Beginn des Kalendermonats, zu dessen Beginn der Wegfall wirksam ist. Entfällt ein Anspruch auf Rente, weil sich die Erwerbsfähigkeit der Berechtigten nach einer Leistung zur medizinischen Rehabilitation oder zur Teilhabe am Arbeitsleben gebessert hat, endet die Rentenzahlung erst mit Beginn des vierten Kalendermonats nach der Besserung der Erwerbsfähigkeit. Die Rentenzahlung nach Satz 2 endet mit Beginn eines dem vierten Kalendermonat vorangehenden Monats, wenn zu dessen Beginn eine Beschäftigung oder selbstständige Tätigkeit ausgeübt wird, die mehr als geringfügig ist.~~

(3) Ist nach Beginn der Rente ein Versorgungsausgleich durchgeführt, wird die Rente der leistungsberechtigten Person von dem Kalendermonat an um Zuschläge oder Abschläge an Entgeltpunkten verändert, zu dessen Beginn der Versorgungsausgleich durchgeführt ist. Der Rentenbescheid ist mit Wirkung von diesem Zeitpunkt an aufzuheben; die §§ 24 und 48 des Zehnten Buches sind nicht anzuwenden. Bei einer rechtskräftigen Abänderung des Versorgungsausgleichs gelten die Sätze 1 und 2 mit der Maßgabe, dass auf den Zeitpunkt nach § 226 Abs. 4 des Gesetzes über das Verfahren in Familiensachen und in den Angelegenheiten der freiwilligen Gerichtsbarkeit abzustellen ist. § 30 des Versorgungsausgleichsgesetzes bleibt unberührt.

(3a) Hat das Familiengericht über eine Abänderung der Anpassung nach § 33 des Versorgungsausgleichsgesetzes rechtskräftig entschieden und mindert sich der Anpassungsbetrag, ist dieser in der Rente der leistungsberechtigten Person von dem Zeitpunkt an zu berücksichtigen, der sich aus § 34 Abs. 3 des Versorgungsausgleichsgesetzes ergibt. Der Rentenbescheid ist mit Wirkung von diesem

Zeitpunkt an aufzuheben; die §§ 24 und 48 des Zehnten Buches sind nicht anzuwenden.

(3b) Der Rentenbescheid der leistungsberechtigten Person ist aufzuheben

1. in den Fällen des § 33 Abs. 1 des Versorgungsausgleichsgesetzes mit Wirkung vom Zeitpunkt

   a) des Beginns einer Leistung an die ausgleichsberechtigte Person aus einem von ihr im Versorgungsausgleich erworbenen Anrecht (§ 33 Abs. 1 des Versorgungsausgleichsgesetzes),

   b) des Beginns einer Leistung an die ausgleichspflichtige Person aus einem von ihr im Versorgungsausgleich erworbenen Anrecht (§ 33 Abs. 3 des Versorgungsausgleichsgesetzes) oder

   c) der teilweisen oder vollständigen Einstellung der Unterhaltszahlungen der ausgleichspflichtigen Person (§ 34 Abs. 5 des Versorgungsausgleichsgesetzes),

2. in den Fällen des § 35 Abs. 1 des Versorgungsausgleichsgesetzes mit Wirkung vom Zeitpunkt des Beginns einer Leistung an die ausgleichspflichtige Person aus einem von ihr im Versorgungsausgleich erworbenen Anrecht (§ 36 Abs. 4 des Versorgungsausgleichsgesetzes) und

3. in den Fällen des § 37 Abs. 3 des Versorgungsausgleichsgesetzes mit Wirkung vom Zeitpunkt der Aufhebung der Kürzung des Anrechts (§ 37 Abs. 1 des Versorgungsausgleichsgesetzes).

Die §§ 24 und 48 des Zehnten Buches sind nicht anzuwenden.

(4) Ist nach Beginn der Rente ein Rentensplitting durchgeführt, wird die Rente von dem Kalendermonat an um Zuschläge oder Abschläge an Entgeltpunkten verändert, zu dessen Beginn das Rentensplitting durchgeführt ist. Der Rentenbescheid ist mit Wirkung von diesem Zeitpunkt an aufzuheben; die §§ 24 und 48 des Zehnten Buches sind nicht anzuwenden. Entsprechendes gilt bei einer Abänderung des Rentensplittings.

(5) Ist nach Beginn einer Waisenrente ein Rentensplitting durchgeführt, durch das die Waise nicht begünstigt ist, wird die Rente erst zu dem Zeitpunkt um Abschläge oder Zuschläge an Entgeltpunkten verändert, zu dem eine Rente aus der Versicherung des überlebenden Elternteils, der durch das Rentensplitting begünstigt ist, beginnt. Der Rentenbescheid der Waise ist mit Wirkung von diesem Zeitpunkt an aufzuheben; die §§ 24 und 48 des Zehnten Buches sind nicht anzuwenden. Entsprechendes gilt bei einer Abänderung des Rentensplittings.

241 Mit der Neufassung des Absatzes 3 wurde das bisherige sogenannte Rentnerprivileg aufgehoben.

Hatte die ausgleichspflichtige Person zum Zeitpunkt der Scheidung bereits eine Rente aus der gesetzlichen Rentenversicherung bezogen und wurde der ausgleichsberechtigten Person noch keine Leistung aus den übertragenen Entgeltpunkten gezahlt, erfolgte bei der ausgleichspflichtigen Person übergangsweise bis zum Beginn der Rente der ausgleichsberechtigten Person keine Kürzung der Rente.

Durch die neue Struktur des Versorgungsausgleichs, insbesondere dem Grundsatz der internen Teilung aller Anrechte, konnte nach Auffassung des Gesetzgebers das bisherige Rentnerprivileg in dieser Form nicht aufrechterhalten werden.

Jetzt ist es möglich, dass eine Person zwar bezogen auf Anrechte der gesetzlichen Rentenversicherung ausgleichspflichtig, im Hinblick auf andere Anrechte jedoch zugleich ausgleichsberechtigt sein kann (in Folge der Abkehr vom „Einmalausgleich"). Die zeitweise Aussetzung einer Kürzung der Anrechte der gesetzlichen Rentenversicherung darf jedoch nicht dazu führen, dass gleichzeitig Leistungen aus anderen Anrechten bezogen werden können, die im Versorgungsausgleich erworben wurden.

Nach dem Wegfall des Rentnerprivilegs war es erforderlich, Regelungen zu schaffen, die den Rentenversicherungsträger vor Überzahlungen schützen, wenn zulasten der leistungsberechtigten Person ein Versorgungsausgleich oder eine Abänderung des Versorgungsausgleichs durchgeführt wurde. Dies geschieht mit den neuen Sätzen 1 bis 3. Eine entsprechende Regelung gibt es für das Rentensplitting (Absatz 4). Beziehen beide Ehegatten eine Rente, kann der Rentenversicherungsträger die Schuldnerschutzregelung des § 30 VersAusglG anwenden (§ 2 Rn 98).

§ 2 Gesetz über den Versorgungsausgleich (VersAusglG)

Beginn der Rente	Ende der Ehezeit		Entscheidung über Wertausgleich	
1.10.2001	31.10.2009	1.11.2009	16.11.2010	

Rückwirkende Aufhebung des Rentenbescheides

Beginn der Rente	Antrag auf Abänderung	Übergangs- frist	Entscheidung über Wertausgleich	
1.10.2001	22.11.2009	1.1.2010	16.11.2010	

Rückwirkende Aufhebung des Rentenbescheides

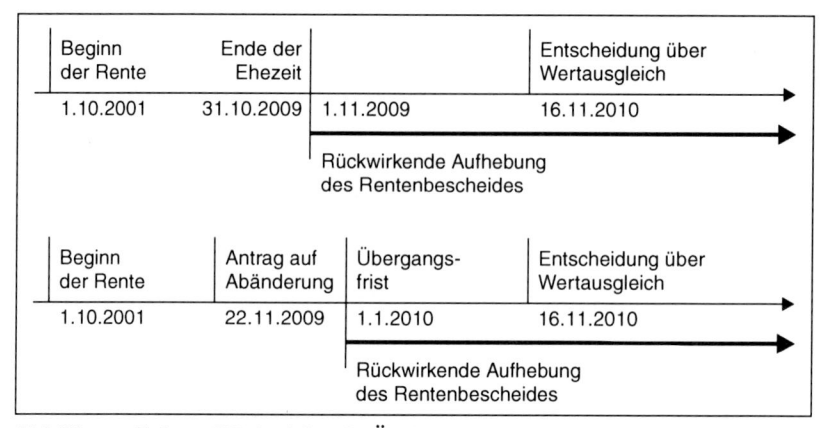

Abbildung: Fristen Rückwirkende Änderung Rentenbescheid

Es ist ausdrücklich geregelt, dass keine weitere Anhörung nach § 24 SGB X erforderlich ist. Der Sachverhalt wurde im Familiengerichtlichen Verfahren bereits aufgeklärt.

Auch die Fristen bei Änderungen in den Verhältnissen nach § 48 SGB VI müssen in diesem Fall nicht eingehalten werden.

242 Der Regelungsgehalt der neuen Absätze 3a und 3b entspricht weitgehend dem bisherigen Absatz 3 Satz 4 und dient dem Schutz der Solidargemeinschaft vor missbräuchlicher Inanspruchnahme ungekürzter Leistungen trotz Wegfalls eines Anpassungsgrundes im Sinne der §§ 33 und 35 VersAusglG.

243 Absatz 3a enthält eine eigenständige Regelung für die Fälle, in denen das Familiengericht über eine Änderung der Aussetzung der Kürzung wegen einer Änderung der Höhe der Unterhaltsverpflichtung entschieden hat und sich der Kürzungsbetrag mindert. (bisher war für diese Fälle der Versorgungsträger zuständig). Die Änderung wirkt ab dem ersten Tag des Monats, der auf den Monat der Änderung folgt.

Beginn der Anpassung	Entscheidung über Abänderung	Übergangs- frist	
1.10.2010	22.9.2011	1.11.2011	

Wirkung der Änderung Aufhebung Rentenbescheid

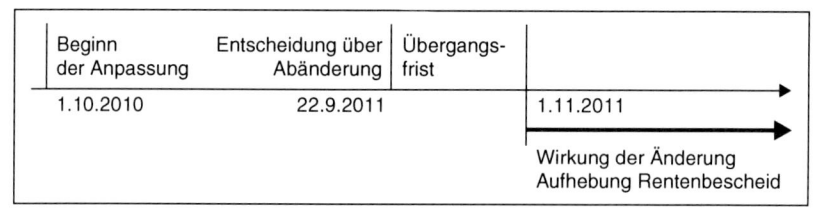

Abbildung: Wirkung der Entscheidung über Änderung auf die Rente

§ 101 SGB VI § 2

244 Der Absatz 3 b regelt ab welchen Zeitpunkt sich die unterschiedlichen Sachverhalte der §§ 33, 35 und 37 auf die Höhe der Rentenzahlung für die Leistungsberechtigte Person (meist der Rentenempfänger) auswirken.

Dabei ist zunächst nur die Rede von der Aufhebung des Rentenbescheides. Da das Rentenstammrecht aber nicht grundsätzlich entfallen ist, ist ein neuer Rentenbescheid unter Berücksichtigung der neuen Umstände zu erteilen. Aus Vereinfachungsgründen wird der Rentenversicherungsträger oft beide Sachverhalte in einem Rentenbescheid regeln.

245 Die Nummer 1 a regelt den Fall, wenn die ausgleichsberechtigte Person eine laufende Rente erhält. In diesem Fall entfällt für die ausgleichspflichtige Person die Anpassung: wegen Unterhalt ab Beginn der Rente.

Beginn der Anpassung	Rentenbeginn der ausgleichsberechtigten Person
1.10.2010	1.11.2011
	Wegfall der Anpassung Aufhebung Rentenbescheid

Abbildung: Wegfall der Anpassung bei Rentenbeginn der ausgleichsberechtigten Person

246 Die Nummer 1 b regelt den Fall, wenn die in der Rentenversicherung ausgleichspflichtige Person eine laufende Versorgung aus einem anderen Anrecht nach § 32 (z.B. berufsständische Versorgung) als ausgleichsberechtigte Person erhält. In diesem Fall ändert (mindert) sich die Anpassung wegen Unterhalt ab Beginn der laufenden Versorgung aus dem anderen Anrecht.

Beginn der Anpassung	Leistungsbeginn aus einem ausgleichsberechtigten Anrecht nach § 32 VersAusglG
1.10.2010	1.11.2011
	Änderung der Anpassung Aufhebung Rentenbescheid

Abbildung: Änderung der Anpassung bei Leistungsbeginn aus einem ausgleichsberechtigten Anrecht

247 Die Nummer 1 c regelt den Fall, wenn die in der Rentenversicherung ausgleichspflichtige Person die Unterhaltszahlung ganz oder teilweise einstellt. In diesem

Fall ändert sich oder endet die Anpassung wegen Unterhalt sofort ab diesem Zeitpunkt.

```
Beginn                    | ganz oder teilweise
der Anpassung             | Einstellung des Unterhalts
1.10.2010                   16.11.2011 ──────────►
                            Änderung oder Wegfall der Anpassung
                            Aufhebung Rentenbescheid
```

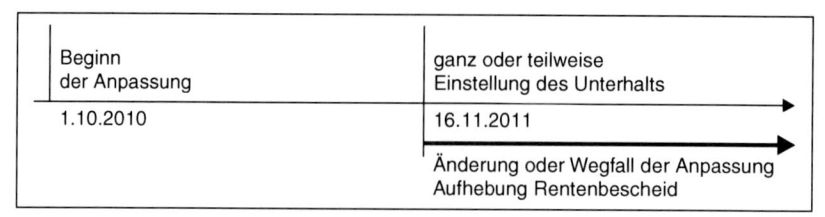

Abbildung: Änderung oder Wegfall der Anpassung bei Einstellung Unterhalt

248 Die Nummer 2 regelt den Fall, wenn die in der Rentenversicherung ausgleichspflichtige Person selbst eine Invaliden Versorgung oder vorgezogene Altersversorgung aus einem anderen Anrecht als ausgleichsberechtigte Person erhält. In diesem Fall ändert sich die Anpassung ab Beginn der laufenden Versorgung aus dem anderen Anrecht.

```
                            Leistungsbeginn aus einem ausgleichs-
Beginn                      berechtigten Anrecht wegen Invalidität
der Anpassung               oder erreichen besonderer Altersgrenze
1.10.2010                   1.11.2011 ──────────►
                            Änderung der Anpassung
                            Aufhebung Rentenbescheid
```

Abbildung: Änderung der Anpassung bei Leistungsbeginn aus einem ausgleichsberechtigten Anrecht wegen Invalidität oder erreichen einer besonderen Altersgrenze

249 Die Nummer 3 regelt den Fall, das die im Versorgungsausgleich ausgleichsberechtigte Person verstirbt. Dann wird die Rente der ausgleichspflichtigen Person nicht länger gekürzt.

Hat die in der Rentenversicherung ausgleichspflichtige Person im Versorgungsausgleich Anrechte im Sinne des § 32 von der verstorbenen ausgleichsberechtigten Person erworben, so erlöschen diese, sobald die Anpassung wirksam wird.

Da die Rente im Todesmonat noch voll gezahlt wird, kann die Anpassung wegen Tod der ausgleichsberechtigten Person erst ab dem Folgemonat nach dem Tod wirken. Dementsprechend ist zu diesem Zeitpunkt dann auch der Rentenbescheid aufzuheben.

Rentenbeginn mit Kürzung	Tod der ausgleichsb. P.	Anpassung wegen Tod der ausgleichsberechtigten Person
1.10.2010	16.10.2011	1.11.2011 → Aufhebung Rentenbescheid

Abbildung: Änderung der Anpassung wegen Tod der ausgleichsberechtigten Person

Merksatz: Rentnerprivileg

Es gibt kein Rentnerprivileg mehr, daher wird die laufende Versorgung der ausgleichspflichtigen Person aus der gesetzlichen Rentenversicherung sofort nach Rechtskraft der Entscheidung über den Wertausgleich gekürzt.

Hinweis

Eine Betriebsrente wird durch interne Realteilung geteilt und sofort ab Rentenbeginn um den Versorgungsausgleich gekürzt.

Bei Tod der ausgleichsberechtigten Person bleiben die nicht in § 32 VersAusglG genannten Versorgungen (z.B. Betriebsrenten) für immer gekürzt.

§ 109 SGB VI — Renteninformation und Rentenauskunft

(1) Versicherte, die das 27. Lebensjahr vollendet haben, erhalten jährlich eine schriftliche Renteninformation. Nach Vollendung des 55. Lebensjahres) wird diese alle drei Jahre durch eine Rentenauskunft ersetzt. Besteht ein berechtigtes Interesse, kann die Rentenauskunft auch jüngeren Versicherten erteilt werden oder in kürzeren Abständen erfolgen.

(2) Die Renteninformation und die Rentenauskunft sind mit dem Hinweis zu versehen, dass sie auf der Grundlage des geltenden Rechts und der im Versicherungskonto gespeicherten rentenrechtlichen Zeiten erstellt sind und damit unter dem Vorbehalt künftiger Rechtsänderungen sowie der Richtigkeit und Vollständigkeit der im Versicherungskonto gespeicherten rentenrechtlichen Zeiten stehen.

(3) Die Renteninformation hat insbesondere zu enthalten:
1. Angaben über die Grundlage der Rentenberechnung,
2. Angaben über die Höhe einer Rente wegen verminderter Erwerbsfähigkeit, die zu zahlen wäre, würde der Leistungsfall der vollen Erwerbsminderung vorliegen,

3. eine Prognose über die Höhe der zu erwartenden Regelaltersrente,
4. Informationen über die Auswirkungen künftiger Rentenanpassungen,
5. eine Übersicht über die Höhe der Beiträge, die für Beitragszeiten vom Versicherten, dem Arbeitgeber oder von öffentlichen Kassen gezahlt worden sind.

(4) Die Rentenauskunft hat insbesondere zu enthalten:
1. eine Übersicht über die im Versicherungskonto gespeicherten rentenrechtlichen Zeiten,
2. eine Darstellung über die Ermittlung der persönlichen Entgeltpunkte mit der Angabe ihres derzeitigen Wertes und dem Hinweis, dass sich die Berechnung der Entgeltpunkte aus beitragsfreien und beitragsgeminderten Zeiten nach der weiteren Versicherungsbiografie richtet,
3. Angaben über die Höhe der Rente, die auf der Grundlage des geltenden Rechts und der im Versicherungskonto gespeicherten rentenrechtlichen Zeiten ohne den Erwerb weiterer Beitragszeiten
   a) bei verminderter Erwerbsfähigkeit als Rente wegen voller Erwerbsminderung,
   b) bei Tod als Witwen- oder Witwerrente,
   c) nach Erreichen der Regelaltersgrenze als Regelaltersrente zu zahlen wäre,
4. auf Antrag auch die Höhe der Beitragszahlung, die zum Ausgleich einer Rentenminderung bei vorzeitiger Inanspruchnahme einer Rente wegen Alters erforderlich ist, und über die ihr zugrunde liegende Altersrente; diese Auskunft unterbleibt, wenn die Erfüllung der versicherungsrechtlichen Voraussetzungen für eine vorzeitige Rente wegen Alters offensichtlich ausgeschlossen ist,
5. allgemeine Hinweise zur Erfüllung der persönlichen und versicherungsrechtlichen Voraussetzungen für einen Rentenanspruch.

(5) Auf Antrag erhalten Versicherte Auskunft über die Höhe ihrer auf die Ehezeit entfallenden Rentenanwartschaft. Diese Auskunft erhält auf Antrag auch der Ehegatte oder geschiedene Ehegatte eines Versicherten, wenn der Träger der Rentenversicherung diese Auskunft nach § 74 Nr. 2 Buchstabe b des Zehnten Buches erteilen darf, weil der Versicherte seine Auskunftspflicht gegenüber dem Ehegatten nicht oder nicht vollständig erfüllt hat. Die nach Satz 2 erteilte Auskunft wird auch dem Versicherten mitgeteilt.

(6) Für die Auskunft an das Familiengericht nach § 220 Abs. 4 des Gesetzes über das Verfahren in Familiensachen und in den Angelegenheiten der freiwilligen Gerichtsbarkeit ergeben sich die nach § 39 des Versorgungsausgleichsgesetzes zu

ermittelnden Entgeltpunkte aus der Berechnung einer Vollrente wegen Erreichens der Regelaltersgrenze.

Die Regelung im neuen Absatz 6 dient der Klarstellung. Nach der Aufhebung des § 1587a Abs. 2 Nr. 2 BGB wurde nunmehr im Sechsten Buch Sozialgesetzbuch geregelt werden, dass für die Ermittlung der während der Ehezeit erworbenen Rentenanwartschaften eine Vollrente wegen Erreichens der Regelaltersgrenze zu ermitteln ist.

250

| § 120b SGB VI | **Tod eines Ehegatten vor Empfang angemessener Leistungen** |

(1) Ist ein Ehegatte verstorben und sind ihm oder seinen Hinterbliebenen aus dem Rentensplitting unter Ehegatten Leistungen in Höhe von bis zu zwei Jahresbeträgen einer auf das Ende des Leistungsbezuges ohne Berücksichtigung des Zugangsfaktors berechneten Vollrente wegen Alters aus dem erworbenen Anrecht (Grenzwert) erbracht worden, haben der überlebende Ehegatte oder seine Hinterbliebenen Anspruch auf eine nicht aufgrund des Rentensplittings gekürzte Rente. Die sich ergebende Erhöhung mindert sich jedoch um die erhaltenen Leistungen.

(2) Der Grenzwert ergibt sich aus Zuschlägen und Abschlägen an Entgeltpunkten aus den im Rahmen des Einzelsplittings übertragenen Entgeltpunkten unter Berücksichtigung des für sie maßgebenden Rentenartfaktors und aktuellen Rentenwerts am Ende des Leistungsbezuges.

(1) Ist ein Ehegatte verstorben und sind ihm aus dem Rentensplitting unter Ehegatten nicht länger als 36 Monate Rentenleistungen erbracht worden, wird die Rente des überlebenden Ehegatten auf Antrag nicht länger aufgrund des Rentensplittings gekürzt.

(2) Antragsberechtigt ist der überlebende Ehegatte.

(3) Die Anpassung wirkt ab dem ersten Tag des Monats, der auf den Monat der Antragstellung folgt.

Die bisherige Vorschrift, mit der der bisherige Regelungsgehalt von § 4 VAHRG abgebildet wurde, wird an die neue, die bisherige Regelung in § 4 VAHRG ablösende Regelung in § 37 VersAusglG angepasst. Im Wesentlichen bedeutet dies, dass das Rentensplitting rückgängig zu machen ist, wenn der verstorbene Ehegatte nicht länger als 36 Monate Leistungen aus dem Rentensplitting bezogen hat.

251

§ 2 Gesetz über den Versorgungsausgleich (VersAusglG)

Hierbei kommt es nur darauf an, ob der Verstorbene selbst entsprechende Leistungen bezogen hat, ohne Bedeutung sind etwaige Leistungen an Hinterbliebene oder Rehaleistungen.

Ferner hat nur der überlebende Ehegatte Anspruch auf eine ggf. ungekürzte Leistung, nicht seine Hinterbliebenen. Wie bei § 37 VersAusglG wird im Übrigen aus Vereinfachungsgründen nur noch auf die Dauer des Rentenbezugs abgestellt.

Da nur eine Kürzung der Rente des überlebenden Ehegatten – wie bei § 37 VersAusglG – für die Zukunft unterbleibt, hat auch nur der überlebende Ehegatte ein Antragsrecht, nicht seine Hinterbliebenen (Absatz 2 – neu).

Absatz 3 entspricht § 38 Abs. 2 VersAusglG in Verbindung mit § 34 Abs. 3 VersAusglG; es erfolgt keine Rückabwicklung mehr, stattdessen unterbleibt die Kürzung nur mit Wirkung für die Zukunft.

Rentenbeginn mit Kürzung	Tod der ausgleichsb. P.	Antrag auf Anpassung	Anpassung wegen Tod der ausgleichsb. Person
1.10.2010	16.10.2011	10.11.2011	1.1.2012
	weniger als 36 Monate Rentenbezug	Übergangszeit	Wegfall der Kürzung

Abbildung: Änderung der Anpassung wegen Tod der ausgleichsberechtigten Person

Hinweis:

Das bedeutet, dass der Rentenversicherungsträger
- dem überlebenden geschiedenen Ehegatten die ungekürzte Rente
- und einer Witwe / einem Witwer aus einer nachfolgenden Ehe ebenfalls eine ungekürzte Hinterbliebenenrente

zahlen muss.

§ 120f SGB VI	Interne Teilung und Verrechnung von Anrechten

(1) Als erworbene Anrechte gleicher Art im Sinne des § 10 Abs. 2 des Versorgungsausgleichsgesetzes gelten die in der gesetzlichen Rentenversicherung erworbenen Anrechte.

(2) Als Anrechte gleicher Art im Sinne des § 10 Abs. 2 des Versorgungsausgleichsgesetzes gelten nicht
1. *die im Beitrittsgebiet und im übrigen Bundesgebiet erworbenen Anrechte, soweit einheitliche Einkommensverhältnisse im Gebiet der Bundesrepublik Deutschland noch nicht hergestellt sind,*
2. *die in der allgemeinen Rentenversicherung und in der knappschaftlichen Rentenversicherung erworbenen Anrechte.*

Mit Absatz 1 der neuen Vorschrift wird klargestellt, dass alle bei verschiedenen Trägern der gesetzlichen Rentenversicherung erworbenen Anrechte im Rahmen der Anwendung der Regelungen zur Verrechnung von Anrechten beim Versorgungsausgleich (§ 10 Abs. 2 VersAusglG) als bei demselben Versorgungsträger erworbene Anrechte gelten.

In Absatz 2 wird klargestellt, dass Anrechte unterschiedlicher Wertigkeit (einerseits Anrechte, denen Entgeltpunkte (West) zugrunde liegen, und andererseits Anrechte, denen Entgeltpunkte (Ost) zugrunde liegen, sowie einerseits in der allgemeinen Rentenversicherung und andererseits in der knappschaftlichen Rentenversicherung erworbene Anrechte (diese sind mit unterschiedlichen Rentenartfaktoren zu ermitteln) im Rahmen der Anwendung der Regelungen zur Verrechnung von Anrechten beim Versorgungsausgleich als Anrechte ungleicher Art gelten (§ 3 Rn 8–10 und 13–17).

§ 120g SGB VI	Externe Teilung

Wählt die ausgleichsberechtigte Person bei der externen Teilung von Anrechten nach dem Versorgungsausgleichsgesetz keine Zielversorgung aus und erfolgt der Ausgleich nach § 15 Abs. 5 des Versorgungsausgleichsgesetzes in der gesetzlichen Rentenversicherung, werden Anrechte mit Zahlungseingang des Betrags erworben, der vom Familiengericht nach § 222 Abs. 3 des Gesetzes über das Verfahren in Familiensachen und in den Angelegenheiten der freiwilligen Gerichtsbarkeit festgesetzt wurde.

Mit der Vorschrift wird eine Sonderbestimmung für den Fall getroffen, dass die externe Teilung von Anrechten nach dem Versorgungsausgleichsgesetz deshalb in der gesetzlichen Rentenversicherung erfolgt, weil die ausgleichsberechtigte Person keine Zielversorgung gewählt hat (§ 15 Abs. 3 VersAusglG).

Geregelt wird, dass in diesen Fällen nicht schon mit der Entscheidung des Familiengerichts ein Anrecht in der gesetzlichen Rentenversicherung begründet wird

§ 2 Gesetz über den Versorgungsausgleich (VersAusglG)

(dies ist in den anderen Fällen der externen Teilung vorgesehen), sondern erst mit dem Eingang der Zahlung des Versorgungsträgers der ausgleichspflichtigen Person bei der gesetzlichen Rentenversicherung. Diese Bestimmung ist zum Schutz der gesetzlichen Rentenversicherung erforderlich, da in den Fällen, in denen die gesetzliche Rentenversicherung gleichsam als „Auffangversorgungsträger" dient, keine Zustimmung des aufnehmenden Versorgungsträgers – anders als bei Ausübung des Wahlrechts nach § 15 Abs. 1 und 2 VersAusglG – erforderlich ist.

In der Gesetzesbegründung zu § 222 Abs. 3 (§ 2 Rn 208 zu § 222 Abs. 3) ist geregelt, was zu geschehen hat, wenn der abgebende Versorgungsträger das Anrecht der ausgleichspflichtigen Person bereits kürzt, den Ausgleichsbetrag aber noch nicht an die gesetzliche Rentenversicherung gezahlt hat und somit bei der ausgleichsberechtigten Person noch keine Versorgung begründet wurde.

Wenn der Versorgungsträger der ausgleichspflichtigen Person nach Rechtskraft der Entscheidung nicht zahlt, kann der Versorgungsträger der Zielversorgung aus der gerichtlichen Entscheidung die Zwangsvollstreckung betreiben.

Wie der Rentenversicherungsträger als Zielversorgungsträger dies verfahrensrechtlich umzusetzen soll, erscheint noch unklar, da er Vollstreckungsgläubiger mit einem Leistungstitel sein müsste.

§ 120h SGB VI — Abzuschmelzende Anrechte

Abzuschmelzende Anrechte im Sinne des § 19 Abs. 2 Nr. 2 des Versorgungsausgleichsgesetzes, die Ausgleichsansprüchen nach der Scheidung nach den §§ 20 bis 24 des Versorgungsausgleichsgesetzes unterliegen, sind
1. der Auffüllbetrag (§ 315a),
2. der Rentenzuschlag (§ 319a),
3. der Übergangszuschlag (§ 319b) und
4. der weiterzuzahlende Betrag oder der besitzgeschützte Zahlbetrag der nach dem Anspruchs- und Anwartschaftsüberführungsgesetz oder nach dem Zusatzversorgungssystem-Gleichstellungsgesetz überführten Rente des Beitrittsgebiets, soweit dieser den Monatsbetrag der Renten nach § 307b Abs. 1 Satz 3 übersteigt (§ 307b Abs. 6).

254 Die Vorschrift ergänzt die Regelung, wonach abzuschmelzende Anrechte nicht ausgleichsreif sind und infolgedessen schuldrechtlich auszugleichen sind (§ 19 Abs. 2 Nr. 2 in Verbindung mit den §§ 20 bis 24 VersAusglG). Die neue Vorschrift benennt ausdrücklich die Anrechte, die in der gesetzlichen Rentenversicherung hierunter fallen.

§ 185 SGB VI Zahlung der Beiträge und Wirkung der Beitragszahlung

(1) Die Arbeitgeber, Genossenschaften oder Gemeinschaften zahlen die Beiträge unmittelbar an den Träger der Rentenversicherung. Sie haben dem Träger der Rentenversicherung mit der Beitragszahlung mitzuteilen, ob und in welcher Höhe ein Versorgungsausgleich zu Lasten der Nachversicherten durchgeführt und eine Kürzung der Versorgungsbezüge durch die Zahlung eines Kapitalbetrags abgewendet wurde. Satz 1 gilt nicht, wenn der Arbeitgeber ein Träger der Rentenversicherung ist; in diesen Fällen gelten die Beiträge als zu dem Zeitpunkt gezahlt, zu dem die Voraussetzungen für die Nachversicherung eingetreten sind.

(2) Die gezahlten Beiträge gelten als rechtzeitig gezahlte Pflichtbeiträge. Rentenanwartschaften, die das Familiengericht im Versorgungsausgleich vor der Durchführung der Nachversicherung zu Lasten von Nachversicherten begründet hat, gelten mit der Zahlung der Beiträge an den Träger der Rentenversicherung oder in Fällen des Absatzes 1 Satz 3 mit dem Eintritt der Voraussetzungen für die Nachversicherung als übertragen.

(2) Die gezahlten Beiträge gelten als rechtzeitig gezahlte Pflichtbeiträge. Hat das Familiengericht vor Durchführung der Nachversicherung einen Versorgungsausgleich zu Lasten von Nachversicherten durchgeführt, gilt
1. *eine Begründung von Rentenanwartschaften und*
2. *eine Übertragung von Anrechten aus einer Beamtenversorgung aufgrund einer internen Teilung in der Beamtenversorgung mit der Zahlung der Beiträge an den Träger der Rentenversicherung oder in den Fällen des Absatzes 1 Satz 3 mit dem Eintritt der Voraussetzungen für die Nachversicherung als in der Rentenversicherung übertragen. In den Fällen des Satzes 2 Nr. 2 gelten für die Ermittlung des Abschlags an Entgeltpunkten § 76 Abs. 4 und § 264a Abs. 2 entsprechend; an die Stelle des Monatsbetrags der Rentenanwartschaft tritt der vom Familiengericht für die ausgleichsberechtigte Person durch interne Teilung festgesetzte monatliche Betrag.*

(2a) Beiträge, die für frühere Soldaten auf Zeit während des Bezugs von Übergangsgebührnissen gezahlt worden sind, gelten bis zum Ablauf von 18 Monaten nach Wegfall der Übergangsgebührnisse als widerruflich gezahlt. Der Arbeitgeber ist bis dahin zum Widerruf der Zahlung berechtigt, wenn

1. *die Nachversicherten bis zum Ablauf eines Jahres nach Wegfall der Übergangsgebührnisse eine Beschäftigung aufgenommen haben, in der wegen Gewährleistung einer Versorgungsanwartschaft Versicherungsfreiheit besteht oder eine Befreiung von der Versicherungspflicht erfolgt ist,*
2. *der Nachversicherungszeitraum bei der Versorgungsanwartschaft aus dieser Beschäftigung berücksichtigt wird,*
3. *bis zum Zeitpunkt des Widerrufs Leistungen der Rentenversicherung unter Berücksichtigung der Nachversicherung weder erbracht wurden noch aufgrund eines bis zum Zeitpunkt des Widerrufs gestellten Antrags zu erbringen sind und*
4. *bis zum Zeitpunkt des Widerrufs eine Entscheidung über einen Versorgungsausgleich zu Lasten des Nachversicherten unter Berücksichtigung der Nachversicherung nicht getroffen worden ist.*

Wird die Zahlung widerrufen, werden die Beiträge zurückgezahlt. Der Anspruch auf Rückzahlung der Beiträge ist nach Ablauf von sechs Monaten fällig. Nach Rückzahlung der Beiträge ist die Nachversicherung als von Anfang an nicht erfolgt und nach § 184 Abs. 2 Satz 1 Nr. 2 aufgeschoben anzusehen.

(3) Die Arbeitgeber, Genossenschaften oder Gemeinschaften erteilen den Nachversicherten oder den Hinterbliebenen und dem Träger der Rentenversicherung eine Bescheinigung über den Nachversicherungszeitraum und die der Nachversicherung in den einzelnen Kalenderjahren zugrunde gelegten beitragspflichtigen Einnahmen (Nachversicherungsbescheinigung).

(4) Der Träger der Rentenversicherung teilt den Nachversicherten die aufgrund der Nachversicherung in ihrem Versicherungskonto gespeicherten Daten mit.

255 Die Neuregelung Absatz 2 Satz 2 ergänzt die Vorschriften über die Nachversicherung für die Fälle, in denen ein Versorgungsausgleich nach reformiertem Recht durchgeführt wird, bei dem beamtenversorgungsrechtliche Anrechte durch die neu eingeführte interne Teilung ausgeglichen werden und in denen die ausgleichspflichtige Person nach Durchführung des Versorgungsausgleichs in der Rentenversicherung nachzuversichern ist.

Bisher regelte für diese Fälle § 185 Abs. 2 Satz 2 SGB VI, dass – ursprünglich – zugunsten der ausgleichsberechtigten Person begründete Rentenanwartschaften als (zulasten der ausgleichspflichtigen Person) übertragene Anwartschaften gelten, mithin die Rente der ausgleichspflichtigen Person entsprechend zu kürzen war. Wird die Teilung von beamtenrechtlichen Anrechten künftig zum Teil durch die interne Teilung (z.B. nach den neuen Regelungen für Anrechte von Beamten und Beamtinnen des Bundes) durchgeführt, kann die bisherige Kürzungsregelung nach

§ 185 Abs. 2 Satz 2 SGB VI nicht greifen, da begründete Anrechte auf Seiten der ausgleichsberechtigten Person zunächst nicht existieren.

Die neue Vorschrift ist angelehnt an die bisherige Kürzungsvorschrift in § 185 Abs. 2 SGB VI und ergänzt diese um die Fälle, in denen ursprünglich eine interne Teilung innerhalb der Beamtenversorgung erfolgt ist (Satz 2 Nr. 2 – neu). Mit der Nachversicherung der ausgleichspflichtigen Person gelten dann Entgeltpunkte zulasten der ausgleichspflichtigen Person als übertragen (ihre Entgeltpunkte sind mithin zu kürzen). Die Berechnung des Abschlags an Entgeltpunkten folgt den allgemeinen Regelungen in § 76 Abs. 4, § 264a Abs. 2 SGB VI (Satz 3 – neu). Der zugunsten der ausgleichsberechtigten Person vom Familiengericht festgesetzte Leistungsbetrag ist durch den aktuellen Rentenwert bzw. Rentenwert (Ost) zum Ehezeitende zu teilen.

Eine solche Kürzungsvorschrift ist schon wegen der zulasten der Rentenversicherung bestehenden Erstattungspflicht erforderlich (etwa nach § 5 BVersTG – neu, § 2 Rn 277). Der Neuregelung kommt im Regelfall aber nur temporäre Bedeutung zu, da in Fällen der Nachversicherung nach durchgeführtem Versorgungsausgleich schon bisher im Interesse der ausgleichspflichtigen Person ein Abänderungsverfahren durchzuführen ist. Wird dieses künftig nach einer internen Teilung von beamtenrechtlichen Versorgungsanrechten durchgeführt, tritt an die Stelle der ursprünglichen internen Teilung von Anrechten der Beamtenversorgung eine interne Teilung von Rentenanwartschaften. Die bisherige Erstattungspflicht der Rentenversicherung entfällt dann ebenso wie die Kürzung nach dem geänderten § 185 Abs. 2 SGB VI.

§ 187 SGB VI Zahlung von Beiträgen und Ermittlung von Entgeltpunkten aus Beiträgen beim Versorgungsausgleich

(1) Im Rahmen des Versorgungsausgleichs können Beiträge gezahlt werden, um

1. Rentenanwartschaften, die um einen Abschlag an Entgeltpunkten gemindert worden sind, ganz oder teilweise wieder aufzufüllen,

2. ~~aufgrund einer Entscheidung des Familiengerichts oder aufgrund einer vom Familiengericht genehmigten Vereinbarung Rentenanwartschaften zu begründen,~~

2. auf Grund
   a) einer Entscheidung des Familiengerichts zum Ausgleich von Anrechten durch externe Teilung (§ 15 Abs. 1 des Versorgungsausgleichsgesetzes) oder
   b) einer wirksamen Vereinbarung nach § 6 des Versorgungsausgleichsgesetzes Rentenanwartschaften zu begründen,
3. die Erstattungspflicht für die Begründung von Rentenanwartschaften zugunsten des Ausgleichsberechtigten abzulösen (§ 225 Abs. 2).

(2) Für die Zahlung der Beiträge werden die Rentenanwartschaften in Entgeltpunkte umgerechnet. Die Entgeltpunkte werden in der Weise ermittelt, dass der Monatsbetrag der Rentenanwartschaften durch den aktuellen Rentenwert mit seinem Wert bei Ende der Ehezeit oder Lebenspartnerschaftszeit geteilt wird. Der Monatsbetrag der Rentenanwartschaften der knappschaftlichen Rentenversicherung wird durch das 1,3333fache des aktuellen Rentenwerts geteilt.

(3) Für je einen Entgeltpunkt ist der Betrag zu zahlen, der sich ergibt, wenn der zum Zeitpunkt der Beitragszahlung geltende Beitragssatz auf das für das Kalenderjahr der Beitragszahlung bestimmte vorläufige Durchschnittsentgelt angewendet wird. Der Zahlbetrag wird nach den Rechengrößen zur Durchführung des Versorgungsausgleichs ermittelt, die das Bundesministerium für Arbeit und Soziales im Bundesgesetzblatt bekannt macht). Die Rechengrößen enthalten Faktoren zur Umrechnung von Entgeltpunkten in Beiträge und umgekehrt sowie zur Umrechnung von Kapitalwerten in Entgeltpunkte; dabei können Rundungsvorschriften der Berechnungsgrundsätze unberücksichtigt bleiben, um genauere Ergebnisse zu erzielen.

(3a) Entgeltpunkte aus der Zahlung von Beiträgen nach Absatz 1 Nr. 1 oder Nr. 2 Buchstabe b werden ermittelt, indem die Beiträge mit dem zum Zeitpunkt der Zahlung maßgebenden Faktor nach Absatz 3 vervielfältigt werden.

(4) Nach bindender Bewilligung einer Vollrente wegen Alters ist eine Beitragszahlung zur Wiederauffüllung oder Begründung von Rentenanwartschaften nicht mehr zulässig.

(5) Die Beiträge nach *Absatz 1 Nr. 1* gelten als zum Zeitpunkt des Endes der Ehezeit oder Lebenspartnerschaftszeit gezahlt, wenn sie von *ausgleichspflichtigen* Personen, die ihren gewöhnlichen Aufenthalt
1. im Inland haben, bis zum Ende des dritten Kalendermonats,
2. im Ausland haben, bis zum Ende des sechsten Kalendermonats nach Zugang der Mitteilung über die Rechtskraft der Entscheidung des Familien-

gerichts gezahlt werden. Ist der Versorgungsausgleich nicht Folgesache im Sinne ~~von § 623 Abs. 1 Satz 1 der Zivilprozessordnung~~ § 137 Abs. 2 Nr. 1 des Gesetzes über das Verfahren in Familiensachen und in den Angelegenheiten der freiwilligen Gerichtsbarkeit, tritt an die Stelle des Zeitpunkts des Endes der Ehezeit oder Lebenspartnerschaftszeit der Eingang des Antrags auf Durchführung des Versorgungsausgleichs beim Familiengericht.

Im Abänderungsverfahren tritt an die Stelle des Zeitpunkts des Endes der Ehezeit oder Lebenspartnerschaftszeit oder des in Satz 2 genannten Zeitpunkts der Eingang des Abänderungsantrags beim Familiengericht. Hat das Familiengericht das Verfahren über den Versorgungsausgleich ausgesetzt, tritt für die Beitragshöhe an die Stelle des Zeitpunkts des Endes der Ehezeit oder Lebenspartnerschaftszeit oder des in Satz 2 oder 3 genannten Zeitpunkts der Zeitpunkt der Wiederaufnahme des Verfahrens über den Versorgungsausgleich.

(6) Die Beiträge nach Absatz 1 Nr. 2 Buchstabe b gelten zu dem Zeitpunkt als gezahlt, zu dem die Vereinbarung nach § 6 des Versorgungsausgleichsgesetzes geschlossen worden ist, wenn sie bis zum Ende des dritten Kalendermonats nach Zugang der Mitteilung über die Rechtskraft der Entscheidung des Familiengerichts gezahlt werden. An die Stelle der Frist von drei Kalendermonaten tritt die Frist von sechs Kalendermonaten, wenn die ausgleichspflichtige Person ihren gewöhnlichen Aufenthalt im Ausland hat. Liegt der sich aus Satz 1 ergebende Zeitpunkt

1. vor dem Ende der Ehezeit oder der Lebenspartnerschaftszeit, tritt an die Stelle des Zeitpunkts nach Satz 1 das Ende der Ehezeit oder Lebenspartnerschaftszeit;

2. in den Fällen, in denen der Versorgungsausgleich nicht Folgesache im Sinne des § 137 Abs. 2 Satz 1 Nr. 1 des Gesetzes über das Verfahren in Familiensachen und in den Angelegenheiten der freiwilligen Gerichtsbarkeit ist, vor dem Eingang des Antrags auf Durchführung des Versorgungsausgleichs beim Familiengericht, tritt an die Stelle des Zeitpunkts nach Satz 1 der Eingang des Antrags auf Durchführung des Versorgungsausgleichs beim Familiengericht;

3. vor dem Eingang des Abänderungsantrags beim Familiengericht, tritt an die Stelle des Zeitpunkts nach Satz 1 der Eingang des Abänderungsantrags beim Familiengericht;

4. in den Fällen, in denen das Familiengericht den Versorgungsausgleich ausgesetzt hat, vor dem Zeitpunkt der Wiederaufnahme des Verfahrens über den Versorgungsausgleich, tritt für die Beitragshöhe an die Stelle des Zeitpunkts nach Satz 1 der Zeitpunkt der Wiederaufnahme des Verfahrens über den Versorgungsausgleich.

(7) Sind Beiträge nach Absatz 1 Nr. 1 gezahlt worden und ergeht eine Entscheidung zur Abänderung des Wertausgleichs nach der Scheidung, sind im Umfang der Abänderung zuviel gezahlte Beiträge unter Anrechnung der an die ausgleichsberechtigte Person gewährten Leistungen zurückzuzahlen.

256 Bei den Änderungen des Absatz 1 Nr. 2 handelt sich um Anpassungen der bisherigen Vorschrift an die Einführung der externen Teilung über die gesetzliche Rentenversicherung nach dem neuen Versorgungsausgleichsgesetz sowie den Fortfall der nach dem bisherigen § 3b Abs. 1 Nr. 2 VAHRG vorgesehenen Ausgleichsform der Verpflichtung zur Beitragszahlung an die gesetzliche Rentenversicherung. Eindeutig klargestellt wird hiermit, dass sowohl durch Vereinbarungen nach § 6 VersAusglG als auch nach § 15 Abs. 1 VersAusglG eine externe Teilung durch Begründung von Anrechten in der gesetzlichen Rentenversicherung erfolgen kann (für den Fall, dass kein Versorgungsträger ausgewählt wird, ordnet § 15 Abs. 3 VersAusglG bereits die externe Teilung durch Begründung von Anrechten in der gesetzlichen Rentenversicherung an). Schließlich wird die Vorschrift angepasst an die Änderung im Versorgungsausgleichsgesetz, wonach Vereinbarungen über den Versorgungsausgleich nicht mehr der Genehmigung durch das Gericht bedürfen.

257 Der neue Absatz 3a enthält die generelle Regelung zur Umrechnung von Beiträgen in Entgeltpunkte. Eine solche ausdrückliche Regelung, die grundsätzlich der in § 76 Abs. 4 SGB VI getroffenen Regelung entspricht, fehlte bisher in § 187 (§ 2 Rn 239 zu § 76 Abs. 4 SGB VI). Soweit Beiträge innerhalb der in Absatz 5 bzw. Absatz 6 – neu – gesetzten Fristen gezahlt werden, gilt als Zahlungszeitpunkt gegebenenfalls – wie bisher – ein früherer Zeitpunkt als der der tatsächlichen Zahlung. Für die Fälle der unmittelbar rechtsgestaltenden Begründung von Anrechten in der gesetzlichen Rentenversicherung durch das Familiengericht findet sich die Berechnungsvorschrift in § 76 Abs. 4 letzter Satz.

Die bisherige Regelung in Absatz 5 soll nur noch für die Fälle gelten, in denen Beiträge zur Abwendung von Abschlägen infolge eines Versorgungsausgleichs gezahlt werden. Hier soll wie bisher eine Zahlung zum Zeitpunkt des Ehezeitendes unterstellt werden, wenn die Beiträge bis zum Ablauf bestimmter Fristen gezahlt werden.

258 Der neue Absatz 6 regelt Entsprechendes zum bisherigen Absatz 5 die Fälle, in denen Beiträge aufgrund einer Vereinbarung nach § 6 VersAusglG zur gesetzlichen Rentenversicherung gezahlt werden. Zur Verhinderung von Missbrauch, der wegen der mit der Strukturreform eingeführten erleichterten Möglichkeit zum Abschluss von Vereinbarungen eher als bisher erfolgen könnte, wird abweichend von Absatz 5 geregelt, dass grundsätzlich eine Zahlung zum Zeitpunkt des Abschlusses der Vereinbarung unterstellt wird, soweit das Ehezeitende vor diesem Zeitpunkt liegt und die Beiträge innerhalb gewisser Fristen gezahlt werden. Hierdurch sollen mögliche Manipulationen der geschiedenen Ehegatten bzw. der Versorgungsträger verhindert werden. Verbliebe es bei den bisherigen Zahlungszeitpunkten (§ 187 Abs. 5 SGB VI in der Fassung bis zum Inkrafttreten der Neuregelung), könnte zum Beispiel in Kenntnis der nach dem Ende der Ehezeit eingetretenen Erwerbsminderung der ausgleichsberechtigten Person bewusst anstelle der an sich vorzunehmenden internen Teilung eine externe Teilung über die gesetzliche Rentenversicherung vereinbart und auf diese Weise das ursprünglich vom Versorgungsträger der ausgleichspflichtigen Person zu tragende Risiko der Erwerbsminderung der ausgleichsberechtigten Person an die gesetzliche Rentenversicherung weitergegeben werden. Gleichzeitig wird hiermit aber auch erreicht, dass ab dem Zeitpunkt der Vereinbarung die weitere Dauer des familiengerichtlichen Verfahrens nicht zulasten der geschiedenen Eheleute geht.

Soweit Anrechte in der gesetzlichen Rentenversicherung durch die Entscheidung des Familiengerichts unmittelbar begründet werden (§ 14 in Verbindung mit § 15 Abs. 1 oder Abs. 3 sowie § 16 VersAusglG), entstehen Anrechte mit der Rechtskraft der familiengerichtlichen Entscheidung.

259 Der neue Absatz 7 entspricht im Wesentlichen der bisher in § 10a Abs. 12 VAHRG getroffenen Regelung. Er ordnet an, dass im Fall einer Abänderung der Entscheidung über den Versorgungsausgleich – sei es unmittelbar nach den neuen §§ 225 und 226 FamFG oder nach § 51 VersAusglG in Verbindung mit den Regelungen des FamFG – im Umfang der Abänderung von der ausgleichspflichtigen Person zur Abwendung der Kürzung geleistete Zahlungen rückabzuwickeln sind.

| § 225 SGB VI | Erstattung durch den Träger der Versorgungslast |

(1) Die Aufwendungen des Trägers der Rentenversicherung aufgrund von Rentenanwartschaften, die durch Entscheidung des Familiengerichts begründet worden sind, werden von dem zuständigen Träger der Versorgungslast erstattet. Ist der Ehegatte oder Lebenspartner, zu dessen Lasten der Versorgungsausgleich durchgeführt wurde, später nachversichert worden, sind nur die Aufwendungen zu erstatten, die bis zum Ende des Kalenderjahres entstanden sind, das der Zahlung der Beiträge für die Nachversicherung oder in Fäl-

len des § 185 Abs. 1 Satz 3 dem Eintritt der Voraussetzungen für die Nachversicherung vorausging. Ist die Nachversicherung durch eine Zahlung von Beiträgen an eine berufsständische Versorgungseinrichtung ersetzt worden (§ 186 Abs. 1), geht die Erstattungspflicht nach Satz 1 mit dem Ende des in Satz 2 genannten Kalenderjahres auf die berufsständische Versorgungseinrichtung als neuen Träger der Versorgungslast über.

(2) Wird durch Entscheidung des Familiengerichts eine Rentenanwartschaft begründet, deren Monatsbetrag 1 vom Hundert der bei Ende der Ehezeit oder Lebenspartnerschaftszeit geltenden monatlichen Bezugsgröße nicht übersteigt, hat der Träger der Versorgungslast Beiträge zu zahlen. Absatz 1 ist nicht anzuwenden. *Im Fall einer Abänderung einer Entscheidung des Familiengerichts gilt § 187 Abs. 7 entsprechend.*

260 Die neue Bestimmung des Abs. 2 Satz 3 regelt durch Verweis auf § 187 Abs. 7 SGB VI die Rückabwicklung von Beitragszahlungen, wenn das Familiengericht die Entscheidung über den Versorgungsausgleich abändert.

| § 264a SGB VI | Zuschläge oder Abschläge beim Versorgungsausgleich im Beitrittsgebiet |

(1) Ein zugunsten oder zulasten von Versicherten durchgeführter Versorgungsausgleich wird durch einen Zuschlag oder Abschlag an Entgeltpunkten (Ost) berücksichtigt, ~~soweit das Familiengericht die Umrechnung des Monatsbetrags der übertragenen oder begründeten Rentenanwartschaften in Entgeltpunkte (Ost) angeordnet hat~~ *soweit Entgeltpunkte (Ost) übertragen wurden oder das Familiengericht die Umrechnung des Monatsbetrags der begründeten Rentenanwartschaften in Entgeltpunkte (Ost) nach § 16 Abs. 3 des Versorgungsausgleichsgesetzes angeordnet hat.*

(2) Die Entgeltpunkte (Ost) werden in der Weise ermittelt, dass der Monatsbetrag der Rentenanwartschaften durch den aktuellen Rentenwert (Ost) mit seinem Wert bei Ende der Ehezeit oder Lebenspartnerschaftszeit geteilt wird. ~~Liegt der Berechnung des Monatsbetrags der Rentenanwartschaft ein Angleichungsfaktor (§ 3 Abs. 2 Nr. 1 Versorgungsausgleichs-Überleitungsgesetz) zugrunde, ist der aktuelle Rentenwert (Ost) mit seinem Wert bei Ende der Ehezeit oder Lebenspartnerschaftszeit auf Anordnung des Familiengerichts vor der Durchführung der Teilung nach Satz 1 mit dem Angleichungsfaktor zu vervielfältigen.~~

(3) Die Entgeltpunkte (Ost) treten bei der Anwendung der Vorschriften über den Versorgungsausgleich an die Stelle von Entgeltpunkten.

Die Änderung des Absatzes 1 Halbsatz 2 ist eine Folgeänderung, die sich aus dem Versorgungsausgleichsgesetz ergibt. Wenn im Urteil des Familiengerichtes Entgeltpunkte (Ost) übertragen oder begründet werden erfolgt auch der Zuschlag oder Abschlag in Entgeltpunkten (Ost).

Daher ist auch der bisherige Absatz 2 Satz 2 entbehrlich, da nach dem Versorgungsausgleichsgesetz Anrechte, die in den neuen Bundesländern erworben wurden, im Fall der Durchführung eines Versorgungsausgleichs nicht mehr mit Anrechten saldiert werden, die in den alten Bundesländern erworben wurden. Diese Anrechte werden künftig isoliert ausgeglichen, so dass es keiner Angleichungsfaktoren mehr bedarf.

| § 265a SGB VI | Knappschaftliche Besonderheiten bei rentenrechtlichen Zeiten im Beitrittsgebiet |

~~(1)~~ **Entgeltpunkte aus dem Leistungszuschlag werden in dem Verhältnis als Entgeltpunkte (Ost) berücksichtigt, in dem die Kalendermonate mit ständigen Arbeiten unter Tage, die gleichzeitig Beitragszeiten mit Entgeltpunkten (Ost) sind, zu allen Kalendermonaten mit ständigen Arbeiten unter Tage stehen.**

Der bisherige Absatz 2 ist entbehrlich und wurde gestrichen, da nach der neuen Methodik der internen Teilung in der Rentenversicherung jeweils unmittelbar die erworbenen beidseitigen Entgeltpunkte Teilungsgegenstand sind und alle verschiedenartigen Anrechte isoliert geteilt werden. Als verschiedenartige Anrechte gelten hierbei – wegen des unterschiedlichen Rentenartfaktors – etwa auch Anrechte aus der allgemeinen Rentenversicherung einerseits und der knappschaftlichen Rentenversicherung andererseits. Eine Umrechnung von Rentenbeträgen in knappschaftliche Entgeltpunkte ist daher entbehrlich.

| § 268a SGB VI | Änderung von Renten beim Versorgungsausgleich |

~~§ 101 Abs. 3 Satz 4 gilt nicht in den Fällen, in denen vor dem 30. März 2005 die zunächst nicht aufgrund des Versorgungsausgleichs gekürzte Rente begonnen hat und die Entscheidung des Familiengerichts über den Versorgungsausgleich wirksam geworden ist.~~

(1) § 101 Abs. 3 Satz 4 in der am 31. August 2009 geltenden Fassung gilt nicht in den Fällen, in denen vor dem 30. März 2005 die zunächst nicht aufgrund des Versorgungsausgleichs gekürzte Rente begonnen hat und die Entscheidung des Familiengerichts über den Versorgungsausgleich wirksam geworden ist.
(2) § 101 Abs. 3 in der bis zum 31. August 2009 geltenden Fassung ist weiterhin anzuwenden, wenn vor dem 1. September 2009 das Verfahren über den Versorgungsausgleich eingeleitet worden ist und die aufgrund des Versorgungsausgleichs zu kürzende Rente begonnen hat.

263 Es handelt sich um die Übergangsregelung zur Abschaffung des „Rentnerprivilegs" im neu gefassten § 101 Abs. 3 (§ 2 Rn 241).

Sie stellt sicher, dass für Personen, die bereits vor Inkrafttreten des neuen Versorgungsausgleichsgesetzes eine Rente bezogen haben und bei denen auch der Versorgungsausgleich vor Inkrafttreten des neuen Versorgungsausgleichsgesetzes wirksam geworden ist, das Rentnerprivileg in der bisherigen Fassung aufrecht erhalten bleibt.

| § 281a SGB VI | Zahlung von Beiträgen im Rahmen des Versorgungsausgleichs im Beitrittsgebiet |

(1) Im Rahmen des Versorgungsausgleichs können Beiträge gezahlt werden, um
1. Rentenanwartschaften, die durch einen Abschlag an Entgeltpunkten (Ost) gemindert worden sind, ganz oder teilweise wieder aufzufüllen,
~~2. aufgrund einer Entscheidung des Familiengerichts Rentenanwartschaften zum Ausgleich angleichungsdynamischer Anrechte (§ 1 Abs. 2 Versorgungsausgleichs-Überleitungsgesetz) in Entgeltpunkten (Ost) zu begründen,~~
~~3.~~ **2. die Erstattungspflicht für die Begründung von Rentenanwartschaften in Entgeltpunkten (Ost) zugunsten des Ausgleichsberechtigten abzulösen (§ 225 Abs. 2, § 264a).**
(2) Für die Zahlung von Beiträgen werden die Rentenanwartschaften in Entgeltpunkte (Ost) umgerechnet, soweit das Familiengericht dies angeordnet hat (§ 264a Abs. 1). Die Entgeltpunkte (Ost) werden in der Weise ermittelt, dass der Monatsbetrag der Rentenanwartschaften durch den aktuellen Rentenwert (Ost) mit seinem Wert bei Ende der Ehezeit oder Lebenspartnerschaftszeit geteilt wird. ~~Der Monatsbetrag der Rentenanwartschaften der knappschaftlichen Rentenversicherung wird durch das 1,3333fache des aktuellen Rentenwerts (Ost) geteilt. Liegt der Berechnung des Monatsbetrags der Rentenanwartschaften ein~~

§ 281a SGB VI **§ 2**

Angleichungsfaktor (§ 3 Abs. 2 Nr. 1 Versorgungsausgleichs-Überleitungsgesetz) zugrunde, ist der aktuelle Rentenwert (Ost) vor der Teilung mit dem Angleichungsfaktor zu vervielfältigen, wenn dies vom Familiengericht angeordnet worden ist (§ 264a Abs. 2 Satz 2).

(3) Für je einen Entgeltpunkt (Ost) ist der Betrag zu zahlen, der sich ergibt, wenn der zum Zeitpunkt der Beitragszahlung geltende Beitragssatz auf das für das Kalenderjahr der Beitragszahlung zugrunde zu legende Durchschnittsentgelt im Beitrittsgebiet angewendet wird. Als Durchschnittsentgelt im Beitrittsgebiet ist das durch den vorläufigen Wert der Anlage 10 geteilte vorläufige Durchschnittsentgelt im übrigen Bundesgebiet zugrunde zu legen. Der Zahlbetrag wird nach den Rechengrößen zur Durchführung des Versorgungsausgleichs ermittelt, die das Bundesministerium für Arbeit und Soziales im Bundesgesetzblatt bekannt macht. Die Rechengrößen enthalten Faktoren zur Umrechnung von Entgeltpunkten (Ost) in Beiträge und umgekehrt; dabei können Rundungsvorschriften der Berechnungsgrundsätze unberücksichtigt bleiben, um genauere Ergebnisse zu erzielen.

(4) § 187 Abs. 4 und 5 gilt auch für die Zahlung von Beiträgen im Rahmen des Versorgungsausgleichs im Beitrittsgebiet.

Bei der Aufhebung des bisherigen Absatz 1 Nr. 2 handelt es sich um eine weitere Folgeänderung zur Abschaffung des Versorgungsausgleichs-Überleitungsgesetzes. Nach dem neuen Versorgungsausgleichsgesetz werden Anrechte, die in den neuen Bundesländern mit Entgeltpunkten (Ost) erworben wurden, im Fall der Durchführung eines Versorgungsausgleichs nicht mehr mit Anrechten saldiert, die in den alten Bundesländern erworben wurden. Diese Anrechte werden künftig isoliert ausgeglichen, so dass es keiner Angleichungsfaktoren mehr bedarf.

264

Die Aufhebung des Absatzes 2 Satz 3 erfolgte aus denselben Gründen wie die Aufhebung der §§ 86 und 265a Abs. 2 (§ 2 Rn 240, 262).

Absatz 2 Satz 4 wurde aus denselben Gründen aufgehoben wie Absatz 1 Nr. 2.

§ 2 Gesetz über den Versorgungsausgleich (VersAusglG)

Artikel 5: Gesetz über die interne Teilung beamtenversorgungsrechtlicher Ansprüche von Bundesbeamtinnen und Bundesbeamten im Versorgungsausgleich (Bundesversorgungsteilungsgesetz – BVersTG)

265 Nach § 10 VersAusglG ist jedes Anrecht innerhalb des Versorgungssystems zu teilen, bei dem das Anrecht der ausgleichspflichtigen Person zum Ende der Ehezeit besteht (interne Teilung). Für Anrechte aus beamtenversorgungsrechtlichen Anwartschaften bedurfte es daher einer Norm, die die bestehenden beamtenversorgungsrechtlichen Regelungen zur Kürzung der Versorgungsbezüge nach Ehescheidung (§§ 57 und 58 BeamtVG) ergänzt und der ausgleichsberechtigten Person einen Anspruch gegen den Versorgungsträger einräumt.

Bei den im Rahmen des Versorgungsausgleichs begründeten Anrechten der ausgleichsberechtigten Personen gegen den Versorgungsträger handelt es sich nicht um aus Artikel 33 Abs. 5 des Grundgesetzes (GG) abgeleitete Ansprüche auf Alimentation. Zahlungen aufgrund des Versorgungsausgleichs dienen vielmehr ausschließlich dem Ausgleich von dem Grunde nach zivilrechtlichen Ansprüchen. Vor diesem Hintergrund wäre eine Regelung der Ansprüche ausgleichsberechtigter Personen innerhalb des Beamtenversorgungsgesetzes nicht sachgerecht.

Das BVersTG regelt – insoweit abschließend – die gegen den Bund oder eine sonstige Körperschaft, Anstalt oder Stiftung des öffentlichen Rechts als Dienstherr einer geschiedenen Beamtin oder eines geschiedenen Beamten gerichteten Ansprüche der ausgleichsberechtigten Person und ihrer Hinterbliebenen aus dem Ausgleich beamtenversorgungsrechtlicher Anrechte. Den Ländern ihrerseits steht es frei, die gesetzlichen Voraussetzungen für eine interne Teilung von Anrechten aus der Beamtenversorgung für ihren Bereich zu schaffen (vgl. § 16 VersAusglG, § 2 Rn 57).

Nach § 13 VersAusglG kann der Versorgungsträger die Kosten, die durch die interne Teilung entstehen, mit den Anrechten beider Ehegatten verrechnen, soweit sie angemessen sind.

Allerdings sehen weder das BVersTG noch das Beamtenversorgungsgesetz eine diesen Grundsatz konkretisierende Regelung vor. Von einer Geltendmachung dieser Kosten wird daher bis auf weiteres abgesehen.

| § 1 BVersTG | Zweckbestimmung |

(1) Dieses Gesetz regelt die Ansprüche von ausgleichsberechtigten Personen und deren Hinterbliebenen gegenüber den Versorgungsträgern der ausgleichspflichtigen Personen, wenn nach § 10 Abs. 1 des Versorgungsausgleichsgesetzes Anrechte übertragen wurden.

(2) Es ist nur anzuwenden, wenn die ausgleichspflichtige Person
1. Beamtin oder Beamter des Bundes oder einer sonstigen bundesunmittelbaren Körperschaft, Anstalt oder Stiftung des öffentlichen Rechts,
2. Richterin oder Richter des Bundes oder
3. Versorgungsempfängerin oder Versorgungsempfänger aus einem der in Nummer 1 oder Nummer 2 genannten Dienstverhältnisse ist.

(3) Dieses Gesetz gilt entsprechend, wenn die ausgleichspflichtige Person in einem öffentlich-rechtlichen Amtsverhältnis des Bundes steht oder stand.

266 Mit diesem Gesetz wurden die Voraussetzungen für eine interne Teilung beamtenversorgungsrechtlicher Anrechte geschaffen, soweit die Rechtsverhältnisse der ausgleichspflichtigen Person der ausschließlichen Regelungskompetenz des Bundes unterliegen.

Leistungen aus dem öffentlich-rechtlichen Versorgungsausgleich stellen zwar auch dann keine Alimentation dar, wenn sie das Ergebnis einer internen Teilung beamtenversorgungsrechtlicher Anrechte sind; sie gehören nicht zu den hergebrachten Grundsätzen des Berufsbeamtentums im Sinne des Artikels 33 Abs. 5 GG. Andererseits handelt es sich in diesen Fällen um Anrechte, die ihren Ursprung im Beamtenverhältnis der ausgleichspflichtigen Person und dem dadurch erworbenen Anspruch auf Ruhegehalt haben. Beamtenrechtliche Versorgungsansprüche einerseits und Ansprüche aus dem Versorgungsausgleich andererseits stehen mithin in enger Wechselwirkung zueinander und bilden insoweit eine Einheit. Dies verdeutlicht insbesondere § 57 Abs. 2 BeamtVG, wonach sich der Kürzungsbetrag für das Ruhegehalt der ausgleichspflichtigen Person nach den durch die Entscheidung des Familiengerichts begründeten Anrechten zugunsten der ausgleichsberechtigten Person berechnet und fortschreibt.

Die nach dem Versorgungsausgleichsgesetz nunmehr obligatorische interne Teilung beamtenversorgungsrechtlicher Anrechte erforderte eine Anpassung beamtenversorgungsrechtlicher Regelungen.

267 Absatz 2 beschränkt den Geltungsbereich des Gesetzes auf die Fälle, in denen sich die ausgleichspflichtige Person zum Zeitpunkt des Endes der Ehezeit in einem der

§ 2 Gesetz über den Versorgungsausgleich (VersAusglG)

genannten Dienstverhältnisse befand bzw. Versorgungsbezüge aus einem dieser Dienstverhältnisse bezog. Damit wird der den Ländern durch das Gesetz zur Änderung des Grundgesetzes vom 28. August 2006 (BGBl I S. 2034) übertragenen Kompetenz zur Regelung der Versorgung ihrer Beamten Rechnung getragen.

Den Ländern ihrerseits steht es frei, die Voraussetzungen für eine interne Teilung von Anrechten aus der Beamtenversorgung für ihren Bereich zu schaffen (§ 2 Rn 57).

Absatz 3 bezieht auch Personen ein, die in einem öffentlich-rechtlichen Amtsverhältnis des Bundes stehen oder Versorgungsbezüge aus einem solchen Amt erhalten.

Maßgeblich ist nach § 5 Abs. 2 Satz 1 VersAusglG grundsätzlich das Ende der Ehezeit (§ 3 Abs. 1 VersAusglG); nachträgliche Äderungen wie etwa ein Ausscheiden aus dem Dienst können aber bis zur Entscheidung des Gerichts berücksichtigt werden.

§ 2 BVersTG Anspruch

(1) Anspruchsberechtigt ist die Person, zu deren Gunsten ein Anrecht nach § 10 Abs. 1 des Versorgungsausgleichsgesetzes übertragen worden ist.

(2) Mit dem Tod der ausgleichsberechtigten Person geht der Anspruch auf die Hinterbliebenen über. Als Hinterbliebene nach diesem Gesetz gelten die nach den §§ 46 und 48 Abs. 1 bis 3 des Sechsten Buches Sozialgesetzbuch Leistungsberechtigten unter den dort für den Leistungsanspruch im Einzelnen bestimmten Voraussetzungen; die Erfüllung der allgemeinen Wartezeit ist unbeachtlich. Nicht leistungsberechtigt sind Waisen, wenn das Kindschaftsverhältnis durch Annahme als Kind begründet wurde und die ausgleichsberechtigte Person zu diesem Zeitpunkt bereits das 65. Lebensjahr vollendet hatte.

(3) Zahlungen aus dem übertragenen Anrecht werden von Beginn des Kalendermonats an geleistet, in dem die ausgleichsberechtigte Person Anspruch auf Leistungen wegen Alters oder wegen Dienst- oder Erwerbsunfähigkeit aus einem gesetzlichen Alterssicherungssystem hat oder, wenn sie einem solchen System nicht angehört, in der gesetzlichen Rentenversicherung gehabt hätte. Zahlungen an Hinterbliebene beginnen mit dem Ablauf des Sterbemonats der ausgleichsberechtigten Person.

(4) Der Anspruch ist schriftlich geltend zu machen. § 49 Abs. 4 bis 8, 10 und § 62 Abs. 2 Satz 2 des Beamtenversorgungsgesetzes gelten entsprechend.

(5) Der Anspruch der ausgleichsberechtigten Person endet spätestens mit Ablauf des Monats, in dem sie verstirbt. Für Hinterbliebene gilt § 61 Abs. 1 Satz 1 Nr. 1 bis 3, Abs. 2 und 3 des Beamtenversorgungsgesetzes entsprechend.

Absatz 1 enthält die zentrale Anspruchsnorm für die ausgleichsberechtigte Person gegen den in der Entscheidung des Familiengerichts benannten Versorgungsträger. Der Anspruch der ausgleichsberechtigten Person beruht auf der rechtsgestaltenden Wirkung der Entscheidung des Familiengerichts, das ein Anrecht in Höhe des Ausgleichswerts überträgt (§ 10 Abs. 1 VersAusglG). Verpflichtet ist der in dieser Entscheidung benannte Versorgungsträger der ausgleichspflichtigen Person. **268**

Absatz 2 ordnet an, dass die im Versorgungsausgleich erworbenen Anrechte im Fall des Todes der ausgleichsberechtigten Person auf deren Hinterbliebene übergehen. Der insoweit berechtigte Personenkreis wird durch Verweis auf die entsprechenden rentenrechtlichen Regelungen bestimmt; die im Rentenrecht definierten individuellen Voraussetzungen für den Leistungsbezug gelten – mit Ausnahme der rentenrechtlich geforderten Erfüllung der Wartezeit – sinngemäß. Hierdurch wird sichergestellt, dass sich der Kreis der Leistungsberechtigten grundsätzlich unabhängig davon bestimmt, ob es sich um Anrechte aus der internen Teilung beamtenversorgungsrechtlicher Ansprüche oder um solche aus der gesetzlichen Rentenversicherung handelt. Die Höhe der Leistungen wiederum bestimmt sich nach dem Beamtenversorgungsrecht (vgl. § 3 Abs. 2; siehe auch § 2 Rn 274). **269**

Der Leistungsausschluss nach Absatz 2 Satz 3 entspricht der Regelung des § 23 Abs. 2 BeamtVG, wonach Waisen unter den dort genannten Voraussetzungen keinen Anspruch auf Waisengeld haben. Durch den geschiedenen Ehegatten an Kindes statt angenommene Waisen sollen nicht bessergestellt werden als Waisen, die durch einen Beamten oder eine Beamtin an Kindes statt angenommen worden sind.

Absatz 3 Satz 1 bestimmt den Zeitpunkt, ab dem die ausgleichsberechtigte Person einen Anspruch gegen den Versorgungsträger auf Zahlungen aus dem Versorgungsausgleich hat. Der Zeitpunkt richtet sich nach den insoweit einschlägigen Regelungen desjenigen gesetzlichen Alterssicherungssystems, dem die ausgleichsberechtigte Person bis zum Bezug von Leistungen wegen Alters oder wegen Dienst- bzw. Erwerbsunfähigkeit angehört hat. Maßgeblich für in der gesetzlichen Rentenversicherung Versicherte sind mithin die einschlägigen Bestimmungen des SGB VI, für Beamtinnen und Beamte die entsprechenden beamtenrechtlichen Regelungen. Die Bezugnahme auf das aus Sicht der ausgleichsberechtigten Person primäre gesetzliche Alterssicherungssystem stellt sicher, dass eine Zahlung von Leistungen aus dem Versorgungsausgleich grundsätzlich ab dem Zeitpunkt erfolgt, ab dem – **270** wegen des Eintritts in den Ruhestand – der Bedarf nach ergänzenden Leistungen gegeben ist.

Gehört die ausgleichsberechtigte Person keinem gesetzlichen Alterssicherungssystem an, besteht ein Anspruch auf Leistungen grundsätzlich mit Erreichen der Regelaltersgrenze nach dem SGB VI. Eine vor diesem Zeitpunkt liegende Inanspruchnahme von Leistungen – etwa unter Berufung auf eine ärztlich attestierte Erwerbsminderung – scheidet aus, da die ausgleichsberechtigte Person in diesen Fällen die individuellen Zugangsvoraussetzungen des § 43 SGB VI nicht erfüllt und dem entsprechend auch keinen Anspruch gegen die gesetzliche Rentenversicherung hätte.

Absatz 3 Satz 2 bestimmt den Zeitpunkt, ab dem Hinterbliebene der ausgleichsberechtigten Person Anspruch auf Zahlungen haben. Zahlungen an die Hinterbliebenen beginnen in sinngemäßer Anwendung des § 27 Abs. 1 Satz 1 BeamtVG, also mit dem Ablauf des Sterbemonats der ausgleichsberechtigten Person. Damit wird sichergestellt, dass die Betroffenen nicht bessergestellt werden, als wenn die Ehe der ausgleichsberechtigten Person mit der ausgleichspflichtigen Person bis zum Zeitpunkt des Todes der ausgleichspflichtigen Person fortbestanden hätte.

271 Absatz 4 bestimmt eine generelle Antragspflicht. Die anspruchsberechtigte Person ist verpflichtet, das Vorliegen der Voraussetzungen für den Anspruch auf Zahlungen auf Anforderung der für die Auszahlung zuständigen Stelle zu belegen. Hinsichtlich der Verjährung von Ansprüchen gelten die Regelungen des Bürgerlichen Gesetzbuchs, insbesondere § 197 Abs. 2 BGB in Verbindung mit § 195 BGB.

Der mit dem Dienstrechtsneuordnungsgesetz vom 5. Februar 2009 (BGBl I S. 160) in das Beamtenversorgungsgesetz eingefügte Anspruch auf Erteilung einer Versorgungsauskunft (vgl. § 49 Abs. 10 BeamtVG) gilt nach Absatz 4 auch für Berechtigte nach diesem Gesetz.

Ergänzend regelt Satz 2 Einzelheiten des Verfahrens zur Zahlungsabwicklung unter Bezugnahme auf die entsprechenden Regelungen über die Zahlung von Versorgungsbezügen.

272 Nach Absatz 5 erlöschen Ansprüche von Hinterbliebenen in entsprechender Anwendung der Regelungen des Beamtenversorgungsgesetzes über das Erlöschen der Witwen- und Waisenversorgung mit Ausnahme derjenigen Bestimmungen, die sich aus dem das Beamtenverhältnis prägende besondere Dienst- und Treueverhältnis herleiten (vgl. insoweit § 61 Abs. 1 Satz 1 Nr. 4, Satz 2 BeamtVG). Ansprüche nach dem BVersTG können auch als Ergebnis eines Abänderungsverfahrens enden

(§§ 225, 226 des Gesetzes über das Verfahren in Familiensachen und in den Angelegenheiten der freiwilligen Gerichtsbarkeit [FamFG]).

§ 3 BVersTG Anpassung

(1) Der durch Entscheidung des Familiengerichts zugunsten der ausgleichsberechtigten Person festgesetzte monatliche Betrag erhöht oder vermindert sich um die Vomhundertsätze der nach dem Ende der Ehezeit bis zum Zeitpunkt des Eintritts der ausgleichspflichtigen Person in den Ruhestand eingetretenen Erhöhungen oder Verminderungen der Versorgungsbezüge nach dem Beamtenversorgungsgesetz, die in festen Beträgen festgesetzt sind.

(2) Vom Zeitpunkt des Eintritts der ausgleichspflichtigen Person in den Ruhestand an oder, sofern sich die ausgleichspflichtige Person zum Zeitpunkt der Entscheidung des Familiengerichts bereits im Ruhestand befindet, vom ersten Tag des auf das Ende der Ehezeit folgenden Monats an erhöht oder vermindert sich der Betrag in dem Verhältnis, in dem sich das Ruhegehalt der ausgleichspflichtigen Person vor Anwendung von Ruhens-, Kürzungs- und Anrechnungsvorschriften durch Anpassung der Versorgungsbezüge erhöht oder vermindert. Gleiches gilt für die Zeit ab dem ersten Tag des auf den Tod der ausgleichspflichtigen Person folgenden Monats.

(3) Hinterbliebene nach § 2 Abs. 2 erhalten den Betrag nach den Absätzen 1 und 2 in entsprechender Anwendung der §§ 20, 24 und 25 Abs. 1 und 2 des Beamtenversorgungsgesetzes.

273 Nach Absatz 1 folgt die Dynamisierung des vom Familiengericht zugunsten der ausgleichsberechtigten Person festgesetzten Betrages im Wesentlichen der Regelungssystematik zur Kürzung der Versorgungsbezüge gemäß § 57 BeamtVG. Die Parallelität in der Entwicklung des Leistungsbetrages einerseits und des Kürzungsbetrages nach § 57 BeamtVG andererseits gewährleistet, dass die Fortschreibung für die geschiedenen Ehegatten nachvollziehbar bleibt.

274 Tritt die ausgleichspflichtige Person in den Ruhestand, erhöht oder vermindert sich nach Absatz 2 das Anrecht in dem Verhältnis, in dem sich das Ruhegehalt der ausgleichspflichtigen Person aufgrund von Anpassungen erhöht oder vermindert. Unberücksichtigt bleiben Änderungen in der Höhe des Ruhegehalts, die von der Erfüllung persönlicher Voraussetzungen der ausgleichspflichtigen Person abhängig sind. Damit wird gewährleistet, dass die Höhe des Leistungsbetrags einerseits und des Kürzungsbetrags nach § 57 BeamtVG andererseits gleich und die Fortschreibung für die Betroffenen nachvollziehbar bleibt. Die bisher durch die Systemunterschiede von Beamtenversorgung und gesetzlicher Rentenversicherung bedingten Differenzen zwischen Kürzungs- und Leistungsbetrag entfallen.

275 Absatz 3 bestimmt, dass sich die abgeleiteten Ansprüche der Hinterbliebenen grundsätzlich nach den gleichen Maßstäben wie der Anspruch der ausgleichsberechtigten Person entwickeln. Umfang und Höhe orientieren sich an den – insoweit abschließend benannten – Bestimmungen des Beamtenversorgungsgesetzes über die Hinterbliebenenversorgung.

§ 4 BVersTG Rückforderung

Für die Rückforderung zu viel gezahlter Leistungen gilt § 52 Abs. 2 bis 4 des Beamtenversorgungsgesetzes entsprechend.

276 Auf die Vorschriften über die Rückforderung beamtenversorgungsrechtlicher Bezüge wurde Bezug genommen, um eine insoweit einheitliche Verfahrensweise durchzusetzen und damit zusätzlichen Verwaltungs- und Regelungsaufwand in den Versorgungsdienststellen weitmöglichst zu vermeiden. Von der als lex specialis zu § 52 Abs. 2 BeamtVG ausgestalteten Regelung in § 52 Abs. 1 BeamtVG sind nur diejenigen Fälle erfasst, in denen eine gesetzliche Änderung unmittelbar zu einer Verminderung der Versorgungsbezüge führt. Rechtsgrundlage für Zahlungen nach dem BVersTG ist dagegen regelmäßig ein Verwaltungsakt. Wird dieser durch eine gesetzliche Änderung (z.B. des Beamtenversorgungsgesetzes) rechtswidrig, ist grundsätzlich die Möglichkeit eine Rücknahme auch für die Vergangenheit zu prüfen, § 48 VwVfG. Eine entsprechende Anwendung des § 52 Abs. 1 BeamtVG scheidet insoweit aus. Der vom Berechtigten zu erstattende Betrag kann in angemessenem Umfang mit laufenden Zahlungen verrechnet werden.

§ 5 BVersTG Erstattung

Besteht das Dienstverhältnis der ausgleichspflichtigen Person zum Leistungszeitpunkt nach § 2 Abs. 3 oder zu einem späteren Zeitpunkt nicht mehr fort, hat der Dienstherr, gegen den sich der Anspruch richtet, seinerseits einen Anspruch gegen die gesetzliche Rentenversicherung oder gegen den zuständigen Träger der Versorgungslast auf Erstattung der geleisteten Zahlungen. § 2 der Versorgungsausgleichs-Erstattungsverordnung gilt entsprechend.

Das Gericht begründet ein Anrecht bei dem Versorgungsträger, bei dem das Anrecht der ausgleichspflichtigen Person zum Zeitpunkt der Ehescheidung besteht (§ 10 Abs. 1 VersAusglG). Wechselt die ausgleichspflichtige Person nach Rechtskraft der familiengerichtlichen Entscheidung den Dienstherrn oder scheidet sie aus dem Beamtenverhältnis aus, bleibt der Anspruch der ausgleichsberechtigten Person gegen den in der Entscheidung des Familiengerichts benannten Versorgungsträger hiervon unberührt. Dieser kann die ihm hierdurch entstehenden Kosten nicht mehr durch Kürzung der Versorgungsbezüge zulasten der ausgleichspflichtigen Person ausgleichen. Es bedarf deshalb einer Regelung, auf deren Grundlage die im Rahmen des Versorgungsausgleichs an die ausgleichsberechtigte Person zu leistenden Zahlungen von dem nunmehrigen Träger der Versorgungslast der ausgleichspflichtigen Person eingefordert werden können. Die Regelung entspricht dem in § 225 SGB VI normierten Anspruch des Trägers der Rentenversicherung gegen den zuständigen Träger der Versorgungslast.

277

§ 2 der Versorgungsausgleichs-Erstattungsverordnung regelt Einzelheiten des Erstattungsverfahrens.

Artikel 6: Änderung des Beamtenversorgungsgesetzes

Beamtenversorgungsgesetz in der Fassung der Bekanntmachung vom 16. März 1999 (BGBl I S. 322, 847, 2033), das zuletzt durch Artikel 6 des Gesetzes vom 3. April 2009 (BGBl I S. 700) geändert worden ist.

278

Die Änderungen des Beamtenversorgungsgesetzes sind überwiegend durch die mit dem VAStRefG erfolgte Aufhebung der §§ 1587 bis 1587p BGB veranlasst und insoweit redaktioneller Art. Einzige materielle Änderung ist die Abschaffung des sog. Pensionistenprivilegs (vgl. nachfolgend Rn 281 zu § 57 BeamtVG).

| § 22 BeamtVG | Unterhaltsbeitrag für nicht witwengeldberechtigte Witwen und frühere Ehefrauen |

(1) In den Fällen des § 19 Abs. 1 Satz 2 Nr. 2 ist, sofern die besonderen Umstände des Falles keine volle oder teilweise Versagung rechtfertigen, ein Unterhaltsbeitrag in Höhe des Witwengeldes zu gewähren. Erwerbseinkommen und Erwerbsersatzeinkommen sind in angemessenem Umfang anzurechnen. Wird ein Erwerbsersatzeinkommen nicht beantragt oder wird auf ein Erwerbs- oder Erwerbsersatzeinkommen verzichtet oder wird an deren Stelle eine Ka-

pitalleistung, Abfindung oder Beitragserstattung gezahlt, ist der Betrag zu berücksichtigen, der ansonsten zu zahlen wäre.

(2) Der geschiedenen Ehefrau eines verstorbenen Beamten oder Ruhestandsbeamten, die im Falle des Fortbestehens der Ehe Witwengeld erhalten hätte, ist auf Antrag ein Unterhaltsbeitrag insoweit zu gewähren, als sie im Zeitpunkt des Todes des Beamten oder Ruhestandsbeamten gegen diesen einen Anspruch auf schuldrechtlichen Versorgungsausgleich nach § 1587f Nr. 2 des Bürgerlichen Gesetzbuchs *in der bis zum 31. August 2009 geltenden Fassung* wegen einer Anwartschaft oder eines Anspruchs nach § 1587a Abs. 2 Nr. 1 des Bürgerlichen Gesetzbuchs *in der bis zum 31. August 2009 geltenden Fassung* hatte. Der Unterhaltsbeitrag wird jedoch nur gewährt,
1. solange die geschiedene Ehefrau erwerbsgemindert im Sinne des Sechsten Buches Sozialgesetzbuch ist oder mindestens ein waisengeldberechtigtes Kind erzieht oder
2. wenn sie das sechzigste Lebensjahr vollendet hat.

Der Erziehung eines waisengeldberechtigten Kindes steht die Sorge für ein waisengeldberechtigtes Kind mit körperlichen oder geistigen Gebrechen gleich. Der nach Satz 1 festgestellte Betrag ist in einem Vomhundertsatz des Witwengeldes festzusetzen; der Unterhaltsbeitrag darf fünf Sechstel des entsprechend § 57 gekürzten Witwengeldes nicht übersteigen. § 21 gilt entsprechend.

(3) Absatz 2 gilt entsprechend für die frühere Ehefrau eines verstorbenen Beamten oder Ruhestandsbeamten, deren Ehe mit diesem aufgehoben oder für nichtig erklärt war.

279 Bei der Änderung des § 22 Abs. 2 handelt es sich um redaktionelle Änderungen hinsichtlich der Aufhebung der §§ 1587 bis 1587p BGB.

| § 55 BeamtVG | Zusammentreffen von Versorgungsbezügen mit Renten |

(1) Versorgungsbezüge werden neben Renten nur bis zum Erreichen der in Absatz 2 bezeichneten Höchstgrenze gezahlt. Als Renten gelten
1. Renten aus den gesetzlichen Rentenversicherungen,
2. Renten aus einer zusätzlichen Alters- oder Hinterbliebenenversorgung für Angehörige des öffentlichen Dienstes,
3. Renten aus der gesetzlichen Unfallversicherung, wobei für den Ruhegehaltempfänger ein dem Unfallausgleich (§ 35) entsprechender Betrag un-

berücksichtigt bleibt; bei einer Minderung der Erwerbsfähigkeit um 20 vom Hundert bleiben zwei Drittel der Mindestgrundrente nach dem Bundesversorgungsgesetz, bei einer Minderung der Erwerbsfähigkeit um 10 vom Hundert ein Drittel der Mindestgrundrente nach dem Bundesversorgungsgesetz unberücksichtigt,

4. Leistungen aus einer berufsständischen Versorgungseinrichtung oder aus einer befreienden Lebensversicherung, zu denen der Arbeitgeber aufgrund eines Beschäftigungsverhältnisses im öffentlichen Dienst mindestens die Hälfte der Beiträge oder Zuschüsse in dieser Höhe geleistet hat.

Wird eine Rente im Sinne des Satzes 2 nicht beantragt oder auf sie verzichtet oder wird an deren Stelle eine Kapitalleistung, Beitragserstattung oder Abfindung gezahlt, so tritt an die Stelle der Rente der Betrag, der vom Leistungsträger ansonsten zu zahlen wäre. Bei Zahlung einer Abfindung, Beitragserstattung oder eines sonstigen Kapitalbetrages ist der sich bei einer Verrentung ergebende Betrag zugrunde zu legen. Dies gilt nicht, wenn der Ruhestandsbeamte innerhalb von drei Monaten nach Zufluss den Kapitalbetrag zuzüglich der hierauf gewährten Zinsen an den Dienstherrn abführt. Zu den Renten und den Leistungen nach Nummer 4 rechnet nicht der Kinderzuschuß. *Renten, Rentenerhöhungen und Rentenminderungen, die auf § 1587b des Bürgerlichen Gesetzbuchs oder § 1 des Gesetzes zur Regelung von Härten im Versorgungsausgleich, jeweils in der bis zum 31. August 2009 geltenden Fassung beruhen, sowie Zuschläge oder Abschläge beim Rentensplitting unter Ehegatten nach § 76c des Sechsten Buches Sozialgesetzbuch bleiben unberücksichtigt.* Die Kapitalbeträge nach Satz 4 sind um die Vomhundertsätze der allgemeinen Anpassungen nach § 70 zu erhöhen oder zu vermindern, die sich nach dem Zeitpunkt der Entstehung des Anspruchs auf die Kapitalbeträge bis zur Gewährung von Versorgungsbezügen ergeben. Der Verrentungsbetrag nach Satz 4 errechnet sich bezogen auf den Monat aus dem Verhältnis zwischen dem nach Satz 8 dynamisierten Kapitalbetrag und dem Verrentungsdivisor, der sich aus dem zwölffachen Betrag des Kapitalwertes nach Anlage 9 zum Bewertungsgesetz ergibt.

280 Bei der Änderung des Absatz 1 Satz 7 handelt es sich um redaktionelle Änderungen hinsichtlich der Aufhebung der §§ 1587 bis 1587p BGB und des VAHRG.

§ 2 Gesetz über den Versorgungsausgleich (VersAusglG)

| § 57 BeamtVG | Kürzung der Versorgungsbezüge nach der Ehescheidung |

(1) *Sind durch Entscheidung des Familiengerichts*
1. Anwartschaften in einer gesetzlichen Rentenversicherung nach § 1587b Abs. 2 des Bürgerlichen Gesetzbuchs in der bis zum 31.August 2009 geltenden Fassung oder
2. Anrechte nach dem Versorgungsausgleichsgesetz vom 03.April 2009 übertragen oder begründet worden, werden nach Wirksamkeit dieser Entscheidung die Versorgungsbezüge der ausgleichspflichtigen Person und ihrer Hinterbliebenen nach Anwendung von Ruhens-, Kürzungs- und Anrechnungsvorschriften um den nach Absatz 2 oder Absatz 3 berechneten Betrag gekürzt. Das Ruhegehalt, das der verpflichtete Ehegatte im Zeitpunkt der Wirksamkeit der Entscheidung des Familiengerichts über den Versorgungsausgleich erhält, wird erst gekürzt, wenn aus der Versicherung des berechtigten Ehegatten eine Rente zu gewähren ist; *dies gilt nur, wenn der Anspruch auf Ruhegehalt vor dem 1. September 2009 entstanden und das Verfahren über den Versorgungsausgleich zu diesem Zeitpunkt eingeleitet worden ist.* Das einer Vollwaise zu gewährende Waisengeld wird nicht gekürzt, wenn nach dem Recht der gesetzlichen Rentenversicherungen die Voraussetzungen für die Gewährung einer Waisenrente aus der Versicherung des berechtigten Ehegatten nicht erfüllt sind.

(2) Der Kürzungsbetrag für das Ruhegehalt berechnet sich aus dem Monatsbetrag der durch die Entscheidung des Familiengerichts begründeten Anwartschaften *oder übertragenen Anrechte*. Dieser Monatsbetrag erhöht oder vermindert sich bei einem Beamten um die Vomhundertsätze der nach dem Ende der Ehezeit bis zum Zeitpunkt des Eintritts in den Ruhestand eingetretenen Erhöhungen oder Verminderungen der beamtenrechtlichen Versorgungsbezüge, die in festen Beträgen festgesetzt sind. Vom Zeitpunkt des Eintritts in den Ruhestand an, bei einem Ruhestandsbeamten vom Tag nach dem Ende der Ehezeit an, erhöht oder vermindert sich der Kürzungsbetrag in dem Verhältnis, in dem sich das Ruhegehalt vor Anwendung von Ruhens-, Kürzungs- und Anrechnungsvorschriften durch Anpassung der Versorgungsbezüge erhöht oder vermindert.

(3) Der Kürzungsbetrag für das Witwen- und Waisengeld berechnet sich aus dem Kürzungsbetrag nach Absatz 2 für das Ruhegehalt, das der Beamte erhalten hat oder hätte erhalten können, wenn er am Todestag in den Ruhestand getreten wäre, nach den Anteilssätzen des Witwen- oder Waisengeldes.

(4) Ein Unterhaltsbeitrag nach § 22 Abs. 2 oder 3 oder nach entsprechendem bisherigen Recht und eine Abfindungsrente nach bisherigem Recht ~~(§ 153 des Bundesbeamtengesetzes und entsprechende Vorschriften)~~ werden nicht gekürzt.

(5) In den Fällen des Absatzes 1 Satz 2 und des § 5 des Gesetzes zur Regelung von Härten im Versorgungsausgleich vom 21. Februar 1983 ~~(BGBl I S. 105)~~ *in der bis zum 31.August 2009 geltenden Fassung* steht die Zahlung des Ruhegehalts des verpflichteten Ehegatten für den Fall rückwirkender oder erst nachträglich bekannt werdender Rentengewährung an den berechtigten Ehegatten unter dem Vorbehalt der Rückforderung.

Bei den Änderungen des Absatz 1 Satz 1 handelt es sich um Folgeänderungen zum einen hinsichtlich der Aufhebung der §§ 1587 bis 1587p BGB und zum anderen hinsichtlich der Definition der auszugleichenden Anrechte nach § 2 VersAusglG.

Auch bei den Änderungen im Satz 2 handelt es sich um eine rentengleiche Folgeänderung zur Änderung in § 101 SGB VI (§ 2 Rn 241).

Auch bei der Änderung des Absatz 2 Satz 1 handelt es sich um eine Folgeänderung zu § 2 Abs. 1 VersAusglG. Danach werden die einzubeziehenden Anrechte im Sinne des Versorgungsausgleichs neu definiert. Klargestellt ist damit, dass ein Anrecht auch dann dem Ausgleich unterliegt, wenn bereits eine laufende Versorgung fließt.

Absatz 4 lässt den Hinweis auf § 153 Bundesbeamtengesetz entfallen. Es handelt sich um eine redaktionelle Änderung.

Absatz 5 enthält eine redaktionelle Änderung hinsichtlich der Aufhebung des VAHRG.

Die Kürzung der Versorgungsbezüge nach der Ehescheidung erfolgt grundsätzlich ab dem Zeitpunkt, zu dem die oder der Ausgleichspflichtige in den Ruhestand versetzt wird – unabhängig davon, ob die oder der Ausgleichsberechtigte ab diesem Zeitpunkt Leistungen aus dem Versorgungsausgleich erhält oder nicht. Abweichend hiervon werden nach bisher geltendem Recht die Bezüge in den Fällen, in denen die Beamtin oder der Beamte sich erst nach erfolgter Versetzung in den Ruhestand scheiden lässt, nicht sofort gekürzt, sondern erst ab dem Zeitpunkt, ab dem die ausgleichsberechtigte Person tatsächlich Leistungen erhält („Pensionistenprivileg"). Bei vorzeitiger Pensionierung wie auch bei einem hohen Altersunterschied zwischen den geschiedenen Ehepartnern führte diese Regelung dazu, dass die Kürzung der Versorgungsbezüge zulasten der oder des Ausgleichspflichtigen erst zu einem deutlich späteren Zeitpunkt erfolgte.

Künftig werden die Bezüge von Ruhestandsbeamtinnen und Ruhestandsbeamten unmittelbar mit Wirksamkeit der Entscheidung über den Versorgungsausgleich gekürzt – unabhängig davon, ob der ausgleichsberechtigte Ehepartner ab diesem Zeitpunkt bereits Leistungen aus dem Versorgungsausgleich erhält oder nicht. Die Voraussetzungen für das Pensionistenprivileg nach „altem" Recht (Anspruch auf Ruhegehalt und Einleitung des Verfahrens über den Versorgungsausgleich vor dem 1. September 2009) sind auch erfüllt, wenn das Versorgungsausgleichsverfahren vor dem Stichtag eingeleitet, dann aber ausgesetzt worden ist.

Das Recht der gesetzlichen Rentenversicherung wurde in gleicher Weise geändert (siehe § 2 Rn 241 ff.).

| § 58 BeamtVG | Abwendung der Kürzung der Versorgungsbezüge |

(1) Die Kürzung der Versorgungsbezüge nach § 57 kann von dem Beamten oder Ruhestandsbeamten ganz oder teilweise durch Zahlung eines Kapitalbetrages an den Dienstherrn abgewendet werden.

(2) Als voller Kapitalbetrag wird der Betrag angesetzt, der aufgrund der Entscheidung des Familiengerichts ~~nach § 1587b Abs. 2 des Bürgerlichen Gesetzbuchs zur Begründung der Anwartschaft auf die bestimmte Rente~~ **zu leisten gewesen wäre, erhöht oder vermindert um die Hundertsätze der nach dem Tage, an dem die Entscheidung des Familiengerichts ergangen ist, bis zum Tag der Zahlung des Kapitalbetrages eingetretenen Erhöhungen oder Verminderungen der beamtenrechtlichen Versorgungsbezüge, die in festen Beträgen festgesetzt sind. Vom Zeitpunkt des Eintritts in den Ruhestand an, bei einem Ruhestandsbeamten von dem Tage, an dem die Entscheidung des Familiengerichts ergangen ist, erhöht oder vermindert sich der Kapitalbetrag in dem Verhältnis, in dem sich das Ruhegehalt vor Anwendung von Ruhens-, Kürzungs- und Anrechnungsvorschriften durch Anpassung der Versorgungsbezüge erhöht oder vermindert.**

(3) Bei teilweiser Zahlung vermindert sich die Kürzung der Versorgungsbezüge in dem entsprechenden Verhältnis; der Betrag der teilweisen Zahlung soll den Monatsbetrag der Dienstbezüge des Beamten oder des Ruhegehalts des Ruhestandsbeamten nicht unterschreiten.

(4) Ergeht nach der Scheidung eine Entscheidung zur Abänderung des Wertausgleichs und sind Zahlungen nach Absatz 1 erfolgt, sind im Umfang der Abänderung zuviel gezahlte Beiträge unter Anrechnung der nach § 57 anteilig errechneten Kürzungsbeträge zurückzuzahlen.

In Absatz 2 Satz 2 handelt es sich um eine redaktionelle Klarstellung, da der § 1587b entfällt.

282

Der bisher in § 10a Abs. 12 VAHRG geregelte Anspruch wird unmittelbar als Absatz 4 in das Beamtenversorgungsrecht eingefügt. Damit wird eine Regelungslücke vermieden, die sonst durch die Aufhebung des VAHRG entstehen würde.

| § 86 BeamtVG | Hinterbliebenenversorgung |

(1) Die Gewährung von Unterhaltsbeiträgen an geschiedene Ehegatten richtet sich nach den bis zum 31. Dezember 1976 geltenden beamtenrechtlichen Vorschriften, wenn die Ehe vor dem 1. Juli 1977 geschieden, aufgehoben oder für nichtig erklärt worden ist.

(2) Die Vorschrift des § 19 Abs. 1 Satz 2 Nr. 2 über den Ausschluß von Witwengeld findet keine Anwendung, wenn die Ehe am 1. Januar 1977 bestanden und das bis zu diesem Zeitpunkt geltende Landesrecht den Ausschlußgrund nicht enthalten hat. An die Stelle des fünfundsechzigsten Lebensjahres in § 19 Abs. 1 Satz 2 Nr. 2 tritt ein in der bis zum 31. Dezember 1976 geltenden landesrechtlichen Vorschrift vorgesehenes höheres Lebensalter, wenn die Ehe am 1. Januar 1977 bestanden hat.

(3) Die Vorschriften über die Kürzung des Witwengeldes bei großem Altersunterschied der Ehegatten (§ 20 Abs. 2) finden keine Anwendung, wenn die Ehe am 1. Januar 1977 bestanden und das bis zu diesem Zeitpunkt für den Beamten oder Ruhestandsbeamten geltende Landesrecht entsprechende Kürzungsvorschriften nicht enthalten hat.

(4) Die Vorschrift des § 22 Abs. 2 in der bis zum 31. Juli 1989 geltenden Fassung findet Anwendung, wenn ein Scheidungsverfahren bis zum 31. Juli 1989 rechtshängig geworden ist oder die Parteien bis zum 31. Juli 1989 eine Vereinbarung nach § 1587o des Bürgerlichen Gesetzbuchs *in der bis zum 31. August 2009 geltenden Fassung* getroffen haben.

Bei der Änderung des Absatz 4 handelt es sich um eine redaktionelle Änderung hinsichtlich der Aufhebung der §§ 1587 bis 1587p BGB.

283

§ 2 Gesetz über den Versorgungsausgleich (VersAusglG)

Artikel 7: Änderung des Abgeordnetengesetzes

284 Abgeordnetengesetz in der Fassung der Bekanntmachung vom 21. Februar 1996 (BGBl I S. 326), zuletzt geändert durch Artikel 7 des Gesetzes vom 3. April 2009 (BGBl I S. 700).

§ 25a AbgG	Versorgungsausgleich

~~(1) Bei der Ermittlung des Wertunterschiedes im Sinne des § 1587a Abs. 2 des Bürgerlichen Gesetzbuchs wird die Altersentschädigung zugrunde gelegt, die sich aus den anrechenbaren Mandatszeiten bis zum Zeitpunkt des Eintritts der Rechtshängigkeit des Scheidungsantrages ergibt (Gesamtzeit). Maßgebender Wert der Versorgung ist der Teil der Altersentschädigung, der dem Verhältnis der in die Ehezeit fallenden Mandatszeit zur Gesamtzeit entspricht. Die Versorgung nach diesem Gesetz ist als dynamisch anzusehen.~~

(1) Anrechte auf Altersentschädigung werden intern geteilt.

~~(2) Besteht im Zeitpunkt des Eintritts der Rechtshängigkeit des Scheidungsantrages noch kein Anspruch auf eine Altersentschädigung, so ist für jedes Jahr der Mitgliedschaft im Bundestag der entsprechende Steigerungssatz nach § 20 Satz 2 zu berücksichtigen.~~

(2) Für die Durchführung gilt das Gesetz über die interne Teilung beamtenversorgungsrechtlicher Ansprüche von Bundesbeamtinnen und Bundesbeamten im Versorgungsausgleich (Bundesversorgungsteilungsgesetz) entsprechend.

~~(3) Die Absätze 1 und 2 gelten sinngemäß für die Versorgungsleistungen nach den Abgeordnetengesetzen der Länder. Für Absatz 2 gilt dies mit der Maßgabe, dass in den Fällen, in denen nach dem Abgeordnetengesetz eines Landes eine Mindestmitgliedszeit für einen Anspruch auf Altersentschädigung verlangt wird und diese noch nicht erreicht ist, für jedes Jahr der Mitgliedschaft im Landtag entweder der entsprechende Anteil der Mindestversorgung oder – soweit die Abgeordnetengesetze der Länder einen solchen vorsehen – der entsprechende Steigerungssatz nach dem Landesrecht zu berücksichtigen ist.~~

(3) Die Bewertung der Altersentschädigung erfolgt nach § 39 des Versorgungsausgleichsgesetzes (unmittelbare Bewertung).

285 Als Methode zur Teilung der Versorgungsanrechte wird durch Absatz 1 die interne Teilung angeordnet. Das Versorgungsrecht der Abgeordneten richtete sich schon bisher nach dem Beamtenrecht (§ 26 AbgG). Ein Gleichlauf gilt Kraft der Verweisung in Absatz 2 auf das Bundesversorgungsteilungsgesetz auch für den Vollzug der Teilung und dessen Einzelheiten. Durch die Anordnung der internen Teilung wird § 25a AbgG auch dem Grundgedanken des Versorgungsausgleichsgesetzes gerecht, dass die externe Teilung gemäß § 14 Abs. 2 VersAusglG der Ausnahmefall und damit die interne Teilung der Regelfall ist.

Im Gegensatz zur alten Rechtslage, nach der die Versorgungsanrechte durch die Bezugnahme auf § 1587a Abs. 2 BGB in einer der zeitratierlichen Bewertung entsprechenden Weise bewertet wurden, sind Anrechte nunmehr gemäß Absatz 3 unmittelbar zu bewerten (Verweis auf § 39 VersAusglG). § 39 VersAusglG ordnet an, dass die unmittelbare Bewertung durchzuführen ist, wenn sich der Wert des betreffenden Anrechts nach einer Bezugsgröße richtet, die unmittelbar bestimmten Zeitabschnitten zugeordnet werden kann. Gemäß § 19 AbgG setzt ein Anrecht bzw. ein Anspruch auf Altersentschädigung das Erreichen eines bestimmten Lebensalters und eine mindestens einjährige Mitgliedschaft im Deutschen Bundestag voraus. Die Altersentschädigung bemisst sich nach der monatlichen Abgeordnetenentschädigung und steigt gemäß § 20 Satz 2 AbgG für jedes Jahr der Mitgliedschaft um 2,5 Prozent der Abgeordnetenentschädigung. Die Altersentschädigung ist folglich an die Dauer der Mitgliedschaft und die Höhe der Abgeordnetenentschädigung im betreffenden Zeitraum gekoppelt. Der Wert des Anrechts auf Altersentschädigung richtet sich somit nach einer Bezugsgröße, die unmittelbar bestimmten Zeitabschnitten zugeordnet werden kann.

286 § 25a Abs. 2 a.F. wurde gestrichen, da der Regelungsgrund dafür weggefallen ist. § 25a Abs. 2 a.F. regelte den Fall, dass im Scheidungszeitpunkt noch keine Anrechte erworben worden waren, da die Mindestmitgliedsdauer von acht Jahren (§ 19 Satz 1 a.F.) noch nicht erreicht war. Seit dem 1. Januar 2008 besteht ein Anrecht auf Altersversorgung gemäß § 19 n.F. bereits nach dem ersten Mitgliedsjahr, vorausgesetzt, das in § 19 AbgG genannte Mindestlebensalter wird erfüllt. Damit hat die Regelung des § 25a Abs. 2 a.F. ihre Berechtigung verloren, denn wenn nicht einmal ein Jahr Mitgliedsdauer erreicht wird, ist eine Steigerung pro Mitgliedsjahr logischerweise nicht möglich.

Sofern ein ausgeschiedenes Mitglied des Deutschen Bundestages keinen Anspruch auf Altersentschädigung hat, weil es weniger als acht Jahre Mitglied war und vor dem 31. Dezember 2007 ausgeschieden ist oder ab dem 1. Januar 2008 weniger als ein Jahr Mitglied war, erhält es eine Versorgungsabfindung nach § 23 AbgG. Zum Ausgleich dieser Abfindung ist keine besondere Regelung in § 25a AbgG erforderlich. Die Kapitalabfindung ist versorgungsausgleichsrechtlich nicht relevant. Die Anrechnung von Mandatszeiten sowie die bereits erfolgte Nachversicherung in der gesetzlichen Rentenversicherung sind zwar versorgungsrechtlich relevant, der Ausgleich findet aber in den betreffenden Versorgungs- bzw. Rentensystemen und nicht in der Abgeordnetenversorgung statt. Sofern eine Nachversicherung in der gesetzlichen Rentenversicherung noch nicht erfolgt ist, fehlt es in entsprechender Anwendung des § 19 Abs. 2 VersAusglG an der Ausgleichsreife; insoweit sind Ausgleichsansprüche nach der Scheidung nach den §§ 20 bis 24 VersAusglG eröffnet.

287 Da das reformierte Ausgleichssystem durch die Teilung des einzelnen Anrechts keine Vergleichbarmachung der unterschiedlichen Anrechte mehr voraussetzt, ist auch die Unterscheidung zwischen volldynamischen und nichtdynamischen Anrechten nicht mehr nötig. Daher wurde der bisherige § 25a Abs. 1 Satz 3 gestrichen.

Artikel 8: Änderung des Soldatenversorgungsgesetzes

§ 55a SVG

(1) **Versorgungsbezüge werden neben Renten nur bis zum Erreichen der in Absatz 2 bezeichneten Höchstgrenze gezahlt. Als Renten gelten**
1. Renten aus den gesetzlichen Rentenversicherungen,
2. Renten aus einer zusätzlichen Alters- oder Hinterbliebenenversorgung für Angehörige des öffentlichen Dienstes,
3. Renten aus der gesetzlichen Unfallversicherung, wobei für den Ruhegehaltsempfänger ein der Grundrente nach § 31 in Verbindung mit § 84a Satz 1 und 2 des Bundesversorgungsgesetzes entsprechender Betrag unberücksichtigt bleibt; bei einer Minderung der Erwerbsfähigkeit um 20 vom Hundert bleiben zwei Drittel, bei einer Minderung der Erwerbsfähigkeit um 10 vom Hundert ein Drittel der Mindestgrundrente unberücksichtigt,
4. Leistungen aus einer berufsständischen Versorgungseinrichtung oder aus einer befreienden Lebensversicherung, zu denen der Arbeitgeber aufgrund eines Beschäftigungsverhältnisses im öffentlichen Dienst mindestens die Hälfte der Beiträge oder Zuschüsse in dieser Höhe geleistet hat.

Wird eine Rente im Sinne des Satzes 2 nicht beantragt oder auf sie verzichtet oder wird an deren Stelle eine Kapitalleistung, Beitragserstattung oder Abfindung gezahlt, so tritt an die Stelle der Rente der Betrag, der vom Leistungsträger ansonsten zu zahlen wäre. Bei Zahlung einer Abfindung, Beitragserstattung oder eines sonstigen Kapitalbetrages ist der sich bei einer Verrentung ergebende Betrag zugrunde zu legen. Dies gilt nicht, wenn der Soldat im

Ruhestand innerhalb von drei Monaten nach Zufluss den Kapitalbetrag zuzüglich der hierauf gewährten Zinsen an den Bund abführt. Zu den Renten und den Leistungen nach Nummer 4 rechnet nicht der Kinderzuschuss. ~~Renten, Rentenerhöhungen und Rentenminderungen, die auf § 1587b des Bürgerlichen Gesetzbuchs oder § 1 des Gesetzes zur Regelung von Härten im Versorgungsausgleich beruhen sowie Zuschläge oder Abschläge beim Rentensplitting unter Ehegatten nach § 76c des Sechsten Buches Sozialgesetzbuch, bleiben unberücksichtigt.~~ *Renten, Rentenerhöhungen und Rentenminderungen, die auf § 1587b des Bürgerlichen Gesetzbuchs oder § 1 des Gesetzes zur Regelung von Härten im Versorgungsausgleich, jeweils in der bis 31. August 2009 geltenden Fassung beruhen, sowie Zuschläge oder Abschläge beim Rentensplitting unter Ehegatten nach § 76c des Sechsten Buches Sozialgesetzbuch bleiben unberücksichtigt.* Die Kapitalbeträge nach Satz 4 sind um die Vomhundertsätze der allgemeinen Anpassungen nach § 89b dieses Gesetzes in Verbindung mit § 70 des Beamtenversorgungsgesetzes zu erhöhen oder zu vermindern, die sich nach dem Zeitpunkt der Entstehung des Anspruchs auf die Kapitalbeträge bis zur Gewährung von Versorgungsbezügen ergeben. Der Verrentungsbetrag nach Satz 4 berechnet sich bezogen auf den Monat aus dem Verhältnis zwischen dem nach Satz 8 dynamisierten Kapitalbetrag und dem Verrentungsdivisor, der sich aus dem zwölffachen Betrag des Kapitalwertes nach Anlage 9 zum Bewertungsgesetz ergibt.

Bei der Änderung des Absatz 1 Satz 7 handelt es sich um redaktionelle Änderungen hinsichtlich der Aufhebung der §§ 1587 bis 1587p BGB und des VAHRG.

288

---

§ 55c SVG

(1) ~~Sind Anwartschaften in einer gesetzlichen Rentenversicherung nach § 1587b Abs. 2 des Bürgerlichen Gesetzbuchs durch Entscheidung des Familiengerichts begründet worden, werden nach Wirksamkeit dieser Entscheidung die Versorgungsbezüge des verpflichteten Ehegatten und seiner Hinterbliebenen nach Anwendung von Ruhens-, Kürzungs- und Anrechnungsvorschriften um den nach Absatz 2 oder 3 berechneten Betrag gekürzt.~~ Sind durch Entscheidung des Familiengerichts
1. Anwartschaften in einer gesetzlichen Rentenversicherung nach § 1587b Abs. 2 des Bürgerlichen Gesetzbuchs in der bis zum 31. August 2009 geltenden Fassung oder
2. *Anrechte nach dem Versorgungsausgleichsgesetz vom 03. April 2009 (Bundesgesetzblatt Jahrgang 2009 Teil I Nr. 18) übertragen oder begründet wor-*

den, werden nach Wirksamkeit dieser Entscheidung die Versorgungsbezüge der ausgleichspflichtigen Person und ihrer Hinterbliebenen nach Anwendung von Ruhens-, Kürzungs- und Anrechnungsvorschriften um den nach Absatz 2 oder Absatz 3 berechneten Betrag gekürzt. Das Ruhegehalt, das der verpflichtete Ehegatte im Zeitpunkt der Wirksamkeit der Entscheidung des Familiengerichts über den Versorgungsausgleich erhält, wird erst gekürzt, wenn aus der Versicherung des berechtigten Ehegatten eine Rente zu gewähren ist; *dies gilt nicht für Entscheidungen des Familiengerichts nach dem 31. August 2009.* Das einer Vollwaise zu gewährende Waisengeld wird nicht gekürzt, wenn nach dem Recht der gesetzlichen Rentenversicherungen die Voraussetzungen für die Gewährung einer Waisenrente aus der Versicherung des berechtigten Ehegatten nicht erfüllt sind.

(2) Der Kürzungsbetrag für das Ruhegehalt berechnet sich aus dem Monatsbetrag der durch die Entscheidung des Familiengerichts begründeten Anwartschaften *oder übertragenen Anrechte*. Dieser Monatsbetrag erhöht oder vermindert sich bei einem Berufssoldaten um die Hundertsätze der nach dem Ende der Ehezeit bis zum Zeitpunkt des Eintritts in den Ruhestand eingetretenen Erhöhungen oder Verminderungen der soldatenrechtlichen Versorgungsbezüge, die in festen Beträgen festgesetzt sind. Vom Zeitpunkt des Eintritts in den Ruhestand an, bei einem Soldaten im Ruhestand vom Tage nach dem Ende der Ehezeit an, erhöht oder vermindert sich der Kürzungsbetrag in dem Verhältnis, in dem sich das Ruhegehalt vor Anwendung von Ruhens-, Kürzungs- und Anrechnungsvorschriften durch Anpassung der Versorgungsbezüge erhöht oder vermindert.

(3) Der Kürzungsbetrag für das Witwen- und Waisengeld berechnet sich aus dem Kürzungsbetrag nach Absatz 2 für das Ruhegehalt, das der Berufssoldat erhalten hat oder hätte erhalten können, wenn er am Todestage in den Ruhestand getreten wäre, nach den Anteilssätzen des Witwen- oder Waisengeldes.

(4) Ein Unterhaltsbeitrag nach § 43 dieses Gesetzes in Verbindung mit § 22 Abs. 2 oder 3 des Beamtenversorgungsgesetzes wird nicht gekürzt.

(5) In den Fällen des Absatzes 1 Satz 2 und des § 5 des Gesetzes zur Regelung von Härten im Versorgungsausgleich vom 21. Februar 1983 *(in der bis zum 31. August 2009 geltenden Fassung)* steht die Zahlung des Ruhegehaltes des verpflichteten Ehegatten für den Fall rückwirkender oder erst nachträglich bekannt werdender Rentengewährung an den berechtigten Ehegatten unter dem Vorbehalt der Rückforderung.

Bei der Änderung des Absatz 1 Satz 1 handelt es sich um Folgeänderungen zum einen hinsichtlich der Aufhebung der §§ 1587 bis 1587p BGB und zum anderen hinsichtlich der Definition der auszugleichenden Anrechte nach § 2 VersAusglG. Es handelt sich bei der Ergänzung des Absatz 1 Satz 2 um eine rentengleiche Folgeänderung zur Änderung in § 101 SGB VI (§ 2 Rn 241 ff.).

289

Bei der Ergänzung des Absatz 2 Satz 1 handelt es sich um eine Folgeänderung zu § 2 Abs. 1 VersAusglG. Danach werden die einzubeziehenden Anrechte im Sinne des Versorgungsausgleichs neu definiert. Klargestellt ist damit, dass ein Anrecht auch dann dem Ausgleich unterliegt, wenn bereits eine laufende Versorgung fließt.

Auch in Absatz 5 handelt es sich um eine redaktionelle Änderung hinsichtlich der Aufhebung des VAHRG.

§ 55d SVG

(1) Die Kürzung der Versorgungsbezüge nach § 55c kann von dem Berufssoldaten oder Soldaten im Ruhestand ganz oder teilweise durch Zahlung eines Kapitalbetrages an den Dienstherrn abgewendet werden.

(2) Als voller Kapitalbetrag wird der Betrag angesetzt, der aufgrund der Entscheidung des Familiengerichts ~~nach § 1587b Abs. 2 des Bürgerlichen Gesetzbuchs zur Begründung der Anwartschaft auf die bestimmte Rente~~ zu leisten gewesen wäre, erhöht oder vermindert um die Hundertsätze der nach dem Tage, an dem die Entscheidung des Familiengerichts ergangen ist, bis zum Tage der Zahlung des Kapitalbetrages eingetretenen Erhöhungen oder Verminderungen der soldatenrechtlichen Versorgungsbezüge, die in festen Beträgen festgesetzt sind. Vom Zeitpunkt des Eintritts in den Ruhestand an, bei einem Soldaten im Ruhestand von dem Tage, an dem die Entscheidung des Familiengerichts ergangen ist, erhöht oder vermindert sich der Kapitalbetrag in dem Verhältnis, in dem sich das Ruhegehalt vor Anwendung von Ruhens-, Kürzungs- und Anrechnungsvorschriften durch Anpassung der Versorgungsbezüge erhöht oder vermindert.

(3) Bei teilweiser Zahlung vermindert sich die Kürzung der Versorgungsbezüge in dem entsprechenden Verhältnis; der Betrag der teilweisen Zahlung soll den Monatsbetrag der Dienstbezüge des Berufssoldaten oder des Ruhegehaltes des Soldaten im Ruhestand nicht unterschreiten.

(4) Ergeht nach der Scheidung eine Entscheidung zur Abänderung des Wertausgleichs und sind Zahlungen nach Absatz 1 erfolgt, sind im Umfang der Abände-

§ 2 Gesetz über den Versorgungsausgleich (VersAusglG)

rung zuviel gezahlte Beiträge unter Anrechnung der nach § 57 anteilig errechneten Kürzungsbeträge zurückzuzahlen.

290 Bei der Änderung in Absatz 2 Satz 1 handelt es sich um eine redaktionelle Klarstellung.

Mit dem neuen Absatz 4 wird der bisher in § 10a Abs. 12 VAHRG geregelte Anspruch unmittelbar in das Soldatenversorgungsrecht eingefügt. Damit wurde eine Regelungslücke vermieden, die sonst durch die Aufhebung des VAHRG entstanden wäre.

§ 55e SVG

Für die Ansprüche von ausgleichsberechtigten Personen und deren Hinterbliebenen aus dem Versorgungsausgleich gegenüber dem Träger der Soldatenversorgung als Versorgungsträger der ausgleichspflichtigen Person gelten die Bestimmungen des Bundesversorgungsteilungsgesetzes vom 3. April 2009 (BGBl I S. 700, 716) entsprechend.

291 Die neu eingefügte Vorschrift regelt die Ansprüche von ausgleichsberechtigten Personen und deren Hinterbliebenen aus dem Versorgungsausgleich gegenüber dem Träger der Soldatenversorgung, wenn dieser der Versorgungsträger der ausgleichspflichtigen Person ist. Für diese Ansprüche gelten die Bestimmungen des Bundesversorgungsteilungsgesetzes entsprechend (siehe Artikel 5).

292 Der bisherige § 55e wird § 55f.

Artikel 9: Änderung des Gesetzes über die Alterssicherung der Landwirte

§ 17 ALG   Anrechenbare Zeiten

(1) Auf die Wartezeit von fünf, 15 und 35 Jahren werden Beitragszeiten angerechnet.

Ferner werden angerechnet
1. Zeiten, für die Pflichtbeiträge nach den Vorschriften des Sechsten Buches Sozialgesetzbuch gezahlt sind,

2. Zeiten, in denen Versicherungsfreiheit nach § 5 Abs. 1 des Sechsten Buches Sozialgesetzbuch oder den vor dem 1. Januar 1992 geltenden entsprechenden rentenrechtlichen Vorschriften bestand und
3. Zeiten, in denen eine Befreiung von der Versicherungspflicht nach § 6 Abs. 1 Nr. 1 bis 3 des Sechsten Buches Sozialgesetzbuch oder den vor dem 1. Januar 1992 geltenden entsprechenden rentenrechtlichen Vorschriften bestand oder die Voraussetzungen für eine Befreiung von der Versicherungspflicht nach § 6 Abs. 1 Nr. 1 des Sechsten Buches Sozialgesetzbuch erfüllt gewesen wären, wenn Versicherungspflicht nach den Vorschriften der gesetzlichen Rentenversicherung bestanden hätte. Zeiten nach Satz 2 werden nicht angerechnet, wenn diese Zeiten bereits mit Beiträgen belegt sind oder nur deshalb nicht mit Beiträgen belegt sind, weil der Versicherte von der nach § 1 Abs. 2 bestehenden Versicherungspflicht befreit worden ist.

(2) Die Wartezeit von fünf Jahren ist vorzeitig erfüllt, wenn Versicherte wegen eines Arbeitsunfalls oder einer Berufskrankheit erwerbsgemindert nach den Vorschriften des Sechsten Buches Sozialgesetzbuch geworden oder gestorben sind. Satz 1 findet nur Anwendung für Versicherte, die bei Eintritt des Arbeitsunfalls oder der Berufskrankheit versicherungspflichtig waren.

(3) Ist zugunsten von Versicherten ein Versorgungsausgleich durchgeführt worden, wird auf die Wartezeit die volle Anzahl an Monaten angerechnet, die sich ergibt, wenn die Steigerungszahl für *begründete übertragene oder begründete* [192] *0,0833 0,0157* geteilt wird. War der Ausgleichsberechtigte zuletzt als mitarbeitender Familienangehöriger tätig, tritt an die Stelle der Zahl *0,0833 0,0157* die Zahl *0,0417 0,0079*. ~~Die Anrechnung erfolgt nur insoweit, als die in die Ehezeit oder Lebenspartnerschaftszeit fallenden Kalendermonate nicht bereits auf die Wartezeit anzurechnen sind.~~ *Von den auf die Wartezeit nach den Sätzen 1 und 2 anrechenbaren Monaten werden die in der Ehezeit zurückgelegten Monate abgezogen, soweit sie bereits auf die Wartezeit anrechenbar sind. § 52 Abs. 1 Satz 3 und 4 des Sechsten Buches Sozialgesetzbuch gilt entsprechend.*

Mit den Änderungen in Absatz 3 Satz 1 und 2 wurde der Divisor, durch den die zugunsten der ausgleichsberechtigten Person übertragene Steigerungszahl zu teilen ist, um die aus den übertragenen Anrechten folgenden Wartezeitmonate zu ermitteln, abgesenkt. Im Ergebnis resultiert aus übertragenen Anrechten künftig zuguns-

---

192 Geändert durch Artikel 9c des Gesetz zur Änderung des Vierten Buches Sozialgesetzbuch, zur Errichtung einer Versorgungsausgleichskasse und anderer Gesetze (SGB4uaÄndG) v. 15.7.2009 BGBl I S. 1939.

ten der ausgleichsberechtigten Person eine höhere Anzahl an Wartezeitmonaten. Hierdurch erfolgt einerseits eine Annäherung an die entsprechende Regelung im Sechsten Buch Sozialgesetzbuch (vgl. § 52 Abs. 1 SGB VI), andererseits ist die Regelung angesichts der künftig in der Alterssicherung der Landwirte obligatorischen internen Teilung (bisher: Realteilung) erforderlich, um sicherzustellen, dass regelmäßig die ausgleichsberechtigte Person auch die Wartezeit (gegebenenfalls zusätzlich mit eigenen Beiträgen außerhalb der Ehezeit) erfüllt. Da die Wartezeit in der Alterssicherung der Landwirte erheblich länger ist als in der gesetzlichen Rentenversicherung, wird zudem ein kleinerer Divisor als in der gesetzlichen Rentenversicherung bestimmt.

Satz 3 stellt klar, das – wie in der gesetzlichen Rentenversicherung – von den durch Versorgungsausgleich übertragenen Wartezeitmonate die bereits in der Ehezeit vorhandenen Wartezeitmonate abzuziehen sind, da jeder Kalendermonat nur mit einem Wartezeitmonat belegt sein kann.

Mit der Verweisung auf die Vorschriften im SGB VI im neuen Satz 4 wird insbesondere die bisher in § 10a Abs. 6 VAHRG enthaltene Regelung für den Bereich der Alterssicherung der Landwirte aufrecht erhalten.

| § 24 ALG | Zuschläge oder Abschläge aufgrund eines Versorgungsausgleichs |

(1) Die Begründung von Anrechten aufgrund der Realteilung führt zu einem Zuschlag zur Steigerungszahl. Der Begründung von Anrechten steht die Wiederauffüllung geminderter Anrechte gleich. Die Übertragung von Anrechten aufgrund einer internen Teilung führt zu einem Zuschlag zur Steigerungszahl. Der Übertragung von Anrechten steht die Wiederauffüllung geminderter Anrechte gleich.

(2) Die Begründung Übertragung von Anrechten zu Lasten von Versicherten führt zu einem Abschlag von der Steigerungszahl.

(3) Der Zuschlag zur Steigerungszahl oder der Abschlag von der Steigerungszahl wird ermittelt, indem der Monatsbetrag des begründeten Anrechts durch den allgemeinen Rentenwert mit seinem Wert bei Ende der Ehezeit oder Lebenspartnerschaftszeit geteilt wird.

(3) Ein Zuschlag zur Steigerungszahl, der sich aus der Zahlung von Beiträgen zur Wiederauffüllung eines geminderten Anrechts ergibt, wird bei Renten wegen Erwerbsminderung nur berücksichtigt, wenn die Beiträge bis zu dem

Zeitpunkt gezahlt worden sind, bis zu dem eine Steigerungszahl für freiwillige Beiträge zu ermitteln ist.

(4) Die Begründung von Anrechten durch externe Teilung nach § 43 Absatz 3 führt zu einem Zuschlag zur Steigerungszahl. Dieser ist zu ermitteln, indem der vom Familiengericht nach § 222 Absatz 3 des Gesetzes über das Verfahren in Familiensachen und in den Angelegenheiten der freiwilligen Gerichtsbarkeit festgesetzte Kapitalbetrag durch das Zwölffache des Beitrags geteilt wird, der nach § 68 als Beitrag für das Jahr maßgebend ist, in das das Ende der Ehezeit oder Lebenspartnerschaftszeit fällt. Bei einer Vereinbarung nach § 6 des Versorgungsausgleichsgesetzes tritt an die Stelle des Endes der Ehezeit oder Lebenspartnerschaftszeit der Beitrag zum Zeitpunkt der Zahlung. § 76 Absatz 4 Satz 3 und § 187 Absatz 6 des Sechsten Buches Sozialgesetzbuch sind entsprechend anzuwenden.[193]

Bei den Änderungen in Absatz 1 und 2 handelt es sich um eine Anpassung an die neue Terminologie des Versorgungsausgleichsgesetzes.

294

Der bisherige Absatz 3 wurde gestrichen. Die Regelung ist künftig entbehrlich, da nach dem neuen Versorgungsausgleichsgesetz unmittelbar und ausschließlich intern geteilt wird und hierbei die im jeweiligen System geltenden Bezugs- bzw. Rechengrößen (in der Alterssicherung der Landwirte die Steigerungszahl, vgl. § 23) geteilt werden. Eine Umrechnung von Rentenbeträgen in diese systemspezifischen Bezugs- bzw. Rechengrößen ist daher nicht mehr erforderlich.

Der bisherige Absatz 4 wird Absatz 3.

Der neue Absatz 4 regelt, wie aus der Zahlung eines Kapitalbetrages in die Alterssicherung der Landwirte bei einer externen Teilung anderer Anrechte ein Zuschlag zur Steigerungszahl in der Alterssicherung der Landwirte zu ermitteln ist, wenn die ausgleichsberechtigte Person die Alterssicherung der Landwirte als Zielversorgung wählt.

Die Berechnung entspricht der Berechnung in § 72 zur Wiederauffüllung von durch den Versorgungsausgleich geminderten Anrechten. Für die Frage des Zeitpunktes, auf den für die Ermittlung des hierbei jeweils maßgebenden Beitrages nach § 68 abzustellen ist, finden die Vorschriften des Sechsten Buches Sozialgesetzbuch (§ 76 Absatz 4 Satz 2 und 3 und § 187 Absatz 6) entsprechende Anwendung, nach

---

[193] Eingefügt durch Artikel 9c des Gesetz zur Änderung des Vierten Buches Sozialgesetzbuch, zur Errichtung einer Versorgungsausgleichskasse und anderer Gesetze (SGB4uaÄndG) v. 15.7.2009 BGBl I S. 1939.

denen sich der dort maßgebende Umrechnungsfaktor nach § 187 SGB VI grundsätzlich nach dem Ende der Ehezeit bzw. Lebenspartnerschaftszeit oder – im Falle einer Vereinbarung – der Beitragszahlung richtet, in bestimmten Sonderfällen aber auch nach einem abweichenden Zeitpunkt.

> **§ 29 ALG** Reihenfolge bei der Anwendung von Berechnungsvorschriften

Für die Berechnung einer Rente, deren Leistung sich aufgrund eines Aufenthalts von Berechtigten im Ausland oder aufgrund eines Zusammentreffens mit Renten oder mit sonstigem Einkommen mindert oder entfällt, sind, soweit nichts anderes bestimmt ist, die entsprechenden Vorschriften in der folgenden Reihenfolge anzuwenden:
1. Leistungen an Berechtigte im Ausland,
2. Zusammentreffen von Renten,
3. Aufteilung von Witwenrente und Witwerrente auf mehrere Berechtigte,
4. Einkommensanrechnung auf Renten wegen Todes nach den Vorschriften des Sechsten und Siebten Buches Sozialgesetzbuch,
5. Einkommensanrechnung auf Renten wegen Todes.

Mindert oder erhöht sich die Rente auch aufgrund einer ~~Realteilung~~ *internen Teilung* im Rahmen des Versorgungsausgleichs, ist dies vorrangig zu berücksichtigen. Einkommen, das bei der Berechnung einer Rente aufgrund einer Regelung über das Zusammentreffen von Renten und von Einkommen bereits berücksichtigt wurde, wird bei der Berechnung dieser Rente aufgrund einer weiteren solchen Regelung nicht nochmals berücksichtigt.

295 Bei der Änderung in Satz 2 handelt es sich um eine Anpassung an die neue Terminologie des Versorgungsausgleichsgesetzes.

> **§ 30 ALG** Beginn, Änderung, Ruhen und Ende von Renten

(1) Die §§ 99, 100 Abs. 1 und 3 sowie § 102 Abs. 1, 3 bis 5 des Sechsten Buches Sozialgesetzbuch gelten für Beginn, Änderung und Ende von Renten entsprechend. ~~§ 101 Abs. 3 und~~ *§ 101 Abs. 3 und 3a sowie* und § 268a des Sechsten Buches Sozialgesetzbuch gelten entsprechend, wenn eine ~~Realteilung~~ *interne Teilung* im Rahmen des Versorgungsausgleichs stattgefunden hat.

296 Bei den Änderungen in Absatz 1 handelt es sich um eine Anpassung an die neue Terminologie des Versorgungsausgleichsgesetzes und um eine redaktionelle Folgeänderung zur Änderung der in Bezug genommenen Vorschrift.

§ 43 ALG   Interne und externe Teilung

~~§ 43 Realteilung~~

~~(1) Zum Ausgleich der nach diesem Gesetz erworbenen Anrechte im Versorgungsausgleich findet zwischen den geschiedenen Ehegatten die Realteilung nach § 1 Abs. 2 des Gesetzes zur Regelung von Härten im Versorgungsausgleich vom 21. Februar 1983 (BGBl I S. 105) statt, wenn beide Ehegatten berücksichtigungsfähige Anrechte nach diesem Gesetz erworben haben. Hat der ausgleichsberechtigte Ehegatte auch Anrechte in der gesetzlichen Rentenversicherung erworben, sieht das Familiengericht auf seinen Antrag von der Realteilung ab. Die Sätze 1 und 2 gelten entsprechend für den Versorgungsausgleich zwischen Lebenspartnern.~~

~~(2) Die Realteilung erfolgt, indem zu Lasten der vom Ausgleichsverpflichteten nach diesem Gesetz erworbenen Anrechte für den Ausgleichsberechtigten ein Anrecht bei der für ihn zuständigen landwirtschaftlichen Alterskasse begründet wird. Die §§ 4 bis 6 und 8 bis 10 des Gesetzes zur Regelung von Härten im Versorgungsausgleich in der jeweils geltenden Fassung sind entsprechend anzuwenden.~~

(1) Zum Ausgleich der nach diesem Gesetz erworbenen Anrechte findet zwischen den geschiedenen Ehegatten die interne Teilung nach dem Versorgungsausgleichsgesetz und den ergänzenden Vorschriften dieses Gesetzes statt. Dies gilt entsprechend für den Versorgungsausgleich nach dem Lebenspartnerschaftsgesetz.

(2) Die interne Teilung erfolgt, indem zu Lasten der von der ausgleichspflichtigen Person nach diesem Gesetz erworbenen Anrechte für die ausgleichsberechtigte Person Anrechte bei der für sie zuständigen landwirtschaftlichen Alterskasse übertragen werden. Anrechte aus Zeiten im Beitrittsgebiet (§ 102) und aus Zeiten im übrigen Bundesgebiet sind getrennt intern zu teilen."

(3) Durch externe Teilung im Versorgungsausgleich können Anrechte nach diesem Gesetz nur begründet werden, wenn die ausgleichsberechtigte Person

vor dem Ende der Ehezeit bereits Anrechte nach diesem Gesetz erworben hat.[194]

297 Mit der Neuregelung wird künftig – ebenso wie nach dem neuen Versorgungsausgleichsgesetz – die obligatorische interne Teilung (bisher: Realteilung) eingeführt, das heißt die Differenz der beidseitig in der Alterssicherung der Landwirte erworbenen Anrechte wird innerhalb dieses Systems ausgeglichen. Bisher war die Realteilung lediglich fakultativ, die ausgleichsberechtigte Person konnte unter bestimmten Voraussetzungen den Ausgleich über die gesetzliche Rentenversicherung durch das sogenannte analoge Quasisplitting verlangen.

Im Übrigen ordnet der neue Absatz 1 die Geltung des Versorgungsausgleichsgesetzes und der ergänzenden Bestimmungen im Gesetz über die Alterssicherung der Landwirte an. Dies bedeutet unter anderem, dass automatisch auch die Härteregelungen aus Kapitel 2 Abschnitt 4 VersAusglG im Bereich der Alterssicherung der Landwirte und Landwirtinnen gelten, es somit einer besonderen Bezugnahme auf die Härteregelungen – wie bisher in Absatz 2 Satz 2 – nicht mehr bedarf.

Wie auch in der gesetzliche Rentenversicherung, wurde klargestellt, dass Anrechte aus Zeiten im Beitrittsgebiet und im übrigen Bundesgebiet wegen der unterschiedlichen Dynamik dieser Anrechte getrennt auszugleichen sind.

Der neue Absatz 3 regelt, unter welchen Voraussetzungen eine externe Teilung mit der Alterssicherung der Landwirte als Zielversorgung möglich ist. Nach den Regelungen im Versorgungsausgleichsgesetz ist die Alterssicherung der Landwirte eine angemessene Zielversorgung, die externe Teilung durch Begründung von Anrechten in diesem System wäre ohne Einschränkungen möglich. Dies wäre aber nicht sinnvoll, da die Alterssicherung der Landwirte ein Sondersystem für Landwirte, ihre Ehegatten und mithelfende Familienangehörige ist. Absatz 3 bestimmt daher, dass nur in diesem System ohnehin bereits versicherte Personen im Wege einer externen Teilung anderer Anrechte in der Alterssicherung der Landwirte bestehende Anrechte ausbauen können. Die Alterssicherung der Landwirte kann somit als Zielversorgung im Sinne von § 15 Absatz 1 Versorgungsausgleichsgesetz insoweit nur zum Ausbau bereits bestehender Anrechte gewählt werden.

---

[194] Absatz 3 eingefügt durch Artikel 9c des Gesetz zur Änderung des Vierten Buches Sozialgesetzbuch, zur Errichtung einer Versorgungsausgleichskasse und anderer Gesetze (SGB4uaÄndG) v. 15.7.2009 BGBl I S. 1939.

| § 72 ALG | Wiederauffüllung geminderter Anrechte |

(1) Im Rahmen des Versorgungsausgleichs können Beiträge gezahlt werden, um Anrechte, die um einen Abschlag von der Steigerungszahl gemindert worden sind, ganz oder teilweise wieder aufzufüllen.

(2) Die Beiträge werden auf der Grundlage des auf dem Versorgungsausgleich beruhenden Abschlags von der Steigerungszahl (~~§ 24 Abs. 3, § 101 Nr. 1~~ *§ 24 Abs. 2, § 101*) ermittelt; für jeden vollen Wert ist das Zwölffache des Betrages zu zahlen, der nach § 68 als Beitrag für das Jahr, in dem die Beiträge gezahlt werden, maßgebend ist. Für die Wirksamkeit der Beitragszahlung gilt § 187 Abs. 4 und 5 des Sechsten Buches Sozialgesetzbuch entsprechend.

~~(3) Die Vorschriften über den Ausgleich von Anrechten aus einem öffentlich-rechtlichen Dienstverhältnis finden insoweit keine Anwendung.~~

(3) Sind Beiträge nach Absatz 1 gezahlt worden und ergeht eine Entscheidung zur Abänderung des Wertausgleichs nach der Scheidung, sind im Umfang der Abänderung zuviel gezahlte Beiträge unter Anrechnung gewährter Leistungen zurückzuzahlen.

Bei der Änderung in Absatz 2 handelt es sich um eine redaktionelle Folgeänderung zur Änderung der in Bezug genommenen Vorschriften.

Die bisher in Absatz 3 enthaltene Regelung wurde wegen der Einführung der obligatorischen internen Teilung entbehrlich. Mit dem neuen Absatz 3 wird für den Bereich der Alterssicherung der Landwirte die bisher in § 10a Abs. 12 VAHRG enthaltenen Regelung übernommen. Sie entspricht der auch für die gesetzliche Rentenversicherung vorgesehenen Regelung (siehe Artikel 4 Nr. 10 – § 187 Abs. 7 – neu – SGB VI).

| § 97 ALG | Zuschlag bei Zugangsrenten |

(13) Für den Versorgungsausgleich gilt für die Summe der Steigerungszahlen nach § 23 und nach Absatz 11 die zeitratierliche Bewertung nach § 40 des Versorgungsausgleichsgesetzes, soweit die Rente nicht ausschließlich nach § 23 zu berechnen ist. Abweichend von § 40 Abs. 5 des Versorgungsausgleichsgesetzes wird der Bewertung des in den Versorgungsausgleich einzubeziehenden Anrechts das unter Berücksichtigung einer familienstandsbedingten Erhöhung bemessene Anrecht zugrunde gelegt, wenn der Ehegatte kein Anrecht auf eine Rente aus eigener Versicherung hat.

§ 2 Gesetz über den Versorgungsausgleich (VersAusglG)

299 Dem § 97 wird der Absatz 13 angefügt.

Mit dem neuen Satz 1 wird aus Gründen der Verwaltungspraktikabilität geregelt, dass eine Rente, die sich nach Maßgabe der Übergangsvorschriften aus einer nach reformiertem Recht berechneten Rente (hierfür gilt § 23 ALG) und einem hierzu gezahlten Zuschlag zusammensetzt, insgesamt für den Versorgungsausgleich den Regeln der zeitratierlichen Bewertung unterliegen soll. Eine getrennte unmittelbare Bewertung einerseits, der eine ausschließlich nach § 23 ALG berechnete Rente unterliegt, und eine zeitratierliche Bewertung andererseits, mit der der Zuschlag nach § 97 ALG bewertet werden müsste, werden hiermit entbehrlich.

Satz 2 ordnet an, dass für Zugangsrenten, bei denen noch ein Zuschlag nach Maßgabe von § 97 ALG zu zahlen ist, eine familienstandsbedingte Erhöhung (der frühere Verheiratetenzuschlag) im Versorgungsausgleich zu berücksichtigen ist. Bisher war die Regelung in § 99 Abs. 2 Satz 1 Nr. 1 ALG enthalten; sie entspricht der in § 98 Abs. 7 ALG getroffenen Regelung für vor dem Jahr 1995 zugegangene Renten.

| § 98 ALG | Höhe von Bestandsrenten |

~~(7) Abweichend von § 1587a Abs. 8 des Bürgerlichen Gesetzbuchs wird der Bewertung des in den Versorgungsausgleich einzubeziehenden Anrechts das unter Berücksichtigung einer familienstandsbedingten Erhöhung bemessene Anrecht zugrundegelegt, wenn der Ehegatte keine Anwartschaft auf eine Rente aus eigener Versicherung hat und die Rechtshängigkeit des Scheidungsantrags nach dem 31. Dezember 1994 eingetreten ist.~~

(7) § 97 Abs. 13 Satz 2 gilt entsprechend.

300 In Absatz 7 wird wie bisher schon geregelt, dass der Verheiratetenzuschlag nach bisherigem Recht– **entgegen der Bestimmung in § 40 Abs. 5 VersAusglG** – im Versorgungsausgleich als familienbezogener Rentenbestandteil berücksichtigt wird. Dies wird durch die Verweisung geregelt.

| § 99 ALG | Ermittlung der nach dem am 31. Dezember 1994 geltenden Recht festzustellenden Renten |

(1) Eine nach dem am 31. Dezember 1994 geltenden Recht vor Anwendung von Ruhens-, Kürzungs- oder Anrechnungsvorschriften festzustellende Rente wird ermittelt, indem der für die bis zum Rentenbeginn zurückgelegte Anzahl

an vollen Beitragsjahren maßgebende Umrechnungsfaktor (Anlage 2) mit dem allgemeinen Rentenwert vervielfältigt wird; der sich ergebende Betrag ist auf fünf Cent aufzurunden. Sind sowohl Kalendermonate mit Beiträgen als Landwirt als auch Kalendermonate mit Beiträgen als mitarbeitender Familienangehöriger zurückgelegt und ist die Wartezeit für eine Rente an Landwirte oder deren Hinterbliebene nur unter Berücksichtigung der Kalendermonate mit Beiträgen als mitarbeitender Familienangehöriger erfüllt, ist für die Ermittlung der Rente der für mitarbeitende Familienangehörige geltende Umrechnungsfaktor mit der Maßgabe anzuwenden, daß die Kalendermonate mit Beiträgen als Landwirt als Kalendermonate mit Beiträgen als mitarbeitender Familienangehöriger gelten. Ist die Wartezeit für eine Rente an Landwirte oder deren Hinterbliebene auch ohne Berücksichtigung der Kalendermonate mit Beiträgen als mitarbeitender Familienangehöriger erfüllt, ist für die Ermittlung der Rente der für Landwirte geltende Umrechnungsfaktor mit der Maßgabe anzuwenden, daß je zwei Kalendermonate mit Beiträgen als mitarbeitender Familienangehöriger als je ein Kalendermonat mit Beiträgen als Landwirt gelten; ein sich ergebender Rest von mindestens sechs Kalendermonaten wird berücksichtigt, indem der anzuwendende Umrechnungsfaktor bei Verheirateten um 0,513948 und bei Unverheirateten um 0,342835 erhöht wird. Wenn eine Rente an mitarbeitende Familienangehörige festzustellen ist, sind auch die Kalendermonate mit Beiträgen als Landwirt zu berücksichtigen und die Rente entsprechend Satz 2 zu ermitteln. Bis zum Ende des dritten Kalendermonats nach Ablauf des Monats, in dem der Ehegatte verstorben ist, wird der Umrechnungsfaktor für Verheiratete (Anlage 2) zugrunde gelegt. Bei der Anwendung der Sätze 1 bis 5 sind § 93 und § 98 Abs. 3a mit Ausnahme von Satz 1 Nr. 3 entsprechend anzuwenden. Ist bei der nach § 23 berechneten Rente nach § 23 Abs. 8 ein Abschlag vom allgemeinen Rentenwert vorzunehmen, ist dieser auch für die Berechnung der Rente nach dem am 31. Dezember 1994 geltenden Recht maßgeblich.

(2) Für die Bewertung von Anwartschaften im Versorgungsausgleich gilt Absatz 1 mit folgenden Maßgaben:
1. Abweichend von § 1587a Abs. 8 des Bürgerlichen Gesetzbuchs wird der Bewertung des in den Versorgungsausgleich einzubeziehenden Anrechts der für einen Verheirateten maßgebende Umrechnungsfaktor der Anlage 2 zugrunde gelegt, wenn der Ehegatte keine Anwartschaft auf eine Rente aus eigener Versicherung hat und die Rechtshängigkeit des Scheidungsantrages nach dem 31. Dezember 1994 eingetreten ist.

§ 2 Gesetz über den Versorgungsausgleich (VersAusglG)

~~2. Für die Ermittlung des Umrechnungsfaktors wird den Beitragsjahren die Zeit vom Ende der Ehezeit oder Lebenspartnerschaftszeit bis zur Vollendung des 65. Lebensjahres hinzugerechnet und der Umrechnungsfaktor mit dem Verhältnis der in die Ehezeit fallenden Beitragsjahre zur Gesamtzahl der der Berechnung zugrunde liegenden Beitragsjahre vervielfältigt.~~

~~Für die Bewertung von Anwartschaften im Versorgungsausgleich ist § 97 mit folgenden Maßgaben anzuwenden:~~

~~1. Der Zuschlag ist bei Ermittlung der in den Versorgungsausgleich einzubeziehenden Anwartschaft nur zu berücksichtigen, wenn nach den persönlichen Voraussetzungen vor dem 1. Juli 2009 Anspruch auf Altersrente (§ 11) geltend gemacht werden kann.~~

~~2. Der Abschmelzungsfaktor wird bei Ermittlung der in den Versorgungsausgleich einzubeziehenden Anwartschaft mit dem Wert berücksichtigt, der in dem Zeitpunkt des frühestmöglichen Beginns einer Altersrente (§ 11) maßgebend ist.~~

~~(3) Die in den Versorgungsausgleich einzubeziehende Anwartschaft errechnet sich aus der nach § 23 sowie der aufgrund eines Zuschlags für Zugangsrenten ermittelten Steigerungszahl. Die auf den Zuschlag für Zugangsrenten entfallende Steigerungszahl ergibt sich, indem von dem nach Absatz 2 Satz 1 und Satz 2 Nr. 1 maßgebenden Betrag das nach § 23 ermittelte, auf die Ehezeit oder Lebenspartnerschaftszeit entfallende Anrecht abgezogen, dieser Wert mit dem nach Absatz 2 Satz 2 Nr. 2 maßgebenden Abschmelzungsfaktor vervielfältigt und das Ergebnis durch den allgemeinen Rentenwert geteilt wird.~~

(2) Bestand am 31. Juli 2003 Anspruch auf eine Witwen- oder Witwerrente und lagen die Voraussetzungen des § 98 Abs. 3a Satz 1 Nr. 3 nicht vor, ist diese Rente auf Antrag ab dem 1. August 2003 neu zu bestimmen.

301 Die bisherigen Absätze 2 und 3 sind künftig entbehrlich, da der bisherige Regelungsinhalt dieser Absätze nunmehr in § 97 Abs. 13 – neu – bzw. in den Regelungen des Versorgungsausgleichsgesetzes zur Bewertung von Anrechten (dort §§ 39 ff.) enthalten ist.

Der bisherige Absatz 4 wurde Absatz 2.

| § 101 ALG | **§ 2** |

| § 101 ALG | Auswirkungen eines Versorgungsausgleichs |

Ist ein Versorgungsausgleich durchgeführt worden und wurde bei der Berechnung des in den Versorgungsausgleich einzubeziehenden Anrechts aus der Alterssicherung der Landwirte eine familienstandsbedingte Erhöhung berücksichtigt, so ist bei dem Leistungsberechtigten, der keinen Anspruch auf eine unter Berücksichtigung dieser Erhöhung berechnete Rente hat,

1. ~~der Abschlag von der Steigerungszahl (§ 24 Abs. 3) mit dem Faktor 0,3333 zu vervielfältigen, wenn es sich bei dem Anrecht um ein Anrecht des Ausgleichsverpflichteten gehandelt hat,~~

2. ~~die auf die Ehezeit entfallende Steigerungszahl mit dem Faktor 1,5000 zu vervielfältigen, wenn es sich bei dem Anrecht um ein Anrecht des Ausgleichsberechtigten gehandelt hat.~~

der Abschlag von der Steigerungszahl (§ 24 Abs. 2) um den Wert zu mindern, der dem auf die Ehezeit entfallenden Teil der Minderung der Steigerungszahl als Folge der Anwendung des § 97 Abs. 3 Satz 3 oder des § 98 Abs. 3 entspricht.

Mit der Ersetzung der bisherigen Nummern 1 und 2 durch den neuen Halbsatz wird der bisher in Nummer 1 enthaltene Regelungsgehalt aufrechterhalten. Damit wurde sichergestellt, dass der Teil des Verheiratetenzuschlags, der in der Ehezeit erworben und im Versorgungsausgleich ausgeglichen wurde (nach § 97 Abs. 13 – neu – und § 98 Abs. 7), auch erhalten bleibt, wenn der Verheiratetenzuschlag nach der allgemeinen Regelung in § 98 Abs. 3 (für vor dem Jahr 1995 zugegangene Renten) bzw. in § 97 Abs. 3 Satz 3 (für nach dem Jahr 1995 zugehende Renten) wegen Änderung des Familienstandes (infolge Scheidung) fortfallen würde. Mit der sprachlichen Umstellung wird gewährleistet, dass dieses Regelungsziel auch dann erreicht wird, wenn ursprünglich kein Zuschlag in voller Höhe der Differenz zwischen Rente nach dem bis zum Jahr 1994 und dem ab dem Jahr 1995 geltenden Recht gezahlt wird.

302

Die bisher in der Nummer 2 enthaltene Regelung wurde durch die Einführung der Teilung aller Anrechte ohne Saldierung aller Anrechte und daraus folgendem Einmalausgleich entbehrlich. Sie war nur erforderlich für den Fall der Saldierung von Anrechten der Alterssicherung der Landwirte mit anderen Anrechten; hierzu kommt es nach künftigem Recht nicht mehr.

§ 2 Gesetz über den Versorgungsausgleich (VersAusglG)

§ 102 ALG — Allgemeiner Rentenwert (Ost)

(1) Bis zur Herstellung einheitlicher Einkommensverhältnisse im Gebiet der Bundesrepublik Deutschland wird ein allgemeiner Rentenwert (Ost) für die Ermittlung des Monatsbetrags der Renten gebildet. Er tritt an die Stelle des allgemeinen Rentenwerts, soweit

1. Zeiten im Beitrittsgebiet zurückgelegt worden sind, es sei denn, während dieser Zeiten bestand vor dem 1. Januar 1995 Beitragspflicht in der Altershilfe für Landwirte,
2. ~~das Familiengericht angeordnet hat, daß das begründete Anrecht auf der Grundlage des allgemeinen Rentenwerts (Ost) umzurechnen ist,~~
3. Versicherte Beiträge zur Wiederauffüllung eines Anrechts gezahlt haben, das um einen Abschlag von der Steigerungszahl gemindert ist, dessen Ermittlung der allgemeine Rentenwert (Ost) zugrunde lag.

Der Zuschlag zur Steigerungszahl bei Witwenrenten und Witwerrenten ist für die Ermittlung des Monatsbetrages der Renten mit dem allgemeinen Rentenwert (Ost) zu vervielfältigen, soweit in der gesetzlichen Rentenversicherung den Zeiten der Kindererziehung Entgeltpunkte (Ost) zugrunde liegen. ~~Liegt der Berechnung des Monatsbetrags des Anrechts ein Angleichungsfaktor (§ 3 Abs. 2 Nr. 1 Versorgungsausgleichs-Überleitungsgesetz) zugrunde, ist bei der Ermittlung des Zuschlags zur Steigerungszahl oder des Abschlags von der Steigerungszahl der allgemeine Rentenwert (Ost) mit seinem Wert bei Ende der Ehezeit oder Lebenspartnerschaftszeit auf Anordnung des Familiengerichts mit dem Angleichungsfaktor zu vervielfältigen.~~

(2) Sind sowohl Zeiten mit dem allgemeinen Rentenwert als auch Zeiten mit dem allgemeinen Rentenwert (Ost) zu vervielfältigen, sind Monatsteilbeträge zu ermitteln, deren Summe den Monatsbetrag der Rente ergibt.

(3) Der allgemeine Rentenwert (Ost) ist der Betrag, der sich im Dezember 1994 ergibt, wenn der allgemeine Rentenwert mit dem Verhältnis des aktuellen Rentenwerts (Ost) zu dem aktuellen Rentenwert in der gesetzlichen Rentenversicherung vervielfältigt wird.

(4) Der allgemeine Rentenwert (Ost) verändert sich zu dem Zeitpunkt der Veränderung des aktuellen Rentenwerts (Ost) in der gesetzlichen Rentenversicherung und um den Vomhundertsatz, um den der aktuelle Rentenwert (Ost) in der gesetzlichen Rentenversicherung jeweils verändert wird.

303 § 102 Abs. 1 Satz 2 Nr. 2 und Satz 4 wird aufgehoben.

Die bisherigen Regelungen wurde entbehrlich, da eine Umrechnung von Rentenbeträgen nach dem neuen Versorgungsausgleichsgesetz nicht mehr erforderlich ist (der Ausgleichswert ist künftig unmittelbar eine Steigerungszahl). Zudem sind im Beitrittsgebiet erworbene Anrechte und im übrigen Bundesgebiet erworbene Anrechte künftig getrennt voneinander auszugleichen.

| § 110 ALG | Realteilung in Altfällen |

§ 43 gilt auch dann, wenn die Ehezeit vor dem 1. Januar 1995 geendet hat und beide Ehegatten nach dem 31. Dezember 1994 Versicherte der Alterssicherung der Landwirte sind. Eine vor dem 1. Januar 1995 ergangene Entscheidung des Familiengerichts kann entsprechend § 10a Abs. 1 Nr. 3, Abs. 3 bis 11 des Gesetzes zur Regelung von Härten im Versorgungsausgleich abgeändert werden. Der Versicherungsträger kann den Antrag auf Abänderung der Entscheidung nur mit Zustimmung des Ausgleichsberechtigten stellen, wenn dieser rentenrechtliche Zeiten nach dem Sechsten Buch Sozialgesetzbuch zurückgelegt hat.

Der besonderen Übergangsregelung des § 110 bedarf es künftig nicht mehr, da grundsätzlich die allgemeinen, im Versorgungsausgleichsgesetz getroffenen Übergangsbestimmungen zur Anwendung kommen sollen. Daher wurde der gesamte Neunte Unterabschnitt aufgehoben.

304

| § 116 ALG | Wiederauffüllung geminderter angleichungsdynamischer Anrechte |

(1) Im Rahmen des Versorgungsausgleichs können Beiträge gezahlt werden, um Anrechte, die durch einen aufgrund des allgemeinen Rentenwerts (Ost) ermittelten Abschlag von der Steigerungszahl gemindert worden sind, ganz oder teilweise wieder aufzufüllen.

(2) Die Beiträge werden auf der Grundlage des auf dem Versorgungsausgleich beruhenden und unter Berücksichtigung des allgemeinen Rentenwerts (Ost) ermittelten Abschlags von der Steigerungszahl *(§ 24 Abs. 3, § 101 Nr. 1* **§ 24 Abs. 2, § 101)** **berechnet. Für jeden vollen Wert ist das zwölffache des Betrages zu zahlen, der nach § 68 und § 114 als Beitrag für das Jahr, in dem die Beiträge gezahlt werden, maßgebend ist. Für die Wirksamkeit der Beitragszahlung gilt § 187 Abs. 4 und 5 des Sechsten Buches Sozialgesetzbuch entsprechend.**

(3) Die Vorschriften über den Ausgleich von Anrechten aus einem öffentlich-rechtlichen Dienstverhältnis finden insoweit keine Anwendung.

(3) Sind Beiträge nach Absatz 1 gezahlt worden und ergeht eine Entscheidung zur Abänderung des Wertausgleichs nach der Scheidung, sind im Umfang der Abänderung zuviel gezahlte Beiträge unter Anrechnung gewährter Leistungen zurückzuzahlen.

305 Bei der Änderung des Absatz 2 Satz 1 handelt es sich um eine redaktionelle Folgeänderung zur Änderung der in Bezug genommenen Vorschriften.

Der geänderte Absatz 3 entspricht dem geänderten § 72 Abs. 3 und gilt für das Beitrittsgebiet.

Artikel 10: Änderung des Einkommensteuergesetzes

306 Durch umfangreiche steuerliche Regelungen soll sich die Teilung der Anrechte weder für die ausgleichsverpflichtete Person noch für die ausgleichsberechtigte Person im Zeitpunkt des Ausgleichs oder im Zeitpunkt der Auszahlung der Versorgungsleistungen steuerlich nachteilig auswirken.

Tabelle: Steuersystematik

Anwartschaftsphase		Leistungsphase
§§ 4d/6a	⟶	§ 19
§§ 3/63 oder 66	⟶	§ 22 Nr. 5
LV, RV	⟶	§ 20 Abs. 1 Nr. 6 oder § 22 Nr. 1a) bb)
Riester §§ 10a, 79 ff.	⟶	§§ 93, 22 Nr. 5
GRV, BasisRente	⟶	§ 22 Nr. 1a) aa)

§ 3 EStG

55a. die nach § 10 des Versorgungsausgleichsgesetzes in der jeweils geltenden Fassung (interne Teilung) durchgeführte Übertragung von Anrechten für die ausgleichsberechtigte Person zu Lasten von Anrechten der ausgleichspflichtigen Person. Die Leistungen aus diesen Anrechten gehören bei der ausgleichsberechtigten Person zu den Einkünften, zu denen die Leistungen bei der ausgleichspflichtigen Person gehören würden, wenn die interne Teilung nicht stattgefunden hätte; ...

307 Der neue Grundsatz des reformierten Versorgungsausgleichs lautet, dass nach § 10 VersAusglG jedes Anrecht innerhalb des Versorgungssystems zu teilen ist (interne Teilung). Dadurch soll eine gerechte Teilhabe der ausgleichsberechtigten Person gewährleistet werden, denn sie nimmt so an allen Chancen und Risiken des Versorgungssystems der ausgleichspflichtigen Person teil. Insofern ist es nur konsequent, dass sich durch den Versorgungsausgleich in Form der internen Teilung eines Anrechts (§ 10 VersAusglG) für die betroffenen Personen auch keine belastenden steuerlichen Konsequenzen ergeben.

Durch § 3 Nr. 55a Satz 1 wird ausdrücklich klargestellt, dass die interne Teilung sowohl für die ausgleichspflichtige als auch die ausgleichsberechtigte Person steuerneutral ist.

Die ausgleichsberechtigte Person erhält steuerlich bezüglich des neu begründeten Anrechts die gleiche Rechtsstellung wie die ausgleichspflichtige Person.

Satz 2 stellt klar, dass nach der internen Teilung in der Zahlungsphase die Leistung bei der ausgleichsberechtigten Person so besteuert wird, wie das Anrecht bei der ausgleichspflichtigen Person ohne Berücksichtigung der Teilung zu besteuern wäre.

Die (späteren) Versorgungsleistungen können daher (weiterhin) zu Einkünften aus nichtselbstständiger Arbeit (§ 19 EStG) oder aus Kapitalvermögen (§ 20 EStG) oder zu sonstigen Einkünften (§ 22 EStG) führen.

Die ausgleichspflichtige Person versteuert (später) die zufließenden reduzierten und die ausgleichsberechtigte Person die zufließenden Leistungen.

§ 3 EStG

55b. der nach § 14 des Versorgungsausgleichsgesetzes (externe Teilung) geleistete Ausgleichswert zur Begründung von Anrechten für die ausgleichsberechtigte Person zu Lasten von Anrechten der ausgleichspflichtigen Person, soweit Leistungen aus diesen Anrechten zu steuerpflichtigen Einkünften nach den §§ 19, 20 und 22 führen würden. Satz 1 gilt nicht, soweit Leistungen, die auf dem begründeten Anrecht beruhen, bei der ausgleichsberechtigten Person zu Einkünften nach § 20 Abs. 1 Nr. 6 oder § 22 Nr. 1 Satz 3 Buchstabe a Doppelbuchstabe bb führen würden. Der Versorgungsträger der ausgleichspflichtigen Person hat den Versorgungsträger der ausgleichsberechtigten Person über die für die Besteuerung der Leistungen erforderlichen Grundlagen zu informieren. Dies gilt nicht, wenn der Versorgungsträger der ausgleichsberechtigten Person die Grundlagen bereits kennt oder aus den bei ihm vorhandenen

Daten feststellen kann und dieser Umstand dem Versorgungsträger der ausgleichspflichtigen Person mitgeteilt worden ist;...

308 Ausnahmsweise ist nach dem neuen Versorgungsausgleichsrecht auch die externe Teilung, also ein mit einem Wechsel des Versorgungsträgers verbundener Ausgleich, vorgesehen (§ 14 VersAusglG). Bei der Übertragung der Anrechte in dieser Weise greifen grundsätzlich bereits bei der Leistung des Ausgleichswertes die allgemeinen steuerlichen Regelungen ein. Dies würde dazu führen, dass der ausgleichspflichtigen Person steuerpflichtige Einkünfte nach den §§ 19, 20 oder 22 EStG zugerechnet werden müssten; der Versorgungsausgleich selbst würde sich dann auf der Vermögensebene vollziehen.

§ 3 Nr. 55b EStG regelt, dass es bei der externen Teilung steuerlich für die Beteiligten keine negative Folgen gibt, wenn der Ausgleichswert von einem bAV- „Produkt" auf ein bAV-„Produkt" übertragen wird.

Es handelt sich nicht um eine endgültige, sondern nur um eine Steuerfreistellung für den Zeitpunkt des Versorgungsausgleichs. Die Verschiebung des Besteuerungszeitpunktes auf die spätere Auszahlungsphase dient zur Sicherstellung, dass bei der ausgleichberechtigten Person später nur die Leistungen der vollständigen Besteuerung unterliegen, die schon bei der ausgleichspflichtigen Person der Besteuerung unterlegen hätten.

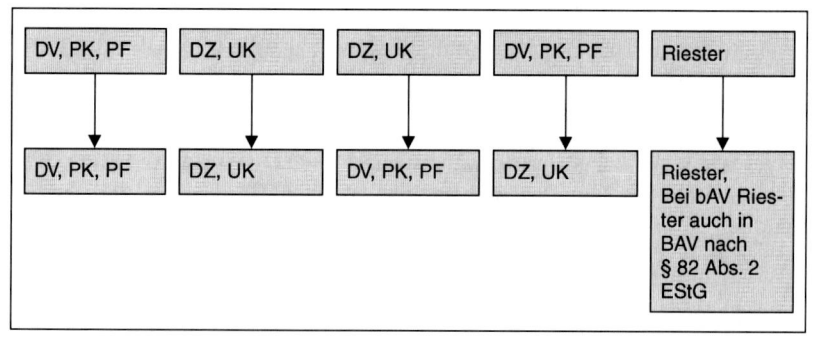

DV, PK, PF	DZ, UK	DZ, UK	DV, PK, PF	Riester
↓	↓	↓	↓	↓
DV, PK, PF	DZ, UK	DV, PK, PF	DZ, UK	Riester, Bei bAV Riester auch in BAV nach § 82 Abs. 2 EStG

Abbildung: steuerfreie externe Teilung

309 § 3 Nr. 55b Satz 1 stellt sicher, dass sich bei externer Teilung keine belastenden steuerlichen Konsequenzen ergeben.

Soweit der geleistete Ausgleichswert nicht zu steuerpflichtigen Einkünften führt (weil es sich z.B. lediglich um eine Beitragsrückzahlung auf der Vermögensebene oder um nicht zu besteuernde Zinsen aus einem Lebensversicherungsvertrag handelt), greift die Steuerfreistellung nicht ein. Da es sich bei der Steuerfreistellung nach § 3 Nr. 55b Satz 1 nicht um eine endgültige, sondern nur um eine Steuerfreistellung für den Zeitpunkt des Versorgungsausgleichs – also im Grunde um die Verschiebung des Besteuerungszeitpunktes auf die spätere Auszahlungsphase handelt –, dient diese Begrenzung auch dazu sicherzustellen, dass bei der ausgleichberechtigten Person später nur die Leistungen der vollständigen Besteuerung unterliegen, die schon bei der ausgleichspflichtigen Person der Besteuerung unterlegen hätten.

Nach § 3 Nr. 55b Satz 2 – neu – ist die Steuerfreistellung für bestimmte Fallgestaltungen ausgeschlossen. Satz 2 dient der Vermeidung einer Besteuerungslücke, die dadurch entstehen kann, dass Mittel aus der betrieblichen Altersversorgung oder der nach § 10a und Abschnitt XI des EStG geförderten Altersvorsorge auf Vorsorgeprodukte übertragen werden, deren daraus fließende Leistungen nach § 20 Abs. 1 Nr. 6 EStG oder § 22 Nr. 1 Satz 3 Buchstabe a Doppelbuchstabe bb EStG der Besteuerung unterliegen. Erfolgt die Übertragung hingegen auf ein Vorsorgeprodukt, welches nach § 22 Nr. 1 Satz 3 Buchstabe a Doppelbuchstabe aa EStG der Besteuerung unterliegt, so ist dies kein Fall des Satzes 2. In diesem Fall bleibt es vielmehr bei der Steuerfreiheit nach Satz 1. Grund hierfür ist, dass die Alterssicherungssysteme, deren Leistungen nach § 22 Nr. 1 Satz 3 Buchstabe a Doppelbuchstabe aa EStG besteuert werden, schrittweise in eine vollständige nachgelagerte Besteuerung überführt werden. Für die Übergangsphase wird aus Vereinfachungsgründen auf die Einführung einer Sonderregelung verzichtet.

§ 3 Nr. 55b Satz 3 normiert Informationspflichten bezüglich des im Rahmen der externen Teilung übertragenen Anrechts. Der Versorgungsträger der ausgleichspflichtigen Person hat insoweit gegenüber dem Versorgungsträger der ausgleichsberechtigten Person die für die Besteuerung der Leistungen erforderlichen Grundlagen mitzuteilen. Dadurch wird die sachgerechte Erfassung, Dokumentation und Mitteilung der steuerlich zu erfassenden Leistungen für die ausgleichsberechtigte Person sichergestellt. Andere Informationspflichten bleiben hiervon unberührt. Durch § 3 Nr. 55b Satz 4 – neu – werden überflüssige Mitteilungen vermieden, wenn dem Versorgungsträger der ausgleichsberechtigten Person die für die Besteuerung der Leistungen erforderlichen Grundlagen ohnehin bekannt sind.

§ 2 Gesetz über den Versorgungsausgleich (VersAusglG)

| § 19 EStG | Einkünfte aus nichtselbstständiger Arbeit |

(1) Zu den Einkünften aus nichtselbstständiger Arbeit gehören
1. Gehälter, Löhne, Gratifikationen, Tantiemen und andere Bezüge und Vorteile für eine Beschäftigung im öffentlichen oder privaten Dienst;
2. Wartegelder, Ruhegelder, Witwen- und Waisengelder und andere Bezüge und Vorteile aus früheren Dienstleistungen, *auch soweit sie von Arbeitgebern ausgleichspflichtiger Personen an ausgleichsberechtigte Personen infolge einer nach § 10 oder § 14 des Versorgungsausgleichsgesetzes durchgeführten Teilung geleistet werden.*

310 § 19 Abs. 1 Nr. 2 EStG stellt klar, dass es sich bei den Leistungen, die die ausgleichsberechtigte Person aufgrund der internen Teilung (§ 10 VersAusglG) oder externen Teilung (§ 14 VersAusglG) später aus einer Direktzusage oder von einer Unterstützungskasse erhält, um Einkünfte aus nichtselbstständiger Arbeit handelt. Bei der ausgleichspflichtigen Person liegen Einkünfte aus nichtselbstständiger Arbeit nur hinsichtlich der restlichen Leistungen vor.

| § 22 EStG | Arten der sonstigen Einkünfte |

Sonstige Einkünfte sind
1. Einkünfte aus wiederkehrenden Bezügen, soweit sie nicht zu den in § 2 Abs. 1 Nr. 1 bis 6 bezeichneten Einkunftsarten gehören; § 15b ist sinngemäß anzuwenden.

Werden die Bezüge freiwillig oder aufgrund einer freiwillig begründeten Rechtspflicht oder einer gesetzlich unterhaltsberechtigten Person gewährt, so sind sie nicht dem Empfänger zuzurechnen; dem Empfänger sind dagegen zuzurechnen

a) Bezüge, die von einer Körperschaft, Personenvereinigung oder Vermögensmasse außerhalb der Erfüllung steuerbegünstigter Zwecke im Sinne der §§ 52 bis 54 der Abgabenordnung gewährt werden, und

b) Bezüge im Sinne des § 1 der Verordnung über die Steuerbegünstigung von Stiftungen, die an die Stelle von Familienfideikommissen getreten sind, in der im Bundesgesetzblatt Teil III, Gliederungsnummer 611-4-3, veröffentlichten bereinigten Fassung.

Zu den in Satz 1 bezeichneten Einkünften gehören auch
a) Leibrenten und andere Leistungen,
   aa) ...
   bb) die nicht solche im Sinne des Doppelbuchstaben aa sind und bei denen in den einzelnen Bezügen Einkünfte aus Erträgen des Rentenrechts enthalten sind. Dies gilt auf Antrag auch für Leibrenten und andere Leistungen, soweit diese auf bis zum 31. Dezember 2004 geleisteten Beiträgen beruhen, welche oberhalb des Betrags des Höchstbeitrags zur gesetzlichen Rentenversicherung gezahlt wurden; der Steuerpflichtige muss nachweisen, dass der Betrag des Höchstbeitrags mindestens zehn Jahre überschritten wurde; *soweit hiervon im Versorgungsausgleich übertragene Rentenanwartschaften betroffen sind, gilt § 4 Abs. 1 des Versorgungsausgleichsgesetzes entsprechend.* Als Ertrag des Rentenrechts gilt für die gesamte Dauer des Rentenbezugs der Unterschiedsbetrag zwischen dem Jahresbetrag der Rente und dem Betrag, der sich bei gleichmäßiger Verteilung des Kapitalwerts der Rente auf ihre voraussichtliche Laufzeit ergibt; dabei ist der Kapitalwert nach dieser Laufzeit zu berechnen. Der Ertrag des Rentenrechts (Ertragsanteil) ist aus der nachstehenden Tabelle zu entnehmen: ....

311 Werden Rentenanwartschaften in den Versorgungsausgleich einbezogen, auf die die Öffnungsklausel anzuwenden wäre, ergeben sich für die ausgleichsberechtigte Person datenschutzrechtliche Probleme, die für die Besteuerung erforderlichen Daten zu erhalten. Die ausgleichsberechtigte Person hat keinen Rechtsanspruch auf Auskunft gegenüber dem Rentenversicherungsträger. Ohne eine entsprechende Information über die Anwendung der Öffnungsklausel auf die im Versorgungsausgleich übertragene Rente kann die ausgleichsberechtigte Person ihre Rechte aber nur eingeschränkt geltend machen. Sie ist damit vollständig auf die freiwillige Mitwirkung der ausgleichspflichtigen Person angewiesen. Liegt die Scheidung länger zurück, können sich tatsächliche Schwierigkeiten ergeben, wenn zum Beispiel zwischen den Geschiedenen kein Kontakt mehr besteht und die ausgleichsberechtigte Person den Aufenthaltsort der ausgleichspflichtigen Person nicht kennt oder sie überhaupt keine Kenntnisse von der eventuellen Anwendbarkeit der Öffnungsklausel hat. Ein weiteres Problem ergibt sich, wenn die ausgleichspflichtige Person stirbt, bevor sie eine eigene Rente erhält und ein Verhältniswert bestimmt worden ist.

Durch die entsprechende Anwendung des § 4 Abs. 1 des Versorgungsausgleichsgesetzes wurden die Grundlagen geschaffen, damit die ausgleichsberechtigte Person die Öffnungsklausel auch für sich in Anspruch nehmen kann, soweit die übrigen Voraussetzungen erfüllt sind.

| § 22 EStG | Arten der sonstigen Einkünfte |

5. Leistungen aus Altersvorsorgeverträgen, Pensionsfonds, Pensionskassen und Direktversicherungen. ~~Soweit die Leistungen nicht auf Beiträgen, auf die § 3 Nr. 63, § 10a oder Abschnitt XI angewendet wurden, nicht auf Zulagen im Sinne des Abschnitts XI, nicht auf Zahlungen im Sinne des § 92a Abs. 2 Satz 4 Nr. 1 und des § 92a Abs. 3 Satz 9 Nr. 2, nicht auf steuerfreien Leistungen nach § 3 Nr. 66 und nicht auf Ansprüchen beruhen, die durch steuerfreie Zuwendungen nach § 3 Nr. 56 erworben wurden,~~

Soweit die Leistungen nicht auf Beiträgen, auf die § 3 Nr. 63, § 10a oder Abschnitt XI angewendet wurde, nicht auf Zulagen im Sinne des Abschnitts XI, nicht auf Zahlungen im Sinne des § 92a Abs. 2 Satz 4 Nr. 1 und des § 92a Abs. 3 Satz 9 Nr. 2, nicht auf steuerfreien Leistungen nach § 3 Nr. 66 und nicht auf Ansprüchen beruhen, die durch steuerfreie Zuwendungen nach § 3 Nr. 56 oder die durch die nach § 3 Nr. 55b Satz 1 steuerfreie Leistung aus einem im Versorgungsausgleich begründeten Anrecht erworben wurden,

a) ist bei lebenslangen Renten sowie bei Berufsunfähigkeits-, Erwerbsminderungs- und Hinterbliebenenrenten Nummer 1 Satz 3 Buchstabe a entsprechend anzuwenden,

b) ist bei Leistungen aus Versicherungsverträgen, Pensionsfonds, Pensionskassen und Direktversicherungen, die nicht solche nach Buchstabe a sind, § 20 Abs. 1 Nr. 6 in der jeweils für den Vertrag geltenden Fassung entsprechend anzuwenden,

c) unterliegt bei anderen Leistungen der Unterschiedsbetrag zwischen der Leistung und der Summe der auf sie entrichteten Beiträge der Besteuerung; § 20 Abs. 1 Nr. 6 Satz 2 gilt entsprechend.

312 Durch die Ergänzung von § 22 Nr. 5 Satz 2 EStG wird sichergestellt, dass die Leistungen, die auf dem nach § 3 Nr. 55b Satz 1 steuerfrei gestellten Ausgleichswert beruhen, nach § 22 Nr. 5 Satz 1 EStG nachgelagert besteuert werden.

Als Folge wird damit bei der ausgleichsberechtigten Person nur der Teil der Versorgungsleistungen der nachgelagerten Besteuerung unterworfen, der auch bei der ausgleichspflichtigen Person der vollständigen nachgelagerten Besteuerung unterlegen hätte (weil die Leistung bei ihr z.B. auf Beiträgen, auf die § 3 Nr. 63, § 10a oder Abschnitt XI EStG angewendet wurden, auf Zulagen im Sinne des Abschnitts

XI EStG und auf Leistungen nach § 3 Nr. 66 EStG beruhte oder durch steuerfreie Zuwendungen nach § 3 Nr. 56 EStG erworben wurde).

Der Teil der späteren Versorgungsleistung, der auf dem nicht nach § 3 Nr. 55b Satz 1 steuerfreien Ausgleichswert und damit letztlich auf nicht geförderten Beiträgen der ausgleichspflichtigen Person beruht, unterliegt auch bei der ausgleichsberechtigten Person nach Maßgabe des § 22 Nr. 5 Satz 2 Buchstabe a bis c EStG der Besteuerung.

Dies kann bedeuten, dass dieser Teil im Fall des § 22 Nr. 5 Satz 2 Buchstabe a und b EStG in Verbindung mit § 20 Abs. 1 Nr. 6 und § 52 Abs. 36 EStG nicht besteuert wird.

Eine „Besteuerungslücke" kann entstehen wenn Mittel aus geförderter betrieblicher Altersversorgung oder Riesterversorgungen auf Lebensversicherungen (Wertunterschied; Abgeltungssteuer) oder auf Rentenversicherungen (Ertragsanteil) übertragen werden.

Nur bei Zustimmung des Ausgleichspflichtigen kann es bei ihm zu einem steuerlichen Zufluss und Versteuerung des Ausgleichswertes kommen, den er an den Ausgleichsberechtigten leisten muss (§ 15 VersAusglG).

Die Übertragung auf ein Vorsorgeprodukt das der Kohortenbesteuerung (§ 22 Nr. 1 Satz 3 a) aa) EStG) unterliegt (Gesetzliche Rentenversicherung, Basisrente) ist kein solcher Fall, hier bleibt es bei der Steuerfreiheit. Wegen der schrittweisen vollständigen nachgelagerten Besteuerung wurde auf Sonderregelungen verzichtet.

Bei Zahlung einer schuldrechtlichen Ausgleichsrente hat die ausgleichsverpflichtete Person die Steuern auf der Grundlage der Gesamtrente zu zahlen.
- Die schuldrechtliche Ausgleichsrente kann von der ausgleichspflichtigen Person als „dauernde Last" gemäß § 10 Abs. 1 Nr. 1 EStG geltend gemacht werden.
- Die ausgleichsberechtigte Person muss die Ausgleichsrente gemäß § 22 Nr. 1c EStG als Einkommen versteuern.

§ 52 EStG

(36) § 20 Abs. 1 Nr. 1 bis 3 in der Fassung des Gesetzes vom 24. März 1999 (BGBl I S. 402) ist letztmals anzuwenden für Ausschüttungen, für die der Vierte Teil des Körperschaftsteuergesetzes nach § 34 Abs. 10a des Körperschaftsteuergesetzes in der Fassung des Artikels 3 des Gesetzes vom 23. Oktober

2000 (BGBl I S. 1433) letztmals anzuwenden ist. § 20 Abs. 1 Nr. 1 in der Fassung des Gesetzes vom 23. Oktober 2000 (BGBl I S. 1433) und § 20 Abs. 1 Nr. 2 in der Fassung des Artikels 1 des Gesetzes vom 20. Dezember 2001 (BGBl I S. 3858) ist erstmals für Erträge anzuwenden, für die Satz 1 nicht gilt. § 20 Abs. 1 Nr. 6 in der Fassung des Gesetzes vom 7. September 1990 (BGBl I S. 1898) ist erstmals auf nach dem 31. Dezember 1974 zugeflossene Zinsen aus Versicherungsverträgen anzuwenden, die nach dem 31. Dezember 1973 abgeschlossen worden sind. § 20 Abs. 1 Nr. 6 in der Fassung des Gesetzes vom 20. Dezember 1996 (BGBl I S. 2049) ist erstmals auf Zinsen aus Versicherungsverträgen anzuwenden, bei denen die Ansprüche nach dem 31. Dezember 1996 entgeltlich erworben worden sind. Für Kapitalerträge aus Versicherungsverträgen, die vor dem 1. Januar 2005 abgeschlossen werden, ist § 20 Abs. 1 Nr. 6 in der am 31. Dezember 2004 geltenden Fassung mit der Maßgabe weiterhin anzuwenden, dass in Satz 3 die Angabe „§ 10 Abs. 1 Nr. 2 Buchstabe b Satz 5" durch die Angabe „§ 10 Abs. 1 Nr. 2 Buchstabe b Satz 6" ersetzt wird. § 20 Abs. 1 Nr. 1 Satz 4, § 43 Abs. 3, § 44 Abs. 1, 2 und 5 und § 45a Abs. 1 und 3 in der Fassung des Artikels 1 des Gesetzes vom 13. Dezember 2006 (BGBl I S. 2878) sind erstmals auf Verkäufe anzuwenden, die nach dem 31. Dezember 2006 getätigt werden. § 20 Abs. 1 Nr. 6 Satz 1 in der Fassung des Artikels 1 des Gesetzes vom 13. Dezember 2006 (BGBl I S. 2878) ist auf Erträge aus Versicherungsverträgen, die nach dem 31. Dezember 2004 abgeschlossen werden, anzuwenden. § 20 Abs. 1 Nr. 6 Satz 3 in der Fassung des Artikels 1 des Gesetzes vom 13. Dezember 2006 (BGBl I S. 2878) ist erstmals anzuwenden auf Versicherungsleistungen im Erlebensfall bei Versicherungsverträgen, die nach dem 31. Dezember 2006 abgeschlossen werden, und auf Versicherungsleistungen bei Rückkauf eines Vertrages nach dem 31. Dezember 2006. § 20 Abs. 1 Nr. 6 Satz 2 ist für Vertragsabschlüsse nach dem 31. Dezember 2011 mit der Maßgabe anzuwenden, dass die Versicherungsleistung nach Vollendung des 62. Lebensjahres des Steuerpflichtigen ausgezahlt wird. § 20 Abs. 1 Nr. 6 Satz 5 in der Fassung des Artikels 1 des Gesetzes vom 19. Dezember 2008 (BGBl I S. 2794) ist für alle Kapitalerträge anzuwenden, die dem Versicherungsunternehmen nach dem 31. Dezember 2008 zufließen. § 20 Abs. 1 Nr. 6 Satz 6 in der Fassung des Artikels 1 des Gesetzes vom 19. Dezember 2008 (BGBl I S. 2794) ist für alle Versicherungsverträge anzuwenden, die nach dem 31. März 2009 abgeschlossen werden oder bei denen die erstmalige Beitragsleistung nach dem 31. März 2009 erfolgt. *Wird aufgrund einer internen Teilung nach § 10 des Versorgungsausgleichsgesetzes oder einer externen Teilung nach § 14 des Versorgungsausgleichsgesetzes ein Anrecht in Form eines Versicherungsvertrags zugunsten der ausgleichsberechtigten Person begründet, gilt dieser Vertrag inso-*

weit zu dem gleichen Zeitpunkt als abgeschlossen wie derjenige der ausgleichspflichtigen Person.

Bei einer internen Teilung (§ 10 VersAusglG) oder einer externen Teilung (§ 14 VersAusglG) eines Versicherungsvertrages werden Ansprüche der ausgleichspflichtigen Person auf die ausgleichsberechtigte Person transferiert. Bei der internen Teilung werden die Ansprüche auf einen anderen Vertrag bei dem gleichen Versicherungsunternehmen übertragen und bei der externen Teilung im Rahmen eines Vertrags bei einem anderen Versicherungsunternehmen begründet. Ein solcher Transfer aufgrund eines richterlichen Gestaltungsakts stellt weder einen Erlebensfall noch einen Rückkauf dar und ist deshalb steuerneutral zu behandeln. Mangels eines steuerpflichtigen Tatbestands kommt es erst gar nicht zur Anwendung der Regelungen zur Steuerfreiheit in § 3 Nr. 55a und 55b – neu –. **313**

Um bei der Besteuerung der Erträge aus dem Versicherungsvertrag eine Gleichbehandlung beider Ehegatten zu gewährleisten, bedarf es einer gesetzlichen Fiktion hinsichtlich des Zeitpunkts des Vertragsabschlusses. Ohne diese Fiktion könnte die ausgleichsberechtigte Person die in § 20 Abs. 1 Nr. 6 Satz 2 EStG in der bis zum 31. Dezember 2004 geltenden Fassung geregelte Steuerbefreiung für vor dem 1. Januar 2005 abgeschlossene Verträge nicht in Anspruch nehmen. Außerdem würde die Frist für den hälftigen Unterschiedsbetrag nach § 20 Abs. 1 Nr. 6 Satz 2 EStG in der derzeitigen Fassung neu zu laufen beginnen. Die ausgleichsberechtigte Person wäre dadurch schlechter als die ausgleichspflichtige Person gestellt.

Unabhängig davon, ob das Anrecht auf einen neuen oder einen bereits bestehenden Versicherungsvertrag der ausgleichsberechtigten Person übertragen wird, ist insoweit auf den Vertragsabschluss der ausgleichspflichtigen Person abzustellen. Das übertragene Anrecht ist in beiden Fällen gesondert wie ein Vertrag gegen Einmalbeitrag zu behandeln. Soweit die spätere Versicherungsleistung nicht auf dem übertragenen Anrecht beruht, bleibt der Vertragsabschluss der ausgleichsberechtigten Person maßgebend.

§ 93 EStG

(1a) Die Verpflichtung nach Absatz 1 Satz 1 entfällt auch, soweit im Rahmen der Regelung der Scheidungsfolgen eine Übertragung des geförderten Altersvorsorgevermögens auf einen Altersvorsorgevertrag des ausgleichsberechtigten Ehegatten erfolgt, zu Lasten des geförderten Vertrages mit einem öffentlich-rechtlichen Versorgungsträger für den ausgleichsberechtigten Ehegatten Renten-

~~anwartschaften in der gesetzlichen Rentenversicherung begründet werden oder das Kapital aus einem geförderten Vertrag entnommen und von dem ausgleichsberechtigten Ehegatten unmittelbar auf einen auf seinen Namen lautenden Altersvorsorgevertrag eingezahlt wird. Einer Übertragung steht die Abtretung des geförderten Altersvorsorgevermögens im Rahmen der Regelung der Scheidungsfolgen gleich. Wird von dem berechtigten früheren Ehegatten dieses Altersvorsorgevermögen schädlich verwendet, gilt Absatz 1 Satz 1 sinngemäß für die darin enthaltenen Zulagen und die anteilig nach § 10a Abs. 4 gesondert festgestellten Beträge.~~

(1a) Eine schädliche Verwendung liegt nicht vor, wenn gefördertes Altersvorsorgevermögen aufgrund einer internen Teilung nach § 10 des Versorgungsausgleichsgesetzes oder aufgrund einer externen Teilung nach § 14 des Versorgungsausgleichsgesetzes auf einen zertifizierten Altersvorsorgevertrag oder eine nach § 82 Abs. 2 begünstigte betriebliche Altersversorgung übertragen wird. In diesen Fällen teilt die zentrale Stelle der ausgleichspflichtigen Person die Höhe der auf die Ehezeit im Sinne des § 3 Abs. 1 des Versorgungsausgleichsgesetzes entfallenden gesondert festgestellten Beträge nach § 10a Abs. 4 und die ermittelten Zulagen mit. Die entsprechenden Beträge sind monatsweise zuzuordnen. Soweit das während der Ehezeit gebildete geförderte Altersvorsorgevermögen nach Satz 1 übertragen wird, geht die steuerliche Förderung mit allen Rechten und Pflichten auf die ausgleichsberechtigte Person über. Die zentrale Stelle teilt die geänderte Zuordnung der gesondert festgestellten Beträge nach § 10a Abs. 4 sowie der ermittelten Zulagen der ausgleichspflichtigen und der ausgleichsberechtigten Person durch Feststellungsbescheid mit. Nach Eintritt der Unanfechtbarkeit dieses Feststellungsbescheids informiert die zentrale Stelle den Anbieter durch einen Datensatz über die geänderte Zuordnung."

314 § 93 EStG regelt die Tatbestandsvoraussetzungen und die Rechtsfolgen einer schädlichen Verwendung. Diese liegt vor, wenn das geförderte Altersvorsorgevermögen nicht dem Förderzweck entsprechend verwendet wird. Soweit eine schädliche Verwendung vorliegt, hat die steuerpflichtige Person die hierauf entfallenden ihr gegenüber gesondert festgestellten Beträge und die Zulagen nach Abschnitt XI EStG zurückzuzahlen.

Satz 1 regelt, dass die im Rahmen des Versorgungsausgleichs vorgenommene interne oder externe Teilung eines Vertrages, in dem steuerlich nach § 10a/Abschnitt XI EStG gefördertes Altersvorsorgekapital gebunden ist, dann nicht zu einer schädlichen Verwendung führt, wenn das geförderte Altersvorsorgevermögen weiterhin bestimmungsgemäß für den Aufbau einer förderfähigen Altersvorsorge verwendet wird. Damit wird durch die Übertragung des geförderten Altersvorsorgevermögens im Rahmen der externen oder internen Teilung keine Rückzahlungsverpflichtung der auf den übertragenen Teil entfallenden Zulagen und der nach § 10a Abs. 4 EStG gesondert festgestellten Beträge ausgelöst.

Damit die ausgleichspflichtige Person Kenntnis über den Umfang der auf die Ehezeit entfallenden steuerlichen Förderung erhält, wird sie entsprechend von der zentralen Stelle informiert. Es handelt sich hierbei um eine Auflistung der im Rahmen des Zulageverfahrens bisher gewährten Zulagen sowie der der zentralen Stelle bekannten gesondert festgestellten Beträge nach § 10a Abs. 4 EStG. Die von der zentralen Stelle dargestellten Werte kann die ausgleichspflichtige Person hinsichtlich der Höhe lediglich im Rahmen der rechtlichen Möglichkeiten anfechten, die sich in den entsprechenden Verfahren (Zulageverfahren, Einkommensteuerveranlagung) ergeben. Der Regelungsgehalt der Zusammenstellung bezieht sich nur auf die Zuordnung der gewährten Förderung auf die Ehezeit.

Die Förderung entfällt auf die Ehezeit, wenn sie für ein Beitragsjahr gewährt wird, das innerhalb der Ehezeit liegt. Gehört das Beitragsjahr zum ersten oder letzten Jahr der Ehezeit, erfolgt eine monatsweise Zuordnung der für dieses Beitragsjahr gewährten Förderung, d.h. pro Monat ein Zwölftel der für das Beitragsjahr insgesamt gewährten Förderung. Die monatsweise Zuordnung erfolgt unabhängig davon, ob die für dieses Beitragsjahr gezahlten Beiträge vor, nach oder während der Ehezeit auf den Vertrag eingezahlt wurden.

Nach Durchführung der versorgungsrechtlichen Teilung (§§ 10, 14 VersAusglG) obliegt es jeder berechtigten Person, die zweckentsprechende Verwendung des ihr zugerechneten Vermögens sicherzustellen. Um der Interessenlage der geschiedenen Ehegatten Rechnung zu tragen, geht die auf den Anteil des auf die ausgleichspflichtige Person übertragenen geförderten Altersvorsorgevermögens entfallende steuerliche Förderung mit allen Rechten und Pflichten auf die ausgleichsberechtigte Person über. Dies hat zur Folge, dass im Fall einer schädlichen Verwendung des geförderten Altersvorsorgevermögens derjenige Ehegatte die Förderung zurückzahlen muss, der über das ihm zugerechnete geförderte Altersvorsorgevermögen schädlich verfügt. Bezieht der Ehegatte Leistungen aus dem geförderten Altersvorsorgevermögen, so obliegt ihm als Leistungsempfänger auch die nachgelagerte Besteuerung.

Durch die Übertragung des geförderten Altersvorsorgevermögens im Rahmen der Durchführung des Versorgungsausgleichs (§§ 10, 14 VersAusglG) ändert sich die Zuordnung der gesondert festgestellten Beträge nach § 10a Abs. 4 EStG sowie der ermittelten Zulagen. Aus diesem Grund erhalten sowohl die ausgleichspflichtige als auch die ausgleichsberechtigte Person einen Feststellungsbescheid von der zentralen Stelle über die Zuordnung der gewährten steuerlichen Förderung. Der Regelungsgehalt des Feststellungsbescheids bezieht sich auf die geänderte Zuordnung der gewährten steuerlichen Förderung. Damit wissen die Verfahrensbeteiligten, welche Konsequenzen sich aus einer schädlichen Verwendung des ihnen zugerechneten Vermögens ergibt.

Nach Eintritt der Unanfechtbarkeit dieses Feststellungsbescheids wird auch der Anbieter durch einen Datensatz nach § 90 Abs. 2 Satz 6 EStG von der zentralen Stelle über die geänderte Zuordnung informiert.

I. Steuerlast bei Ausgleichsrenten

315 Die ausgleichspflichtige Person kann die gezahlte schuldrechtlichen Ausgleichsrente nach § 10 Abs. 1 Nr. 1 EStG als dauernde Last absetzen.

Die ausgleichsberechtigte Person muss die bezogene schuldrechtliche Ausgleichsrente nach § 22 Nr. 1 Buchstabe c als Einkommen versteuern.

Die Härtefallklausel des § 27 VersAusglG dürfte damit regelmäßig keine Anwendung finden.

II. Steuerliche Ergänzungen

316 In der Praxis werden folgende Ergänzungen des Einkommensteuerrechts vorgeschlagen:[195]

- Unterstützungskassen
- Sachgerechte Anpassung des § 4d EStG, zumindest Begleitung in einem BMF-Schreiben; steuerwirksame Finanzierung der geteilten Anrechte.
- Steuerrechtlicher Status darf in Folge einer Teilung nicht verloren gehen (Steuerbefreiung).

---

[195] Aktuelle Stunde, aba-Forum Steuerrecht am 28. April 2009, *Bernhard Pohl*, Steuerberater.

- Unmittelbare Versorgungszusage
- Bewertung der Verpflichtung für den ausgleichsberechtigten Ehegatten in der Bilanz des AG.
- Richtigerweise Barwert oder obwohl Ausgleichsberechtiger nicht Dienstzeit im Betrieb des AG verbringt doch der Teilwertansatz?
- Stellung des Ausgleichsberechtigten
- erlangt steuerlich die Stellung des Ausgleichsverpflichteten; i.d.R Arbeitnehmer (§ 19 EStG)
- muss gleichermaßen auch für Selbstständige gelten (§ 15 oder 18 EStG)

Artikel 11: Änderung der Altersvorsorge-Durchführungsverordnung

§ 11 AltvDV Anbieterwechsel

(1) Im Fall der Übertragung von Altersvorsorgevermögen nach § 1 Abs. 1 Satz 1 Nr. 10 Buchstabe b des Altersvorsorgeverträge-Zertifizierungsgesetzes sowie in den Fällen des § 93 Abs. 1 Satz 4 Buchstabe c, Abs. 1a Satz 1 und 2 oder Abs. 2 Satz 2 und 3 des Einkommensteuergesetzes hat der Anbieter des bisherigen Vertrags dem Anbieter des neuen Vertrags die in § 92 des Einkommensteuergesetzes genannten Daten einschließlich der auf den Zeitpunkt der Übertragung fortgeschriebenen Beträge im Sinne des § 19 Abs. 1 und 2 mitzuteilen. Bei der Übermittlung hat er die bisherige Vertragsnummer, die Zertifizierungsnummer und die Anbieternummer anzugeben. Der Anbieter des bisherigen Vertrags kann die Mitteilung nach Satz 1 über die zentrale Stelle dem Anbieter des neuen Vertrags übermitteln. Die zentrale Stelle leitet die Mitteilung ohne inhaltliche Prüfung an den Anbieter des neuen Vertrags. Der Anbieter des bisherigen Vertrags hat den Anbieter des neuen Vertrags über eine Abweisung eines Datensatzes nach § 12 Abs. 1 Satz 3 oder 4 unverzüglich zu unterrichten.

(2) Wird das Altersvorsorgevermögen im laufenden Beitragsjahr vollständig auf einen neuen Anbieter übertragen, ist dieser Anbieter zur Ausstellung der Bescheinigung nach § 92 des Einkommensteuergesetzes sowie zur Übermittlung der Daten nach § 10a Abs. 5 des Einkommensteuergesetzes an die zentrale Stelle für das gesamte Beitragsjahr verpflichtet.

(3) In den Fällen des § 92a Abs. 2 Satz 8 und 9 des Einkommensteuergesetzes hat der Anbieter nach § 1 Abs. 2 des Altersvorsorgeverträge-Zertifizierungsgesetzes des bisherigen Vertrags dem Anbieter nach § 1 Abs. 2 des Altersvor-

sorgeverträge-Zertifizierungsgesetzes des neuen Vertrags den Stand des Wohnförderkontos (§ 92a Abs. 2 Satz 1 des Einkommensteuergesetzes) zu übermitteln. Der Anbieter des bisherigen Vertrags kann die Mitteilung nach Satz 1 über die zentrale Stelle dem Anbieter des neuen Vertrags übermitteln. Die zentrale Stelle leitet die Mitteilung ohne inhaltliche Prüfung an den Anbieter des neuen Vertrags weiter. Die Sätze 1 bis 3 gelten entsprechend in den Fällen des § 92a Abs. 2 Satz 11 des Einkommensteuergesetzes. Erfolgt die Einzahlung nach § 92a Abs. 2 Satz 4 Nr. 1 oder § 92a Abs. 3 Satz 9 Nr. 2 des Einkommensteuergesetzes nicht beim Anbieter, der das Wohnförderkonto führt, hat der Anbieter, bei dem die Einzahlung erfolgt, dem anderen Anbieter die Höhe der Zahlungen des Zulageberechtigten auf den Altersvorsorgevertrag zu übermitteln. Der Anbieter, der das Wohnförderkonto führt, teilt dem anderen Anbieter den Betrag mit, um den das Wohnförderkonto gemindert wurde.

(4) In den Fällen des Absatzes 1 Satz 1 hat der Anbieter des bisherigen Vertrags sowie der Anbieter des neuen Vertrags die Übertragung der zentralen Stelle mitzuteilen. Satz 1 gilt entsprechend in den Fällen des § 92a Abs. 2 Satz 11 des Einkommensteuergesetzes. Liegt ein Fall des § 82 Abs. 1 Satz 4 des Einkommensteuergesetzes vor, hat der Anbieter des neuen Vertrags dies der zentralen Stelle ergänzend mitzuteilen. *Im Fall der Übertragung von Altersvorsorgevermögen nach § 93 Abs. 1a Satz 1 des Einkommensteuergesetzes hat der Anbieter des bisherigen Vertrags der zentralen Stelle außerdem die vom Familiengericht angegebene Ehezeit mitzuteilen.*

317 Bei der Änderung des bisherigen Satzes 1 handelt es sich um eine redaktionelle Folgeänderung aufgrund der Neuregelung des § 93 Abs. 1a EStG.

Für die Zuordnung der auf die Ehezeit entfallenden gesondert festgestellten Beträge nach § 10a Abs. 4 EStG und der ermittelten Zulagen benötigt die zentrale Stelle die Angabe der Ehezeit im Sinne des § 3 Abs. 1 VersAusglG.

Artikel 12: Änderung des Lebenspartnerschaftsgesetzes

| § 20 LPartG | Versorgungsausgleich |

(1) Nach Aufhebung der Lebenspartnerschaft findet zwischen den Lebenspartnern ein Versorgungsausgleich statt, soweit für sie oder einen von ihnen in der Lebenspartnerschaftszeit durch Arbeit oder mit Hilfe des Vermögens Anrechte auf eine Versorgung wegen Alters oder verminderter Erwerbsfähigkeit begründet

~~oder aufrechterhalten worden sind. Die güterrechtlichen Vorschriften finden auf den Ausgleich dieser Anrechte keine Anwendung.~~

(1) Wird eine Lebenspartnerschaft aufgehoben, findet in entsprechender Anwendung des Versorgungsausgleichsgesetzes mit Ausnahme der §§ 32 bis 38 des Versorgungsausgleichsgesetzes ein Ausgleich von im In- oder Ausland bestehenden Anrechten (§ 2 Abs. 1 des Versorgungsausgleichsgesetzes) statt, soweit sie in der Lebenspartnerschaftszeit begründet oder aufrechterhalten worden sind.

(2) Als Lebenspartnerschaftszeit gilt die Zeit vom Beginn des Monats, in dem die Lebenspartnerschaft begründet worden ist, bis zum Ende des Monats, der dem Eintritt der Rechtshängigkeit des Antrages auf Aufhebung der Lebenspartnerschaft vorausgeht.

~~(3) In einem Lebenspartnerschaftsvertrag (§ 7) können die Lebenspartner durch eine ausdrückliche Vereinbarung den Versorgungsausgleich ausschließen. Der Ausschluss ist unwirksam, wenn innerhalb eines Jahres nach Vertragsschluss Antrag auf Aufhebung der Lebenspartnerschaft gestellt wird.~~

(3) Schließen die Lebenspartner in einem Lebenspartnerschaftsvertrag (§ 7) Vereinbarungen über den Versorgungsausgleich, so sind die §§ 6 bis 8 des Versorgungsausgleichsgesetzes entsprechend anzuwenden.

~~(4) Im Übrigen sind die §§ 1587a bis 1587p des Bürgerlichen Gesetzbuchs, das Gesetz zur Regelung von Härten im Versorgungsausgleich mit Ausnahme der §§ 4 bis 6 und 8, das Versorgungsausgleichs-Überleitungsgesetz sowie die Barwert-Verordnung entsprechend anzuwenden.~~

(4) ~~Die Absätze 1 bis 4~~ *Die Absätze 1 bis 3* sind nicht anzuwenden, wenn die Lebenspartnerschaft vor dem 1. Januar 2005 begründet worden ist und die Lebenspartner eine Erklärung nach § 21 Abs. 4 nicht abgegeben haben.

318 Es handelt sich um redaktionelle Anpassungen. Bereits nach dem bislang geltenden Recht fand der Versorgungsausgleich zwischen den Lebenspartnern oder zwischen den Lebenspartnerinnen in entsprechender Anwendung des Rechts für Ehegatten statt: Der bisherige § 20 Abs. 4 LPartG enthielt im Wesentlichen eine Generalverweisung auf das gesamte Recht des Versorgungsausgleichs im Scheidungsfall; einschließlich der Beamtenversorgung. Diese Verweisung wird nach Absatz 1 übernommen und aktualisiert. Der bisherige § 20 Abs. 3 LPartG entspricht § 1408 Abs. 2 BGB und wird deshalb dessen neuem Wortlaut angepasst.

Artikel 13: Änderung des Gesetzes über Gerichtskosten in Familiensachen

§ 50 FamGKG   Versorgungsausgleichssachen

~~(1) In Versorgungsausgleichssachen beträgt der Verfahrenswert, wenn dem Versorgungsausgleich~~
~~1. ausschließlich Anrechte~~
    ~~a) aus einem öffentlich-rechtlichen Dienstverhältnis oder aus einem Arbeitsverhältnis mit Anspruch auf Versorgung nach beamtenrechtlichen Grundsätzen,~~
    ~~b) der gesetzlichen Rentenversicherung und~~
    ~~c) der Alterssicherung der Landwirte unterliegen, 1.000 Euro;~~
~~2. ausschließlich sonstige Anrechte unterliegen, 1.000 Euro;~~
~~3. Anrechte im Sinne von Nummern 1 und 2 unterliegen, 2.000 Euro.~~

~~(2) Im Verfahren über eine Abfindung (§ 1587l Abs. 1 des Bürgerlichen Gesetzbuchs) und im Verfahren nach § 3a des Gesetzes zur Regelung von Härten im Versorgungsausgleich beträgt der Wert 1.000 Euro.~~

~~(3) Im Verfahren~~
~~1. über das Ruhen der Verpflichtung zur Begründung von Rentenanwartschaften,~~
~~2. über einen Auskunftsanspruch,~~
~~3. über die Abtretung von Versorgungsansprüchen,~~
~~4. über die Gewährung einer Ratenzahlung für die Abfindung und~~
~~5. über die Neufestsetzung des zu leistenden Betrags nach § 224 Abs. 3 des Gesetzes über das Verfahren in Familiensachen und in den Angelegenheiten der freiwilligen Gerichtsbarkeit~~
~~beträgt der Wert 500 Euro.~~

~~(4) Ist der nach den Absätzen 1 bis 3 bestimmte Wert nach den besonderen Umständen des Einzelfalls unbillig, kann das Gericht einen höheren oder einen niedrigeren Wert festsetzen.~~

(1) In Versorgungsausgleichssachen beträgt der Verfahrenswert für jedes Anrecht 10 Prozent, bei Ausgleichsansprüchen nach der Scheidung für jedes Anrecht 20 Prozent des in drei Monaten erzielten Nettoeinkommens der Ehegatten. Der Wert nach Satz 1 beträgt insgesamt mindestens 1 000 Euro.

(2) In Verfahren über einen Auskunftsanspruch oder über die Abtretung von Versorgungsansprüchen beträgt der Verfahrenswert 500 Euro.

(3) Ist der nach den Absätzen 1 und 2 bestimmte Wert nach den besonderen Umständen des Einzelfalls unbillig, kann das Gericht einen höheren oder einen niedrigeren Wert festsetzen.

Die in Versorgungsausgleichssachen sowohl für die Gebühren des Gerichts als auch für die Gebühren der im Verfahren tätigen Rechtsanwältinnen und Rechtsanwälte maßgebliche Wertvorschrift (§ 50 FamGKG) wird insgesamt neu gefasst. **319**

Die bislang vorgesehenen Festwerte tragen dem konkreten Aufwand der Gerichte und den Leistungen der Anwältinnen und Anwälte im Versorgungsausgleich nicht hinreichend Rechnung. Zudem spielen häufiger als früher neben Anrechten aus den Regelsicherungssystemen auch betriebliche und private Versorgungen eine Rolle, künftig insbesondere auch „Riester-Verträge".

Die Anzahl der auszugleichenden Anrechte steigt also. Durch das neue Teilungsprinzip – Grundsatz der Teilung jedes Anrechts – tritt zusätzlich die Bedeutung des einzelnen Anrechts in den Vordergrund.

Im Allgemeinen sind die erworbenen Anrechte abhängig von den Beiträgen der Eheleute zu den Versorgungssystemen und damit mittelbar von ihrem Erwerbseinkommen bestimmt.

Es ist deshalb sinnvoll, den Verfahrenswert in Versorgungsausgleichssachen ähnlich wie in Ehesachen (§ 43 FamGKG) an den Einkünften der Ehegatten zu orientieren.

Absatz 1 Satz 1 regelt, dass dem Verfahrenswert für jedes auszugleichende Anrecht ein Betrag von 10 Prozent des in drei Monaten erzielten Nettoeinkommens der Ehegatten zugrunde zu legen ist. Im Allgemeinen sind mit einer Erwerbstätigkeit und mit höheren Einkünften höhere Anrechte in den Versorgungssystemen verbunden. In der überwiegenden Zahl der Fälle wird die Regelung daher dazu führen, dass die Bedeutung der erworbenen Anrechte besser als nach bislang geltendem Recht abgebildet werden kann. **320**

Bei Ausgleichsansprüchen nach der Scheidung erhöht sich der Betrag auf 20 Prozent. Damit werden diese Verfahren für die Anwaltschaft gebührenrechtlich interessanter.

Absatz 1 Satz 2 regelt – vorbehaltlich der Billigkeitsbestimmung in Absatz 3 – eine Ober- und eine Untergrenze für den nach Absatz 1 Satz 1 zu bestimmenden Wert. Der vorgesehene Mindestwert entspricht dem im geltenden Recht vorgesehenen Wert für die Ausgleichung von Anrechten aus den Regelsicherungssystemen (§ 50

Abs. 1 Nr. 1 FamGKG). Er soll gewährleisten, dass mit der Neuregelung grundsätzlich keine Gebühreneinbußen für die Justiz oder die Anwaltschaft verbunden sind.

Demgegenüber führt die Neuregelung für Ehegatten mit höherem Einkommen zu einer verhältnismäßig höheren Gebührenbelastung.

Im Jahr 2005 lag das durchschnittliche Haushaltsnettoeinkommen von kinderlosen Paaren bei 3.150 EUR monatlich (Statistisches Jahrbuch 2007, 548). Ausgehend davon beläuft sich der Verfahrenswert beim Ausgleich von vier Anrechten (je zwei aus der gesetzlichen und zwei aus der privaten Altersvorsorge) künftig auf 3.780 EUR. Der Wert ist damit etwa doppelt so hoch wie bei der bislang geltenden Regelung (§ 50 Abs. 1 Nr. 3 FamGKG).

Der Bedeutung des Verfahrens für die Beteiligten und dem Aufwand des Gerichts wird damit besser Rechnung getragen als die bisherigen, vergleichsweise geringen Festwerte. In der Trennungssituation sind die Parteien allerdings häufig außergewöhnlichen finanziellen Belastungen ausgesetzt, was die Aufbringung der notwendigen Prozesskosten erschwert.

Nach oben wird die Kostenbelastung der Parteien deshalb durch den Höchstwert von 5.000 EUR begrenzt, der jedoch nach dem vorgeschlagenen Absatz 3 im Einzelfall überschritten werden darf, wenn er unbillig wäre.

Absatz 2 übernimmt die Bestimmungen des § 50 Abs. 3 Nr. 2 und 3 FamGKG.

Absatz 3 entspricht § 50 Abs. 4 FamGKG. Die Möglichkeit für das Familiengericht, unter Billigkeitsgesichtspunkten von dem rechnerisch ermittelten Wert abzuweichen, muss gerade in solchen Fällen zur Verfügung stehen, in denen der Wert zu Umfang, Schwierigkeit und Bedeutung der Sache in keinem vertretbaren Verhältnis steht.

Artikel 14: Änderung des Rechtspflegergesetzes

321 § 25 Nr. 1 des Rechtspflegergesetzes vom 5. November 1969 (BGBl I S. 2065), das zuletzt durch Artikel 23 des Gesetzes vom 17. Dezember 2008 (BGBl I S. 2586) geändert worden ist, dieses wiederum geändert durch Artikel 110a Abs. 2 Nr. 1 des Gesetzes vom 17. Dezember 2008 (BGBl I S. 2586), **wird aufgehoben**.

| § 25 RPflG | Sonstige Geschäfte auf dem Gebiet der Familiensachen

1. in Versorgungsausgleichsverfahren
   a) das Festsetzungsverfahren nach § 224 Abs. 2 und 3 des Gesetzes über das Verfahren in Familiensachen und in den Angelegenheiten der freiwilligen Gerichtsbarkeit,
   b) die Entscheidung über Anträge nach § 1587d des Bürgerlichen Gesetzbuchs, wenn ein Verfahren nach den §§ 1587b, 1587f des Bürgerlichen Gesetzbuchs nicht anhängig ist;

Die Zuständigkeitsregelung des § 25 Nr. 1 RPflG (in der Fassung des Artikels 23 Nr. 11 des FGG-Reformgesetzes; bisher in § 14 Abs. 1 Nr. 2a Buchstabe a und b RPflG geregelt) kann entfallen. Der Versorgungsausgleich kennt nach der Strukturreform weder ein Festsetzungsverfahren nach § 224 Abs. 2 und 3 FamFG (bisher § 53e Abs. 2 und 3 FGG) noch Anträge nach § 1587d BGB. **322**

Artikel 15: Änderung des Rechtsanwaltsvergütungsgesetzes

§ 19 Abs. 1 Satz 2 Nr. 15 des Rechtsanwaltsvergütungsgesetzes vom 5. Mai 2004 (BGBl I S. 718, 788), das zuletzt durch Artikel 47 Abs. 6 des Gesetzes vom 17. Dezember 2008 (BGBl I S. 2586) geändert worden ist, wird aufgehoben. **323**

| § 19 RVG | Rechtszug; Tätigkeiten, die mit dem Verfahren zusammenhängen

15. die Festsetzung des für die Begründung von Rentenanwartschaften in einer gesetzlichen Rentenversicherung zu leistenden Betrags nach § 53e Abs. 2 des Gesetzes über die Angelegenheiten der freiwilligen Gerichtsbarkeit;

Die Aufhebung des § 19 Abs. 1 Satz 2 Nr. 15 RVG (in der Fassung des Artikels 47 Abs. 6 Nr. 8 Buchstabe a Doppelbuchstabe dd des FGG-Reformgesetzes) ist Folge der Neuordnung der FamFG-Vorschriften; hiernach wird das Festsetzungsverfahren vor dem Rechtspfleger künftig entfallen (vgl. einleitende Begründung zu Artikel 2 – Entbehrlichkeit des § 224 Abs. 2 FamFG). **324**

§ 2 Gesetz über den Versorgungsausgleich (VersAusglG)

Artikel 16: Änderung der Kostenordnung

§ 124 KostO — Eidesstattliche Versicherung

(1) Für die Verhandlung in dem Termin zur Abnahme einer eidesstattlichen Versicherung nach §§ 259, 260, 1580 Satz 2, § 1587e Abs. 1, § 1587k Abs. 1, § 1605 Abs. 1 Satz 3, §§ 2006, 2028 Abs. 2 und § 2057 des Bürgerlichen Gesetzbuchs wird die volle Gebühr erhoben, auch wenn die Abgabe der eidesstattlichen Versicherung unterbleibt.

(1) Für die Verhandlung in dem Termin zur Abnahme einer eidesstattlichen Versicherung nach den §§ 259, 260, 1580 Satz 2, § 1605 Abs. 1 Satz 3, den §§ 2006, 2028 Abs. 2 sowie § 2057 des Bürgerlichen Gesetzbuchs und nach § 4 Abs. 4 des Versorgungsausgleichsgesetzes wird die volle Gebühr erhoben, auch wenn die Abgabe der eidesstattlichen Versicherung unterbleibt.

(2) Erledigt sich das Verfahren vor Eintritt in die Verhandlung infolge Zurücknahme des Antrags oder in anderer Weise, so ermäßigt sich die Gebühr entsprechend den Vorschriften des § 130.

325 Die Änderung ist Folge der Aufhebung der §§ 1587e, 1587k BGB. Künftig ist in § 4 Abs. 4 VersAusglG vorgesehen, dass die auskunftspflichtige Person auf Verlangen eine eidesstattliche Versicherung über ihre Angaben abzugeben hat. Im Übrigen berücksichtigt die Neufassung die Änderungen des § 124 Abs. 1 KostO durch Artikel 47 Abs. 2 Nr. 25 des FGG-Reformgesetzes.

Artikel 17: Änderung des Schornsteinfegergesetzes

§ 29 SchfG — Ruhegeld

(5) Das Ruhegeld ist um die Zahlbeträge der Versichertenrente zu kürzen, die dem Anspruchsberechtigten aufgrund einer Pflichtversicherung in den sozialen Rentenversicherungen zustehen; Rentenerhöhungen und Rentenminderungen aufgrund des *§ 1587b des Bürgerlichen Gesetzbuchs,* Versorgungsausgleichs, die Einkommensanrechnung auf Erziehungsrenten sowie das Rentensplitting unter Ehegatten nach dem Sechsten Buch Sozialgesetzbuch bleiben unberücksichtigt. Hat der Bezirksschornsteinfegermeister während der Zeit seiner Bestellung Pflichtbeiträge zur gesetzlichen Rentenversicherung nicht gezahlt, ist das Ruhegeld ferner um den Zahlbetrag einer Versichertenrente aus der gesetzlichen Rentenversicherung zu kürzen, der sich ergibt, wenn die nach Satz 3 zu ermittelnden Entgeltpunkte für jeden Kalendermonat, in dem

der Bezirksschornsteinfegermeister während der Zeit seiner Bestellung zur gesetzlichen Rentenversicherung Pflichtbeiträge nicht gezahlt hat, mit dem aktuellen Rentenwert vervielfältigt werden. Die Entgeltpunkte werden ermittelt, indem die für Bezirksschornsteinfegermeister in der gesetzlichen Rentenversicherung maßgebende jährliche Beitragsbemessungsgrundlage durch das Durchschnittsentgelt (Anlage 1 zum Sechsten Buch Sozialgesetzbuch) für dasselbe Kalenderjahr geteilt wird. Satz 1 gilt entsprechend für die Verletztenrente aufgrund eines Arbeitsunfalles im Sinne der sozialen Unfallversicherung, der zur Versetzung in den Ruhestand geführt hat. Eine Kürzung hat insoweit zu unterbleiben, als eineinhalb vom Hundert des Jahreshöchstbetrages (§ 30) für jedes Jahr der Mitgliedschaft als Bezirksschornsteinfegermeister, höchstens jedoch für 30 Jahre, unterschritten wird und soweit es sich um Kinderzulagen oder Kinderzuschüsse handelt. Wird die Rente aus den sozialen Rentenversicherungen neu berechnet, so hat die Versorgungsanstalt das Ruhegeld neu festzustellen, es sei denn, die Neuberechnung beruht auf den Vorschriften des Sechsten Buches Sozialgesetzbuch über das Zusammentreffen von Renten und von Einkommen.

Es handelt sich um Folgeänderungen aufgrund der Aufhebung des § 1587b des Bürgerlichen Gesetzbuchs. **326**

§ 31 SchfG Witwengeld und Witwergeld

(1) Die Witwe eines Bezirksschornsteinfegermeisters, eines Anspruchsberechtigten nach § 29 Abs. 1 oder eines Anwartschaftsberechtigten nach § 29 Abs. 1 Satz 2 erhält Witwengeld. Das Witwengeld beträgt für die Witwe eines Bezirksschornsteinfegermeisters oder eines Anspruchsberechtigten nach § 29 Abs. 1 Satz 1 55 vom Hundert des Jahresbetrages nach § 29 Abs. 4 und 6, den der Verstorbene am Todestag erhalten hat oder erhalten hätte, wenn er anspruchsberechtigt gewesen wäre. Für die Witwe eines Anspruchsberechtigten oder Anwartschaftsberechtigten nach § 29 Abs. 1 Satz 2 beträgt das Witwengeld 55 vom Hundert des Jahresbetrages nach § 29 Abs. 4 Satz 2, das der Verstorbene erhalten hat oder bei Vollendung des 65. Lebensjahres erhalten hätte. Das Witwengeld ist um die Zahlbeträge der Witwenrente zu kürzen, die die Witwe aufgrund einer Pflichtversicherung des Verstorbenen in den sozialen Rentenversicherungen erhält; Rentenerhöhungen und Rentenminderungen aufgrund des ~~§ 1587b des Bürgerlichen Gesetzbuchs~~ *Versorgungsausgleichs*, das Rentensplitting unter Ehegatten, die Minderung der Witwenrente wegen der Einkommensanrechnung auf Renten wegen Todes, Berücksichtigungszei-

ten wegen Kindererziehung oder Zeiten der nicht erwerbsmäßigen Pflege eines pflegebedürftigen Kindes bis zur Vollendung des 18. Lebensjahres sowie der Zuschlag bei Witwenrenten und Witwerrenten nach dem Sechsten Buch Sozialgesetzbuch bleiben unberücksichtigt. § 29 Abs. 5 Satz 2 und 3 gilt entsprechend. Satz 4 gilt entsprechend für die Witwenrente aufgrund eines Arbeitsunfalles im Sinne der sozialen Unfallversicherung, der zum Erlöschen der Bestellung des Verstorbenen geführt hat. Eine Kürzung hat insoweit zu unterbleiben, als 0,855 vom Hundert des Jahreshöchstbetrages (§ 30) für jedes Jahr der Mitgliedschaft des Verstorbenen als Bezirksschornsteinfegermeister bei der Versorgungsanstalt, höchstens für 30 Jahre, unterschritten wird. Wird die Witwenrente aus den sozialen Rentenversicherungen wegen der Erfüllung oder des Wegfalls der Voraussetzungen für eine große Witwenrente oder der Aufteilung der Witwenrente auf mehrere Berechtigte neu berechnet, so hat die Versorgungsanstalt das Witwengeld neu festzustellen.

327 Es handelt sich um Folgeänderungen aufgrund der Aufhebung des § 1587b des Bürgerlichen Gesetzbuchs.

§ 32 SchfG Waisengeld

(2) Das Waisengeld beträgt für Kinder eines verstorbenen Bezirksschornsteinfegermeisters oder Anspruchsberechtigten nach § 29 Abs. 1 Satz 1 bei Halbwaisen 20 vom Hundert und bei Vollwaisen 40 vom Hundert des Jahresbetrages nach § 29 Abs. 4 und 6, den der Verstorbene am Todestag erhalten hat oder erhalten hätte, wenn er anspruchsberechtigt gewesen wäre. Für die Kinder eines verstorbenen Anspruchsberechtigten oder Anwartschaftsberechtigten nach § 29 Abs. 1 Satz 2 beträgt das Waisengeld bei Halbwaisen 20 vom Hundert und bei Vollwaisen 40 vom Hundert des Jahresbetrages nach § 29 Abs. 4 Satz 2, das der Verstorbene erhalten hat oder bei Vollendung des 65. Lebensjahres erhalten hätte. Das Waisengeld ist um die Zahlbeträge der Waisenrente zu kürzen, die die Waise aufgrund einer Pflichtversicherung des Verstorbenen in den sozialen Rentenversicherungen erhält; Rentenerhöhungen und Rentenminderungen aufgrund des ~~§ 1587b des Bürgerlichen Gesetzbuchs~~ *Versorgungsaugleichs*, das Rentensplitting unter Ehegatten sowie Minderungen der Waisenrente wegen der Einkommensanrechnung auf Renten wegen Todes bleiben unberücksichtigt. § 29 Abs. 5 Satz 2 und 3 gilt entsprechend. Satz 3 gilt entsprechend für die Waisenrente aufgrund eines Arbeitsunfalles im Sinne der Sozialen Unfallversicherung, der zum Erlöschen der Bestellung des Verstorbenen geführt hat. Eine Kürzung hat insoweit zu unterbleiben, als

für die Halbwaisen 0,3 vom Hundert und für die Vollwaise 0,6 vom Hundert des Jahreshöchstbetrages (§ 30) für jedes Jahr der Mitgliedschaft des Verstorbenen als Bezirksschornsteinfegermeister bei der Versorgungsanstalt, höchstens für 30 Jahre, unterschritten wird.

Es handelt sich um Folgeänderungen aufgrund der Aufhebung des § 1587b des Bürgerlichen Gesetzbuchs.

328

| § 33a SchfG | Interne Teilung beim Versorgungsausgleich |

(1) Zum Ausgleich der nach diesem Gesetz erworbenen Anrechte im Versorgungsausgleich findet zwischen den geschiedenen Ehegatten die interne Teilung nach Maßgabe des Versorgungsausgleichsgesetzes und der ergänzenden Vorschrift dieses Gesetzes statt.

(2) Die interne Teilung erfolgt, indem zu Lasten der von der ausgleichspflichtigen Person nach diesem Gesetz erworbenen Anrechte für die ausgleichsberechtigte Person Anrechte bei der Versorgungsanstalt der deutschen Bezirksschornsteinfegermeister übertragen werden. Anrechte aus Zeiten im Beitrittsgebiet (§ 56a des Schornsteinfegergesetzes) und aus Zeiten im übrigen Bundesgebiet sind getrennt intern zu teilen.

(3) Mit dem Tod der ausgleichsberechtigten Person geht der Anspruch auf die Hinterbliebenen über. Als Hinterbliebene gelten die nach den §§ 46 und 48 Abs. 1 bis 3 des Sechsten Buches Sozialgesetzbuch Leistungsberechtigten unter den dort für den Leistungsanspruch im Einzelnen bestimmten Voraussetzungen; die Erfüllung der allgemeinen Wartezeit ist unbeachtlich. Ein Anspruch auf Waisengeld besteht nicht, wenn die Waise erst als Kind angenommen wurde, nachdem die ausgleichsberechtigte Person die Regelaltersgrenze in der gesetzlichen Rentenversicherung erreicht hatte.

(4) Zahlungen aus dem übertragenen Anrecht werden von Beginn des Kalendermonats an geleistet, in dem die ausgleichsberechtigte Person Anspruch auf Leistungen wegen Alters oder wegen Dienst- oder Erwerbsunfähigkeit aus einem gesetzlichen Alterssicherungssystem hat oder, wenn sie einem solchen System nicht angehört, in der gesetzlichen Rentenversicherung gehabt hätte. Zahlungen an Hinterbliebene beginnen mit dem Ablauf des Sterbemonats der ausgleichsberechtigten Person.

(5) Der Anspruch ist schriftlich geltend zu machen. Die allgemeinen Anspruchsregelungen, die dazugehörigen Satzungsbestimmungen und die §§ 30 und 56a Abs. 2 gelten entsprechend.

(6) Der Anspruch der ausgleichsberechtigten Person endet mit Ablauf des Monats, in dem sie verstorben ist. Für Hinterbliebene gelten die §§ 31 und 32 entsprechend.

329 Mit der Neuregelung wird– ebenso wie nach dem neuen Versorgungsausgleichsgesetz – die obligatorische interne Teilung (bisher: Realteilung) eingeführt, das heißt, dass die von der ausgleichspflichtigen Person in der Versorgungsanstalt der deutschen Bezirksschornsteinfegermeister erworbenen Anrechte innerhalb dieses Systems ausgeglichen werden. Bisher fand der Ausgleich über die gesetzliche Rentenversicherung im Wege des sogenannten analogen Quasisplittings statt.

Im Übrigen ordnet der neue Absatz 1 die Geltung des Versorgungsausgleichsgesetzes und der ergänzenden Bestimmungen an. Dies bedeutet unter anderem, dass automatisch auch die Härteregelungen aus Kapitel 2 Abschnitt 4 VersAusglG im Bereich der Schornsteinfegerversorgung gelten.

Wie auch für die gesetzliche Rentenversicherung vorgesehen, wird in Absatz 2 Satz 2 klargestellt, dass Anrechte aus Zeiten im Beitrittsgebiet und im übrigen Bundesgebiet wegen der unterschiedlichen Dynamik dieser Anrechte getrennt auszugleichen sind.

330 Absatz 3 ordnet an, dass wie schon nach bisherigem Recht die im Versorgungsausgleich erworbenen Anrechte im Fall des Todes der ausgleichsberechtigten Person auf deren Hinterbliebene übergehen. Der insoweit berechtigte Personenkreis wird durch Verweis auf die entsprechenden rentenrechtlichen Regelungen bestimmt; die im Rentenrecht definierten individuellen Voraussetzungen für den Leistungsbezug gelten – mit Ausnahme der rentenrechtlich geforderten Erfüllung der Wartezeit – sinngemäß. Hierdurch wird sichergestellt, dass sich der Kreis der Leistungsberechtigten grundsätzlich unabhängig davon bestimmt, ob es sich um Anrechte aus der internen Teilung versorgungsrechtlicher Ansprüche aus der Versorgungsanstalt oder um solche aus der gesetzlichen Rentenversicherung handelt. Die Höhe der Leistungen wiederum richtet sich nach den versorgungsrechtlichen Bestimmungen des Schornsteinfegergesetzes.

Der Leistungsausschluss nach Absatz 3 Satz 3 entspricht der Regelung des § 32 Abs. 1 Satz 2 SchfG, wonach Waisen unter den dort genannten Voraussetzungen keinen Anspruch auf Waisengeld haben. Durch den geschiedenen Ehegatten an Kindes statt angenommene Waisen werden danach nicht bessergestellt als Waisen, die durch eine Bezirksschornsteinfegermeisterin oder einen Bezirksschornsteinfegermeister an Kindes statt angenommen worden sind.

Absatz 4 Satz 1 bestimmt den Zeitpunkt, ab dem die ausgleichsberechtigte Person einen Anspruch gegen den Versorgungsträger auf Zahlungen aus dem Versorgungsausgleich hat. Die Vorschrift ist notwendig, da die Voraussetzungen für den Eintritt der Berufsunfähigkeit berufsspezifisch auf die Tätigkeiten von Bezirksschornsteinfegermeistern abstellen und nicht auf die ausgleichsberechtigte Person übertragen werden können. Der Zeitpunkt richtet sich nach den insoweit einschlägigen Regelungen desjenigen Alterssicherungssystems, dem die ausgleichsberechtigte Person bis zum Bezug von Leistungen wegen Alters oder wegen Dienst- bzw. Erwerbsunfähigkeit angehört hat. Die Bezugnahme auf das aus Sicht der ausgleichsberechtigten Person primäre gesetzliche Alterssicherungssystem stellt sicher, dass eine Zahlung von Leistungen aus dem Versorgungsausgleich grundsätzlich ab dem Zeitpunkt erfolgt, ab dem – wegen des Eintritts in den Ruhestand – der Bedarf nach ergänzenden Leistungen gegeben ist. Dies entspricht dem Charakter des Versorgungsausgleichs als (ergänzender) Alterssicherung.

331

Ist der ausgleichsberechtigten Person kein gesetzliches Alterssicherungssystem zuzuordnen, besteht ein Anspruch auf Leistungen nach Maßgabe des Rechts der gesetzlichen Rentenversicherung.

Absatz 4 Satz 2 bestimmt den Zeitpunkt, ab dem Hinterbliebene der ausgleichsberechtigten Person Anspruch auf Zahlungen haben. Damit wird sichergestellt, dass die Betroffenen nicht bessergestellt werden, als wenn die Ehe der ausgleichsberechtigten Person mit der ausgleichspflichtigen Person bis zum Zeitpunkt des Todes der ausgleichspflichtigen Person fortbestanden hätte.

Absatz 5 bestimmt eine generelle Antragspflicht. Das Vorliegen der Voraussetzungen für den Anspruch auf Zahlungen ist zu begründen und auf Anforderung der Versorgungsanstalt zu belegen. Durch die Verweisung auf die §§ 30 und 56a wird klargestellt, dass der vom Familiengericht festgesetzte Betrag fortlaufend entsprechend der Dynamisierungen des Tarifvertrags für den öffentlichen Dienst anzupassen ist.

332

Absatz 6 bestimmt den Zeitpunkt, an dem der Anspruch der ausgleichsberechtigten Person auf Leistungen aus dem Versorgungsausgleich endet. Ansprüche der Hinterbliebenen erlöschen in sinngemäßer Anwendung der Regelungen des Schornsteinfegergesetzes über das Erlöschen der Witwen- und Waisenversorgung.

§ 2 Gesetz über den Versorgungsausgleich (VersAusglG)

| § 56 SchfG | Versorgungsanstalt |

(3) Die bei Inkrafttreten dieses Gesetzes gegenüber der Versorgungsanstalt bestehenden Ansprüche auf Versorgung im Schornsteinfegerhandwerk bleiben in ihrem bisherigen Umfange bestehen. Die Höhe des Ruhegeldes wird um sechs vom Hundert erhöht. Die Höhe des Ruhegeldes unterliegt den gleichen Veränderungen, wie sie für den jeweiligen Jahreshöchstbetrag nach § 30 eintreten. Eine Erhöhung des Ruhegeldes wird jedoch nur vorgenommen, soweit nicht die Summe des Ruhegeldes und der Zahlbeträge der Versichertenrente und der Verletztenrente, die der Anspruchsberechtigte aufgrund einer Pflichtversicherung in den sozialen Rentenversicherungen oder aufgrund eines Arbeitsunfalles im Sinne der sozialen Unfallversicherung, der zur Versetzung in den Ruhestand geführt hat, aus der sozialen Unfallversicherung erhält, die Höhe des jeweiligen Jahreshöchstbetrages nach § 30 übersteigt; Rentenerhöhungen und Rentenminderungen aufgrund des ~~§ 1587b des Bürgerlichen Gesetzbuches~~ *Versorgungsausgleichs* sowie die Einkommensanrechnung auf Erziehungsrenten nach dem Sechsten Buch Sozialgesetzbuch bleiben unberücksichtigt. Anspruchsberechtigte nach Satz 1, die neben den Leistungen der Versorgungsanstalt kein weiteres Einkommen haben, können ein bis zu zehn vom Hundert erhöhtes Ruhegeld erhalten. Über die Erhöhung beschließt auf Antrag des Anspruchsberechtigten der Vorstand der Versorgungsanstalt. Die Sätze 2 bis 6 gelten für das Witwen- und Waisengeld entsprechend mit der Maßgabe, daß die Einkommensanrechnung auf Renten wegen Todes nach dem Sechsten Buch Sozialgesetzbuch unberücksichtigt bleibt.

333 Es handelt sich um eine Folgeänderung aufgrund der Aufhebung des § 1587b des Bürgerlichen Gesetzbuchs.

Artikel 18: Änderung des Hüttenknappschaftlichen Zusatzversicherungs-Gesetzes

| § 19 HZvG | Leistungen |

(4) Die besondere Wartezeit ist auch erfüllt, wenn Anrechte durch eine interne Teilung nach § 10 Abs. 1 des Versorgungsausgleichsgesetzes übertragen wurden.

334 Mit dem neuen Absatz 4 wird dem neuen Versorgungsausgleichsrecht Rechnung getragen und eine interne Teilung des auszugleichenden Anrechts ermöglicht. Zusatzrenten in der umlagefinanzierten Hüttenknappschaftlichen Zusatzversicherung werden nur gezahlt, wenn eine besondere Wartezeit erfüllt ist. Da die nach der Scheidung ausgleichsberechtigte Person regelmäßig keine eigene Wartezeit in der umlagefinanzierten Hüttenknappschaftlichen Zusatzversicherung erfüllt hat, wäre ohne diese Regelung die interne Teilung praktisch ausgeschlossen.

Artikel 19: Änderung des Zehnten Buches Sozialgesetzbuch

§ 74 SGB X   Übermittlung bei Verletzung der Unterhaltspflicht und beim Versorgungsausgleich

Eine Übermittlung von Sozialdaten ist zulässig, soweit sie erforderlich ist
1. für die Durchführung
   a) eines gerichtlichen Verfahrens oder eines Vollstreckungsverfahrens wegen eines gesetzlichen oder vertraglichen Unterhaltsanspruchs oder eines an seine Stelle getretenen Ersatzanspruchs oder
   b) ~~eines Verfahrens über den Versorgungsausgleich nach § 53b des Gesetzes über die Angelegenheiten der freiwilligen Gerichtsbarkeit oder nach § 11 Abs. 2 des Gesetzes zur Regelung von Härten im Versorgungsausgleich oder~~
   b) *eines Ausgleichsanspruchs im Rahmen des Versorgungsausgleichs außerhalb eines Verfahrens nach Nummer 1 Buchstabe b, soweit der Betroffene nach § 4 Abs. 1 Satz 1 des Versorgungsausgleichsgesetzes zur Auskunft verpflichtet ist oder*
2. für die Geltendmachung
   a) eines gesetzlichen oder vertraglichen Unterhaltsanspruchs außerhalb eines Verfahrens nach Nummer 1 Buchstabe a, soweit der Betroffene nach den Vorschriften des bürgerlichen Rechts, insbesondere nach § 1605 oder nach § 1361 Abs. 4 Satz 4, § 1580 Satz 2, § 1615a oder § 1615l Abs. 3 Satz 1 in Verbindung mit § 1605 des Bürgerlichen Gesetzbuches, zur Auskunft verpflichtet ist, oder
   b) eines Ausgleichsanspruchs im Rahmen des Versorgungsausgleichs außerhalb eines Verfahrens nach Nummer 1 Buchstabe b, soweit der Betroffene nach § 1587e Abs. 1 oder § 1587k Abs. 1 in Verbindung mit § 1580 des Bürgerlichen Gesetzbuches oder nach § 3a Abs. 8 oder § 10a Abs. 11 des Gesetzes zur Regelung von Härten im Versorgungsausgleich zur Auskunft verpflichtet ist,
3. *für die Anwendung der Öffnungsklausel des § 22 Nr. 1 Satz 3 Buchstabe a Doppelbuchstabe bb Satz 2 des Einkommensteuergesetzes auf eine im Versorgungsausgleich auf die ausgleichsberechtigte Person übertragene Renten-*

anwartschaft, soweit die ausgleichspflichtige Person nach § 22 Nr. 1 Satz 3 Buchstabe a Doppelbuchstabe bb Satz 2 des Einkommensteuergesetzes in Verbindung mit § 4 Abs. 1 des Versorgungsausgleichsgesetzes zur Auskunft verpflichtet ist,

und diese Pflicht, nachdem er unter Hinweis auf die in diesem Gesetzbuch enthaltene Übermittlungsbefugnis der in § 35 des Ersten Buches genannten Stellen gemahnt wurde, innerhalb angemessener Frist, nicht oder nicht vollständig erfüllt hat. Diese Stellen dürfen die Anschrift des Auskunftspflichtigen zum Zwecke der Mahnung übermitteln.

335 Die datenschutzrechtliche Systematik im Sozialdatenschutz erfordert eine Anspruchsregelung im Zehnten Buch Sozialgesetzbuch. Mit den Änderungen in § 74 Satz 1 SGB X werden die Auskunftsansprüche nach § 4 Abs. 1 des Versorgungsausgleichsgesetzes sozialdatenschutzrechtlich legitimiert.

Artikel 20: Änderung des Einführungsgesetzes zum Bürgerlichen Gesetzbuche

| Artikel 17 EGBGB | Scheidung |

(1) Die Scheidung unterliegt dem Recht, das im Zeitpunkt des Eintritts der Rechtshängigkeit des Scheidungsantrags für die allgemeinen Wirkungen der Ehe maßgebend ist. Kann die Ehe hiernach nicht geschieden werden, so unterliegt die Scheidung dem deutschen Recht, wenn der die Scheidung begehrende Ehegatte in diesem Zeitpunkt Deutscher ist oder dies bei der Eheschließung war.

(2) Eine Ehe kann im Inland nur durch ein Gericht geschieden werden.

~~(3) Der Versorgungsausgleich unterliegt dem nach Absatz 1 Satz 1 anzuwendenden Recht; er ist nur durchzuführen, wenn ihn das Recht eines der Staaten kennt, denen die Ehegatten im Zeitpunkt des Eintritts der Rechtshängigkeit des Scheidungsantrags angehören. Kann ein Versorgungsausgleich danach nicht stattfinden, so ist er auf Antrag eines Ehegatten nach deutschem Recht durchzuführen,~~

(3) Der Versorgungsausgleich unterliegt dem nach Absatz 1 Satz 1 anzuwendenden Recht; er ist nur durchzuführen, wenn danach deutsches Recht anzuwenden ist und ihn das Recht eines der Staaten kennt, denen die Ehegatten im Zeitpunkt des Eintritts der Rechtshängigkeit des Scheidungsantrags angehören. Im Übri-

gen ist der Versorgungsausgleich auf Antrag eines Ehegatten nach deutschem Recht durchzuführen,
1. wenn der andere Ehegatte in der Ehezeit eine inländische Versorgungsanwartschaft erworben hat oder
2. wenn die allgemeinen Wirkungen der Ehe während eines Teils der Ehezeit einem Recht unterlagen, das den Versorgungsausgleich kennt,

soweit seine Durchführung im Hinblick auf die beiderseitigen wirtschaftlichen Verhältnisse auch während der nicht im Inland verbrachten Zeit der Billigkeit nicht widerspricht.

Die Änderung in Artikel 17 Abs. 3 Satz 1 EGBGB trägt der Schwierigkeit Rechnung, die sich aus der engen Verzahnung des (zivilrechtlichen) Instituts des Versorgungsausgleichs mit dem (öffentlich-rechtlich ausgestalteten) Sozialversicherungsrecht ergibt. Wenn ein deutsches Gericht beispielsweise niederländisches Recht auf den Versorgungsausgleich anzuwenden hätte, könnte es die bei einem niederländischen Sozialversicherungsträger erworbenen Anrechte nicht öffentlich-rechtlich ausgleichen, auch wenn das niederländische Recht dies vorsieht.[196]

336

Umgekehrt könnte das niederländische Recht nicht einen öffentlich-rechtlichen Versorgungsausgleich für deutsche Anrechte anordnen; das deutsche Gericht könnte aber auf die Anrechte bei deutschen Rentenversicherungsträgern durchaus zugreifen.

Um diese Schwierigkeit zu vermeiden, wird die tatsächliche Durchführung des Versorgungsausgleichs nur für den Fall angeordnet, dass nach Artikel 17 Abs. 3 Satz 1 Halbsatz 1 – unter Beachtung etwaiger Rück- und Weiterverweisungen (Artikel 4 Abs. 1) – deutsches Sachrecht zur Anwendung gelangt und zusätzlich – wie nach bisherigem Recht – das Heimatrecht eines der Ehegatten den Versorgungsausgleich kennt.

Verweist Artikel 17 Abs. 3 Satz 1 Halbsatz 1 dagegen auf ein ausländisches Recht, das die Verweisung annimmt, so kann ein Versorgungsausgleich nicht nach Artikel 17 Abs. 3 Satz 1 durchgeführt werden,
- sei es, dass das anzuwendende Sachrecht keinen Versorgungsausgleich kennt,
- sei es, dass die Parteien ihn durch eine Vereinbarung wirksam ausgeschlossen haben,
- sei es, dass Artikel 17 Abs. 3 Satz 1 Halbsatz 2 künftig die Durchführung des Versorgungsausgleichs nach ausländischem Recht hindert.

---

196 Vgl. Staudinger/*Mankowski*, Artikel 17 EGBGB, Rn 404 ff.

Ist ein Versorgungsausgleich künftig nach Artikel 17 Abs. 3 Satz 1 nicht durchzuführen, kommt ein Versorgungsausgleich nach deutschem Recht auf Antrag eines Ehegatten nach Artikel 17 Abs. 3 Satz 2 – unter den dort genannten Voraussetzungen – in Betracht. Durch die neue Formulierung wird der Anwendungsbereich des Artikels 17 Abs. 3 Satz 2 EGBGB gegenüber dem des geltenden Rechts erweitert, denn er erfasst auch Fälle, in denen nach geltendem Recht der Versorgungsausgleich nach ausländischem Sachrecht stattfindet (Artikel 17 Abs. 3 Satz 1) und damit der Weg für eine subsidiäre Anwendung deutschen Sachrechts nach Satz 2 der Vorschrift versperrt ist.

Dies ist jedoch notwendige Folge der Beschränkung der Durchführung des Versorgungsausgleichs auf die Fälle, in denen deutsches Sachrecht anzuwenden ist (vgl. oben). Ist hingegen nach Artikel 17 Abs. 3 Satz 1 auf den Versorgungsausgleich ausländisches Sachrecht anzuwenden, kann jeder Ehegatte die Durchführung des Versorgungsausgleichs nach deutschem Recht unter den in Artikel 17 Abs. 3 Satz 2 Nr. 1 oder 2 vorgesehenen Voraussetzungen beantragen.

In allen Fällen des Artikels 17 Abs. 3 Satz 2 bleibt aber weiterhin zu prüfen, ob die Anwendung deutschen Versorgungsausgleichsrechts nicht der Billigkeit widerspricht.

Artikel 17b EGBGB Eingetragene Lebenspartnerschaft

(1) Die Begründung, die allgemeinen und die güterrechtlichen Wirkungen sowie die Auflösung einer eingetragenen Lebenspartnerschaft unterliegen den Sachvorschriften des Register führenden Staates. Auf die unterhaltsrechtlichen und die erbrechtlichen Folgen der Lebenspartnerschaft ist das nach den allgemeinen Vorschriften maßgebende Recht anzuwenden; begründet die Lebenspartnerschaft danach keine gesetzliche Unterhaltsberechtigung oder kein gesetzliches Erbrecht, so findet insoweit Satz 1 entsprechende Anwendung. Der Versorgungsausgleich unterliegt dem nach Satz 1 anzuwendenden Recht; er ist nur durchzuführen, wenn *danach deutsches Recht anzuwenden ist und* **das Recht eines der Staaten, denen die Lebenspartner im Zeitpunkt der Rechtshängigkeit des Antrags auf Aufhebung der Lebenspartnerschaft angehören, einen Versorgungsausgleich zwischen Lebenspartnern kennt.** ~~Kann ein Versorgungsausgleich hiernach nicht stattfinden, so ist er~~ *Im Übrigen ist der Versorgungsausgleich* **auf Antrag eines Lebenspartners nach deutschem Recht durchzuführen, wenn der andere Lebenspartner während der Lebenspartnerschaftszeit eine inländische Versorgungsanwartschaft erworben hat, soweit**

die Durchführung des Versorgungsausgleichs im Hinblick auf die beiderseitigen wirtschaftlichen Verhältnisse auch während der nicht im Inland verbrachten Zeit der Billigkeit nicht widerspricht.

Durch die Änderungen wird die Regelung zum Versorgungsausgleich an die Änderung des Artikels 17 Abs. 3 EGBGB angepasst. **337**

Artikel 21: Änderung des Ersten Gesetzes zur Reform des Ehe- und Familienrechts

Artikel 12 Nr. 3 Satz 4 bis 7 des Ersten Gesetzes zur Reform des Ehe- und Familienrechts vom 14. Juni 1976 (BGBl I S. 1421), das zuletzt durch Artikel 142 des Gesetzes vom 19. April 2006 (BGBl I S. 866) geändert worden ist, **wird aufgehoben**.

| Artikel 12 EheRG | Übergangs- und Schlußvorschriften |

Die §§ 1587 bis 1587p des Bürgerlichen Gesetzbuchs in der Fassung von Artikel 1 Nr. 20 sind auf Ehen, die nach den bisher geltenden Vorschriften geschieden worden sind, nicht anzuwenden. Das gleiche gilt für Ehen, die nach dem Inkrafttreten dieses Gesetzes geschieden werden, wenn der Ehegatte, der nach den Vorschriften dieses Gesetzes einen Ausgleichsanspruch hätte, von dem anderen vor Inkrafttreten dieses Gesetzes durch Übertragung von Vermögensgegenständen für künftige Unterhaltsansprüche endgültig abgefunden worden ist oder wenn die nach den Vorschriften dieses Gesetzes auszugleichenden Anwartschaften oder Aussichten auf eine Versorgung Gegenstand eines vor Inkrafttreten dieses Gesetzes abgeschlossenen Vertrages sind. Soweit die Vorschriften über den Versorgungsausgleich auch für Ehen gelten, die vor dem Inkrafttreten dieses Gesetzes geschlossen worden sind, kann das Familiengericht auf Antrag des Ausgleichsverpflichteten den Ausgleichsanspruch herabsetzen, wenn die Ehe allein wegen des Widerspruchs des anderen Ehegatten (§ 48 Abs. 2 des Ehegesetzes) nicht geschieden werden durfte und die uneingeschränkte Durchführung des Ausgleichs für ihn auch unter Berücksichtigung der Interessen des anderen Ehegatten grob unbillig wäre. Der Ausgleichsanspruch darf um nicht mehr als die Hälfte des auf die Trennungszeit entfallenden gesetzlichen Anspruchs herabgesetzt werden.

Die Vorschrift hebt die Überleitungsbestimmungen des 1. EheRG in Bezug auf den Versorgungsausgleich auf. Ihre Fortgeltung wird, soweit noch erforderlich, in § 54 **338**

VersAusglG angeordnet. Damit ist das für den Versorgungsausgleich maßgebliche Übergangsrecht an einer Stelle geregelt.

Artikel 22: Änderung des FGG-Reformgesetzes

Artikel 111 des FGG-Reformgesetzes vom 17. Dezember 2008 (BGBl I S. 2586), geändert durch Artikel 110a Abs. 2 des Gesetzes vom 17. Dezember 2008 (BGBl I S. 2586), wird wie folgt geändert:

| Artikel 111 FGG-ReformG | Übergangsvorschrift |

(1) Auf Verfahren, die bis zum Inkrafttreten des Gesetzes zur Reform des Verfahrens in Familiensachen und in den Angelegenheiten der freiwilligen Gerichtsbarkeit eingeleitet worden sind oder deren Einleitung bis zum Inkrafttreten des Gesetzes zur Reform des Verfahrens in Familiensachen und in den Angelegenheiten der freiwilligen Gerichtsbarkeit beantragt wurde, sind weiter die vor Inkrafttreten des Gesetzes zur Reform des Verfahrens in Familiensachen und in den Angelegenheiten der freiwilligen Gerichtsbarkeit geltenden Vorschriften anzuwenden. Auf Abänderungs-, Verlängerungs- und Aufhebungsverfahren finden die vor Inkrafttreten des Gesetzes zur Reform des Verfahrens in Familiensachen und in den Angelegenheiten der freiwilligen Gerichtsbarkeit geltenden Vorschriften Anwendung, wenn die Abänderungs-, Verlängerungs- und Aufhebungsverfahren bis zum Inkrafttreten des Gesetzes zur Reform des Verfahrens in Familiensachen und in den Angelegenheiten der freiwilligen Gerichtsbarkeit eingeleitet worden sind oder deren Einleitung bis zum Inkrafttreten des Gesetzes zur Reform des Verfahrens in Familiensachen und in den Angelegenheiten der freiwilligen Gerichtsbarkeit beantragt wurde.

(2) Jedes gerichtliche Verfahren, das mit einer Endentscheidung abgeschlossen wird, ist ein selbstständiges Verfahren im Sinne des Absatzes 1 Satz 1.

(3) Abweichend von Absatz 1 Satz 1 sind auf Verfahren in Familiensachen, die am 1. September 2009 ausgesetzt sind oder nach dem 1. September 2009 ausgesetzt werden oder deren Ruhen am 1. September 2009 angeordnet ist oder nach dem 1. September 2009 angeordnet wird, die nach Inkrafttreten des Gesetzes zur Reform des Verfahrens in Familiensachen und in den Angelegenheiten der freiwilligen Gerichtsbarkeit geltenden Vorschriften anzuwenden.

(4) Abweichend von Absatz 1 Satz 1 sind auf Verfahren über den Versorgungsausgleich, die am 1. September 2009 vom Verbund abgetrennt sind oder nach dem 1. September 2009 abgetrennt werden, die nach Inkrafttreten des Gesetzes zur Reform des Verfahrens in Familiensachen und in den Angelegenheiten der freiwilligen Gerichtsbarkeit geltenden Vorschriften anzuwenden. Alle vom Verbund abgetrennten Folgesachen werden im Fall des Satzes 1 als selbstständige Familiensachen fortgeführt.

(5) Abweichend von Absatz 1 Satz 1 sind auf Verfahren über den Versorgungsausgleich, in denen am 31. August 2010 im ersten Rechtszug noch keine Endentscheidung erlassen wurde, sowie auf die mit solchen Verfahren im Verbund stehenden Scheidungs- und Folgesachen ab dem 1. September 2010 die nach Inkrafttreten des Gesetzes zur Reform des Verfahrens in Familiensachen und in den Angelegenheiten der freiwilligen Gerichtsbarkeit geltenden Vorschriften anzuwenden.

339 Die Ergänzung von Artikel 111 des Gesetzes zur Reform des Verfahrens in Familiensachen und in den Angelegenheiten der freiwilligen Gerichtsbarkeit vom 17. Dezember 2008 (BGBl I S. 2586, 2743) geht zurück auf den Vorschlag des Bundesrates in Nummer 10 seiner Stellungnahme, dem die Bundesregierung in modifizierter Form in der Gegenäußerung zugestimmt hat.[197]

340 Absatz 2 stellt klar, dass in Bestandsverfahren wie Betreuung, Vormundschaft oder Beistandschaft jeder selbstständige Verfahrensgegenstand, der mit einer durch Beschluss (§ 38 FamFG) zu erlassenden Endentscheidung zu erledigen ist, ein neues, selbstständiges Verfahren begründet. Hierunter fällt insbesondere die gerichtliche Aufsichts- und Genehmigungstätigkeit im Rahmen einer Vormundschaft oder einer Betreuung. Wird ein solches Verfahren nach dem Zeitpunkt des Inkrafttretens des FGG-Reformgesetzes eingeleitet, so ist darauf neues Verfahrensrecht anzuwenden.

341 Absatz 3 legt fest, dass das neue Verfahrensrecht auf Verfahren in Familiensachen anzuwenden ist, die auf der Grundlage einer formellen gerichtlichen Entscheidung bei Inkrafttreten des FGG-Reformgesetzes am 1. September 2009 ausgesetzt oder zum Ruhen gebracht sind oder nach diesem Zeitpunkt ausgesetzt oder zum Ruhen gebracht werden. Dies betrifft insbesondere die Aussetzung des Verfahrens z.B. nach den §§ 246 ff., 614 ZPO, § 52 Abs. 2 FGG und die Anordnung des Ruhens des Verfahrens nach den §§ 251, 251a ZPO.

---

197 Siehe Drucksache 16/10144, Seite 120 und 128.

§ 2 Gesetz über den Versorgungsausgleich (VersAusglG)

342 In Verfahren über den Versorgungsausgleich ordnen die Absätze 4 und 5 darüber hinausgehend die Umstellung von Altverfahren auf das neue Verfahrensrecht an. Hierdurch wird der Gleichlauf zu der in § 48 VersAusglG enthaltenen Übergangsregelung hergestellt (§ 2 Rn 172 ff.). Diese erstreckt das ab dem Inkrafttreten des Gesetzes zur Strukturreform des Versorgungsausgleichs geltende materielle Recht auf Versorgungsausgleichssachen, die über eine längere Zeit nicht aktiv betrieben worden sind, ohne dass dem eine formelle Entscheidung des Gerichts zugrunde liegt. Absatz 4 Satz 1 bestimmt zunächst, dass neues Verfahrensrecht auf Verfahren über den Versorgungsausgleich, die am 1. September 2009 vom Verbund abgetrennt sind oder nach diesem Zeitpunkt abgetrennt werden, Anwendung findet.

Satz 2 dient der Klarstellung, dass dies auch dann gilt, wenn die Versorgungsausgleichsfolgesache gemeinsam mit weiteren Folgesachen aus dem Verbund abgetrennt wird. Alle abgetrennten Folgesachen werden als selbstständige Verfahren fortgeführt und stehen zueinander nicht im Restverbund.

343 Absatz 5 ordnet schließlich eine Umstellung der erstinstanzlichen Verfahren über den Versorgungsausgleich an, soweit diese nicht innerhalb eines Jahres nach Inkrafttreten des FGG-Reformgesetzes durch Endentscheidung abgeschlossen wurden. Diese Regelung erstreckt sich auch auf Scheidungs- und Folgesachen, soweit sie mit dem Verfahren über den Versorgungsausgleich im Verbund stehen.

Artikel 23: Inkrafttreten, Außerkrafttreten

Dieses Gesetz[198] tritt am 1. September 2009 in Kraft.
Gleichzeitig treten außer Kraft:
1. die Barwert-Verordnung vom 24. Juni 1977 (BGBl I S. 1014), zuletzt geändert durch die Verordnung vom 2. Juni 2008 (BGBl I S. 969),
2. das Gesetz zur Regelung von Härten im Versorgungsausgleich vom 21. Februar 1983 (BGBl I S. 105), zuletzt geändert durch Artikel 65 des Gesetzes vom 17. Dezember 2008 (BGBl I S. 2586),
3. Artikel 4 § 4 des Gesetzes über weitere Maßnahmen auf dem Gebiet des Versorgungsausgleichs vom 8. Dezember 1986 (BGBl I S. 2317), das zuletzt durch Artikel 143 des Gesetzes vom 19. April 2006 (BGBl I S. 866) geändert worden ist, und

---

198 Gesetz zur Strukturreform des Versorgungsausgleichs – VAStrRefG.

4. das Versorgungsausgleichs-Überleitungsgesetz vom 25. Juli 1991 (BGBl I S. 1606, 1702), zuletzt geändert durch Artikel 103 des Gesetzes vom 17. Dezember 2008 (BGBl I S. 2586).

Für die Festlegung des Inkrafttretens ist der notwendige Gleichlauf zwischen der Anpassung des materiellen Rechts und des Verfahrensrechts zu beachten. Da die familiengerichtliche Praxis ohnehin die grundlegenden Änderungen umsetzen muss, die mit dem FGG-Reformgesetz verbunden sind, knüpft die Strukturreform des Versorgungsausgleichs an diese neuen verfahrensrechtlichen Rahmenbedingungen an. Die Übergangsvorschriften (§§ 48 bis 54 VersAusglG) machen deutlich, dass der Gleichklang von materiellem Recht und Verfahrensrecht im Versorgungsaugleich unverzichtbar ist. Deshalb ist das Gesetz zur Strukturreform des Versorgungsausgleichs zeitgleich mit dem FGG-Reformgesetz in Kraft getreten.

344

Satz 1 bestimmt den Zeitpunkt des Inkrafttretens.

Satz 2 ordnet das gleichzeitige Außerkrafttreten derjenigen Vorschriften an, die mit der Reform gegenstandslos geworden sind oder in andere Vorschriften, insbesondere in die Übergangsvorschriften zum VersAusglG, übernommen wurden.

Nummer 1 hebt die Barwert-Verordnung auf, da die dortigen Wertermittlungsvorschriften im reformierten Ausgleichsverfahren nicht mehr benötigt werden.

Nummer 2 bestimmt das Außerkrafttreten des Gesetzes zur Regelung von Härten im Versorgungsausgleich (VAHRG). Die §§ 1 bis 3a VAHRG sind nunmehr in die §§ 10 bis 26 VersAusglG integriert. Die §§ 4 bis 9 VAHRG finden sich jetzt, neu geordnet, in den §§ 32 bis 38 VersAusglG. Die Abänderungsvorschrift des § 10a VAHRG ist jetzt in Artikel 2 (§§ 225 und 226 FamFG) geregelt.

Nummer 3 hebt Artikel 4 § 4 des Gesetzes über weitere Maßnahmen auf dem Gebiet des Versorgungsausgleichs auf. Es handelt sich um eine Bewertungsregel, deren Fortgeltung für Altfälle jetzt in § 54 VersAusglG angeordnet wird.

Nummer 4 regelt das Außerkrafttreten des Versorgungsausgleichs-Überleitungsgesetzes (VAÜG). Mit der Umstellung des Teilungssystems auf den Grundsatz der systeminternen Teilung ist eine Vergleichbarmachung nicht mehr erforderlich, so dass ein Versorgungsausgleich auch vor der Einkommensangleichung im gesamten Bundesgebiet in jedem Fall durchgeführt werden kann. Bislang mussten viele Verfahren nach § 2 Abs. 1 Satz 2 VAÜG ausgesetzt werden.

B. Gesetz über die Versorgungsausgleichskasse (VersAusglKassG)

345 Artikel 9e G. v. 15.7.2009 BGBl I S. 1939; Geltung ab 22.7.2009

Hinweis

Das Gesetz ist **nicht** zum 1.9.2009 in Kraft getreten. Wurde also bei der externen Teilung eines Anrechts nach dem BetrAVG das Wahlrecht nicht ausgeübt, erfolgt eine Begründung bis zum In-Kraft-treten des VersAusglKassG in der gesetzlichen Rentenversicherung. § 15 Abs. 5 Satz 2 VersAusglG entfällt solange.

| § 1 VersAusglKassG | Aufgabe |

Aufgabe der Versorgungsausgleichskasse ist es ausschließlich, die Versorgung der ausgleichsberechtigten Person bei der externen Teilung eines Anrechts im Sinne des Betriebsrentengesetzes durchzuführen, wenn die ausgleichsberechtigte Person ihr Wahlrecht hinsichtlich der Zielversorgung nach § 15 des Versorgungsausgleichsgesetzes nicht ausübt.

346 Die Vorschrift legt die Aufgabe der neuen Versorgungsausgleichskasse fest. Bei ihr werden künftig für diejenigen geschiedenen Ehegatten Versorgungsanrechte begründet, die bei einer externen Teilung für das ihnen aus der betrieblichen Altersversorgung des ausgleichspflichtigen Ehegatten zufließende Kapital keine Zielversorgung auswählen.

| § 2 VersAusglKassG | Rechtsform, anzuwendendes Recht |

(1) Die Versorgungsausgleichskasse ist eine Pensionskasse im Sinne des § 118a des Versicherungsaufsichtsgesetzes in der Rechtsform eines Versicherungsvereins auf Gegenseitigkeit.

(2) Auf sie ist das Versicherungsaufsichtsgesetz anzuwenden, sofern dieses Gesetz nichts anderes bestimmt.

347 Absatz 1 legt fest, dass die Versorgungsausgleichskasse eine Pensionskasse im Sinne des § 118a Versicherungsaufsichtsgesetzes (VAG) ist. Das gewährleistet unter anderem, dass Leistungen der Versorgungsausgleichskasse steuerlich in gleicher Weise behandelt werden wie Leistungen aus anderen Pensionskassen. Ferner wird für die Pensionskasse die Rechtsform des Versicherungsvereins auf Gegenseitigkeit festgeschrieben. Das stellt sicher, dass erwirtschaftete Überschüsse letztlich dem Versicherten zugute kommen.

Mit dem Hinweis auf die Anwendung des VAG in Absatz 2 wird z.b. klargestellt, dass die Versorgungsausgleichskasse der Aufsicht der Bundesanstalt für Finanzdienstleistungsaufsicht unterliegt und z.b. verpflichtet ist, die ausgleichsberechtigte Person nach Anlage D zu § 10a des VAG zu informieren.

§ 3 VersAusglKassG Besondere Bestimmungen

(1) Die erstmalige Erlaubnis zum Geschäftsbetrieb durch die Bundesanstalt für Finanzdienstleistungsaufsicht bedarf der Zustimmung des Bundesministeriums für Arbeit und Soziales im Einvernehmen mit dem Bundesministerium der Finanzen und dem Bundesministerium der Justiz. Das Bundesministerium für Arbeit und Soziales macht die Erteilung der Erlaubnis nach Satz 1 im Bundesgesetzblatt bekannt.

(2) Die Gründungsmitglieder der Versorgungsausgleichskasse brauchen abweichend von § 20 Satz 2 des Versicherungsaufsichtsgesetzes kein Versicherungsverhältnis mit dem Verein zu begründen. Die Mitgliedervertreterversammlung der Versorgungsausgleichskasse setzt sich aus den Gründungsmitgliedern zusammen. Die Mitgliedervertreterversammlung ergänzt sich im Wege der Kooptation.

(3) Das gebundene Vermögen der Versorgungsausgleichskasse darf abweichend von § 54 Absatz 2 des Versicherungsaufsichtsgesetzes in Versicherungsverträgen angelegt werden, die bei Lebensversicherungsunternehmen im Sinne des § 1 Absatz 2 Satz 1 des Altersvorsorgeverträge-Zertifizierungsgesetzes zur Deckung von Verpflichtungen gegenüber den Versorgungsberechtigten eingegangen werden. In diese Versicherungsverträge dürfen keine Abschluss- und Vertriebskosten eingerechnet werden.

(4) Die Versorgungsausgleichskasse gehört einem Sicherungsfonds nach § 124 Absatz 1 des Versicherungsaufsichtsgesetzes an.

Absatz 1 bestimmt, dass es für den Beginn des Geschäftsbetriebs der Versorgungsausgleichskasse neben der Erlaubnis durch die Bundesanstalt für Finanzdienstleistungsaufsicht zusätzlich der Zustimmung der unmittelbar fachlich beteiligten Bundesministerien bedarf.

§ 2 Gesetz über die Versorgungsausgleichskasse (VersAusglKassG)

Absatz 2 Satz 1 trägt dem Umstand Rechnung, dass bei Gründung der Versorgungsausgleichskasse als Versicherungsverein auf Gegenseitigkeit noch keine ausgleichsberechtigten Personen nach § 15 VersAusglG als Gründungsmitglieder vorhanden sind.

Nach Satz 2 bilden die Gründungsmitglieder der Versorgungsausgleichskasse die Mitgliedervertreterversammlung. Neue Mitglieder werden nach Satz 3 von der Vertreterversammlung selbst gewählt. Damit wird die Kontinuität der Vereinsführung sichergestellt.

349 Absatz 3 bestimmt, dass die Versorgungsausgleichskasse ihr gebundenes Vermögen auch in Versicherungsverträgen von bestimmten Lebensversicherungsunternehmen anlegen darf. Damit hat die Versorgungsausgleichskasse die Möglichkeit, Lebensversicherungsverträge als Kapitalanlage bei einem Konsortium von Lebensversicherungsunternehmen abzuschließen. Durch dieses Konsortiums soll eine breite Risikostreuung und damit eine noch höhere Sicherheit der von der Versorgungsausgleichskasse verwalteten Mittel gewährleistet werden.

Satz 2 stellt klar, dass in den Versicherungsverträgen, die die Versorgungsausgleichskasse bei dem Konsortium abschließt, keine Kosten für die Vermittlung der Verträge eingerechnet werden dürfen.

Absatz 4 legt fest, dass die Versorgungsausgleichskasse, anders als sonstige Pensionskassen, Pflichtmitglied bei einem Sicherungsfonds sein muss. Damit wird ein zusätzlicher Schutz für die bei der Kasse begründeten Versorgungsanrechte sichergestellt.

§ 4 VersAusglKassG Leistungsumfang

(1) Die von der Versorgungsausgleichskasse durchgeführte Versicherung muss die Voraussetzungen nach § 1 Absatz 1 Satz 1 Nummer 2 und 4 Buchstabe a des Altersvorsorgeverträge-Zertifizierungsgesetzes erfüllen.

(2) Die Versorgungsausgleichskasse muss einen Zins in einer Höhe garantieren, die dem Höchstwert für den Rechnungszins nach § 65 Absatz 1 Nummer 1 des Versicherungsaufsichtsgesetzes zum Zeitpunkt der Begründung des Anrechts bei der Versorgungsausgleichskasse entspricht.

(3) Ab Rentenbeginn müssen sämtliche auf den Rentenbestand entfallenden Überschussanteile zur Erhöhung der laufenden Leistungen verwendet werden.

(4) Die Versorgungsausgleichskasse kann angemessene Verwaltungskosten in Abzug bringen. Abschluss- und Vertriebskosten dürfen nicht erhoben werden.

Die Vorschrift legt den Leistungsumfang der Versorgungsausgleichskasse fest. Mit dem Verweis in Absatz 1 auf § 1 Absatz 1 Satz 1 Nummer 2 und 4 Buchstabe a des Altersvorsorgeverträge-Zertifizierungsgesetzes wird z.b. vorgeschrieben, dass die Versorgungsausgleichskasse für die ausgleichsberechtigte Person eine lebenslange und auf Unisex-Tarifen beruhende Altersversorgung sicherstellen muss.

350

Nach Absatz 2 muss die Versorgungsausgleichskasse einen Mindestzins garantieren, der dem Höchstwert für den Rechnungszins gemäß § 65 Absatz 1 Nummer 1 VAG zum Zeitpunkt der Begründung des Anrechts bei der Versorgungsausgleichskasse entspricht (derzeit beträgt dieser Höchstwert 2,25 Prozent).

Nach Absatz 3 müssen ab Rentenbeginn sämtliche auf den Rentenbestand entfallenden Überschussanteile zur Erhöhung der laufenden Leistungen verwendet werden.

Nach Absatz 4 kann die Versorgungsausgleichskasse, entsprechend der Regelung in § 13 VersAusglG, Kosten nur in Abzug bringen, soweit sie angemessen sind. Dies ist sachgerecht, da der Versorgungsausgleichskasse kein Aufwand für die Kundenakquise entsteht.

§ 5 VersAusglKassG Beschränkung des Anrechts

(1) Ein bei der Versorgungsausgleichskasse bestehendes Anrecht ist nicht übertragbar, nicht beleihbar und nicht veräußerbar. Es darf nicht vorzeitig verwertet werden.

(2) Eine Fortsetzung der Versorgung mit eigenen Beiträgen ist nicht möglich.

Mit den in Absatz 1 festgeschriebenen Verfügungsbeschränkungen wird sichergestellt, dass die neu begründeten Anrechte bei der Versorgungsausgleichskasse im Sinne des Versorgungszwecks aufrechterhalten werden. Da die Mittel aus der betrieblichen Altersversorgung stammen, ist ein vorzeitiger Zugriff auf das Vorsorgekapital weitgehend ausgeschlossen.

351

Der Ausschluss der Fortsetzung der Versorgung mit eigenen Mitteln in Absatz 2 ist dem Konzept der Versorgungsausgleichskasse als spezifische Auffanglösung geschuldet; die Versorgungsausgleichskasse soll nicht im Wettbewerb mit anderen Anbietern stehen.

§ 2 Gesetz über die Versorgungsausgleichskasse (VersAusglKassG)

| § 6 VersAusglKassG | Bilanzierung von Rückdeckungsversicherungen |

Verträge, die von der Versorgungsausgleichskasse nach § 3 Absatz 3 bei Lebensversicherungsunternehmen eingegangen werden, sind abweichend von § 341b Absatz 1 bis 3 des Handelsgesetzbuchs mit dem Zeitwert unter Berücksichtigung des Grundsatzes der Vorsicht zu bewerten.

352 Die Regelung flankiert handelsbilanzrechtlich die in § 3 Absatz 3 festgelegte Besonderheit, dass die Versorgungsausgleichskasse ihr gebundenes Vermögen auch in Lebensversicherungsverträgen anlegen darf.

Artikel 9f: Änderung der Deckungsrückstellungsverordnung

353 Gesetz zur Änderung des Vierten Buches Sozialgesetzbuch, zur Errichtung einer Versorgungsausgleichskasse und anderer Gesetze (SGB4uaÄndG) v. 15.7.2009 BGBl I S. 1939

| § 2 DeckRV | Höchstzinssatz (Euro) |

(1) Bei Versicherungsverträgen mit Zinsgarantie, die auf EUR oder die nationale Währungseinheit eines an der Europäischen Wirtschafts- und Währungsunion teilnehmenden Mitgliedstaates lauten, wird der Höchstzinssatz für die Berechnung der Deckungsrückstellungen auf 2,25 vom Hundert festgesetzt.

(2) Der von einem Versicherungsunternehmen im Zeitpunkt des Vertragsabschlusses verwendete Rechnungszins für die Berechnung der Deckungsrückstellung gilt für die gesamte Laufzeit des Vertrages. *Bei Versicherungsverträgen, die bei einer internen Teilung nach § 10 des Versorgungsausgleichsgesetzes zugunsten der ausgleichsberechtigten Person geschaffen werden, kann auch der dem ursprünglichen Versicherungsvertrag zugrunde liegende Rechnungszins verwendet werden.* § 5 Abs. 3 bleibt unberührt.

(3) Pensionskassen können für Verträge, denen dieselben allgemeinen Versicherungsbedingungen und Grundsätze für die Berechnung der Prämien und der mathematischen Rückstellungen zugrunde liegen, einen in Abweichung von Absatz 2 Satz 1 nicht für die gesamte Laufzeit des Vertrages geltenden einheitlichen Rechnungszins verwenden, der den jeweils gültigen Höchstzinssatz nicht überschreitet. Eine dadurch erforderliche Herabsetzung des Rechnungszinses kann mit Zustimmung der Aufsichtsbehörde stufenweise erfolgen.

Die Deckungsrückstellungsverordnung legt u.a. den Höchstzinssatz für die Berechnung der Deckungsrückstellung von Direktversicherungs- und Pensionskassenverträgen mit Zinsgarantie fest. Der Zinssatz liegt derzeit bei 2,25 Prozent. Die Regelung stellt vor dem Hintergrund aktuell aufgetretener Auslegungszweifel ausdrücklich klar, dass in den Fällen der internen Teilung nach § 10 des Versorgungsausgleichsgesetzes das neu geschaffene Anrecht der ausgleichsberechtigten Person auch auf Basis des der ausgleichsverpflichteten Person ursprünglich garantierten Zinssatzes berechnet werden kann.

354

Artikel 9g: Änderung der Pensionsfonds-Deckungsrückstellungsverordnung

Gesetz zur Änderung des Vierten Buches Sozialgesetzbuch, zur Errichtung einer Versorgungsausgleichskasse und anderer Gesetze (SGB4uaÄndG) v. 15.7.2009 BGBl I S. 1939

355

Nach § 1 Absatz 3 Satz 1 der Pensionsfonds-Deckungsrückstellungsverordnung vom 20. Dezember 2001 (BGBl I S. 4183), die zuletzt durch die Verordnung vom 11. Oktober 2006 (BGBl I S. 2262) geändert worden ist, wird folgender Satz eingefügt:

| § 1 PFDeckRV | Versicherungsförmige Garantien |

(3) Der von einem Pensionsfonds im Zeitpunkt der Übernahme der versicherungsförmigen Garantie verwendete Rechnungszins gilt für die gesamte weitere Laufzeit des Vertrages. *Bei Versorgungsverhältnissen, die bei einer internen Teilung nach § 10 des Versorgungsausgleichsgesetzes zugunsten der ausgleichsberechtigten Person geschaffen werden, kann auch der zum Zeitpunkt der Übernahme der versicherungsförmigen Garantie verwendete Rechnungszins verwendet werden.* **§ 2 Abs. 2 bleibt unberührt.**

Die Pensionsfonds-Deckungsrückstellungsverordnung legt u.a. den Höchstzinssatz für die Berechnung der Deckungsrückstellung von Pensionsfonds mit versicherungsförmiger Garantie fest. Entsprechend der Änderung der Deckungsrückstellungsverordnung (siehe Artikel 9f) wird auch hier klargestellt, dass bei einer internen Teilung von Betriebsrenten das neu geschaffene Anrecht der ausgleichsberechtigten Person auf der Basis des ursprünglich der ausgleichsverpflichteten Person garantierten Zinssatzes berechnet werden kann.

356

Die Vorschrift des § 6 Abs. 1 VersAusglG nennt Regelbeispiele für die Ausgestaltung solcher Vereinbarungen (siehe § 2 Rn 24 ff.).

Teil B: Versorgungssysteme

§ 3 Die gesetzliche Rentenversicherung

A. Allgemeines

Die gesetzliche Rentenversicherung (GRV) ist eine öffentlich-rechtliche Versorgung und gehört zu den in § 32 VersAusgG genannten Regelsicherungssystemen. Die Bewertung ist unmittelbar vorzunehmen, da ein direkter Zusammenhang zwischen der Bezugsgröße und der Höhe der Versorgung besteht. Bezugsgröße in der GRV sind Entgeltpunkte. Die interne Teilung wird in Form der Übertragung von Entgeltpunkten durchgeführt.

Die Rentenversicherungsträger führen für jeden Versicherten ein Versicherungskonto mit einer einmaligen Versicherungsnummer. Im Versicherungskonto sind alle für eine Rentenberechnung maßgebenden Zeiten gespeichert.

Die Finanzierung erfolgt im Umlageverfahren.

B. Ehezeit

In der gesetzlichen Rentenversicherung (GRV) ist für den Erwerb eines Anrechts die Arbeitszeit maßgeblich. Ein Anrecht ist also insoweit der Ehezeit zuzuordnen, als die Arbeitszeit in die Ehezeit fällt.

Abbildung: ehezeitliche Arbeitszeit GRV

Der Ehezeitanteil berechnet sich aus den auf die Ehezeit entfallenden Entgeltpunkten.

C. Altersgrenze

3 Die Regelaltersgrenze wird für die Jahrgänge ab 1947 schrittweise auf das 67. Lebensjahr angehoben.

Die entsprechende Tabelle ist in Teil C § 11 unter Wertetabellen aufgeführt.

D. Faktoren für die Berechnung der Altersrente

4 Maßgebend für die Berechnung der fiktiven Regelaltersrente sind die Vorschriften der §§ 63 ff. SGB VI.

Danach führt die Multiplikation folgender Faktoren zum Monatsbetrag der Rente:

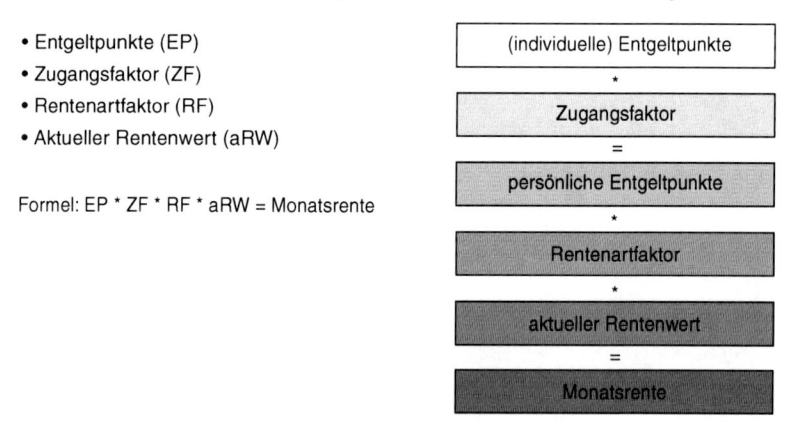

- Entgeltpunkte (EP)
- Zugangsfaktor (ZF)
- Rentenartfaktor (RF)
- Aktueller Rentenwert (aRW)

Formel: EP * ZF * RF * aRW = Monatsrente

(individuelle) Entgeltpunkte
*
Zugangsfaktor
=
persönliche Entgeltpunkte
*
Rentenartfaktor
*
aktueller Rentenwert
=
Monatsrente

I. Fiktiver Rentenbeginn als Berechnungszeitpunkt

5 Fiktiver Rentenbeginn für die fiktive Berechnung einer Vollrente wegen Alters ist der Tag nach dem Ende der Ehezeit.

Tabelle: fiktiver Rentenbeginn für Ehezeitauskünfte

Beginn der Ehezeit	1.10.1990
Ende der Ehezeit	31.10.2009
Fiktiver Rentenbeginn	1.11.2009
Rentenrechtliche Zeiten bis	31.10.2009

Beginn der Ehe	Ende der Ehezeit	fiktiver Rentenbeginn
	Rentenrechtliche Zeiten bis	
1.1.1990	31.10.2009	1.11.2009

Abbildung: fiktiver Rentenbeginn für Ehezeitauskünfte

II. Zugangsfaktor

Der Zugangsfaktor gemäß § 77 SGB VI ist Teil der Rentenformel. **6**
In Rentenauskünften und Rentenbescheiden der Rentenversicherungsträger kann der Zugangsfaktor der Anlage 6 entnommen werden.

> *Merksatz: Zugangsfaktor*
>
> In den Ehezeitauskünften an die Familiengerichte ist grundsätzlich kein Zugangsfaktor zugrunde zu legen, weil nur Entgeltpunkte und kein Rentenbetrag übertragen werden.

Da im reformierten Recht nur noch Entgeltpunkte übertragen werden (§ 39 Abs. 2 Nr. 1 VersAusglG) und nicht mehr persönliche Entgeltpunkte (Entgeltpunkte * Zugangsfaktor = persönliche Entgeltpunkte) hat der Zugangsfaktor für die Berechnungen im Versorgungsausgleich seine Bedeutung verloren.

Der Zugangsfaktor richtet sich nach dem Alter der Versicherten bei Rentenbeginn oder bei Tod. Damit soll die Laufzeit der Rente entsprechend dem tatsächlichen Renteneintrittsalter ausgeglichen werden.

Bei einer Altersrente, die mit Erreichen der Regelaltersgrenze oder eines maßgebenden niedrigeren Renteneintrittsalters beginnt, beträgt der Zugangsfaktor 1,000.

Über den Zugangsfaktor werden bei der Rentenberechnung Abschläge im Falle der vorzeitigen Inanspruchnahme vor der Regelaltersgrenze berechnet, wobei sich für jeden Monat der vorzeitigen Inanspruchnahme eine Rentenkürzung um 0,3 % ergibt (3,6 % als Jahresabschlag) und bei Inanspruchnahme nach der Regelaltersgrenze sich um 0,5 % pro Monat (6 % als Jahreszuschlag) erhöht, sog. Zuschläge.

Abschläge für die vorzeitige oder Zuschläge für die spätere Inanspruchnahme bleiben im Versorgungsausgleich unberücksichtigt. Das Lebensalter der versicherten Person bei Ende der Ehezeit spielt daher keine Rolle.

Mit Inkrafttreten des RV-Altersgrenzenanpassungsgesetzes wird die Regelaltersgrenze von derzeit 65 Jahren im Zeitraum vom 1. Januar 2012 bis zum 31. Dezember 2029 auf 67 Jahre angehoben.

Der Zugangsfaktor findet seit dem 1. Januar 2001 auch Anwendung bei Renten wegen Erwerbsminderung, Erziehungsrenten und bei Hinterbliebenenrenten.

Hinweis:

Die bisherige Rechtsprechung zur Berücksichtigung des Zugangsfaktors bei vorgezogenen Altersrenten mit Abschlag kann keine Anwendung mehr finden. Es wird kein Rentenbetrag mehr übertragen, bei dem der Zugangsfaktor berücksichtigt wird.

Ob dies jedoch noch zu dem Halbteilungsgrundsatz entsprechenden Ergebnissen führt, ist zweifelhaft. Hier wird die Rechtsprechung sicherlich neue Bewertungsvorschriften entwickeln.

III. Korrespondierender Kapitalwert für Entgeltpunkte

7 Bezugsgröße in der gesetzlichen Rentenversicherung ist nicht der monatliche Rentenbetrag, sondern Entgeltpunkte. Das bedeutet, dass für

- die Prüfung der geringen Ausgleichsdifferenz nach § 18 Abs. 1 VersAusglG
- die Prüfung der groben Unbilligkeit nach § 27 VersAusglG
- die Gesamtsaldierung für Vereinbarungen

nicht die monatlichen Rentenbeträge, sondern die Kapitalwerte verglichen werden müssen.

Da es sich bei Entgeltpunkten (bzw. dem daraus errechneten monatlichen Rentenbetrag) nicht um einen Kapitalwert handelt, ist als Hilfswert auch der korrespondierende Kapitalwert nach § 47 VersAusglG anzugeben. Dieser entspricht dem Betrag, der zum Ende der Ehezeit aufzubringen wäre, um ein Anrecht in Höhe des Ausgleichswertes zu begründen. Der Umrechnungsfaktor zum Ehezeitende kann der Bekanntmachung der Umrechnungsfaktoren für den Versorgungsausgleich in der gesetzlichen Rentenversicherung entnommen werden, die regelmäßig im Bundesgesetzblatt Teil I veröffentlicht werden.

Sofern im Folgenden keine besonderen Angaben gemacht sind, wurden die Werte der allgemeinen Rentenversicherung West zugrunde gelegt.

Tabelle: korrespondierender Kapitalwert GRV

ehezeitliche Entgeltpunkte	10,0000
die Hälfte als Ausgleichsbetrag	5,0000
aktueller Rentenwert West Ehezeitende 10/2009	27,20 €
ehezeitlicher Rentenbetrag	136,00 €
Umrechnungsfaktor West Entgeltpunkte in Beitrag 2009	6.144,9210
korrespondierender Kapitalwert	83.5709,26 €

IV. Rentenartfaktor

Der Rentenartfaktor ist Teil der Rentenformel. Für die allgemeine (§ 67 SGB VI) und knappschaftliche (§ 82 SGB VI) Rentenversicherung gelten unterschiedliche Rentenartfaktoren. **8**

1. Allgemeine Rentenversicherung

Der Rentenartfaktor beträgt für persönliche Entgeltpunkte in der allgemeinen Rentenversicherung (West und Ost) bei Renten wegen Alters 1,0000. **9**

2. Knappschaftliche Rentenversicherung

Der Rentenartfaktor beträgt für persönliche Entgeltpunkte in der knappschaftlichen Rentenversicherung (West und Ost) bei Renten wegen Alters 1,3333. **10**

V. Aktueller Rentenwert

Der aktuelle Rentenwert ist Teil der Rentenformel. Er ist in den § 68 SGB VI (West) und § 254d SGB VI (Ost) geregelt. Für Entgeltpunkte West und Entgeltpunkte Ost gelten unterschiedliche Werte. **11**

Die individuell erworbenen Entgeltpunkte werden in einen zeitnahen Wert in Form eines Euro-Betrages umgewandelt.

Der aktuelle Rentenwert ist der Monatsbetrag einer Rente wegen Alters in der allgemeinen Rentenversicherung, wenn für ein Kalenderjahr Beiträge nach dem Durchschnittsentgelt gezahlt worden sind.

Beispiel:

Beitragsjahr	2005
Individuelles Entgelt	29.202,- €
Durchschnittsentgelt	29.202,- €
Entgeltpunkte	1,0000

Anders ausgedrückt hatte der Versicherte ein Entgelt von 100% des Durchschnittsentgelts.

Die Bundesregierung bestimmt durch Rechtsverordnung mit Zustimmung des Bundesrats den zum 1.7. eines Jahres maßgebenden aktuellen Rentenwert.

Mit Hilfe des zum Ende der Ehezeit geltenden aktuellen Rentenwerts wird die gesamte Rentenanwartschaft errechnet.

Die aktuellen Rentenwerte Ost und West sind im Teil C im § 11 unter Wertetabellen aufgeführt.

Für die Zeit ab 1.7.2009 beträgt der aktuelle Rentenwert West 27,20 EUR und Ost 24,13 EUR.

In der allgemeinen Rentenversicherung wird durch Multiplikation der persönlichen Entgeltpunkte mit dem aktuellen Rentenwert der Monatsbetrag der Rente errechnet.

Tabelle: aktueller Rentenwert GRV

Art der Entgeltpunkte	Persönliche Entgeltpunkte	Rentenartfaktor	Summe Entgeltpunkte	Aktueller Rentenwert	Monatsbetrag
Allgemein West	10,0000	1,0000	10,0000	27,20 €	270,00 €
Knappschaft West	3,7501	1,3333	5,0000	27,20 €	135,00 €
Allgemein Ost	10,0000	1,0000	10,0000	24,13 €	241,30 €
Knappschaft Ost	3,7501	1,3333	5,0000	24,13 €	120,65 €
Summe					766,95 €

E. Entgeltpunkte

Die Entgeltpunkte sind der individuelle Faktor in der Rentenformel. Sie drücken das Verhältnis der individuellen Beitragsleistung eines Versicherten zum Durchschnittsentgelt aller Versicherten in einem Kalenderjahr aus. Mit ihrer Hilfe kann daher exakt herausgerechnet werden, welcher Teil der Rentenanwartschaft auf die Ehezeit entfällt.

12

Die Berechnung der Entgeltpunkte ist in einer Ehezeitauskunft, einem Rentenbescheid oder einer Rentenauskunft der Anlage 3 zu entnehmen.

Der Rentenversicherungsträger errechnet die in der Ehezeit erworbenen Entgeltpunkte. Dabei werden **Entgeltpunkte der unterschiedlichen Arten** gesondert aufgeführt:
- Entgeltpunkte West
- Entgeltpunkte Ost
- Entgeltpunkte Knappschaft West
- Entgeltpunkte Knappschaft Ost

Die ehezeitlichen Entgeltpunkte der jeweiligen Art werden durch Zwei dividiert und das Ergebnis als Ausgleichswert dem Familiengericht mitgeteilt.

Zum besseren Verständnis wollen die Rentenversicherungsträger den jeweiligen Ehezeitanteil auch als Rentenbetrag angeben.

Nachfolgend ist aufgeführt, wie sich die unterschiedlichen Arten von Entgeltpunkten auf die Höhe der Monatsrente auswirken. Dabei wurde einmal von einem beitragspflichtigen Entgelt in Höhe des Durchschnittsentgeltes und einmal von der Beitragsbemessungsgrenze (Höchstbeitrag) ausgegangen.

I. Entgeltpunkte West

	Durchschnittsentgelt	Beitragsbemessungsgrenze
Entgelt 2009	30.879,00 €	64.800,00 €
vorläufiges Durchschnittsentgelt 2009	30.879,00 €	30.879,00 €
Entgeltpunkte	1,0000	2,0985
Zugangsfaktor	1,0000	1,0000
persönliche Entgeltpunkte	1,0000	2,0985
Rentenartfaktor	1,0000	1,0000
Summe Entgeltpunkte	1,0000	2,0985
aktueller Rentenwert	27,20 €	27,20 €
monatlicher Rentenbetrag brutto	27,20 €	57,08 €

13

§3 Teil B: Versorgungssysteme

II. Entgeltpunkte Ost

14 Wurde das Entgelt im Beitrittsgebiet (Ost) erzielt, muss das Entgelt noch mit einem Umrechnungsfaktor multipliziert werden. Auch dabei ist die Beitragsbemessungsgrenze zu beachten.

	Durchschnittsentgelt	Beitragsbemessungsgrenze
Entgelt im Beitrittsgebiet 2009	26.018,71 €	54.600,00 €
Umrechnungsfaktor 2009	1,1868	1,1868
Entgelt 2009	30.879,00 €	64.799,28 €
vorläufiges Durchschnittsentgelt 2009	30.879,00 €	30.879,00 €
Entgeltpunkte (Ost)	1,0000	2,0985
Zugangsfaktor	1,0000	1,0000
persönliche Entgeltpunkte	1,0000	2,0985
Rentenartfaktor	1,0000	1,0000
Summe Entgeltpunkte	1,0000	2,0985
aktueller Rentenwert	24,13 €	24,13 €
monatlicher Rentenbetrag brutto	24,13 €	50,64 €

III. Entgeltpunkte Knappschaft West

15

	Durchschnittsentgelt	Beitragsbemessungsgrenze
Entgelt 2009	30.879,00 €	79.800,00 €
vorläufiges Durchschnittsentgelt 2009	30.879,00 €	30.879,00 €
Entgeltpunkte	1,0000	2,5843
Zugangsfaktor	1,0000	1,0000
persönliche Entgeltpunkte	1,0000	2,0985
Rentenartfaktor	1,3333	1,3333
Summe Entgeltpunkte	1,3333	2,7979
aktueller Rentenwert	27,20 €	27,20 €
monatlicher Rentenbetrag brutto	36,27 €	76,10 €

IV. Entgeltpunkte Knappschaft Ost

16 Wurde das Entgelt im Beitrittsgebiet (Ost) erzielt, muss das Entgelt noch mit einem Umrechnungsfaktor multipliziert werden. Auch dabei ist die Beitragsbemessungsgrenze zu beachten.

Die gesetzliche Rentenversicherung §3

	Durchschnittsentgelt	Beitragsbemessungsgrenze
Entgelt im Beitrittsgebiet 2009	26.018,71 €	67.200,00 €
Umrechnungsfaktor 2009	1,1868	1,1868
Entgelt 2009	30.879,00 €	79.752,96 €
vorläufiges Durchschnittsentgelt 2009	30.879,00 €	30.879,00 €
Entgeltpunkte (Ost)	1,0000	2,5828
Zugangsfaktor	1,0000	1,0000
persönliche Entgeltpunkte	1,0000	2,5828
Rentenartfaktor	1,3333	1,3333
Summe Entgeltpunkte	1,3333	3,4436
aktueller Rentenwert	24,13 €	24,13 €
monatlicher Rentenbetrag brutto	32,17 €	83,09 €

F. Steigerungsbeträge der Höherversicherung

Die Höherversicherung in der gesetzlichen Rentenversicherung war eine Art freiwillige Zusatzversicherung, ausgestaltet nach Privatversicherungsgrundsätzen. Sie ist nur noch im beschränkten Umfang für diejenigen möglich, die **17**

- vor 1942 geboren sind, oder
- bereits vor 1992 Höherversicherungsbeiträge gezahlt hatten,

wenn für den betreffenden Zeitraum ein Grundbeitrag vorhanden ist. Die Höhe der Beiträge kann unabhängig von der Höhe der Grundbeiträge gewählt werden.

Für Beiträge der Höherversicherung werden zusätzlich zum Monatsbetrag einer Rente Steigerungsbeträge geleistet. Diese betragen bei einer Rente aus eigener Versicherung bei Zahlung des Beitrags (im Beispiel 1.000 EUR) im Alter:

Tabelle: Prozentsatz Alter Höherversicherung

Alter	% vom Beitrag	monatlich €	jährlich €
bis zu 30 Jahren	1,6667	16,67	200,04
von 31 bis 35 Jahren	1,5000	15,00	180,00
von 36 bis 40 Jahren	1,3333	13,33	159,96
von 41 bis 45 Jahren	1,1667	11,67	140,04
von 46 bis 50 Jahren	1,0000	10,00	120,00
von 51 bis 55 Jahren	0,9167	9,17	110,04
von 56 und mehr Jahren	0,8333	8,33	99,96

Das Alter des Versicherten wird nach dem Unterschied zwischen dem Kalenderjahr der Beitragszahlung und dem Geburtsjahr des Versicherten bestimmt.

Die Rentenversicherungsträger teilen den statischen Ehezeitanteil der Höherversicherung und den Vorschlag zum Ausgleichswert als Rentenbetrag mit.

Die Ermittlung des korrespondierenden Kapitalwertes nach § 47 VersAusglG erfolgt nach folgender Rechenformel:

$$\frac{AusgleichswertSteigerungsbetrag}{ProzentsatzNachLebensalterEhezeitende} = korrespondierenderKapitalwert$$

Bei einem Lebensalter von 54 Jahren zum Ende der Ehezeit ergibt sich folgender korrespondierender Kapitalwert:

Tabelle: korrespondierender Kapitalwert Höherversicherung

ehezeitlicher Betrag aus Steigerungszahlen der Höherversicherung	120,00 €
die Hälfte als Ausgleichsbetrag	60,00 €
multipliziert mit	100
geteilt durch Prozentsatz nach Lebensalter zum Ehezeitende	0,9167
korrespondierender Kapitalwert	6.545,22 €

Im Tenor sind die Steigerungsbeträge gesondert zu bezeichnen.

Die Höherversicherung gehört zu den anpassungsfähigen Anrechten nach § 32 VersAusglG.

G. Ehezeitliche Entgeltpunkte

18 Im ersten Schritt sind Entgeltpunkte aus allen rentenrechtlichen Zeiten von Beginn der Versicherung bis zum Ende der Ehezeit zu berechnen.

In einem zweiten Schritt sind dann die auf die Ehezeit entfallenden Entgeltpunkte zu ermitteln.

I. So genanntes In-Prinzip

19 In den Versorgungsausgleich sind alle Anrechte einzubeziehen, die in der Ehezeit geschaffen worden sind.

Anrechte, die vor oder nach der Ehezeit geschaffen wurden, sind grundsätzlich nicht zu berücksichtigen.

In der gesetzlichen Rentenversicherung gibt es aber einige Besonderheiten:
- Nachzahlungen
- Zum Beispiel für Schul- und Studienzeiten, die nicht mehr als Anrechnungszeiten angerechnet werden.
- Nachentrichtung
- Pflichtbeiträge für eine im Statusfeststellungsverfahren festgestellte Versicherungspflicht von Selbstständigen
- Nachversicherung
- Für ohne Versorgungsanspruch ausgeschiedene versicherungsfreie Beamte

Wenn bis zum Zeitpunkt der letzten mündlichen Verhandlung Beiträge nachgezahlt, nachentrichtet oder nachversichert werden, ist der auf die Ehezeit entfallende Anteil im Versorgungsausgleich zu berücksichtigen. **20**

Wenn in der Ehezeit Beiträge für Zeiten vor der Ehezeit nachgezahlt, nachentrichtet oder nachversichert werden, unterliegt das dadurch begründete Anrecht grundsätzlich dem Versorgungsausgleich, weil es in der Ehezeit geschaffen wurde.

Wenn Beiträge nach Eintritt der Rechtshängigkeit nachgezahlt, nachentrichtet oder nachversichert werden, bleiben diese im Versorgungsausgleich unberücksichtigt.

Wenn Beiträge in der Zeit zwischen gesetzlichem Ehebeginn (Erster des Monats der Heirat) aber noch vor der Heirat gezahlt werden, bleiben diese im Versorgungsausgleich unberücksichtigt.

Bei einer Nachversicherung kommt es nicht auf den Zeitpunkt der Beitragszahlung an, sondern auf den Zeitraum der Ausübung der Beschäftigung.

II. Zeiten vor Beginn der Ehezeit

Auch Zeiten vor Beginn der Ehezeit wirken sich auf in der Ehezeit liegende rentenrechtliche Zeiten aus. Dies können sein: **21**
- Gesamtleistungsbewertung nach §§ 71 bis 74 und 263 SGB VI
- Zusätzliche Entgeltpunkte für Berücksichtigungszeiten wegen Kindererziehung oder Pflegezeiten eines Pflegebedürftigen Kindes nach § 70 Abs. 3a SGB VI
- Mindestentgeltpunkte wegen geringen Arbeitsentgelts nach § 262 SGB VI

Deshalb sollte darauf geachtet werden, dass sämtliche rentenrechtliche Zeiten vor Beginn der Ehezeit im Versicherungskonto geklärt sind. Auch wenn diese nicht direkt Entgeltpunkte in der Ehezeit ergeben, können Sie sich auf ehezeitliche Entgeltpunkte auswirken. Insbesondere können dies sein:

- Zeiten schulischer Ausbildung und Studienzeiten
- Wehr- oder Zivildienstzeiten und Wehrübungen
- Zeiten beruflicher Ausbildung (Lehre)
- Kindererziehungs- und Kinderberücksichtigungszeiten

III. Zeiten nach Ende der Ehezeit

22 Bei einer Anpassung nach den §§ 51 und 52 VersAusglG sind nicht nur die rentenrechtlichen Zeiten bis zum Ende der Ehezeit (wie auch rentenrechtliche Zeiten vor Beginn der Ehezeit), sondern auch die nach diesem Zeitpunkt zurückgelegten rentenrechtlichen Zeiten zu berücksichtigen, da auch die nachehelichen Zeiten aus den vorgenannten Gründen den Ehezeitanteil beeinflussen können.

Dies ist erforderlich, da gemäß § 225 Abs. 2 FamFG alle rechtlichen oder tatsächlichen Veränderungen nach dem Ende der Ehezeit, die auf den Ausgleichswert eines Anrechts zurückwirken und zu einer wesentlichen Wertänderung führen, auf Antrag in Bezug auf dieses Anrecht abzuändern sind.

IV. Entgeltaufteilung im Jahr des Beginns und Ende der Ehezeit

23 Damit die ehezeitlichen Entgeltpunkte genau festgestellt werden können, muss das Entgelt im Kalenderjahr des Beginns der Ehezeit und des Ende der Ehezeit aufgeteilt werden.

Um aufwendige Ermittlung zu vermeiden wurde hiefür eine pauschale Berechnungsmethode festgelegt.

Das bescheinigte Entgelt wird mit den ehezeitlichen Tagen multipliziert und durch den bescheinigten Entgeltzeitraum geteilt. Volle Monate werden mit 30 Tagen und angebrochene Monate mit den tatsächlichen Tagen gerechnet. Das Ergebnis ist der ehezeitliche Anteil.

Beispiel: Entgeltaufteilung GRV

Bescheinigter Entgeltzeitraum	1.1. – 31.12.2010	
Bescheinigtes Entgelt		40.000,00 €
Ende der Ehezeit	31.7.2010	
Ehelicher Zeitraum	1.1. – 31.7.2010	40.000 € * 210 : 360 = 23.333,33 €
Zeitraum	1.8. – 31.12.2010	40.000 € * 150 : 360 = 16.666,67 €

H. Zu- und Abschläge an Entgeltpunkten

Es gibt noch weitere Tatbestände, die sich auswirken können. **24**

I. Zu- und Abschläge nach einem bereits durchgeführten Versorgungsausgleich oder Rentensplitting

Wenn bereits ein Versorgungsausgleich oder Rentensplitting (§ 120a SGB VI) durchgeführt wurde, so ist dieser Zu- oder Abschlag auch in diesem Versorgungsausgleich zu berücksichtigen. Diese Entgeltpunkte wirken sich zwar nicht direkt auf die ehezeitlichen Anrechte aus aber auf die Gesamtrentenanwartschaft. **25**

II. Zuschläge aus Zahlung zum Ausgleich einer Rentenminderung oder Abfindung von Betriebsrenten

Auch die sich aus der Zahlung von Beiträgen zum Ausgleich einer Rentenminderung (Abschläge) für die vorzeitige Inanspruchnahme (§ 187a SGB VI) oder bei Abfindung von Betriebsrenten (§ 187b SGB VI) ergebenden Zuschläge an Entgeltpunkten sind bei der Berechnung der fiktiven Rente zu berücksichtigen. **26**

III. Zuschläge aus geringfügiger versicherungsfreier Beschäftigung

Wird eine geringfügige versicherungsfreie Beschäftigung ausgeübt, für die nur der Arbeitgeber Beiträge zahlt, so sind auch die sich daraus ergebenden Zuschläge an Entgeltpunkten bei der Berechnung der fiktiven Rente zu berücksichtigen. **27**

I. Rentenrechtliche Zeiten

Entgeltpunkte können aus rentenrechtlichen Zeiten entstehen. **28**

Dieses Buch kann nur einen Überblick über die wichtigsten rentenrechtlichen Zeiten geben. Als weiterführende Literatur wird die Broschüre der Deutschen Rentenversicherung Bund „SGB VI – Gesetzliche Rentenversicherung, Text und Erläuterungen" empfohlen. Diese kann für wenige Euro auf der Internetseite der DRV Bund bestellt werden.

I. Beitragszeiten

29 Die Regelungen zu Beitragszeiten finden sich in den §§ 55, 56, 247 bis 249a SGB VI.

Es gibt folgende Arten von Beitragszeiten:
- Pflichtbeiträge
- Freiwillige Beiträge
- Kindererziehungszeiten

Beiträge können maximal bis zur Beitragsbemessungsgrenze gezahlt werden. Die jeweiligen Werte finden Sie in Teil C in § 11 unter Wertetabellen.

1. Pflichtbeiträge

30 Es gibt verschiedene Tatbestände, aufgrund dessen Pflichtbeiträge gezahlt werden *müssen*, z.B.:
- Pflichtbeiträge für eine versicherungspflichtige Beschäftigung von Arbeitnehmern
- Pflichtbeiträge von versicherungspflichtigen Selbstständigen
- Pflichtbeiträge aufgrund einer Nachversicherung (z.B. von ausgeschiedenen Beamten)
- Beiträge, die als Pflichtbeiträge gelten

2. Freiwillige Beiträge

31 Es gibt auch Personenkreise, die freiwillig Beiträge zahlen *können*. Dies kann sinnvoll sein, um einen Schutz wegen Erwerbsminderung zu erhalten oder die Altersversorgung weiter auszubauen.

Da es in der gesetzlichen Rentenversicherung keine Beitragsberechnung nach biometrischen Risiken (Geschlecht, Alter, Lebenserwartung) oder Vorerkrankungen gibt, kann sie durchaus eine interessante (manchmal auch die einzige) Alternative zu privaten kapitalgedeckten Versorgungssystemen sein.

Wenn für einen Zeitraum bereits Pflichtbeiträge gezahlt wurden, kann dieser Zeitraum nicht mit freiwilligen Beiträgen aufgestockt werden.

3. Kindererziehungszeiten

Für Kinder, die vor dem 1.1.1992 geboren wurden, erhält der erziehende Elternteil für bis zu 12 Kalendermonate Kindererziehungszeiten berücksichtigt bzw. bis zu 0,9996 Entgeltpunkte (0,0833 Entgeltpunkte pro Kalendermonat).

32

Bei ab 1.1.1992 geborenen Kindern werden bis zu 36 Monate Kindererziehungszeiten berücksichtigt bzw. bis zu 2,9988 Entgeltpunkte angerechnet.

Erziehender Elternteil ist zunächst grundsätzlich die Mutter. Die Eltern können für zukünftige Zeiträume jedoch eine übereinstimmende Erklärung abgeben, in welchen Zeiträumen die Erziehung von welchem Elternteil durchgeführt wird.

Wurden während der Kindererziehungszeit bereits Beiträge gezahlt, können sich aus Beiträgen und Kindererziehungszeiten in einem Kalendermonat nicht mehr Entgeltpunkte ergeben, als in diesem Kalendermonat aufgrund der Beitragsbemessungsgrenze Entgeltpunkte ergeben können.

Tabelle: Entgeltpunkte Kindererziehungszeiten

Kalendermonat Kindererziehung	November 2009
Entgelt aus Beschäftigung	3.000,00 €
Durchschnittsentgelt 2009	30.879,00 €
Entgeltpunkte Beiträge	0,0972
Entgeltpunkte Kindererziehungszeit	0,0833
Summe Entgeltpunkte	0,1805
Begrenzt auf maximale Entgeltpunkte (5400 / 30879)	0,1749

Die Aufwendungen für Kindererziehungszeiten werden dem Rentenversicherungsträger aus Steuermittel erstattet.

Hinweis: Kindererziehungszeiten

Der anwaltliche Berater sollte immer darauf achten, ob die Kindererziehungszeiten beim anderen Ehegatten auch vollständig aufgeführt sind.

Neben Kindererziehungszeiten gibt es auch noch Kinderberücksichtigungszeiten. Für diese werden zwar keine Entgeltpunkte gutgeschrieben, sie wirken sich aber auf die Wartezeit und die Gesamtleistungsbewertung aus. Siehe auch § 3 Rn 22.

§ 3 Teil B: Versorgungssysteme

II. Entgeltpunkte für Beitragszeiten

33 Grundprinzip für die Berechnung von Entgeltpunkten ist das Verhältnis des der Beitragsbemessung zugrunde liegenden individuellen Entgelts des Versicherten (§§ 161 ff. SGB VI) zum Durchschnittsentgelt aller Versicherten (Anlage 1 zum SGB VI) in einem Kalenderjahr. Die Berechnung erfolgt gerundet auf 4 Dezimalstellen.

Tabelle: Entgeltpunkte Beitragszeiten

Beitragsjahr	2009
Individuelles Entgelt	40.000 €
Durchschnittsentgelt	29.202 €
Entgeltpunkte	1,36976919389082939524690089 71988
Gerundete Entgeltpunkte	1,3698

Anders ausgedrückt, betrug das individuelle Entgelt 136,98 % des Durchschnittsentgelts. Dabei kommt es nicht darauf an, wer welchen Beitragsanteil gezahlt hat.

1. Maßgebliches individuelles Entgelt

34 Bei Beschäftigten ist für die Ermittlung der Entgeltpunkte das der Beitragsentrichtung zugrunde liegende gemeldete Entgelt maßgeblich. Es ist jedoch auf die Beitragsbemessungsgrenze begrenzt. Diese beträgt im Jahre 2009 jährlich 64.800 EUR.

Tabelle: Beitragsbemessungsgrenze

Bruttoentgelt 2009	82.000,00 €
Beitragsbemessungsgrenze RV 2009	64.800,00 €
Maßgebliches Entgelt	64.800,00 €

Für freiwillig Versicherte und Pflichtversicherte, die selbst Beiträge an die Rentenversicherung einzahlen, wird aus dem Beitrag ein Entgelt nach folgender Formel errechnet:

$$\frac{Beitrag * 100}{Beitragssatz} = Entgelt \qquad \frac{6.000 * 100}{19,9} = 30.150,75$$

Abbildung: Beitrag in Entgelt

Beitragsjahr	2009
Beitragssatz	19,9 %
Beitrag	6.000,00 €
Entgelt	30.150,75 €

2. Durchschnittsentgelt

Die Regelungen finden sich in den §§ 69 und 70 SGB VI.

35

Das Durchschnittsentgelt aller Versicherten in einem Kalenderjahr ist in Anlage 1 zum SGB VI aufgeführt. Sie finden die Werte auch in Teil C im § 11 unter Wertetabellen.

Die Werte für das aktuelle und das vorangehende Kalenderjahr sind in der Regel noch nicht bekannt. Hierfür werden vorläufige Durchschnittsentgelte angegeben.

Bei Rentengewährung sind für die Ermittlung von Entgeltpunkten im Kalenderjahr des Rentenbeginns und das vorangegangene Kalenderjahr die vorläufig bestimmten Durchschnittsentgelte maßgeblich.

Für die Berechnungen im Versorgungsausgleich wird ein fiktiver Rentenbeginn für den Tag nach dem Ende der Ehezeit angenommen.

Beispiel:

Ende der Ehezeit	31.10.2009
Fiktiver Rentenbeginn	1.11.2009
Endgültiges Durchschnittsentgelt 2007	29.951,00 €
Vorläufiges Durchschnittsentgelt 2008	30.084,00 €
Vorläufiges Durchschnittsentgelt 2009	30.879,00 €

Ist das Ende der Ehezeit der 31.12 eines Kalenderjahres dann liegt der fiktive Rentenbeginn am 1.1. des folgenden Kalenderjahres mit rentenrechtlichen Zeiten bis ebenfalls 31.12. des Vorjahrs. Deshalb kann in diesem Fall nur auf das vorläufige Durchschnittsentgelt für das Jahr vor dem fiktiven Rentenbeginn zurückgegriffen werden, weil ja im Jahr des Rentenbeginns keine rentenrechtlichen Zeiten mehr liegen.

Beispiel:

Ende der Ehezeit	31.12.2007
Fiktiver Rentenbeginn	1.1.2008
Kalenderjahr des Rentenbeginns	2008
Kalenderjahr vor Rentenbeginn	2007
Rentenrechtliche Zeiten bis	31.12.2007
Endgültiges Durchschnittsentgelt 2007	29.951,00 €
Vorläufiges Durchschnittsentgelt 2008	30.084,00 €

Dies gilt auch dann, wenn die Auskunft erst später erstellt wird und dann die endgültigen Durchschnittsentgelte bereits feststehen.[1]

Bei Abänderungsverfahren bzw. Anpassung tritt an das Ende der Ehezeit der Berechnungszeitpunkt im Verfahren. Der fiktive Rentenbeginn ist dann der erste Tag nach dem Berechnungszeitpunkt. In diesen Fällen sind für das Kalenderjahr das Ende der Ehezeit und das vorangegangene Kalenderjahr die endgültigen Durchschnittsentgelte heranzuziehen. Für das Kalenderjahr des fiktiven Rentenbeginns und das vorangegangene Kalenderjahr sind die vorläufigen Durchschnittsentgelte heranzuziehen.

Beispiel:

Ende der Ehezeit	31.12.2004
Berechnungszeitpunkt Abänderung	31.10.2009
Fiktiver Rentenbeginn	1.11.2009
Kalenderjahr Ende der Ehezeit	2004
Kalenderjahr vor Ende der Ehezeit	2003
Kalenderjahr des fiktiven Rentenbeginns	2009
Kalenderjahr vor dem fiktiven Rentenbeginn	2008
Rentenrechtliche Zeiten bis	31.10.2009
Endgültiges Durchschnittsentgelt 2003	28.938,00 €
Endgültiges Durchschnittsentgelt 2004	29.060,00 €
Vorläufiges Durchschnittsentgelt 2008	30.084,00 €
Vorläufiges Durchschnittsentgelt 2009	30.879,00 €

3. Entgeltpunkte in Sonderfällen

36 Für einige Fälle wird von den Grundregeln für die Ermittlung von Entgeltpunkten aus Beitragszeiten abgewichen. Diese werden hier nur exemplarisch genannt:
1. Beiträge aus dem bis 28.2.1957 geltenden Recht aus Lohn-, Beitrags- oder Gehaltsklassen. Diese erhalten Entgeltpunkte nach der Anlage 3 zum SGB VI.
2. Beiträge nach dem vom 1.3.1957 bis 31.12.1976 geltenden Recht. Für diese gilt eine Beitragsbemessungsgrundlage nach der Anlage 4 zum SGB VI.
3. Für Zeiten einer beruflichen Ausbildung werden mindestens 0,0833 Entgeltpunkte zugrunde gelegt und diese Kalendermonate insoweit nicht als beitragsgeminderte Zeiten berücksichtigt.

---

1 BGH NJW-RR 1991, 199.

4. Pflichtbeitragszeiten für Wehr- oder Zivildienst
   a. 1.4.1957 – 30.4.1961 auf Antrag je vollem Dienstjahr mindestens 0,75 Entgeltpunkte
   b. 1.5.1961 – 31.12.1981 je Kalenderjahr 1,0 Entgeltpunkte
   c. 1.1.1982 – 31.12.1991 je Kalenderjahr 0,75 Entgeltpunkte
   d. 1.1.1992 – 31.12.1999 eine beitragpflichtiges Einnahme aus 80 % der monatlichen Bezugsgröße
   e. 1.1.2000 – laufend eine beitragpflichtiges Einnahme aus 60 % der monatlichen Bezugsgröße
5. Kindererziehungszeiten erhalten je Kalendermonat 0,0833. Bei zusammentreffen mit anderen Beitragszeiten werden diese um kalendermonatlich 0,0833 erhöht, maximal jedoch bis zu den Höchstwerten aus der Anlage 2b zum SGB VI.
6. Wenn für die Errechnung des Ehezeitanteils mindestens 25 Jahre rentenrechtliche Zeiten zugrunde gelegt werden, sind für die nach dem 31.12.1991 zurückgelegten Berücksichtigungszeiten wegen Kindererziehung oder nicht erwerbsmäßigen Pflege eines pflegebedürftigen Kindes bis zur Vollendung des 18 Lebensjahres, die sich aus dieser Zeit entrichteten Pflichtbeiträge ergebenden Entgeltpunkte und die Hälfte zu erhöhen, maximal jedoch um nicht mehr als 0,0278 Entgeltpunkte je Monat. Insgesamt dürfen sich aus dem Zuschlag zusammen mit Beitragszeiten und Kindererziehungszeiten monatlich nicht mehr als 0,0833 Entgeltpunkte ergeben.
7. Auch für Lohnersatzleistungen sind Entgeltpunkte zu ermitteln. Das können sein:
   a. Krankengeld
   b. Übergangsgeld
   c. Arbeitslosengeld
   d. Arbeitslosengeld II
   e. Verletztengeld
   f. Versorgungskrankengeld

   Für diese einzelnen Lohnersatzleistungen gelten in unterschiedlichen Zeiträumen ganz unterschiedliche Beitragsbemessungsgrundlagen, die als Entgelt der Ermittlung von Entgeltpunkte zugrunde liegen.
   Für die beitragspflichtigen Einnahmen gelten die Regelungen der §§ 163 bis 166 und 276 SGB VI
   a. Liegt eine Beitragszahlung zugrunde, ist wie bei freiwilligen Beiträgen der Beitrag mit 100 zu multiplizieren und durch den jeweils geltenden Beitragssatz zu dividieren um ein Entgelt zu erhalten.

b. Auch die der Lohnersatzleistung zugrunde liegenden beitragpflichtigen Einnahmen oder ein Bruchteil davon können das Entgelt sein.
c. Die gezahlte Sozialleistung wird ebenfalls als Entgelt zugrunde gelegt.
8. Für Sachbezüge vor dem 1.1.1957, wenn daneben mindestens 5 Jahre Pflichtbeiträge gezahlt wurden, nach der Anlage 8 zum SGB VI.
9. Sind mindestens 35 Jahre mit rentenrechtlichen Zeiten vorhanden und ergibt sich aus den Kalendermonaten mit vollwertigen Pflichtbeiträgen ein Durchschnittswert von weniger als 0,0625 Entgeltpunkten, wird die Summe der Entgeltpunkte für Beitragszeiten erhöht. Die zusätzlichen Entgeltpunkte sind so zu bemessen, dass sich für die Kalendermonate mit vollwertigen Pflichtbeiträgen vor dem 1. Januar 1992 ein Durchschnittswert in Höhe des 1,5fachen des tatsächlichen Durchschnittswerts, höchstens aber in Höhe von 0,0625 Entgeltpunkten ergibt. Die zusätzlichen Entgeltpunkte werden den Kalendermonaten mit vollwertigen Pflichtbeiträgen vor dem 1. Januar 1992 zu gleichen Teilen zugeordnet; dabei werden Kalendermonaten mit Entgeltpunkten (Ost) zusätzliche Entgeltpunkte (Ost) zugeordnet.

Beispiel für Punkt 1:

Ein Arbeiter „klebt" im Jahre 1954 zweiundfünfzig (52) Wochenmarken der Klasse 2

Entgeltpunkte je Woche	0,0024
Entgeltpunkte für 52 Wochen (1 Jahr)	0,1248

Beispiel für Punkt 2:

Ein Versicherter klebt im Jahr 1970 insgesamt 12 Marken der Klasse XV – G – 700

Beitragsbemessungsgrundlage als Entgelt je Marke	700,00 DM
Entgelt für 12 Marken	8.400,00 DM
Durchschnittsentgelt 1970	13.343,00 DM
Entgeltpunkte jährlich gerundet	0,6295

Beispiel für Punkt 4 d+e:

Kalenderjahr	1998
Monatliche Bezugsgröße	4.340,00 DM
Davon 80 %	3.472,00 DM
Im Kalenderjahr 1998	41.664,00 DM
Durchschnittsentgelt 1998	52.925,00 DM
Entgeltpunkte jährlich gerundet	0,7872

Beispiel für Punkt 5:

Kindererziehung im Juni 1982

Entgelt monatlich	2.683,17 DM
Durchschnittsentgelt jährlich	32.198,00 DM
Entgeltpunkte	0,0833
Entgeltpunkte Kindererziehung	0,0833
Summe Entgeltpunkte Juni 1982	0,1666
Höchstgrenze monatlich Anlage 2b SGB VI (1,7517 / 12)	0,1460
Begrenzt auf	0,1460

Beispiel für Punkt 6:

Pflege eines pflegebedürftigen Kindes im Alter von 12 Jahren im Juni 1994

Arbeitsentgelt monatlich	3.000,00 DM
Durchschnittsentgelt jährlich	49.142,00 DM
Entgeltpunkte	0,0610
Erhöht um die Hälfte, maximal 0,0278	0,0278
Entgeltpunkte Kindererziehung	0,0000
Summe Entgeltpunkte Juni 1994	0,0888
Höchstgrenze monatlich	0,0833
Begrenzt auf	0,0833

Beispiel für Punkt 9:

Durchschnittswert aller vollwertigen Pflichtbeiträge	0,0500
Durchschnittswert aller vollwertigen Pflichtbeiträge bis 31.12.1991	0,0450
Erhöhung der vollwertigen Pflichtbeiträge bis 31.12.1991 um 1,5	0,0675
Begrenzung der vollwertigen Pflichtbeiträge bis 31.12.1991 auf	0,0625

III. Beitragsgeminderte Zeiten

Das sind Kalendermonate, die sowohl mit Beitragszeiten als auch Anrechnungszeiten, Zurechnungszeiten oder Ersatzzeiten belegt sind. Der Begriff ist jedoch irreführend.

Es erfolgt eine Prüfung ob sich diese Zeiten
- als Beitragszeiten oder
- als beitragsfreie Zeiten im Rahmen der Gesamtleistungsbewertung

günstiger auswirken (Günstigerprüfung).

Ergibt die Prüfung, dass sich die Zeiten im Rahmen der Gesamtleistungsbewertung als beitragsfreie Zeiten günstiger auswirken, gibt es einen Zuschlag an Entgeltpunkten, so dass mindestens der Wert erreicht wird, den diese Zeiten als beitragsfreie Anrechnungszeiten erhalten hätten.

IV. Beitragsfreie Zeiten

38 Die Regelungen zu beitragsfreien Zeiten finden sich in den §§ 58, 59, 250 bis 253a SGB VI.

Entgeltpunkte werden auch für beitragsfreie Zeiten ermittelt. Das können sein:
- Anrechnungszeiten
- Ersatzzeiten
- Zurechnungszeiten

Beitragsfreie Zeiten werden nach folgender Formel bewertet:

$$\frac{\sum EntgeltpunkteBeitrags\ \&\ Berücksichtigungszeiten}{\sum Kalendermonate} = MonatsdurchschnittEntgeltpunkte$$

1. Belegungsfähige Kalendermonate

39 Die belegungsfähigen Kalendermonate ergeben sich aus dem Gesamtzeitraum.

Der Gesamtzeitraum umfasst zunächst die Zeit vom vollendeten 17. Lebensjahr bis zum Rentenfall.
- + rentenrechtliche Zeiten vor Vollendung des 17. Lebensjahres
- – beitragsfreie Zeiten, die nicht Berücksichtigungszeiten sind
- – Rentenbezugszeiten, die keine Beitrags- oder Berücksichtigungszeiten enthalten

Im Versorgungsausgleich ist als Endzeitpunkt das Ende der Ehezeit maßgebend. Bei Abänderungsverfahren gilt als Endzeitpunkt der Berechnungszeitpunkt.

2. Gesamtleistungsbewertung

40 Jeder Monat mit beitragsfreien Zeiten wird mit dem individuellen Monatsdurchschnittswert aus Entgeltpunkten bewertet (Gesamtleistungsbewertung), die sich aus der Beitragsleistung des Versicherten während seines gesamten Versicherungslebens zuzüglich Entgeltpunkten aus Kinderberücksichtigungszeiten und Zeiten einer beruflichen Ausbildung ergeben (§ 71 SGB VI).

Im ersten Schritt wird die Summe für Beitragszeiten und Berücksichtigungszeiten durch die Anzahl der belegungsfähigen Monate geteilt. Das Ergebnis ist ein Monatsdurchschnitt an Entgeltpunkten nach der Grundleistungsbewertung (§ 72 SGB VI).

In einem zweiten Schritt wird ein Monatsdurchschnitt an Entgeltpunkte wie in Schritt 1 errechnet, bei dem jedoch die Entgeltpunkte und Monate der Beitrags- und Berücksichtigungszeiten aus der Grundbewertung unberücksichtigt bleiben, die mit beitragfreien Zeiten oder Zeiten des Bezuges einer Versichertenrente zusammentreffen (Vergleichsbewertung, § 73 SGB VI).

Im dritten Schritt wird der höhere Wert aus den Berechnungen nach Schritt 1 oder 2 für die Bewertung beitragsfreier Zeiten herangezogen (Gesamtleistungsbewertung).

Allerdings gelten folgende Ausnahmen:
- Für Zeiten einer beruflichen Ausbildung, Fachschulausbildung oder Teilnahme an einer berufsvorbereitenden Bildungsmaßnahme wird der Gesamtleistungswert auf 75 % begrenzt, höchstens 0,0625 Entgeltpunkte pro Monat für maximal 36 Monate.
- Für Anrechnungszeiten wegen Arbeitslosigkeit oder Krankheit wird der Gesamtleistungswert auf 80 % begrenzt.

Für folgende Zeiten ist keine Bewertung vorgesehen:
- Zeiten einer Schul- und Hochschulausbildung
- Zeiten einer Arbeitslosigkeit nach dem 30.6.1978
- Arbeitslosengeld oder Arbeitslosenhilfe bzw. ab 1.1.2005 Arbeitslosengeld II wenn keine oder nur darlehensweise Leistungen erbracht wurden
- Zeiten der Krankheit nach dem 31.12.1983, für die keine Beiträge gezahlt wurden
- Zeiten der Ausbildungssuche
- Anrechnungszeiten im Beitrittsgebiet zwischen dem 1.7.1978 und dem 28.2.1990

Wenn beitragsfreie Zeiten und ruhegehaltsfähige Zeiten einer Beamtenversorgung zusammentreffen, bleiben diese beitragsfreien Zeiten bei der Gesamtleistungsbewertung unberücksichtigt (§ 71 Abs. 4 SGB VI).

V. Anrechnungszeiten

41 Anrechnungszeiten sind in §§ 58, 252 und 252a SGB VI geregelt. Für folgende Tatbestände werden Anrechnungszeiten berücksichtigt:
- Zeiten der Krankheit, Schwangerschaft, Mutterschaft oder Rehabilitation
- Zeiten der Arbeitslosigkeit
- Zeiten der Ausbildungssuche
- Zeiten einer schulischen Ausbildung nach Vollendung des 17. Lebensjahres bis zu 8 Jahren (allgemeinbildende Schule, Fachschule, Hochschule, berufsvorbereitende Bildungsmaßnahme)
- Rentenbezugszeiten
- Anpassungsgeld oder Knappschaftsausgleichsleistungen
- Schlechtwettergeld

Die besonderen Voraussetzungen sind in den o.a. Paragrafen aufgeführt und können hier nicht in allen Einzelheiten dargestellt werden. Hierzu wird auf die Broschüre der DRV Bund „SGB VI – Rentenversicherung, Texte und Erläuterung" verwiesen.

VI. Zurechnungszeiten

42 Bei Renten wegen Erwerbsminderung wird die Zeit bis zur Vollendung des 60. Lebensjahres hinzugerechnet. Im Versorgungsausgleich werden Zurechnungszeiten (§ 59 SGB VI) nicht berücksichtigt. Wird eine Erwerbsminderungsrente bei Ende der Ehezeit bereits bezogen, so ist diese Zeit als Anrechnungszeit zu berücksichtigen.

VII. Ersatzzeiten

43 Hier nur die wichtigsten Ersatzzeiten:
- Zeiten vor dem 1.1.1992 in denen der Versicherte infolge Kriegsdienst oder Kriegsgefangenschaft an einer Beitragszahlung gehindert war.
- Ebenso Zeiten der Flucht oder Vertreibung, der Internierung oder Verschleppung und Umsiedlung.
- Haftzeiten bei NS- oder DDR-Verfolgten.

VIII. Kinderberücksichtigungszeiten

Im Konto des Versicherten sind auch Kinderberücksichtigungszeiten (§§ 57, 149b SGB VI) zu speichern. Sie erhalten keine eigenen Entgeltpunkte, sind aber für den Rentenanspruch von Bedeutung.

44

Ferner spielen sie eine Rolle für:
- die Feststellung von Entgeltpunkten für Beitragsfreie oder beitragsgeminderte Zeiten
- Rente nach Mindesteinkommen
- zusätzliche Entgeltpunkte für Kindererziehung bzw. nicht erwerbsmäßige Pflege eines pflegebedürftigen Kindes.

J. Weggefallene Besonderheiten

I. Höchstbetrag

Mit der Streichung des § 76 Abs. 2 Satz 3 SGB VI entfällt die bisherige im Zusammenhang mit der Beitragsbemessungsgrenze stehende Beschränkung bei der Übertragung bzw. Begründung zusätzlicher Anrechte in der GRV bis zu einer Gesamthöhe (einschließlich selbst erworbener Anrechte) von maximal 2 Entgeltpunkten pro Jahr („Höchstbetrag"). Es ergeben sich aus der Neuregelung jedoch keine Probleme, da Anrechte künftig vorrangig intern im Versorgungssystem des Ausgleichspflichtigen geteilt werden. Bei der internen Teilung innerhalb der GRV kann es wegen der bereits bei der Durchführung der Versicherung zu beachtenden Beitragsbemessungsgrenze in aller Regel nicht zu einer Überschreitung des Höchstbetrags kommen.

45

II. Rentnerprivileg

Außerdem wird mit der Neufassung des § 101 Abs. 3 SGB VI das bisherige sog. Rentnerprivileg aufgehoben. Die derzeitige Begünstigung von Personen, die zum Zeitpunkt der Scheidung bereits eine Rente aus der GRV beziehen und bei denen bis zum Beginn der Rente der ausgleichsberechtigten Person keine Kürzung der Rente erfolgt, führt zu Belastungen des Versorgungsträgers der ausgleichspflichtigen Person. Hinzu kommt, dass es nach dem neuen Teilungsmodus künftig möglich ist, dass eine Person bezogen auf die Anrechte aus der GRV ausgleichspflichtig, im Hinblick auf andere Anrechte jedoch zugleich ausgleichsberechtigt sein kann. Die zeitweise Aussetzung einer Kürzung der Anrechte der GRV bei gleich-

46

zeitigem Bezug von im Versorgungsausgleich erworbenen Anrechten aus anderen Systemen ist jedoch nicht vertretbar.

Eine Übergangsvorschrift im Gesetz sichert die Anwendung des Rentnerprivilegs für Fälle, in denen das Verfahren über den Versorgungsausgleich vor dem 1.9.2009 eingeleitet worden ist und in denen die aufgrund des Versorgungsausgleichs zu kürzende Rente vor diesem Zeitpunkt begonnen hat.

K. Künstlersozialversicherung

47 Beiträge zur Künstlersozialversicherung gelten als Beiträge zur allgemeinen Rentenversicherung.

L. Saldierung nach der Entscheidung

48 Im SGB VI ist festgelegt, dass Anrechte Ost und Anrechte West, Anrechte aus der allgemeinen Rentenversicherung und aus der knappschaftlichen Rentenversicherung sowie Höherversicherungsbeiträge nicht miteinander verrechnet werden dürfen, da es sich nicht um Anrechte gleicher Art handelt. Im Ergebnis kann das dazu führen, dass innerhalb der GRV für einen Ausgleichspflichtigen oder Ausgleichsberechtigten bis zu fünf verschiedene Anrechte festgestellt werden können.

- Allgemeine Rentenversicherung
  - Anrechte West
  - Anrechte Ost
- Knappschaftliche Rentenversicherung
  - Anrechte West
  - Anrechte Ost
- Steigerungsbeträge aus Höherversicherung

Da es jedoch innerhalb eines Versorgungssystems nicht zu einem Hin-und-Her-Ausgleich kommen soll, kann der RV Träger nach der Entscheidung eine Saldierung der übertragenen Entgeltpunkte gleicher Art vornehmen bzw. die Steigerungsbeträge verrechnen.

Beispiel:

Ende Ehezeit: 31.10.2009

Art Entgeltpunkte	Akt. Rw	Ehegatte 1	Ehegatte 2	
Allg. West Rentenartfaktor 1,0000	27,20 €	36,7647 (1.000,–€)	11,0294 (300,–€)	
Ausgleichswert		18,3824	5,5147	12,8677 ➡
Allg. Ost Rentenartfaktor 1,0000	24,13 €	0,0000 (0,00,–€)	6,2163 (150,–€)	
Ausgleichswert		0,0000	3,1082	3,1082 ⬅
Knappschaft West Rentenartfaktor 1,3333	27,20	4,1361 (150,–€)	0,0000 (0,00,–€)	
Ausgleichswerte		2,0681		2,0681 ➡

Abbildung: Saldierung Anrechte GRV

Es können nur Entgeltpunkte gleicher Art saldiert werden, hier Entgeltpunkte West, 18,3824 – 5,5147 = 12,8677. Die übrigen Arten von Entgeltpunkten können nicht gegeneinander saldiert werden.

Aufgrund dieser Regelung können jetzt auch Ost-Anrechte sofort ausgeglichen werden.

Im Rentenbescheid werden die übertragenen 2,0681 knappschaftlichen Entgeltpunkte dann wieder mit dem Rentenartfaktor 1,3333 multipliziert, so dass sich im Rentenbescheid 2,7574 Entpunkte ergeben, die dann mit dem aktuellen Rentenwert West bei Rentenbeginn multipliziert werden.

M. Checkliste

- Liegt der Auskunft die richtige Ehezeit zugrunde?
- Sind in der Auskunft noch zeitliche Lücken die aufzuklären sind (z.b. Kindererziehungszeiten, Schul- und Studienzeiten, Krankheitszeiten, Zeiten der Arbeitslosigkeit, Schwangerschaft/Mutterschutz)?
- Sind auch besondere Umstände erfasst (z.b. berufliche Ausbildungszeiten, Wehrdienst, Zivildienst, Nachversicherungen, Knappschaftszeiten, geringfügige Beschäftigungen, Künstlersozialversicherung)?
- Wurden Beiträge vor oder nach der Ehezeit gezahlt? Sind diese zu berücksichtigen?

49

- Wird bereits eine Leistung bezogen oder ist damit noch vor Entscheidung über den Wertausgleich zu rechnen?
- Enthält die Leistung einen Abschlag für die vorzeitige Inanspruchnahme?
- Wurde die Leistung auf Dauer oder zeitlich befristet gewährt?
- Werden Leistungen aus anderen Versorgungen angerechnet?

N. Ehezeitauskunft

50 Nachfolgend ein erster Entwurf einer Ehezeitauskunft aus dem Mai 2009. Deshalb wurde auch noch mit dem damals geltenden aktuellen Rentenwert gerechnet. Zudem werden Kleinigkeiten noch geändert, z.b. wird der Hinweis auf den Seiten 1 und 2 auf § 18 Abs. 3 VersAusglG gestrichen, weil § 18 VersAusglG im Laufe des Gesetzgebungsverfahrens geändert wurde.

Die gesetzliche Rentenversicherung §3

2. Ausfertigung

Versicherungsnummer:
50 150550 E 502

Deutsche Rentenversicherung
Bund

Deutsche Rentenversicherung Bund
10704 Berlin

Amtsgericht
Geilenkirchen
- Familiengericht -
52509 Geilenkirchen

Ruhrstraße 2, 10709 Berlin
Postanschrift: 10704 Berlin
Telefon 030 865-0
Telefax 030 865-27240
Servicetelefon 0800 100048070
www.deutsche-rentenversicherung-bund.de
drv@drv-bund.de

Datum 05.05.2009

Familiensache Bfatest gegen Bfatest
hier: Auskunft nach § 5 Versorgungsausgleichsgesetz (VersAusglG)
für Titel Edv Namenszusatz von Bfatest

Ihr Schreiben vom 01.09.2009
Geschäftszeichen XYZ

Sehr geehrte Damen und Herren,

für Frau Titel Edv Namenszusatz von Bfatest besteht ein Anrecht in der gesetzlichen Rentenversicherung. Das Anrecht befindet sich in der Anwartschaftsphase.

Wir erteilen eine Auskunft über den Ehezeitanteil des Anrechts, den Ausgleichswert und den korrespondierenden Kapitalwert für die **Ehezeit vom 01.01.1990 bis 31.05.2009.**
Es ergeben sich folgende Werte bezogen auf das Ende der Ehezeit am 31.05.2009.

In der allgemeinen Rentenversicherung
Ehezeitanteil 2,2642 **Entgeltpunkte**
Entspricht einer Monatsrente von 60,14 EUR
Ausgleichswert 1,1321 **Entgeltpunkte**
Entspricht einer Monatsrente von 30,07 EUR
Korrespondierender Kapitalwert 6.956,67 **EUR**

In der allgemeinen Rentenversicherung (Ost)
Ehezeitanteil 0,9559 **Entgeltpunkte (Ost)**
Entspricht einer Monatsrente von 22,31 EUR
Ausgleichswert 0,4780 **Entgeltpunkte (Ost)**
Entspricht einer Monatsrente von 11,16 EUR
Korrespondierender Kapitalwert 2.474,95 **EUR *)**
*) Zum Ausschluss bei Geringfügigkeit siehe Erläuterungen unter Hinweis zum Ausschluss bei Geringfügigkeit (§ 18 Abs. 3 VersAusglG)

§3 Teil B: Versorgungssysteme

2. Ausfertigung

In der knappschaftlichen Rentenversicherung
Ehezeitanteil — 1,1291 Entgeltpunkte
Entspricht einer Monatsrente von 39,98 EUR
Ausgleichswert — 0,5646 Entgeltpunkte
Entspricht einer Monatsrente von 19,99 EUR
Korrespondierender Kapitalwert — 4.602,65 EUR

In der knappschaftlichen Rentenversicherung (Ost)
Ehezeitanteil — 1,3108 Entgeltpunkte (Ost)
Entspricht einer Monatsrente von 40,79 EUR
Ausgleichswert — 0,6554 Entgeltpunkte (Ost)
Entspricht einer Monatsrente von 20,40 EUR
Korrespondierender Kapitalwert — 4.501,90 EUR *)
*) Zum Ausschluss bei Geringfügigkeit siehe Erläuterungen unter Hinweis zum Ausschluss bei Geringfügigkeit (§ 18 Abs. 3 VersAusglG)

Als Zusatzleistung aus der Höherversicherung (statisches Anrecht)
Ehezeitanteil der Monatsrente — 35,79 EUR
Ausgleichswert der Monatsrente — 17,90 EUR
Korrespondierender Kapitalwert — 2.148,09 EUR

Hinweise über die Berechnung der oben genannten Werte ergeben sich aus den unten aufgeführten Anlagen, die Bestandteil dieser Auskunft sind.

Erläuterungen

Berechnungsgrundlage für diese Auskunft ist gemäß § 109 Abs. 6 SGB VI eine Vollrente wegen Erreichens der Regelaltersgrenze am 14.09.2015. Aus diesem Grund wurden rechtliche und tatsächliche Veränderungen nach dem Ende der Ehezeit bis zum 04.04.2009 berücksichtigt (§ 5 Abs. 2 VersAusglG).

Der Ehezeitanteil ergibt sich aus der jeweiligen Summe der Entgeltpunkte gleicher Art, die in der Ehezeit erworben wurden (§§ 1 Abs. 1 und 39 Abs. 2 Nr. 1 VersAusglG).

Der Ehezeitanteil der Zusatzleistung aus der Höherversicherung ergibt sich aus den Steigerungsbeträgen (§ 269 SGB VI), die in der Ehezeit erworben wurden (§§ 1 Abs. 1 und 39 Abs. 2 Nr. 4 VersAusglG).

Die Hälfte des Ehezeitanteils ist der vorgeschlagene Ausgleichswert (§ 1 Abs. 2 Satz 2 VersAusglG).

Die Monatsrenten für den Ehezeitanteil und den Ausgleichswert entsprechen dem Wert, der sich als Vollrente wegen Erreichens der Regelaltersgrenze zum Ende der Ehezeit am 31.05.2009 ergäbe. Der in der Auskunft dargestellte Monatswert der Renten ist kein fester Wert, er verändert sich vielmehr bei jeder Rentenanpassung.

Der korrespondierende Kapitalwert (§ 47 VersAusglG) ist der Betrag, der zum Ende der Ehezeit zu zahlen wäre, um ein Anrecht in Höhe des Ausgleichswerts in der gesetzlichen Rentenversicherung zu begründen. Für die Ermittlung des korrespondierenden Kapitalwerts der dynamischen beziehungsweise angleichungsdynamischen Anrechte sind die Entgeltpunkte beziehungsweise Entgeltpunkte (Ost) des Ausgleichswerts mit dem zum Ende der Ehezeit maßgebenden Umrechnungsfaktor zu vervielfältigen, der sich aus den Rechengrößen zur Durchführung des Versorgungsausgleichs ergibt, die das Bundesministerium für Arbeit und Soziales im Bundesgesetzblatt bekannt macht.

Die gesetzliche Rentenversicherung §3

2. Ausfertigung

Deutsche Rentenversicherung

*) Hinweis zum Ausschluss bei Geringfügigkeit (§ 18 Abs. 3 VersAusglG)
Das Familiengericht hat zu prüfen, ob trotz geringfügiger Differenzwerte (§ 18 Abs. 1 VersAusglG) ein Ausgleich geboten ist. Ein Ausgleich kann in Anbetracht der gegenseitigen Ausgleichswerte insbesondere geboten sein, wenn Anrechte einer herausragenden Dynamik unterliegen. Für Entgeltpunkte (Ost) ist eine herausragende Dynamik zu bejahen. Sie werden wegen der noch ausstehenden Angleichung der Einkommensverhältnisse besonders dynamisiert und sind wertmäßig nicht mit den Entgeltpunkten zu vergleichen. Deshalb werden sich die korrespondierenden Kapitalwerte für Ausgleichswerte in Entgeltpunkten und Entgeltpunkten (Ost) unterschiedlich entwickeln.

Der korrespondierende Kapitalwert der statischen Zusatzleistung der Höherversicherung richtet sich nach einem Vomhundertsatz, der vom Lebensalter zum Ende der Ehezeit abhängig ist. Er errechnet sich nach der Formel

Ausgleichswert des monatlichen statischen   x   100
Steigerungsbetrags (lt. Anlage 9)

               Vomhundertsatz nach Lebensalter zum Ende der Ehezeit

Der korrespondierende Kapitalwert wird ermittelt:

Aus der allgemeinen Rentenversicherung
   Ausgleichswert - Anlage 6   1,1321 Entgeltpunkte
   vervielfältigt mit dem
   maßgebenden Umrechnungsfaktor
   zum Ende der Ehezeit   06144,9210
   Daraus ergibt sich der
   korrespondierende Kapitalwert   **6.956,67 EUR**

Aus der allgemeinen Rentenversicherung (Ost)
   Ausgleichswert - Anlage 6   0,4780 Entgeltpunkte (Ost)
   vervielfältigt mit dem
   maßgebenden Umrechnungsfaktor
   zum Ende der Ehezeit   05177,7224
   Daraus ergibt sich der
   korrespondierende Kapitalwert   **2.474,95 EUR**

Aus der knappschaftlichen Rentenversicherung
   Ausgleichswert - Anlage 6   0,5646 Entgeltpunkte
   vervielfältigt mit dem
   maßgebenden Umrechnungsfaktor
   zum Ende der Ehezeit   08152,0560
   Daraus ergibt sich der
   korrespondierende Kapitalwert   **4.602,65 EUR**

Aus der knappschaftlichen Rentenversicherung (Ost)
   Ausgleichswert - Anlage 6   0,6554 Entgeltpunkte (Ost)
   vervielfältigt mit dem
   maßgebenden Umrechnungsfaktor
   zum Ende der Ehezeit   06868,9383
   Daraus ergibt sich der
   korrespondierende Kapitalwert   **4.501,90 EUR**

Forms CD0000 - V001 - 08/03

§3 Teil B: Versorgungssysteme

2. Ausfertigung

Aus der Zusatzleistung der Höherversicherung
Ausgleichswert - Anlage 9   17,90 EUR
vervielfältigt mit   100
geteilt durch den Vomhundertsatz nach
Lebensalter zum Ende
der Ehezeit   0,8333
Daraus ergibt sich der
korrespondierende Kapitalwert   **2.148,09 EUR**

Mit freundlichen Grüßen

Deutsche Rentenversicherung Bund

Anlagen
Anlage 1 - Berechnung der Monatsrente zum Ende der Ehezeit
Anlage 2 - Versicherungsverlauf
Anlage 3 - Entgeltpunkte für Beitragszeiten
Anlage 4 - Entgeltpunkte für beitragsfreie und beitragsgeminderte Zeiten
Anlage 6 - Entgeltpunkte für Versorgungsausgleich
Anlage 9 - Zusatzleistung aus der Höherversicherung

Forms CD0000 - V001 - 08/03

Die gesetzliche Rentenversicherung § 3

2. Ausfertigung

Deutsche Rentenversicherung

Versicherungsnummer
50 150550 E 502

Anlage 1, 05.05.2009
Seite 1

Diese Anlage soll Ihnen zeigen, wie die Monatsrente der Anwartschaft auf Vollrente wegen Erreichens der Regelaltersgrenze berechnet wird. Auch die Berechnung der Monatsrenten des Ehezeitanteils und des Ausgleichswerts werden auf dieser Anlage dargestellt. Sie soll außerdem ein Wegweiser zu den weiteren Anlagen dieser Auskunft sein.

Berechnung der Monatsrente zum Ende der Ehezeit

Die Monatsrente ergibt sich, wenn
- die Entgeltpunkte,
- der Rentenartfaktor und
- der aktuelle Rentenwert
mit ihrem Wert bei Ende der Ehezeit miteinander vervielfältigt werden.

Aus den Entgeltpunkten der allgemeinen Rentenversicherung und den Entgeltpunkten der knappschaftlichen Rentenversicherung sind Monatsteilbeträge zu ermitteln, die zusammen den Monatsbetrag der Anwartschaft ergeben.

Auf der Grundlage der im Versicherungsverlauf - Anlage 2 - aufgeführten Zeiten errechnet sich die Monatsrente aus den Entgeltpunkten
- für Beitragszeiten - Anlage 3 -,
- für beitragsfreie und beitragsgeminderte Zeiten - Anlage 4 -.

Die Monatsrente der Anwartschaft aus allen Zeiten wird aus folgenden Werten ermittelt:

Monatsteilbetrag aus der allgemeinen Rentenversicherung

Die Entgeltpunkte betragen - Anlage 6 -	3,9532
Der Rentenartfaktor für die Altersrente ist	1,0
Der aktuelle Rentenwert zum Ende der Ehezeit beträgt monatlich	26,56 EUR
Daraus ergibt sich eine Monatsrente von	105,00 EUR

Monatsteilbetrag aus der allgemeinen Rentenversicherung (Ost)

Die Entgeltpunkte (Ost) betragen - Anlage 6 -	1,0950
Der Rentenartfaktor für die Altersrente ist	1,0
Der aktuelle Rentenwert (Ost) zum Ende der Ehezeit beträgt monatlich	23,34 EUR
Daraus ergibt sich eine Monatsrente von	25,56 EUR

§3 Teil B: Versorgungssysteme

2. Ausfertigung

Versicherungsnummer	Anlage 1, 05.05.2009
50 150550 E 502	Seite 2

Monatsteilbetrag aus der knappschaftlichen Rentenversicherung

Die Entgeltpunkte betragen - Anlage 6 -	1,1291
Der Rentenartfaktor für die Altersrente ist	1,3333
Der aktuelle Rentenwert zum Ende der Ehezeit beträgt monatlich	26,56 EUR
Daraus ergibt sich eine Monatsrente von	39,98 EUR

Monatsteilbetrag aus der knappschaftlichen Rentenversicherung (Ost)

Die Entgeltpunkte (Ost) betragen - Anlage 6 -	1,3108
Der Rentenartfaktor für die Altersrente ist	1,3333
Der aktuelle Rentenwert (Ost) zum Ende der Ehezeit beträgt monatlich	23,34 EUR
Daraus ergibt sich eine Monatsrente von	40,79 EUR

Die Rente erhöht sich um folgende Zusatzleistungen:

- Steigerungsbeträge aus der Höherversicherung - Anlage 9 - von	35,79 EUR
Monatliche Rente einschließlich Zusatzleistungen	247,12 EUR

Die Monatsrenten aus Ehezeitanteil und Ausgleichswert werden aus folgenden Werten ermittelt:

Aus der allgemeinen Rentenversicherung

Ehezeitanteil

Die Entgeltpunkte betragen - Anlage 6 -	2,2642
Der Rentenartfaktor für die Altersrente ist	1,0
Der aktuelle Rentenwert zum Ende der Ehezeit beträgt monatlich	26,56 EUR
Daraus ergibt sich eine Monatsrente von	60,14 EUR

Ausgleichswert

Die Entgeltpunkte betragen - Anlage 6 -	1,1321
Der Rentenartfaktor für die Altersrente ist	1,0

Form CD0000 - V001 - 08/03

Die gesetzliche Rentenversicherung §3

2. Ausfertigung

Deutsche Rentenversicherung

Versicherungsnummer 50 150550 E 502	Anlage 1, 05.05.2009 Seite 3

Der aktuelle Rentenwert zum Ende der Ehezeit
beträgt monatlich   26,56 EUR

Daraus ergibt sich eine Monatsrente von   30,07 EUR

Aus der allgemeinen Rentenversicherung (Ost)

Ehezeitanteil

Die Entgeltpunkte (Ost) betragen - Anlage 6 -   0,9559

Die Monatsrente der Anwartschaft aus allen Zeiten wird aus folgenden Werten ermittelt:

Der aktuelle Rentenwert (Ost) zum Ende der Ehezeit
beträgt monatlich   23,34 EUR

Daraus ergibt sich eine Monatsrente von   22,31 EUR

Ausgleichswert

Die Entgeltpunkte (Ost) betragen - Anlage 6 -   0,4780

Der Rentenartfaktor für die Altersrente ist   1,0

Der aktuelle Rentenwert (Ost) zum Ende der Ehezeit
beträgt monatlich   23,34 EUR

Daraus ergibt sich eine Monatsrente von   11,16 EUR

Aus der knappschaftlichen Rentenversicherung

Ehezeitanteil

Die Entgeltpunkte betragen - Anlage 6 -   1,1291

Der Rentenartfaktor für die Altersrente ist   1,3333

Der aktuelle Rentenwert zum Ende der Ehezeit
beträgt monatlich   26,56 EUR

Daraus ergibt sich eine Monatsrente von   39,98 EUR

Ausgleichswert

Die Entgeltpunkte betragen - Anlage 6 -   0,5646

Der Rentenartfaktor für die Altersrente ist   1,3333

Der aktuelle Rentenwert zum Ende der Ehezeit
beträgt monatlich   26,56 EUR

Daraus ergibt sich eine Monatsrente von   19,99 EUR

§ 3 Teil B: Versorgungssysteme

2. Ausfertigung

Versicherungsnummer   Anlage   1, 05.05.2009
50 150550 E 502   Seite   4

Aus der knappschaftlichen Rentenversicherung (Ost)

Ehezeitanteil

Die Entgeltpunkte (Ost) betragen - Anlage 6 -	1,3108
Der Rentenartfaktor für die Altersrente ist	1,3333
Der aktuelle Rentenwert (Ost) zum Ende der Ehezeit beträgt monatlich	23,34 EUR
Daraus ergibt sich eine Monatsrente von	40,79 EUR

Ausgleichswert

Die Entgeltpunkte (Ost) betragen - Anlage 6 -	0,6554
Der Rentenartfaktor für die Altersrente ist	1,3333
Der aktuelle Rentenwert (Ost) zum Ende der Ehezeit beträgt monatlich	23,34 EUR
Daraus ergibt sich eine Monatsrente von	20,40 EUR

Die gesetzliche Rentenversicherung §3

2. Ausfertigung

■ Deutsche
▓ Rentenversicherung

Versicherungsnummer
50 150550 E 502

Anlage 2, 05.05.2009
Seite   1

Versicherungsverlauf
zur Rentenauskunft vom 05.05.2009

In der nachfolgenden Aufstellung sind die im Versicherungskonto gespeicherten Daten aufgeführt, die zur Feststellung und Erbringung von Leistungen erheblich sind.

Allgemeine Rentenversicherung
- Rentenversicherung der Angestellten -

```
          15.05.67-31.05.67                    1 Mon. Fachschulausbildung
          01.06.67-30.04.70                   35 Mon. Fachschulausbildung
          01.05.70-31.07.70                    3 Mon. Fachschulausbildung
          01.08.70-31.08.70                    1 Mon. Fachschulausbildung
                                                      Übergangszeit
VK 01     01.09.70-31.12.70    1.842,41 DM     4 Mon. Pflichtbeitragszeit
                                                      berufliche Ausbildung
VK 01     01.01.71-31.01.71    1.872,28 DM     1 Mon. Pflichtbeitragszeit
                                                      berufliche Ausbildung
VK 01     01.02.71-30.06.71    1.892,68 DM     5 Mon. Pflichtbeitragszeit
                                                      berufliche Ausbildung
          01.07.71-31.07.71                    1 Mon. Fachschulausbildung
                                                      Übergangszeit
          01.08.71-31.07.73                   24 Mon. Fachschulausbildung
VK 01     01.08.73-31.12.73    1.972,48 DM     5 Mon. Pflichtbeitragszeit
VK 01     01.01.88-31.12.88   11.872,48 DM    12 Mon. Pflichtbeitragszeit
VK 01     01.01.89-31.12.89   21.872,48 DM    12 Mon. Pflichtbeitragszeit
VK 01     01.01.90-31.12.90   32.352,48 DM    12 Mon. Pflichtbeitragszeit
```

Allgemeine Rentenversicherung
- Rentenversicherung der Angestellten -
Zeiten im Beitrittsgebiet

```
SVA       01.01.91-31.12.91   42.462,49 DM    12 Mon. Pflichtbeitragszeit
          Betrag aus 25.456,23 DM *1,7235
BEVO      01.01.91-31.12.91    6.000,00 DM            Höherversicherung
                                                      gezahlt 1991
```

Knappschaftliche Rentenversicherung
- Arbeiter -

```
VK 01     01.01.92-31.12.92   52.862,49 DM    12 Mon. Pflichtbeitragszeit
```

Knappschaftliche Rentenversicherung
- Arbeiter -
Zeiten im Beitrittsgebiet

```
SVA       01.01.93-31.12.93   63.152,49 DM    12 Mon. Pflichtbeitragszeit
          Betrag aus 45.563,21 DM *1,3197
```

§ 3 Teil B: Versorgungssysteme

2. Ausfertigung

Versicherungsnummer   Anlage   2, 05.05.2009
50 150550 E 502   Seite   2

Allgemeine Rentenversicherung
- Rentenversicherung der Angestellten -

VK 01 01.01.94-31.12.94   73.362,49 DM   12 Mon.   Pflichtbeitragszeit

Erläuterungen der verwendeten Abkürzungen:

VK   = Nummer der Versicherungskarte (Aufrechnungsbescheinigung), die die angegebene Zeit enthält.

BEVO = Beitragszeit aufgrund bargeldlos entrichteter Beiträge

SVA   = Beitragspflichtiger Verdienst zur Sozialversicherung im Beitrittsgebiet.

Hinweise zum Versicherungsverlauf:

Bei den mit "Pflichtbeitragszeit" gekennzeichneten Zeiten, zu denen keine Beitragsklassen angegeben sind, wurde anstelle des tatsächlich entrichteten Beitrages, der im Rahmen des Lohnabzugsverfahrens eingezogen wurde, das der Beitragsbemessung zugrunde liegende Entgelt angegeben.

Es wurden Beiträge im Beitrittsgebiet gezahlt, die ggf. auf das beitragspflichtige Entgelt begrenzt wurden. Die zu berücksichtigenden Entgelte werden für die Rentenberechnung durch Vervielfältigung mit einem das Verhältnis zwischen dem Durchschnittsentgelt aller Versicherten in den alten Bundesländern und dem Durchschnittsverdienst aller Versicherten im Beitrittsgebiet wiedergebenden Faktor angehoben. Die errechneten Entgelte werden allerdings nur bis zur jeweils geltenden Beitragsbemessungsgrenze der alten Bundesländer berücksichtigt.

Rentenrechtliche Zeiten, die in den Ländern Brandenburg, Mecklenburg-Vorpommern, Sachsen, Sachsen-Anhalt und Thüringen sowie in dem Teil Berlins, in dem am 02.10.1990 das Grundgesetz der Bundesrepublik Deutschland nicht galt, zurückgelegt sind, sind mit 'Zeiten im Beitrittsgebiet' gekennzeichnet.

Bei den mit "Übergangszeit" gekennzeichneten Zeiten der schulischen Ausbildung handelt es sich um eine Zeit zwischen zwei Ausbildungsabschnitten.

Forms CD0000 - V001 - 06/03

Die gesetzliche Rentenversicherung § 3

2. Ausfertigung

Deutsche Rentenversicherung

Versicherungsnummer
50 150550 E 502

Anlage 3, 05.05.2009
Seite 1

Entgeltpunkte für Beitragszeiten

Für das während des Versicherungslebens durch Beiträge versicherte Einkommen sind Entgeltpunkte zu errechnen; ein versichertes Einkommen in Höhe des Durchschnittsverdienstes aller Versicherten eines Kalenderjahres ergibt einen Punkt. Pflichtbeitragszeiten für Zeiten einer beruflichen Ausbildung sind beitragsgeminderte Zeiten.

Für Zeiten im Beitrittsgebiet und für reichsgesetzliche Zeiten außerhalb der Bundesrepublik Deutschland treten an die Stelle der ermittelten Entgeltpunkte Entgeltpunkte (Ost).

Allgemeine Rentenversicherung

Pflichtbeitragszeiten, berufliche Ausbildung,
beitragsgeminderte Zeit
01.09.70 - 31.12.70   1.842,41 DM : 13.343 DM   = 0,1381 Punkte
01.01.71 - 31.01.71   1.872,28 DM : 14.931 DM   = 0,1254 Punkte
01.02.71 - 30.06.71   1.892,68 DM : 14.931 DM   = 0,1268 Punkte

Pflichtbeitragszeiten
01.08.73 - 31.12.73   1.972,48 DM : 18.295 DM   = 0,1078 Punkte
01.01.88 - 31.12.88   11.872,48 DM : 38.896 DM   = 0,3052 Punkte
01.01.89 - 31.12.89   21.872,48 DM : 40.063 DM   = 0,5460 Punkte
01.01.90 - 31.12.90   32.352,48 DM : 41.946 DM   = 0,7713 Punkte

Allgemeine Rentenversicherung
Zeiten im Beitrittsgebiet

Pflichtbeitragszeiten
01.01.91 - 31.12.91   42.462,49 DM : 44.421 DM   = 0,9559 Punkte

Knappschaftliche Rentenversicherung

Pflichtbeitragszeiten
01.01.92 - 31.12.92   52.862,49 DM : 46.820 DM   = 1,1291 Punkte

Knappschaftliche Rentenversicherung
Zeiten im Beitrittsgebiet

Pflichtbeitragszeiten
01.01.93 - 31.12.93   63.152,49 DM : 48.178 DM   = 1,3108 Punkte

Forms CD0000 - V001 - 08/03

§ 3 Teil B: Versorgungssysteme

2. Ausfertigung

Versicherungsnummer Anlage 3, 05.05.2009
50 150550 E 502   Seite   2

Entgeltpunkte für Beitragszeiten

Allgemeine Rentenversicherung

Pflichtbeitragszeiten
01.01.94 - 31.12.94   73.362,49 DM : 49.142 DM   = 1,4929 Punkte

Summe der Entgeltpunkte für 99 Monate Beitragszeit   7,0093
Für Zeiten im Beitrittsgebiet und für reichsgesetzliche Zeiten außerhalb der Bundesrepublik Deutschland sind die Entgeltpunkte als Entgeltpunkte (Ost)
zu berücksichtigen.
Das sind   2,2667 Entgeltpunkte (Ost) für 24 Monate
Damit verbleiben   4,7426 Entgeltpunkte   für 75 Monate

Davon entfallen auf

- die allgemeine
  Rentenversicherung   3,6135 Entgeltpunkte   für 63 Monate

- die knappschaftliche
  Rentenversicherung   1,1291 Entgeltpunkte   für 12 Monate

- die Ehezeit   3,3933 Entgeltpunkte   für 36 Monate

- die Ehezeit für die allgemeine
  Rentenversicherung   2,2642 Entgeltpunkte   für 24 Monate

- die Ehezeit für die
  knappschaftliche
  Rentenversicherung   1,1291 Entgeltpunkte   für 12 Monate

Von den Entgeltpunkten (Ost) entfallen auf

- die allgemeine
  Rentenversicherung   0,9559 Entgeltpunkte (Ost) für 12 Monate

- die knappschaftliche
  Rentenversicherung   1,3108 Entgeltpunkte (Ost) für 12 Monate

- die Ehezeit   2,2667 Entgeltpunkte (Ost) für 24 Monate

- die Ehezeit für die all-
  gemeine Rentenversicherung 0,9559 Entgeltpunkte (Ost) für 12 Monate

- die Ehezeit für die
  knappschaftliche
  Rentenversicherung   1,3108 Entgeltpunkte (Ost) für 12 Monate

Die gesetzliche Rentenversicherung § 3

2. Ausfertigung

Deutsche Rentenversicherung

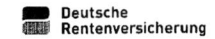

Versicherungsnummer
50 150550 E 502

Anlage 4, 05.05.2009
Seite 1

Entgeltpunkte für beitragsfreie und beitragsgeminderte Zeiten

Beitragsfreie Zeiten erhalten den Durchschnittswert an Entgeltpunkten, der sich aus der Gesamtleistung an Beitragszeiten im belegungsfähigen Zeitraum ergibt. Dabei erhalten sie den höheren Durchschnittswert aus der Grundbewertung aus allen Beitragszeiten oder der Vergleichsbewertung aus ausschließlich vollwertigen Beitragszeiten. Vollwertige Beitragszeiten sind Beitragszeiten, die nicht als beitragsgemindert gekennzeichnet sind.

Beitragsfreie Zeiten sind im Versicherungsverlauf daran zu erkennen, dass dem Kalendermonat kein Beitrag zugeordnet ist (z. B. krank/Gesundheitsmaßnahme, Fachschulausbildung, militärischer Dienst).

Beitragsgeminderte Zeiten erhalten mindestens die Entgeltpunkte, die sie als beitragsfreie Zeiten erhalten würden.

Für beitragsfreie und beitragsgeminderte Zeiten werden auch Entgeltpunkte (Ost) ermittelt.

Grundbewertung

Die Summe der Entgeltpunkte für alle Beitragszeiten ist um Entgeltpunkte für Zeiten einer beruflichen Ausbildung zu erhöhen. Die ersten 36 Kalendermonate mit Pflichtbeitragszeiten für eine versicherte Beschäftigung oder selbständige Tätigkeit bis zur Vollendung des 25. Lebensjahres gelten stets als Zeiten einer beruflichen Ausbildung.

Jeder Kalendermonat mit Beitragszeiten einer beruflichen Ausbildung erhält 0,0833 Entgeltpunkte, es sei denn, dass er als Beitragszeit diesen Wert bereits erreicht hat.

Entgeltpunkte ergeben sich für folgenden Zeitraum nicht, weil dieser Kalendermonat als Beitragszeit bereits den Wert von 0,0833 erreicht hat

Januar 1971

Zeiten beruflicher Ausbildung

September 1970 - Dezember 1970   4 Monate
Februar   1971 - Juni   1971   5 Monate
August   1973 - Dezember 1973   5 Monate

maßgebender Wert
0,0833 Entgeltpunkte x   14 Monate = 1,1662 Punkte
berücksichtigte Entgeltpunkte   -   0,3727 Punkte
Entgeltpunkte zusätzlich   =   0,7935 Punkte

Zusätzliche Entgeltpunkte für Zeiten
beruflicher Ausbildung   =   0,7935 Punkte

§3 Teil B: Versorgungssysteme

2. Ausfertigung

```
Versicherungsnummer                              Anlage  4, 05.05.2009
50 150550 E 502                                  Seite   2


Summe der Entgeltpunkte für alle Beitragszeiten        7,0093 Punkte

Entgeltpunkte für die Grundbewertung              =    7,8028 Punkte
```

Ermittlung der belegungsfähigen Kalendermonate

```
Der belegungsfähige Gesamtzeitraum umfasst die Zeit vom
15.05.1967 (Vollendung des 17. Lebensjahres) bis zum
31.05.2009 (Ende der Ehezeit), das sind                   505 Mon.

hiervon sind als nicht belegungsfähige Kalendermonate
abzusetzen:

beitragsfreie Zeiten, die nicht gleichzeitig
Berücksichtigungszeiten sind,                  65 Mon.
nicht belegungsfähige Kalendermonate                       65 Mon.

verbleiben als belegungsfähige Kalendermonate             440 Mon.


Durchschnittswert für die Grundbewertung

    7,8028 Punkte :  440 Monate                =      0,0177 Punkte
```

Vergleichsbewertung

Für die Vergleichsbewertung sind die Entgeltpunkte aus ausschließlich vollwertigen Beitragszeiten zu ermitteln.

Die Kalendermonate mit Pflichtbeitragszeiten und mit Zeiten einer beruflichen Ausbildung gelten hierbei als vollwertige Beitragszeiten, soweit sie nicht mit weiteren beitragsfreien Zeiten zusammentreffen und aus diesem Grund beitragsgemindert sind.

```
Summen aus der Grundbewertung              7,8028 Punkte für 440 Monate

verbleiben                                 7,8028 Punkte für 440 Monate


Durchschnittswert für die Vergleichsbewertung

    7,8028 Punkte :  440 Monate                =      0,0177 Punkte
```

Wert für die Gesamtleistungsbewertung

Aus der Grundbewertung   ergibt sich ein Durchschnittswert von 0,0177 Entgeltpunkten.

Aus der Vergleichsbewertung ergibt sich ein Durchschnittswert von 0,0177

Die gesetzliche Rentenversicherung § 3

2. Ausfertigung

Deutsche Rentenversicherung

Versicherungsnummer
50 150550 E 502

Anlage 4, 05.05.2009
Seite 3

Entgeltpunkten.

Der Durchschnittswert aus der Grundbewertung und aus der Vergleichsbewertung ist gleich hoch. Bei der weiteren Berechnung ist von dem Wert aus der Vergleichsbewertung auszugehen (Gesamtleistungswert).

Bewertung beitragsfreier Zeiten

Die beitragsfreien Zeiten erhalten entweder den vollen oder einen begrenzten Gesamtleistungswert.

Für die Bewertung der beitragsfreien Zeiten wird als Rentenbeginn der Monat Oktober 2015 (Beginn der Regelaltersrente) berücksichtigt.

Die Anrechnungszeiten wegen Fachschulausbildung oder berufsvorbereitender Bildungsmaßnahme, die insgesamt über drei Jahre hinaus gehen, erhalten keine Entgeltpunkte.

Der Gesamtleistungswert ist im Monat Oktober 2015 für folgende Zeiten in Höhe von 75 % zu berücksichtigen.

Anrechnungszeiten wegen
Fachschulausbildung   36 Monate

15.05.1967 - 31.05.1967
01.06.1967 - 30.04.1970

maßgebender Wert
0,0177 x 75 : 100 = 0,0133
0,0133 Entgeltpunkte x   36 Monate   = 0,4788 Punkte

Ein Gesamtleistungswert ist bei Rentenbeginn im Monat Oktober 2015 für folgende Zeiten nicht zu berücksichtigen, weil sie nicht zu bewerten sind.

Anrechungszeit wegen
Fachschulausbildung

01.05.1970 - 31.07.1970
01.08.1970 - 31.08.1970
01.07.1971 - 31.07.1971
01.08.1971 - 31.07.1973

Summe der Entgeltpunkte für beitragsfreie Zeiten   0,4788
für 36 Monate

Forms CD0000 - V001 - 06/03

419

§ 3 Teil B: Versorgungssysteme

2. Ausfertigung

Versicherungsnummer Anlage 4, 05.05.2009
50 150550 E 502   Seite 4

Bewertung beitragsgeminderter Zeiten

Die Summe der Entgeltpunkte für beitragsgeminderte Zeiten ist so zu erhöhen, dass sie mindestens den Wert erreicht, der sich bei der Bewertung jeweils als beitragsfreie Anrechnungszeiten wegen Krankheit und Arbeitslosigkeit, als Anrechnungszeiten wegen beruflicher Ausbildung, Fachschulausbildung, Teilnahme an einer berufsvorbereitenden Bildungsmaßnahme oder als beitragsfreie Zeiten ergeben würde.

Beitragsgemindert sind die im Versicherungsverlauf aufgeführten Kalendermonate, die sowohl mit Beitragszeiten als auch mit Anrechnungszeiten, einer Zurechnungszeit oder Ersatzzeiten belegt sind.

Für die Bewertung der beitragsgeminderten Zeiten wird als Rentenbeginn der Monat Oktober 2015 (Beginn der Regelaltersrente) berücksichtigt.

Es ist zu prüfen, ob zusätzliche Entgeltpunkte für beitragsgeminderte Zeiten anzurechnen sind.

Zeiten der beruflichen Ausbildung, Fachschulausbildung oder berufsvorbereitenden Bildungsmaßnahme werden insgesamt für höchstens drei Jahre bewertet. Dabei werden vorrangig die Zeiten der Fachschulausbildung oder der berufsvorbereitenden Bildungsmaßnahme berücksichtigt.

Ein Gesamtleistungswert ist bei Rentenbeginn im Monat Oktober 2015 für folgende Zeiten nicht zu berücksichtigen, weil sie nicht zu bewerten sind.

Monate mit Beitragszeiten
für berufliche Ausbildung
September - Dezember 1970
Januar   1971
Februar - Juni 1971

Ermittlung von Entgeltpunkten (Ost)

Die für beitragsfreie und für beitragsgeminderte Zeiten ermittelten Entgeltpunkte werden in dem Verhältnis als Entgeltpunkte (Ost) berücksichtigt, in dem die der Gesamtleistungsbewertung zugrunde gelegten Entgeltpunkte (Ost) zu allen Entgeltpunkten stehen.

Bei der Gesamtleistungsbewertung wurden 7,8028 Entgeltpunkte zugrunde gelegt. Davon sind 2,2667 Punkte Entgeltpunkte (Ost).

Für beitragsfreie Zeiten sind zu berücksichtigen
Entgeltpunkte   0,3397
Entgeltpunkte (Ost)   0,1391

Die gesetzliche Rentenversicherung §3

2. Ausfertigung

Deutsche Rentenversicherung

Versicherungsnummer
50 150550 E 502

Anlage 6, 05.05.2009
Seite 1

Entgeltpunkte für Versorgungsausgleich

Die auf die Ehezeit entfallenden Entgeltpunkte sind aus der Summe der für eine Vollrente wegen Erreichens der Regelaltersgrenze zu berücksichtigenden Entgeltpunkte zu ermitteln.

Für Zeiten im Beitrittsgebiet und für reichsgesetzliche Zeiten außerhalb der Bundesrepublik Deutschland sind Entgeltpunkte (Ost) zu ermitteln, die an die Stelle der Entgeltpunkte treten.

Die Entgeltpunkte sind für die allgemeine Rentenversicherung und für die knappschaftliche Rentenversicherung getrennt zu ermitteln.

Ermittlung der Entgeltpunkte aus der allgemeinen Rentenversicherung

Summe der Entgeltpunkte

An Entgeltpunkten sind zu berücksichtigen:

Entgeltpunkte für Beitragszeiten		3,6135 Punkte
Entgeltpunkte für beitragsfreie Zeiten	+	0,3397 Punkte
Summe aller Entgeltpunkte	=	**3,9532 Punkte**

Ermittlung der Entgeltpunkte aus der allgemeinen Rentenversicherung in der Ehezeit

Summe der Entgeltpunkte für die Ehezeit

An Entgeltpunkten sind zu berücksichtigen:

Entgeltpunkte für Beitragszeiten		2,2642 Punkte
Summe aller Entgeltpunkte	=	**2,2642 Punkte**
Die Hälfte der Entgeltpunkte für die Ehezeit ergibt den Ausgleichswert	=	1,1321 Punkte

Forms CD0000 - V001 - 08/03

§ 3 Teil B: Versorgungssysteme

2. Ausfertigung

Versicherungsnummer Anlage 6, 05.05.2009
50 150550 E 502 Seite 2

Ermittlung der Entgeltpunkte (Ost) aus der allgemeinen Rentenversicherung

Summe der Entgeltpunkte (Ost)

An Entgeltpunkten (Ost) sind zu berücksichtigen:

Entgeltpunkte (Ost) für Beitragszeiten   0,9559 Punkte

Entgeltpunkte (Ost) für beitragsfreie Zeiten   + 0,1391 Punkte

Summe aller Entgeltpunkte (Ost)   = 1,0950 Punkte

Ermittlung der Entgeltpunkte (Ost) aus der allgemeinen Rentenversicherung in der Ehezeit

Summe der Entgeltpunkte (Ost) für die Ehezeit

An Entgeltpunkten (Ost) sind zu berücksichtigen:

Entgeltpunkte (Ost) für Beitragszeiten   0,9559 Punkte

Summe aller Entgeltpunkte (Ost)   = 0,9559 Punkte

Die Hälfte der Entgeltpunkte für die Ehezeit
ergibt den Ausgleichswert   = 0,4780 Punkte

Ermittlung der Entgeltpunkte aus der knappschaftlichen Rentenversicherung

Summe der Entgeltpunkte

An Entgeltpunkten sind zu berücksichtigen:

Entgeltpunkte für Beitragszeiten   1,1291 Punkte

Summe aller Entgeltpunkte   = 1,1291 Punkte

Forms CD0000 - V001 - 08/03

Die gesetzliche Rentenversicherung §3

2. Ausfertigung

Deutsche Rentenversicherung

Versicherungsnummer
50 150550 E 502

Anlage 6, 05.05.2009
Seite 3

Ermittlung der Entgeltpunkte aus der
knappschaftlichen Rentenversicherung
in der Ehezeit

Summe der Entgeltpunkte für die Ehezeit

An Entgeltpunkten sind zu berücksichtigen:

Entgeltpunkte für Beitragszeiten   1,1291 Punkte

Summe aller Entgeltpunkte   =   1,1291 **Punkte**

Die Hälfte der Entgeltpunkte für die Ehezeit
ergibt den Ausgleichswert   =   0,5646 **Punkte**

Ermittlung der Entgeltpunkte (Ost) aus der
knappschaftlichen Rentenversicherung

Summe der Entgeltpunkte (Ost)

An Entgeltpunkten (Ost) sind zu berücksichtigen:

Entgeltpunkte (Ost) für Beitragszeiten   1,3108 Punkte

Summe aller Entgeltpunkte (Ost)   =   1,3108 **Punkte**

Ermittlung der Entgeltpunkte (Ost) aus der
knappschaftlichen Rentenversicherung
in der Ehezeit

Summe der Entgeltpunkte (Ost) für die Ehezeit

An Entgeltpunkten (Ost) sind zu berücksichtigen:

Entgeltpunkte (Ost) für Beitragszeiten   1,3108 Punkte

Summe aller Entgeltpunkte (Ost)   =   1,3108 **Punkte**

Die Hälfte der Entgeltpunkte für die Ehezeit
ergibt den Ausgleichswert   =   0,6554 **Punkte**

§3 Teil B: Versorgungssysteme

```
                                                    2. Ausfertigung
                                              ■ Deutsche
                                                Rentenversicherung

Versicherungsnummer                   Anlage  9, 05.05.2009
50 150550 E 502                       Seite   1
```

Zusatzleistung aus der Höherversicherung

Es besteht eine Anwartschaft auf eine Zusatzleistung aus der Höherversicherung. Die Höhe der Anwartschaft richtet sich nach dem Wert der entrichteten Beiträge und dem Lebensalter des Versicherten bei deren Zahlung.

Als Steigerungsbetrag stehen zu bei Zahlung im Alter

- von 41 bis 45 Jahren 1,1667 %

    des Beitrags von   6.000,00 DM   =   70,00 DM

Summe der Steigerungsbeträge   70,00 DM

Umrechnung in EUR
   70,00 DM : 1,95583   =   35,79 EUR

Auf die Ehezeit entfallen folgende Steigerungsbeträge bei Zahlung im Alter:

- von 41 bis 45 Jahren 1,1667 %

    des Beitrags von   6.000,00 DM   =   70,00 DM
Summe der Steigerungsbeträge in der Ehezeit   70,00 DM

Umrechnung in EUR
   70,00 DM : 1,95583   =   35,79 EUR

Die Hälfte der Steigerungsbeträge in der Ehezeit
ergibt den **Ausgleichswert**   =   17,90 EUR

§ 4 Versicherungsförmige Anwartschaften

A. Allgemeines

Folgende versicherungsförmige Versorgungen sind im Versorgungsausgleich zu berücksichtigen:

- Private Rentenversicherungen, wenn sie zwingend in eine Rentenzahlung münden oder das Rentenwahlrecht bereits ausgeübt wurde und nicht rückgängig zu machen ist.
- Zertifizierte Altersvorsorgeverträge.

Die versicherungsförmigen Versorgungen gehören **nicht** zu den in § 32 VersAusgG genannten Regelsicherungssystemen.

Die Bewertung ist unmittelbar vorzunehmen, wenn ein direkter Zusammenhang zwischen der Bezugsgröße und der Höhe der Versorgung besteht. Ist dies nicht der Fall, ist eine zeitratierliche Bewertung vorzunehmen. Besteht eine Versorgung aus mehreren Anrechten, sind diese einzeln zu bewerten. Im Zweifelsfall ist die zeitratierliche Bewertung anzuwenden.

Die Bezugsgrößen können der Rückkaufswert oder der Zeitwert sein.

Vorrangig ist die interne Teilung durchzuführen. Unter den Voraussetzungen des §§ 14 Abs. 2 und 17 oder bei Vereinbarung kann auch eine externe Teilung durchgeführt werden. Die Finanzierung erfolgt meist im Kapitaldeckungsverfahren.

B. Grundsätze

Die versicherungsförmigen Anwartschaften der ausgleichsverpflichteten Person können durch Begründung einer versicherungsförmigen Anwartschaft zugunsten der ausgleichsberechtigten Person ausgeglichen werden. Dies geschieht bei der internen Teilung durch Abschluss eines neuen Vertrages durch den Ausgleichsberechtigten. Bei der externen Teilung wird ein neues Anrecht begründet oder auf ein bestehendes Anrecht übertragen.

C. Bewertung

I. Bezugsgröße

3 Maßgebliche Bezugsgröße ist nach Satz 1 in Verbindung mit § 39 VersAusglG der auf die Ehezeit entfallende Rückkaufswert oder der Zeitwert.

II. Rückkaufswert

4 Der Rückkaufswert ist vom Versicherer im Fall der Kündigung durch den Versicherungsnehmer oder die Versicherungsnehmerin oder im Fall der Aufhebung des Vertrags durch Kündigung oder Rücktritt seitens des Versicherers zu zahlen. Er bildet also den Stichtagswert am Ende der Ehezeit als Kapitalwert des Anrechts ab. So steht im System der privaten Rentenversicherung ein Wert zur Verfügung, auf dessen Grundlage der Ehezeitanteil unmittelbar bestimmt werden kann. Damit orientiert sich auch die Sondervorschrift für die Bewertung von Anrechten aufgrund eines privaten Versicherungsvertrags an dessen Primärsystem, das im Versicherungsvertragsgesetz geregelt ist.

Nach § 169 Abs. 3 Satz 1 VVG wird zur Bestimmung des Rückkaufswerts auf das Deckungskapital zum Ende einer Versicherungsperiode zurückgegriffen, das nach den anerkannten Regeln der Versicherungsmathematik mit den Rechnungsgrundlagen der Prämienkalkulation berechnet wird.

Beruht das auszugleichende Anrecht auf einem privaten Versicherungsvertrag, der bis zum 31. Dezember 2007 geschlossen worden ist, so handelt es sich um einen Altvertrag nach Artikel 1 Abs. 1 EGVVG in der seit dem 1. Januar 2008 geltenden Fassung. Für diese Verträge ist nach Artikel 4 Abs. 2 EGVVG der Rückkaufswert nach § 176 VVG in der bis zum 31. Dezember 2007 geltenden Fassung zu ermitteln.

III. Zeitwert

5 Da bei fondsgebundenen Versicherungen kein Deckungskapital im eigentlichen Sinne gebildet wird, hält das Versicherungsvertragsrecht in § 169 Abs. 4 Satz 1 VVG eine eigene Bewertungsvorschrift bereit und verweist insoweit auf den Zeitwert. Der ausgleichsberechtigten Person steht jedoch nicht nur die Hälfte der ehezeitlichen Garantieleistung zu, sondern auch der entsprechende Anteil an den in der Ehezeit zugeteilten Überschüssen (§ 169 Abs. 7 VVG). Garantiert der Versicherer eine bestimmte Leistung, ist diese zugrunde zu legen.

IV. Basisrente

Für Verträge nach § 10 Abs. 1 Nr. 2 Buchstabe b EStG (sogenannte Basisrente bzw. „Rürup-Rente") ist der Wert unmittelbar aus der Summe der entrichteten Beiträge nach § 39 VersAusglG zu ermitteln, weil es dort einen Rückkaufswert nicht gibt, denn das Anrecht darf nicht kapitalisierbar sein.

V. Stornokosten

Stornokosten sind bei der Bewertung zu Zwecken des Versorgungsausgleichs nicht zu berücksichtigen. Ein solcher Abschlag ist dann gerechtfertigt, wenn dem Versicherungsunternehmen aufgrund der Zahlung des Rückkaufswerts Kosten entstehen, die kompensiert werden sollen (siehe § 169 Abs. 5 VVG). Im Versorgungsausgleich wird dieser Rückkaufswert bei der internen Teilung aber nicht ausgezahlt, so dass keine Stornokosten entstehen und ein Stornoabschlag deshalb nicht erforderlich ist.

Tabelle: Übersicht Bewertung private Versorgungen

Art	Berechnung
private Rentenversicherung	auf die Ehezeit entfallende Rückkaufswert, ermittelt aus dem Deckungskapital zum Ende einer Versicherungsperiode, das nach den anerkannten Regeln der Versicherungsmathematik mit den Rechnungsgrundlagen der Prämienkalkulation berechnet wird
privater Versicherungsvertrag, der bis zum 31. Dezember 2007 geschlossen wurde	Rückkaufswert § 176 VVG in der bis zum 31. Dezember 2007 geltenden Fassung
Basisrente bzw. „Rürup-Rente"	unmittelbare Bewertung nach § 39 VersAusglG aus der Summe der entrichteten Beiträge
fondsgebundene Versicherungen	Zeitwert nach § 169 Abs. 4 Satz 1 VVG

D. Ehezeitanteil

Berechnungsmethode I:

In den Werten nicht enthalten sind Schlussüberschussanteile, die im Falle einer Kündigung fällig würden, da es sich hierbei um eine bloße Anwartschaft handelt. Bereits zugeteilte Überschussanteile sind in den Werten enthalten:

Deckungskapital am Ende der Ehezeit unter Berücksichtigung der zur Erhöhung der Rente bestimmten Überschussanteile	35.801,51 €
Deckungskapital zu Beginn der Ehezeit unter Berücksichtigung der zur Erhöhung der Rente bestimmten Überschussanteile	10.500,00 €
Differenz der Deckungskapitale	25.301,51 €

Berechnungsmethode II:

In den Werten nicht enthalten sind Schlussüberschussanteile, die im Falle einer Kündigung fällig würden, da es sich hierbei um eine bloße Anwartschaft handelt. Bereits zugeteilte Überschussanteile sind in den Werten enthalten:

Beitragsfreie Rente am Ende der Ehezeit unter Berücksichtigung der zur Erhöhung der Rente bestimmten Überschussanteile	228,24 €
Beitragsfreie Rente zu Beginn der Ehezeit unter Berücksichtigung der zur Erhöhung der Rente bestimmten Überschussanteile	85,89 €
Beitragsfreie Differenzrente	142,35 €
Deckungskapital für die beitragsfreie Differenzrente	22.037,50 €

E. Externe Teilung

9 Zu einer externen Teilung mit Kapitalabfluss kommt es nur mit Zustimmung des Versorgungsträgers, der in diesem Fall dann auch die mit dem Kapitalabfluss verbundenen Kosten zu tragen hat.

F. Interne Teilung

10 Nach der Entscheidung des Familiengerichts über den Versorgungsausgleich erhält der Versicherer die Mitteilung über den Ausgleichsbetrag.

Im Rahmen der internen Teilung entsteht im zweiten Schritt für den Ausgleichsberechtigten eine neue (prämienfreie) Versicherung.

11 Es gibt folgende drei Varianten der Teilung:

Variante A	Teilung des Kapitals	Für jeden gleich viel Kapital
Variante B	Teilung der Rente	Für jeden das gleiche Versorgungsniveau im Alter

Variante C	Teilung des Kapitals, so dass gleich hohe Renten entstehen	Für jeden das gleiche Versorgungsniveau im Alter, aber das aktuell vorhandene Kapital muss ausreichen

Kapital zum Eheende: 20.000 EUR
Jährliche Rente für den Mann im Alter 65: 1.440 EUR

	Mann (50)	Frau (50)
Variante A		
Jährliche Rente im Alter 65	720 €	645 €
Variante B		
Kapitalwert	10.000 €	11.160 €
Variante C		
Jährliche Rente im Alter 65	680 €	680 €
Kapitalwert	9.454 €	10.546 €

G. Steuerliche Auswirkungen

Wird das Anrecht unmittelbar durch interne oder externe Teilung begründet, ist steuerrechtlich das Datum, zu dem der Ausgleichsverpflichtete den Vertrag abschloss, maßgeblich.

Bei Übertragung auf einen bestehenden Vertrag bleibt das originäre Abschlussdatum steuerlich maßgebend. Wird aber zusätzlich die Versicherungssumme erhöht, gilt dies steuerlich als neuer Vertrag.

Bei der externen Teilung von zertifizierten Altersvorsorgeverträgen liegt lediglich bei Übertragung auf einen anderen zertifizierten Altersvorsorgevertrag keine schädliche Verwendung vor.

H. Probleme bei den Rechnungsgrundlagen

Der Rechnungszins und die Sterblichkeitsgrundlagen haben wesentlichen Einfluss auf die garantierten Rentenleistungen. Es ist noch zu klären, ob für den neuen Vertrag die Rechnungsgrundlagen der „Ausgangsversicherung" oder die aktuellen Rechnungsgrundlagen zugrunde zu legen sind?

Beispiel: Vergleich der garantierten Jahresrenten

Ausgleichsbetrag 10.000 EUR für die heute 50jährige Frau, Rente im Alter 65:

Rechnungsgrundlagen:

wie bei Vertragsabschluss in 1996	wie bei Ehescheidung in 10/2009
4 %, DAV 1994 R	2,25 %, DAV 2004 R
1.110 €	645 €

Die Anwendung der aktuellen Rechnungsgrundlagen führt im Vergleich zu den Rechnungsgrundlagen aus dem Jahre 1996 zu 43 % weniger garantierter Leistung.

I. Checkliste

14
- Liegt der Auskunft die richtige Ehezeit zugrunde?
- Wurde der Ehezeitanteil richtig berechnet?
- Ist die maßgebliche Bezugsgröße angegeben (Rückkaufswert, Zeitwert, entrichtete Beiträge)?
- Liegt eine übersichtliche und nachvollziehbare Berechnung vor?
- Wurden sämtliche Berechnungsfaktoren angegeben und erläutert?
- Mit welchem Zinssatz wurde berechnet?
- Wird bereits eine Leistung bezogen oder ist damit noch vor Entscheidung über den Wertausgleich zu rechnen?
- Enthält die Leistung einen Abschlag für die vorzeitige Inanspruchnahme?
- Wurde die Leistung auf Dauer oder zeitlich befristet gewährt?
- Werden Leistungen aus anderen Versorgungen angerechnet?
- Liegt eine Satzung u.ä. oder eine Teilungsordnung vor?
- Wurde der Leistungsumfang des Anrechts angegeben (Altersrente, Invalidität, Hinterbliebenenversorgung)?
- In welcher Höhe wird ein Ausgleich für den Wegfall der Invalidiäts- und Hinterbliebenenversorgung gewährt? Ggf. Berechnungsgrundlagen anfordern und prüfen, in welcher Höhe Leistungen wegen Invalidität und für Hinterbliebene tatsächlich gezahlt werden.
- Sind die Teilungskosten angemessen?
- Wurden Stornokosten berechnet?
- Ist eine interne oder externe Teilung vorgesehen oder besteht ein Wahlrecht?
- Entspricht der korrespondierende Kapitalwert tatsächlich dem Ausgleichswert?
- Führt die Teilungsform zu einer gleichwertigen Teilhabe?

§ 5 Beamtenversorgung

A. Allgemeines

Die Beamtenversorgung (BeamtV) ist eine öffentlich-rechtliche Versorgung und gehört zu den in § 32 VersAusgG genannten Regelsicherungssystemen. Die Bewertung ist zeitratierlich vorzunehmen, da kein direkter Zusammenhang zwischen einer Bezugsgröße und der Höhe der Versorgung besteht.

Für die Beamten des Bundes wurde die interne Realteilung eingeführt. Bei Landes- oder Kommunalbeamten hat der Bund keine Regelungskompetenz mehr. Es gilt die externe Teilung über die gesetzliche Rentenversicherung. Dies gilt ebenso für Beamte auf Widerruf und Zeitsoldaten.

Die Beamtenversorgung ist steuerfinanziert.

Die nachfolgenden Ausführungen gelten sinngemäß auch für die beamtenähnlichen Versorgungen (z.b.: Minister, Abgeordnete, Soldaten, Bahn, Post, u.Ä.).

B. Faktoren für die Berechnung

Die Höhe des Ruhegehalts errechnet sich aus
- den ruhegehaltsfähigen Dienstzeiten, aus denen sich
- der ruhegehaltsfähige Prozentsatz ergibt, und den
- ruhegehaltsfähigen Dienstbezügen.

*ruhegehaltsfähiger Prozentsatz * ruhegehaltsfähigen Dienstbezügen = Ruhegehalt*

Im Versorgungsausgleich ist die Versorgung zum Ende der Ehezeit bei Erreichen der (fiktiven) Altersgrenze maßgeblich.

I. Ruhegehaltsfähige Dienstzeiten

Die Mindestdienstzeit beträgt fünf Jahre. Wird diese nicht erreicht, erfolgt eine Nachversicherung in der gesetzlichen Rentenversicherung oder einer berufsständischen Versorgung. Ausnahmen gelten bei Dienstunfähigkeit.

Die ruhegehaltsfähige Dienstzeit beginnt mit dem Tag der ersten Berufung in ein Beamtenverhältnis (frühestens ab 17) und endet mit der entsprechenden Altersgrenze.

§ 5 Teil B: Versorgungssysteme

Sie umfasst im Wesentlichen
- alle Zeiten im Dienst eines öffentlich-rechtlichen Dienstherren
- Muss-Anrechnungszeiten
  - Zeiten des Wehrdienst oder Zivildienstes
  - Zeiten der Kriegsgefangenschaft und politischen Verfolgung
- Soll-Anrechnungszeiten
  - notwendige Vorbereitungszeiten in der Privatwirtschaft
- Kann-Anrechnungszeiten
  - vorgeschriebene Ausbildungszeiten (auf Antrag maximal 3 Jahre)
  - Kindererziehungszeiten (auf Antrag maximal 3 Jahre pro Kind, entsprechend KEZG).
  - Förderliche Zeiten (auf Antrag)
  - Zurechnungszeiten

Nicht ruhegehaltsfähige Zeiten sind:
- Zeiten einer Beurlaubung ohne Dienstbezüge
- Vor dem 3.10.1990 im Beitrittsgebiet zurückgelegte Zeiten, wenn die Wartezeit für eine Rente aus der gesetzlichen Rentenversicherung erfüllt ist.

Eine Teilzeitbeschäftigung ist im Verhältnis der Teilzeit-Arbeitszeit zur regelmäßigen Arbeitszeit zu berücksichtigen (Teilzeitfaktor). Für die Altersteilzeit gilt ein Teilzeitfaktor von 90 % der regelmäßigen Arbeitszeit.

Die Dienstzeiten werden für jede Vorschrift und für jeden zusammenhängenden Zeitraum nach Jahren und Tagen getrennt berechnet und anschließend addiert. Ein verbleibender Rest an Tagen wird durch 365 geteilt und auf 2 Dezimalstellen nach dem Komma ausgerechnet.

Auch wenn der Höchstruhegehaltssatz erreicht ist, erfolgt im Rahmen des Versorgungsausgleichs für die zuletzt zurückgelegten Dienstzeiten im Versorgungsausgleich keine unterschiedliche Bewertung.

II. Ruhegehaltssatz

4 Aus den ruhegehaltfähigen Dienstzeiten ergibt sich ein Ruhegehaltssatz (§ 14 Abs. 1 BeamtVG):

Tabelle: Ruhegehaltssatz

Aktuell	Bei Ruhestand ab der 8. allgemeinen Bezügeerhöhung nach dem Jahre 2002
1,875 v.H.	1,79375 v.H.
35,00 v.H. minimal	35,00 v.H. minimal
75,00 v.H. maximal	71,75 v.H. maximal

Im Versorgungsausgleich ist bereits mit dem Faktor 1,79375 zu rechnen.

Beispiel:

Gesetzliche Altersgrenze		14.11.2021
ruhegehaltsfähige Dienstzeit volle Jahre		37,00 Jahre
ruhegehaltsfähige Dienstzeit Tage	270,14 / 365	0,74 Jahre
ruhegehaltsfähige Dienstzeit Gesamt		37,74 Jahre
Ruhegehaltssatz	37,74 x 1,79375	67,70 v.H.

Wenn der Höchstruhegehaltssatz von 71,75 % nicht erreicht wird, ist eine Vergleichsberechnung nach den Übergangsbestimmungen durchzuführen.

III. Übergangsbestimmungen nach § 85 Abs. 1 i.V.m. Abs. 4 Satz 2 BeamtVG

Für am 31.12.1991 vorhandene Beamte gelten Übergangsregelungen (§ 85 Abs. 1 und Abs. 4 Satz 2 BeamtVG), die teilweise die Anwendung des bis 31.12.1991 geltenden Rechts gewährleisten; es gilt – sofern günstiger –:

Tabelle: Ruhegehaltssätze nach dem vor 1992 geltenden Recht

Vollendete ruhegehaltfähige Dienstjahre	v.H.	Vollendete ruhegehaltfähige Dienstjahre	v.H.
Bis zu 10	35	23	61
11	37	24	63
12	39	25	65
13	41	26	66
14	43	27	67
15	45	28	68
16	47	29	69
17	49	30	70
18	51	31	71

§ 5 Teil B: Versorgungssysteme

Vollendete ruhegehaltfähige Dienstjahre	v.H.	Vollendete ruhegehaltfähige Dienstjahre	v.H.
19	53	32	72
20	55	33	73
21	57	34	74
22	59	35	75

Ein Rest der ruhegehaltfähigen Dienstzeit von mehr als 182 Tagen gilt als vollendetes Dienstjahr, also z.B.

20 Jahre 182 Tage = 20 vollendete Dienstjahre

20 Jahre 183 Tage = 21 vollendete Dienstjahre

Für ruhegehaltfähige Dienstzeiten nach 1991 steigt der danach ermittelte Ruhegehaltssatz um 1 v.H. für jedes weitere Jahr. Berechnung nach Jahren und Tagen (mit Ausrechnung auf 2 Dezimalstellen nach dem Komma) bis höchstens 75 v.H.

Dabei ist zu beachten:

- Die Zurechnungszeit wird nur bis zum 55. Lebensjahr und lediglich zu einem Drittel berücksichtigt.
- Die Begrenzung der Anrechnung von Ausbildungszeiten auf 3 Jahre gilt nicht.
- Ausbildungszeiten und die Zurechnungszeit werden bei nach dem 30.6.1997 angetretenen Freistellungen nicht gekürzt.
- Vor dem 3.10.1990 im Beitrittsgebiet zurückgelegte Zeiten werden auch dann angerechnet, wenn die Wartezeit für eine Rente aus der gesetzlichen Rentenversicherung erfüllt ist.

Beispiel:

bis 31.12.1991	10 volle Jahre	35,00 v.H.
ab 1.1.1992	28 volle Jahre	28,00 v.H.
	87,64 Tage / 365	0,24 v.H.
Summe		63,24 v.H.
Anpassungsfaktor	0,95667	60,50 v.H.
Ruhegehaltssatz zum Vergleich	§ 14 Abs. 1 BeamtVG	67,70 v.H.
günstigere Wert		**67,70 v.H.**
Grenz-Ruhegehaltssatz	38 volle Jahre	75,00 v.H.

IV. Absenkung des Ruhegehaltssatzes

Durch das Versorgungsänderungsgesetz 2001 wird der Höchstruhegehaltssatz schrittweise von 75 v.H. auf 71,75 v.H. – und damit auch alle anderen Ruhegehaltssätze – abgesenkt.

6

Für alle Versorgungsfälle, die nach dem 31.12.2002 bis zur 8. danach folgenden Anpassung der Bezüge (Bezügeerhöhung) eintreten, wird der Ruhegehaltssatz nach dem bis zum 31.12.2002 geltenden Recht festgesetzt. Das bedeutet, dass der erreichte Ruhegehaltssatz zunächst unverändert bleibt.

Die Absenkung erfolgt in insgesamt 8 Stufen und beginnt mit der ersten Bezügeerhöhung.

Mit der 8. Bezügeerhöhung wird der Ruhegehaltssatz mit dem Faktor 0.95667 multipliziert. Der verminderte Ruhegehaltssatz gilt als neu festgesetzt und wird dann wieder von den vollen ruhegehaltsfähigen Dienstbezügen berechnet.

*bisherigerRuhegehaltssatz * Anpassungsfaktor = neuerRuhegehaltssatz* ⇒
*67,70 v.H. * 0,95667 = 64,77 v.H.*

Bei allen Versorgungsfällen, die nach der 8. Bezügeerhöhung in den Ruhestand treten, wird jedes volle Jahr der ruhegehaltsfähigen Dienstzeit nach dem geltenden Recht mit 1,79375 multipliziert.

*volle Dienstjahre * 1,79375 = Höchstruhegehaltssatz*
*38 Jahre * 1,79375 = 68,16 v.H.*

Der Ruhegehaltssatz nach den Übergangsvorschriften nach § 85 BeamtVG (ganz oder teilweise Anwendung des bis zum 31.12.1991 geltenden Rechts) ermittelt sich zunächst wie bisher. Er wird jedoch mit dem Faktor 0,95667 multipliziert und ergibt dann den abgesenkten Ruhegehaltssatz.

*72 v.H. * 0,95667 = 68,88 v.H.*

Die schrittweise Absenkung gilt auch für Versorgungsempfänger, die am 31.12.2002 bereits vorhanden sind.

Die Mindestversorgung und die Dienstunfallversorgung bleiben von der Absenkung unberührt.

Hinweis

Im Versorgungsausgleich ist die Absenkung des Ruhegehaltssatzes in voller Höhe zu berücksichtigen.

V. Ruhegehaltsfähige Dienstbezüge

7 Im Versorgungsausgleich werden dem Ruhegehalt zugrunde gelegt:
- das nach dem Besoldungsrecht **am letzten Tag der Ehe** zugestandene Grundgehalt,
- die ruhegehaltfähigen Zulagen,
- die jährliche Sonderzahlung, soweit sie zum Zeitpunkt der Entscheidung noch gewährt wird.

Folgende Bestandteile für Beamte unterliegen **nicht** dem Versorgungsausgleich:
- Familienbezogene Bestandteile wie Familienzuschläge
- Leistungsprämien und Leistungszulagen

Eine statische Überleitungszulage, die sich bei Erhöhung der Grundversorgung verringert, ist im Ausgleich nach der Scheidung zu berücksichtigen (§§ 20 ff. VersAusglG).

Die zugrunde zu legenden Dienstbezüge werden ab der 1. bis zur 7. allgemeinen Bezügeanpassung nach 2002 um einen bereits festgelegten Anpassungsfaktor vermindert. Dieser Anpassungsfaktor beträgt:

Tabelle: Anpassungsfaktoren

1 1.4.2003 bzw. 1.7.2003	0,99458
2 1.4.2004	0,98917
3 1.8.2004	0,98375
4 1.1.2008	0,97833
5 1.3.2009	0,97292
6 1.3.2010 (voraussichtlich)	0,96750
7 offen	0,96208
8 offen	0,95667

Ab der 8. allgemeinen Bezügeerhöhung entfällt die Minderung der ruhegehaltfähigen Dienstbezüge. Ab diesem Zeitpunkt gelten jedoch die geminderten Ruhegehaltssätze.

Grundgehalt (BesGr. A 13 Stufe 11)	4.056,93 €
Zulage	166,56 €
Familienzuschlag (bleibt im VA unberücksichtigt)	0,00 €
Leistungsprämien und Leistungszulagen (bleiben im VA unberücksichtigt)	0,00 €
Ruhegehaltsfähige Dienstbezüge gem. § 5 Abs. 1 BeamtVG	4.223,49 €

Beamtenversorgung § 5

VI. Berechnung des Brutto-Ruhegeldes vor Anwendung von Anrechnungs-, Kürzungs-, und Ruhensvorschriften

Ruhegehaltsfähige Dienstbezüge gem. § 5 Abs. 1 BeamtVG	4.223,49 €
Maßgeblicher Ruhegehaltssatz 67,60 v.H.	2.859,30 €
Dazu 1/12 jährliche Sonderzuwendung	142,96 €
Ruhegehalt	3.002,26 €

8

C. Ehezeit

In der Beamtenversorgung (BeamtV) ist für den Erwerb eines Anrechts die Dienstzeit maßgeblich. Ein Anrecht ist also insoweit der Ehezeit zuzuordnen, als die Dienstzeit in die Ehezeit fällt.

9

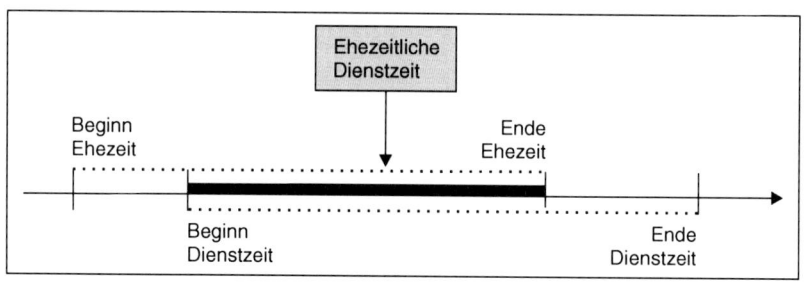

Abbildung: ehezeitliche Dienstzeit Beamte

Ein Anrecht, das vollständig vor der Ehezeit begründet wurde, ist nicht zu berücksichtigen.

Wird das Anrecht erst nach der Ehezeit begründet, ist es ebenfalls nicht zu berücksichtigen, auch wenn dann Dienstzeiten aus der Ehezeit berücksichtigt werden.

Es ist der ehezeitliche Anteil der Dienstzeit im Verhältnis mit der ruhegehaltsfähigen Dienstzeit die in die Ehezeit fällt, zu setzen und mit der ruhegehaltsfähigen Versorgungsanwartschaft zu multiplizieren.

10

$$\frac{RuhegehaltsfähigeDienstzeit(Ehezeit)}{RuhegehaltsfähigeDienstzeit(Erreichbar)} * Ruhegehalt(Erreichbar) = Ehezeitanteil$$

$$\frac{22{,}15}{37{,}74} * 3.002{,}26 = 1.762{,}06$$

Wird die Versorgung bereits bezogen, ist nicht die fiktiv erreichbare, sondern die tatsächliche Dienstzeit maßgeblich.

§ 5 Teil B: Versorgungssysteme

Hinweis

Bewertungsstichtag ist das Ende der Ehezeit.

D. Altersgrenze

11 Die Regelaltersgrenze wird für die Jahrgänge ab 1947 schrittweise auf das 67. Lebensjahr angehoben. Für einige Länder ist weiterhin die Regelaltersgrenze das 65. Lebensjahr. Für besondere Beamtengruppen gelten abweichende Altersgrenzen:

Tabelle: Altersgrenzen

Beamtengruppe	Altersgrenze
Flugzeugführer in strahlgetriebenen Kampfflugzeugen	41
Berufssoldaten	60
Berufsoffiziere je nach Rang	55 – 62
Polizei- und Justizvollzugsbeamte	62

Bei Ruhestand vor Erreichen der gesetzlichen Altersgrenze wegen:

Allgemeine Antragsaltersgrenze (ab dem 63. Lebensjahr)	Antragsaltersgrenze für Schwerbehinderte (ab dem 60. Lebensjahr)	Dienstunfähigkeit (jedoch nicht bei Dienstunfähigkeit wegen Dienstunfall)

Aber nicht bei Ruhestand wegen vorgezogener gesetzlicher Altersgrenze für:

Vollzugs-/Feuerwehrbeamte (60. Lebensjahr)	Lehrer (31.07. des Jahres, welcher der Vollendung des 64. Lebensjahres folgt)

Die Kürzung erfolgt auf Lebenszeit sowie für die Dauer der Hinterbliebenenversorgung.

Gemindert wird das Ruhegehalt und nicht der Ruhegehaltssatz.

Die Minderung beträgt 0,3 % pro Monat vor der jeweiligen Altersgrenze. Bei Schwerbehinderten und Dienstunfähigen (außer Dienstunfall) maximal 10,8 %.

Hinweis

Im Versorgungsausgleich ist von der Regelaltersgrenze auszugehen. Wird das Ruhegehalt bereits bezogen, ist der tatsächliche Versorgungsbeginn zu berücksichtigen.

E. Leistungen

Es werden Leistungen wegen Alters, wegen Dienstunfähigkeit und Hinterbliebenenversorgung gewährt: 12
- Ruhegehalt
- Entpflichtetenbezüge
- Unfallruhegehalt bei Ruhestand wegen eines Dienstunfalles
- Einmaliger Ausgleich bei vorgezogener gesetzlicher Altersgrenze
- Einmalige Unfallentschädigung bei Ruhestand wegen eines Dienstunfalls
- Unterhaltsbeitrag bei Entlassung wegen Dienstunfähigkeit
- Unterhaltsbeitrag für entlassene dienstunfallverletzte Beamte
- Übergangsgeld für nicht auf eigenen Antrag entlassene Beamte
- Heilverfahren für dienstunfallverletzte Beamte
- Unfallausgleich für wegen eines Dienstunfalles erwerbsgeminderte Beamte

Versorgungsbezüge für Hinterbliebene:
- Witwen-/Witwergeld
- Waisengeld
- Unfall – Witwen-/Witwergeld
- Unfall – Waisengeld
- Bezüge für den Sterbemonat
- Sterbegeld
- Unterhaltsbeiträge
- Witwen-/Witwerabfindung bei Wiederheirat

F. Sonstiges

Das Pensionärsprivileg nach § 57 Abs. 1 Satz 2 BeamtVG entfällt. 13

Für die einem Beamten gegenüber ausgleichsberechtigte Person entfällt bei der externen Teilung die Höchstbetragsbegrenzung der GRV. Damit können auch hohe Beamtenversorgungen in vollem Umfang über die GRV ausgeglichen werden. Ein schuldrechtlicher Restausgleich wird vermieden.

G. Probleme

Auch im reformierten Recht gibt es weiterhin Problemfälle, insbesondere durch: 14
- frühzeitige Pensionierung nach Durchführung des VA, Dienstunfähigkeitsfälle
- Regelpensionierung bei besonderen Berufsgruppen (Strahlflugzeugführer & Polizei)
- vorzeitige Pensionierung mit Pensionsabschlägen

H. Checkliste für Prüfung der Auskünfte der Beamtenversorgung

15
- Handelt es sich um Bundesbeamte, für die die interne Teilung gilt?
- Handelt es sich um Landes- oder Kommunalbeamte, für die der Ausgleich über die gesetzliche Rentenversicherung gilt?
- Liegt der Auskunft die richtige Ehezeit zugrunde?
- Wurde bei der zeitratierlichen Bewertung der Ehezeitanteil richtig berechnet?
- Liegt eine übersichtliche und nachvollziehbare Berechnung vor?
- Wurden sämtliche Berechnungsfaktoren angegeben und erläutert?
- Sind in der Dienstzeitaufstellung noch zeitliche Lücken, die aufzuklären sind?
- Sind noch zusätzliche Dienstzeiten auf Antrag zu berücksichtigen?
- Stimmen die Angaben zum Eintritt und Austritt aus dem Versorgungssystem?
- Sind Sonderzahlung (sofern noch gewährt) richtig angegeben?
- Sind Kürzungen nach § 4a BSZG berücksichtigt?
- Sind nach Ende der Ehezeit noch Wertveränderungen bezogen auf das Ende der Ehezeit eingetreten?
- Wird bereits eine Leistung bezogen oder ist damit noch vor Entscheidung über den Wertausgleich zu rechnen?
- Enthält die Leistung einen Abschlag für die vorzeitige Inanspruchnahme?
- Wurde die Leistung auf Dauer oder zeitlich befristet gewährt?
- Werden Leistungen aus anderen Versorgungen angerechnet?

§ 6 Berufsständische Versorgungen

A. Allgemeines

Bei den berufsständischen Versorgungen handelt es sich um öffentlich-rechtliche Versorgungen, die sehr unterschiedlich gestaltet sind. Ein einheitliches Gesetz ist nicht vorhanden.

Sie gehören zu den in § 32 VersAusgG genannten Regelsicherungssystemen.

Die Bewertung ist meist unmittelbar vorzunehmen, da in der Regel ein direkter Zusammenhang zwischen der Bezugsgröße und der Höhe der Versorgung besteht. Bezugsgrößen können Steigerungszahlen, Leistungszahlen, Versorgungspunkte etc. sein.

Die interne Teilung wird vorrangig durchgeführt.

Für die Finanzierung gibt es verschiedene Systeme:
- Offenes Plandeckungsverfahren
- Geschlossenes Plandeckungsverfahren
- Anwartschaftsdeckungsverfahren
- Individuelle Verfahren

B. Berufsgruppen

Von den verkammerten Freien Berufen wurden Versorgungswerke mit dem Ziel gegründet, eine angemessene Versorgung für die Risiken des Alters, der Invalidität und des Hinterbliebenenschutzes für ihre Berufsträger zu ermöglichen. Für angestellte Berufsträger war und ist die Möglichkeit zur Befreiung von der Rentenversicherungspflicht eine interessante Alternative. Durch das geringe Risiko der Berufsunfähigkeit kann ein höherer Anteil der Beiträge in den Altersversorgungsteil fließen. Außerdem sind Leistungen zur Rehabilitation oft nur in geringem Umfang im Ermessen des Versorgungswerkes zu erbringen. Deshalb ergeben sich meist höhere Altersversorgungen als in der gesetzlichen Rentenversicherung. Es gibt jedoch keine Pflicht, dass in allen Risikobereichen auch mindestens das Niveau der gesetzlichen Rentenversicherung erreicht werden muss.

Versorgungswerke wurden insbesondere von folgenden Berufsgruppen gegründet:
- Ärzte, Zahnärzte und Tierärzte
- Rechtsanwälte und Notare

- Steuerberater und Wirtschaftsprüfer
- Architekten
- Psychotherapeuten
- Apotheker
- Ingenieure

C. Rechtsgrundlagen

3 Anders als in der betrieblichen Altersversorgung gibt es kein übergeordnetes Gesetz. Die Regelungen für die berufsständischen Versorgungen finden sich in
- Landesgesetzen
- Staatsverträgen
- Satzungen, Ordnungen, Statuten

Außerdem gibt es weitere Regelungen in
- Bundesgesetzen (z.b. Sozialgesetzbuch IV und VI)
- Zwischen- und überstaatlichen Normen

Die Satzungen, Ordnungen, Statuten sind der Grund für die zahlreichen individuellen Regelungen und die gravierenden Unterschiede im Mitgliedschafts-, Beitrags- und Leistungsrecht.

Sie werden in Selbstverwaltung durch die Mitglieder geführt, die auch über Beiträge, Leistungen und Mitgliedschaft entscheiden.

D. Leistungen

4 Es sind in der Regel folgende Risiken versichert:
- Altersrenten
  - Altersgrenze 65 – 67
  - Vorziehung bis 5 Jahre, Hinausschiebung bis 3 Jahre möglich
- Berufsunfähigkeitsrenten
  - Besonderer BU-Begriff
  - Keine außerberufliche Verweisung
  - Keine Teil-BU
  - Zurechnungszeit meist bis 60
  - Teilweise Abschläge

- Hinterbliebenenrenten
- Witwenrenten und Witwerrenten
- Halbwaisenrenten und Vollwaisenrenten
- Sterbegeld
- Zuschüsse zu Reha-Maßnahmen
- Ermessensentscheidungen
- 50–70 % wenn kein vorrangiger Leistungsträger
- Darlehen
- z.b. Baudarlehen

Die Berechnung der Leistungshöhe ist Satzungsrecht. Sie kann beispielsweise erfolgen durch:
- Bildung von Steigerungszahlen als Ausdruck des Verhältnisses zwischen Beitragszahlung und Referenzwert.
- Verrentung von Beitragssteigerungen
- Andere mathematische Rechenwege

$$\frac{Beitrag}{Referenzwert} = Steigerungszahl \Rightarrow \frac{60.000}{30.000} = 2,00$$

Bei einigen Versorgungswerken ist auch ein Altersfaktor zu berücksichtigen. Je nach Lebensalter wird das Ergebnis der Division aus Beitrag und Referenzwert noch mit dem Altersfaktor multipliziert. Mit dem Altersfaktor wird berücksichtigt, wie lange das Versorgungswerk mit dem gezahlten Beitrag arbeiten und eine Verzinsung erzielen kann.

$$\frac{Beitrag}{Referenzzahl} = Wert * Altersfaktor = Steigerungszahl \Rightarrow \frac{60.000}{30.000} = 2,00 * 1,2 = 2,40$$

Bei Rentebeginn werden die Steigerungszahlen summiert und mit einem Rentenwert multipliziert.

$$\sum Steigerungszahlen * Rentenwert = Rentenbetrag \Rightarrow \sum 100 * 4,00 = 400,00$$

E. Ausgleichswert

Der Ausgleichswert kann daher wie folgt errechnet werden:

5

$$\sum \frac{Steigerungszahlen(Ehezeit)}{2} * Rentenwert = Ausgleichsbetrag \Rightarrow \frac{\sum 50}{2} * 4,00 = 100,00$$

Eine andere Alternative ist die Bewertung mit einem Eintrittsfaktor und einen Geburtsjahrgangsfaktor.

$$\frac{\sum Steigerungszahlen(Ehezeit)}{2} * Rentenwert * Eintrittsfaktor * Geburtsjahrgangsfaktor = Ausgleichswert$$

$$\frac{\sum 50}{2} * 4 * 6{,}3 * 0{,}3 = 189{,}00$$

Oder die Berechnung aus Beitragsquotienten.

$$\frac{Mitgliedsjahre(Ehezeit) + m/n * 8}{2} * \frac{\sum (Ehezeit) \frac{Monatsbeitrag}{Höchstbeitrag}}{\sum Monate(Ehezeit)} * Renten\text{-}wert = Ausgleichs\text{-}betrag$$

Bei einem versicherungsmathematisch kalkulierten Tarif erfolgt eine individuelle Kalkulation aus dem Alter bei Beitragsbeginn und der Beitragshöhe. Der ehezeitliche Anteil ergibt sich aus der beitragsfrei gestellten Rente bei Ende der Ehezeit abzüglich der beitragsfrei gestellten Rente bei Beginn der Ehe.

$$\frac{BeitragsfreieRenteEheende - beitragsfreieRenteEhebeginn}{2} = Ausgleichsbetrag$$

Einige Versorgungswerke haben hochkomplexe Berechnungsmethoden entwickelt.

Dem anwaltlichen Berater und dem Familiengericht bleibt im Zweifel nur die Möglichkeit, die Berechnungen von einem Aktuar oder Rentenberater prüfen zu lassen.

F. Korrespondierender Kapitalwert

6 Wird der Ausgleichswert als Rentenbetrag mitgeteilt ist auch der korrespondierende Kapitalwert mitzuteilen.

Der korrespondierende Kapitalwert entspricht dem Beitrag, der zum Ende der Ehezeit aufzubringen wäre, um beim Versorgungsträger der ausgleichsverpflichteten Person für die ausgleichsberechtigte Person ein Anrecht in Höhe des Ausgleichswertes zu begründen (siehe hierzu auch Rn 9 Teilung der Anrechte)

Dieser ist jedoch nur eine Hilfsgröße, z.B. zur Saldierung für eine Vereinbarung (§§ 6–8 VersAuslgG) oder zur Prüfung der Geringfügigkeit (§ 18 VersAuslgG) (siehe auch § 2 Rn 164 zu § 47 VersAuslgG).

G. Bisheriger Versorgungsausgleich

Bisher mussten die Versorgungswerke dem Gericht die Höhe des ehezeitlichen Anrechts mitteilen und ob die Versorgung statisch, teildynamisch oder dynamisch ist. Ggf. erfolgte eine Dynamisierung mit Hilfe der BarwertVO oder es wurde das ehezeitliche Deckungskapital zugrunde gelegt.

7

Die Berechnung erfolgte durch Hochrechnung auf die Regelaltersgrenze des Versorgungswerkes und daraus wurde im zeitratierlichen Verfahren (m/n) der ehezeitliche Anteil herausgerechnet. Eine unmittelbare Berechnung war nur selten möglich.

Viele Satzungen sahen bereits die Realteilung vor, wenn beide Ehegatten im selben Versorgungswerk versichert sind oder in unterschiedlichen Versorgungswerken die Überleitungsabkommen abgeschlossen hatten.

Wenn keine Realteilung möglich war erfolgte der Ausgleich durch Quasi-Splitting in Entgeltpunkten in die gesetzliche Rentenversicherung.

Das Versorgungswerk hatte dem Rentenversicherungsträger während Rentenbezugszeit den Wert der übertragenen Entgeltpunkte zu erstatten. Kleinere Beträge wurden auch manchmal durch einmalige Beitragszahlung vom Versorgungswerk an den Rentenversicherungsträger abgefunden. Die Berechnung entsprach den Regelungen des § 3b Abs. 1 Nr. 2 VAHRG zur Beitragszahlung.

H. Reformiertes Recht

Die Bewertung kann in der Regel unmittelbar vorgenommen werden, da in der Regel ein direkter Zusammenhang zwischen der Beitragszahlung, der Bezugsgröße und der Höhe der Versorgung besteht.

8

Bezugsgrößen können sein:
- Steigerungszahlen
- Leistungszahlen
- Versorgungspunkte
- Rentenbausteine
- Deckungskapital

Ist dies nicht möglich, erfolgt die Bewertung zeitratierlich.

Ein Beispiel sind zusätzliche Steigerungszahlen für Zurechnungszeiten auf der Basis von durchschnittlichen Steigerungszahlen.

Die interne Teilung wird vorrangig durchgeführt.

I. Teilung des Anrechts

9 Für die Halbteilung des Anrechts stehen folgende Möglichkeiten zur Verfügung:
1. Hälftige Teilung des ehezeitlichen monatlichen Rentenbetrages
2. Hälftige Teilung des ehezeitlichen Kapitalwertes mit anschließender Umrechnung in Rentenbeträge
3. Der ehezeitliche Kapitalwert wird hälftig in gleich Hohe monatliche Rentenbeträge geteilt.

Beispiel:

Ehezeitlicher monatlicher Rentenbetrag	1.000,– €
Ehezeitlicher Kapitalwert	10.000,– €
Kapitalisierungsfaktor Mann	10
Kapitalisierungsfaktor Frau	12

ohne Teilungskosten

Berechnung zu 1: Die monatliche Rente wird halbiert,

Rente Frau	500,00 €	Kapitalwert	500 * 12 = 6.000,00 €
Kürzung Mann	500,00 €	Kapitalwert	500 * 10 = 5.000,00 €
Σ Renten	1.000,00 €	Σ Kapitalwert	11.000,00 €

Hinweis: Aufgrund der unterschiedlichen Kapitalisierungsfaktoren ergibt sich ein höherer Kapitalwert als im ursprünglichen Anrecht. Daher wird diese Möglichkeit in der Praxis kaum eine Rolle spielen.

Berechnung zu 2: Der ehezeitliche Kapitalwert wird halbiert

Rente Frau	5.000 € : 12 = 416,66 €	**Kapitalwert**	**5.000,00 €**
Rente Mann	5.000 € : 10 = 500,00 €	**Kapitalwert**	**5.000,00 €**
Σ Renten	916,66 EUR	**Σ Kapitalwert**	**10.000,00 €**

Aufgrund der unterschiedlichen Kapitalisierungsfaktoren (wegen anderer biometrischen Risiken wie Alter, Geschlecht, Lebenserwartung) ergeben sich aus dem gleichen Kapitalbetrag unterschiedlich hohe monatliche Rentenbeträge.

Berechnung zu 3: Der Kapitalwert wird in gleich hohe Renten geteilt

gleich hohe Rente	454,54 €		10.000,– € / (10 + 12)
Rente Frau	**454,54 €**	Kapitalwert	454,54 € * 12 = 5.454,48 €
Rente Mann	**454,54 €**		
Kürzung Mann	545,46 €	Kapitalwert	454,54 € * 10 = 4.545,40 €
Σ **Renten**	**909,08 €**	Σ **Kapitalwert**	**9.999,88 €**

Zunächst wird der ehezeitliche Kapitalbetrag durch die Summe der Kapitalisierungsfaktoren geteilt um den monatlichen Rentenbetrag für beide Ehegatten zu ermitteln. Die Frau bekommt also ein Anrecht in Höhe von 454,54 EUR begründet. Dem Mann wird die Versorgung um 545,46 EUR gekürzt und er behält ehezeitliche 454,54 EUR.

Kennt das Versorgungswerk keine biometrischen Faktoren (z.b. Altersfaktor, Eintrittsfaktor, Geburtsjahrgangsfaktor etc.) stellt sich die Frage, ob die Einführung einer eigenen Barwerttabelle in die Teilungsordnung zulässig ist.

J. Satzungsänderung aufgrund des VAStrRefG

Hier einige Beispiele, wie die Versorgungswerke ihre Satzungen oder Ordnungen an das VersAusglG angepasst haben.

I. Ärztekammer Mecklenburg-Vorpommern

I. Die Alterssicherungsordnung der Ärztekammer Mecklenburg-Vorpommern in der Fassung vom 11.11.1995, zuletzt geändert durch Beschluss der Kammerversammlung vom 10.11.2007, wird wie folgt geändert:
3. § 28 wird wie folgt geändert:
   a) Satz 1 wird Absatz 1.
   b) Es wird ein neuer Absatz 2 folgenden Wortlautes eingefügt:

   „Wird bei einer Ehescheidung eines Mitgliedes der Versorgungsausgleich nach dem Gesetz über den Versorgungsausgleich (VersAusglG) durchgeführt, wird, wenn das Mitglied ausgleichspflichtig ist, zulasten seines Anrechtes ein Rentenanrecht zugunsten der/des Ausgleichsberechtigten bei der Ärzteversorgung übertragen. Das von der Ärzteversorgung zu übertragende Anrecht wird bei dem ausgleichspflichtigen Mitglied nach versicherungsmathemati-

schen Grundsätzen gekürzt und der/dem Berechtigten übertragen. Eine Mitgliedschaft im Sinne von § 10 entsteht hierdurch nicht.

Gehört die/der Ausgleichsberechtigte einer durch Gesetz angeordneten oder auf Gesetz beruhenden innerstaatlichen ärztlichen Versicherungs- oder Versorgungseinrichtung an, besteht für sie/ihn aus diesem Anrecht Anspruch auf Leistungen gemäß § 16 Satz 1a) – d).

Gehört die/der Ausgleichsberechtigte keiner der genannten ärztlichen Versicherungs- oder Versorgungseinrichtungen an, besteht lediglich Anspruch auf Altersrente gemäß § 16 Satz 1a) i.V.m. § 17. In diesem Fall erhöht sich das zugunsten der/des Berechtigten übertragene Anrecht um 11 Prozent. Dieser Zuschlag entfällt, wenn die/der Berechtigte bei Rechtskraft der Versorgungsausgleichsentscheidung Altersrente bezieht oder Anspruch auf Altersrente gemäß § 17 hat."

c) Der bisherige Satz 2 wird Absatz 3.

II. Die Änderungen treten am 1.1.2009 in Kraft.

Gehört die ausgleichsberechtigte Person keinem entsprechenden Versorgungswerk an, wird nur eine Altersversorgung gewährt und das Anrecht um 11 Prozent erhöht. Das Versorgungswerk macht also von dem in § 11 Abs. 1 Nr. 3 VersAusglG geregelten Recht gebrauch.

II. Satzung der Zahnärzteversorgung Sachsen

§ 46 Sonderbestimmungen zum Versorgungsausgleich
(Fassung ab 1. September 2009)
(1) Ist ein Teilnehmer in einem Versorgungsausgleichsverfahren ausgleichspflichtig, findet die interne Teilung nach dem Versorgungsausgleichsgesetz (VersAusglG) statt.
(2) Hat das Familiengericht die Ruhegeldanwartschaft oder den Ruhegeldanspruch rechtskräftig begründet, werden von der Zahnärzteversorgung die zugrunde liegenden Leistungszahlen und Versorgungsabgaben ermittelt, dem verpflichteten Eheteil (Teilnehmer) gekürzt und dem berechtigten Eheteil zugeteilt. Die Kürzung kann ganz oder teilweise durch Zahlung eines Kapitalbetrages abgewendet werden, der sich aktuell aus den dem ausgleichsberechtigten Eheteil übertragenen Leistungszahlen berechnet. Sind beide Ehegatten Teilnehmer der Zahnärzteversorgung und sind derer beider Anrechte intern geteilt, findet eine Verrechnung statt. Ist nur ein Ehegatte Teilnehmer, wird der andere Ehegatte allein durch die interne Teilung nicht Teilnehmer.

(3) Bei der internen Teilung ist der Anspruch des ausgleichsberechtigten Eheteils auf eine Altersversorgung nach § 25 Abs. 4 und 5 beschränkt; der Anspruch erhöht sich hierfür um 12 Prozent. Für das durch eine interne Teilung begründete Anrecht gelten § 24 Abs. 3, 4 und 6, § 25 Abs. 4 und 5, § 29 Abs. 5 und § 34 Abs. 2 und 4 sinngemäß; das Gleiche gilt bezüglich § 25a für Kinder aus der Ehe mit dem Teilnehmer.

(4) Erfolgt der Versorgungsausgleich nach dem Gesetz zur Regelung von Härten im Versorgungsausgleich (VAHRG), gilt § 46 in der bis zum 31. Dezember 2008 geltenden Fassung.

Gehört die ausgleichsberechtigte Person nicht dem Versorgungswerk an, wird nur eine Altersversorgung gewährt und das Anrecht um 12 Prozent erhöht. Das Versorgungswerk macht also ebenfalls von dem in § 11 Abs. 1 Nr. 3 VersAusglG geregelten Recht gebrauch.

III. Ärzteversorgung Thüringen

In § 18 werden die bisherigen Absätze 1 bis 5 gestrichen und durch folgende neue Fassungen ersetzt:

13

„(1) Nach dem Tode des Mitgliedes erhält die Witwe eine Witwenrente und erhält der Witwer eine Witwerrente. Wurde die Ehe nach Vollendung des 60. Lebensjahres oder nach Eintritt der Berufsunfähigkeit des Mitglicdes geschlossen und bestand die Ehe nicht mindestens 3 Jahre, so besteht kein Anspruch auf Rente.

(2) Ist ein Mitglied oder ein anwartschaftsberechtigtes ehemaliges Mitglied an einem Versorgungsausgleichsverfahren beteiligt, findet im Versorgungswerk eine interne Teilung nach dem Versorgungsausgleichsgesetz (VersAusglG) statt. Durch die Teilung wird der Ausgleichsberechtigte nicht Mitglied des Versorgungswerkes; er ist auch nicht zur Leistung von Versorgungsabgaben berechtigt.

(3) Nach der rechtskräftigen Entscheidung des Familiengerichts hat das Versorgungswerk nach dem Versorgungsausgleichsgesetz die Teilung zu vollziehen. Die auf die Ehezeit entfallenden Versorgungsabgaben des Mitgliedes werden um die Hälfte gekürzt. Die Hälfte der auf die Ehezeit entfallenden Versorgungsabgaben wird dem Ausgleichsberechtigten zugeteilt. Der Multiplikator des Ausgleichsberechtigten bestimmt sich nach § 15 entsprechend dem Alter, das sich aus der Differenz des Jahres, für das die erste Versorgungsabgabe zugeteilt wird und dem Geburtsjahr des Ausgleichsberechtigten ergibt. § 15 Abs. 7 gilt sinngemäß.

Sind beide Ehegatten Mitglieder oder anwartschaftsberechtigte ehemalige Mitglieder des Versorgungswerkes, findet eine Verrechnung statt.

(4) Der Verwaltungsausschuß ist ermächtigt, eine Richtlinie zu beschließen, nach der die Kürzung ganz oder teilweise durch Zahlung eines Kapitalbetrages in einer Summe oder in Teilbeträgen abgewendet werden kann.

(5) Bei der internen Teilung ist der Anspruch des ausgleichsberechtigten Eheteils auf die Altersrente nach § 13 Abs. 1 beschränkt. Der Anspruch erhöht sich hierfür um 8 v.H."

6.) In § 18 wird folgender neuer Absatz 6 angefügt:

(6) Erfolgte der Versorgungsausgleich nach dem Gesetz zur Regelung von Härten im Versorgungsausgleich (VAHRG), so gilt § 18 in der bis zum 31. August 2009 geltenden Fassung.

Gehört die ausgleichsberechtigte Person nicht dem Versorgungswerk an, wird nur eine Altersversorgung gewährt und das Anrecht um 8 Prozent erhöht. Das Versorgungswerk macht also ebenso von dem in § 11 Abs. 1 Nr. 3 VersAusglG geregelten Recht gebrauch.

IV. Landesärztekammer Hessen

§ 10 Versorgungsausgleich

(1) Wird die Ehe eines Mitglieds geschieden, findet zum Ausgleich der bei dem Versorgungswerk erworbenen Anrechte die interne Teilung nach dem Versorgungsausgleichsgesetz (VersAusglG) und den Bestimmungen der folgenden Absätze statt.

(2) Die interne Teilung erfolgt, indem zu Lasten der von dem ausgleichspflichtigen Mitglied erworbenen Anrechte auf Alters-, Berufsunfähigkeits- und Hinterbliebenenrente für die ausgleichsberechtigte Person Versorgungsanrechte beim Versorgungswerk übertragen werden. Die Höhe des für die ausgleichsberechtigte Person zu übertragenden Anrechts errechnet sich nach Maßgabe der Absätze 3 bis 5 durch Verrentung des Ausgleichswertes, dem ein als Kapitalwert ermittelter Ehezeitanteil zugrunde liegt.

(3) Der Ehezeitanteil des vom ausgleichspflichtigen Mitglied beim Versorgungswerk erworbenen Anrechts wird durch Umrechnung der aus Beiträgen und ggf. Überschussverteilungen in der Ehezeit erworbenen – beitragsfrei gestellten – Anwartschaft auf Alters-, Berufsunfähigkeits- und Hinterbliebenenrente in einen Kapitalwert, bezogen auf das Ende der Ehezeit, ermittelt. Bezieht das Mitglied zum Ende der Ehezeit bereits eine Berufsunfähigkeitsrente, so sind auch

angerechnete Zukunftsbeiträge für die Zeit bis zum Ende der Ehezeit zu berücksichtigen.

Der Kapitalwert errechnet sich unter Anwendung der Tabelle 2 des § 14 der Versorgungsordnung. Bei zum Ende der Ehezeit bereits laufenden Altersrenten entspricht er dem Deckungskapital des in der Ehezeit erworbenen Teils der Rente.

(4) Der Ausgleichswert wird durch Halbierung des gemäß Absatz 3 ermittelten Kapitalwertes der ehezeitlich erworbenen Anwartschaft bestimmt. Haben beide geschiedenen Ehegatten in der Ehezeit Anrechte beim Versorgungswerk erworben, beträgt der Ausgleichswert die Hälfte der Differenz zwischen den jeweiligen Kapitalwerten.

(5) Der Ausgleichswert wird, bezogen auf das Ende der Ehezeit, als Einmalbeitrag für die ausgleichsberechtigte Person wie folgt verrentet:

a) Ist die ausgleichsberechtigte Person Mitglied des Versorgungswerkes oder einer entsprechenden berufsständischen Versorgungseinrichtung für Ärzte außerhalb des Bundeslandes Hessen, so wird für sie unter Anwendung der Tabelle 2 des § 14 der Versorgungsordnung ein Anrecht auf Alters-, Berufsunfähigkeits- und Hinterbliebenenrente errechnet.

b) Erfüllt die ausgleichsberechtigte Person die Voraussetzungen des Buchstabens a nicht, so wird für sie unter Anwendung der Tabelle 1 des § 15 der Versorgungsordnung ein Anrecht auf eine ab Vollendung des 65. Lebensjahres zahlbare bzw. bei Überschreitung dieser Altersgrenze sofort beginnende Altersrente errechnet. In diesem Fall entsteht kein Anrecht auf Berufsunfähigkeits- oder Hinterbliebenenrente.

Beantragt die ausgleichsberechtigte Person schriftlich eine Vorverlegung bzw. einen Aufschub des Beginns der Altersrente, vermindert bzw. erhöht sich die Rente entsprechend. Für die Kürzung bei Vorverlegung des Rentenbeginns findet in den Fällen des Buchstabens a Tabelle 3 des § 14 der Versorgungsordnung und in denen des Buchstabens b Tabelle 2 des § 15 der Versorgungsordnung Anwendung.

(6) Eine Aufstockung des durch interne Teilung erworbenen Anrechts der ausgleichsberechtigten Person durch zusätzliche Zahlungen ist ausgeschlossen.

(7) Aufgrund der internen Teilung kürzt sich das Anrecht des ausgleichspflichtigen Mitglieds beim Versorgungswerk um den Betrag, der sich zum Ende der Ehezeit für das Mitglied aus einer Verrentung des Ausgleichswertes als Anwartschaft auf Alters-, Berufsunfähigkeits- und Hinterbliebenenrente ergäbe. Die Verrentung erfolgt nach Tabelle 2 des § 14 der Versorgungsordnung. Bezieht das ausgleichspflichtige Mitglied bereits eine Rente, so wird die Rente um den Anteil

des in der Ehezeit erworbenen Anspruchs entsprechend dem Verhältnis des Ausgleichswertes zum Kapitalwert gemindert.

(8) Solange der Versorgungsfall nicht eingetreten ist, kann das ausgleichspflichtige Mitglied sein aufgrund des Versorgungsausgleichs gekürztes Anrecht durch zusätzliche Zahlungen wieder ergänzen.

(9) Ist der Ausgleichswert am Ende der Ehezeit nicht höher als 240 Prozent der monatlichen Bezugsgröße nach § 18 Abs. 1 des Vierten Buches Sozialgesetzbuch, so wird unter Beachtung der gesetzlichen Bestimmungen des Abschnitts 2 Unterabschnitt 3 VersAusglG eine externe Teilung durchgeführt. In diesem Fall wird der nach Absatz 4 bestimmte Ausgleichswert zur Begründung eines Anrechts außerhalb des Versorgungswerkes als Einmalbeitrag an den Träger der Zielversorgung geleistet.

(10) In den gesetzlichen Anpassungsfällen der §§ 33, 35 und 37 VersAusglG wird die Kürzung des Anrechts des ausgleichpflichtigen Mitglieds nach Maßgabe der §§ 33 bis 38 VersAusglG auf entsprechenden Antrag ausgesetzt bzw. aufgehoben.

(11) In Fällen, in denen ein Versorgungsausgleich nach § 20 des Lebenspartnerschaftsgesetzes (LPartG) durchzuführen ist, finden die Absätze 1 bis 10 entsprechende Anwendung.

(12) Soweit der Versorgungsausgleich nach den vor Inkrafttreten des Gesetzes zur Strukturreform des Versorgungsausgleichs (VAStrRefG) geltenden gesetzlichen Bestimmungen durchzuführen ist, gilt weiterhin § 10 der Versorgungsordnung in der vor dem 1. Juli 2009 geltenden Fassung.

(13) Der Vorstand wird ermächtigt, Richtlinien zur Durchführung des Versorgungsausgleichs zu erlassen.

15 Das Versorgungswerk macht von der Geringfügigkeitsregelung des § 14 Abs. 2 Nr. 2 gebrauch und ordnet bei geringen Ausgleichswert die externe Teilung an.

Gehört die ausgleichsberechtigte Person nicht dem Versorgungswerk an, wird nur eine Altersversorgung gewährt und das Anrecht nach einer anderen Tabelle erhöht. Das Versorgungswerk macht also von dem in § 11 Abs. 1 Nr. 3 VersAusglG geregelten Recht gebrauch.

16 Aus den vorstehenden exemplarischen Versorgungsordnungen ist zu erkennen, das die Mehrzahl der Versorgungswerke wohl von dem in § 11 Abs. 1 Nr. 3 VersAusglG geregelten Recht gebrauch macht und den nicht im Versorgungswerk oder nicht mit Abkommen verbundenen Versorgungswerken versicherten ausgleichsberechtigten Personen nur eine Altersversorgung gewährt.

Der zusätzliche Ausgleich fällt allerdings recht unterschiedlich aus. In den vorgenanten Versorgungsordnungen ist ein Korridor von 8 bis 12 Prozent vorhanden.

K. Probleme

Die Versorgungswerke haben angemerkt, das sie durch die Anpassungsregelungen der §§ 33–38 VersAusglG belastet werden.

17

> *Beispiel § 37 VersAusglG:*
>
> Die ausgleichsberechtigte Person hat vor ihrem Tod nicht mehr als 36 Monate Leistungen bezogen. Die ausgleichspflichtige Person bezieht bis zum Tod der ausgleichsberechtigten Person noch keine Leistungen und hat keine Zahlung zum Ausgleich seiner Kürzung geleistet. Zu seinem Versorgungsbeginn wird Antrag nach § 37 VersAusglG auf ungekürzte Zahlung der Versorgung gestellt. Wer trägt die Kosten für den Leistungsbezug der ausgleichsberechtigten Person?

Weitere Fragen:
- Können Anpassungen durch die Satzung ausgeschlossen werden?
- Können die Kosten für die Aussetzung der Kürzung durch eine spätere höhere Kürzung ausgeglichen werden?

L. Checkliste für Auskünfte der Versorgungswerke

- Ist das Anrecht bereits dem Grunde und der Höhe nach unverfallbar?
- Liegt der Auskunft die richtige Ehezeit zugrunde?
- Wurde bei der zeitratierlichen Bewertung der Ehezeitanteil richtig berechnet?
- Ist die maßgebliche Bezugsgröße angegeben?
- Liegt eine übersichtliche und nachvollziehbare Berechnung vor?
- Wurden sämtliche Berechnungsfaktoren angegeben und erläutert?
- Sind in der Auskunft noch zeitliche Lücken, die aufzuklären sind?
- Stimmen die Angaben zum Eintritt und Austritt aus dem Versorgungssystem?
- Sind nach Ende der Ehezeit noch Wertveränderungen bezogen auf das Ende der Ehezeit eingetreten?
- Wird bereits eine Leistung bezogen oder ist damit noch vor Entscheidung über den Wertausgleich zu rechnen?
- Enthält die Leistung einen Abschlag für die vorzeitige Inanspruchnahme?
- Wurde die Leistung auf Dauer oder zeitlich befristet gewährt?
- Werden Leistungen aus anderen Versorgungen angerechnet?

18

- Liegt eine Satzung u.Ä. oder eine Teilungsordnung vor?
- Wurde der Leistungsumfang des Anrechts angegeben (Altersrente, Invalidität, Hinterbliebenenversorgung)
- In welcher Höhe wird ein Ausgleich für den Wegfall der Invaliditäts- und Hinterbliebenenversorgung gewährt? Ggf. Berechnungsgrundlagen anfordern und prüfen, in welcher Höhe Leistungen wegen Invalidität und für Hinterbliebene tatsächlich gezahlt werden
- Sind die Teilungskosten angemessen?
- Ist eine unmittelbare Bewertung möglich? Im Zweifelsfall ist die zeitratierliche anzuwenden.
- Entspricht der korrespondierende Kapitalwert tatsächlich dem Ausgleichswert?

§ 7 Betriebliche Versorgungen

A. Allgemeines

Bei den betrieblichen Versorgungen gibt es
- Versorgungsträger als Anstalten des öffentlichen Rechts z.B. Zusatzversorgungskassen, VBL und
- privatrechtliche Versorgungsträger z.B. Pensionskassen, Pensionfonds, Unterstützungskassen, Direktzusagen, Direktversicherung.

Die betrieblichen Versorgungen gehört **nicht** zu den in § 32 VersAusgG genannten Regelsicherungssystemen.

Die Bewertung ist unmittelbar vorzunehmen, wenn ein direkter Zusammenhang zwischen der Bezugsgröße und der Höhe der Versorgung besteht. Ist dies nicht der Fall, ist eine zeitratierliche Bewertung vorzunehmen. Besteht eine Versorgung aus mehreren Anrechten, sind diese einzeln zu bewerten. Im Zweifelsfall ist die zeitratierliche Bewertung anzuwenden.

Die Bezugsgrößen können ebenfalls unterschiedlich sein. Vorrangig ist die interne Teilung durchzuführen. Unter den Voraussetzungen des §§ 14 Abs. 2 und 17 oder bei Vereinbarung kann auch eine externe Teilung durchgeführt werden. Die Finanzierung erfolgt meist im Kapitaldeckungsverfahren. Gesetzliche Grundlage ist das Betriebsrentengesetz (BetrAVG).

Für Anrechte aus der Zusatzversorgung des öffentlichen oder kirchlichen Dienstes siehe Kapitel Zusatzversorgung.

B. Wer sind die am Verfahren beteiligten Versorgungsträger?

Durchführungswege	Arbeitgeber als Versorgungsträger
Direktzusage, Pensionszusage	Unmittelbar
Pensionskassen	Mittelbar
Pensionsfonds	Mittelbar
Unterstützungskassen	Mittelbar
Versicherungsunternehmen	Mittelbar

C. Was ist neu?

3 Anrechte auf eine betriebliche Altersversorgung oder Anrechte i.S.d. Altersvorsorgeverträge-Zertifizierungsgesetzes sind auch dann im Versorgungsausgleich auszugleichen, wenn sie nicht auf eine laufende Rentenzahlung, sondern auf eine Kapitalleistung gerichtet sind. Bisher wurden solche Ansprüche im Zugewinnausgleich berücksichtigt.

Weil nach dem reformierten Versorgungsausgleich grundsätzlich jedes Anrecht intern oder extern geteilt und auf eine Saldierung aller Versorgungen verzichtet wird, müssen die Anrechte der Ehegatten nicht mehr in der Dynamik vergleichbar gemacht werden. Die Barwert-Verordnung als Instrumentarium für die Umrechnung von Ansprüchen ist entfallen.

D. Versorgungsarten

4 Das Betriebsrentengesetz unterscheidet die folgenden Versorgungsarten:

	Leistungszusage	Beitragsorientierte Leistungszusage	Beitragszusage mit Mindestleistung
Rentenhöhe	Bestimmt sich durch den Zeitraum ab Zusage, etwa 0,7 % des Bruttogehalts pro Jahr der Betriebszugehörigkeit	Eine Mindesthöhe wird bei der Zusage festgelegt. Eventuelle Ertragsanteile können die Rente erhöhen	Steht erst bei Renteneintritt fest – lediglich die Beiträge selbst stellen einen Garantieanteil dar
Zusage auf:	Eine feste Rentenhöhe, eventuell mit Zusatzleistungen	Umwandlung oder Aufwendung von Beiträgen für eine betriebliche Altersvorsorge	Leistung von Beiträgen und spätere Auszahlung samt Erträgen
Möglich bei:	Allen Durchführungswegen	Allen Durchführungswegen	Direktversicherung, Pensionskasse, Pensionsfonds
Rentenanpassung	Entweder alle drei Jahre nach dem Preisindex oder jährlich um 1 %	Entweder alle drei Jahre nach dem Preisindex oder jährlich um 1 %	Nicht notwendig

I. Leistungszusagen

Bei Leistungszusagen wird den Mitarbeitern eine Rente zugesagt, deren Höhe schon im Voraus und je nach Finanzkraft des Arbeitgebers festgelegt wird. Sie richtet sich entweder ausschließlich nach der Dauer der Zugehörigkeit zum Unternehmen oder nach einem Prozentsatz des Bruttoeinkommens pro Jahr während der Betriebszugehörigkeit. Diese Form der Finanzierung kommt üblicherweise bei klassischen, arbeitgeberfinanzierten Varianten der betrieblichen Altersvorsorge, etwa in Form einer Direktzusage, vor.

II. Beitragsorientierte Leistungszusagen

Die bei der Leistungszusage entstehenden Belastungen sind für Unternehmen oft schwer zu kalkulieren. Dies gestaltet sich deutlich berechenbarer, wenn eine betriebliche Altersvorsorge im Rahmen einer beitragsorientierten Leistungszusage vereinbart wird. Hier verpflichtet sich der Arbeitgeber dazu, Beiträge in einer bestimmten Höhe zu verwenden, um damit für den Arbeitgeber Anwartschaften für Altersversorgung oder Invaliditäts- und Hinterbliebenenrenten zu erwerben. Die Höhe der zugesagten Rente ergibt sich in diesem Fall aus sogenannten Rentenbausteinen, die der Arbeitnehmer erwirbt. Die Bausteine werden aus den geleisteten Beträgen mit einem Mindestzins finanzmathematisch errechnet.

III. Beitragszusage mit Mindestleistung

Bei der Beitragszusage mit Mindestleistung ist die Berechnung der Höhe der später zu erwartenden Rente nicht mehr Sache des Arbeitgebers. Dieser geht allein die Verpflichtung ein, Beiträge in bestimmter Höhe für die Finanzierung der betrieblichen Altersversorgung eines Arbeitnehmers an ein Versorgungswerk zu leisten. Dies können sein:

- Direktversicherung
- Pensionskasse
- Pensionsfonds

Der Arbeitnehmer hat in der Auszahlungsphase lediglich ein Anrecht auf die eingezahlten Beiträge, von denen ausschließlich Kosten für zusätzliche Leistungen wie einer Hinterbliebenenrente abgezogen werden können. Ob ein Ertrag erwirtschaftet wird und die Rente dadurch höher ausfällt, hängt allein davon ab, wie erfolgreich das Versorgungswerk bei der Kapitalanlage ist. Das Risiko der Kapitalanlage liegt für den Ertragsanteil beim Arbeitnehmer. Dies bedeutet, dass der Ertragsanteil sowohl in der Anspar- wie auch in der Auszahlungsphase dem

Anlagerisiko unterliegt und lediglich die eingezahlten Beiträge durch den Arbeitgeber garantiert sind. Daher sollten Arbeitnehmer darauf achten, welches Unternehmen mit der Durchführung der Altersversorgung beauftragt wird. Die Haftung des Arbeitgebers beschränkt sich aber trotz Auslagerung des Risikos nicht auf die eingezahlten Beiträge, sondern er haftet im Falle einer lebenslangen Rente für die Lebenslänglichkeit und für den Zins, der bei der Umrechnung des angesammelten Kapitals in eine lebenslange Rente zugrunde gelegt wird.

E. Durchführungswege

8   Nach geltendem Recht sind mehr als 20 Gestaltungen denkbar, die sich aus der Kombination von fünf Durchführungswegen, drei Zusageformen und zwei Finanzierungsformen ergeben.

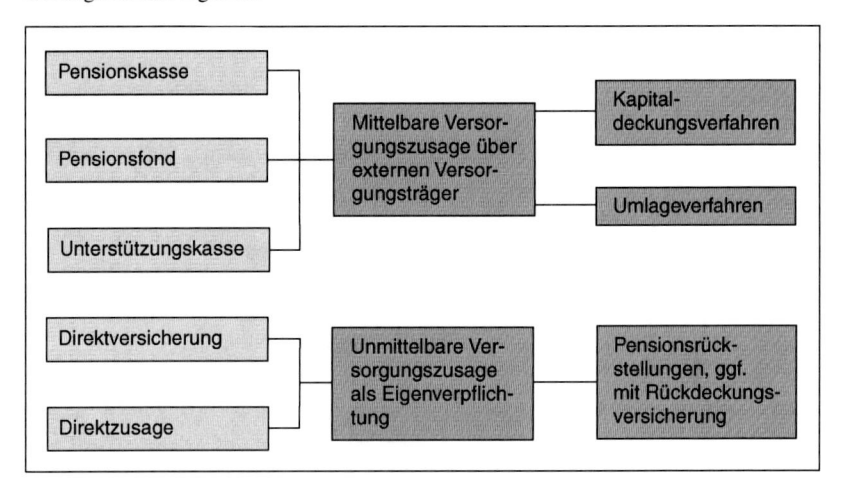

Pensionskasse	Mittelbare Versorgungszusage über externen Versorgungsträger	Kapitaldeckungsverfahren
Pensionsfond		
Unterstützungskasse		Umlageverfahren

Direktversicherung	Unmittelbare Versorgungszusage als Eigenverpflichtung	Pensionsrückstellungen, ggf. mit Rückdeckungsversicherung
Direktzusage		

Anrechte aus unterschiedlichen Durchführungswegen können nicht saldiert werden, sondern sind im jeweiligen Durchführungsweg zu teilen.

Die Wertermittlungs-Vorschriften lehnen sich so weit wie möglich an das Bewertungsrecht des Betriebsrentengesetzes an. Sie berücksichtigen
- die Form der Zusage,
- der Durchführung und
- der Finanzierung.

Die Regelungen gelten für alle Anrechte der betrieblichen Altersversorgung in der Privatwirtschaft, unabhängig vom Durchführungsweg.

I. Unterstützungskasse

1. Zusageform

Eine Unterstützungskasse ist eine rechtsfähige Versorgungseinrichtung (z.B. GmbH, e.V., Stiftung). Auf die Leistungen besteht kein Rechtsanspruch, nach der Rechtsprechung aber ein Quasi-Anrecht. Die Rechtsbeziehung besteht zwischen Arbeitnehmer und der Unterstützungskasse sowie dem Arbeitgeber als Ersatzleistender. **9**

2. Finanzierung

Der Arbeitgeber finanziert die Versorgungsleistung aus dem Betriebsvermögen oder Unternehmensertrag durch Dotierung in die Unterstützungskasse. Die Insolvenzsicherung erfolgt durch den Pensionssicherungsverein (PSVaG). **10**

3. Versorgungsausgleich

Nach § 2 Abs. 3 VersAusglG unterliegen die Anrechte dem Wertausgleich unabhängig von der Leistungsform. **11**

II. Direktzusage (unmittelbare Versorgungszusage)

1. Zusageform

Der Arbeitgeber sichert dem Arbeitnehmer eine Versorgungsleistung zu. Der Arbeitnehmer erhält einen Rechtsanspruch auf Versorgungsleistungen. Das Rechtsverhältnis besteht ausschließlich zwischen Arbeitgeber und Arbeitnehmer. **12**

2. Finanzierung

Der Arbeitgeber finanziert die Versorgungsleistung aus dem Betriebsvermögen oder Unternehmensertrag durch Pensionsrückstellungen. Auch eine Zusage des Arbeitgebers, die nur auf Entgeltumwandlung des Arbeitnehmers beruht, ist nach § 1a BetrAVG möglich. Die Insolvenzsicherung erfolgt durch den Pensionssicherungsverein. **13**

3. Versorgungsausgleich

Nach § 2 Abs. 3 VersAusglG unterliegen die Anrechte dem Wertausgleich unabhängig von der Leistungsform. Bei dem aus eigener Beitragsleistung begründeten **14**

Teilanspruch handelt es sich um Privatversicherung nach § 1 Abs. 1 VersAusglG. Diese sind im Wertausgleich nur zu berücksichtigen, wenn sie auf eine Rente gerichtet sind.

III. Direktversicherung

1. Zusageform

15 Der Arbeitgeber schließt als Versicherungsnehmer auf das Leben des Arbeitnehmers mit seinem Einverständnis eine Versicherung mit Versorgungscharakter ab. Der Arbeitnehmer oder dessen Hinterbliebene haben ein direktes sofortiges Bezugsrecht. Spätestens nach Eintritt der Unverfallbarkeitsvoraussetzungen ist es unwiderruflich. Die Rechtsbeziehung besteht im Dreiecksverhältnis zwischen dem Arbeitnehmer, dem Versicherer sowie dem Arbeitgeber als Ersatzleistender.

2. Finanzierung

16 Der Arbeitgeber finanziert die Versorgungsleistung vollständig oder anteilig aus dem Betriebsvermögen oder Unternehmensertrag durch Zahlungen an den Versicherer.

Auch eine Zusage des Arbeitgebers, die auf vollständiger oder anteiliger Entgeltumwandlung des Arbeitnehmers beruht, ist nach § 1a BetrAVG möglich. Ebenso eine alleinige Fortführung nach dem Ausscheiden aus dem Betrieb.

Es besteht keine zusätzliche Pflicht zur Absicherung. Bei Direktversicherungen gilt aber, dass auch hier eine Absicherung über den PSV vorgeschrieben ist, wenn der versicherte Arbeitnehmer kein unwiderrufliches Bezugsrecht auf die Leistungen hat oder wenn die Versicherung verpfändet ist. Denn nur, wenn das Bezugsrecht des Arbeitnehmers unwiderruflich gestaltet ist, kann im Insolvenzfall nicht auf die Versicherung zugegriffen werden.

3. Versorgungsausgleich

17 Nach § 2 Abs. 3 VersAusglG unterliegen die Anrechte dem Wertausgleich unabhängig von der Leistungsform. Bei dem aus eigener Beitragsleistung begründeten Teilanspruch handelt es sich um Privatversicherung nach § 1 Abs. 1 VersAusglG. Diese sind im Wertausgleich nur zu berücksichtigen, wenn sie auf eine Rente gerichtet sind.

IV. Pensionskasse

1. Zusageform

Der Arbeitgeber sichert dem Arbeitnehmer eine Versorgungsleistung zu. Der Arbeitnehmer als Versicherungsnehmer erhält eine Bezugsrecht auf Versorgungsleistungen. Die Rechtsbeziehung besteht im Dreiecksverhältnis zwischen dem Arbeitnehmer, dem rechtsfähigen Versorgungsträger sowie dem Arbeitgeber als Ersatzleistender.

18

2. Finanzierung

Der Arbeitgeber finanziert die Versorgungsleistung aus dem Betriebsvermögen oder Unternehmensertrag durch Beitragszahlungen an die Pensionskasse im Kapitaldeckungsverfahren. Eine weitergehende Insolvenzsicherung des Arbeitgebers ist nicht erforderlich.

19

Auch eine Zusage des Arbeitgebers, die auf vollständiger oder anteiliger Entgeltumwandlung des Arbeitnehmers beruht, ist nach § 1a BetrAVG möglich. Ebenso eine alleinige Fortführung nach dem Ausscheiden aus dem Betrieb.

3. Versorgungsausgleich

Nach § 2 Abs. 3 VersAusglG unterliegen die Anrechte dem Wertausgleich unabhängig von der Leistungsform. Bei dem aus eigener Beitragsleistung begründeten Teilanspruch handelt es sich um Privatversicherung nach § 1 Abs. 1 VersAusglG. Diese sind ist im Wertausgleich nur zu berücksichtigen, wenn sie auf eine Rente gerichtet sind.

20

V. Pensionsfonds

1. Zusageform

Der Arbeitgeber gibt dem Arbeitnehmer ein Betriebsrentenversprechen. Der Arbeitnehmer erhält einen Anspruch auf Versorgungsleistungen. Das Rechtsverhältnis besteht zwischen Arbeitgeber und Arbeitnehmer sowie Arbeitgeber und Pensionsfonds als rechtsfähigen Versorgungsträger.

21

2. Finanzierung

22 Der Arbeitgeber finanziert die Versorgungsleistung aus dem Betriebsvermögen oder Unternehmensertrag durch Beitragszahlungen an den Pensionsfonds im Kapitaldeckungsverfahren. Die Insolvenzsicherung erfolgt durch den Pensionssicherungsverein

3. Versorgungsausgleich

23 Nach § 2 Abs. 3 VersAusglG unterliegen die Anrechte dem Wertausgleich unabhängig von der Leistungsform.

VI. Sonstige

24 Auch Ausgleichsbeträge für Rentenabschläge wegen vorzeitiger Inanspruchnahme für eine Rente nach dem SGB VI oder dem BetrAVG gehören in den Wertausgleich.

F. Leistungsarten

25 In der Regel sind folgende Leistungsarten vorgesehen:
- Altersversorgung
- Invaliditätsversorgung
- Hinterbliebenenversorgung

Es gibt jedoch auch Versorgungen mit nur einer oder zwei der Leistungsarten.

Zusätzliche Leistungen, wie
- Zuschüsse zur Kranken- und Pflegeversicherung
- Rehabilitationsmaßnahmen
- Darlehen

sind in der betrieblichen Versorgung eher unüblich.

G. Verfallbarkeit

26 Zu prüfen ist auch, ob die Anrechte bereits unverfallbar geworden sind. Aktuell tritt die Unverfallbarkeit ein, wenn der Arbeitnehmer das 30. Lebensjahr vollendet hat und die Versorgungszusage mindestens 5 Jahre bestanden hat.

Für arbeitnehmer- und arbeitgeberfinanzierte Zusagen, die vor 2001 erteilt wurden, gilt (§ 30f BetrAVG): wenn der Arbeitnehmer das 35. Lebensjahr vollendet hat und die Versorgungszusage mindestens 10 Jahre bestanden hat oder das 35. Lebensjahr vollendet hat und die Versorgungszusage mindestens 3 Jahre bestanden und die Betriebszugehörigkeit mindestens 12 Jahre angedauert hat.

Mit Ablauf des 31. Dezember 2005 sind aber auch Zusagen, die vor 2001 erteilt wurden, gesetzlich unverfallbar, wenn sie fünf Jahre bestanden haben (siehe § 30f BetrAVG) und der Arbeitnehmer das 30. Lebensjahr vollendet hat. Die Höhe der gesetzlich unverfallbaren Anwartschaft errechnet sich anteilig oder aus dem aus den Beiträgen gebildeten Vermögen (Deckungskapital, § 2 BetrAVG). Unabhängig von den gesetzlichen Unverfallbarkeitsfristen kann zwischen Arbeitgeber und Arbeitnehmer eine frühere vertragliche Unverfallbarkeit vereinbart werden.

Anrechte aus Entgeltumwandlung sind stets unverfallbar.

Anrechte die dem Grunde oder der Höhe noch verfallbar sind fehlt nach § 19 VersAusglG die Ausgleichsreife. Das bedeutet das sie nur schuldrechtlich im Wertausgleich nach der Scheidung nach den §§ 20 ff. VersAusglG ausgeglichen werden können.

H. Insolvenzsicherung

Laufende Leistungen und unverfallbare Anwartschaften von Arbeitnehmern sind bei der Direktzusage, der Unterstützungskasse und dem Pensionsfonds über den Pensionssicherungsverein innerhalb bestimmter Grenzen gegen Verlust in Insolvenz geschützt. Die Höchstgrenze der Insolvenzsicherung beträgt für laufende Renten das dreifache der monatlichen Bezugsgröße nach § 18 SGV IV (2009 = 2.520 * 3 = 7.560 EUR) und das 120fache der Monatsrente bei Einmalkapitalleistungen (2009 = 7.560 * 120 = 907.200 EUR). Für Inhaber von verfallbaren Versorgungsanwartschaften oder für Nicht-Arbeitnehmer (z.B. Organmitglieder von Kapitalgesellschaften, z.B. Vorstandsmitglieder von Aktiengesellschaften) bieten sich stattdessen oder zusätzlich Insolvenzsicherungsmöglichkeiten über die Verpfändung von Rückdeckungsversicherungsverträgen oder die sogenannte Contractual Trust Arrangements, kurz CTA genannt, an.

I. Wartezeit

Aufgrund der Regelungen zur Unverfallbarkeit sehen heute die meisten Versorgungen nur noch eine Mindestwartezeit vom 60 Monaten (5 Jahren) als Voraussetzung für eine Leistung bei Invalidität, ab Erreichen des 65. Lebensjahres bzw. der Regelaltersgrenze oder Hinterbliebenenrenten vor.

Für vorgezogene Versorgungen können jedoch auch längere Wartezeiten vorgesehen sein. Daher sollten immer die Versorgungsregelungen zur Prüfung angefordert werden.

J. Anpassung

29 Nach § 16 BetrAVG ist der Arbeitgeber verpflichtet, bei laufenden Versorgungen alle drei Jahre eine Anpassung zu prüfen. Die Rechtsprechung hat aus dieser Prüfungspflicht eine weitgehende Anpassungspflicht entwickelt. Eine jährliche Anpassung von 1 % ist ausreichend. Da im Wertausgleich für die Bewertung von Anwartschaften auf den Zeitpunkt des Endes der Ehezeit abgestellt wird, sind zukünftige Anpassungen zunächst unbeachtlich. Bei Vereinbarung und den Prüfungen nach § 18 ist jedoch eine zukünftige Wertentwicklung zu berücksichtigen. Dabei spielen vergangene und zukünftige Anpassungen eine Rolle.

K. Wertberechnungen

30 Die Bewertung erfolgt grundsätzlich nach den Bewertungsregeln des Betriebsrentengesetzes (BetrAVG).

I. Grundlagen

31 Die Wertermittlung für betriebliche Anrechte wurde grundlegend neu geordnet. Diese war bislang in § 1587a Abs. 2 Nr. 3 BGB geregelt und sah die Bestimmung des Ehezeitanteils einer Anwartschaft oder einer Leistung aus einer betrieblichen Altersversorgung in jedem Fall nach der zeitratierlichen Methode vor. Inzwischen haben sich die betriebliche Altersversorgung und auch das Betriebsrentenrecht aber erheblich fortentwickelt. Zugleich sind weitere Zusageformen und zusätzliche Durchführungswege entstanden.

Dieser Entwicklung folgend enthält jetzt auch das Betriebsrentenrecht differenzierte Regeln und Bewertungsvorschriften für die höchst unterschiedlichen Ausgestaltungen der betrieblichen Versorgungssysteme.

Es bleibt dem betrieblichen Versorgungsträger überlassen, die Bezugsgröße für die interne oder externe Teilung zu bestimmen.

II. Zeitpunkt der Berechnung

32 Für die Wertermittlung ist der Zeitraum zwischen Eintritt in den Betrieb und dem Ausscheiden aus dem Betrieb maßgeblich. Falls die Mitgliedschaft der ausgleichspflichtigen Person im Betriebsrentensystem zum Ehezeitende noch fortbesteht, ist das Ende der Ehezeit als fiktiver Zeitpunkt des Ausscheidens anzunehmen. Dieses Verfahren ist den betrieblichen Versorgungsträgern bekannt, denn auch bei der Auskunftserteilung nach § 4a BetrAVG gegenüber Betriebsangehörigen muss das Ausscheiden zum Zeitpunkt der Auskunftserteilung fingiert werden. Auf diese Weise kann der Wert der Anwartschaft nach den Maßgaben der jeweiligen Versorgungsordnung zum Ende der Ehezeit als maßgeblichem Stichtag für den Versorgungsausgleich ermittelt werden.

III. Ermittlung des Anrechts

33 Der **Versorgungsträger** ermittelt das Anrecht

- als Rentenbetrag nach § 2 BetrAVG und zusätzlich als korrespondierenden Kapitalwert nach § 47 VersAusglG oder
- als Kapitalbetrag nach § 4 Abs. 5 BetrAVG oder
- aus einer anderen Bezugsgröße.

IV. Bewertungsmethoden

34 Der Versorgungsträger berechnet den Wert des Anrechts

- vorrangig mit der unmittelbaren Bewertung nach § 39 VersAusglG
- eindeutige Zuordnung erdienter Leistungsteile zu bestimmten Dienstjahren
- *Hinweis*: am Versorgungsbedarf orientierte Leistungsstaffeln, Festrentenbeträge, Zurechnungszeiten o.Ä. sind nicht unbedingt geeignete Parameter
- nachrangig mit der zeitratierlichen Bewertung nach § 40 VersAusglG.

Bei betrieblichen Leistungszusagen ist regelmäßig die zeitratierliche Bewertung anzuwenden. Im Zweifelsfall ist die zeitratierliche Bewertung anzuwenden.

§ 7 Teil B: Versorgungssysteme

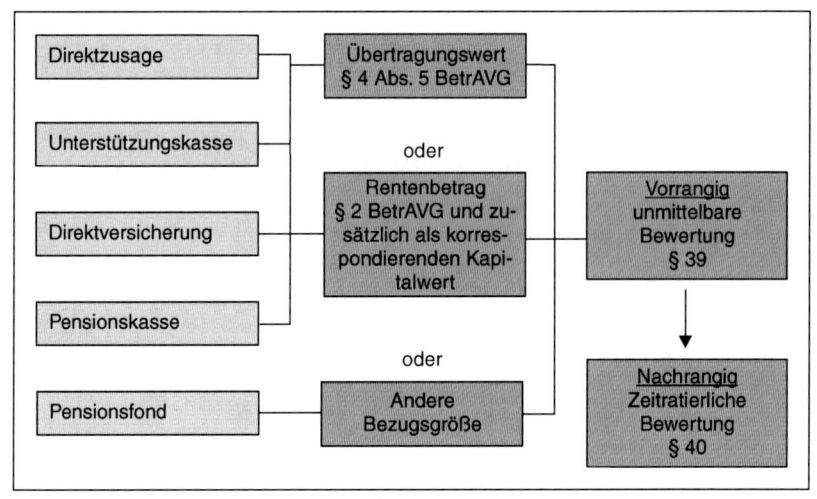

```
┌──────────────────────┐
│ Direktzusage         │──┐   ┌──────────────────────┐
└──────────────────────┘  │   │ Übertragungswert     │
                          ├───│ § 4 Abs. 5 BetrAVG   │
┌──────────────────────┐  │   └──────────────────────┘
│ Unterstützungskasse  │──┤
└──────────────────────┘  │           oder
                          │   ┌──────────────────────┐       ┌──────────────────┐
┌──────────────────────┐  │   │ Rentenbetrag         │       │ Vorrangig        │
│ Direktversicherung   │──┤   │ § 2 BetrAVG und zu-  │       │ unmittelbare     │
└──────────────────────┘  ├───│ sätzlich als korres- │───────│ Bewertung        │
                          │   │ pondierenden Kapi-   │       │ § 39             │
┌──────────────────────┐  │   │ talwert              │       └──────────────────┘
│ Pensionskasse        │──┤   └──────────────────────┘                │
└──────────────────────┘  │                                           ▼
                          │           oder                  ┌──────────────────┐
┌──────────────────────┐  │   ┌──────────────────────┐      │ Nachrangig       │
│ Pensionsfond         │──┘   │ Andere               │──────│ Zeitratierliche  │
└──────────────────────┘      │ Bezugsgröße          │      │ Bewertung        │
                              └──────────────────────┘      │ § 40             │
                                                            └──────────────────┘
```

Abbildung: Bewertung von betrieblichen Anrechten

V. Zeitratierliche Bewertung

35 Die Anwendung der zeitratierlichen Bewertung erfolgt in denjenigen Fällen, in denen eine unmittelbare Bewertung nicht möglich oder unzumutbar ist, z.b.:
- die endgehaltsbezogene Direktzusage,
- bei Pensionskassen, bei denen es arbeitsrechtlich auf den Zeitpunkt des Kapitalzuflusses nicht ankommt,
- die konkreten Zahlungsströme in der Ehezeit aus den bei dem Versorgungsträger vorhandenen Dokumentationen nicht mehr zu ermitteln sind.

Bei der zeitratierlichen Bewertung ist nach Ermittlung der gesamten betrieblichen Anwartschaft ein Quotient aus der ehezeitlichen Betriebszugehörigkeit und der in die Ehezeit fallenden Betriebszugehörigkeit zu bilden. Entsprechend der Regelung des § 2 Abs. 1 BetrAVG und der Rechtsprechung zu § 1587a Abs. 2 Nr. 3 Buchstabe a BGB ist dabei nicht auf die Mitgliedschaft bei der jeweiligen Versorgungseinrichtung eines Betriebes, sondern auf die Betriebszugehörigkeit abzustellen.

Für den Beginn der gesamten Betriebszugehörigkeit ist der tatsächliche Beginn der Betriebszugehörigkeit maßgeblich und nicht der Zeitpunkt der Erteilung der Versorgungszusage (Ausnahme GmbH-Gesellschafter Versorgung). Die Betriebszugehörigkeit endet mit dem Erreichen der Regelaltersgrenze bzw. dem Ausscheiden aus dem Betrieb oder dem Eintritt eines vorzeitigen Leistungsfalls.

Betriebliche Versorgungen § 7

Eine Teilzeitbeschäftigung wirkt sich nicht auf die Dauer der Betriebszugehörigkeit aus, kann aber als Beschäftigungsquotient auf die Höhe der Versorgung wirken.

Nach dem „betriebsrentenrechtlichen m/n-Verfahren" ist in einem zweiten Schritt ein „versorgungsausgleichsrechtliches m/n" zu errechnen, um so den Ehezeitanteil zu ermitteln.

```
          Beginn der Ehezeit        Ende der Ehezeit
|─────────────────────────────────────────────────────▶
|◀─────────────────────────────────────────▶ n1
|◀ ─ ─ ─ ─ ─ ─ ─ ─ ─ ─ ─ ─ ─ ─ ─ ─ ─ ─ ─ ─ ▶ n2
|◀ ─ · ─ · ─ · ─ · ─ · ─ · ─ · ─ · ─ · ─ · ▶ m1
|◀ ─  ─  ─  ─  ─  ─  ─  ─  ─  ─  ─  ─  ─  ▶ m2
Eintritt in Betrieb                  Regelaltersgrenze
```

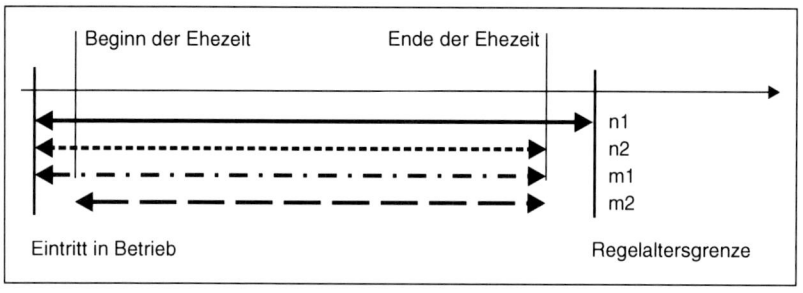

Abbildung: Zeiträume für Wertermittlung Betriebsrente

Beläuft sich beispielsweise der Wert der gesamten betrieblichen Anwartschaft nach § 2 BetrAVG bis zum Stichtag nach Absatz 1 auf 500 EUR und dauerte die Betriebszugehörigkeit bis zu diesem Zeitpunkt 40 Jahre, die ehezeitliche Betriebszugehörigkeit aber nur 20 Jahre, so beträgt der Quotient 20/40 = 1/2. Der Ehezeitanteil beträgt dann 250 EUR; der hierauf beruhende Ausgleichswert 125 EUR (ohne Berücksichtigung von Kosten).

Beispiel: ehezeitlicher Anteil Betriebsrente

Eintritt in den Betrieb	1.11.1974	
Beginn der Ehezeit	1.11.1989	
Ende der Ehezeit	31.10.2009	
Wert zum Ehezeitende	500,00 €	
Dauer der Betriebszugehörigkeit	1.11.1974 bis 31.10.2009	35 Jahre (420 Monate)
Dauer der Ehezeit	1.11.1989 bis 31.10.2009	20 Jahre (240 Monate)

§ 7 Teil B: Versorgungssysteme

Ehezeitlicher Anteil	500,00 EUR *	240 Monate / 420 Monate	250,00 €
Hälfte aus Ausgleichswert			125,00 €

Rechnerisch führt die Berechnung in den Fällen einer endgehaltabhängigen Direktzusage zu demselben Ergebnis (gleicher Ehezeitanteil) wie die bislang geltende Berechnungsvorschrift des § 1587a Abs. 2 Nr. 3 BGB:

Ist die Höhe der unverfallbaren Anwartschaft nach dem „m/n-Verfahren" zu berechnen, so ist in einem ersten Schritt („betriebsrentenrechtliches m/n") sowohl die Dauer vom Eintritt in den Betrieb bis zum Ehezeitende (m1) als auch die Dauer vom Eintritt in den Betrieb bis zum Erreichen der maßgeblichen Altersgrenze (n1) zu bestimmen. Wird etwa einem Arbeitnehmer bei Erreichen der maßgeblichen Altersgrenze eine Versorgung in Höhe von R zugesagt, so ist die Höhe der unverfallbaren Anwartschaft in diesem Fall (m1/n1) × R. Im zweiten Schritt („versorgungsausgleichsrechtliches m/n") ist sowohl die Dauer der Betriebszugehörigkeit, die in die Ehezeit fällt (m2), als auch die gesamte Betriebszugehörigkeit bis zum Ehezeitende (n2) zu bestimmen. Der Ehezeitanteil ergibt sich dann, indem die unverfallbare Anwartschaft mit dem „versorgungsausgleichsrechtlichen m/n" multipliziert wird:

Tabellen: Formel ehezeitlicher Anteil Betriebsrente

Eintritt in den Betrieb	1.1.1980
Maßgebliche Altersgrenze	31.12.2010
Versorgung in Höhe von (R)	500,00 €
Beginn der Ehezeit	1.11.1989
Ende der Ehezeit	31.10.2009
Dauer bis Ehezeitende	358 Monate
Dauer bis Altersgrenze	372 Monate

Formel kurz	(m2/n1) ×	R	
	(240/372) *	500,00 €	
	0,6451 *	500,00 € =	322,55 €

Ausführlich siehe § 2 Rn 159.

L. Korrespondierender Kapitalwert

Wird der Ehezeitanteil als Übertragungswert nach § 4 Abs. 5 BetrAVG mitgeteilt, so gilt dieser gleichzeitig als korrespondierender Kapitalwert. **36**

Wird der Ehezeitanteil als Rentenbetrag, als Rentenbaustein oder Fondsanteil mitgeteilt, so ist zusätzlich der korrespondierende Kapitalwert mitzuteilen.

Notwendige Berechnungsparameter für eine Altersrente. **37**

Leistungsdauer	Lebenserwartung ab Leistungsbeginn
Rechnungszins in Leistungsdauer	Rechnungszins ist der Zins mit dem ein Kapital verzinst wird
Anwartschaftszeit	Zeit bis zum Versorgungsbeginn
Rechnungszins in Anwartschaftszeit	Nach § 253 II HGB
Dynamikerwartung	Dynamik ist die regelmäßige Veränderung einer Versorgung, einschließlich der Inflation

Leistungsabhängige Berechnungsparameter
- Hinterbliebenenversorgung
- Invaliditätsversorgung (ca. 10–12 % Zuschlag)
- Rehabilitationsleistungen

Ein Beispiel, wie sich ein unterschiedlicher Rechnungszins auf die Höhe Kapitalwertes auswirkt und welcher monatliche Rentenbetrag der ausgleichspflichtigen Person abgezogen und der ausgleichsberechtigten Person gutgeschrieben wird:

Korrespondierender Kapitalwert (Alter 46) auf der Grundlage der Tabellen von Heubeck (2005 G)

100,00 EUR x 12 x 4,374 (Rechnungszins 6 %) = 5.248,80 EUR
100,00 EUR x 12 x 5,620 (Rechnungszins 5 %) = 6.744,00 EUR
100,00 EUR x 12 x 6,394 (Rechnungszins 4,5 %) = 7.672,80 EUR
100,00 EUR x 12 x 9,556 (Rechnungszins 3 %) = 11.467,20 EUR

Für den Rechnungszins ist § 253 Abs. 2 HGB zum Bilanzmodernisierungsgesetz zu beachten. Da dieser Wert zum Zeitpunkt der Erstellung des Buches noch nicht bekannt ist, wurde in diesem Beispiel ein Rechnungszins von 4,5 % zugrunde gelegt.

	Mann	Frau
Alter	46	41
Barwertfaktor (4,5 %, Trend 1,0 %)[1]	6,394	6,116
Ausgleichswert monatlich	100,00	100,00
Kapitalwert	100*12*6,394 = 7.672,80	7.672,80
Kosten interne Teilung 3 %	1,03	0,97
Kapitalwert nach Kosten	7.902,98	7.442,62
Rentenbetrag jährlich	7.902,98 / 6,394 = 1.236,00	1.216,91
Rentenbetrag monatlich	103,00	101,41

M. Ehezeit

38 In der betrieblichen Altersversorgung (bAV) kommt es auf den Zeitpunkt der Arbeitsleistung an. Fiel diese in die Ehezeit, ist das Anrecht insoweit zuzurechnen.

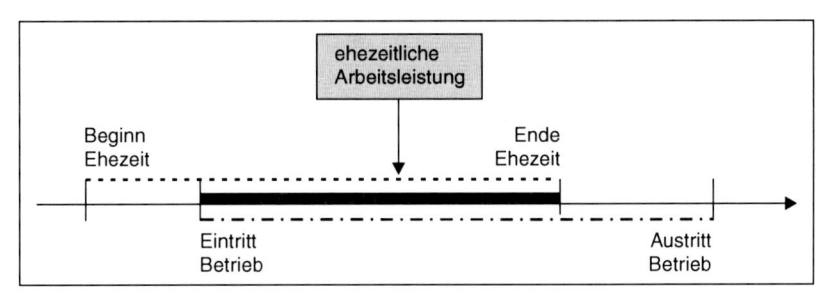

Abbildung: ehezeitliche Arbeitsleistung Betriebsrente

N. Teilungskosten

39 Die Versorgungsträger können bei der internen Teilung die angemessenen Kosten die durch die Teilung entstehen hälftig auf die Ehegatten umlegen.

Die Kosten können pauschaliert werden. Ein pauschaler Kostensatz von 2–3 % des Deckungskapitals galt bisher als angemessen. Auch Pauschalbeträge sind zulässig, wie bei der VBL.

---

1 Tabellen von *Heubeck* (2005 G).

Betriebliche Versorgungen § 7

O. Vorschlag für Ausgleichswert

Der Versorgungsträger unterbreitet dem Familiengericht einen Vorschlag über den Ausgleichswert. **40**

Ausgleichswert ist die Hälfte des Ehezeitanteils eines Anrechts abzüglich hälftige Teilungskosten.

$$\text{Ausgleichswert} = \frac{\text{Ehezeitanteil}}{2} \ ./. \ \frac{\text{Teilungskosten}}{2}$$

P. Halbteilungsgrundsatz

Es ist immer zu prüfen, ob der Wertausgleich auch dem Halbteilungsgrundsatz entspricht. Anderenfalls ist die Bewertung nach Billigkeit vorzunehmen. **41**

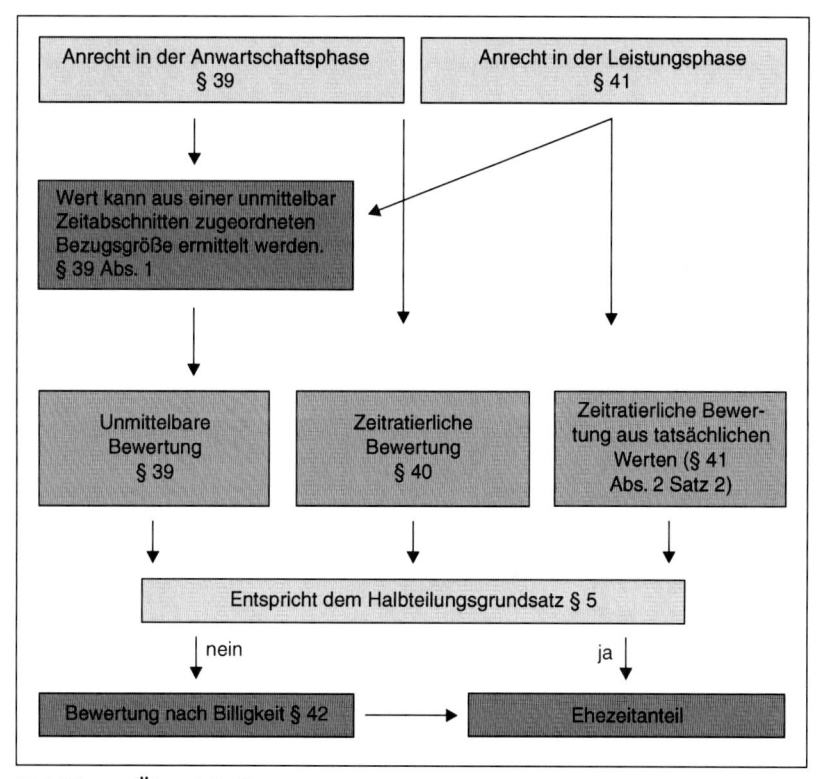

Abbildung: Übersicht Bewertungen

Q. Rentnerprivileg

42 Es gibt kein Rentnerprivileg mehr. Die Betriebsrente wird durch Realteilung geteilt und sofort ab Rentenbeginn um den Versorgungsausgleich gekürzt. Bei Tod der ausgleichsberechtigten Person bleibt die Betriebsrente für immer gekürzt, da die Betriebsrente nicht „angepasst" wird (§ 32 VersAusglG).

R. Kürzung des Anrechts der ausgleichspflichtigen Person

43 Kürzung der Leistungsarten:
- Altersversorgung
- Invaliditätsversorgung
- Hinterbliebenenversorgung

Kürzung in der Leistungsform:
- Rente bzw. Kapital entsprechend ursprünglicher Zusage
- Gleichbleibende Anwartschaft oder proportionale Kürzung der ursprünglichen Zusage

S. Begründung eines Anrechts bei der ausgleichsberechtigten Person

44 Begründung von Leistungsarten:
- Altersversorgung
- Invaliditätsversorgung
- Hinterbliebenenversorgung

Leistungsform des zu begründenden Anrechts:
- Rente bzw. Kapital entsprechend ursprünglichem Anrecht

Der Risikoschutz für die Leistungsarten (Altersversorgung, Invaliditätsversorgung, Hinterbliebenenversorgung) des neuen Anrechts muss bei der internen Teilung dem des auszugleichenden Anrechts entsprechen. Der Versorgungsträger kann aber den Risikoschutz auf eine reine Altersversorgung beschränken, wenn er für das nicht abgesicherte Risiko einen zusätzlichen Ausgleich bei der Altersversorgung schafft.

Die Ausgleichsberechtigte Person hat nach § 11 Abs. 1 Nr. 3 kein Widerspruchsrecht, sondern ist an die Entscheidung des Versorgungsträgers gebunden.

T. Teilungsordnung

Die Versorgungsträger können und sollten Teilungsordnungen erstellen und diese dem Gericht mitteilen. **45**

Das Gericht kann dann alle erforderlichen Angaben im Tenor aufführen, z.b.:
- Zusage, Tarif, Endalter, Risiken, Besonderheiten etc.

Außerdem kann die Teilungsordnung weitere Regelungen enthalten, z.b.:
- Beschränkung des Risikoschutzes auf eine Altersversorgung (§ 11 VersAusglG)
- vorrangige externe Teilung
- Verrechnungsvereinbarungen mit anderen Versorgungsträgern

Die Verbände der Versorgungsträger und der Versicherungswirtschaft wollen Muster-Teilungsordnung entwickeln.

U. Kosten

Die Einbindung aller Arbeitgeber mit betrieblicher Versorgung in das Versorgungsausgleichsverfahren bedeutet zusätzlichen Aufwand und Kosten für Ehegatten und Arbeitgeber. **46**

Tabelle: Kosten bAV

Arbeitgeber	Ehegatten
Kosten für die Ermittlung des ehezeitbezogenen Ausgleichswerts, ggf. durch einen Mathematiker, Aktuar oder Rentenberater	Beim Einrichten neuer Versorgungskonten können zusätzliche oder neue Abschlusskosten bzw. Provisionen anfallen.
Verpflichtung zur eigenständigen Versorgung des betriebsfremden Geschiedenen (als Ausgleichsnehmer). Der Ausgleichsnehmer erhält die versorgungsrechtliche Stellung eines ausgeschiedenen Arbeitnehmers.	Kein Recht auf Ausbau des neuen Anrechts bei interner Teilung.
Erhöhung der Anzahl der Versorgungsanwärter und Rentner	Zersplitterung der Anrechte

Arbeitgeber	Ehegatten
Mehraufwand und Zusatzkosten durch Einrichtung, Organisation und Pflege von zwei Versorgungen, steuerliche Auskünfte + Bescheinigungen, Pfändungen	Die Teilungskosten sind angemessen von den Ehegatten zu tragen.
Vorzeitiger Kapitalabfluss bei externer Realteilung	Die Rendite der Versorgung kann sinken, bis hin zu Negativrenditen.
Zusätzliche Haftungsrisiken	Ausschluss des Risikos von Invalidität und Hinterbliebenenversorgung
Höhere PSVaG – Insolvenzsicherungskosten	
Gesetzliche Verfahrensbeteiligung als Versorgungsträger, juristische Begleitung in jedem Verfahren erforderlich	
Anstieg der Risiken durch Volatilität, Langlebigkeit, Rentenanpassungen	
Unterschiedliche Auszahlungszeitpunkte für Versorgungen (meist am Monatsende) und schuldrechtlichen Zahlungen (monatlich im Voraus).	

V. Was müssen die Versorgungsträger tun?

47 Die Versorgungsträger müssen
- entscheiden, ob der Risikoschutz auf eine Altersversorgung begrenzt wird
- ob nach Möglichkeit extern ausgeglichen werden soll
- entscheiden, ob sie Vereinbarungen der Ehegatten zustimmen
- die rechtlichen Grundlagen angleichen, z.b. Satzung, allgemeine Versicherungsbedingungen, technischer Geschäftsplan
- Regeln für den Wertausgleich nach der Scheidung und die Teilhabe an der Hinterbliebenenversorgung aufstellen
- die elektronische Datenverarbeitung und Datenübermittlung einrichten
- Musterschreiben mit Erläuterungen zum Rechenweg entwerfen, ggf. auch für unterschiedliche Versorgungsregelungen
- gerichtliche Entscheidungen prüfen und vollziehen
- die Interessen der Versorgungsträger im Beschwerdeverfahren vertreten

W. Auskunftspflichten des Versorgungsträgers

Den Versorgungsträgern wurden erhebliche, umfangreichere Auskunfts- und Bewertungspflichten auferlegt: **48**
- Übersichtliche und nachvollziehbare Berechnung des Ehezeitanteils
- Mitteilung der Berechnungsgrundlagen
  - versicherungsmathematische Berechnungsverfahren,
  - grundlegende Annahmen der Berechnung,
  - Rechnungszins,
  - Sterbetafeln,
- zugrundeliegende vertragliche Bestimmungen
  - Einzelzusage
  - Versorgungsregelungen, Versorgungsordnungen, Versorgungsstatuten
  - Betriebsvereinbarungen
  - Tarifverträge
- Mitteilung der maßgeblichen Regelungen (Teilungsordnung)
- Vorschlag für die Bestimmung des Ausgleichswertes
- Mitteilung und Begründung der angesetzten Kosten für die interne Teilung
- Korrespondierender Kapitalwert bei Renten
- Falls gewünscht Verlangen und Vorschlag zur externen Teilung

§ 7 Teil B: Versorgungssysteme

übersichtlich	Ausgangsparameter müssen geordnet mitgeteilt werden: • zu Grunde gelegte Ehe- und Beschäftigungszeit, • zur Bestimmung des Wertes des Anrechts erbrachte Leistungen, Beiträge, Deckungskapitalien etc. • der Leistungsumfang der Versorgungszusage (Rente, Kapital, Hinterbliebenen- und Invaliditätsversorgung)
nachvollziehbar	die maßgebliche Versorgungsordnung, Betriebsvereinbarung, Satzung o. ä. ist anzugeben und ggf. beizufügen. Sämtliche Berechnungsfaktoren sind anzugeben
verständlich	Die Auskünfte müssen auch für Parteien ohne versicherungsmathematische Vorkenntnisse verständlich sein. Dabei ist auf den Empfängerhorizont abzustellen.

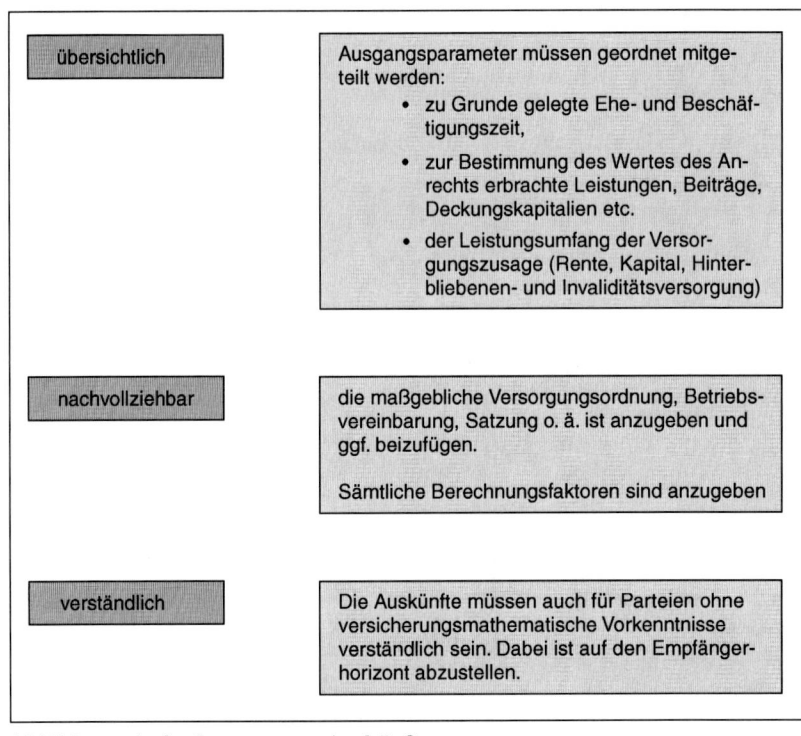

Abbildung: Anforderungen an Auskünfte

X. Risiken des Arbeitgebers

49 Anders als bei den vermögenswirksamen Leistungen, wo der Arbeitgeber nur Beträge weiterleitet und es Aufgabe des Mitarbeiters ist, sich gut beraten zu lassen, trägt der Arbeitgeber bei der betrieblichen Altersversorgung das Risiko eine wertgleiche Anwartschaft garantieren zu müssen.

Die Haftung für
- schlechte Kapitalanlagen,
- zu hohe Abschluss- und Verwaltungskosten,
- zu niedrige Rentabilität,
- die Insolvenz des von ihm ausgewählten Trägers der betrieblichen Versorgung,
- die Komplexität

führen manche Arbeitgeber an die Grenze der Belastbarkeit. Im Rahmen des Auskunftsverfahrens werden auch die Ehegatten manchmal feststellen müssen, dass die geplante Versorgung durch die vorgenannten Faktoren nicht die Höhe hat, die sie für Ihre Altersversorgung eingeplant hatten. Hier wird sich mancher Arbeitgeber unangenehmen Fragen stellen müssen.

Y. Checkliste

Auskünfte des Versorgungsträgers und Angaben im Tenor: 50
- Eintritt in den Betrieb, Beginn des Versicherungsschutzes
- Versicherungsnehmer z.b. bei Direktversicherungen
- Endalter der Zusage für den Ausgleichsberechtigten
- Eingeschlossene Risiken im Anrecht der ausgleichspflichtigen Person (Tarif / Rechnungsgrundlagen)
- Eingeschlossene Risiken im Anrecht der ausgleichsberechtigten Person (Tarif / Rechnungsgrundlagen), Ausgleich für Ausschluss von Risiken
- Insolvenzsicherung
- Recht auf Fortsetzung der Versicherung mit eigenen Beiträgen, z.B. Entgeltumwandlung DV
- Angemessenheit der Kosten bei interner Teilung
- Nichterreichen von geschäftsplanmäßigen Mindestrenten u.Ä.
- Aufteilung von vorhandenem Deckungskapital in gleich hohe Renten oder Teilung des ehezeitlichen Deckungskapital

Z. Fragen und Antworten Betriebliche Altersversorgung

I. Welche Pflichten hat der Arbeitgeber gegenüber dem Familiengericht?

Auf den Arbeitgeber als Versorgungsträger kommen erhebliche höhere Anforderungen zu. Er ist jetzt Beteiligter des Verfahrens. Außerdem muss er nicht mehr nur wie bisher den ehezeitlichen Anteil einer Versorgung mitteilen, sondern 51
- prüfen ob die Pflicht zum Ausgleich grundsätzlich besteht
- prüfen ob die Anrechte ausgleichsreif sind
- den Ehezeitanteil berechnen
- einen Vorschlag für die Bestimmung des Ausgleichswert unterbreiten
- beifügen von übersichtlichen und nachvollziehbaren Berechnungen mit Hinweisen zu

§ 7 Teil B: Versorgungssysteme

- grundlegenden Annahmen der Berechnung
- angewandten versicherungsmathematischen Berechnungsverfahren
- Zinssätzen und angewandten Sterbetafeln
- Zugehörigkeit der ausgleichspflichtigen Person zum Versorgungssystem
- in verständlicher Form und auf den Empfängerhorizont abgestellt
- die maßgebliche Versorgungsordnung beifügen
- das Teilungsverfahren festlegen
- die gerichtlichen Anordnungen durchführen.

Betriebliche Versorgungen § 7

```
                    ┌─────────────────────────────┐
                    │ Ehescheidung des Mitarbeiters │
                    └─────────────────────────────┘
                                  │
                                  ▼
                    ┌─────────────────────────────┐
                    │ Ausgleichspflicht des Arbeitgebers │
                    │    (als Versorgungsträger)    │
                    └─────────────────────────────┘
                     ja  │              │  nein
                         ▼              ▼
```

Besteht Ausgleichsreife (§ 19)?
- Ist das Anrecht bereits unverfallbar?
- Abschmelzende Leistung
- Ausgleich unwirtschaftlich für ausgleichsberechtigte Person
- Ausländisches Anrecht

ja / nein

Keine Ausgleichspflicht wenn
- Kurze Ehedauer bis 3 Jahre (Ausnahme Antrag eines Ehegatten, § 3 Abs. 3)
- Geringfügige Differenz von Ausgleichswerten gleicher Art (§ 18 Abs. 1)
- Einzelne Anrechte mit geringem Ausgleichswert (§ 18 Abs. 2)

ja:
- Einbeziehung in den Versorgungsausgleich
- Berechnung des Ausgleichswert

nein:
Verfallbare Anrechte (§ 19) oder Vereinbarung (§ 6)
- Keine Berechnung
- Mitteilung des Grundes

Bestimmung des Ehezeitanteils (§ 5) als Rentenbetrag oder Kapitalbetrag oder sonstige Bezugsgröße

vorrangig: **Unmittelbare Bewertung (§ 39)**

nachrangig: **Zeitratierliche Bewertung (§ 40)**

Bestimmung des Teilungsverfahrens

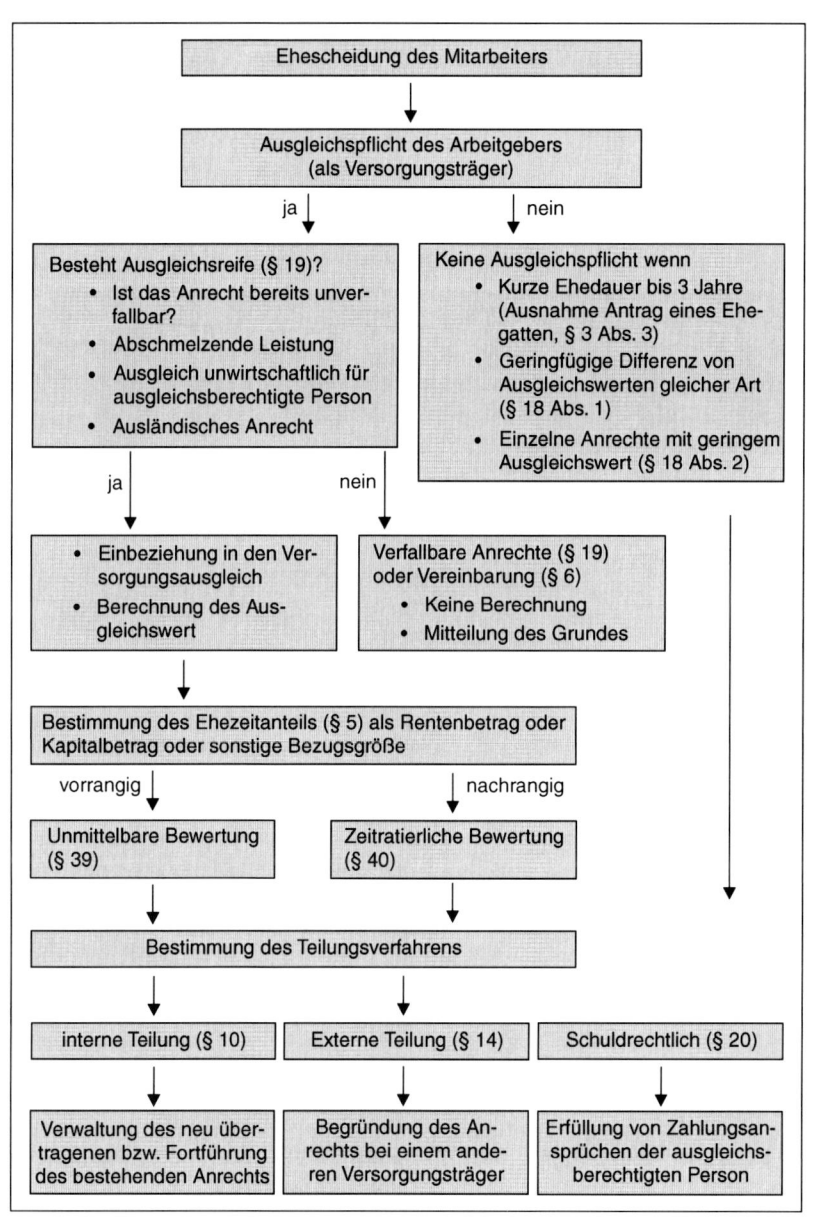

interne Teilung (§ 10)	Externe Teilung (§ 14)	Schuldrechtlich (§ 20)
Verwaltung des neu übertragenen bzw. Fortführung des bestehenden Anrechts	Begründung des Anrechts bei einem anderen Versorgungsträger	Erfüllung von Zahlungsansprüchen der ausgleichsberechtigten Person

Abbildung: Arbeitgeberpflichten bAV

Der Arbeitgeber sollte in seine Versorgungsstatuten eine eigene Versorgungsausgleichsregelung einfügen, um dem Verwaltungsaufwand für Anfragen und Auskünfte scheidungswilliger Mitarbeiter zu minimieren und zugleich dem Familiengericht eine nachvollziehbare Berechnungsgrundlage für die Teilung der Anrechte zur Verfügung zu stellen.

II. Welche Pflichten hat der Arbeitgeber gegenüber der ausgleichsberechtigten Person?

52 Überträgt das Familiengericht den Ausgleichswert im Rahmen der internen Teilung muss der Arbeitgeber als Versorgungsträger die ausgleichsberechtigte Person versorgungsrechtlich in der Rechtsstellung eines ausgeschiedenen Arbeitnehmers im Sinne des Betriebsrentengesetzes aufnehmen.

Er muss eine gleichwertige Teilhabe der ausgleichsberechtigten Person sicherstellen, indem er ihr ein eigenständiges und entsprechend gesichertes Anrecht mit vergleichbarer Wertentwicklung einrichtet.

Der Arbeitgeber hat jedoch das Recht, den Risikoschutz auf eine reine Altersversorgung zu beschränken. Er ist aber dazu berechtigt, eine Invaliditätsversorgung oder Hinterbliebenenversorgung, die er seinen Mitarbeitern gewährt, gegenüber der ausgleichsberechtigten Person auszuschließen, wenn er für den wegfallenden Risikoschutz einen entsprechenden Ausgleich in der Höhe der Altersversorgung schafft.

Überträgt das Familiengericht den Ausgleichswert im Rahmen der externen Teilung muss der Arbeitgeber den Ausgleichswert als Kapitalbetrag an die gewählte Zielversorgung zahlen. Wurde keine Zielversorgung gewählt, so ist an die neu gegründete Versorgungsausgleichskasse zu zahlen.

III. Welche Pflichten hat der Arbeitgeber gegenüber der ausgleichspflichtigen Person?

53 Der Arbeitgeber als Versorgungsträger hat die Versorgungsanwartschaft beziehungsweise die gezahlte Rente des ausgleichspflichtigen Mitarbeiters im bestehenden Versorgungssystem entsprechend dem Ausgleichswert zu kürzen.

IV. Welche Rechte hat der ausgleichspflichtige Mitarbeiter gegenüber dem Arbeitgeber?

Bei der internen Teilung erhält die ausgleichsberechtigte Person die versorgungsrechtliche Stellung eines ausgeschiedenen Arbeitnehmers (§ 12). Es entsteht aber keine arbeitsrechtliche Beziehung zum Arbeitgeber.

54

Die ausgleichsberechtigte Person hat damit folgende Rechte:
- Anpassungsregelung für laufende Leistungen, § 16 BetrAVG
- Insolvenzschutz, §§ 7 ff. BetrAVG
- Recht zur Fortsetzung mit eigenen Beiträgen, § 1b Abs. 5 Satz 1 Nr. 2 BetrAVG
- Recht zur Mitnahme, § 4 Abs. 3 BetrAVG

Der ausgleichspflichtige Mitarbeiter kann den Arbeitgeber nicht zu einer externen Teilung zwingen. Hat das Familiengericht der externen Teilung zugestimmt, muss sich der Mitarbeiter diese gefallen lassen.

V. Welches Gericht ist bei Streitigkeiten der ausgleichsberechtigten Person mit dem Versorgungsträger zuständig?

Für Rechtsstreitigkeiten der ausgleichsberechtigten Person mit dem Versorgungsträger ist das Arbeitsgericht zuständig.

55

VI. Was hat der Versorgungsträger zu beachten, wenn die ausgleichsberechtigte Person nach interner Realteilung verstirbt?

Fall: Die interne Teilung wurde durchgeführt. Die ausgleichsberechtigte Person erhält noch keine Rente und verstirbt.

56

Lösung: Durch die interne Teilung ist der Ausgleichswert für die ausgleichsverpflichtete Person für immer verloren. Dabei spielt es keine Rolle, ob die ausgleichsberechtigte Person eine Rente erhalten hat oder nicht.

Ein Rückgängigmachen des Versorgungsausgleichs findet nicht statt (Anpassung gem. § 37), da die Betriebsrente nicht zu den in § 32 aufgeführten Versorgungssystemen gehört. Das gleiche gilt für die externe Realteilung.

VII. Was hat der Versorgungsträger zu beachten, wenn die ausgleichsverpflichtete Person nach interner Realteilung verstirbt?

57

Fall: Die interne Teilung wurde durchgeführt. Die ausgleichsberechtigte Person erhält bereits eine Rente. Die ausgleichsverpflichtete Person verstirbt.

Lösung: Der Versorgungsträger zahlt die Versorgung an die ausgleichsberechtigte Person weiter und stellt die Zahlung der um den Versorgungsausgleich gekürzten Versorgung an die ausgleichsverpflichtete Person ein. Gegebenenfalls ist an die Witwe eine um den Versorgungsausgleich gekürzte Hinterbliebenenrente zu zahlen.

VIII. Was hat Versorgungsträger zu beachten, wenn die ausgleichsverpflichtete Person nach Zahlung einer Ausgleichsrente verstirbt?

58

Fall: Die ausgleichsberechtigte Person erhält eine Ausgleichsrente (§ 20). Die ausgleichsverpflichtete Person verstirbt.

Lösung: Die ausgleichsberechtigte Person wird einen Antrag auf Teilhabe an der Hinterbliebenenversorgung (§ 25) stellen. Wenn der Wertausgleich mittels interner oder externer Realteilung nicht vorgenommen wurde, weil die Parteien gemäß §§ 6–8 den schuldrechtlichen Versorgungsausgleich „vereinbart" haben, hat die ausgleichsberechtigte Person keinen Anspruch auf die Teilhabe an der Hinterbliebenenversorgung (§ 25 Abs. 2).

IX. Was muss der Versorgungsträger tun, wenn ein Versorgungsempfänger die Anpassung des Versorgungsausgleichs wegen Unterhalt (§ 33) beantragt?

59

Fall: Die ausgleichspflichtige Person beantragt die Anpassung des Versorgungsausgleichs wegen Unterhalt (§ 33). Die ausgleichsberechtigte Person erhält noch keine Rente aufgrund interner Realteilung.

Lösung: Über den Antrag entscheidet das Familiengericht (nicht mehr der Versorgungsträger). Eine Anpassung durch vorübergehende Aussetzung der Kürzung der Rente der ausgleichpflichtigen Person ist von Seiten des betrieblichen Versorgungsträgers nicht vorzunehmen, da die Anpassung gemäß § 33 nicht für die betriebliche Altersversorgung gilt (§ 32).

X. Was kann ein Versorgungsträger tun, wenn eine Anwartschaft aufgrund einer Direktzusage oder aus einer Unterstützungskasse ausgeglichen werden soll?

Fall: Ein Mitarbeiter hat eine Anwartschaft aufgrund einer Direktzusage oder aus einer Unterstützungskasse erworben.

60

Lösung: Der Versorgungsträger kann eine externe Teilung verlangen, wenn der Ausgleichswert als Kapitalwert die Beitragsbemessungsgrenze der gesetzlichen Rentenversicherung (2009 : 64.800 EUR) nicht übersteigt (siehe § 2 Rn 60 zu § 17 VersAusglG).

Allerdings erfolgt dann ein hoher Kapitalabfluss und die Kosten der Teilung können nicht an die Ehegatten weitergegeben werden.

XI. Was ist bei einer endgehaltsbezogenen Versorgungszusage aufgrund der nachehelichen Einkommensdynamik zu beachten?

Fall: Da die Berechnung des Ehezeitanteils zum Ende der Ehezeit erfolgen soll, muss das Endgehalt prognostiziert werden.

61

Lösung: Die Differenz zwischen prognostiziertem Endgehalt und tatsächlichem Endgehalt kann nur schuldrechtlichen Versorgungsausgleich ausgeglichen werden.

Hier muss im Leistungsfall über einen Ausgleich der nach dem Eheende erdienten Einkommensdynamik entschieden werden. Dies wird im Regelfall im Rahmen eines schuldrechtlichen Versorgungsausgleichs erfolgen.

XII. Was hat der Versorgungsträger zu beachten, wenn die Ehegatten eine abweichende Vereinbarung über eine Abtretung rückständiger Ansprüche treffen?

62 *Fall*: Die Ehegatten haben im Rahmen einer Abtretung nach § 21 VersAusglG eine Vereinbarung über die rückständigen Ansprüche getroffen. Diese sollen vom Versorgungsträger an die ausgleichsberechtigte Person gezahlt werden.

Lösung: Die Regelung des § 21 VersAusglG begrenzt nur den gesetzlichen Anspruch der ausgleichsberechtigten Person. Abweichende Vereinbarungen der Ehegatten sind zulässig. Sie stellen aber die Versorgungsträger bzw. Arbeitgeber vor große Probleme, denn rückständige Ansprüche können nur durch umfangreiche und kostspielige Rückrechnungen durchgeführt werden.

§ 8 Zusatzversorgung des öffentlichen Dienstes

A. Allgemeines

Die Zusatzversorgungsträger sind in der Regel als Anstalten des öffentlichen Rechts organisiert. **1**

Bei den Zusatzversorgungen gibt es
- die Versorgungsanstalt des Bundes und der Länder VBL
- kommunale Zusatzversorgungskassen
- die Zusatzversorgung des kirchlichen Dienstes, z.b. KZVK
- die Knappschaft-Bahn-See für die ehemalige Bahnversicherungsanstalt
- Versorgungsanstalt der deutschen Bühnen, Versorgungsanstalt der Kulturorchester, Versorgungsanstalt der Deutschen Bundespost, Sparkasseneinrichtungen

Die Zusatzversorgung gehört **nicht** zu den in § 32 VersAusgG genannten Regelsicherungssystemen.

Die Bewertung ist unmittelbar vorzunehmen, wenn ein direkter Zusammenhang zwischen der Bezugsgröße und der Höhe der Versorgung besteht, z.B. bei Versorgungspunkten. Ist dies nicht der Fall, ist eine zeitratierliche Bewertung vorzunehmen. Besteht eine Versorgung aus mehreren Anrechten sind diese einzeln zu bewerten. Im Zweifelsfall ist die zeitratierliche Bewertung anzuwenden.

Die Bezugsgrößen können ebenfalls unterschiedlich sein. Vorrangig ist die interne Teilung durchzuführen. Unter den Voraussetzungen des §§ 14 Abs. 2 und 17 oder bei Vereinbarung kann auch eine externe Teilung durchgeführt werden.

Die Finanzierung erfolgte in der Regel im Umlageverfahren in Form eines Abschnittdeckungsverfahrens. Aber auch Kapitaldeckungsverfahren oder eine Kombination von beiden ist möglich. In vielen Fällen hat der Arbeitnehmer einen Eigenanteil zu tragen.

Seit 2002 besteht ein Kapitaldeckungsverfahren.

Gesetzliche Grundlage ist § 18 Betriebsrentengesetz (BetrAVG) sowie tarifvertragliche Regelungen und Satzungen.

B. Grundsätze

2 Die Zusatzversorgung des öffentlichen Dienstes (ZÖD) gehört zu den Altersvorsorgesystemen und stellt eine ergänzende Altersvorsorgemaßnahme für die Arbeitnehmer des öffentlichen Dienstes dar. Die Anrechte aus einer ZÖD sind nach den allgemeinen Bewertungsmethoden der §§ 39 bis 41 VersAusglG zu bewerten. Die Versorgungsträger haben also, je nachdem, ob das Anrecht in der Gesamtversorgung oder im Punktemodell erworben wurde, entweder eine Aufteilung im Zeit-Zeit-Verhältnis innerhalb der Gesamtversorgungszeit vorzunehmen oder die in der Ehezeit unmittelbar erworbenen Versorgungspunkte zu ermitteln. In der gegenwärtigen Praxis wird dies bereits so gehandhabt; auf die Begründung zu § 39 VersAusglG wird verwiesen.

C. Versorgungsträger

3 Der größte Träger der ZÖD ist die Versorgungsanstalt des Bundes und der Länder. Daneben bestehen noch 24 Zusatzversorgungskassen des kommunalen und kirchlichen Dienstes, die unter dem Dach der Arbeitsgemeinschaft kommunale und kirchliche Altersversorgung (AKA) e.V. zusammengefasst sind.

Da sich die meisten Regelungen an die Satzung der Versorgungsanstalt des Bundes (VBL) anlehnen, wird im Folgenden diese Satzung zugrunde gelegt.

D. Gesamtversorgungsmodell

4 Bei einer Zusatzversorgungskasse des öffentlichen, kommunalen oder kirchlichen Dienstes ist der Stichtag 31. Dezember 2001 zu beachten (Umstellung vom Gesamtversorgungsmodell auf das Punktemodell):

Ursprünglich wurde die ZÖD eingeführt, damit die Arbeitnehmer des öffentlichen Dienstes hinsichtlich ihrer Altersversorgung nicht schlechter gestellt waren als die Beamten. Daraus folgend bezogen die langjährigen Beschäftigten bei Eintritt in den Rentenstatus eine Zusatzrente, die so bemessen war, dass sie zusammen mit der Rente aus der gesetzlichen Rentenversicherung die Höhe der Nettoeinkünfte eines Ruhegehaltes entsprach. Analog zum Ruhegehalt mussten die Beschäftigten minimale Beiträge für diese Zusatzrente abführen, und die Höhe der ZÖD wurde auch nicht am gesamten Erwerbsverlauf bemessen, sondern an der Höhe der Einkünfte der letzten 36 Erwerbsmonate im öffentlichen Dienst.

Die Startgutschrift ist dagegen nicht direkt zuzuordnen und muss daher zeitratierlich bewertet werden.

I. Startgutschrift

Der Großteil der derzeitigen Angestellten des ÖD zählt zur sog. Übergangsgruppe. Nach den Übergangsregelungen des Zusatzversorgungsrechts wurden die im Gesamtversorgungssystem erworbenen Rentenanwartschaften zum 1. Januar 2002 vollständig in das Versorgungspunktemodell übertragen. Dabei wurden die bis zum 31. Dezember 2001 erworbenen Anwartschaften in Versorgungspunkte umgerechnet und diese dann dem Versorgungskonto des Beschäftigten als Startgutschrift gutgeschrieben.

Bei der Berechnung der Stargutschrift wurden zwei Fallgruppen unterschieden.

1. Rentennahe Jahrgänge

Für Versicherte, die am 31.12.2001 schon und am 1.1.2002 noch pflichtversichert waren und zu diesem Zeitpunkt das 55. Lebensjahr **bereits** vollendet hatten.

Die „Hochrechnung" auf das 63. Lebensjahr stellt bei der Berechnung der Startgutschrift den Regelfall dar. Ein anderer Hochrechnungszeitpunkt ist insbesondere dann maßgebend, wenn bereits vor dem 14. November 2001 Altersteilzeit oder ein Vorruhestand vereinbart worden ist oder wenn am 31. Dezember 2001 – abgesehen vom Lebensalter – die Voraussetzungen für den Bezug einer Altersrente aus der gesetzlichen Rentenversicherung für schwerbehinderte Menschen erfüllt waren.

Die Berechnung der Startgutschrift folgt folgendem Schema:

a) Fiktiver Nettoversorgungssatz

Es wird die gesamtversorgungsfähige (gv) Zeit aus Ausbildungs-, Vordienst und Pflichtversicherungszeiten fiktiv bis zum 63. Lebensjahr ermittelt und hieraus unter Hochrechnung nach § 98 Abs. 5 VBLS a.F. mit dem Nettoversorgungssatz von 2,294 % ein fiktiver Nettoversorgungssatz errechnet.

§ 8 Teil B: Versorgungssysteme

Beispielberechnung:

Pflichtversicherung mit Umlage		22 Jahre
GRV ohne Umlage	20 Jahre	
diese 20 Jahre werden zur Hälfte angerechnet		10 Jahre
Alter bei Umstellung		57 Jahre
Gesamtversorgungsfähige Zeit zum 63. Lebensjahr	22 + 10 + (63–57)	38 Jahre
Versorgungsprozentsatz netto	38 Jahre x 2,294 %	87,17 %

b) Fiktives Nettoentgelt 2001

8 Dieser fiktive Nettoversorgungssatz zum 63. Lebensjahr wird mit dem fiktiven Nettoentgelt zum 31.12.2001, jedoch unter Anwendung der Steuertabelle 2001, multipliziert und daraus eine fiktive Gesamtversorgung zum 63. Lebensjahr (ohne Gehaltssteigerungen / Anpassungen des gv Entgelts bis dahin) errechnet.

Beispielrechnung: Berechnung des fiktiven Nettoentgelts

Zunächst wird aus dem Durchschnitt des Bruttoverdienstes der Jahre 1999 bis 2001 das gesamtversorgungsfähige Bruttoentgelt gebildet. Beispiel: ∅ der letzten 3 Jahre: 183.000 DM / 3 = 61.000 DM = 5.083,34 DM mtl. Daraus wird das fiktive Nettoarbeitsentgelt ermittelt.

Bruttoentgelt	5.083,34 DM
davon werden fiktiv abgezogen	
LSt, Klasse III (einschließlich Solizuschlag)	416,19 DM
gesetzliche Rentenversicherung (9,55 %)	485,46 DM
Arbeitslosenversicherung (3,25 %)	165,21 DM
gesetzliche Krankenversicherung (6,75 %)	343,13 DM
gesetzliche Pflegeversicherung (0,85 %)	43,21 DM
fiktiver Arbeitnehmerbeitrag zur Umlage	63,54 DM
vom AN zu versteuernde AG-Umlage	30,58 DM
fiktives Nettoarbeitsentgelt	3.536,03 DM

c) Fiktive Gesamtversorgung abzüglich fiktiver Rente

9 Von dieser fiktiven Gesamtversorgung zum 63. Lebensjahr wird eine fiktive Rente abgezogen, die bis zum 63. Lebensjahr erworben werden könnte. Dazu wurde vom

Zusatzversorgung des öffentlichen Dienstes §8

Rentenversicherungsträger eine Rentenauskunft zum 63. Lebensjahr mit Rechtsstand 31.12.2001 angefordert.

Nettogesamtversorgung: 3.536,03 DM x 87,17 %	3.082,36 DM
Abzgl. angenommene GRV-Rente	2.265,48 DM
Versorgungsrente	816,88 DM

d) Fiktive Versorgungsrente abzüglich fiktiver Punkte = Startgutschrift

Von dieser fiktiven Anwartschaft auf eine Versorgungsrente werden noch fiktiv zusätzlich unterstellte „erreichbare" Versorgungspunkte nach dem bisherigen Arbeitseinkommen des Jahres 2001 – eine gleiche Weiterarbeit bis zum 63. Lebensjahr fiktiv unterstellt – abgezogen.

10

Versorgungsrente mit 63 Jahren	816,88 DM
abzgl. zukünftige Anwartschaft im Punktemodell	105,74 DM
Startgutschrift	711,14 DM
Startgutschrift Versorgungspunkte (711,14 / 4)	177,79 VP

2. Rentenferne Jahrgänge

Für Versicherte, die am 31.12.2001 schon und am 1.1.2002 noch pflichtversichert waren und zu diesem Zeitpunkt das 55. Lebensjahr **noch nicht** vollendet hatten.

11

Die Berechnung der Startgutschrift erfolgte nach den Berechnungsvorschriften des Betriebsrentengesetzes (§ 18 Abs. 2 BetrAVG).

a) Grundlage des § 18 BetrAVG

Die Tarifvertragsparteien bedienten sich der Regelung des § 18 BetrAVG, um die Startgutschrift der rentenfernen Jahrgänge zum Zeitpunkt der Systemumstellung zu berechnen, obwohl das Arbeitsverhältnis ja fortbesteht. Da der Arbeitnehmer aber nicht aus dem ÖD ausscheidet, wird die Startgutschrift auch für alle Arbeitnehmer berechnet, die die obige Altersgrenze noch nicht erreicht haben und die noch nicht 10 Jahre beim gleichen Arbeitgeber beschäftigt sind.

12

b) Berechnung der sog. Voll-Leistung

Um die unverfallbaren Ansprüche nach § 18 BetrAVG berechnen zu können, wird zuerst eine sog. Voll-Leistung ermittelt. Diese entspricht einer theoretisch zustehenden Versorgungsrente zu Rentenbeginn mit 65 Jahren unter Zugrundelegung

13

des Gehaltes. Ausgangspunkt ist dabei das tatsächliche gesamtversorgungsfähige Entgelt des Versicherten zum Zeitpunkt des Ausscheidens aus dem ÖD und die Annahme, dass der Versicherte den Höchstversorgungssatz von 91,75 % erreicht hätte.

Da hier eine Systemumstellung und kein Ausscheiden vorliegt, geht man vom Durchschnittsgehalt der letzten drei Jahre vor der Systemumstellung aus. Zur Berechnung dieses Durchschnittsgehaltes werden auch die Sonderzuwendung sowie die Sonderentgelte der letzten 10 Jahre einschließlich der in diesem Zeitraum angefallenen Anpassungen berücksichtigt.

c) Berechnung des Gesamtversorgungsanspruchs

14 Grundlage der Berechnung ist das auf das Gehalt eines Vollzeitbeschäftigten hochgerechnete monatliche Durchschnittsgehalt (Brutto) der letzten drei Jahre vor der Systemumstellung (1999 – 2001). Hieraus wird durch Verminderung des Bruttoeinkommens um pauschal errechnete Lohnsteuer- und Sozialabgabenabzüge ein fiktives Nettoarbeitsentgelt berechnet. Bei den pauschal berechneten Lohnsteuerabzügen wird je nach Familienstand die Steuerklasse I/0 bzw. III/0 zugrunde gelegt.

Bei der Berechnung wird so getan, als wenn der höchstmögliche Versorgungssatz von 91,75 % erreicht würde. Dies wäre nach 40 anerkannten Versicherungsjahren der Fall. Falls einmal Teilzeitbeschäftigung vorgelegen hat, wird der Teilzeit-Beschäftigungsquotient (BQ) der gesamten bisherigen Tätigkeit ermittelt und mit dem höchstmöglichen Versorgungssatz multipliziert. Daraus ergibt sich der konkrete Versorgungssatz.

Aus dem fiktiven Nettoarbeitsentgelt und dem errechneten Versorgungssatz wird der theoretische Gesamtversorgungsanspruch berechnet.

Beispiel: Berechnung des Gesamtbeschäftigungsquotienten (GBQ) und des Versorgungssatzes bei Teilzeitbeschäftigung

Arbeitnehmer, 20 Jahre im ÖD Dienst:

5 Jahre mit 1/2 eines Vollzeitbeschäftigten	BQ 0,50 x 60 Monate = 30,0
5 Jahre mit 2/3 eines Vollzeitbeschäftigten	BQ 0,67 x 60 Monate = 40,2
10 Jahre als Vollzeitbeschäftigter	BQ 1,00 x 120 Monate = 120,0
	240 Monate 190,2
Gesamtbeschäftigungsquotient	190,2 : 240 Monate = 0,79
Höchstversorgungssatz	91,75 %
persönlicher Versorgungssatz	91,75 % x 0,79 GBQ = 72,48 %

d) Berechnung des fiktiven Nettoarbeitsentgeltes

Beispiel: 15

	ZVK-pflichtiges durchschnittliches Monatsbrutto der letzten drei Jahre hochgerechnet auf Vollzeitbeschäftigung (ZVK-pflichtiges Jahresbrutto von 1999, 2000 und 2001 dividiert durch 36 Monate).	5.000,00 DM
./.	Lohnsteuer und Solidaritätszuschlag laut Lohnsteuertabelle 2001. Bei nicht dauernd getrennt lebenden verheirateten Versorgungsberechtigten sowie einem Versorgungsberechtigten mit Anspruch auf Kindergeld wird der Abzug nach Steuerklasse III/0, bei allen anderen Anspruchsberechtigten nach Steuerklasse I/0 vorgenommen.	380,00 DM 14,80 DM
./.	Arbeitnehmeranteil zur gesetzlichen Krankenversicherung. Maßgeblich ist hierfür der durchschnittliche allgemeine Beitragssatz der Krankenkassen, den das Bundesministerium für Gesundheit jeweils zum 1. Januar eines jeden Jahres einheitlich für das Bundesgebiet festlegt. Dieser Beitragssatz betrug 2001 13,5 %. In Abzug zu bringen sind daher 6,75 %.	337,50 DM
./.	Arbeitnehmeranteil zur gesetzlichen Pflegeversicherung. Der Beitragssatz lag 2001 bei 1,7 %. In Abzug zu bringen sind daher 0,85 %.	42,50 DM
./.	Arbeitnehmeranteil zur gesetzlichen Rentenversicherung. Der Beitragssatz lag 2001 bei 19,1 %. In Abzug zu bringen sind daher 9,55 %.	477,50 DM
./.	Arbeitnehmeranteil zur gesetzlichen Arbeitslosenversicherung. Der Beitragssatz lag 2001 bei 6,5 %. In Abzug zu bringen sind daher 3,25 %.	162,50 DM
./.	Fiktiver Beitrag zur ZVK-Umlage in Höhe von 1,25 %	62,50 DM
./.	Pauschale Abzüge für die Pauschalversteuerung der Arbeitgeberbeiträge zur ZVK $$\left[\frac{(5000 \text{ DM} * 4{,}75\,\%) - 175 \text{ DM}}{100\,\%}\right] * \frac{20\,\%}{100\,\%}$$	12,50 DM
=	Fiktives Nettoarbeitsentgelt	3.510,20 DM

Wurde in der zurückliegenden Beschäftigungszeit auch Teilzeitarbeit ausgeübt, dann wird das ZVK-pflichtige Monatsbrutto vor Abzug der Steuern und Sozialabgaben mit dem Teilzeitquotienten multipliziert, da sich sonst eine zu hohe individuelle Steuerlast ergeben würde. Das ermittelte fiktive Nettoarbeitsentgelt wird dann allerdings durch den Beschäftigungsquotienten dividiert, um wieder auf das fiktive Nettoarbeitsentgelt eines Vollzeitbeschäftigten zu kommen.

e) Berechnung der gesetzlichen Rente im Näherungsverfahren

16 Da die Gesamtversorgung nicht der tatsächlichen in der Versicherungszeit erworbenen Anwartschaft, sondern der höchstmöglichen Versorgungsanwartschaft entspricht, wird auch bei der anzurechnenden gesetzlichen Rente nicht die tatsächliche Rentenanwartschaft zum Zeitpunkt des Systemübergangs festgestellt, sondern im Rahmen eines Näherungsverfahrens die gesetzliche Rente bei einer unterstellten Rentenversicherungspflicht von 45 Jahren (Eckrentner) berechnet. Daher muss keine Rentenauskunft der BfA vorliegen. Grundlage der Berechnung ist § 18 Abs. 2 Nr. 1 Buchst. f BetrAVG in Verbindung mit § 4d und § 6a Einkommensteuergesetz. Zur Berechnung der theoretischen Rente im Näherungsverfahren wird auch hier vom auf Vollzeitbeschäftigte hochgerechneten Bruttoentgelt der letzten drei Jahre ausgegangen. Dieses wird mit dem errechneten Beschäftigungsquotienten multipliziert, um Teilzeitbeschäftigte nicht zu benachteiligen. Dann wird nach den vorgegebenen Eckwerten eines deutschen Standardrentners (Durchschnittseinkommen; 45 Versicherungsjahre) der annähernde gesetzliche Rentenanspruch errechnet.

f) Berechnungsformel für Rentenberechnung im Näherungsverfahren

17
$$\frac{VJ * ST * BEZ * ZF * KF}{100} = R^{SV}$$

Dabei sind:

R^{SV}	gesetzliche Rente
VJ =	Versicherungsjahre ab Alter 20 (es wird von 45 Versicherungsjahren ausgegangen)
ST =	Steigerungssatz (Die Rente eines Arbeitnehmers wird für die notwendigen Berechnungen für jedes Versicherungsjahr mit einem bestimmten Steigerungssatz der maßgebenden Bezüge angesetzt. Zur Berechnung des Steigerungssatzes werden die persönlichen maßgebenden Bezüge mit der Beitragsbemessungsgrenze der Rentenversicherung ins Verhältnis gesetzt. Liegen die maßgebenden Bezüge nicht über 70 % der Beitragsbemessungsgrenze, dann ist der Steigerungssatz mit 1,09 % festgelegt. Mit jedem angefangenen % des Verhältnisses über 70 %, vermin-

§ 8 Zusatzversorgung des öffentlichen Dienstes

	dert er sich um 0,007 %. Diese Minderung ist begrenzt auf 0,007 % x Faktor 30)
BEZ =	Maßgebende Bezüge (Sozialversicherungspflichtiges Monatsbrutto, welches auch zur Berechnung des Gesamtversorgungsanspruchs zugrunde gelegt wird.)
ZF =	Zugangsfaktor (Bei Renten wegen Alters, die mit Vollendung des 65. Lebensjahres beginnen, beträgt der Zugangsfaktor 1,0.)
KF =	Korrekturfaktor (Der Korrekturfaktor berücksichtigt die von der Bruttolohnentwicklung abweichende Entwicklung des Rentenniveaus. Er beträgt für Versorgungsfälle am 31.12.2001 0,9086.):

g) **Beispielberechnung der zustehenden Versorgungsrente nach § 18 (2) BetrAVG**

Berechnungsgrundlagen	
Beginn der Betriebszugehörigkeit im Alter	20 Jahre
Ausscheiden im Jahr 2001 im Alter	50 Jahre
Dauer der Betriebszugehörigkeit in Jahren	30 Jahre
Durchschnittliches Monatsentgelt (brutto)	5.000 DM
Steuerklasse	III
Gesamtversorgungsanspruch	
(Fiktives) Nettoarbeitsentgelt	3.510,20 DM
Höchstversorgungssatz	91,75 %
Gesamtversorgungsanspruch	3.220,61 DM
Gesetzliche Rente im Näherungsverfahren	
Maßgebende sv-pfl. Bezüge (jährlich)	60000 DM
Maßgebende sv-pfl. Bezüge (monatlich)	5.000 DM
Versicherungsjahre	45 Jahre
Beitragsbemessungsgrenze (jährlich) -2001-	104.400 DM
Verhältnis (maßg. Bezüge/BBG)	57,47 %
Steigerungssatz	1,09 %
Korrekturfaktor (für Berechnung 31.12.2001)	0,9086
Zugangsfaktor	1,0000
RSV =	(45 * 1,09 * 5000 * 1 * 0,9086)/100
Gesetzliche Rente im Näherungsverfahren RSV =	2.228,34 DM

Voll-Leistung/ zustehende Versorgungsrente	
Gesamtversorgungsanspruch	3.220,61 DM
minus gesetzl. Rente im Näherungsverfahren	− 2.228,34 DM
Voll-Leistung	992,27 DM
30 Jahre x 2,25 %	67,5 %
Zustehende Versorgungsrente	669,78 DM

II. Musterstreitverfahren

19 Gegen die „Startgutschriften" als Rentenanwartschaften zum 31. Dezember 2001 haben Tausende von Betroffenen Einspruch eingelegt.

Der BGH hat die Startgutschrift für die rentenfernen Jahrgänge wegen eines Verstoßes gegen den Gleichheitssatz laut Artikel 3 Abs. 1 Grundgesetz für unverbindlich erklärt. In diesen Fällen ist der Versorgungsausgleich bezüglich dieses Anrechts auszusetzen, bis eine verfassungskonforme Änderung der Satzung erfolgt ist.

Die Regelungen für die rentennahen Jahrgänge wurden bisher für zulässig erachtet.[1]

E. Versorgungspunktemodell

20 Ab 1. Januar 2002 wurde die ZÖD in ein Betriebsrentenmodell überführt. Beiträge und Höhe der ZÖD entsprechen dem Gesetz zur Verbesserung der betrieblichen Altersvorsorge. Die Beiträge ermessen sich am Verhältnis zwischen dem sozialversicherungspflichtigen Einkommen und einem Referenzeinkommen. Multipliziert mit einem Altersfaktor ergeben sich die „Versorgungspunkte", ganz ähnlich den „Entgeltpunkten" bei der GRV.

---

1 BGH, Urteil vom 24.9.2008 – IV ZR 134/07.

Zusatzversorgung des öffentlichen Dienstes § 8

Die Versorgungspunkte werden wie folgt errechnet:

$$\frac{\left(\frac{zusatzversorgungspflichtigesEntgelt}{12}\right)}{1000} * Altersfaktor = Versorgungspunkte$$

$$\frac{\left(\frac{24000}{12}\right)}{1000} = 2{,}00 * 0{,}9\ (Alterfaktor55) = 1{,}80\ VP$$

Im Leistungsfall werden die Versorgungspunkte addiert und jeder Versorgungspunkt mit dem Messbetrag von € 4,00 multipliziert.

$$\sum Versorgungspunkte * Messbetrag$$
$$\sum 80\,VP * 4{,}00 = 320{,}00\ €$$

I. Soziale Komponenten

Für jeden vollen Kalendermonat, in dem das Arbeitsverhältnis wegen einer Elternzeit nach § 15 des Bundeserziehungsgeldgesetzes ruht, werden für jedes Kind, für das ein Anspruch auf Elternzeit besteht, die Versorgungspunkte berücksichtigt, die sich bei einem zusatzversorgungspflichtigen Entgelt von 500 EUR in diesem Monat ergeben würden. Es werden je Kind höchstens 36 Kalendermonate berücksichtigt; Zeiten des Mutterschutzes nach § 6 Abs. 1 MuSchG werden den Elternzeiten gleichgestellt. Die soziale Komponente des § 37 Abs. 1 wird somit auch während der Mutterschutzfristen nach der Geburt des Kindes gewährt.

21

Elternzeit	1 Jahr / 12 Monate
Alter während Elternzeit	38
Altersfaktor	1,6
Entgelt für 1 Jahr Elternzeit	12.000 €
Berechnung	12.000 € / 12 / 1000 * 1,6
Versorgungspunkte	1,6

Tritt bei einem pflichtversicherten Beschäftigten vor Vollendung des 60. Lebensjahres der Versicherungsfall wegen teilweiser oder voller Erwerbsminderung ein, werden bei der Berechnung der Betriebsrente dem Versorgungskonto Punkte hinzugerechnet. Dabei werden für je zwölf volle bis zur Vollendung des 60. Lebensjahres fehlende Kalendermonate weitere Versorgungspunkte gutgeschrieben. Diese entsprechen dem Verhältnis, in dem das durchschnittliche monatliche zusatzversorgungspflichtige Entgelt der letzten drei Kalenderjahre vor Eintritt des Versicherungsfalles zum Referenzentgelt steht.

Ausscheiden	31.10.2009
Alter bei Ausscheiden	62
Altersfaktor	0,8
2005	24.000 €
2007	25.000 €
2008	26.000 €
Mittelwert letzte drei Jahre	25.000 €
Berechnung	25.000 € / 12 / 1000 * 0,8
Versorgungspunkte	1,666

II. Sonstige Komponenten

22 Zusätzlich kann es Bonuspunkte aufgrund von Überschüssen geben. Bei Beschäftigten, die am 1.1.2002 bereits 20 Jahre pflichtversichert sind, werden für jedes volle Kalenderjahr der Pflichtversicherung bis zum 31.12.2001 mindestens 1,84 Versorgungspunkte berücksichtigt.

III. Die Altersfaktoren

23 Der Altersfaktor ist eine Rechengröße, die in Bezug auf die zugesagte Versorgungsleistung die Zinseffekte der dem Punktemodell zugrunde liegenden (fiktiven) Beitragsentrichtung beinhaltet. Je jünger der Beschäftigte ist, desto höher werden die Versorgungspunkte bewertet, weil der Verzinsungszeitraum länger ist. Der Altersfaktor berücksichtigt eine jährliche Verzinsung von 3,25 Prozent während der Anwartschaftsphase und von 5,25 Prozent während des Rentenbezuges. Er richtet sich nach der folgenden Tabelle, wobei als Alter die Differenz zwischen dem jeweiligen Kalenderjahr und dem Geburtsjahr gilt.

Tabelle der Altersfaktoren

Alter	Faktor	Alter	Faktor
17	3,1	41	1,5
18	3,0	42	1,4
19	2,9	43	1,4
20	2,8	44	1,3
21	2,7	45	1,3
22	2,6	46	1,3
23	2,5	47	1,2
24	2,4	48	1,2
25	2,4	49	1,2
26	2,3	50	1,1
27	2,2	51	1,1
28	2,2	52	1,1
29	2,1	53	1,0
30	2,0	54	1,0
31	2,0	55	1,0
32	1,9	56	1,0
33	1,9	57	0,9
34	1,8	58	0,9
35	1,7	59	0,9
36	1,7	60	0,9
37	1,6	61	0,9
38	1,6	62	0,8
39	1,6	63	0,8
40	1,5	64 u. älter	0,8

IV. Zugangsfaktor

Entsprechend § 77 SGB VI mindert sich die Betriebsrente um 0,3 % je Monat der vorzeitigen Inanspruchnahme vor der Regelaltersgrenze. Der Abschlag ist jedoch auf 10,8 % begrenzt. Einen Zuschlag für die spätere Inanspruchnahme wie in der gesetzlichen Rentenversicherung gibt es nicht.

24

Unmittelbare Bewertung: Da die ab 1.1.2002 erworbenen Versorgungspunkte eindeutig der Ehezeit zugeordnet werden können, ist der Ehezeitanteil eines solchen Anrechts unmittelbar zu bestimmen.

F. Leistungen

25 Die Zusatzversorgungen bietet Leistungen für
- für den Fall des Alters
- für den Fall der Invalidität
- Hinterbliebenenversorgung

Der Versicherungsfall nimmt Bezug auf die Regelungen der gesetzlichen Rentenversicherung. Die Betriebsrente wird gewährt, wenn ein entsprechender Rentenanspruch in der gesetzlichen Rentenversicherung besteht.

Die Kürzung des Zugangsfaktors aus der gesetzlichen Rentenversicherung wird übernommen, aber auf maximal 10,8 % begrenzt.

G. Anpassungen

26 Die Leistungen werden jährlich um 1 % angepasst.

H. Verfallbarkeit

27 Ein Anrecht ist nur dann auszugleichen, wenn es unverfallbar ist. Dazu muss in der Pflichtversicherung die Wartezeit von 60 Monaten erfüllt und das 30. Lebensjahr vollendet sein. Bei einem Arbeitsunfall gilt die Wartezeit als erfüllt. Ist das Anrecht zum Ehezeitende noch verfallbar und tritt die Wartezeiterfüllung zu einem späteren Zeitpunkt ein, kann das Anrecht später im Wertausgleich nach der Scheidung in einem weiteren Verfahren unmittelbar zwischen den Ehegatten ausgeglichen werden (schuldrechtliche Ausgleichsrente).

I. VBL extra

28 Die freiwillige betriebliche Altersversorgung VBLextra ist an das Punktemodell der VBLklassik (Pflichtversicherung) angelehnt. Je nach Alter und Beitrag erhalten Versicherte ihre Versorgungspunkte für den Ruhestand. Die eingezahlten Beiträge werden garantiert mit mindestens 2,75 Prozent verzinst. Der tatsächliche Zinssatz kann höher liegen. Falls der Versicherte aus dem Arbeitsverhältnis im öffentlichen Dienst ausscheidet, kann er die Beitragszahlung fortsetzen.

J. VBL dynamik

Die VBLdynamik steht nur den bei der VBL pflichtversicherten Beschäftigten des öffentlichen Dienstes, die das 17. Lebensjahr vollendet und das 55. Lebensjahr noch nicht vollendet haben, zur Verfügung. Es handelt sich um eine Beitragszusage in Form einer fondsgebundenen Rentenversicherung. **29**

K. Teilung

Die VBL führt eine externe Teilung nicht durch. Es wird grundsätzlich die interne Teilung durchgeführt. **30**

Liegen nur Versorgungspunkte aus Zeiten nach dem 31.12.2001 vor, so erfolgt die Bewertung unmittelbar aus den Versorgungspunkten und ggf. vorhandenen Bonuspunkten.

Liegen auch Versorgungspunkte aus einer Stargutschrift vor, so ist die Bewertung zu splitten. Die Punkte aus der Startgutschrift sind zeitratierlich zu bewerten. Die Punkte ab 1.1.2002 sind unmittelbar zu bewerten.

I. Teilung VBLklassik und VBLextra

Hier werden zunächst die in der Ehezeit erworbenen Versorgungspunkte ermittelt. Die Versorgungspunkte werden dann nach versicherungsmathematischen Grundsätzen und den maßgeblichen Barwertfaktoren in einen Barwert umgerechnet. **31**

Aus dem hälftigen Betrag ergibt sich nach Abzug der hälftigen Teilungskosten der zu übertragende Ausgleichswert. Dieser wird für die ausgleichsberechtigte Person in Versorgungspunkte umgerechnet. Nach Prüfung und Entscheidung des Familiengerichts werden diese Versorgungspunkte auf das neu eingerichtete Versichertenkonto der ausgleichsberechtigten Person übertragen.

Der ausgleichspflichtigen Person verbleiben die Versorgungspunkte, die sich aus der Umrechnung des hälftigen Barwerts nach Abzug der Teilungskosten ergeben.

> *Beispiel: interne Teilung und die Berechnung des Ausgleichswertes*
>
> Ehemann, 40 Jahre alt, Ehezeitanteil: 40 Versorgungspunkte (VP) in der VBLklassik.
>
> Ehefrau, 38 Jahre alt, keine Anwartschaft in der VBL.

Tabelle: Berechnung Ausgleichswert VBL

	Ehemann	Ehefrau
Alter	40 Jahre	38 Jahre
Ehezeitanteil	40 VP	
Barwertfaktor*	8,910	8,487
Berechnung des Barwerts	40 VP x 4 € x 12 x 8,910	
Barwert	17.107,20 €	
hälftiger Barwert	8.553,60 €	8.553,60 €
abzüglich Teilungskosten	– 125,00 €	– 125,00 €
=	8.428,60 €	8.428,60 €
Ausgleichswert		8.428,60 €
Berechnung der Versorgungspunkte	8.428,60 € : 8,910 : 12 : 4 = 19,71 VP	8.428,60 € : 8,487 : 12 : 4 = 20,69 VP
verbleibendes Anrecht	**19,71 VP**	
übertragenes Anrecht		**20,69 VP**

* Fiktiver Wert, da zum Zeitpunkt der Drucklegung die Barwertfaktoren noch nicht vorlagen.

Hinweis

Es ist genau zu prüfen, wie diese Barwertfaktoren ermittelt wurden, da dazu bisher von der VBL noch keine Angaben gemacht wurden.

Es ist genau zu prüfen, wie diese Barwertfaktoren ermittelt wurden, da dazu bisher von der VBL noch keine Angaben gemacht wurden.

Bis zum Eintritt des Versicherungsfalles gilt die ausgleichsberechtigte Person als beitragsfrei versichert, dass bedeutet, die Anwartschaft besteht ohne die Pflicht zur Einzahlung von Umlagen oder Beiträgen fort. Die Wartezeit gilt bei übertragenen Anrechten als erfüllt.

Das aus dem Versorgungsausgleich erworbene Anrecht besteht unabhängig neben den Anwartschaften und Ansprüchen aus einer Pflicht- oder freiwilligen Versicherung der ausgleichsberechtigten Person bei der VBL. Es kann daher insbesondere für die Erfüllung der Wartezeit seiner eigenen Betriebsrente nicht berücksichtigt werden.

II. Teilung VBLdynamik

Die VBL Dynamik ist eine zusätzliche kapitalgedeckte Altersvorsorge aus Entgeltumwandlung in Form einer fondsgebundenen Rentenversicherung.

32

Bei der Umsetzung der internen Teilung in der VBLdynamik wird das jeweilige in der Ehezeit erworbene Anrecht aus angespartem Garantie-Deckungskapital und Fondsanteilen hälftig aufgeteilt. Die Fondsanteile, die der ausgleichsberechtigten Person zustehen, werden zu einem festgesetzten Stichtag verkauft. Der Erlös aus diesem Verkauf und das um die Teilungskosten verminderte hälftige Garantie-Deckungskapital werden in die für die ausgleichsberechtigte Person zu begründende Versicherung eingezahlt.

Erhält die ausgleichspflichtige Person bereits Rentenleistungen, wird das in der Ehezeit erworbene Deckungskapital unter Berücksichtigung der Teilungskosten aufgeteilt.

Das Anrecht der ausgleichspflichtigen Person wird nach der Durchführung des Versorgungsausgleichs neu festgestellt. Ihr erworbenes Garantie-Deckungskapital wird um die Hälfte des Ehezeitanteils und die Teilungskosten vermindert. Die Fondsanteile werden um die Hälfte der während der Ehezeit erworbenen Anteile an den Aktien- und Rentenfonds gekürzt.

L. Besitzstandsrente

Wurde bereits am 31. Dezember 2001 eine laufende Versorgungsrente der VBL bezogen, die infolge des Systemwechsels in der Zusatzversorgung des öffentlichen Dienstes seit 1. Januar 2002 als Besitzstandsrente gezahlt wird, ist der Ehezeitanteil der Besitzstandsrente im Zeit-Zeit-Verhältnis der in der Ehezeit zurückgelegten zur gesamten gesamtversorgungsfähigen Zeit im Sinne von § 43 VBL-S a.F. zu berechnen. Die Besitzstandsrente ist jedoch auf ein vor diesem Stichtag liegendes Ehezeitende zurückzurechnen. Die Rückrechnung hat grundsätzlich anhand des Verhältnisses des gesamtversorgungsfähigen Entgelts zum 31. Dezember 2001 zum gesamtversorgungsfähigen Entgelt bei Ehezeitende zu erfolgen.[2]

33

---

[2] BGH, Beschluss vom 6.5.2009 – XII ZB 24/07.

M. Gestaltungsmöglichkeiten für die ausgleichsberechtigte Person

34 Für die ausgleichsberechtigte Person, die bei der Durchführung des Versorgungsausgleichs in der VBLextra oder VBLdynamik ein eigenes Anrecht erworben hat, besteht die Möglichkeit, das im Rahmen des Versorgungsausgleichs übertragene Anrecht als Versicherung mit eigenen Beiträgen fortzuführen und somit die durch den Versorgungsausgleich erworbene Versorgung auszubauen. Der Antrag auf Fortführung der freiwilligen Versicherung kann innerhalb von drei Monaten nach Kenntnis der Rechtskraft über die familiengerichtliche Entscheidung gestellt werden. Er bedarf der Annahmeerklärung durch die VBL.

Die ausgleichsberechtigte Person kann mit Zustimmung der VBL ein bei einem anderen Versorgungsträger bestehendes und zu seinen Gunsten auszugleichendes Anrecht in der freiwilligen Versicherung begründen, sofern der andere Versorgungsträger die externe Teilung zulässt. In diesem Fall wird ein dem Ausgleichswert entsprechender Kapitalbetrag bei der VBL zugunsten des ausgleichsberechtigten Ehegatten eingezahlt.

N. Teilungskosten

35 Bei der VBL beträgt die Kostenpauschale derzeit für jeden Ehegatten jeweils 125 EUR. Diese Kosten fallen bei jeder vorzunehmenden internen Teilung an.

O. Verrechnung

36 Sofern beide Ehegatten gleichartige Anrechte bei der VBL innerhalb desselben Abrechnungsverbandes erworben haben, können diese miteinander verrechnet werden. Dadurch wird ein Hin-und-her-Ausgleich vermieden, sodass nur ein Ehegatte ausgleichsberechtigt ist.

P. VBL: Die Satzung in Form der 14. Änderung

37 Nachfolgend der für den Versorgungsausgleich maßgebliche § 32a der VBL Satzung in der 14. Satzungsänderung

§ 32a Versorgungsausgleich

(1) Werden Ehepartner geschieden, ist das während der Ehezeit erworbene Anrecht (Anwartschaften und Ansprüche) im Wege der internen Teilung nach dem

Versorgungsausgleichsgesetz und den nachfolgenden Absätzen auszugleichen. Dies gilt entsprechend für den Versorgungsausgleich nach dem Lebenspartnerschaftsgesetz.

(2) Der ausgleichsberechtigten Person wird nach der Teilung ein Ausgleichswert übertragen, der in Versorgungspunkten ausgewiesen wird.

Der Ausgleichswert wird nach versicherungsmathematischen Grundsätzen berechnet, indem das während der Ehezeit erworbene Anrecht der ausgleichspflichtigen Person in einen Barwert umgerechnet wird. Wird der ausgleichspflichtigen Person ein nicht garantierter Gewinnzuschlag (§ 82a Abs. 4 Satz 1) gezahlt, bleibt dieser bei der Ermittlung des Barwerts unberücksichtigt. Für die ausgleichsberechtigte Person wird der hälftige Barwert unter Berücksichtigung der hälftigen Kosten der Teilung in Versorgungspunkte umgerechnet.

(3) Die ausgleichsberechtigte Person ist bezüglich der übertragenen Versorgungspunkte beitragsfrei versichert. Die beitragsfreie Versicherung wird jeweils in demselben Abrechnungsverband geführt wie das auszugleichende Anrecht. Für das übertragene Anrecht sind die gleichen Satzungsbestimmungen anzuwenden wie für das auszugleichende Anrecht. Abweichend von Satz 3 gelten folgende Besonderheiten:

   a) Hinsichtlich der Wartezeit wird die ausgleichsberechtigte Person wie die ausgleichspflichtige Person zum Ehezeitende gestellt. Ist die Wartezeit zum Ehezeitende noch nicht erfüllt, wird in den Fällen des § 34 Abs. 4 jeder Kalendermonat vom Beginn der beitragsfreien Versicherung an auf die Wartezeit angerechnet.

   b) Die ausgleichsberechtigte Person gilt als bonuspunkteberechtigt, wenn die ausgleichspflichtige Person zum Ende der Ehezeit die Wartezeit von 120 Umlage-/Beitragsmonaten nach § 68 Abs. 1 erfüllt hat. War die ausgleichspflichtige Person am Ende der Ehezeit pflichtversichert und hatte sie zu diesem Zeitpunkt die Wartezeit von 120 Umlage-/Beitragsmonaten noch nicht erfüllt, gilt die ausgleichsberechtigte Person solange als bonuspunkte-berechtigt, bis die Bonuspunkteberechtigung der ausgleichspflichtigen Person endet.

   c) In den Fällen des § 45 gelten die bis zum Ende der Ehezeit erreichten Pflichtversicherungszeiten der ausgleichspflichtigen Person auch als Pflichtversicherungszeiten der ausgleichsberechtigten Person.

Erfüllt die ausgleichsberechtigte Person bereits die Voraussetzungen für einen Leistungsanspruch, werden aus den übertragenen Versorgungspunkten frühestens von dem Kalendermonat an Leistungen gezahlt, zu dessen Beginn der Versorgungsausgleich rechtskräftig ist. § 30 des Versorgungsausgleichsgesetzes bleibt unberührt. Das übertragene Anrecht besteht unabhängig neben Anwartschaften und Ansprüchen aus eigener Versicherung. Insbesondere hat es keine Auswirkungen auf die Wartezeiterfüllung einer eigenen Versicherung.

(4) Für die ausgleichspflichtige Person vermindert sich das ehezeitbezogene Anrecht, indem es aus dem hälftigen Barwert unter Berücksichtigung der hälftigen Kosten der Teilung neu berechnet wird. Erhält die ausgleichspflichtige Person bereits Rentenleistungen, wird ihre Betriebsrente von dem Monat an, zu dessen Beginn der Versorgungsausgleich rechtskräftig geworden ist, entsprechend gekürzt. § 30 des Versorgungsausgleichsgesetzes bleibt unberührt.

(5) Anrechte können nur innerhalb desselben Abrechnungsverbandes verrechnet werden.

Q. Checkliste

38
- Ist das Anrecht bereits dem Grunde und der Höhe nach unverfallbar?
- Sind noch Musterverfahren anhängig, aufgrund deren der Ausgleich noch nicht erfolgen kann?
- Liegt der Auskunft die richtige Ehezeit zugrunde?
- Wurde bei der zeitratierlichen Bewertung der Startgutschrift der Ehezeitanteil richtig berechnet?
- Ist die maßgebliche Bezugsgröße angegeben?
- Liegt eine übersichtliche und nachvollziehbare Berechnung vor?
- Wurden sämtliche Berechnungsfaktoren angegeben und erläutert?
- Sind in der Auskunft noch zeitliche Lücken, die aufzuklären sind?
- Stimmen die Angaben zum Eintritt und Austritt aus dem Versorgungssystem?
- Sind nach Ende der Ehezeit noch Wertveränderungen bezogen auf das Ende der Ehezeit eingetreten?
- Wird bereits eine Leistung bezogen oder ist damit noch vor Entscheidung über den Wertausgleich zu rechnen?
- Enthält die Leistung einen Abschlag für die vorzeitige Inanspruchnahme?
- Wurde die Leistung auf Dauer oder zeitlich befristet gewährt?
- Sind die Teilungskosten angemessen?
- Entspricht der korrespondierende Kapitalwert tatsächlich dem Ausgleichswert?

§ 9 Vereinbarungen

A. Übersicht

Der reformierte Versorgungsausgleich enthält den Grundsatz, dass der Versorgungsausgleich der Dispositionsbefugnis der Eheleute unterliegt. Damit wird klargestellt, dass Vereinbarungen der Eheleute über den Versorgungsausgleich grundsätzlich erwünscht sind. **1**

Es bestehen nach den §§ 6 – 8 VersAusglG größere Vereinbarungsmöglichkeiten zum Ausgleich von Versorgungsanwartschaften auf der Grundlage der korrespondierenden Kapitalwerte nach § 47 VersAusglG.

Der korrespondierende Kapitalwert als Hilfswert soll es ermöglichen, verschiedene Anrechte mit unterschiedlichen Bezugsgrößen zu vergleichen. Ein solcher Wertvergleich kann erforderlich werden, da die Vereinbarungen der Ehegatten einer Inhalts- und Ausübungskontrolle nach § 8 VersAusglG unterliegen. Sie können auch als Grundlage für einen Gesamtvermögensausgleich dienen.

Die Ehegatten können in weit größerem Umfang als nach bisherigem Recht notarielle Vereinbarungen zum Versorgungsausgleich treffen, und zwar sowohl in Eheverträgen als auch in Scheidungsfolgenvereinbarungen. Der Versorgungsausgleich kann

- vom Zeitraum ganz oder teilweise ausgeschlossen werden
- von der Höhe her ganz oder teilweise ausgeschlossen werden
- auf bestimmte oder einzelne Anrechte beschränkt werden.

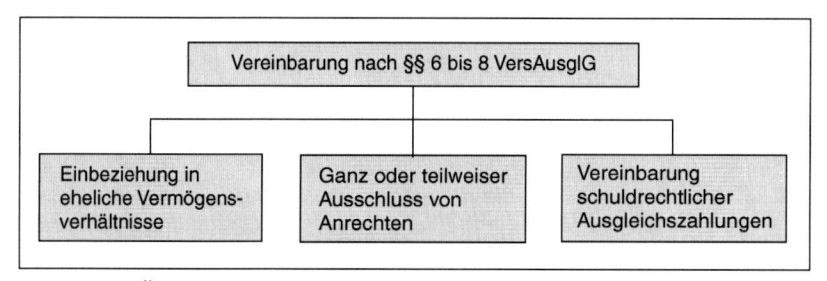

```
                    Vereinbarung nach §§ 6 bis 8 VersAusglG
                    ┌───────────────┼───────────────┐
         Einbeziehung in    Ganz oder teilweiser    Vereinbarung
         eheliche Vermögens- Ausschluss von         schuldrechtlicher
         verhältnisse       Anrechten               Ausgleichszahlungen
```

Abbildung: Übersicht Vereinbarungen

B. Formvorschriften

2 Eine Vereinbarung vor Rechtskraft der Entscheidung über den Wertausgleich muss nach § 7 Abs. 1 VersAusglG notariell beurkundet werden.

Durch die notarielle Form der Vereinbarung und die Inhalts- und Ausübungskontrolle durch die Familiengerichte wird der Schutz der Ehegatten angestrebt.

Beispiel: Pflicht notarielle Beurkundung

Vereinbarung mit notarieller Beurkundung Ehevertrag zur notariellen Niederschrift	Vereinbarung ohne besondere Form
	Rechtskraft der Entscheidung über Wertausgleich

Die Pflicht zur notariellen Beurkundung endet nicht mit der Rechtskraft der Scheidung, sondern erst mit der Rechtskraft der Entscheidung über den Wertausgleich. Damit gilt die Pflicht zur notariellen Beurkundung auch bei nach § 140 Abs. 2 FamFG abgetrennten Verfahren.

Die Protokollierung eines gerichtlichen Vergleichs ersetzt nach § 7 Abs. 2 VersAusglG i.V.m. § 127a BGB die notarielle Form. Vereinbarungen über den Versorgungsausgleich im Rahmen eines Ehevertrags müssen nach den strengeren Formanforderungen des § 1410 BGB getroffen werden.

Vereinbarungen über den Versorgungsausgleich im Rahmen einer Scheidungsfolgenvereinbarung müssen nicht mehr familiengerichtlich genehmigt werden. Das bisherige Genehmigungserfordernis nach § 1587o BGB und die Jahresfrist nach § 1408 Abs. 2 BGB sind weggefallen.

C. Inhalts- und Ausübungskontrolle

3 Vereinbarungen über den Versorgungsausgleich müssen nach § 8 Abs. 1 VersAusglG einer Inhalts- und Ausübungskontrolle standhalten. Das Familiengericht muss anhand der §§ 138, 242 BGB prüfen, ob die Vereinbarung unwirksam oder änderungsbedürftig ist.

Sofern keine Wirksamkeits- oder Durchsetzungshindernisse bestehen, ist das Familiengericht an die Vereinbarungen gebunden. Die bisherige Rechtsprechung zur Inhalts- und Ausübungskontrolle bei Eheverträgen gilt entsprechend.[1]

Unwirksam ist eine Vereinbarung, wenn sie voraussichtlich dazu führt, dass ein Ehegatte im Alter oder bei Erwerbsminderung auf Grundsicherungsleistungen angewiesen ist oder sein könnte.

Ferner kann sie wegen Wegfall oder Änderung der Geschäftsgrundlage nach § 313 BGB unwirksam oder eine Vertragsanpassung notwendig werden.

Durchsetzungshindernisse für eine Vereinbarung können sein:
- das die maßgeblichen Regelungen der Zielversorgung dies nicht zulassen
- die betroffen Versorgungsträger die Zustimmung verweigern.

Durch Vereinbarung können Anrechte nach § 8 Abs. 2 VersAusglG nur übertragen oder begründet werden, wenn die für die Versorgung maßgeblichen Regelungen dies zulassen. Die betroffenen Versorgungsträger müssen der Vereinbarung zustimmen.

Somit können keine vertraglichen Bindungen zu Lasten Dritter vereinbart werden, sofern diese nicht ausdrücklich zustimmen oder (z.B. in der gesetzlichen Rentenversicherung) nicht mehr Anrechte ausgeglichen werden als gesetzlich vorgegeben.

Die Regelung, dass Vereinbarungen über den Versorgungsausgleich in Eheverträgen unwirksam werden, wenn innerhalb eines Jahres Scheidungsantrag eingereicht wird, entfällt.

D. Regelungsbereiche

Die Vorschrift des § 6 Abs. 1 VersAusglG nennt Regelbeispiele für die Ausgestaltung solcher Vereinbarungen. **4**

I. Ganz oder teilweise Einbeziehung in die Regelung der ehelichen Vermögensverhältnisse

Nach Nummer 1 kann der Versorgungsausgleich ganz oder teilweise in die Regelungen des ehelichen Vermögens einbezogen werden. Dies kann sinnvoll sein **5**

---

1 BVerfG FamRZ 2001, 343; BGH FamRZ 2004, 601.

wenn z.b. die Differenz sämtlicher beiderseitiger Anrechte nur wenig über der Geringfügigkeitsgrenze des § 18 VersAusglG liegt und Wertunterschiede der beiderseitigen Anrechte durch Übertragung anderer Vermögensgegenstände (z.b. Immobilien) ausgeglichen werden können. Der Kapitalwert (oder auch der korrespondierende Kapitalwert als Hilfswert) ermöglicht es Anrechte wertmäßig zu beziffern. Bezüglich der weiteren wertbildenden Faktoren wird auf die Ausführungen zu § 47 VersAusglG verwiesen (siehe § 2 Rn 147 ff.).

Der ausgleichspflichtigen Person selbst und ggf. späteren neuen Hinterbliebenen bleiben die Versorgungen dann ganz oder teilweise erhalten.

Von Interesse für die Ehegatten kann die Übertragung anderer Vermögensgegenstände sein, weil diese in der Regel steuerneutral sind während Rentenzahlungen aus dem Versorgungsausgleich der nachgelagerten Besteuerung unterliegen. Die „latente Steuerlast" für die ausgleichspflichtige Person, die Ihre Versorgung dann ungekürzt bezieht, ist zu berücksichtigen.

II. Ganz oder teilweiser Ausschluss

6 Nach Nummer 2 können die Ehegatten den Versorgungsausgleich auch ganz oder teilweise ausschließen. Eine Vereinbarung ist damit künftig auch für einzelne Anrechte zulässig.

Ein vollständiger Ausschluss oder Verzicht ist denkbar, wenn
- beide Ehegatten eine ausreichende soziale Sicherung haben und keinen Teilungsbedarf besteht,
- ein Härtefall im Sinne des § 27 VersAusglG vorliegen könnte.

Ein teilweiser Ausschluss kann sinnvoll sein, wenn
- die Trennungszeit aus dem erworbenen Anrechten herausgerechnet werden soll oder
- die Anrechte in den Regelsicherungssystemen (gesetzliche Rentenversicherung, Berufsständische Versorgungen, Beamtenversorgung) durch interne oder externe Teilung ausgeglichen, betriebliche Altersversorgungen oder private Rentenversicherungen aber in die Regelungen des ehelichen Vermögens einbezogen werden sollen.

Aufgrund der Änderung des § 1414 BGB führt ein Ausschluss des Versorgungsausgleichs künftig nicht mehr automatisch zum Eintritt der Gütertrennung (siehe § 2 Rn 231).

III. Vereinbarung in den schuldrechtlichen Ausgleich nach der Scheidung

Ferner können die Ehegatten nach Nummer 3 auch bestimmen, dass ihre Anrechte nach der Scheidung gemäß §§ 20 ff. VersAusglG ausgeglichen werden.

7

Der anwaltliche Berater der ausgleichsberechtigten Person muss insbesondere auf die Risiken des verlängerten schuldrechtlichen Ausgleichs nach § 25 VersAusglG hinweisen.

- Ist grundsätzlich eine Hinterbliebenenversorgung vorgesehen, damit auch nach dem Tod der ausgleichspflichtigen Person die Versorgung fortgeführt wird?
- Gibt es eine Wiederverheiratungsklausel, nach der die Hinterbliebenenversorgung bei Wiederheirat entfällt oder nur eine Abfindung zahlt?
- Werden eigene Einkünfte auf die Hinterbliebenenversorgung angerechnet?
- Wird der Versorgungsträger der ausgleichspflichtigen Person der Vereinbarung zustimmen?

Der anwaltliche Berater der ausgleichspflichtigen Person muss auf das Risiko hinweisen, dass

- die ausgleichsberechtigte Person auch später noch eine Abfindung nach § 23 VersAusglG verlangen kann,
- kein Rückausgleich nach § 37 VersAusglG mehr möglich ist, wenn
- die Versorgung länger als 36 Monate bezogen wurde oder,
- die bei nicht nach § 32 anpassungsfähigen Anrechten gar nicht mehr angepasst werden kann.

IV. Verrechnung von Anrechten unterschiedlicher Art

Auch eine Verrechnung von Anrechten unterschiedlicher Art kann vereinbart werden, wenn die Verrechnung nach § 10 Abs. 2 nicht möglich ist. Die Zustimmung des Versorgungsträgers ist nur erforderlich, wenn die vereinbarte Regelung der maßgeblichen Versorgungsregelung widerspricht oder Anrechte über den Ausgleichswert hinaus übertragen oder begründet werden sollen.

8

Beispiel: Verrechnung von Anrechten unterschiedlicher Art

Andersartige Anrechte als Kapitalwerte	Ehegatte 1	Ehegatte 2
Anrecht 1	20.000 €	
Anrecht 2	10.000 €	
Anrecht 3	6.000 €	

Andersartige Anrechte als Kapitalwerte	Ehegatte 1	Ehegatte 2	
Anrecht 4		15.000 €	
Anrecht 5		7.500 €	
Summe	36.000 €	22.500 €	
Differenz Anrechte			13.500 €
Ausgleichswert			6.750 €

Ohne Verrechnung müsste in allen 5 Anrechten ausgeglichen werden.

Im Rahmen einer Vereinbarung kann geregelt werden, dass nur zu Lasten von Anrecht 1 oder 2 der ausgleichspflichtigen Person (Ehegatte 1) ein Anrecht für die ausgleichsberechtigte Person (Ehegatte 2) begründet wird.

Aber auch der Ausschluss der Anrechte 2 und 3 sowie 4 kann vereinbart werden. Der Ausgleichswert beträgt dann 6.250 EUR (20.000 EUR – 7.500 EUR = 12.500 EUR : 2).

Bei den Anrechten 2, 3 und 5 ist zu beachten, das der Versorgungsträger der ausgleichspflichtigen Person ohne Vereinbarung die externe Teilung verlagen kann, weil der jeweilige Ausgleichswert (Anrecht geteilt durch 2) unter der Geringfügigkeitsgrenze des § 14 Abs. 2 für Kapitalwerte liegt (2009 = 6.048 EUR). Liegt auch der vereinbarte Ausgleichsbetrag unter der Geringfügigkeitsgrenze, kann der Versorgungsträger der ausgleichspflichtigen Person ebenfalls die externe Teilung verlangen.

Mit diesen Regelbeispielen wird zugleich deutlich, dass die bisherige Rechtsprechung zur Nichtigkeit von anrechtsbezogenen Teilausschlüssen des Versorgungsausgleichs wegen der künftigen anrechtsbezogenen Teilung hinfällig ist.

E. Hinweise

I. Hinweise zur Vereinbarung der internen Teilung

9 Die interne Teilung von nicht nach § 32 VersAusglG anpassungsfähigen Anrechten kann sich für die ausgleichsberechtigte Person nachteilig auswirken, wenn die ausgleichsberechtigte Person stirbt, ohne Leistungen aufgrund des Versorgungsausgleichs bezogen zu haben, weil dann ein „Rückausgleich" (Anpassung nach § 37 VersAusglG) nicht in Betracht kommt.

Aber auch bei anpassungsfähigen Anrechten darf die ausgleichsberechtigte Person keine – oder nicht länger als 36 Monate – Leistungen aus den erworbenen Anrechten erhalten haben.

Außerdem können die Versorgungsträger nach § 13 VersAusglG bei der internen Teilung die Kosten der Teilung mit den Anrechten verrechnen.

Bei der internen Teilung eines Anrechts der betrieblichen Altersversorgung erhält die ausgleichsberechtigte Person den versorgungsrechtlichen Status eines ausgeschiedenen Mitarbeiters. Bemessungsgrundlage ist das Ende der Ehezeit. Das bedeutet in der Regel, dass es vom Ende der Ehezeit bis zum Beginn der Versorgung keine Dynamik mehr gibt. Dieser Zeitraum kann oft 20 Jahre und mehr umfassen. Eine Versorgung ohne Dynamik in dieser Zeit bedeutet alleine durch Inflation einen massiven Verlust in der gesamten Altersversorgung.

II. Hinweise zur Vereinbarung der externen Teilung

Vereinbaren die Ehegatten die externe Teilung, können die Versorgungsträger keine Teilungskosten geltend machen, da § 13 VersAusglG nur für die interne Teilung gilt. Bei einem Ausgleichswert nach § 17 VersAusglG von bis zu 64.800 EUR (BBG GRV 2009) und 3 % Teilungskosten macht dies schon 1.944 EUR Ausgleichswert aus.

10

Interessant ist daher die Vereinbarung der externen Teilung bei Verrechnung von Anrechten, insbesondere mit werthöheren Anrechten ohne Teilungskosten (z.B. GRV). Auch eine Verrechnung mit Vermögenswerten ist denkbar.

Allerdings kann die Begründung eines neuen Anrechts auch mit Abschlusskosten für die ausgleichsberechtigte Person verbunden sein.

Eine Vereinbarung zwischen der ausgleichsberechtigte Person und dem Versorgungsträger der ausgleichspflichtigen Person über die externe Teilung nach § 14 Abs. 2 Nr. 1 VersAusglG ermöglicht der ausgleichsberechtigten Person durch Wahl der Zielversorgung ein bestehendes Anrecht auszubauen oder ein neues Anrecht zu begründen.

Die ausgleichspflichtige Person muss dieser Vereinbarung nur zustimmen, wenn die Vereinbarung zu steuerpflichtigen Einkünften für sie führen kann (§ 15 Abs. 3 VersAusglG). Siehe hierzu Kapitel Steuern.

III. Hinweise zur Vereinbarung der Ehezeit

Die gesetzliche Ehezeit kann durch eine Vereinbarung nicht geändert werden. Insbesondere das Ende der Ehezeit ist für maßgebende Rechenfaktoren von Bedeu-

11

tung. Es darf jedoch vereinbart werden, dass in einem Teil der Ehezeit erworbene Anrechte nicht ausgeglichen werden sollen, z.b. bei langer Trennungszeit.

F. Fazit

12 Die Möglichkeiten zur Vereinbarung sind vielfältig. Die anwaltlichen Berater der Ehegatten müssen die Vor- und Nachteile der
- unterschiedlichen Versorgungssysteme
- unterschiedlichen Leistungsspektren
- unterschiedlichen Wertentwicklungen

kennen und bewerten, um Lösungsmöglichkeiten für ihre Partei zu erarbeiten.

Auch dies wird – wie bisher – ohne Expertenrat von Aktuaren und Rentenberatern kaum noch zu bewältigen sein.

Das intensive erarbeiten von gestaltenden Vereinbarungen ist für die anwaltlichen Berater zeitintensiv und haftungsträchtig. Daher werden sich oft nur vermögendere Parteien Vereinbarungen leisten können.

G. Checkliste

13
- Ist eine Vereinbarung sinnvoll, um einen Hin-und-Her-Ausgleich und die Zersplitterung von Anrechten zu vermeiden?
- Ist eine Vereinbarung zur Verrechnung von Ausgleichswerten mit Vermögenswerten sinnvoll?
- Handelt es sich bei einem Anrecht nicht um eine Regelversorgung nach § 32, ist beim Vorversterben der ausgleichsberechtigten Person kein Rückausgleich möglich.
- Ist die notarielle Form erforderlich?
- Wurden vertragliche Bindungen zu Lasten Dritter vereinbart?
- Wurden die steuerlichen Auswirkungen bei den Ehegatten berücksichtigt?
- Sind beim korrespondierenden Kapitalwert weitere wertbildenden Faktoren zu berücksichtigen?
- Hinweis auf Ausschluss der Teilhabe an der Hinterbliebenenversorgung (verlängerten schuldrechtlichen Ausgleichs) nach § 25 VersAusglG, falls Versorgungsträger nicht zustimmen.
- Ist grundsätzlich eine Hinterbliebenenversorgung vorgesehen, damit auch nach dem Tod der ausgleichspflichtigen Person die Versorgung fortgeführt wird?

- Gibt es eine Wiederverheiratungsklausel, nach der die Hinterbliebenenversorgung bei Wiederheirat entfällt oder nur eine Abfindung zahlt?
- Werden eigene Einkünfte auf die Hinterbliebenenversorgung angerechnet?
- Wird der Versorgungsträger der ausgleichspflichtigen Person der Vereinbarung zustimmen?
- Hinweis, dass die ausgleichsberechtigte Person auch später noch eine Abfindung nach § 23 VersAusglG verlangen kann.

Teil C: Anhänge

§ 10 Checklisten

A. Allgemeine Checklisten

I. Durchführung

- Wurde der Versorgungsausgleich durch Ehevertrag ausgeschlossen? **1**
- Wurde der Versorgungsausgleich durch Vereinbarung ausgeschlossen?
- Wurde der Wertausgleich bei der Scheidung durch Vereinbarung in den Wertausgleich nach der Scheidung verlagert?
- Hat die Ehezeit länger als 3 Jahre gedauert oder wurde ein Antrag auf Ausgleich gestellt?
- Sind einzelne Anrechte oder gleichartige Anrecht wegen Geringfügigkeit vom Versorgungsausgleich ausgeschlossen?
- Ist der Versorgungsausgleich wegen fehlender Ausgleichsreife eines Anrechts insgesamt ausgeschlossen?
- Ist der Versorgungsausgleich wegen grober Unbilligkeit ausgeschlossen?

II. Anrechte der Ehegatten

- Gibt es nicht ausgleichsfähige Anrechte i.S. des § 2 VersAusglG? **2**
- Gibt es nicht ausgleichsreife Anrechte i.S. des § 19 Abs. 2 VersAusglG?
- Gibt es kapitalisierte Anrechte i.S. des BetrAVG oder AltZertG?
- Ist das Anrecht dem Grunde und der Höhe nach unverfallbar?

III. Allgemeine Prüfung der Auskünfte der Versorgungsträger

- Ist das Anrecht bereits dem Grunde und der Höhe nach unverfallbar? **3**
- Liegt der Auskunft die richtige Ehezeit zugrunde?
- Wurde bei der zeitratierlichen Bewertung der Ehezeitanteil richtig berechnet?
- Ist die maßgebliche Bezugsgröße angegeben?
- Liegt eine übersichtliche und nachvollziehbare Berechnung vor?
- Wurden sämtliche Berechnungsfaktoren angegeben und erläutert?
- Sind in der Auskunft noch zeitliche Lücken, die aufzuklären sind?
- Stimmen die Angaben zum Eintritt und Austritt aus dem Versorgungssystem?

- Sind nach Ende der Ehezeit noch Wertveränderungen bezogen auf das Ende der Ehezeit eingetreten?
- Wird bereits eine Leistung bezogen oder ist damit noch vor Entscheidung über den Wertausgleich zu rechnen?
- Enthält die Leistung einen Abschlag für die vorzeitige Inanspruchnahme?
- Wurde die Leistung auf Dauer oder zeitlich befristet gewährt?
- Werden Leistungen aus anderen Versorgungen angerechnet?
- Liegt eine Satzung u.Ä. oder eine Teilungsordnung vor?
- Wurde der Leistungsumfang des Anrechts angegeben (Altersrente, Invalidität, Hinterbliebenenversorgung)
- In welcher Höhe wird ein Ausgleich für den Wegfall der Invalidiäts- und Hinterbliebenenversorgung gewährt? Ggf. Berechnungsgrundlagen anfordern und prüfen, in welcher Höhe Leistungen wegen Invalidität und für Hinterbliebene tatsächlich gezahlt werden
- Sind die Teilungskosten angemessen?
- Ist eine unmittelbare Bewertung möglich? Im Zweifelsfall ist die zeitratierliche anzuwenden.
- Entspricht der korrespondierende Kapitalwert tatsächlich dem Ausgleichswert?

IV. Ausgleich der Anrechte

4
- Sind geringfügige Anrecht vom Ausgleich auszunehmen?
- Sind nur nicht ausgleichsreife Anrechte vom Ausgleich auszunehmen, weil ein Ausschluss insgesamt unbillig wäre?
- Erfüllt das bei interner Teilung begründete Anrecht die Voraussetzungen des § 11 VersAusglG hinsichtlich Eigenständigkeit, Insolvenzschutz, Risikoschutz und Wertentwicklung (insbesondere vom Ende der Ehezeit bis zum Beginn der Versorgung)?
- Handelt es sich bei der externen Teilung um eine angemessene Zielversorgung?
- Kann es bei der externen Teilung zu steuerlichen Nachteilen für die ausgleichverpflichtete Person kommen?
- Hat der Zielversorgungsträger zugestimmt?
- Kann durch den Ausgleich ein Anrecht auf eine lebenslange Altersversorgung erworben werden? Ein Anspruch auf eine einmalige Kapitalzahlung (z.B. Beitragserstattung wegen fehlender Wartezeitmonate in der GRV) ist nicht ausreichend.

V. Halbteilung der Anrechte

- Führt die Teilung auch zu einem dem Halbteilungsgrundsatz entsprechenden Ausgleich der Anrechte? **5**
- Erhält die ausgleichsberechtigte Person auch eine der Wertentwicklung des ausgleichspflichtigen Anrechts entsprechende Versorgung (insbesondere vom Ende der Ehezeit bis zum Beginn der Versorgung)?

VI. Vereinbarungen zum Versorgungsausgleich

- Ist eine Vereinbarung sinnvoll um einen Hin-und-Her-Ausgleich und die Zersplitterung von Anrechten zu vermeiden? **6**
- Ist eine Vereinbarung zur Verrechnung von Ausgleichswerten mit Vermögenswerten sinnvoll?
- Handelt es sich bei einem Anrecht nicht um eine Regelversorgung nach § 32 ist beim Vorversterben der ausgleichsberechtigten Person kein Rückausgleich möglich.
- Ist die notarielle Form erforderlich?
- Wurden vertragliche Bindungen zu Lasten Dritter vereinbart?
- Wurden die steuerlichen Auswirkungen bei den Ehegatten berücksichtigt?
- Sind beim korrespondierenden Kapitalwert weitere wertbildenden Faktoren zu berücksichtigen?
- Hinweis auf Ausschluss der Teilhabe an der Hinterbliebenenversorgung (verlängerten schuldrechtlichen Ausgleichs) nach § 25 VersAusglG hinweisen, falls Versorgungsträger nicht zustimmen.
- Ist grundsätzlich eine Hinterbliebenenversorgung vorgesehen, damit auch nach dem Tod der ausgleichspflichtigen Person die Versorgung fortgeführt wird?
- Gibt es eine Wiederverheiratungsklausel, nach der die Hinterbliebenenversorgung bei Wiederheirat entfällt oder nur eine Abfindung zahlt?
- Werden eigene Einkünfte auf die Hinterbliebenenversorgung angerechnet?
- Wird der Versorgungsträger der ausgleichspflichtigen Person der Vereinbarung zustimmen?
- Hinweis, dass die ausgleichsberechtigte Person auch später noch eine Abfindung nach § 23 VersAusglG verlangen kann.

VII. Beschluss des Familiengerichts

- Enthält der Tenor der Entscheidung auch alle Anrechte? **7**
- Sind in den Gründen zur Entscheidung auch geringfügige und nicht ausgleichsfähige Anrechte aufgeführt?

- Sind alle Versorgungsträger und Anrechtsbezeichnungen korrekt?
- Wurde bei einer externen Teilung der ausgleichspflichtige Versorgungsträger verpflichtet, zur Begründung eines Anrechts in Höhe des auf das Ende der Ehezeit bezogenen Ausgleichswerts in Form eines Kapitalbetrages zu zahlen.

VIII. Auswirkungen für die Ehegatten prüfen

8   Für die ausgleichsberechtigte Person:
- Wird durch den Ausgleich eine besondere Wartezeit im Versorgungssystem erfüllt?

Für die ausgleichspflichtige Person:
- Ist es sinnvoll, das geminderte Anrecht durch Ausgleichszahlungen wieder aufzufüllen?

IX. Prüfungspflicht der anwaltlichen Berater

9
- Antrag auf Ausgleich bei kurzer Ehezeit, um die Höhe der Anrechte ermitteln zu lassen.
- Antrag auf unbillige Härte bei geringfügigen Anrechten, damit eine Gesamtsaldierung vorgenommen wird.
- Immer Erläuterung der Auskünfte der Versorgungsträger beantragen.
- Immer Versorgungsordnung u.Ä. sowie Teilungsordnung einsehen.
- Kontrolle der Versorgungsauskünfte.
- Sachverständige einbeziehen (Aktuare, Rentenberater).
- Prüfen, ob eine Vereinbarung sinnvoll ist.

B. Besondere Checklisten

I. Gesetzliche Rentenversicherung

10
- Liegt der Auskunft die richtige Ehezeit zugrunde?
- Sind in der Auskunft noch zeitliche Lücken die aufzuklären sind (z.B. Kindererziehungszeiten, Schul- und Studienzeiten, Krankheitszeiten, Zeiten der Arbeitslosigkeit, Schwangerschaft/Mutterschutz)?
- Sind auch besondere Umstände erfasst (z.B. berufliche Ausbildungszeiten, Wehrdienst, Zivildienst, Nachversicherungen, Knappschaftszeiten, geringfügige Beschäftigungen, Künstlersozialversicherung)?
- Wurden Beiträge vor oder nach der Ehezeit gezahlt? Sind diese zu berücksichtigen?

- Wird bereits eine Leistung bezogen oder ist damit noch vor Entscheidung über den Wertausgleich zu rechnen?
- Enthält die Leistung einen Abschlag für die vorzeitige Inanspruchnahme?
- Wurde die Leistung auf Dauer oder zeitlich befristet gewährt?
- Werden Leistungen aus anderen Versorgungen angerechnet?

II. Versicherungsförmige Versorgungen

- Liegt der Auskunft die richtige Ehezeit zugrunde? **11**
- Wurde der Ehezeitanteil richtig berechnet?
- Ist die maßgebliche Bezugsgröße angegeben (Rückkaufswert, Zeitwert, entrichtete Beiträge)?
- Liegt eine übersichtliche und nachvollziehbare Berechnung vor?
- Wurden sämtliche Berechnungsfaktoren angegeben und erläutert?
- Mit welchem Zinssatz wurde berechnet?
- Wird bereits eine Leistung bezogen oder ist damit noch vor Entscheidung über den Wertausgleich zu rechnen?
- Enthält die Leistung einen Abschlag für die vorzeitige Inanspruchnahme?
- Wurde die Leistung auf Dauer oder zeitlich befristet gewährt?
- Werden Leistungen aus anderen Versorgungen angerechnet?
- Liegt eine Satzung u.Ä. oder eine Teilungsordnung vor?
- Wurde der Leistungsumfang des Anrechts angegeben (Altersrente, Invalidität, Hinterbliebenenversorgung)?
- In welcher Höhe wird ein Ausgleich für den Wegfall der Invalidiäts- und Hinterbliebenenversorgung gewährt? Ggf. Berechnungsgrundlagen anfordern und prüfen, in welcher Höhe Leistungen wegen Invalidität und für Hinterbliebene tatsächlich gezahlt werden
- Sind die Teilungskosten angemessen?
- Wurden Stornokosten berechnet?
- Ist eine interne oder externe Teilung vorgesehen oder besteht ein Wahlrecht?
- Entspricht der korrespondierende Kapitalwert tatsächlich dem Ausgleichswert?
- Führt die Teilungsform zu einer gleichwertigen Teilhabe?

III. Beamtenversorgung

- Handelt es sich um Bundesbeamte, für die die interne Teilung gilt? **12**
- Handelt es sich um Landes- oder Kommunalbeamte, für die der Ausgleich über die gesetzliche Rentenversicherung gilt?
- Liegt der Auskunft die richtige Ehezeit zugrunde?

- Wurde bei der zeitratierlichen Bewertung der Ehezeitanteil richtig berechnet?
- Liegt eine übersichtliche und nachvollziehbare Berechnung vor?
- Wurden sämtliche Berechnungsfaktoren angegeben und erläutert?
- Sind in der Dienstzeitaufstellung noch zeitliche Lücken, die aufzuklären sind?
- Sind noch zusätzliche Dienstzeiten auf Antrag zu berücksichtigen?
- Stimmen die Angaben zum Eintritt und Austritt aus dem Versorgungssystem?
- Sind Sonderzahlung (sofern noch gewährt) richtig angegeben?
- Sind Kürzungen nach § 4a BSZG berücksichtigt?
- Sind nach Ende der Ehezeit noch Wertveränderungen bezogen auf das Ende der Ehezeit eingetreten?
- Wird bereits eine Leistung bezogen oder ist damit noch vor Entscheidung über den Wertausgleich zu rechnen?
- Enthält die Leistung einen Abschlag für die vorzeitige Inanspruchnahme?
- Wurde die Leistung auf Dauer oder zeitlich befristet gewährt?
- Werden Leistungen aus anderen Versorgungen angerechnet?

IV. Berufsständische Versorgungen

- Ist das Anrecht bereits dem Grunde und der Höhe nach unverfallbar?
- Liegt der Auskunft die richtige Ehezeit zugrunde?
- Wurde bei der zeitratierlichen Bewertung der Ehezeitanteil richtig berechnet?
- Ist die maßgebliche Bezugsgröße angegeben?
- Liegt eine übersichtliche und nachvollziehbare Berechnung vor?
- Wurden sämtliche Berechnungsfaktoren angegeben und erläutert?
- Sind in der Auskunft noch zeitliche Lücken, die aufzuklären sind?
- Stimmen die Angaben zum Eintritt und Austritt aus dem Versorgungssystem?
- Sind nach Ende der Ehezeit noch Wertveränderungen bezogen auf das Ende der Ehezeit eingetreten?
- Wird bereits eine Leistung bezogen oder ist damit noch vor Entscheidung über den Wertausgleich zu rechnen?
- Enthält die Leistung einen Abschlag für die vorzeitige Inanspruchnahme?
- Wurde die Leistung auf Dauer oder zeitlich befristet gewährt?
- Werden Leistungen aus anderen Versorgungen angerechnet?
- Liegt eine Satzung u.Ä. oder eine Teilungsordnung vor?
- Wurde der Leistungsumfang des Anrechts angegeben (Altersrente, Invalidität, Hinterbliebenenversorgung)?
- In welcher Höhe wird ein Ausgleich für den Wegfall der Invaliditäts- und Hinterbliebenenversorgung gewährt? Ggf. Berechnungsgrundlagen anfordern und

prüfen, in welcher Höhe Leistungen wegen Invalidität und für Hinterbliebene tatsächlich gezahlt werden
- Sind die Teilungskosten angemessen?
- Ist eine unmittelbare Bewertung möglich? Im Zweifelsfall ist die zeitratierliche anzuwenden.
- Entspricht der korrespondierende Kapitalwert tatsächlich dem Ausgleichswert?

V. Betriebliche Versorgungen

- Eintritt in den Betrieb, Beginn des Versicherungsschutzes   **14**
- Versicherungsnehmer z.b. bei Direktversicherungen
- Endalter der Zusage für den Ausgleichsberechtigten
- Eingeschlossene Risiken im Anrecht der ausgleichspflichtigen Person (Tarif / Rechnungsgrundlagen)
- Eingeschlossene Risiken im Anrecht der ausgleichsberechtigten Person (Tarif / Rechnungsgrundlagen), Ausgleich für Ausschluss von Risiken
- Insolvenzsicherung
- Recht auf Fortsetzung der Versicherung mit eigenen Beiträgen, z.B. Entgeltumwandlung DV
- Angemessenheit der Kosten bei interner Teilung
- Nichterreichen von geschäftsplanmäßigen Mindestrenten u.Ä.
- Aufteilung von vorhandenem Deckungskapital in gleich hohe Renten oder Teilung des ehezeitlichen Deckungskapital

VI. Zusatzversorgungen

- Ist das Anrecht bereits dem Grunde und der Höhe nach unverfallbar?   **15**
- Sind noch Musterverfahren anhängig, aufgrund deren der Ausgleich noch nicht erfolgen kann?
- Liegt der Auskunft die richtige Ehezeit zugrunde?
- Wurde bei der zeitratierlichen Bewertung der Startgutschrift der Ehezeitanteil richtig berechnet?
- Ist die maßgebliche Bezugsgröße angegeben?
- Liegt eine übersichtliche und nachvollziehbare Berechnung vor?
- Wurden sämtliche Berechnungsfaktoren angegeben und erläutert?
- Sind in der Auskunft noch zeitliche Lücken, die aufzuklären sind?
- Stimmen die Angaben zum Eintritt und Austritt aus dem Versorgungssystem?
- Sind nach Ende der Ehezeit noch Wertveränderungen bezogen auf das Ende der Ehezeit eingetreten?

- Wird bereits eine Leistung bezogen oder ist damit noch vor Entscheidung über den Wertausgleich zu rechnen?
- Enthält die Leistung einen Abschlag für die vorzeitige Inanspruchnahme?
- Wurde die Leistung auf Dauer oder zeitlich befristet gewährt?
- Sind die Teilungskosten angemessen?
- Entspricht der korrespondierende Kapitalwert tatsächlich dem Ausgleichswert?

§ 11 Wertetabellen

A. Werte der Rentenversicherung

	Werte 2009		Werte 2010	
Bezugsgröße	monatlich 2.520,00		monatlich 2.555,00	
	jährlich 30.240,00		jährlich 30.660,00	
1 % Bezugsgröße	monatlich 25,20		monatlich 25,55	
2 % Bezugsgröße	monatlich 50,40		monatlich 51,10	
120 % Bezugsgröße	monatlich 3.024,00		monatlich 3.066,00	
240 % Bezugsgröße	monatlich 6.048,00		monatlich 6.132,00	
aktueller Rentenwert	West	Ost	West	Ost
ab 1.7.2008	26,56			
ab 1.7.2009	27,20	24,13	27,20	24,13
Beitragsbemessungsgrenze	monatlich 5.400,00		monatlich 4.550,00	
	jährlich 64.800,00		jährlich 54.600,00	

1

Die aufgrund des vorläufigen Durchschnittsentgelts und des Beitragssatzes für das Jahr 2009 berechneten Faktoren betragen im Jahr 2009.[1]

1. in der allgemeinen Rentenversicherung für die Umrechnung		
a)	von Entgeltpunkten in Beiträge	6144,9210,
	von Entgeltpunkten (Ost) in Beiträge	5177,7224,
b)	von Beiträgen, Barwerten, Deckungskapitalien und vergleichbaren Deckungsrücklagen in Entgeltpunkte	0,0001627360,
	von Beiträgen in Entgeltpunkte (Ost)	0,0001931351,
2. in der knappschaftlichen Rentenversicherung für die Umrechnung		
a)	von Entgeltpunkten in Beiträge	8152,0560,
	von Entgeltpunkten (Ost) in Beiträge	6868,9383,
b)	von Beiträgen in Entgeltpunkte	0,0001226684,
	von Beiträgen in Entgeltpunkte (Ost)	0,0001455829.

---

[1] Bekanntmachung der Umrechnungsfaktoren für den Versorgungsausgleich in der Rentenversicherung vom 2.12.2008 (BGBl I, 2343).

B. Aktueller Rentenwert

Bemessungswerte der Gesetzlichen Rentenversicherung[2]
Rentenanpassungen, aktueller Rentenwert und allg. Bemessungsgrundlage

Jahr	Rentenanpassungen			Aktueller Rentenwert			Allgemeine Bemessungsgrundlage	
	zum	- in v.H. -		ab	- in DM/Euro -		- in DM -	
		West	Ost		West	Ost	allg. RV	KnV
1957[1]	x	x	x		5,35	x	4.281	4.326
1958[1]	x	x	x		5,68	x	4.542	4.590
1959	1.1.	6,10	x		6,02	x	4.812	4.862
1960	1.1.	5,94	x		6,34	x	5.072	5.126
1961	1.1.	5,40	x		6,66	x	5.325	5.381
1962	1.1.	5,00	x		7,10	x	5.678	5.737
1963	1.1.	6,60	x		7,68	x	6.142	6.206
1964	1.1.	8,20	x		8,40	x	6.717	6.788
1965	1.1.	9,40	x		9,09	x	7.275	7.352
1966	1.1.	8,30	x		9,82	x	7.857	7.939
1967	1.1.	8,00	x		10,61	x	8.490	8.580
1968	1.1.	8,10	x		11,50	x	9.196	9.293
1969	1.1.	8,30	x		12,23	x	9.780	9.883
1970	1.1.	6,35	x		12,90	x	10.318	10.427
1971	1.1.	5,50	x		13,71	x	10.967	11.083
1972	1.1.	6,30	x		15,01	x	12.008	12.136
	1.7.	9,50	x		x	x	x	x
1973	1.7.	11,35	x		16,71	x	13.371	13.513
1974	1.7.	11,20	x		18,59	x	14.870	15.028
1975	1.7.	11,10	x		20,65	x	16.520	16.696
1976	1.7.	11,00	x		22,92	x	18.337	18.531
1977	1.7.	9,90	x		25,20	x	20.161	20.375
1978	1.1.	x	x		x	x	21.608	21.838
	1.7.	x	x		x	x	21.068	21.292

---

2 Quelle: Rentenanpassungsverordnungen unter: http://forschung.deutsche-rentenversicherung.de/ForschPortalWeb/contentAction.do?statzrID=E0611646BC39954DC1256A390043F7FA&chstatzr_Kenngrößen und Bemessungswerte=WebPagesIIOP80&open&viewName=statzr_Kenngrößen und Bemessungswerte#WebPagesIIOP 80.

Wertetabellen §11

Jahr	Rentenanpassungen			Aktueller Rentenwert			Allgemeine Bemessungs-grundlage	
	zum	- in v.H. -		ab	- in DM/Euro -		- in DM -	
		West	Ost		West	Ost	allg. RV	KnV
1979	1.1.	4,50	x		26,34	x	21.068	21.292
1980	1.1.	4,00	x		27,39	x	21.911	22.144
1981	1.1.	4,00	x		28,48	x	22.787	23.030
1982	1.1.	5,76	x		30,12	x	24.099	24.356
1983	1.7.	5,59	x		31,81	x	25.445	25.716
1984	1.7.	3,40	x		32,89	x	26.310	26.590
1985	1.7.	3,00	x		33,87	x	27.099	27.387
1986	1.7.	2,90	x		34,86	x	27.885	28.181
1987	1.7.	3,80	x		36,18	x	28.945	29.252
1988	1.7.	3,00	x		37,27	x	29.814	30.129
1989	1.7.	3,00	x		38,39	x	30.709	31.033
1990	1.7.	3,10	x		39,58	x	31.661	31.995
1991	1.1.	x	15,00	1.1.	x	x	33.149	33.499
	1.7.	4,70	15,00	1.7.	41,44	x	x	x
1992	1.1.	x	11,65	1.1.	x	23,57	x	x
	1.7.	2,87	12,73	1.7.	42,63	26,57	x	x
1993	1.1.	x	6,10	1.1.	x	28,19	x	x
	1.7.	4,36	14,12	1.7.	44,49	32,17	x	x
1994	1.1.	x	3,64	1.1.	x	33,34	x	x
	1.7.	3,39	3,45	1.7.	46,00	34,49	x	x
1995	1.1.	x	2,78	1.1.	x	35,45	x	x
	1.7.	0,50	2,48	1.7.	46,23	36,33	x	x
1996	1.1.	x	4,38	1.1.	x	37,92	x	x
	1.7.	0,95	1,21	1.7.	46,67	38,38	x	x
1997	1.7.	1,65	5,55	1.7.	47,44	40,51	x	x
1998	1.7.	0,44	0,89	1.7.	47,65	40,87	x	x
1999	1.7.	1,34	2,79	1.7.	48,29	42,01	x	x
2000	1.7.	0,60	0,60	1.7.	48,58	42,26	x	x
2001	1.7.	1,91	2,11	1.7.	49,51	43,15	x	x
2002[2]	1.7.	2,16	2,89	1.7.	25,86	22,70	x	x
2003[2]	1.7.	1,04	1,19	1.7.	26,13	22,97	x	x
2004[2]	1.7.	x	x	1.7.	x	x	x	x
2005[2]	1.7.	x	x	1.7.	x	x	x	x

§11 Teil C: Anhänge

Jahr	Rentenanpassungen			Aktueller Rentenwert			Allgemeine Bemessungs-grundlage	
	zum	- in v.H. -		ab	- in DM/Euro -		- in DM -	
		West	Ost		West	Ost	allg. RV	KnV
2006[2]	1.7.	x	x	1.7.	x	x	x	x
2007[2]	1.7.	0,54	0,54	1.7.	26,27	23,09	x	x
2008[2]	1.7.	1,10	1,10	1.7.	26,56	23,34	x	x

[1] In diesen Jahren gab es keine Rentenanpassung, die anderen Bemessungswerte gelten nur für Zugangsrenten

[2] Ab 2002 aktueller Rentenwert in EUR; bis 2001 in DM

x = Keine Rentenanpassung, der aktuelle Rentenwert gilt weiter

Von 1957 bis 1977 wurden die Zugangsrenten und die Bestandsrenten in der Rentenversicherung unterschiedlich angepasst, die Spalte allgemeine Bemessungsgrundlage bis 1978 gilt ausschließlich für Zugangsrentner der damaligen Zeit.

C. Bezugsgrößen

3 § 18 SGB IV   Bezugsgröße

(1) Bezugsgröße im Sinne der Vorschriften für die Sozialversicherung ist, soweit in den besonderen Vorschriften für die einzelnen Versicherungszweige nichts Abweichendes bestimmt ist, das Durchschnittsentgelt der gesetzlichen Rentenversicherung im vorvergangenen Kalenderjahr, aufgerundet auf den nächsthöheren, durch 420 teilbaren Betrag.

(2) Die Bezugsgröße für das Beitrittsgebiet (Bezugsgröße [Ost]) verändert sich zum 1. Januar eines jeden Kalenderjahres auf den Wert, der sich ergibt, wenn der für das vorvergangene Kalenderjahr geltende Wert der Anlage 1 zum Sechsten Buch durch den für das Kalenderjahr der Veränderung bestimmten vorläufigen Wert der Anlage 10 zum Sechsten Buch geteilt wird, aufgerundet auf den nächsthöheren, durch 420 teilbaren Betrag.

(3) Beitrittsgebiet ist das in Artikel 3 des Einigungsvertrages genannte Gebiet.

Wertetabellen § 11

Werte:

Jahr	Alte Bundesländer		Neue Bundesländer	
	monatlich	jährlich	monatlich	jährlich
2010	2.555 €	30.660 €	2.170 €	26.040 €
2009	2.520 €	30.240 €	2.135 €	25.620 €
2008	2.485 €	29.820 €	2.100 €	25.200 €
2007	2.450 €	29.400 €	2.100 €	25.200 €
2006	2.450 €	29.400 €	2.065 €	24.780 €
2005	2.415 €	28.980 €	2.030 €	24.360 €
2004	2.415 €	28.980 €	2.030 €	24.360 €
2003	2.380 €	28.560 €	1.995 €	23.940 €
2002	2.345 €	28.140 €	1.960 €	23.520 €
2001	4.480 DM	53.760 DM	3.780 DM	45.360 DM
2000	4.480 DM	53.760 DM	3.640 DM	43.680 DM
1999	4.410 DM	52.920 DM	3.710 DM	44.520 DM

D. Durchschnittsentgelte

Anlage 1: Durchschnittsentgelt in Euro/DM/RM[3] 4

Durchschnittliche Bruttojahresarbeitsentgelte

Jahr[2]	Gesamt/West		Ost[1]	Jahr[2]	Gesamt/West		Ost[1]
	allg. RV	KnV	Umrechnungswerte		allg. RV	KnV	Umrechnungswerte
	-in RM/DM/EUR-				-in RM/DM/EUR-		
1930	2.074	2.110	x	1939	2.092	2.114	x
1931	1.924	1.949	x	1940	2.156	2.179	x
1932	1.651	1.673	x	1941	2.297	2.321	x
1933	1.583	1.604	x	1942	2.310	2.335	x
1934	1.605	1.627	x	1943	2.324	2.349	x
1935	1.692	1.719	x	1944	2.292	2.316	x
1936	1.783	1.811	x	1945	1.778	1.797	1,0000
1937	1.856	1.884	x	1946	1.778	1.797	1,0000
1938	1.947	1.972	x	1947	1.833	1.852	1,0000

3 Voräufig

§ 11 Teil C: Anhänge

Jahr[2]	Gesamt/West allg. RV -in RM/DM/EUR-	KnV	Ost[1] Umrechnungswerte	Jahr[2]	Gesamt/West allg. RV -in RM/DM/EUR-	KnV	Ost[1] Umrechnungswerte
1948	2.219	2.243	1,0000	1980	29.485	29.798	3,1208
1949	2.838	2.868	1,0000	1981	30.900	31.228	3,1634
1950	3.161	3.194	0,9931	1982	32.198	32.540	3,2147
1951	3.579	3.617	1,0502	1983	33.293	33.646	3,2627
1952	3.852	3.893	1,0617	1984	34.292	34.655	3,2885
1953	4.061	4.104	1,0458	1985	35.286	35.660	3,3129
1954	4.234	4.279	1,0185	1986	36.627	37.015	3,2968
1955	4.548	4.596	1,0656	1987	37.726	38.125	3,2548
1956	4.844	4.895	1,1029	1988	38.896	39.307	3,2381
1957	5.043	5.096	1,1081	1989	40.063	40.486	3,2330
1958	5.330	5.386	1,0992	1990			
1959	5.602	5.661	1,0838	1.Hj.	41.946		3,0707
1960	6.101	6.165	1,1451	1990			
1961	6.723	6.794	1,2374	2.Hj.	41.946		2,3473
1962	7.328	7.405	1,3156	1991	44.421		1,7235
1963	7.775	7.857	1,3667	1992	46.820		1,4393
1964	8.467	8.556	1,4568	1993	48.178		1,3197
1965	9.229	9.326	1,5462	1994	49.142		1,2687
1966	9.893	9.997	1,6018	1995	50.665		1,2317
1967	10.219	10.327	1,5927	1996	51.678		1,2209
1968	10.842	10.957	1,6405	1997	52.143		1,2089
1969	11.839	11.965	1,7321	1998	52.925		1,2113
1970	13.343	13.485	1,8875	1999	53.507		1,2054
1971	14.931	15.090	2,0490	2000	54.256		1,2030
1972	16.335	16.508	2,1705	2001	55.216		1,2003
1973	18.295	18.489	2,3637	2002	28.626		1,1972
1974	20.381	20.597	2,5451	2003	28.938		1,1943
1975	21.808	22.039	2,6272	2004	29.060		1,1932
1976	23.335	23.582	2,7344	2005	29.202		1,1827
1977	24.945	25.209	2,8343	2006	29.494		1,1827
1978	26.242	26.520	2,8923	2007 [3]	29.488		1,1622
1979	27.685	27.979	2,9734	2008 [3]	30.084		1,1827

[1] Für Beitragszeiten im Beitrittsgebiet nach dem 8. Mai 1945 werden Entgeltpunkte ermittelt, indem der mit den Umrechnungswerten vervielfältigte Verdienst (Beitragsbemessungsgrundlage) durch das Durch- schnittsentgelt für dasselbe Kalenderjahr geteilt wird. Für das Kalenderjahr des Rentenbeginns und für das davor liegende Kalenderjahr ist der Verdienst mit dem Umrechnungswert zu vervielfältigen, der für diese Kalenderjahre vorläufig bestimmt ist.

[2] Bis 1947 Angaben in RM, von 1948 bis 2001 in DM, ab 2002 in Euro

[3] Vorläufig

Quelle: § 70 Abs. 1 SGB VI sowie Anlage 1 zum SGB VI und § 256a Abs. 1 SGB VI sowie Anlage 10 SGB VI

E. Beitragsbemessungsgrenzen

I. West

Anlage 2: Jährliche Beitragsbemessungsgrenzen in Euro/DM/RM

Zeitraum	Allgemeine Rentenversicherung		Knappschaftliche Rentenversicherung
	Arbeiter	Angestellten	
1.1.1924–31.12.1924	1.056	4.080	
1.1.1925–30.4.1925	1.380	4.080	
1.5.1925–31.12.1925	1.380	6.000	
1.1.1926–31.12.1926	1.908	6.000	
1.1.1927–31.12.1927	2.016	6.000	
1.1.1928–31.8.1928	2.748	6.000	
1.9.1928–31.12.1928	2.748	8.400	
1.1.1929–31.12.1929	2.928	8.400	
1.1.1930–31.12.1930	2.880	8.400	
1.1.1931–31.12.1931	2.676	8.400	
1.1.1932–31.12.1932	2.292	8.400	
1.1.1933–31.12.1933	2.196	8.400	
1.1.1934–31.12.1934	2.004	7.200	
1.1.1935–31.12.1935	2.112	7.200	
1.1.1936–31.12.1936	2.220	7.200	
1.1.1937–31.12.1937	2.316	7.200	
1.1.1938–31.12.1938	2.700	7.200	

Zeitraum	Allgemeine Rentenversicherung		Knappschaftliche Rentenversicherung
	Arbeiter	Angestellten	
1.1.1939–31.12.1939	3.000	7.200	
1.1.1940–31.12.1940	3.096	7.200	
1.1.1941–31.12.1941	3.300	7.200	
1.1.1942–30.6.1942	3.312	7.200	
1.7.1942–31.12.1942	3.600	7.200	
1.1.1943–28.2.1947	3.600	7.200	4.800
1.3.1947–31.5.1949	3.600	7.200	7.200
1.6.1949–31.8.1952	7.200		8.400
1.9.1952–31.12.1958	9.000		12.000
1.1.1959–31.12.1959	9.600		12.000
1.1.1960–31.12.1960	10.200		12.000
1.1.1961–31.12.1961	10.800		13.200
1.1.1962–31.12.1962	11.400		13.200
1.1.1963–31.12.1963	12.000		14.400
1.1.1964–31.12.1964	13.200		16.800
1.1.1965–31.12.1965	14.400		18.000
1.1.1966–31.12.1966	15.600		19.200
1.1.1967–31.12.1967	16.800		20.400
1.1.1968–31.12.1968	19.200		22.800
1.1.1969–31.12.1969	20.400		24.000
1.1.1970–31.12.1970	21.600		25.200
1.1.1971–31.12.1971	22.800		27.600
1.1.1972–31.12.1972	25.200		30.000
1.1.1973–31.12.1973	27.600		33.600
1.1.1974–31.12.1974	30.000		37.200
1.1.1975–31.12.1975	33.600		40.800
1.1.1976–31.12.1976	37.200		45.600
1.1.1977–31.12.1977	40.800		50.400
1.1.1978–31.12.1978	44.400		55.200
1.1.1979–31.12.1979	48.000		57.600
1.1.1980–31.12.1980	50.400		61.200
1.1.1981–31.12.1981	52.800		64.800
1.1.1982–31.12.1982	56.400		69.600
1.1.1983–31.12.1983	60.000		73.200
1.1.1984–31.12.1984	62.400		76.800
1.1.1985–31.12.1985	64.800		80.400

§ 11 Wertetabellen

Zeitraum	Allgemeine Rentenversicherung		Knappschaftliche Rentenversicherung
	Arbeiter	Angestellten	
1.1.1986–31.12.1986	67.200		82.800
1.1.1987–31.12.1987	68.400		85.200
1.1.1988–31.12.1988	72.000		87.600
1.1.1989–31.12.1989	73.200		90.000
1.1.1990–31.12.1990	75.600		93.600
1.1.1991–31.12.1991	78.000		96.000
1.1.1992–31.12.1992	81.600		100.800
1.1.1993–31.12.1993	86.400		106.800
1.1.1994–31.12.1994	91.200		112.800
1.1.1995–31.12.1995	93.600		115.200
1.1.1996–31.12.1996	96.000		117.600
1.1.1997–31.12.1997	98.400		121.200
1.1.1998–31.12.1998	100.800		123.600
1.1.1999–31.12.1999	102.000		124.800
1.1.2000–31.12.2000	103.200		127.200
1.1.2001–31.12.2001	104.400		128.400
1.1.2002–31.12.2002	54.000		66.600
1.1.2003–31.12.2003	55.200		67.800
1.1.2004–31.12.2004	61.800		76.200
1.1.2005–31.12.2005	62.400		76.800
1.1.2006–31.12.2006	63.000		77.400
1.1.2007–31.12.2007	63.000		77.400
1.1.2008–31.12.2008	63.600		78.600
1.1.2009–31.12.2009	64.800		79.800
1.1.2010–31.12.2010	66.000		81.600

II. Ost

Anlage 2a: Jährliche Beitragsbemessungsgrenzen des Beitrittsgebiets in Euro/DM

Zeitraum	Allgemeine Rentenversicherung	Knappschaftliche Rentenversicherung
1.7.1990 – 31.12.1990	32.400	32.400
1.1.1991 – 30. 6.1991	36.000	36.000
1.7.1991 – 31.12.1991	40.800	40.800
1.1.1992 – 31.12.1992	57.600	70.800
1.1.1993 – 31.12.1993	63.600	78.000
1.1.1994 – 31.12.1994	70.800	87.600
1.1.1995 – 31.12.1995	76.800	93.600
1.1.1996 – 31.12.1996	81.600	100.800
1.1.1997 – 31.12.1997	85.200	104.400
1.1.1998 – 31.12.1998	84.000	103.200
1.1.1999 – 31.12.1999	86.400	105.600
1.1.2000 – 31.12.2000	85.200	104.400
1.1.2001 – 31.12.2001	87.600	108.000
1.1.2002 – 31.12.2002	45.000	55.800
1.1.2003 – 31.12.2003	46.200	56.400
1.1.2004 – 31.12.2004	52.200	64.200
1.1.2005 – 31.12.2005	52.800	64.800
1.1.2006 – 31.12.2006	52.800	64.800
1.1.2007 – 31.12.2007	54.600	66.600
1.1.2008 – 31.12.2008	54.000	66.600
1.1.2009 – 31.12.2009	54.600	67.200
1.1.2010 – 31.12.2010		

F. Werte zur Umrechnung der Beitragsbemessungsgrundlagen des Beitrittsgebiets

Anlage 10: Werte zur Umrechnung der Beitragsbemessungsgrundlagen des Beitrittgebiets[4]

Jahr	Umrechnungswert	vorläufiger Umrechnungswert
1945	1,0000	
1946	1,0000	
1947	1,0000	
1948	1,0000	
1949	1,0000	
1950	0,9931	
1951	1,0502	
1952	1,0617	
1953	1,0458	
1954	1,0185	
1955	1,0656	
1956	1,1029	
1957	1,1081	
1958	1,0992	
1959	1,0838	
1960	1,1451	
1961	1,2374	
1962	1,3156	
1963	1,3667	
1964	1,4568	
1965	1,5462	
1966	1,6018	
1967	1,5927	
1968	1,6405	
1969	1,7321	
1970	1,8875	
1971	2,0490	
1972	2,1705	
1973	2,3637	
1974	2,5451	

[4] Fundstelle des Originaltextes: BGBl I 2002, 886.

Jahr	Umrechnungswert	vorläufiger Umrechnungswert
1975	2,6272	
1976	2,7344	
1977	2,8343	
1978	2,8923	
1979	2,9734	
1980	3,1208	
1981	3,1634	
1982	3,2147	
1983	3,2627	
1984	3,2885	
1985	3,3129	
1986	3,2968	
1987	3,2548	
1988	3,2381	
1989	3,2330	
1. Halbjahr 1990	3,0707	
2. Halbjahr 1990	2,3473	
1991	1,7235	
1992	1,4393	
1993	1,3197	
1994	1,2687	
1995	1,2317	
1996	1,2209	
1997	1,2089	
1998	1,2113	
1999	1,2054	
2000	1,2030	
2001	1,2003	
2002	1,1972	
2003	1,1943	
2004	1,1932	
2005	1,1827	
2006	1,1827	
2007	1,1841	
2008		1,1827
2009		1,1868
2010		1,1889

G. Angleichungsfaktoren

Die Angleichungsfaktoren werden im neuen Recht nicht mehr benötigt, weil Anrechte West und Ost getrennt ausgeglichen werden. Trotzdem werden sie zur Vervollständigung aufgeführt:

Bekanntmachung der Angleichungsfaktoren für den Versorgungsausgleich in der Rentenversicherung

VersorgAusglAnglFaktorBek 2009, Ausfertigungsdatum: 17.6.2009

Die Angleichungsfaktoren zur Ermittlung des Wertes von angleichungsdynamischen Anrechten nach § 3 Absatz 2 Nummer 1 Buchstabe a des VersorgungsausgleichsÜberleitungsgesetzes sind bei Entscheidungen über den Versorgungsausgleich, die nach dem 30. Juni 2009 ergehen, der nachstehenden Tabelle zu entnehmen:

Der Angleichungsfaktor beträgt bei einem Ehezeitende in der Zeit

2,2014231	vom 1. Juli 1990	bis 31. Dezember 1990
1,9134986	vom 1. Januar 1991	bis 30. Juni 1991
1,7414858	vom 1. Juli 1991	bis 31. Dezember 1991
1,5597270	vom 1. Januar 1992	bis 30. Juni 1992
1,4233516	vom 1. Juli 1992	bis 31. Dezember 1992
1,3415556	vom 1. Januar 1993	bis 30. Juni 1993
1,2268734	vom 1. Juli 1993	bis 31. Dezember 1993
1,1838188	vom 1. Januar 1994	bis 30. Juni 1994
1,1831861	vom 1. Juli 1994	bis 31. Dezember 1994
1,1511449	vom 1. Januar 1995	bis 30. Juni 1995
1,1288778	vom 1. Juli 1995	bis 31. Dezember 1995
1,0815435	vom 1. Januar 1996	bis 30. Juni 1996
1,0787511	vom 1. Juli 1996	bis 30. Juni 1997
1,0388931	vom 1. Juli 1997	bis 30. Juni 1998
1,0343004	vom 1. Juli 1998	bis 30. Juni 1999
1,0197482	vom 1. Juli 1999	bis 30. Juni 2000
1,0198034	vom 1. Juli 2000	bis 30. Juni 2001
1,0178893	vom 1. Juli 2001	bis 30. Juni 2002
1,0106274	vom 1. Juli 2002	bis 30. Juni 2003
1,0091758	vom 1. Juli 2003	bis 30. Juni 2007
1,0093100	vom 1. Juli 2007	bis 30. Juni 2008
1,0095216	vom 1. Juli 2008	bis 30. Juni 2009

H. Anhebung Regelaltersgrenzen

10 | § 235 SGB VI | Regelaltersrente

(1) Versicherte, die vor dem 1. Januar 1964 geboren sind, haben Anspruch auf Regelaltersrente, wenn sie
1. die Regelaltersgrenze erreicht und
2. die allgemeine Wartezeit erfüllt

haben. Die Regelaltersgrenze wird frühestens mit Vollendung des 65. Lebensjahres erreicht.

(2) Versicherte, die vor dem 1. Januar 1947 geboren sind, erreichen die Regelaltersgrenze mit Vollendung des 65. Lebensjahres. Für Versicherte, die nach dem 31. Dezember 1946 geboren sind, wird die Regelaltersgrenze wie folgt angehoben:

Versicherte	Aufhebung	Auf Alter	
Geburtsjahr	Um Monate	Jahr	Monat
1947	1	65	1
1948	2	65	2
1949	3	65	3
1950	4	65	4
1951	5	65	5
1952	6	65	6
1953	7	65	7
1954	8	65	8
1955	9	65	9
1956	10	65	10
1957	11	65	11
1958	12	66	0
1959	14	66	2
1960	16	66	4
1961	18	66	6
1962	20	66	8
1963	22	66	10

§ 11 Wertetabellen

Für Versicherte, die

1. vor dem 1. Januar 1955 geboren sind und vor dem 1. Januar 2007 Altersteilzeitarbeit im Sinne der §§ 2 und 3 Abs. 1 Nr. 1 des Altersteilzeitgesetzes vereinbart haben oder
2. Anpassungsgeld für entlassene Arbeitnehmer des Bergbaus bezogen haben,

wird die Regelaltersgrenze nicht angehoben.

§ 12 Urteile

A. Ehezeitanteil

1 *Hinweis*

Die nachfolgenden Urteile haben auch im reformierten Recht Bedeutung.

I. Versorgungsausgleich nach fiktivem Anspruch auf Nachversicherung eines erst nachehelich wiedergewählten Bürgermeisters

2 Wird eine Versorgungsaussicht auf Nachversicherung in der gesetzlichen Rentenversicherung aufgrund einer nach dem Ende der Ehezeit erfolgten Wiederwahl zum Bürgermeister und nach Ablauf der damit verbundenen weiteren Amtsperiode zu einer Anwartschaft auf Beamtenversorgung, so ist die in der Ehe erworbene Versorgung des Wahlbeamten nach dessen fiktivem Anspruch auf Nachversicherung zu bewerten, denn bei der nachehezeitlich erfolgten Wiederwahl handelt es sich um eine Änderung, die keinen Bezug zum ehezeitlichen Erwerbstatbestand aufweist. Die Versorgung ist aber ihrer Art nach im Wege des Quasi-Splittings auszugleichen, wenn die Wiederwahl vor der letzten tatrichterlichen Entscheidung erfolgt. *BGH, Beschluss vom 22.7.2009, XII ZB 191/06*

II. Ehezeitanteil einer Ministerversorgung

3 Berechnung des Ehezeitanteils einer Ministerversorgung und einer Abgeordnetenversorgung im schuldrechtlichen Versorgungsausgleich. Bei der Durchführung des schuldrechtlichen Versorgungsausgleichs nach § 1587f Nr. 2 BGB ist die schuldrechtliche Ausgleichsrente um den im Rahmen des § 1587b V BGB durchgeführten öffentlichrechtlichen Versorgungsausgleich zu kürzen. Dabei ist der insoweit maßgebende Höchstbetrag neu zu bestimmen.

Nach Eintritt der Fälligkeitsvoraussetzungen des § 1587g II 2 BGB kommt eine Abfindung nach § 1587l BGB nicht mehr in Betracht (im Anschluss an BGH, Beschluss vom 25.2.2004, XII ZB 208/00, FamRZ 2004, 1024, 1026). *OLG Celle, Beschluss vom 12.1.2009, 10 UF 86/08*

III. Bei Rentenbezug ist für einen Versorgungsausgleich nicht der Ehezeitanteil einer Anwartschaft einzubeziehen, sondern der der laufenden Rente

Bezieht ein Ehegatte im Zeitpunkt der Entscheidung über den Versorgungsausgleich eine Rente, ist der auf das Ende der Ehezeit bezogene Ehezeitanteil dieser laufenden Rente und nicht der Ehezeitanteil einer zuvor gegebenen Anwartschaft in den Versorgungsausgleich einzubeziehen. Weil der Versorgungsausgleich auf das Ende der Ehezeit rückbezogen ist, muss auch der Ehezeitanteil einer erst später bewilligten Rente auf diesen Zeitpunkt rückbezogen werden, was bei einer Betriebsrente durch Rückrechnung der Volldynamik nach der entsprechenden Versorgungsordnung erfolgt. Bei einer nicht volldynamischen Entwicklung ist sie nach dem Deckungskapital oder unter Anwendung der Barwertverordnung zu dynamisieren. *BGH, Beschluss vom 14.1.2009, XII ZB 74/08*

IV. Trennungszeit von 13 Jahren führt bei mehr als 30-jähriger Ehe nicht zur Beschränkung des Versorgungsausgleichs

Nach einer mehr als 30-jährigen Ehe führt eine Trennungszeit von rund 13 Jahren bis zum Scheidungsantrag grundsätzlich nicht zu einer Herabsetzung des Versorgungsausgleichs. Diese Minderung tritt auch dann nicht ein, wenn ein Ehegatte in der Trennungszeit überwiegend seine ausgleichspflichtigen Anrechte erworben hat, eine „phasenverschobene Ehe" nicht vorliegt und die Parteien nahezu gleichaltrig sind. *OLG Naumburg, Beschluss vom 29.11.2007, 8 UF 79/07*

V. Die Ehezeit des Versorgungsausgleichs wird durch ein nicht anerkanntes türkisches Eheurteil nicht berührt

Der Durchführung des Versorgungsausgleichs nach Art. 17 Abs. 3 S. 1 Nr. 1 EGBGB steht auch eine sehr lange Trennungszeit der Ehegatten nicht entgegen, wenn der Ausgleichsberechtigte in einem erheblichen Zeitraum noch minderjährige gemeinsame Kinder betreut und versorgt hat. Eine nicht anerkennungsfähige ausländische Ehescheidung ist nicht geeignet, die Ehezeit des Versorgungsausgleichs im Sinne des § 1587 Abs. 2 BGB zu modifizieren. Maßgeblich ist die gesetzliche Ehezeit, deren Ende sich aus der Zustellung des Scheidungsantrags im inländischen Scheidungsverfahren ergibt. *OLG Stuttgart, Beschluss vom 22.10.2007, 17 UF 65/07*

VI. Beruht Wertänderung eines Versorgungsanrechts auf individuellen Umständen, bleibt bei Ehezeitende erreichte Gehaltsstufe maßgeblich

7 Bei der zeitratierlichen Ermittlung des Ehezeitanteils eines betrieblichen Anrechts beeinflusst eine Teilzeitbeschäftigung des Versorgungsberechtigten die Dauer seiner Betriebszugehörigkeit grundsätzlich nicht. Im schuldrechtlichen Versorgungsausgleich sind Änderungen der für ein auszugleichendes Anrecht maßgebenden Regelung beachtlich, wenn sie auf das Ehezeitende zurückwirken und eine allgemeine, nicht auf individuellen Umständen beruhende Wertänderung des Ehezeitanteils zur Folge haben. Beruht die Wertänderung eines schuldrechtlich auszugleichenden Anrechts nicht auf einer allgemeinen Anpassung oder auf einer überindividuellen, auf das Ehezeitende rückwirkenden Änderung der Versorgungsregelung, sondern auf einer besseren Einstufung des Versorgungsberechtigten im bestehenden Gehaltsgefüge, bleibt wegen des Grundsatzes des ehezeitbezogenen Erwerbs die bei Ehezeitende erreichte Gehaltsstufe maßgeblich. *BGH, Beschluss vom 24.6.2009, XII ZB 160/07*

VII. Zeit zwischen Ausscheiden aus einem Betrieb und Erreichen der Altersgrenze ist für Ehezeitanteil im Versorgungsausgleich unbeachtlich

8 Ein dem Versorgungsausgleich unterliegendes Anrecht ist grundsätzlich nur dann innerhalb der Ehezeit begründet worden, wenn der für seine Entstehung erforderliche Akt innerhalb dieses Zeitraums erfolgt ist. Bei zeitratierlicher Berechnung des Ehezeitanteils eines betrieblichen Versorgungsanrechts ist die tatsächliche Beschäftigungszeit maßgeblich, sodass für die Beendigung der Betriebszugehörigkeit auf das tatsächliche Ausscheiden aus dem Unternehmen abzustellen ist. Ist der Inhaber eines betrieblichen Rentenanrechts durch eine Vorruhestandsregelung aus dem Betrieb ausgeschieden, ist die Zeit zwischen dem Ausscheiden und dem Erreichen der Altersgrenze nicht als gleichgestellte Zeit bei der Ermittlung des Ehezeitanteils zu berücksichtigen. *BGH, Beschluss vom 24.6.2009, XII ZB 137/07*

VIII. Ausgleichbetrag für vorzeitigen Ruhestand im Versorgungsausgleich

9 Geht ein Ehegatte in den vorzeitigen Ruhestand und wird ihm als Teil der Betriebsrente noch während der Ehezeit ein Ausgleichbetrag zugesagt, der die mit dem vorzeitigen Rentenzugang einhergehende Kürzung seiner gesetzlichen Rente teilweise auffangen soll, so ist dieser Ausgleichsbetrag grundsätzlich im Versorgungsausgleich zu berücksichtigen. *BGH, Beschluss vom 2.7.2008, XII ZB 208/05*

IX. Bemessung des Ehezeitanteils bei nach der Ehezeit vereinbartem vorzeitigen Bezug des Ruhegehalts (GmbH)

Der Ehezeitanteil, der dem Gesellschafter einer GmbH im Wege eines Pensionsvertrages zugesagten lebenslangen Alters- und Invaliditätsversorgung in Form eines festen monatlichen Betrages ist nach § 1587a Abs. 2 Nr. 4b BGB zeitratierlich zu bemessen. Der vorzeitige Bezug des Ruhegehalts beeinflusst auch dann die Gesamtdauer bis zur Erreichung der für das Ruhegehalt maßgeblichen Altersgrenze und erhöht damit den Ehezeitanteil, wenn der vorgezogene Bezug des Ruhegehalts erst nach der Ehezeit vereinbart wurde. *BGH, Beschluss vom 14.3.2007, XII ZB 142/06*

10

B. Gesetzliche Rentenversicherung

I. Versorgungsausgleich und Wiederauffüllungsbeiträge

Rentenrechte, die in der neuen Ehe durch Entrichtung von Wiederauffüllungsbeiträgen für Zeiten einer früheren Ehe erworben worden sind, unterliegen dem bei Scheidung der neuen Ehe durchzuführenden Versorgungsausgleich. *BGH, Beschluss vom 20.6.2007, XII ZB 126/04*

11

II. Wird Nachversicherung der Rente mit Mitteln finanziert, die in der Ehezeit erworben wurden, muss dies beim Versorgungsausgleich eingerechnet werden

Wird die Nachversicherung des Ehegatten mit einem Kredit finanziert, der während der Ehezeit aufgenommen wurde, in welcher der Partner finanzielle Unterstützung vom Ehegatten erhielt, so gründet die Kreditwürdigkeit teilweise auf der Ehe. Dies gilt selbst dann, wenn er die erhaltenen Mittel vor allem für den Lebensunterhalt verwendet. *OLG Köln, Urteil vom 13.2.2007, 4 UF 150/06*

12

III. „In-Prinzip" bei Rentenanwartschaften

13 Bei der Ermittlung der ehezeitbezogenen Anwartschaften sind auch die Anwartschaften, die auf freiwilligen Beiträgen während der Ehezeit beruhen, nicht herauszurechnen. Dass es sich dabei vorliegend um die Nachzahlung von Beiträgen handelt, steht der Zuordnung dieser Anwartschaften zur Ehezeit nicht entgegen, weil es nur darauf ankommt, wann die Beiträge gezahlt wurden, nicht für welchen Zeitraum sie gezahlt wurden. *OLG Frankfurt am Main, Beschluss vom 28.10.2004, 6 UF 45/04*

IV. Pflichtbeiträge für Pflegetätigkeit sind in den Versorgungsausgleich einzubeziehen

14 Anwartschaften aus Pflichtbeiträgen für Pflegetätigkeit nach §§ 44 SGB XI, 3 Nr. 1a, 166 Abs. 2 SGB VI sind in den Versorgungsausgleich einzubeziehen. Hat die pflegebedürftige Person im gemeinsamen Haushalt der Ehegatten gelebt, ist der Ehegatte der Pflegeperson typischerweise in die Pflege mit eingebunden, jedenfalls während des Zusammenlebens von den mit der Pflege verbundenen Belastungen mit betroffen. Daher gibt es keinen Grund, ihm die versicherungsrechtlichen Vorteile vorzuenthalten, soweit es um die Durchführung des Versorgungsausgleichs geht. *OLG Stuttgart, Beschluss vom 21.12.2005, 16 UF 287/05*

C. Betriebliche Versorgung

I. Allgemein

15 Ist ein betriebliches Anrecht wegen einer vor der Regelaltersgrenze liegenden Inanspruchnahme unmittelbar gekürzt worden, so hat die Kürzung im Versorgungsausgleich außer Betracht zu bleiben, soweit die für den verminderten Zugangsfaktor maßgeblichen Kalendermonate außerhalb der Ehezeit liegen.

Im öffentlichrechtlichen Versorgungsausgleich ist auch im Abänderungsverfahren der Ehezeitanteil einer bereits laufenden Rente grundsätzlich auf seinen bei Ehezeitende bestehenden Wert zurückzurechnen. *BGH, Beschluss vom 29. April 2009, XII ZB 182/07 (im Anschluss an BGH, Beschlüsse vom 4. März 2009, XII ZB 117/07, zur Veröffentlichung bestimmt; vom 29. Oktober 2008, XII ZB 69/06, FamRZ 2009, 107 ff.; vom 1. Oktober 2008, XII ZB 34/08, FamRZ 2009, 28 ff.; vom 9. Mai 2007, XII ZR 77/06, FamRZ 2007, 1542 ff. und vom 22. Juni 2005,*

XII ZB 117/03, FamRZ 2005, 1455 ff.; im Anschluss an BGH, Beschluss vom 14. Januar 2009, XII ZB 74/08, FamRZ 2009, 586 f.)

II. VBL

1. Ehezeitanteil einer Besitzstandsrente ist im Zeit-Zeit-Verhältnis der zurückgelegten zur gesamten gesamtversorgungsfähigen Zeit zu berechnen

Bezieht ein Versorgungsberechtigter eine laufende Versorgungsrente der Versorgungsanstalt des Bundes und der Länder (VBL), die infolge des Systemwechsels in der Zusatzversorgung des öffentlichen Dienstes seitdem als Besitzstandsrente gezahlt wird, ist der Ehezeitanteil der Besitzstandsrente im Zeit-Zeit-Verhältnis der in der Ehezeit zurückgelegten zur gesamten gesamtversorgungsfähigen Zeit im Sinne von § 43 VBL-S a.F. zu berechnen. Die zum Stichtag vor der Systemumstellung ermittelte Besitzstandsrente ist jedoch auf ein vor diesem Stichtag liegendes Ehezeitende zurückzurechnen. Die Rückrechnung hat grundsätzlich anhand des Verhältnisses des gesamtversorgungsfähigen Entgelts zum Tag der Systemumstellung zum gesamtversorgungsfähigen Entgelt bei Ehezeitende zu erfolgen. *BGH, Beschluss vom 6.5.2009, XII ZB 24/07*

2. Keine Berücksichtigung rechtswidriger Startgutschriftberechnung beim Versorgungsausgleich

Im Versorgungsausgleich darf ein von der VBL mitgeteilter, wegen Unwirksamkeit der Übergangsvorschriften rechtswidrig bemessener Wert einer Startgutschrift nicht Grundlage einer gerichtlichen Regelung sein oder durch eine individuelle Wertberechnung des Anrechts ersetzt werden. Zudem darf nicht etwa aus prozessökonomischen Gründen der Wert der Startgutschrift anhand der bislang in der Satzung vorgesehenen (verfassungswidrigen) Übergangsregelung bestimmt werden. Für die Frage, ob und in welcher Höhe eine in der Ehezeit begründete beziehungsweise aufrechterhaltene Anwartschaft oder Aussicht auf eine Versorgung überhaupt dem Versorgungsausgleich unterliegt, ist nämlich das zwischen dem Versicherten und dem Versorgungsträger maßgebliche Rechtsverhältnis zu beachten. *BGH, Beschluss vom 18.2.2009, XII ZB 54/06*

Verfügt ein Ehegatte über ein Anrecht, in dessen Ehezeitanteil eine auf eine unwirksame Übergangsregelung für rentenferne Jahrgänge berechnete Startgutschrift im Rahmen betrieblicher Altersversorgung des öffentlichen Dienstes enthalten ist,

ist das Verfahren über den Versorgungsausgleich grundsätzlich entsprechend bis zu einer Neuregelung der Berechungsgrundlage auszusetzen, da der maßgebliche Vorbehalt einer tarifvertraglichen Neuregelung auch im Versorgungsausgleichsverfahren zu berücksichtigen ist. Das gilt jedenfalls dann, wenn der ausgleichsberechtigte Ehegatte auf einen zeitnahen Versorgungsausgleich unter Einbeziehung eines unter die Übergangsregelung für rentenferne Jahrgänge fallenden Anrechts aus der Zusatzversorgung des öffentlichen Dienstes nicht dringend angewiesen ist. *BGH, Beschluss vom 18.3.2009, XII ZB 188/05*

3. Laufende Rente

18 Bezieht ein Ehegatte bereits eine Rente, während über den Versorgungsausgleich entschieden wird, ist der Teil dieser laufenden Rente, der sich auf das Ende der Ehezeit bezieht, in den Versorgungsausgleich einzubeziehen; nicht der Ehezeitanteil einer zuvor gegebenen Anwartschaft. *BGH, Beschluss vom 25.4.2007, XII ZB 206/06*

4. Keine ungekürzte Einbeziehung der Ehezeitanteile einer Zusatzversorgung des Ehegatten in den Versorgungsausgleich

19 Bezieht ein Ehegatte im Zeitpunkt der Entscheidung über den Versorgungsausgleich bereits eine Rente, ist der auf das Ende der Ehezeit bezogene Teil dieser laufenden Rente und nicht der Ehezeitanteil einer zuvor gegebenen Anwartschaft in den Versorgungsausgleich einzubeziehen. Beruht der Ehezeitanteil einer Zusatzversorgung des öffentlichen Dienstes (hier ZVK-KVBW) nach neuem Satzungsrecht auf einer aus Gründen des Bestandsschutzes gewährten Startgutschrift und auf weiteren ab Januar 2002 erworbenen Versorgungspunkten, ist dieser im Wege einer gemischten Methode teils zeitratierlich, teils konkret nach erworbenen Versorgungspunkten zu ermitteln. *BGH, Beschluss vom 25.4.2007, XII ZB 206/06*

D. Private Rentenversicherung

20 Es ist nicht gerechtfertigt, Anrechte aus einer privaten Rentenversicherung in den Versorgungsausgleich einzubeziehen, wenn die Rechte daraus nach den getroffenen Vereinbarungen von vornherein zum Zweck der Tilgung des Darlehens bei Endfälligkeit abgetreten und darüber hinaus die Versicherungsverträge von vornherein nur zu diesem Zweck abgeschlossen sind. In diesem Fall kann nicht mehr davon ausgegangen werden, dass die Versorgungsanrechte „im wirtschaftlichen Eigentum" des betreffenden Ehegatten stehen. *OLG Nürnberg, Beschluss vom 3.1.2007, 7 UF 330/06*

E. Beamtenversorgung

I. Sonderzahlung für Landesbeamte in NRW im Versorgungsausgleich mit zur Zeit der Entscheidung geltendem Bemessungsfaktor zu berücksichtigen

Die Sonderzahlung für Landesbeamte in Nordrhein-Westfalen ist bei der Ermittlung des Ehezeitanteils einer Beamtenversorgung im Versorgungsausgleich mit dem zur Zeit der Entscheidung geltenden Bemessungsfaktor zu berücksichtigen. An dieser Beurteilung ändert sich auch dadurch nichts, dass die Sonderzahlung nachträglich bis zum 31.12.2012 befristet wurde, denn die Befristung bringt nicht den Willen des Gesetzgebers zur Streichung dieses Einkommensbestandteils nach Ablauf einer Übergangszeit zum Ausdruck, sondern nur den Willen zur Überprüfung der Auswirkungen der gesetzlichen Regelung. Die vorgenommene Befristung macht die Sonderzahlung deshalb nicht zu einem degressiven Versorgungsbestandteil. *OLG Düsseldorf, Beschluss vom 22.4.2009, II-8 UF 199/08*

21

II. Kürzungen beamtenrechtlicher Versorgungsbezüge durch Verminderung von Sonderzahlungen sind bei Wertermittlung im Versorgungsausgleich zu berücksichtigen

Bei der Durchführung des Versorgungsausgleichs ist grundsätzlich von Bruttobeträgen der in den Ausgleich einzubeziehenden Versorgungen auszugehen. Beiträge zur Kranken- oder Pflegeversicherung bleiben deshalb bei der Ermittlung des auszugleichenden Wertes des Versorgungsanrechts unberücksichtigt. Bei der nach § 4a Bundessonderzahlungsgesetz vorgeschriebenen Verminderung der jährlichen Sonderzahlung der erworbenen Beamtenversorgung handelt es sich aber um keinen Versicherungsbeitrag, sodass diese Verminderung bei der Abänderung des Versorgungsausgleichs zu berücksichtigen ist. *BGH, Beschluss vom 3.9.2008, XII ZB 36/06*

22

III. Beamtenrechtliche Versorgungsanrechte sind mit dem um die Verminderung der Sonderzahlung verringerten (Brutto-)wert im Versorgungsausgleich zu berücksichtigen

23 Der Grundsatz, dass bei der Durchführung des Versorgungsausgleichs grundsätzlich von Bruttobeträgen auszugehen ist und Beiträge zur Renten- und Pflegeversicherung unberücksichtigt bleiben, führt nicht dazu, bei Ermittlung der Höhe einer ehezeitlich erworbenen Beamtenversorgung die vorgeschriebene Verminderung der jährlichen Sonderzahlung unberücksichtigt zu lassen. Diese Verminderung ist kein Versicherungsbeitrag, den der Dienstherr für seine Versorgungsempfänger an einen Versicherungsträger abführt. Es besteht ein grundlegender Unterschied. Für die Berechnung der jährlichen Sonderzahlung ist der maßgebliche Bemessungsfaktor heranzuziehen. *BGH, Beschluss vom 3.9.2008, XII ZB 123/06*

IV. Unterhaltsverpflichtungen eines Beamten aus zweiter Ehe hindern nicht die scheidungsbedingte Kürzung der Versorgungsbezüge

24 Die Kürzung der Versorgungsbezüge eines Beamten nach einer Ehescheidung erfolgt bei Vorliegen ihrer Voraussetzungen unabhängig davon, inwieweit die geschiedene und ausgleichsberechtigte Ehefrau später in vermögenden Verhältnissen lebt. Das gilt auch für den Fall der beiderseitigen Wiederverheiratung. Sich aus der neuen Ehe des Beamten ergebende sonstige Unterhaltsverpflichtungen vermögen an der Kürzung der Versorgungsbezüge nichts zu ändern. *VG Saarlouis, Urteil vom 24.10.2008, 3 K 708/08*

V. Keine Kürzung der Versorgungsbezüge eines Beamten mit dessen Renteneintritt bei Vorliegen eines Härtefalls

25 Eine Vereinbarung zwischen einem ausgleichsverpflichteten Beamten und dem zweiten Ehemann seiner vorverstorbenen geschiedenen Frau, ausweislich derer der Hinterbliebene der Versorgungsausgleichsberechtigten auf seine Ansprüche gegen den Beamten widerruflich verzichtet und sich im Gegenzug den Betrag von diesem sukzessive bezahlen lässt, ist nicht zu beanstanden. Dass auf diese Weise die Zweijahresfrist „künstlich" unterlaufen wird, ist unerheblich, da das Gesetz insoweit nicht differenziert. Ebenso wird keine gesetzliche Regelung umgangen, da der Dienstherr und Versorgungsträger eines Beamten nach sozialrechtlichen Regelungen nicht geschützt wird. *Bayerischer VGH, Urteil vom 14.8.2008, 14 B 06.2598*

VI. Die Verminderung der Sonderzahlung für Pflegeleistungen ist bei der Wertermittlung im Versorgungsausgleich zu berücksichtigen

Die Verminderung der Sonderzahlung für Pflegeleistungen führt zu einer Verkürzung der beamtenrechtlichen Brutto-Versorgungsbezüge und ist deshalb bei der Wertermittlung im Versorgungsausgleich zu berücksichtigen. Bei der Verminderung der Sonderzulage handelt es sich nicht um einen Abzug für Sozialleistungen. Die rechtspolitische Erklärung dieser Verkürzung als „Abzug für Pflegeleistungen" ändert daran nichts. *BGH, Beschluss vom 2.7.2008, XII ZB 80/06*

26

VII. Abflachungsbetrag beamtenrechtlicher Versorgungsanrechte fällt nicht in öffentlich-rechtlichen Versorgungsausgleich

Der degressive Versorgungsbestandteil (sog. Abflachungsbetrag) beamtenrechtlicher Versorgungsanrechte fällt auch dann nicht in den öffentlich-rechtlichen Versorgungsausgleich, wenn der Versorgungsfall bereits vor Beginn der Übergangsphase nach § 69e BeamtVG eingetreten ist. *BGH, Beschluss vom 14.3.2007, XII ZB 85/03*

27

F. Sonstige Versorgungen

Dem Versorgungsausgleich unterliegen regelmäßig nur solche (privaten) Rentenversorgungen, die speziell für das Alter oder die Zeit einer verminderten Erwerbsfähigkeit bestimmt sind und als Ersatz für das bisherige Erwerbseinkommen dienen sollen. Dagegen unterfällt eine auch als Vermögensanlage bestimmte Lebensversicherung, aus der Rentenleistungen zu einem erheblichen Teil auch schon während des aktiven Erwerbslebens gezahlt werden, i.d.R. dem güterrechtlichen Ausgleich. *BGH, Beschluss vom 14.3.2007, XII ZB 36/05*

28

G. Ehevertrag + Notarvertrag

I. Ehevertraglicher Ausschluss des Versorgungsausgleichs kann in der Anwendung gegen § 242 BGB verstoßen, auch wenn die Abrede zum Zeitpunkt des Vertragsschlusses nicht sittenwidrig war

29 Für die Beurteilung von Treu und Glauben im Rahmen der Scheidung sind nicht mehr die Verhältnisse des Zeitpunkts des Vertragsschlusses, sondern die der Trennung maßgebend. Ein Verstoß gegen Treu und Glauben liegt vor, wenn sich eine einseitige Lastenverteilung ergibt, die für den belasteten Ehegatten auch bei angemessener Berücksichtigung der Belange des anderen Partners und seines Vertrauens in die Geltung der getroffenen Abrede sowie bei verständiger Würdigung des Wesens der Ehe unzumutbar ist. *AG Lüdenscheid, Urteil vom 20.9.2006, 5 F 64/04*

II. Im Ehevertrag geregelter Versorgungsausgleichsausschluss für eine schwangere ungelernte Frau ist nichtig

30 Ein im Ehevertrag geregelter Ausschluss des Versorgungsausgleichs ist nichtig, wenn dadurch eine evident einseitige und durch die individuelle Gestaltung der ehelichen Lebensverhältnisse nicht gerechtfertigte Lastenverteilung entstünde, die hinzunehmen für den belasteten Ehegatten – bei angemessener Berücksichtigung der Belange des anderen Ehegatten und seines Vertrauens in die Geltung der getroffenen Abrede – bei verständiger Würdigung des Wesens der Ehe unzumutbar erscheint. Die gebotene Gesamtbetrachtung ergibt, dass der Verzicht einer schwangeren, ungelernten und erwerbslosen Frau unwirksam ist. *OLG Düsseldorf, Beschluss vom 22.9.2005, II-1 UF 22/05*

III. Eine Veränderung der Ehezeit im Rahmen des Versorgungsausgleichs durch Vereinbarung ist unzulässig

31 Die Ehezeit im Sinne der Vorschriften über den Versorgungsausgleich kann nicht durch Vereinbarung der geschiedenen Eheleute verändert werden. Die Ehezeit ist gesetzlich normiert, ein Abweichen ist nicht erlaubt. Eine Herabsetzung oder ein Ausschluss des Versorgungsausgleichs ist nur unter ganz besonderen Umständen zulässig. *OLG Naumburg, Beschluss vom 14.11.2005, 8 UF 197/05*

H. Nacheheliche Veränderung im laufenden Verfahren

Geht nach Auskunft der Versorgungsanstalt des Bundes und der Länder (VBL) über die Höhe eines in der Ehezeit erworbenen Versorgungsanrechtes ein Rentenantrag des Versorgungsanwärters ein, so kann das Familiengericht die Höhe des Versorgungsausgleiches nicht auf die Auskunft der VBL stützten. Aus Gründen der Prozessökonomie sind alle nachehezeitlich veränderten Umstände, die nach § 10a des Gesetzes zur Regelung von Härten im Versorgungsausgleich (VAHRG) zu einer Abänderung der rechtskräftigen Entscheidung führen würden, schon im Erstverfahren zu berücksichtigen. *OLG Köln, Beschluss vom 3.1.2005, 4 UF 194/02*

I. Schuldrechtlicher Versorgungsausgleich

I. Schuldrechtliche Ausgleichsrente wird um durchgeführten öffentlich-rechtlichen Versorgungsausgleich gekürzt

Grundsätzlich besteht ein Anspruch auf ergänzenden schuldrechtlichen Versorgungsausgleich, sofern die Anwartschaften der ausgleichspflichtigen Person auf Ruhegehalt aufgrund besonderer gesetzlicher Konstellationen über den öffentlich-rechtlichen Versorgungsausgleich bis zu dem maßgebenden Höchstbetrag gekürzt worden sind. Ein Restausgleich kann dann nur in schuldrechtlicher Form erfolgen, sofern dies dem ausgleichspflichtigen Ehegatten nach seinen wirtschaftlichen Verhältnissen zumutbar ist. Eine Abfindung kommt indes nur so lange in Betracht, wie noch „künftige" Ausgleichsansprüche gegeben sind. Das ist nicht mehr der Fall, wenn beide Ehegatten bereits Altersversorgung beziehen. *OLG Celle, Beschluss vom 12.1.2009, 10 UF 86/08*

II. Berücksichtigung nachehezeitlicher Wertveränderungen im schuldrechtlichen Versorgungsausgleich

Auch im Rahmen des schuldrechtlichen Versorgungsausgleich ist für die Ermittlung der Ausgleichsrente nach §§ 1587g Abs. 2 Satz 1, 1587a BGB grundsätzlich auf die Wertverhältnisse bei Ende der Ehezeit abzustellen.

Nachehezeitliche Wertveränderungen sind allerdings nach § 1587g Abs. 2 Satz 2 BGB zu berücksichtigen, wenn sie dem Versorgungsanrecht schon latent innegewohnten und lediglich zu einer Aktualisierung des bei Ehezeitende bestehenden Wertes geführt haben. Das ist z.B. in Fällen vorzeitigen Rentenbeginns der Fall, nicht aber bei einer nachehelich erheblich Wertveränderung, wenn der Grund dafür in individuellen Umständen des Versorgungsberechtigten liegt (z.b. Karrieresprung, geänderte Versorgungszusage). *BGH, Beschluss vom 11.6.2008, XII ZB 154/07*

III. Keine Verpflichtung eines ausgleichspflichtigen Ehegatten zur Abtretung eines prozentualen dynamischen Anteils seiner Betriebsrente

35 Im schuldrechtlichen Versorgungsausgleich erwirbt der Berechtigte keinen Anspruch auf Zahlung einer dynamischen Ausgleichsrente, die in einem Vomhundertsatz des jeweiligen Zahlbetrags der aktuell geschuldeten Ausgleichsrente ausgedrückt werden könnte. Der ausgleichspflichtige Ehegatte kann deshalb auch nicht zur Abtretung eines prozentualen (dynamischen) Anteils seiner Betriebsrente verpflichtet werden. *BGH, Beschluss vom 2.7.2008, XII ZB 148/06*

IV. Kein Ausgleich für unterschiedliche Entwicklung von Beamtenversorgung und gesetzlicher Rentenversicherung im schuldrechtlichen Versorgungsausgleich

36 Bei der Durchführung des schuldrechtlichen Versorgungsausgleichs ist das Gericht nicht an die Feststellungen zur Höhe des auszugleichenden Betrages im Scheidungsverbundurteil gebunden. Soweit bereits ein öffentlich-rechtlicher Versorgungsausgleich durchgeführt worden ist, in dem zu Lasten der Anwartschaft des Ehemannes auf eine Beamtenversorgung Anwartschaften für die ausgleichsberechtigte Ehefrau in der gesetzlichen Rentenversicherung begründet worden sind, erfolgt im schuldrechtlichen Versorgungsausgleich kein Ausgleich der zwischenzeitlich eingetretenen unterschiedlich dynamischen Entwicklung beider Versorgungsarten. *OLG Hamm, Beschluss vom 31.8.2007, 12 UF 359/06*

Hinweis

Das hat wegen § 16 VersAusglG weiterhin Bedeutung.

V. Tatsächlich gezahlte Rente

1. Betriebsrente

Die schuldrechtliche Ausgleichsrente / Wertbestimmung für die Ausgleichsbilanz errechnet sich aus der tatsächlich gezahlten Betriebsrente des Verpflichteten (*BGH, FamRZ 1985, 263 sowie BGH, FamRZ 1994, 605*). Grundlage für die Höhe der Ausgleichsrente ist die Betriebsrente am Ende der Ehezeit, wobei Rentenanpassungen gemäß § 1587 Abs. 2 Satz 2 BGB zusätzlich zu berücksichtigen sind.

37

Wenn zum Zeitpunkt der Entscheidung der letzten Tatsacheninstanz der Leistungsfall bereits eingetreten ist, ist der Anteil eines leistungsdynamischen betrieblichen Versorgungsanrechts als volldynamisch zu bewerten und mit dem Nennbetrag einzubeziehen (Realberechnung).

2. Beamtenversorgung

Im Versorgungsausgleich sind Versorgungsabschläge wegen vorzeitigen Eintritts in den Ruhestand in vollem Umfang und nicht lediglich mit ihrem auf die Ehezeit entfallenden Anteil zu berücksichtigen. Werden bereits laufende Rentenleistungen bezogen, so steht die Rente fest, sie kann sich nicht weiter aufbauen. Im Versorgungsausgleich kann deshalb in diesen Fällen nicht auf eine fiktiv errechnete, sondern nur auf die tatsächlich gezahlte Rente abgestellt werden. Wurde ein Beamter vor Ehezeitende wegen Dienstunfähigkeit vorzeitig in den Ruhestand versetzt, so wird dem Versorgungsausgleich die tatsächlich gewährte Versorgung zugrunde gelegt. *OLG Stuttgart vom 23.1.2007, 16 UF 266/06*

38

VI. Keine Zahlung einer Ausgleichsrente im verlängerten schuldrechtlichen Versorgungsausgleich für geschiedenen und wiederverheirateten Ehegatten

Enthält eine Versorgungsordnung die Regelung, dass ein Anspruch auf Hinterbliebenenversorgung wegfällt, wenn der Witwer oder die Witwe wieder heiratet (sog. Wiederverheiratungsklausel), kann ein geschiedener, wieder verheirateter Ehegatte von dem Träger der Versorgung nicht die Zahlung einer Ausgleichsrente im Wege des verlängerten schuldrechtlichen Versorgungsausgleichs verlangen. *BGH, Beschluss vom 7.12.2005, XII ZB 39/01*

39

VII. Erstattung zu Unrecht gezahlter Beträge

40 Erstattung in der Ehezeit zu Unrecht gezahlter Beiträge zur gesetzlichen Rentenversicherung ist im Änderungsverfahren als Abänderungsgrund gemäß § 10a Abs. 1 Nr. 1 VAHRG zu berücksichtigen. Die Erstattung in der Ehezeit zu Unrecht gezahlter Beiträge zur gesetzlichen Rentenversicherung ist im Änderungsverfahren als Abänderungsgrund gemäß § 10a Abs. 1 Nr. 1 VAHRG zu berücksichtigen. Auch die Härteklausel des § 10a Abs. 3 VAHRG kann es nicht rechtfertigen, aus Billigkeitsgründen zu Lasten des Rentenversicherungsträgers nicht existierende Rentenanwartschaften als fortbestehend zu fingieren. *BGH, Beschluss vom 28.9.2005, XII ZB 31/03*

J. Sonstige Verfahrensgrundsätze

I. Internationale Zuständigkeit deutscher Gerichte für isolierte Versorgungsausgleichsverfahren folgt der Zuständigkeit für die Scheidung

41 Für Verfahren über den Versorgungsausgleich folgt die internationale Zuständigkeit der deutschen Gerichte der Zuständigkeit für die Scheidung, auch wenn das Versorgungsausgleichsverfahren nicht im Verbund mit der Scheidungssache, sondern selbstständig durchgeführt wird. Die Regelung der internationalen Zuständigkeit der deutschen Gerichte für isolierte Versorgungsausgleichsverfahren verstößt insoweit nicht gegen die europäische Verordnung zur Anwendung der Systeme der sozialen Sicherheit auf Arbeitnehmer und Selbstständige sowie deren Familienangehörige, die innerhalb der Gemeinschaft zu- und abwandern. Diese Verordnung betrifft nämlich nicht das Verhältnis zwischen Arbeitnehmer und Ehepartner im Falle der Scheidung. *OLG Karlsruhe, Beschluss vom 17.8.2009, 16 UF 99/09*

II. Versorgungsausgleich auch, wenn Ausgleichspflicht der Ehefrau im Wesentlichen auf Anwartschaften wegen Kindererziehungszeiten beruht

42 Der Umstand, dass sich die Ausgleichspflicht eines Ehegatten im Wesentlichen aus Anwartschaften ergibt, die auf Kindererziehungszeiten beruhen, ist für sich allein gesehen kein Grund für einen Ausschluss des Versorgungsausgleichs. *BGH, Beschluss vom 11.9.2007, XII ZB 262/04*

K. Unbilligkeit

I. Kompensationsloser Versorgungsausschluss kann zur Gesamtnichtigkeit des Ehevertrages führen, wenn die Ehefrau bei Abschluss im neunten Monat schwanger ist

Ein im Ehevertrag kompensationslos vereinbarter Ausschluss des Versorgungsausgleichs ist nichtig, wenn die Ehegatten bei Abschluss des Vertrags bewusst in Kauf nehmen, dass die Ehefrau wegen Kindesbetreuung alsbald aus dem Berufsleben ausscheiden und bis auf weiteres keine eigenen Versorgungsanrechte (abgesehen von Kindererziehungszeiten) erwerben wird. Der Ausschluss des Versorgungsausgleichs kann in solchen Fällen zur Gesamtnichtigkeit des Ehevertrags führen, wenn die Ehefrau bei seinem Abschluss im neunten Monat schwanger ist und ihr der Vertragsentwurf erstmals in der notariellen Verhandlung bekannt gegeben wird. *BGH, Urteil vom 9.7.2008, XII ZR 6/07*

II. Beschränkung des Versorgungsausgleichs auf die Hälfte bei gröblicher Verletzung der Unterhaltspflichten durch den Berechtigten

Wenn eine Frau während der Ehe längere Zeit hindurch ihre Pflicht, zum Familienunterhalt beizutragen, gröblich verletzt, indem sie die Betreuung und Erziehung ihrer fünf Kinder über längere Zeit in strafrechtlich relevanter Art und Weise gravierend vernachlässigt, so ist eine Beschränkung ihres Versorgungsausgleichs auf die Hälfte gerechtfertigt. *OLG Köln, Beschluss vom 18.6.2008, 4 UF 48/07*

III. Kein Ausschluss des Versorgungsausgleichs wegen grober Unbilligkeit, wenn vom Ausgleichspflichtigen hingenommen wird, dass der Ausgleichsberechtigte zunächst keine hohen Einkünfte aus seiner Tätigkeit erzielt

Wirft eine Ehefrau ihrem geschiedenen Ehemann ausschließlich vor, sich nicht ausreichend um eine Altersversorgung gekümmert bzw. diese nicht ausreichend finanziert zu haben, so reicht dies für einen Ausschluss des Versorgungsausgleichs nicht aus. Nimmt sie als Ausgleichpflichtige hin, dass der Ausgleichsberechtigte einer selbstständigen Tätigkeit nachgeht, die (zunächst) nicht genug abwirft, so ist die Durchführung des Versorgungsausgleichs nicht als grob unbillig anzusehen. *Brandenburgisches OLG, Beschluss vom 16.10.2007, 10 UF 17/07*

IV. Versorgungsausgleich kann bei sog. phasenverschobener Ehe grob unbillig sein

46 Der Ausgleich von Versorgungsanrechten, die ein Ehegatte nach der Trennung bis zum Ende der Ehe (hier: 7 Jahre) erworben hat, stellt eine grobe Unbilligkeit dar, wenn der ausgleichspflichtige Überschuss nicht auf einer höheren wirtschaftlichen Leistungsfähigkeit des einen Partners beruht, sondern auf dem Umstand, dass der andere Ehegatte nach der Trennung aufgrund seines Alters, also nicht ehebedingt, keine Versorgungsanwartschaften mehr erworben hat. Nach dem Grundgedanken des Versorgungsausgleichs kann auch schon eine lange Trennungszeit für sich genommen einen zumindest teilweisen Ausschluss rechtfertigen. *BGH, Beschluss vom 11.9.2007, XII ZB 107/04*

V. Die innere Einstellung gegenüber dem anderen Ehegatten beeinflusst nicht den Versorgungsausgleich

47 Auch eine innere Abwendung eines Ehegatten ist im Rahmen des Versorgungsausgleichs unerheblich, da dieser nicht als Belohnung für eheliche Treue dienen soll, sondern die Abwicklung und Aufteilung einer Vermögensgemeinschaft bewirken soll. *OLG Naumburg, Beschluss vom 14.10.2005, 8 UF 167/05*

VI. Trotz langer Trennungszeit keine Herabsetzung des Versorgungsausgleichs, wenn Ehegatte widerspruchslos Trennungsunterhalt zahlte

48 Auch bei langer Trennungszeit erfordert die Herabsetzung des Versorgungsausgleichs wegen grober Unbilligkeit nach § 1587c Abs. 1 Nr. 1 BGB im Einzelfall eine Gesamtwürdigung aller wirtschaftlichen, sozialen und persönlichen Verhältnisse beider Ehegatten. Hat der ausgleichspflichtige Ehegatte während einer langen Trennungszeit widerspruchslos Trennungsunterhalt gezahlt, ohne von dem ausgleichsberechtigten Ehegatten die Aufnahme einer sozialversicherungspflichtigen Erwerbstätigkeit zu fordern, kann der Ausgleichsberechtigte ein schutzwürdiges Vertrauen auf Teilhabe an den bis zum Ende der Ehezeit erworbenen Anrechten auf Altersversorgung des Ausgleichsverpflichteten haben. *BGH, Beschluss vom 29.3.2006, XII ZB 2/02*

L. Aussetzung

Bezieht ein Ehegatte bereits Rente, ist der Versorgungsausgleich durchzuführen, auch wenn die Anwartschaften eines Ehegatten bei einer Zusatzversorgungskasse wegen der so genannten Startgutschriftenproblematik nicht abschließend festgestellt werden können. In diesem Falle ist für die Durchführung des Versorgungsausgleiches die nach derzeitigem Stand feststellbare Versorgungsanwartschaft bei der jeweiligen Zusatzversorgungskasse zugrunde zu legen. Das Absehen von der Aussetzung beruht auf der Überlegung, dass anderenfalls die ausgleichsberechtigte und bereits eine Rente beziehende Partei durch die derzeitige Verfassungswidrigkeit unbillig benachteiligt würde. *OLG Brandenburg, Beschluss vom 21.10.2008, 9 UF 88/08*

49

M. Anfechtung

Hat ein Ehegatte zeitlich nach vertraglich vereinbarter Gütertrennung eine private Rentenversicherung mit Mitteln seines Privatvermögens begründet, dann sind diese Anwartschaften nicht in den Versorgungsausgleich einzubeziehen. Verschweigt der Ehegatte bei Abschluss eines Prozessvergleichs über den Ausschluss des Versorgungsausgleichs diese private Rentenversicherung, berechtigt dies den anderen Ehegatten daher weder zur Anfechtung des Vergleichs gemäß § 119 I BGB noch nach § 123 BGB, da sich auch bei wahrheitsgemäßer Angabe keine für den Versorgungsausgleich wesentliche Änderung ergeben hätte. *OLG Hamm, Beschluss vom 9.11.2005, 11 UF 82/05*

50

N. Ausschluss

I. Teilweiser Ausschluss des Versorgungsausgleichs bei Aufnahme einer Prostituiertentätigkeit der Ehefrau ohne Kenntnis des Ehemanns

Nimmt die Ehefrau während des Zusammenlebens ohne Kenntnis und Einverständnis des Ehemannes eine Tätigkeit als Prostituierte auf, ist der Versorgungsausgleich wegen grober Unbilligkeit teilweise auszuschließen. Die Ehefrau hat durch ihr Verhalten die eheliche Treuepflicht nachhaltig und in besonders kränkender Weise verletzt. Dies gilt erst recht, wenn sie ihre Dienste als Prostituierte auch öffentlich mit Foto im Internet angeboten hat. *OLG Bremen, Beschluss vom 7.7.2009, 4 UF 30/09*

51

II. Versorgungsausgleich darf auch bei erheblichen Eheverfehlungen des Ehemannes zu Lasten der Ehefrau durchgeführt werden

52 Die Durchführung eines Versorgungsausgleichs zu Lasten einer Ehefrau muss nicht dem Gerechtigkeitsempfinden in unerträglicher Weise widersprechen, wenn ihr Ehemann während der Ehe wiederholt gravierende Eheverfehlungen unter Alkoholeinfluss begangen hat und die Streitigkeiten zwischen den Eheleuten nicht nur verbal ausgefochten wurden, sondern auch durch tätliche Angriffe seitens des Ehemanns gekennzeichnet waren. An einem unerträglichen Widerspruch fehlt es trotz gravierender Eheverfehlungen seitens des Ehemannes nämlich dann, wenn die Ehefrau trotz der Konflikte die eheliche Lebensgemeinschaft zu ihrem Ehemann aufrecht erhalten hat und beide Ehepartner ihre finanzielle Lebensführung bis zur Trennung eng miteinander verknüpft haben. *OLG Hamm, Beschluss vom 16.9.2008, 2 UF 111/08*

III. Kompensationsloser Ausschluss des Versorgungsausgleichs ist nichtig

53 Ein im Ehevertrag kompensationslos vereinbarter Ausschluss des Versorgungsausgleichs ist nichtig (nach § 138 Abs. 1 BGB), wenn die Ehegatten bewusst in Kauf nehmen, dass die Ehefrau wegen Kindesbetreuung alsbald aus dem Berufsleben ausscheiden und bis auf weiteres keine eigenen Versorgungsanrechte (abgesehen von Kindererziehungszeiten) erwerben wird. In solchen Fällen kann der Ausschluss des Versorgungsausgleichs sogar dazu führen, dass der gesamte Ehevertrag nichtig wird, wenn die Ehefrau bei seinem Abschluss im neunten Monat schwanger ist und ihr der Vertragsentwurf erstmals in der notariellen Verhandlung bekannt gegeben wird. *BGH, Urteil vom 9.7.2008, XII ZR 6/07*

IV. Ausschluss eines Ehegatten vom Versorgungsausgleich, der seine Pflicht, zum Familienunterhalt beizutragen, gröblich verletzt hat

54 Ein Ehegatte, der während der Ehe nur teilweise am Familienunterhalt beteiligt war, lediglich das in seinem Eigentum stehende Familienheim finanziert hat und darüber hinaus seine Pflicht, zum Familienunterhalt beizutragen, in gröblicher Weise verletzt hat, ist vom Versorgungsausgleich auszuschließen. Eine gröbliche Unterhaltspflichtverletzung ist anzunehmen, wenn der andere Ehegatte aufgrund des fehlenden Beitrags zeitweise das Arbeitslosengeld II in Anspruch nehmen musste. Wird nach der Trennung Barunterhalt gezahlt, so ändert dies nichts an der Verletzung der Verpflichtung, schon während der Ehe zum Familienunterhalt beizutragen. *OLG Schleswig-Holstein, Beschluss vom 16.7.2008, 10 UF 22/08*

V. Kein Ausschluss des Versorgungsausgleichs wegen fehlender Altersvorsorge bei gemeinsamem Immobilienkauf während der Ehe

Ein Versorgungsausgleich kann nicht mit der Begründung ausgeschlossen werden, dass der Ehepartner sich nicht ausreichend um eine Altersvorsorge gekümmert hat, wenn noch während der Ehezeit ein Hausgrundstück gemeinsam erworben wurde. Auch der Erwerb einer Immobilie stellt eine Altersvorsorge dar. Durch das Wohnen im eigenen Haus können im Alter die Wohnkosten und damit der Lebensbedarf gesenkt werden. *OLG Brandenburg, Beschluss vom 15.9.2008, 10 UF 155/07*

55

VI. Kein Ausschluss des Versorgungsausgleichs wegen vor der Ehezeit übernommener Aufwendungen

Ein Antrag auf Ausschluss des Versorgungsausgleichs kann nicht darauf gestützt werden, dass eine Ausgleichspflichtige für den Ausgleichsberechtigten erhebliche Zahlungsverbindlichkeiten vor der Eheschließung übernommen hat, da die Regelungen zum Ausschluss des Versorgungsausgleichs keine Möglichkeit zur Aufrechnung mit nicht erfüllten Rückzahlungsverpflichtungen aus vorehelicher Zeit zulassen. Hat sich der Ausgleichsberechtigte in erheblichem Maße an der Betreuung der Kinder beteiligt, liegt auch kein Fall des Ausschlusses wegen grober Unbilligkeit vor. *OLG Hamburg, Beschluss vom 22.5.2008, 10 UF 45/07*

56

VII. Kein Versorgungsausgleich für gewalttätigen Ehemann

Auch eheliches Fehlverhalten ohne wirtschaftliche Relevanz kann den Ausschluss des Versorgungsausgleichs rechtfertigen, zum Beispiel bei jahrelanger Gewalttätigkeit des Ehemannes gegenüber der Ehefrau. *OLG Bamberg, Beschluss vom 23.3.2007, 7 UF 177/06*

57

VIII. Keine Herabsetzung des Versorgungsausgleichs

58 Nach einer mehr als 30jährigen Ehe führt eine Trennungszeit von rund 13 Jahren bis zum Scheidungsantrag grundsätzlich nicht zu einer Herabsetzung des Versorgungsausgleichs. Er darf auch dann nicht herabgesetzt werden, wenn ein Ehegatte seine ausgleichspflichtigen Anrechte überwiegend in der Trennungszeit erworben hat, ein „phasenverschobene Ehe" nicht vorliegt und die Parteien nahezu gleich alt sind. *OLG Naumburg, Beschluss vom 29.11.2007, 8 UF 79/07*

IX. Begrenzung des Versorgungsausgleichs bei einer über 11 Jahre andauernden Trennung und wirtschaftlicher Verselbstständigung der Eheleute

59 Bei einer Ehezeit von nicht ganz 23 Jahren und einer zum Ehezeitende bereits knapp über 11 Jahre andauernden Trennung der Parteien, kommt eine Anwendung der Härteklausel, nach der ein Versorgungsausgleich nicht stattfindet, allein schon im Hinblick auf die Länge der Trennungszeit in Betracht. Ist davon auszugehen, dass eine Versorgungsgemeinschaft nicht mehr bestanden und eine wirtschaftliche Verselbstständigung der Ehepartner stattgefunden hat, fehlt dem Versorgungsausgleich die eigentlich rechtfertigende Grundlage einer Versorgungsgemeinschaft. *OLG Saarland, Beschluss vom 19.3.2008, 9 UF 123/07*

X. Wirksamkeit eines notariell beurkundeten Ausschlusses des Versorgungsausgleichs bei Möglichkeit des Aufbaus einer eigenen Altersversorgung durch die Ehefrau

60 Wird in einem Ehevertrag sowohl auf den Versorgungsausgleich als auch auf eine entsprechende Kompensation für den hierdurch belasteten Ehegatten verzichtet, so ist ein solcher Ehevertrag dennoch nicht sittenwidrig, wenn zum Zeitpunkt des Vertragsschlusses das Ehepaar keine Kinder haben wollte und angesichts der Erwerbstätigkeit der Ehefrau davon auszugehen war, dass sie zum Aufbau einer eigenen angemessenen Altersversorgung in der Lage sein würde. *Saarländisches OLG, Beschluss vom 5.10.2007, 9 UF 67/07*

XI. Keine schematische Durchführung des Versorgungsausgleichs bei schweren Straftaten gegen den Ausgleichspflichtigen

61 Der Versorgungsausgleich zu Lasten der Ehefrau ist ausgeschlossen, wenn sich der Ehemann vorsätzlich und schuldhaft wiederholter und erheblicher Straftaten gegen die Ehefrau schuldig gemacht hat, wegen derer er eine mehrmonatige Haftstrafe verbüßt hat. Die schematische Durchführung des Versorgungsausgleichs mit der Verpflichtung zum Ausgleich durch die Ehefrau ist unter solchen Umständen grob unbillig. *OLG Celle, Beschluss vom 23.3.2007, 19 UF 290/06*

O. Verzicht

62 Ausnahmsweise ist der kompensationslose Verzicht auf den Versorgungsausgleich genehmigungsfähig, weil § 1587o II 4 BGB keine abschließende Regelung der Genehmigungsvoraussetzung enthält. Dabei ist von Bedeutung, ob es der Durchführung des Versorgungsausgleichs nicht bedarf, um für den verzichtenden Ehegatten den Grundstock einer eigenständigen Versorgung für das Alter und für den Fall der Erwerbsunfähigkeit zu legen, oder ob ein Ehegatte auf ihm an sich zustehende Versorgungsanrechte im Hinblick auf Umstände verzichtet, die im Rahmen der Härteregelung des § 1587c BGB zu berücksichtigen sind. *OLG Schleswig, Beschluss vom 7.1.2009, 10 UF 77/08*

Stichwortverzeichnis

fette Zahlen = Paragrafen, magere Zahlen = Randnummern

A

Abänderung **1** 8; **2** 114, 139, 213, 222
Abänderungsentscheidung **2** 213
Abänderungsgründe **2** 213
Abänderungsverfahren **2** 13, 91, 97, 112, 124, 171, 175, 218 f., 272; **3** 35
Abfindung **2** 20, 71, 81 ff.; **3** 26; **9** 7; **10** 6
Abfindungshöhe **2** 83
Abfindungsrecht **2** 55, 65
Abfindungsverlangen **2** 208
Abflachungsbeträge **2** 68
Abfluss **1** 5
Abgeordnete **2** 105, 285
Abgeordnetenentschädigung **2** 285
Abgeordnetenversorgung **2** 286
Abkommen **2** 33 f.
Abrechnungsverband **8** 36
Abrede
– vertragliche **1** 8
– wirksame **2** 196
Abschläge **2** 32, 145; **3** 6
– Abwendung **2** 257
Abschlag **4** 14; **8** 38; **10** 3, 10 f., 15
Abschlussdatum **4** 12
Abschlusskosten **7** 46, 49; **9** 10
Abschmelzung **2** 68
Abschnittsdeckungsverfahren **2** 170; **8** 1
Absenkung **5** 6
Abtretung **2** 39, 73, 79, 222; **7** 62
Abwicklungsbeteiligte **2** 225
Abwicklungsprobleme **2** 122
Abzinsung **2** 169
Abzinsungszinssätze **2** 169
Ärzte **6** 2
Ärztekammer **6** 11

AKA **8** 3
Akte
– elektronische **2** 225
Aktuar **2** 204; **6** 5; **7** 46; **9** 12; **10** 9
Alimentation **2** 266
Alleingesellschafter **2** 39
Altersentschädigung **2** 285
Altersfaktor **6** 4; **8** 20
Altersgrenze **2** 126, 129, 138, 142; **5** 3, 11
Altersrente **2** 78
Alterssicherung **2** 27
Alterssicherungssystem
– primär gesetzliches **2** 270
Altersunterschied **2** 281
Altersversorgung **2** 7, 106; **7** 25
– betriebliche **2** 3, 5, 126, 128, 309, 346
– lebenslange **2** 41
– private **2** 11, 126
– vorgezogene **2** 248
Altersvorsorge
– ergänzende **2** 25, 105
– kapitalgedeckte **8** 32
Altersvorsorgekapital **2** 314
Altersvorsorgevermögen **2** 314
Altersvorsorgeverträge **4** 1
– zertifizierte **2** 56; **4** 12
Altersvorsorgeverträge-Zertifizierungsgesetz **2** 8, 80, 350; **10** 2
Altverfahren **2** 342
Altvertrag **4** 4
Amtsermittlungsgrundsatz **2** 14
Amtsverfahren **2** 197
Amtsverhältnis
– öffentlich-rechtlich **2** 267

Stichwortverzeichnis

Anforderungen
- materiell-rechtliche **2** 230

Angebot, nach § 14 Abs. 2 Nr. 1 VersAusglG
- Bedingung **2** 55

Angleichungsfaktoren **2** 264
Anhörung **2** 241
Anknüpfungstatbestand **2** 95
Anordnungsbefugnis **2** 202
Anpassung **2** 17, 34, 104, 108, 111, 113 f., 119 f., 233; **3** 35; **7** 29
- Invalidität **2** 177
- nachträgliche **2** 122, 124, 177
- Tod **2** 177, 249
- Unterhalt **2** 177, 245

Anpassungsanspruch **2** 119 f.
Anpassungsbestimmung **2** 117
Anpassungsbetrag **2** 108, 113
Anpassungsfälle **2** 121, 124
Anpassungsfaktor **5** 7
Anpassungspflicht **7** 29
Anpassungsrecht **2** 106, 124
Anpassungsregelungen **2** 43; **6** 17; **7** 54
Anpassungsverfahren **2** 13
Anpassungsvorschriften **2** 105

Anrechnung
- Beamtenversorgung **2** 153

Anrechnungszeiten **2** 126; **3** 37, 40
- Anpassungsgeld **3** 41
- Arbeitslosigkeit **3** 41
- Ausbildung **3** 41
- Knappschaftsausgleichsleistungen **3** 41
- Krankheit **3** 41
- Mutterschaft **3** 41
- Rehabilitation **3** 41
- Rentenbezugszeiten **3** 41
- Schlechtwettergeld **3** 41
- Schwangerschaft **3** 41

Anrecht
- ausgleichsreif **2** 62; **10** 4
- degressives **2** 68

- des Verpflichteten **2** 307
- fragliches **2** 125
- geringfügig **10** 4, 9
- übertragenes **2** 122

Anrechte **2** 3, 5
- abzuschmelzende **2** 254
- anpassungsfähige **1** 13; **9** 7
- ausländische **2** 71, 202, 212
- auswärtige **2** 70
- beamtenversorgungsrechtliche **2** 266
- gleicher Art **1** 8; **2** 33 f., 63
- kapitalgedeckte **2** 215
- nicht ausgleichsreife **2** 70 f., 86, 254
- sonstige **2** 126
- ungleicher Art **2** 252
- unterschiedlicher Art **2** 34
- verschiedenartige **2** 240, 262

Anrechtsarten **2** 234
Anrechtsbezeichnungen **10** 7
Anspruchskonkurrenz **2** 14
Anspruchsnorm **2** 268
Ansprüche **2** 5
- Erlöschen der **2** 103
- zivilrechtliche **2** 265

Anstalt **2** 265

Antrag
- unbeziffert **2** 218
- verfahrenseinleitend **2** 177

Antragsbefugnis **2** 119
Antragsberechtigung **2** 111, 124, 218
Antragsgrundsatz **2** 90
Antragspflicht **2** 271, 332
Antragsrecht **2** 111, 251
Antragstellung **2** 104, 112, 122
Anwaltszwang **2** 46, 196

Anwartschaft
- wertgleiche **7** 49

Anwartschaften **2** 5
- beamtenversorgungsrechtliche **2** 265

Anwartschaftsdeckungsverfahren **6** 1
Anwartschaftsphase **2** 94, 128, 148; **8** 23

Stichwortverzeichnis

Anwartschaftsüberführungsgesetz 2 68
Anwendung
- subsidiäre 2 336
Apotheker 6 2
Arbeit 2 6
Arbeitgeber 2 202
Arbeitgeberpflichten 7 51
Arbeitnehmer 2 43
- ausgeschiedener 7 46, 54
Arbeitsgericht 2 43; 7 55
Arbeitsleistung 7 38
Arbeitslosenhilfe 3 40
Arbeitslosigkeit 3 40
Arbeitsverhältnis 8 21, 28
Arbeitsverwaltung 2 202
Architekten 6 2
Aufenthaltsort 2 311
Auffangbestimmung 2 126
Auffanglösung 2 351
Auffangnorm 2 90
Auffangregelung 2 168
Auffangtatbestand 2 92
Auffangversorgungsträger 2 253
Aufhebung 2 122
Ausbildung
- berufliche 3 40
- Fachschulausbildung 3 40
- Hochschulausbildung 3 40
Ausbildungssuche 3 40
Ausbildungszeiten 5 3, 5
Ausgangsversicherung 4 13
Ausgestaltung 2 37
Ausgleich
- schuldrechtlicher 2 73 ff.
- zusätzlicher 7 44
Ausgleichsansprüche 2 23, 79, 92, 103
Ausgleichsarten 2 238
Ausgleichsbetrag 2 115; 7 24
Ausgleichsformen 1 14
Ausgleichsmasse 2 94
Ausgleichspflicht 2 94
Ausgleichsreife 2 30, 71 f.; 7 26

- fehlende 2 66; 10 1
Ausgleichsrente 1 14; 2 175
- Ausschluss 2 92
- schuldrechtliche 2 20, 71, 74, 78 f., 82 ff., 95, 103
Ausgleichsrichtung 2 4
Ausgleichssperre 2 71
Ausgleichssystem 1 8; 2 74
- systeminterne Teilung 2 213
Ausgleichsweg 2 49
Ausgleichswert 1 8; 2 4, 17, 28, 40, 44, 49, 60, 63, 80, 83; 4 14; 7 35, 40; 8 38; 9 8; 10 3, 11, 15
- geringer 2 34, 83
- kleinerer 2 50, 196
Ausgleichszahlungen 10 8
Auskunft 2 119
Auskunftsanspruch 2 3, 13
Auskunftspflicht 2 13, 201
Auskunftsrecht 2 13
Auskunftsverfahren 7 49
Ausland 2 5, 174
- AOW-Pension 2 6
Ausnahmen 1 6; 2 62
Ausnahmeregelungen 2 124
Ausscheiden
- fiktives 2 75
Ausschluss
- Unterhalt 2 27
- Versorgungsausgleich 9 6
Aussetzung 2 108, 111, 113, 116, 119, 174, 177, 205, 241
- Voraussetzungen 2 108
Aussichten 2 5
Ausübungskontrolle 2 27; 9 1
Auszahlungsphase 2 308 f.
Auszahlungsplan 2 8

B

Bagatellverfahren 2 217
Bahnversicherungsanstalt 8 1

563

Stichwortverzeichnis

Barwertfaktoren 8 31
Barwerttabelle 6 9
Barwert-Verordnung 1 3, 8; 2 175; 7 3
Basisrente 2 312; 4 6
Baudarlehen 6 4
Beamte 1 4, 6; 2 46, 105, 115; 5 1
– auf Widerruf 2 58
– Kommunen 2 57
– Länder 2 57
Beamtenverhältnis 5 3
– ausscheiden aus 2 216
Beamtenversorgung 2 11, 16, 29, 36, 46, 53, 57, 63, 68, 115, 140, 145, 255, 267; 3 40; 5 9
– zeitratierlich 5 1
Beamtenversorgungsgesetz 2 58, 265
Beamtenversorgungsrecht 2 57
Bedürftigkeit 2 81, 219
Begrenzung 2 236
Begründung 2 82, 121
– Rentenanwartschaften 2 29
Begründungspflicht 2 210
Beistandschaft 2 340
Beiträge 2 11
Beitragsanteil 3 33
Beitragsbemessungsgrenze 2 50, 60; 3 12, 29; 7 60
Beitragsbemessungsgrundlage 3 36
Beitragsentrichtung 8 23
Beitragserstattung 10 4
Beitragsforderung 2 217
Beitragsjahr 2 314
Beitragslast 2 76
Beitragsleistung 3 12; 7 14
Beitragspflicht 2 217
Beitragsquotienten 6 5
Beitragsrückzahlung 2 309
Beitragssatz 2 76; 3 36
Beitragszahlung 1 4, 14; 2 72, 121, 222, 256; 8 28
– Rentenanwartschaften 2 29
Beitragszusage 8 29

Beitrittsgebiet 2 59, 149, 297, 305, 329; 3 40; 5 3
Bemessungsgrundlagen 2 17, 40, 139
Berechnungsfaktoren 5 15; 10 12
Berechnungsgrundlagen 2 3
Berechnungsmethode 2 127
– unmittelbare 2 148
Berechnungsparameter 7 37
Berechnungsschritte 2 85
Berechnungsverfahren
– versicherungsmathematisches 2 203; 7 51
Berechnungsvorschriften 2 87
Berechnungszeitpunkt 3 35
Bereicherungsrecht 2 220
Berücksichtigungszeiten 3 21, 39
Berufsbeamtentum 2 266
Berufsträger 6 2
Berufsunfähigkeit
– Bezirksschornsteinfegermeister 2 331
Berufsunfähigkeitsversicherung 2 94
Berufsunfähigkeits-Zusatzversicherung 2 94
Berufsunfallversicherung 2 6
Beschäftigte
– beamtenähnlich 2 105
Beschäftigung
– geringfügige versicherungsfreie 3 27
Beschäftigungsquotient 7 35
Beschlussformel 2 198
Beschränkung
– des Risikoschutzes 7 45
Beschwerdeverfahren 7 47
Besitzstandsrente 8 33
Besoldungsrecht 5 7
Besserstellung 2 39, 92
Bestandsverfahren 2 340
Bestandteile
– familienbezogene 2 141

564

Stichwortverzeichnis

Besteuerung
- nachgelagerte **2** 312
- vollständige **2** 308

Besteuerungslücke **2** 309, 312
Besteuerungszeitpunkt **2** 308 f.
Bestimmungen
- untergesetzliche **2** 35

Beteiligungsvorschrift **2** 201
BetrAVG **10** 2
Betreuung **2** 340
Betriebsangehörige **7** 32
Betriebsrente **2** 25, 76; **3** 26; **7** 56; **8** 21
Betriebsrentengesetz **2** 37, 43, 60, 67; **7** 1; **8** 1
Betriebsrentenmodell **8** 20
Betriebsrentenrecht **2** 65
Betriebsrentensystem **7** 32
Betriebsrentner **2** 76
Betriebsvereinbarung **2** 38; **7** 48
Betriebsvermögen **7** 10
Betriebszugehörigkeit **2** 16; **7** 35
Beurkundung **9** 2
- notarielle **2** 23

Beurlaubung **5** 3
Bewertung
- beitragsorientierte **2** 126
- unmittelbare **2** 126 f., 138; **4** 1; **10** 3
- zeitratierliche **2** 126 f., 138, 151; **4** 1; **8** 38; **10** 3, 15

Bewertung nach § 39 VersAusglG
- retrospektiv **2** 128

Bewertung nach § 40 VersAusglG
- vorausschauend **2** 138

Bewertungsgrundlage **2** 148
Bewertungsmethoden **2** 126
Bewertungspflichten **7** 48
Bewertungsrecht **2** 126; **7** 8
Bewertungsregeln **7** 30
Bewertungsstichtag **5** 10
Bewertungsvorschriften **2** 126; **4** 5; **7** 31
Bewertungszeitpunkt **2** 83

Beziehung
- versorgungsrechtliche **2** 43

Bezirksschornsteinfegermeister **2** 329
Bezügeerhöhung **5** 6
Bezugsgröße **2** 14, 16, 40, 50, 59, 63, 75, 107, 138, 142, 144; **4** 1, 14; **5** 1; **6** 1; **7** 1; **8** 1, 38; **10** 3, 11, 15
Bezugsrecht **7** 15
Bilanz **1** 8
Bilanzmodernisierungsgesetz **7** 37
Billigkeit **2** 219, 336; **7** 41
Billigkeitsbestimmung **2** 320
Billigkeitsbewertung **2** 127
Billigkeitsentscheidungen **2** 205
Billigkeitsgesichtspunkte **2** 320
Billigkeitsgründe **2** 91
BilMoG **2** 169
Bonuspunkte **8** 22
Bruttobetrag **2** 76
Buchungsfehler **2** 213
Bundesbank **2** 169
Bundesbeamte **2** 57
Bundesbeamtengesetz **2** 281
Bundesgebiet **2** 329
Bundesgerichtshof **2** 23
Bundesgesetze **6** 3
Bundesländer
- alte **2** 264
- neue **2** 261, 264

Bundessozialgericht **2** 124
Bundesverfassungsgericht **2** 23, 104
BVersTG **2** 265

C

Chancen **2** 39
Charakter
- materiell-rechtlich **2** 196
- verfahrensrechtlich **2** 196

D

Darlehen **7** 25
Datenübermittlung **7** 47

Stichwortverzeichnis

Datenverarbeitungssysteme 2 202
Deckungskapital 2 19, 40, 44, 94 f.,
  134, 142; 6 7 f.; 7 39, 50; 8 32; 10 14
Deckungsrückstellungsverordnung
  2 354
Deutscher Bundestag 2 285
Dienst
- kirchlicher 7 1
Dienstbezüge 5 2 f.
Dienstherr 2 265, 277; 5 3
Dienstjahre 7 34
Dienstrecht 1 4
Dienstunfähigkeit 2 17, 213 f.; 5 3
Dienstunfallversorgung 5 6
Dienstverhältnis 2 58, 267
- öffentlich-rechtliches 2 126, 151
Dienstzeit 5 9
- ruhegehaltfähige 2 126, 154
Direktversicherung 2 39, 60; 7 50;
  10 14
Direktversicherungsverträge 2 354
Direktzusage 2 60, 140, 310; 7 35, 60
- endgehaltabhängig 7 35
Diskontierung 2 169
Dispositionsbefugnis 2 24; 9 1
Dispositionsmöglichkeiten 2 23
Divisor 2 293
Dokumentation 2 309
Dokumente
- elektronische 2 225
Doppelbelastungen 2 89
Doppelleistungen 2 98
Dotierung 7 10
Durchführungsweg 2 50; 7 8
- externer 2 60
- interner 2 46, 60
Durchschnittsentgelt 3 11 f., 35
Durchsetzungshindernisse 9 3
Dynamik 2 17, 216; 7 3; 9 9
- eines Anrechts 2 65
Dynamikerwartung 7 37

Dynamikunterschiede 1 8
Dynamisierung 1 7; 2 273, 332

E

EGBGB 2 175, 336
EGVP 2 225
Ehe
- erste 2 120
- zweite 2 120
Ehedauer 2 12
Ehegatte
- überlebender 2 102 f., 251
Ehemodell 2 25
Ehetypus 2 27
Ehevertrag 1 9; 2 23, 25, 230; 9 1, 3;
  10 1
- Altersunterhalt 2 27
- Betreuungsunterhalt 2 27
- Beurkundung, notarielle 2 26
- Beurkundungspflicht 2 26
- Durchsetzungshindernisse 2 27
- Formfreiheit 2 26
- Krankheitsunterhalt 2 27
- Lastenverteilung 2 27
- Rechtskraft, Zeitpunkt der 2 26
- Scheidungsfolgenrecht 2 27
- Unterhaltsvereinbarungen 2 26
Ehezeit 2 3
- Ende der 2 14, 107
- kurze 10 9
Ehezeitanteil 2 4, 14 ff., 76, 126, 142;
  4 4; 5 15; 10 12
Ehezeitauskunft 3 50
Ehezeitende 2 83, 127
Eidesstattliche Versicherung 2 325
Eigenständigkeit 10 4
Eingangsbestätigung 2 225
Einkaufspreis 2 165
Einkommensdynamik 2 215; 7 61
Einkommensteuerveranlagung 2 314
Einkommensverhältnisse 2 111, 114

Stichwortverzeichnis

Einkünfte
- aus nichtselbständiger Arbeit **2** 307, 310
- Kapitalvermögen **2** 307
- sonstige **2** 307
- steuerpflichtige **2** 308

Einmalausgleich **1** 4; **2** 24, 241, 302
Einmalbeitrag **2** 313
Einmalzahlung **2** 56, 82
Eintrittsfaktor **6** 5
Einverständnis
- ausgleichsberechtigte Person **2** 46

Einwirken
- treuwidriges **2** 92

Einzahlung
- fiktive **2** 168

Einzelfall **2** 71
Einzelfall, Umstände des **2** 64
Einzelfallgerechtigkeit **2** 92
Einzelzusage **2** 38; **7** 48
Elternteil **2** 120
Elternzeit **8** 21
Empfängerhorizont **7** 51
Empfangsbekenntnis **2** 225
Endalter **7** 45
Endentscheidung
- Dauerwirkung **2** 222
- erstinstanzliche **2** 172

Endgehalt **2** 75
- Prognose **7** 61

Entgelt **3** 23
- gesamtversorgungsfähig **8** 33

Entgeltpunkte **1** 4; **2** 14, 16, 18, 33, 51, 59, 126, 133, 142, 233; **3** 12
- Ausgleichsdifferenz **3** 7
- ehezeitliche **3** 23
- Hilfswert **3** 7
- Kapitalwert **3** 7
- knappschaftliche **2** 262
- Ost **3** 11, 14
- persönliche **3** 10 f.
- Umrechnungsfaktor **3** 7
- Unbilligkeit **3** 7
- Vereinbarungen **3** 7
- West **3** 11, 13, 15

Entgeltpunkte, ehezeitliche
- Ausgleichswert **3** 12

Entgeltumwandlung **7** 13, 26, 50; **8** 32; **10** 14
Entgeltzeitraum **3** 23
Entlastungseffekte **1** 11
Entschädigungscharakter **2** 6
Entscheidung
- rechtsgestaltend **2** 28
- Rechtskraft **2** 98, 102

Entscheidungsformel **2** 198
Entscheidungstenor **2** 207
Erben **2** 102 f.
Erfüllungsanspruch **2** 103
Erklärungen **2** 206
- übereinstimmende **3** 32

Erlaubnis **2** 348
Erlöschen
- der Witwen- und Waisenversorgung **2** 332

Erlöschensvorschrift **2** 103
Ermessen
- § 18 VersAusglG **2** 64
- billiges **2** 109, 118, 146

Ermessensentscheidung **2** 146, 205
Ermessensspielraum **2** 69
- Ausgleichswerte **2** 30

Erörterungsgebot **2** 205
Ersatzleistender **7** 9
Ersatzzeiten **3** 37
- Flucht **3** 43
- Haftzeiten **3** 43
- Internierung **3** 43
- Kriegsdienst **3** 43
- Kriegsgefangenschaft **3** 43
- Umsiedlung **3** 43
- Verschleppung **3** 43
- Vertreibung **3** 43

Erstattungspflicht **2** 255

Stichwortverzeichnis

Erstverfahren **2** 17
Ertragsanteil **2** 312
Erwerb
– nachehelich **2** 219
Erwerbsbiografie **2** 27
Erwerbseinkommen **2** 319
Erwerbsfähigkeit **2** 23
Erwerbsminderung **2** 27, 258, 270; **3** 6
Erwerbsminderungsrente **2** 115, 142
Erwerbsunfähigkeitsrente **2** 115
Erziehungsaufgaben **2** 95
Erziehungsrente **3** 6
ex nunc **2** 112, 124
ex tunc **2** 112
Extrapolation **2** 131

F

Fälligkeit **2** 78, 80, 90
Fälligkeitsvoraussetzungen **2** 89
Faktoren
– biometrische **6** 9
– wertbildende **2** 63, 170
Fallgruppen **2** 91
Fallkonstellationen **2** 222
FamFG **2** 195
Familiengericht **2** 110; **7** 51 f.
Familiensachen **2** 195, 341
Familienzuschlag **5** 7
Fehlerkorrektur **2** 213
Festrentenbeträge **7** 34
Festsetzungsverfahren **2** 322
Feststellungsbescheid **2** 314
Festwerte **2** 319
Fiktion **2** 43
Finanzierungsart **2** 34
Finanzierungsaufwand **2** 75
Finanzierungsformen **7** 8
Finanzierungsmittel **2** 208
Finanzierungsverfahren **2** 63, 170
Firmenbezeichnung **2** 207
Föderalismusreform **1** 6; **2** 57
Folgesache **2** 19, 174 f., 199

Fondsanteile **2** 135; **7** 36; **8** 32
Form
– notarielle **9** 2
Formularschreiben **2** 118
Fortführung
– freiwillige Versicherung **8** 34
Fortsetzung **7** 54
Fortsetzungsverlangen **2** 221
Freie Berufe **6** 2
Freistellung **5** 5
Freiwillige Beiträge
– Erwerbsminderung **3** 31
– Vorerkrankungen **3** 31
Fristen **2** 206

G

Garantieleistung **4** 5
Gebühren **2** 319
Gebührenbelastung **2** 320
Gebühreneinbußen **2** 320
Geburtsjahr **3** 17
Geburtsjahrgangsfaktor **6** 5
Gehaltsklassen **3** 36
Genehmigungserfordernis **2** 23, 211; **9** 2
Generalklausel **2** 92
Genossenschaften, geistliche **2** 105
Geringfügigkeit **6** 6; **10** 1
Geringfügigkeit, nach § 18 Abs. 1 oder 2 VersAusglG **2** 62
Geringfügigkeitsregelung **6** 15
Gesamtbilanz **2** 24
Gesamtleistungsbewertung **3** 21, 37, 40
Gesamtleistungswert **3** 40
Gesamtrente **2** 312
Gesamtrentenanwartschaft **3** 25
Gesamtsaldierung **2** 63; **10** 9
Gesamtsaldo **2** 70
Gesamtschau **1** 8; **2** 92
Gesamt-Vermögensauseinandersetzung **2** 28
Gesamtvermögensausgleich **9** 1

Stichwortverzeichnis

Gesamtversorgung **2** 13; **8** 2
Gesamtversorgungsmodell **2** 130; **8** 4 ff.
Gesamtversorgungszeit **8** 2
Gesamtzeitraum **3** 39
Geschäftsgeheimnisse **2** 204
Geschäftsgrundlage **9** 3
Geschäftsplan **2** 38
– technischer **7** 47
Geschiedene **7** 46
Geschiedenenwitwenrente **2** 88
Gesetzgebungsverfahren **3** 50
Gesetzliche Rentenversicherung (GRV) **2** 105
– Altersgrenze **3** 3
– Arbeitszeit **3** 2
– Bezugsgröße **3** 1
– Ehezeit **3** 2
– Entgeltpunkte **3** 1
– Umlageverfahren **3** 1
– Versicherungskonto **3** 1
– Versicherungsnummer **3** 1
Gestaltungsakt
– richterlicher **2** 32, 43
Gesundheitsprüfung **2** 95
Gesundheitszustand **2** 119
GmbH **2** 39
GmbH-Gesellschafter **2** 140
Grundbeitrag **3** 17
Grundbuchordnung **2** 225
Grundgehalt **5** 7
Grundgesetz **2** 265
Grundleistungsbewertung **3** 40
Grundsätze
– versicherungsmathematische **2** 134, 146, 169; **9** 208
Grundsatz
– interne Teilung **2** 241
Grundsicherung **2** 27
Grundsicherungsleistungen **9** 3
Grundtatbestand **2** 85
Günstigerprüfung **3** 37

Güterstand
– Vereinbarungen **2** 231
Gütertrennung **2** 231; **9** 6

H

Härte
– unbillige **10** 9
– unzumutbare **2** 174
Härtefall **1** 8; **2** 22, 76, 91, 104, 170, 219; **9** 6
Härtefallentscheidung **2** 92
Härtefallgründe **2** 19
Härtefallkorrektur **2** 92
Härtefallprüfung **2** 126, 205
Härtefallregelung **2** 123
Härtegründe **2** 213
Härteklausel **2** 92
Härten **2** 105
Härteregelungen **2** 297
Haftungsrisiko **2** 204; **7** 46
Halbteilung **2** 4, 19, 30, 40, 49
Halbteilungsgrundsatz **1** 1; **2** 3; **10** 5
Hauptsache **2** 102
Hausfrau **2** 115
Heimatrecht **2** 336
Heubeck **7** 37
Hilfsgröße **6** 6
Hinterbliebene **2** 111, 120, 124, 251, 270
Hinterbliebenenrente **2** 120; **3** 6
Hinterbliebenenversorgung **2** 13, 20, 41, 71, 84 f., 87, 99, 103, 122, 201, 222, 275; **4** 14; **7** 25, 46; **10** 3, 11
– isolierte **2** 7
Hin-und-Her-Ausgleich **2** 33, 234; **3** 48; **8** 36
Höchstbetrag **3** 45
Höchstbetrag-Regelung, § 1587b Abs. 5 BGB **2** 29
Höchstbetragsbegrenzung **5** 13
Höchstgrenze **2** 122
Höchstruhegehaltssatz **5** 4

569

Stichwortverzeichnis

Höchstzinssatz 2 354
Höherversicherung 3 17
Höherversicherungsbeiträge 3 48
Hüttenknappschaftliche-Zusatzversicherung 2 334

I

Immobilie 2 25
Inanspruchnahme
– missbräuchliche 2 242
– spätere 3 6
– vorzeitige 2 145; 3 6
Inflation 9 9
Informationspflicht 2 125, 309
– bilanzrechtliche 2 204
Ingenieure 6 2
Inhalts- und Ausübungskontrolle 2 23, 28
Inhaltskontrolle 9 2
In-Prinzip 3 19 ff.
Insolvenz 7 49
Insolvenzrisiko 2 39
Insolvenzschutz 2 43, 170; 7 54; 10 4
Insolvenzsicherung 2 39; 7 50; 10 14
Insolvenzsicherungskosten 7 46
Interesse
– schutzwürdiges 2 120
Interne Teilung 1 3
Invalidität 2 78, 93 f., 104, 115
– Berufsunfähigkeit 2 7
– Dienstunfähigkeit 2 7
– Erwerbsminderung 2 7
– verminderte Erwerbsfähigkeit 2 7
Invaliditätsabsicherung 2 41
Invaliditätsrente 2 209
Invaliditätsversorgung 7 25

J

Jahrgänge
– rentenfern 8 19
– rentennah 2 27; 8 19

K

Kalendermonate
– belegungsfähige 3 39
Kalkulation
– versicherungsmathematische 2 94
Kalkulationsschwierigkeiten 2 75
Kapitalabfindung 2 8, 286
Kapitalabfluss 2 44; 4 9; 7 46, 60
Kapitalbetrag 2 80, 294; 8 34
Kapitaldeckungsverfahren 4 1; 7 1; 8 1
Kapitalisierungsfaktoren 6 9
Kapitallebensversicherung 2 9
Kapitalleistung 2 80; 7 3
Kapitalverzehr 2 142
Kapitalwahlrecht 2 8 f.
Kapitalwert 2 14, 16, 50, 60; 4 4; 7 60
– korrespondierender 1 8; 2 18 f., 46, 83, 126, 164; 3 17; 4 14; 7 36; 10 3
Kapitalwertbasis 1 8
Kapitalzahlung 2 8, 73, 80, 127
– einmalig 10 4
Kapitalzufluss 7 35
Karrieresprung 2 17, 143
Kennzahl 2 16
Kinder 2 120
Kinderberücksichtigungszeiten 3 44
Kindererziehungszeiten 2 12, 213, 235; 3 29, 32; 5 3
Kleinstanrechte 2 50
Knappschaft-Bahn-See 2 105; 8 1
Körperschaft 2 265
Kohortenbesteuerung 2 312
Kompensation 2 41
Konsequenzen
– steuerliche 2 307, 309
Konsortium 2 349
Kontrollbefugnis 2 36
Korrektur 2 92
Korrekturmöglichkeit 2 213
Korrespondierender Kapitalwert 8 38; 10 11, 15
Kosten 2 265

Stichwortverzeichnis

Kosten, § 13 VersAusglG **2** 350
Kostenabzug **2** 19, 44
– pauschal **2** 44
Kostenpauschale **8** 35
Krankenversicherung **2** 76
Krankheit **3** 40
Kündigung **4** 4
Künstlersozialversicherung **3** 47
Kürzung **2** 104, 108, 111, 115, 119, 125
– Abwendung **2** 259
– der Versorgung **2** 110
– proportionale **7** 43
Kürzungsbetrag **2** 243, 266, 273
Kürzungsvorschrift **2** 255
KZVK **8** 1

L

Landesgesetze **6** 3
Landwirte
– Alterssicherung **2** 293, 297
Last
– dauernde **2** 312
Lebensbedarf, Sicherung des **2** 92
Lebenserwartung **6** 9
Lebenspartner **2** 318
Lebensumstände **2** 92
Lebensunterhalt **2** 80
Lebensversicherung **2** 39, 312
Lebensversicherungsunternehmen **2** 349
Lebensversicherungsvertrag **2** 309
– privater **2** 39
Lebenszeit **5** 11
Leibrente **2** 8, 170
Leistung
– abzuschmelzende **2** 68, 75, 149
– garantierte **4** 13
– laufende **2** 43
– prämienfreie **2** 126
– vermögenswirksame **7** 49
– zufließende **2** 307
Leistungsarten **7** 25

Leistungsausschluss **2** 269, 330
Leistungsbeginn **2** 218
Leistungsbetrag **2** 274
Leistungsbezug **2** 218, 269
– tatsächlicher **2** 143
Leistungsfall **2** 148
Leistungsform **2** 8
Leistungskennzahlen **2** 40
Leistungspflicht **2** 98
Leistungsphase **2** 40, 142
Leistungsprämien **5** 7
Leistungsspektrum **2** 34, 63
Leistungsstaffeln **7** 34
Leistungsteile **7** 34
Leistungstitel **2** 253
Leistungsverbot **2** 210
Leistungsvoraussetzungen **2** 218
Leistungszahlen **2** 16; **6** 1, 8
Leistungszulagen **5** 7
Lohnersatzleistungen
– Arbeitslosengeld **3** 36
– Krankengeld **3** 36
– Übergangsgeld **3** 36
– Verletztengeld **3** 36
– Versorgungskrankengeld **3** 36
Lücken **10** 15
– zeitliche **10** 3

M

Manipulationen **2** 258
Marktzinssatz **2** 169
Maßnahmen
– verfahrensleitende **2** 204
Mathematiker **7** 46
Mehraufwand **2** 44
Messbetrag **8** 20
Methode
– zeitratierliche **2** 149
Mindesteinkommen **3** 44
Mindestentgeltpunkte **3** 21
Mindestlebensalter **2** 286
Mindestmitgliedsdauer **2** 286

Stichwortverzeichnis

Mindestrente **7** 50; **10** 14
Mindestversorgung **5** 6
Mindestwartezeit **7** 28
Mindestwert **2** 320
Mindestzins **2** 350
Missbrauch **2** 258
Mitteilungspflicht **2** 113
Mitwirkung
– freiwillige **2** 311
Mitwirkungshandlungen **2** 202
Monatsrente **3** 12
Mutterschutz **8** 21

N

Nachentrichtung **3** 19
Nachlass **2** 119
Nachlassverbindlichkeit **2** 103
Nachteilsausgleich **2** 115
Nachversicherung **2** 58, 255, 286; **3** 19; **5** 3
Nachzahlungen **3** 19
Nettoeinkommen **2** 320
Nettoversorgung **2** 108
Nichtigkeit **9** 8
– Teilausschluss **2** 24
Notare **6** 2

O

Obergrenze **2** 92
Obligatorische Teilung **1** 4
Öffnungsklausel **2** 311
Optionsrecht **2** 206
Ordnungen **6** 3
Ostanrechte **2** 34

P

Pensionärsprivileg **5** 13
Pensionierung **2** 281; **5** 14
Pensionistenprivileg **2** 278
Pensionsabschläge **5** 14
Pensionsfonds **2** 60; **7** 21
Pensionskasse **2** 55, 60, 347; **7** 1, 19, 35
Pensionskassenverträge **2** 354
Pensionsrückstellungen **2** 170; **7** 13
Pensionsverpflichtung **2** 169
Person
– antragstellende **2** 125
– ausgleichsberechtigte **2** 120, 122, 125
– ausgleichspflichtige **2** 119 f., 125
Pfändbarkeit **2** 79
Pfändungen **7** 46
Pflegeversicherungsbeiträge **2** 76
Pflichtbeiträge **2** 235; **3** 29
– Arbeitnehmer **3** 30
– Selbständige **3** 30
Pflichtversicherung **8** 27
Plandeckungsverfahren
– geschlossenes **6** 1
– offenes **6** 1
Policennummer **2** 207
Prämienkalkulation **4** 4
Primärsysteme **2** 115
Privatrente **2** 25
Privatschulen **2** 105
Privatversicherung **7** 17
Privatvorsorge **2** 94 f.
– kapitalgedeckte **2** 164
Professoren **2** 154
Prognose **2** 75
Provisionen **7** 46
Prozessstandschafter **2** 221
Prüfpflicht **1** 10
Prüfung
– materielle **2** 211
Prüfungspflicht **7** 29
PSVaG **7** 46
Psychotherapeut **6** 2
Punktemodell **2** 130; **8** 2, 4, 28
Punktwert **2** 16

Q

Quasisplitting **2** 46; **6** 7
- analoges **1** 14; **2** 115, 297

Quotient **7** 35
Quotierung **2** 87

R

Raten **2** 80
Ratenzahlung **2** 82
Realteilung **1** 14; **2** 38, 44, 105; **6** 7; **7** 42
- fakultativ **2** 297
- interne **5** 1

Rechengrößen **2** 165, 294
Rechnungsgrundlagen **2** 19
Rechnungszins **2** 169 f.; **4** 13; **7** 37, 48
Recht
- ausländisches **2** 336

Recht zur Mitnahme, § 4 Abs. 3 BetrAVG **2** 43; **7** 54
Rechtsanspruch **7** 12
Rechtsanwalt **6** 2
Rechtsbeziehungen **2** 98
Rechtshängigkeit **2** 17; **3** 20
Rechtskraft **2** 104; **9** 2
Rechtsordnung **2** 42
Rechtsstellung **2** 43, 307
Rechtsverhältnis **2** 32, 47; **7** 12
Rechtszug
- erster **2** 175, 200

Reduzierung **2** 92
Referenzeinkommen **8** 20
Referenzentgelt **8** 21
Referenzwert **6** 4
Regelaltersgrenze **2** 27, 53, 78, 115, 144 f., 250, 270; **3** 6; **6** 7; **7** 35
- Berufsoffiziere **5** 11
- Feuerwehrbeamte **5** 11
- Flugzeugführer **5** 11
- Justizvollzugsbeamte **5** 11
- Schwerbehinderte **5** 11

Regelaltersrente **2** 235

Regelbeispiele **2** 24, 91; **9** 8
Regelsicherungssysteme **2** 5, 25, 71, 105, 108, 123, 125, 215; **3** 1; **6** 1; **7** 1; **8** 1
Regelungen
- bereicherungsrechtliche **2** 101
- leistungsrechtliche **2** 36
- steuerliche **2** 308

Regelungsauftrag **2** 36
Regelungsbefugnis **2** 23
- Familiengericht **2** 69

Regelungskompetenz **2** 266
- Bund **5** 1

Regelungslücke **2** 282
Regelungssystem **2** 126
Regelungstatbestände **2** 23
Regelversorgung **2** 115; **10** 6
Regierungsmitglieder **2** 105
Rehabilitation **6** 2
Rehabilitationsleistungen **2** 251; **7** 37
Rendite **7** 46
Rentabilität **7** 49
Rente
- Kürzung der **2** 241; **3** 6
- laufende **2** 245
- Laufzeit **3** 6
- nach Mindesteinkommen **2** 150

Rentenartfaktor **2** 252, 262; **3** 8, 48
Rentenauskünfte **3** 6
Rentenbausteine **2** 131, 135; **6** 8; **7** 36
Rentenbeginn **3** 5, 35
Rentenberater **2** 204; **6** 5; **7** 46; **9** 12; **10** 9
Rentenberechnung
- Abschläge **3** 6
- Zuschläge **3** 6

Rentenbescheid **2** 244; **3** 6
Rentenbetrag **2** 14, 16, 40, 59; **7** 36
Rentenbezug **2** 108, 113; **8** 23
Rentenbezugszeiten **3** 39
Renteneintrittsalter **3** 6
Rentenform **2** 8, 80

Stichwortverzeichnis

Rentenformel **3** 6, 8, 12
– Zugangsfaktor **3** 6
Rentenleistungen **8** 32
Rentensplitting **2** 241, 251; **3** 25
Rentenstammrecht **2** 244
Rentenversicherung **2** 11, 18, 312
– allgemeine **2** 34, 262
– fondsgebundenene **8** 29
– gesetzliche **2** 25, 28 f., 36, 47, 57, 63, 68, 83, 126, 133, 142
– knappschaftliche **2** 34, 262; **3** 10
– private **2** 63; **4** 1
Rentenversicherungspflicht **6** 2
Rentenversicherungsträger **3** 6
Rentenwert **2** 137
– Ost **2** 255
Rentenwert, aktuell
– Rechtsverordnung **3** 11
Rentenzahlung **2** 222; **7** 3
Rentner **7** 46
Rentnerprivileg **2** 233, 241, 263; **7** 42
– Teilungsmodus **3** 46
– Übergangsvorschrift **3** 46
Restausgleich **5** 13
Richter **2** 105
Riesterversorgungen **2** 312
Riester-Verträge **2** 56
Risiken **2** 39
Risikoschutz **7** 44, 47, 52; **10** 4
Risikostruktur
– versicherungsmathematische **2** 40
Risikoversicherung **2** 94
Rück- und Weiterverweisungen **2** 336
Rückabwicklung **2** 104, 121, 124, 251
– von Beitragszahlungen **2** 260
Rückausgleich **9** 7
Rückdeckung **2** 39
Rückforderung **2** 276
Rückgängigmachung **2** 115, 120, 125
Rückkauf **2** 313
Rückkaufswert **4** 1
Rückrechnung **7** 62

Rückstellungen **2** 169
Rücktritt **4** 4
Rückzahlungsverpflichtung **2** 314
Rürup-Rente **4** 6
Ruhegehalt **2** 266; **5** 2; **8** 4
Ruhegehaltssatz **5** 4
Ruhensanordnung **2** 174
Ruhestand **2** 56, 145, 270; **8** 28
– Versetzung in den **2** 281
Ruhestandsbeamte **2** 281
RV-Altersgrenzenanpassungsgesetzes **3** 6

S

Sachbezüge **3** 36
Sachrecht
– deutsches **2** 336
Sachverständiger **10** 9
Saldenausgleich **2** 34
Saldierung **2** 18, 87, 92, 115; **7** 3
Saldo **2** 33, 234
– fiktiver **2** 92
Satzungen **2** 35, 38, 40, 138; **6** 3
Satzungsautonomie **2** 36
Satzungsrecht **2** 204
Schadensersatzvorschrift **2** 103
Scheidung
– Rechtskraft der **2** 102
– Wertausgleich **2** 197
Scheidungsantrag **2** 10, 175
Scheidungsfolgenvereinbarung **1** 9; **2** 13, 23, 27, 230; **9** 1
Scheidungssache **2** 199
Scheidungsurteil **2** 107, 125
Scheidungsverbund **2** 29, 174
Schlussüberschussanteile **4** 8
Schornsteinfegergesetz **2** 330
Schornsteinfegerversorgung **2** 329
Schuldnerschutzregelung **2** 241
Schutzbedürfnis **2** 80
Schutzmechanismen **2** 230

574

Stichwortverzeichnis

Schutzvorschrift, § 30 VersAusglG
  2 101
Selbständige **2** 11
Selbstverwaltung **6** 3
Servicekraft **2** 225
Sicherungssysteme
– öffentlich-rechtliche **2** 28
Signatur
– elektronische **2** 225
Situation
– wirtschaftliche **2** 92
Soldat **2** 46, 105, 115
– auf Zeit **2** 58
Soldatenversorgungsrecht **2** 290
Solidargemeinschaft **2** 242
Solidarität
– Gebot der ehelichen **2** 27
Soll-Vorschrift, § 18 Abs. 1 und 2 VersAusglG **2** 64
Sonderbestimmung **2** 253
Sonderregelung **2** 309
Sondervorschrift **2** 93
Sonderzahlung **5** 15; **10** 12
Sonderzuwendung **5** 8
Sorgfaltspflicht **2** 16
Sozialdatenschutz **2** 335
Soziale Sicherung **9** 6
Sozialhilfe **2** 27
Sozialleistung **3** 36
Sozialsysteme **2** 27
Sozialversicherung
– landwirtschaftliche **2** 105
Sozialversicherungsbeiträge **2** 76, 80
Sozialversicherungsrecht **2** 336
Sparguthaben **2** 25
Spielraum **2** 91
– der Versorgungsträger **2** 37
Splitting **2** 115
– Super- **1** 14
Staatsvertrag **6** 3
Startgutschrift **2** 130, 138; **8** 4
Status **9** 9

Statusfeststellungsverfahren **2** 214
Statuten **6** 3
Steigerungsbeträge **3** 17, 48
Steigerungszahl **2** 16, 129, 142, 293; **6** 1, 8
Stellung
– arbeitsrechtliche **2** 43
Sterbegeld **6** 4
Sterbemonat **2** 270
Sterbetafel **2** 203; **7** 48, 51
Sterbeurkunde **2** 125
Sterblichkeitsgrundlagen **4** 13
Steuerberater **6** 2
Steuerfreiheit **2** 313
Steuerfreistellung **2** 308 f.
Steuerlast
– latente **9** 5
Steuermittel **3** 32
Stichtag **2** 19, 83, 174; **7** 32, 35
Stichtagsprinzip **2** 17, 139, 143
Stichtagswert **2** 19, 25, 63; **4** 4
Stiftung **2** 265
Stornokosten **4** 7
Strafcharakter **2** 92
Strukturänderung **2** 166
Strukturreform **2** 225
– der Zusatzversorgung **2** 75
Studienzeiten **3** 21
Stufenmahnung **2** 89
Supersplitting **1** 4; **2** 29, 175
– analoges **1** 14
Systemunterschiede **2** 274

T

Tätigkeit, selbständige **2** 235
Tarif **6** 5; **7** 45
Tarifbezeichnung **2** 207
Tarifvertrag **2** 38; **7** 48
Tatbestandsseite **2** 92
Teil- oder Gesamtausschluss **2** 92
Teilausgleich **2** 171
Teilausschluss **2** 24, 211; **9** 8

575

Stichwortverzeichnis

Teilhabe **2** 71, 80, 84, 94 f., 99
- gleichmäßige **2** 4
- gleichwertige **2** 37; **7** 52
- systeminterne **2** 60

Teilhabeanspruch **2** 85
Teilung **2** 102
- anrechtsbezogene **2** 24, 92, 126
- externe **1** 4, 14
- interne **1** 4, 14; **2** 29, 31 f., 36, 43 f., 57, 95
- Kosten **7** 60
- steuerneutral **2** 307
- versorgungsrechtliche **2** 314

Teilung, externe **2** 29, 45, 47, 57, 95
- Ausnahme, strukturelle **2** 48
- liquider Versorgungsträger **2** 49
- Sonderfall **2** 44
- Vereinbarung **2** 55

Teilungsentscheidung **2** 33
Teilungsform **2** 44
Teilungsgegenstand **2** 240, 262
Teilungskosten **1** 12; **2** 31, 43; **4** 14; **7** 40; **8** 31, 38; **9** 10; **10** 3, 11, 15
Teilungsmodus **2** 144
Teilungsordnung **2** 42; **4** 14; **7** 45; **10** 3, 9, 11
Teilungssystem **2** 104, 108
Teilzahlungen **2** 80
Teilzeitbeschäftigung **5** 3; **7** 35
Teilzeitfaktor **5** 3
Tenor **2** 108; **7** 45; **10** 7
Terminologie **2** 294
Tierärzte **6** 2
Tod **2** 39, 84 f., 102, 120
Todesfall **2** 93
Todesmonat **2** 249
Todeszeitpunkt **2** 270
Totalrevision **1** 7 f.; **2** 213
Transfer **2** 208
- in anderes System **2** 46
- in anderes Versorgungssystem **2** 50

Transferverlust **1** 3, 5

Trennung **2** 92
Trennungssituation **2** 320
Trennungszeit **2** 10; **9** 11
Treueverhältnis **2** 272

U

Übereinstimmung, strukturelle **2** 34
Übergangsbestimmungen **5** 4
Übergangsrecht **2** 172, 338
Übergangsregelung **2** 263; **8** 5
Übergangsvorschrift **2** 171, 173, 299
Übergangszeit **2** 100, 220
Überleitungsabkommen **6** 7
Überleitungsbestimmungen **2** 338
Überschüsse **2** 83, 347; **4** 5
Überschussanteile **2** 350; **4** 8
Übertragbarkeit **2** 79
Übertragung **4** 12
Übertragungswert **7** 36
Überzahlungen **2** 241
Umfassungszusage **2** 56
Umlagefinanzierungsverfahren **2** 170
Umlagesätze **2** 168
Umlageverfahren **8** 1
Umrechnung **2** 262
- Kapitalbeträge in Entgeltpunkte **2** 239
- Monatsbeträge in Entgeltpunkte **2** 239

Umrechnungsfaktor **2** 294; **3** 14
Umsetzungsakte **2** 33
Unanfechtbarkeit **2** 314
Unbilligkeit **2** 71; **10** 1
Unfallrente **2** 6
Unisex-Tarife **2** 350
Untergrenze **2** 92
Unterhalt **2** 19, 92, 108
Unterhaltsanspruch **2** 106, 110 f., 113
- fiktiv **2** 108

Unterhaltsbeitrag **2** 88
Unterhaltsfälle **2** 106
Unterhaltslast **2** 114

Stichwortverzeichnis

Unterhaltsleistung 2 108
Unterhaltspflicht 2 108
Unterhaltsrecht 2 13, 78
Unterhaltsverpflichtung 2 104, 106, 111, 114, 243
Unterhaltszahlung 2 113, 247
Unternehmensertrag 7 10
Unternehmerversorgung 2 39
Unterrichtungspflichten 2 123
Unterschiedsbetrag 2 313
Unterstützungskasse 2 60, 310; 7 9, 60
Unverfallbarkeit 2 82; 7 26
– Anrecht 10 2

V

VAHRG 2 72, 90, 96, 104 ff., 111
VAStRefG 2 1 ff.
VAÜG 1 4
VBL 2 75; 7 1
VBLdynamik 8 29
VBLextra 8 28
VBLklassik 8 28
Veränderungen, nachehezeitliche 2 17
Verbindungsstellen 2 202
Verbot, kategorisch 2 28
Verbund 2 175, 342 f.; 12 41
Verbundsachen 2 175
Vereinbarung 1 9 f.; 2 23, 86, 170, 208, 230; 7 1, 47; 9 12
– notarielle 2 25; 9 1
– über Versorgungsausgleich 10 1
– vertragliche 2 35
– Zeitpunkt 2 258
Vereinbarungen über Versorgungsausgleich 2 256
– Beschlussformel, Familiengericht 2 25
– Beurkundung, notarielle 2 25
– Inhalts- und Ausübungskontrolle 2 25
– Unwirksamkeit 2 25
– Wirksamkeitsvoraussetzungen 2 25

Vereinbarungsmöglichkeiten 9 1
Vererblichkeit 2 124
Verfahren
– anhängiges 2 177
– behördliches 2 177
– erstinstanzlich 2 343
– gerichtliches 2 177
– isoliertes 2 174
Verfahrensbeteiligte 2 202
Verfahrenswert 2 319
Verfallbarkeit 2 66, 72
– dem Grunde nach 2 67
– der Höhe nach 2 67
Verfallbarkeitsbestimmungen 2 67
Verfügungsbeschränkungen 2 351
Vergleich 2 26, 102; 9 2
Vergleichbarmachung 1 8
– unterschiedliche Anrechte 2 126, 287
Vergleichsberechnung 5 4
Vergleichsbewertung 3 40
Verhältnisse, Änderungen 2 241
Verhältniswert 2 311
Verhandlung, mündliche 3 20
Verheiratetenzuschlag 2 299 f., 302
Verjährung 2 271
Verkündung 2 198
Vermögen 2 6
Vermögensangelegenheit 2 25
Vermögensebene 2 308 f.
Vermögensgegenstände 2 5; 9 5
Vermögensverhältnisse 2 23, 25
Vermögensverschiebungen 2 92
Verrechnung 2 33, 235, 252
Verrechnungsvereinbarung 7 45
Versicherung
– fondsgebundene 4 5
Versicherungsaufsichtsgesetz 2 347
Versicherungsaufsichtsrecht 2 39
Versicherungsbedingungen 2 208; 7 47
Versicherungsfall 2 94; 8 21
Versicherungskonto 3 21

Stichwortverzeichnis

Versicherungsleistung 2 313
Versicherungspflicht 2 76
Versicherungsprinzip 2 104, 124
Versicherungssumme 4 12
Versicherungsunternehmen 2 313
Versicherungsverein auf Gegenseitigkeit 2 347
Versicherungsverträge, private 2 92
Versicherungsvertrag 2 126
Versicherungsvertragsgesetz (VVG) 4 4
Versicherungsvertragsrecht 4 5
Versicherungswirtschaft 7 45
Versorgung
- Abgeordnete 5 1
- Bahn 5 1
- beamtenähnliche 5 1
- berufsständische 2 11, 105, 115, 126, 136; 6 1
- dynamisch 6 7
- ehezeitliche 2 71
- kapitalgedeckte 2 83
- laufende 2 5, 75, 94, 106, 108, 126 f., 142, 281, 289
- Minister 5 1
- nach beamtenrechtlichen Vorschriften 2 151
- Post 5 1
- private 2 28
- privatrechtliche 2 93
- Soldaten 5 1
- statisch 6 7
- teildynamisch 6 7
- ungekürzte 2 106
- versicherungsförmige 4 1
Versorgungsabfindung 2 286
Versorgungsabschlag 2 145
Versorgungsänderungsgesetz 5 6
Versorgungsanrecht 2 126, 138
Versorgungsanspruch 3 19
Versorgungsanstalt 2 330
Versorgungsanstalt des Bundes und der Länder (VBL) 8 1

Versorgungsanwärter 2 137
Versorgungsausgleich
- Ausschluss 2 231
- öffentlich-rechtlich 2 97, 175, 177
- reformierter 2 121
- Rückgängigmachung 7 56
- schuldrechtlich 2 97, 175
- schuldrechtlicher 1 4; 2 29, 68, 72
- verlängerter schuldrechtlicher 2 97
Versorgungsausgleich, Vereinbarungen über
- Änderungsbedürftigkeit 9 3
- Inhalts- und Ausübungskontrolle 2 26; 9 3
- Unwirksamkeit 9 3
Versorgungsausgleichsfolgesache 2 342
Versorgungsausgleichsgesetz 1 14
Versorgungsausgleichskasse 1 6; 2 54, 56, 206, 347; 7 52
- Gründungsmitglieder 2 348
- Kosten für Vertragsvermittlung 2 349
- Kundenakquise 2 350
- Mitglied Sicherungsfond 2 349
- Mitgliedervertreterversammlung 2 348
- Vereinsführung 2 348
Versorgungsausgleichssachen 2 195, 199, 342
- abgetrennte 2 174
Versorgungsausgleichs-Überleitungsgesetz 2 264
Versorgungsausgleichsverfahren
- isoliertes 2 175
Versorgungsauskunft 2 271; 10 9
Versorgungsbedarf 2 78; 7 34
Versorgungsbeitrag 2 135
Versorgungsbezüge 2 154, 265, 267
Versorgungscharakter 7 15
Versorgungsdienststelle 2 276
Versorgungsempfänger, betriebsfremder 2 60

Stichwortverzeichnis

Versorgungsfall **2** 78
Versorgungshöhe **2** 141
Versorgungskapital **1** 12
Versorgungskonten **2** 34; **7** 46; **8** 21
Versorgungskürzung **2** 108, 112, 119 f., 122
Versorgungslage **2** 92
Versorgungslast **2** 277
Versorgungslücke **2** 84
Versorgungsordnung **2** 35 f., 115, 129; **7** 32, 51
Versorgungspunkte **2** 16, 130, 142; **6** 1, 8; **8** 1, 20 f., 24
Versorgungsregelung **2** 28; **7** 28
Versorgungsschicksal **1** 1; **2** 39, 104
Versorgungssituation **2** 65
Versorgungsstatuten **7** 51
Versorgungssystem **2** 16; **7** 31
– kapitalgedecktes **2** 142
Versorgungsteilung **2** 285
Versorgungsträger **2** 177, 265
– abgebende **2** 253
– ausländischer **2** 75, 82
– berufsständischer **2** 129
– öffentlich-rechtlicher **2** 105
– privater **2** 105
– Schutz des **2** 97
Versorgungswerke **2** 128; **6** 2
– berufsständische **2** 16, 165
Versorgungszusage **2** 67; **7** 26, 35
Vertragsabschluss **2** 313
Vertragsanpassung **9** 3
Vertrauensschutz **2** 80
Vertretung, anwaltliche **2** 65
Verwaltungsakt **2** 276
Verwaltungsaufwand **2** 33, 44
Verwaltungskosten **7** 49
– kleinere Anrechte **2** 50
Verweis
– deklaratorischer **2** 228
Verweisung, außerberufliche **6** 4

Verwendung
– schädliche **2** 314; **4** 12
Verzicht **2** 91
– auf Teilung **2** 63
Verzinsungszeitraum **8** 23
Vierjahresfrist **2** 124
Volatilität **7** 46
Volkshochschule **2** 235
Vollrente **2** 250
– wegen Alters **3** 5
Vollstreckungsgläubiger **2** 253
Vollzug **2** 35
Von Amts wegen **2** 209
Voraussetzungen, versicherungsrechtliche **2** 78
Vorbereitungszeiten **5** 3
Vormundschaft **2** 340
Vorschlag **2** 18
Vorschriften, beamtenrechtliche **2** 138
Vorsorge, private **2** 25
Vorsorgeanrecht **2** 31
Vorsorgekapital **1** 6; **2** 351
Vorsorgeprodukte **2** 309
Vorsorgesystemintern **2** 225
Vorsorgevermögen **2** 4, 208
Vorsorgevermögensbilanz **1** 8; **2** 19, 92
Vorsorgevertrag **2** 207
Vortrag
– streitiger **2** 205
Vorversterben **2** 104; **10** 6
Votum **2** 65

W

Wahlrecht **1** 12; **2** 46, 83
– einseitiges **2** 196
Wahlrecht, nach § 14 Abs. 2 Nr. 2 VersAusglG **2** 55
Waisen
– an Kindes statt angenommen **2** 269
Waisengeld **2** 269
Wartefrist **2** 58

Stichwortverzeichnis

Wartezeit **2** 5, 65, 69, 217, 233, 269; **5** 3; **8** 27; **10** 8
Wartezeiterfüllung **2** 234; **8** 27
Wartezeitgutschrift **2** 218
Wartezeitmonate **2** 234, 293; **10** 4
Wehrdienst **5** 3
Wehrübungszeiten **3** 21
Wertänderung **3** 22
Wertäquivalent **2** 165
Wertanpassung **2** 14
Wertausgleich **1** 14; **2** 29 ff.; **9** 2
- Ausgleichsformen **2** 30
- Struktur **2** 30
- unwirtschaftlich **2** 69
- Vereinbarung, §§ 6 ff. VersAusglG **2** 30
Wertdifferenz **1** 8
Wertentwicklung **1** 3; **2** 17, 29, 34, 40, 213; **7** 29; **10** 4 f.
Wertermittlung **2** 19, 95, 126
Wertgrenze **2** 50, 60, 107 f.
Wertidentität **2** 34
Wertpapier-Depot **2** 56
Wertunterschied, geringfügiger **2** 126
Wertveränderung **5** 15; **10** 12
Wertvergleich **9** 1
Wertverhältnisse **2** 118
Wertverzehr **2** 83
Wertverzerrung **2** 168
Wertvorschrift **2** 319
Wertzuwachs **2** 83
Wesentlichkeitsgrenze **2** 217
Westanrechte **2** 34
Widerspruchsrecht **7** 44
Wiederauffüllung **2** 294
Wiederaufnahme **2** 171, 174, 177
Wiederheirat **2** 85
Wiederverheiratungsklausel **2** 85; **9** 7; **10** 6
Wirksamkeits- und Durchsetzungshindernisse **2** 23

Wirksamkeitsvoraussetzungen **1** 10; **2** 65, 230
- Verträge über Versorgungsausgleich **2** 26
Wirkung
- befreiende **2** 98
- konstitutive **2** 212
- rechtsgestaltende **2** 268
Wirkungszeitpunkt **2** 220
Wirtschaftsprüfer **6** 2
Witwe **2** 90, 99, 120
Witwenrente **2** 85
Wochenmarken **3** 36

Z

Zahlung
- Eingang der **2** 253
Zahlungsabwicklung **2** 271
Zahlungsmodalitäten **2** 78, 90
Zahlungsphase **2** 307
Zahlungsströme **7** 35
Zahlungszeitpunkt **2** 80
Zahnärzte **6** 2
Zeitabschnitte **2** 285
Zeiten
- beitragsfrei **3** 37
- beitragsgemindert **3** 37
- rentenrechtliche **3** 28
- ruhegehaltsfähige **5** 3
Zeitraum **2** 138; **7** 32
Zeitsoldaten **5** 1
Zeitwert **2** 83; **4** 1
Zeitwertkonten **2** 11
Zeit-Zeit-Verhältnis **2** 145, 215
Zersplitterung **1** 6; **7** 46
- von Anrechten **10** 6
Zielversorgung **1** 6; **2** 46, 49, 51, 55, 82 f., 196, 206, 253, 294, 346; **7** 52; **9** 3; **10** 4
Zinseffekte **8** 23
Zinsgarantie **2** 354
Zinssatz **7** 51; **8** 28

Stichwortverzeichnis

Zivildienstzeiten **3** 21; **5** 3
ZPO **2** 79
Zugangsfaktor **2** 126, 237; **8** 25
Zugangsrenten **2** 299
Zugehörigkeit
– Dauer **2** 137
Zugewinnausgleich **2** 8, 19, 92; **7** 3
Zugriff
– vorzeitiger **2** 351
Zulagen **2** 312
– ruhegehaltfähige **5** 7
Zulageverfahren **2** 314
Zumutbarkeit **2** 82
Zumutbarkeitsprüfung **2** 83
Zurechnungszeit **3** 37, 42; **5** 3, 5; **6** 4
Zusage des Arbeitgebers **2** 47
Zusageform **2** 75; **7** 8
Zusatzleistung **2** 68
Zusatzrente **2** 56; **8** 4
Zusatzversicherung **3** 17
– hüttenknappschaftliche **2** 105

Zusatzversorgung **2** 16; **7** 1
– des öffentlichen Dienstes **8** 2
– kirchliche **8** 1
– kommunale **8** 1
– öffentlich-rechtlich **2** 138
Zusatzversorgungskasse **2** 130; **7** 1; **8** 4
Zusatzversorgungssystem-Gleichstellungsgesetz **2** 68
Zusatzversorgungsträger **8** 1
Zuständigkeit **2** 114, 177
– funktionelle **2** 110
– örtliche **2** 110, 200
Zustellrecht **2** 225
Zustellung
– elektronische **2** 225
Zustimmung **2** 348
Zwangsvollstreckung **2** 208, 253
Zweckbestimmung **2** 6
Zweckbindung **2** 83
Zweifelsfall **2** 204, 208; **7** 34